W0367680

001ba Foto: rj

Heike Mall, Roger Just
Baikal – See und Region

„Wenn du vom kristallklaren Wasser gekostet und dich an den festlichen Wellen erfreut hast, die an die Ufersteine schlagen und funkeln wie ein Feuerwerk, wenn du dann heimfährst und zu Hause plötzlich fühlst, dass irgendetwas fehlt ... Wenn deine Seele erfüllt ist von Helligkeit und Licht ... Wenn du mit einem Mal den Wunsch spürst ein Flugticket, eine Zugfahrkarte zu kaufen und dich wieder auf den Weg zu machen, dann ist das DER BAIKAL."

Mark Sergejew

027ba Foto: rj

Impressum

Heike Mall, Roger Just
Baikal – See und Region

erschienen im
Reise Know-How Verlag Peter Rump GmbH
Osnabrücker Str. 79
33649 Bielefeld

2., komplett aktualisierte Auflage 2007

Gestaltung
Umschlag: G. Pawlak, P. Rump (Layout)
Andrea Hesse (Realisierung)
Inhalt: Günter Pawlak (Layout)
Caroline Tiemann (Realisierung)
Fotos: Roger Just (rj), Frank Fiedler (S. 310),
Archiv des Irkutsker Heimatmuseums (ih)
Titelfoto: Roger Just
Karten: Thomas Buri, Catherine Raisin
(Atlas und Umschlagklappen)

Lektorat: Caroline Tiemann
Lektorat (Aktualisierung): Andrea Hesse

Druck und Bindung:
Fuldaer Verlagsanstalt GmbH und Co. KG, Fulda

ISBN 978-3-8317-1546-6
Printed in Germany

Dieses Buch ist erhältlich in jeder Buchhandlung Deutschlands, der Schweiz, Österreichs, Belgiens und der Niederlande.
Bitte informieren Sie Ihren Buchhändler über folgende Bezugsadressen:

Deutschland
Prolit GmbH, Postfach 9, D-35461 Fernwald (Annerod)
sowie alle Barsortimente

Schweiz
AVA-buch 2000
Postfach, CH-8910 Affoltern

Österreich
Mohr Morawa Buchvertrieb GmbH
Sulzengasse 2, A-1230 Wien

Niederlande, Belgien
Willems Adventure
Postbus 403, NL-3140 AK Maassluis

Wer im Buchhandel trotzdem kein Glück hat, bekommt unsere Bücher auch über unseren **Büchershop im Internet: www.reise-know-how.de**

Wir freuen uns über Kritik, Kommentare und Verbesserungsvorschläge.

Alle Informationen in diesem Buch sind von den Autoren mit größter Sorgfalt gesammelt und vom Lektorat des Verlages gewissenhaft bearbeitet und überprüft worden.

Heike Mall, Roger Just

Baikal

See und Region

Vorwort

Sibirien – geheimnisvolles, unbekanntes Land! Für viele Europäer ist der Norden des asiatischen Kontinents der letzte weiße Fleck auf der Weltkarte. Einerseits Synonym für Gefangenschaft und Leiden, ist der Name Sibirien zugleich Inbegriff der Freiheit: unberührte, wilde Natur, deren Dimension unsere Vorstellungskraft übersteigt. Sein Herzstück, die Baikalregion, rückt in den letzten Jahren immer mehr in den Mittelpunkt der Aufmerksamkeit.

Sie lockte auch uns, als wir – mein Mann, unsere beiden Töchter und ich – beschlossen, unseren Lebensmittelpunkt für vier Jahre nach Irkutsk in die Nähe des Baikalsees zu verlegen. Ein Ergebnis dieser Zeit ist dieses Buch. Unzählige Fahrten, Wanderungen und Erlebnisse mit der Natur und den Menschen haben darin ihren Niederschlag gefunden, aber auch der ganz normale Alltag einer sibirischen Stadt.

Bisher ist das Baikalgebiet als Reiseziel schwach entwickelt. Doch es gibt viel zu entdecken! Sibirische Städte stellen ihre erstaunlich vielfältige Geschichte nicht so deutlich zur Schau wie ihre großen Schwestern St. Petersburg oder Moskau. Doch wer genau hinsieht, entdeckt eine Vielzahl faszinierender Details. Interessant ist es auch, sich auf den Spuren der Völkerschaften zu bewegen, die in der Region vor Hunderten von Jahren siedelten und deren Nachfahren bis heute zur ethnischen und religiösen Vielfalt des Baikalgebiets beitragen. Für Technikinteressierte gibt es an der Transsibirischen Eisenbahn vieles zu sehen. Einer ihrer aufwendigsten und landschaftlich schönsten Abschnitte liegt am Baikalsee. Ein Paradies finden Trekking-Begeisterte und Naturliebhaber vor: riesige, unberührte Wälder, Gebirge mit Gipfeln aller Schwierigkeitsgrade, klare Bergflüsse und eine reiche Tier- und Pflanzenwelt. Und natürlich einen See, der auf der ganzen Welt nicht seinesgleichen hat. Immer mehr Menschen zieht er auch im Winter an. Dieses Buch gibt deshalb ausführliche Hinweise für Möglichkeiten des Winterurlaubs am Baikal.

Wir möchten einen Reiseführer vorlegen, der nicht zum oberflächlichen Konsum anregt. Sowohl das ökologische als auch das wirtschaftliche Gleichgewicht der Baikalregion sind sensibel und reagieren empfindlich auf Belastung. Andererseits braucht die Region Entwicklungsperspektiven, und ein schonender Tourismus ist eine der vielversprechendsten. Besonders wichtig ist dafür, dass Gewinne in der Region bleiben – einer der Gründe, warum wir kleine und regionale Anbieter hervorheben und allen, die auch einmal ohne fließend Wasser auskommen, Privatunterkünfte empfehlen. Als Gast in einem sibirischen Dorf findet man am besten die Ursprünglichkeit des Landes. Dieses Reisehandbuch gibt alle praktischen Tipps für einen gelungenen Aufenthalt in der Baikalregion. Wir wünschen Ihnen eine gute Reise mit vielen bereichernden sibirischen Erfahrungen!

Heike Mall und Roger Just
(www.baikalsee.net)

Inhalt

Irkutsk und der Westen

Irkutsk und Umgebung

Von Listwjanka nach Buguldeika

Von Ust-Ordynski ans Kleine Meer

Insel Olchon

Weitere Reiseziele im Gebiet Irkutsk

Südufer und Sajan-Gebirge

Das Südufer

Das Tunka-Tal

Der Oka-Bezirk

Ulan-Ude und der Osten

Der Norden

Danksagung

Herzlich bedanken möchten wir uns bei den folgenden Personen und allen anderen, die uns während der Arbeit an diesem Buch unterstützt haben:

Sergei Arfanidi
Jewgeni Tschebotnjagin
Julia und Vadim Scheweljow
Alexander Beketow
Andrei Suknjow
Viktoria und Alexander Mironow
Vadim Michailow
Sergei Suschkejew
Natalja und Nikita Bentscharow
Swetlana und Mark Mejerowitsch
das Team von Baikalplan
Brigitte Müller
Hank Birnbaum
Mara Bostelmann
und bei unseren Eltern

An Oberer Angara und BAM

Das Nordostufer

Anhang

Kartenatlas

Exkurse

Kyrillische Schrift und ihre Transkription

Geografische Bezeichnungen werden in diesem Buch zusätzlich in **kyrillischer Schrift** (z.B. Хужир) angeführt, was ihr Auffinden auf Karten oder Schildern erleichtern soll.

Für die Umschrift kyrillischer Buchstaben in lateinischer Schrift wird die **Duden-Transkription** verwendet, an der sich weitgehend auch die deutschsprachige Presse und das Fernsehen orientieren (Tabelle siehe Anhang). Sie verwendet nur bekannte Buchstaben und kann ohne Phonetikregeln ausgesprochen werden. Zusätzlich sind transkribierte Wörter mit **Betonungszeichen** versehen, die nach Möglichkeit beachtet werden sollten. Im Russischen kann eine fehlerhafte Betonung ein Wort unverständlich machen oder seinen Sinn verändern. Da diese Betonungsakzente nicht zum üblichen Schriftbild gehören und eine reine **Aussprachehilfe** für den Reisenden sein sollen, werden sie nicht durchweg gesetzt, sondern innerhalb eines Abschnitts nur einmal. Bei den Ortsbeschreibungen steht also die Überschrift ohne Akzent (z.B. Chuschir) und nur die erste Erwähnung im Text dann mit Akzent (Chuschír, Betonung auf der zweiten Silbe).

Neben Adressangaben und russischen Namen finden sich im Text häufig russische Wörter in lateinischer Schrift als Übersetzung in Klammern, die den elementaren Wortschatz zu einem bestimmten Thema bezeichnen. Sie sind zur besseren Unterscheidung *kursiv* gesetzt.

In Russland veröffentlichte Karten und auch deutschsprachige Publikationen verwenden manchmal das englische Transkriptionssystem oder sogar die wissenschaftliche Umschrift (Transliteration) mit Spezialzeichen. Um hierdurch Missverständnisse auszuschließen, wird im Anhang ein Überblick über die wichtigsten **geografischen Bezeichnungen** in allen drei Varianten gegeben.

Häufige russische Begriffe

aptéka	Apotheke
banja	Badehaus
búchta	Bucht
dolína	Tal
dom	Haus
elektrítschka	Nahverkehrszug
gostíniza	Hotel, Herberge
kafé	Café
muséi	Museum
mys	Kap
ósero	See
plóschtschad	Platz
pósnaja	burjatischer Imbiss
prospékt	Boulevard
restorán	Restaurant
rýnok	Markt
salíw	Bucht
telegráf	Telefonamt
trakt	Landstraße
turbása	Camp, Ferienheim, Pension
úliza	Straße
zérkow	Kirche

Kartenverzeichnis

Stadt- und Lagepläne

Kartenatlas

Atlasverweise in Überschriften

In den Ortsbeschreibungen wird in den Überschriften mit einem **Pfeil** ⇗ auf den Atlas verwiesen, damit sich der Ort auf der Karte schnell finden lässt, z.B. ⇗ **XII/A2.** Dabei verweist die römische Zahl auf die Seite im Atlas, Buchstaben und arabische Ziffern geben das Planquadrat an.

Abkürzungen

EZ: Einzelzimmer
DZ: Doppelzimmer
VP: Vollpension
Zi: Zimmer
p.P.: pro Person
R: Rubel
ul.: *úliza* (Straße)
per.: *pereúlok* (Gasse)
pr.: *prospékt* (Boulevard)

Was man unbedingt wissen sollte

Sie planen eine Reise in eine Region, die bisher nur begrenzt auf Touristen eingestellt ist. Russland (und besonders Sibirien) ist kein Reiseland im europäischen Sinn: Die Infrastruktur ist schlecht, Gastronomie und Hotellerie erwachen gerade erst aus einem Dornröschenschlaf, und ohne Russisch-Kenntnisse ist selbstständiges Reisen nur schwer möglich. Besonders wenn Sie sich „auf eigene Faust" auf den Weg machen möchten, sollten Sie das Kapitel „Vor der Reise" gründlich lesen. Viele unangenehme Überraschungen und Missverständnisse lassen sich so vermeiden, denn Sibirien ist (auch wenn dies auf den ersten Blick manchmal so scheinen mag) nicht Europa, und viele kulturelle und gesellschaftliche Gegebenheiten unterscheiden sich überraschend stark (mehr dazu im Kapitel „Praktische Reisetipps A–Z: Verhaltenstipps").

Am meisten Zeit verlangt die Beantragung eines **Visums** (s. Kap. „Vor der Reise: Ein- und Ausreisebestimmungen"). Auch die **Anreise** will gut durchdacht und rechtzeitig gebucht sein. Wenn Sie sich gegen FSME **impfen** lassen möchten, müssen Sie dies sogar schon ein halbes Jahr vorher in die Wege leiten (siehe „Vor der Reise: Gesundheitsvorsorge").

Der Aufenthalt selbst lässt sich oft gar nicht so langfristig planen. **Planungssicherheit** ist in Russland ein Fremdwort. Reisen an den Baikal (und nach Russland allgemein) sind deshalb nicht geeignet für Urlaub im Sinn von Zurücklehnen und Abschalten. Man muss auch bei Buchung über einen Veranstalter darauf gefasst sein, dass eine Reise anders verläuft als geplant. Nicht nur das Wetter, sondern auch unzuverlässige Verkehrsmittel oder Reisepartner können jeden Plan zunichte machen. Wer in Sibirien reist, sollte immer eine gute Portion Spontaneität mitbringen und sich auf veränderte Gegebenheiten einlassen. Auch bei der besten Planung kann alles anders kommen. „Schicksal", sagen die Russen! Eine der wichtigsten Regeln für Baikalreisen ist deshalb, sich für alles viel Zeit zu lassen! Besonders vor der Ab- oder Weiterreise muss unbedingt Spielraum sein.

Eine Reise verläuft viel entspannter, wenn man **nicht zu viele Stationen** einplant. Die Dimensionen der Baikalregion werden oft unterschätzt und Fahrten von einem Gebiet zum nächsten können sehr viel Zeit und Kraft rauben. Es wird deshalb dringend empfohlen, sich zu begrenzen.

An das **Klima** in Südsibirien werden oft falsche Erwartungen gestellt. Unterschätzt wird manchmal die sommerliche Hitze. Auch die Kälte im Winter ist weniger schwer zu ertragen, als man annimmt. Näheres ist unter „Landschaft und Natur: Klima" zu erfahren.

Das Besondere an einer Reise in die Baikalregion ist ihre Ursprünglichkeit. Wer **Unterkünfte** mit westlichem Standard wie WC, fließend Wasser und Dusche erwartet, ist an wenige Orte gebunden (z.B. Irkutsk, Ulan-

Ude, Sewerobaikalsk, Listwjanka, Baikalsk oder Enchaluk, siehe „Reisetipps A–Z: Unterkunft").

Man sollte nicht zu hohe Erwartungen an **Sehenswürdigkeiten** stellen. Die moderne Geschichte Sibiriens ist erst 300 Jahre jung, und seine Kultur musste sich in 5000 km Entfernung von den Zentren Moskau und St. Petersburg entwickeln. Wer prächtige Klöster und Paläste wie in Zentralrussland erwartet, wird sicher enttäuscht. Vieles präsentiert sich eher unscheinbar, ist oft auch aus Geldmangel in schlechtem Zustand. Vielleicht hat das etwas mit der „russischen Seele" zu tun, für die innere Werte wichtiger sind. Fast unmöglich ist es für Mitteleuropaer allerdings, Verständnis aufzubringen für den Umgang mit **Müll.** Nicht nur Sehenswürdigkeiten, auch die schönsten Fleckchen in der Natur sind, sofern sie für die Massen erreichbar sind, oft verdreckt.

Viele faszinierende Entdeckungen macht, wer auch unter die Oberfläche schauen kann. Dabei sollte allerdings ein weiteres Problem nicht unterschätzt werden: **Informationen** zu touristischen Möglichkeiten und Sehenswürdigkeiten sind oft sehr spärlich. Auch gute (bes. fremdsprachige) Literatur ist vor Ort kaum vorhanden. Umso wichtiger ist, dass man Hintergrundwissen bereits mitbringt. Bei der Arbeit am vorliegenden Reiseführer wurde dies berücksichtigt, und die meisten Themen sind so ausführlich behandelt, dass auch ohne weitere Literatur ein umfassendes Bild entsteht. Da sich Russland nach dem Zusammenbruch der Sowjetunion noch immer schnell verändert, unterliegen natürlich auch touristische Informationen einem schnellen Wandel. Um aktuelle Veränderungen nach Drucklegung dieser Auflage weitergeben zu können, haben wir auf unserer Internetseite **www.baikalsee.net** eine Rubrik geschaffen, auf der laufend Korrekturen zum Buch veröffentlicht werden.

Einer der interessantesten Aspekte der Baikalregion ist ihre **ethnologische Vielfalt.** Nicht immer einfach ist es jedoch für Touristen, mit den unterschiedlichen Volksgruppen in Berührung zu kommen. Spezielle Vorführungen, die z.B. zu burjatischer Kultur angeboten werden, enttäuschen oft durch den Mangel an direktem Kontakt und ihre Künstlichkeit. Eine bessere Möglichkeit, sich ein Bild zu machen, ist, einige Tage in einer Privatunterkunft am Alltagsleben teilzunehmen. In Gegenden wie dem Tunka-Tal, dem Oka-Bezirk oder auch Orten wie Bolschoje Goloustnoje gibt es sehr herzliche burjatische Familien, die (mithilfe der Adressen in den Ortskapiteln) direkt kontaktiert werden können. Jedem, der nicht vor einfachen, aber gemütlichen Verhältnissen zurückschreckt, sei ein solcher Aufenthalt wärmstens empfohlen! Für Einblicke in die ewenkische Lebensweise, die weniger gut erhalten ist, müsste man eigentlich in den äußersten Norden des Irkutsker Gebiets fliegen, es ist nur auf dem Luftweg erreichbar. Einen ersten Eindruck bekommt man in den Orten Cholodnoje und Schegnanda (Nordbaikal) und im Bargusin-Tal.

008ba Foto: ri

Vor der Reise

007ba Foto: rj

006ba Foto: rj

Auf der Baikal-Insel Olchon

„Willkommen in Sibirien“

„Irkutsk - Moskau“: der Baikalexpress

Internet

Auch in Russland ist die Nutzung des Internets schon weit verbreitet. Viele haben zumindest am Arbeitsplatz Zugang. **Internetcafés** gibt es in allen größeren Städten.

Nützliche Web-Adressen

Eine schöne Homepage ist übrigens nicht immer Zeichen für professionelle Arbeit. Auf Anfragen per E-Mail bekommt man oft keine prompte Antwort. (R) = auf Russisch, (E) = auf Englisch, (D) auf Deutsch.

- **www.russlandweb.de** – Russland-Links d. Deutsch-Russischen Forums; gesellschaftliche Themen, NGOs, Wirtschaft, Politik
- **www.aktuell.ru** – aktuelle russische Nachrichten in deutscher Sprache
- **www.desib.de** (D) – Deutschland-Sibirien-Portal, Sammlung von Informationen, Kontakten, Literatur, viele Nachrichten aus anthroposophischen Einrichtungen
- **www.baikalsee.net** (D) – Seite zum vorliegenden Reiseführer mit Aktualisierungen, Fahrplänen und vielem mehr
- **www.bww.irk.ru** (E) – allgemeine Informationen über den Baikalsee
- **www.baikalplan.de** – Seite des Baikalplan e.V., seine Projekte, die Zusammenarbeit mit GreatBaikalTrail
- **www.baikalinfo.com** (D, E) – Reiseportal für Individualreisende, erstellt von Baikalplan
- **http://nature.baikal.ru** (R) – Outdoor-Erfahrungen, Wanderrouten (z.T. mit GPS-Koordinaten), Fotos
- **www.trans-sib.de** – Transsibirische Eisenbahn
- **www.userpage.fu-berlin.de/~rpeter** – Pflanzen- und Tierwelt des Baikalsees
- **www.babr.ru** (R) – aktuelle und sehr kritische Nachrichten aus der Region Irkutsk, Baikalsee, Umweltthemen
- **www.info.irk.ru, www.irk.ru** (R) – Nachrichten, Stadtinformationen zu Irkutsk (Fahrpläne und vieles mehr)
- **www.baikalinfo.ru** (R, E) – Seite des Irkutsker Touristen-Informationsbüros
- **www.baikal.irkutsk.ru** (R) – Seite des Reiseführerautors *Wolkow*
- **www.manus.baikal.ru** (R, E) – zur Geschichte von Irkutsk
- **www.buryatia.ru** (R) – offizielle Seite der Republik Burjatien mit guten Links
- **http://egov-buryatia.ru** (E, R, Burjatisch) – offizielle Seite der burjatischen Regierung
- **www.baikal.ru/bc** (R) – burjatische Kultur
- **www.ulan-ude.ru** (R) – Informationen über Stadt, Geschichte, Kultur, öffentliches Leben, Wirtschaft
- **www.ngo.burnet.ru** (R) – nichtstaatliche Organisationen Burjatiens
- **www.sbaikal.ru** (R, E) – Seite des Visit-Zentrums Nischneangarsk, Nordbaikal
- **http://buddhism.buryatia.ru** (R, E) – ausführliche Informationen über den Buddhismus in Russland
- **http://kbzd.irk.ru** (E, R) – Baikalbahn
- **www.info.irk.ru/kbrr** (R) – Baikalbahn
- **http://tunki.baikal.ru** (R) – alles über das Tunka-Tal
- **www.semeyskie.narod.ru** (R) – über die Altgläubigen
- **www.oldbeliever.de** (D, E) – über die Altgläubigen

Anreise

Flug

Am schnellsten sind die ca. 7000 km zwischen Mitteleuropa und der Baikalregion mit dem Flugzeug zurückzulegen. Es gibt noch **keine Direktflüge;** für 2008 ist die Einrichtung eines solchen von München nach Irkutsk geplant. Die besten Umsteigeverbindungen bestehen nach **Irkutsk.**

- **Aeroflot** (www.aeroflot.de, Tel. 0180-3755555) fliegt z.B. von Berlin, Düsseldorf, Hannover, Frankfurt, Hamburg, München,

Wien, Zürich und Genf über Moskau nach Irkutsk, wobei man in Moskau den Flughafen wechseln muss (von Scheremetjewo 2 nach 1), was ohne Ortskenntnis und unter Zeitdruck anstrengend sein kann. Bei einer Umsteigedauer von unter 4 Stunden bietet Aeroflot inzwischen einen **Umsteigeservice** an, bei dem (auf Wunsch) das Gepäck durchgecheckt werden kann und eine persönliche Begleitung von der Zollkontrolle bis zum Wiedereinchecken den Flughafenwechsel sehr annehmbar gestaltet.

- Einmal wöchentlich fliegt **Rossiya** (Tel. (030) 88576628) von Berlin, Hamburg, Hannover, Düsseldorf, Frankfurt, München und Zürich über St. Petersburg nach Irkutsk.
- **S7** (www.s7.ru/de, Tel. (0511) 8079746) fliegt von Düsseldorf, Frankfurt, Hannover und München über Moskau oder Nowosibirsk nach Irkutsk und Ulan-Ude. Mit dieser Airline ist das Umsteigen in Moskau sehr einfach, die Flugzeiten sind angenehmer als z.B. bei Aeroflot.

Es wird ausdrücklich davon abgeraten, eine Verbindung zu wählen, bei der zwischen Domodedowo und Scheremetewo umgestiegen werden muss. Ein solcher Transfer wäre sehr mühsam, kostspielig und zeitraubend.

Die Zeit, die man für das Umsteigen innerhalb eines Flughafens benötigt, darf nicht unterschätzt werden (in Domodedowo mind. 2 Std., in Scheremetewo mind. 2½ Std.). Eine Besonderheit ist, dass vor jedem Weiterflug das Gepäck persönlich abgeholt und dann auch **wieder eingecheckt** werden muss.

Flugpreise

Je nach Fluggesellschaft, Jahreszeit und Aufenthaltsdauer in Russland ist ein Economy-Ticket von Deutschland nach Irkutsk oder Ulan-Ude ab 550 € zu haben (Endpreis einschließlich aller Steuern, Gebühren und Entgelte). Ab Zürich fliegt man mit Rossiya nach Irkutsk ab 850 SFr, wohingegen ein Flug nach Moskau-Domodedowo mit Swiss schon ab 408 SFr zu bekommen ist. Die Flugpreise in der Hauptsaison liegen um 650 €. Am höchsten sind sie für Flüge in den Monaten Juni, Juli, August und über die Neujahrsfeiertage.

Preiswertere Flüge bieten **Jugend- und Studententickets** (je nach Airline alle jungen Leute bis 29 Jahre und Studenten bis 34 Jahre). Außerhalb der Hauptsaison gibt es einen Hin- und Rückflug von Frankfurt nach Irkutsk ab knapp unter 500 €.

Buchung

Die folgenden **zuverlässigen Reisebüros** haben meistens günstigere Preise als viele andere.

- **Jet-Travel,** Buchholzstr. 35, D-53127 Bonn, Tel. (0228) 284315, Fax 284086, www.jet-travel.de, info@jet-travel.de. Auch für Jugend- und Studententickets. Sonderangebote auf der Website unter „Schnappchenflüge".
- **Globetrotter Travel Service,** Löwenstr. 61, 8023 Zürich, Tel. 044 2286666, www.globetrotter.ch. Weitere Filialen, siehe Website.

Die vergünstigten Spezialtarife und befristeten Sonderangebote kann man nur bei wenigen Fluggesellschaften in deren Büros oder direkt auf den Websites buchen; diese sind jedoch immer auch bei den oben genannten Reisebüros erhältlich.

Billigfluglinien

Preiswerter geht es mit etwas Glück nur, wenn man bei einer Billigairline

Kleines „Flug-Know-How"

Check-in

Nicht vergessen: Ohne einen gültigen Reisepass und ein russisches Visum kommt man nicht an Bord! Bei den meisten internationalen Flügen muss man **zwei bis drei Stunden vor Abflug** am Schalter der Airline eingecheckt haben. Viele Airlines neigen zum Überbuchen, d.h. sie buchen mehr Passagiere ein, als Sitze im Flugzeug vorhanden sind, und wer zuletzt kommt, hat dann möglicherweise das Nachsehen.

Das Ticket

Die **Gültigkeitsdauer des Tickets** kann 30 oder 45 Tage, 3, 6 und 12 Monate betragen. Nach Ablauf der Frist (siehe Gültigkeitsdauer in der Mitte des Tickets über der Flugstreckenangabe) ist keine Verlängerung möglich, das Ticket verfällt dann. Sonst kann der Flugtermin innerhalb der Geltungsdauer beliebig oft verschoben werden, wofür aber fast immer Gebühren erhoben werden. Aber Achtung, in der Hochsaison sind alle Plätze oft auf Wochen ausgebucht!

Bei **Billigtickets,** die einen fixen Termin beinhalten, gibt es keine Änderungsmöglichkeit. Wenn man den Flug verpasst, hat man einfach Pech gehabt.

Geht ein **Ticket verloren,** das schon rückbestätigt wurde, hat man gute Chancen, einen Ersatz dafür zu erhalten. Einige Airlines kassieren dafür aber noch einmal 50 bis 100 € und bei manchen läuft gar nichts mehr. Gut ist es, deutlich lesbare Fotokopien des Tickets zu machen und bei einer Vertrauensperson zu hinterlegen. Dies hilft enorm bei einer Neuausstellung des Tickets.

All das kann man sich ersparen, wenn man von **elektronischen Tickets** (E-Tickets) Gebrauch macht, die immer mehr Fluggesellschaften anbieten. Die werden im Reservierungssystem der Airline, bei der man einen Flug gebucht hat, gespeichert und können nicht verloren gehen und gestohlen werden. Hinzu kommt, dass für die Ausstellung von Papiertickets neuerdings Zuschläge von bis zu 10 € berechnet werden.

Das Gepäck

Aus Sicherheitsgründen dürfen **Taschenmesser, Nagelfeilen, Scheren** und Ähnliches nicht mehr im Handgepäck untergebracht werden. Diese sollte man unbedingt im aufzugebenden Gepäck verstauen, sonst werden diese Gegenstände bei der Sicherheitskontrolle einfach weggeworfen. Darüber hinaus gilt, dass Feuerwerke, leicht entzündliche Gase (in Sprühdosen, Campinggas), entflammbare Stoffe (z.B. in Benzinfeuerzeugen) etc. nichts im Passagiergepäck zu suchen haben.

In der Economy-Class darf man in der Regel nur **Gepäck bis zu 20 kg pro Person** einchecken (steht auf dem Flugticket) und zusätzlich ein Handgepäck von 7 kg in die Kabine mitnehmen, welches eine bestimmte Größe von 55 x 40 x 23 cm nicht überschreiten darf. In der Business Class sind es meist 30 kg pro Person und zwei Handgepäckstücke, die insgesamt nicht mehr als 12 kg wiegen dürfen. Man sollte sich beim Kauf des Tickets über die Bestimmungen der Airline informieren. Dabei sollte man sich auch nach den neuen Regelungen zur Mitnahme von **Flüssigkeiten im Handgepäck** erkundigen, die Ende 2006 eingeführt wurden. Da sich diese Regelungen derzeit ständig ändern, wird hier nicht auf die Details eingegangen.

Wenn das Gepäck die Gewichtsgrenze übersteigt, ist die Airline nicht verpflichtet, es auf dem gleichen Flug zu befördern und man trägt die **Mehrkosten** für die Versendung als Frachtgut oder die Zulassung als Übergepäck. Wenn man Glück hat, wird ein Auge zugedrückt. Gepäckstücke, die mehr als 32 kg wiegen, können nicht normal eingecheckt werden – zum gesundheitlichen Schutz des Personals, das diese Gepäckstücke heben muss.

Sperrige Gepäckstücke (z.B. Fahrräder) müssen bei der Fluggesellschaft vorab angemeldet werden. Deren Beförderung kann mit Zusatzkosten verknüpft sein, die je nach Airline unterschiedlich sind.

Rückbestätigung

Bei den meisten Airlines ist heutzutage die **Bestätigung des Rückfluges** nicht mehr notwendig. Allerdings empfehlen alle Airlines, sich dennoch telefonisch zu erkundigen, ob sich an der Flugzeit nichts geändert hat, denn kurzfristige Änderungen der genauen Abfluguhrzeit kommen beim zunehmenden Luftverkehr heute immer häufiger vor.

Wenn die Airline allerdings eine Rückbestätigung *(reconfirmation)* **bis 72 oder 48 Stunden vor dem Rückflug** verlangt, sollte man auf keinen Fall versäumen, kurz anzurufen, sonst kann es passieren, dass die Buchung im Computer der Fluggesellschaft gestrichen wird; der Flugtermin ist dahin. Das Ticket verfällt aber nicht dadurch, es sei denn, die Gültigkeitsdauer wird überschritten. Unter Umständen ist aber in der Hochsaison nicht sofort ein Platz in einem anderen Flieger frei.

Die **Rufnummer** kann man von Mitarbeitern der Airline bei der Ankunft, im Hotel, im Telefonbuch oder auf der Website der Airline erfahren.

sehr früh online bucht. Es werden keine Tickets ausgestellt, sondern man bekommt nur eine Buchungsnummer per E-Mail. Zur Bezahlung wird in der Regel eine Kreditkarte verlangt.

Im Flugzeug gibt es oft **keine festen Sitzplätze,** sondern man wird meist schubweise zum Boarden aufgerufen, um Gedränge zu vermeiden. **Verpflegung** wird extra berechnet. Für die Region interessant sind:

- **Air Baltic,** www.airbaltic.com – Von Berlin, Düsseldorf, Hamburg, München, Wien und Zürich über Riga nach Moskau.
- **Germanwings,** www.germanwings.com – Von Berlin-Schönefeld, Hamburg, Köln/Bonn und Stuttgart nach Moskau (Wnukowo).
- **Air Berlin,** www.airberlin.com – Von Berlin-Tegel, Düsseldorf, München und Stuttgart direkt nach Moskau (Domodedowo) sowie als Umsteigeverbindung von Hamburg, Karlsruhe/Baden-Baden, Köln/Bonn, Münster, Nürnberg, Wien und Zürich.

Flugsicherheit

Von Aeroflot als staatlichem Monopolisten haben sich nach 1990 viele kleine regionale Fluggesellschaften abgespalten, die nicht alle empfohlen werden können. Viele setzen überalterte und schlecht gewartete Maschinen ein. Die aufgeführten Gesellschaften sind zuverlässig, wenn auch im Service-Bereich noch nicht überall westlicher Standard herrscht. Verzögerungen beim Abflug werden z.B. häufig nicht begründet. Unregelmäßigkeiten sind oft bedingt durch die schwierigen klimatischen Verhältnisse. So sind Maschinen aufgrund starken Nebels in Irkutsk (besonders im Herbst und frühen Winter) manchmal gezwungen, in Ulan-Ude oder Bratsk zu landen. Leider hat Irkutsk keine erfreuliche **Unfallstatistik:** 1992 und 2001 waren Passagiermaschinen betroffen, und 1996 stürzte ein Transportflugzeug kurz nach dem Start auf ein Wohnhaus. Der letzte tragische Unfall geschah erst am 9. Juli 2006: Ein Airbus A-310 der Fluggesellschaft S7 rollte nach der Landung in ein Flughafengebäude. Dabei starben 124 Menschen. Kurz darauf wurde der Bau eines neuen Flughafens zwischen Irkutsk und Angarsk beschlossen, mit dem 2007 begonnen werden soll.

Achtung: Beim **Flughafenwechsel in Moskau-Scheremetjewo** ist dringend vom Gebrauch von Taxis abzuraten (es stehen offizielle Transfer-Busse bereit). Die Preise sind horrend, und die Diebstahlgefahr ist groß.

Mit der Bahn

Laut Ankündigung der Russischen Bahn soll die **direkte Verbindung Minsk – Irkutsk** ab Sommer 2007 nach Berlin verlängert werden. Das würde bedeuten, dass (zumindest im Sommer) eine direkte Zugverbindung ab Berlin bestehen wird (Fahrtzeit: 120 Std., 2x/Woche).

Einen Teil der Strecke bis Sibirien mit dem Zug zurückzulegen, ist eine ausgezeichnete Möglichkeit, sich schrittweise an die fremde Kultur anzunähern und ein Gefühl für die Entfernung zu bekommen. Auch die Zeitumstellung wird auf diese Weise bedeutend besser verkraftet. Eine **Transsib-Fahrt ab Moskau** kann ein echt russisches Erlebnis sein, wenn man auf etwas Komfort verzichtet und einen Zug mit höherer Nummer wählt. Die niedrigen (1–10) sind besonders im Sommer vorwiegend von Ausländern besetzt.

Es ist nicht unbedingt billiger, die Strecke Moskau – Irkutsk mit dem Zug zu fahren. Flugtickets nach Irkutsk sind nur unwesentlich teurer als solche nach Moskau. Wer die gesamte Strecke (auch nach Moskau) mit dem Zug zurücklegen will, braucht ein separates **Transitvisum für Weißrussland.**

Züge aus Westeuropa kommen in Moskau am **Belorussischen Bahnhof** an, die Weiterreise Richtung Osten startet vom Jaroslawler Bahnhof (selten auch am Kasaner Bahnhof). Wer nicht ohnehin die Reise in Moskau unterbrechen möchte, hat so wenigstens für eine Fahrt die Gelegenheit, einen Blick in die legendäre Moskauer Metro zu werfen.

Man benutzt die Ring-Linie im Uhrzeigersinn bis Station Komsomolskaya. Dort finden sich drei große Bahnhöfe direkt nebeneinander. Der **Jaroslawler Bahnhof** ist der mittlere, erkennbar an seinem schwarzen Dach.

Das beliebte **Euro-Domino-Ticket** für Russland ist seit April 2007 nicht mehr im Angebot. Dennoch ist es immer noch erschwinglich, sich das Erlebnis zu gönnen: 210 Euro kostet die einfache Fahrt im 4-Bett-Schlafwagen, 330 Euro sind es im 2-Bett-Abteil. Problematisch kann die Reservierung der entsprechenden Züge sein, selbst in Verkaufsstellen der DB. Auch ist die obligatorische Reservierung der Schlafwagen vor Ort nicht immer einfach.

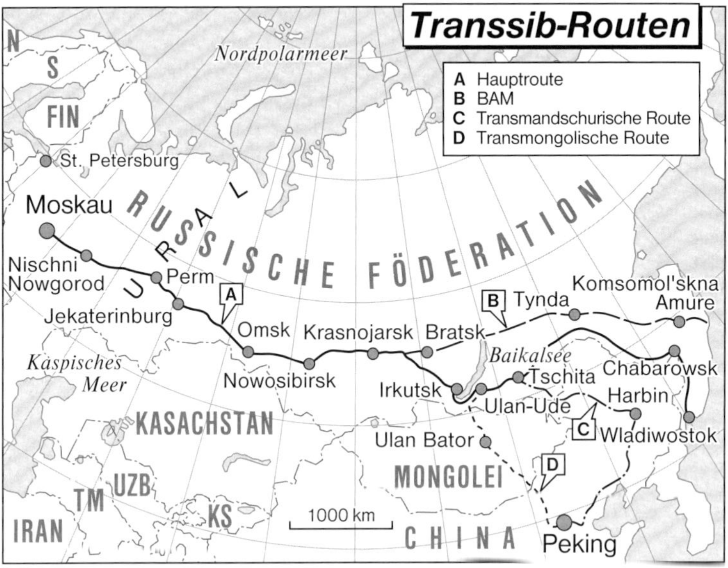

Buchung

Wer sich nicht selbst durch den Dschungel der Tarife und Fahrpläne schlagen und trotzdem sparen will, erhält bei diesem Bahn-Reiseburo kompetente Beratung und auf Wunsch die Tickets ins Haus geschickt:

- **Gleisnost am Stadttheater,** Bertoldstr. 44, 79098 Freiburg, Tel. 0761-383031.
- **Gleisnost im Bahnhof Littenweiler,** Lindenmattenstr. 18, 79117 Freiburg, Tel. 0761-62037.
- **www.gleisnost.de.**
- **www.ufs-online.ru:** Seit 2007 gibt es in Russland die Möglichkeit, Bahnfahrkarten mit Kreditkarte über das **Internet** zu buchen. Bisher sind jedoch die speziellen Schalter für die Abholung solcher Karten erst in wenigen Städten eingerichtet (z.B. Moskau, St. Petersburg). Vorteil ist, dass auf diesem Weg nur ein geringer Aufpreis auf den normalen russischen Bahnpreis erhoben wird (5–10 €). Leider ist die Seite bisher nur auf Russisch und mit Internet Explorer problemlos nutzbar.
- **Buchtipp:** Ausführliche Informationen zur Fahrt mit der Transsib sind im bei Reise Know-How erschienenen **Reiseführer „Transsib"** von *Doris Knop* zu finden.

Zugverbindungen

Es gibt eine große Zahl von Zugverbindungen zwischen russischen Städten. Hier eine kleine Auswahl. Züge nach Ulan-Ude oder Sewerobaikalsk oder Verbindungen innerhalb der Baikalregion s. Ortskapitel. Die Angaben „gerade/ungerade Tage" können sich am Anfang des Monats verschieben.

Züge nach Irkutsk, Fahrtzeit 77–88 Std., Zeitangaben Ortszeit:

- **Nr. 2 Moskau – Wladiwostok,** ungerade Tage ab 21.25 Uhr, an 7.11 Uhr.
- **Nr. 10 Moskau – Irkutsk (Baikalexpress),** ungerade Tage ab 23.25 Uhr, an 9.13 Uhr.

- **Nr. 44 Moskau – Chabarowsk,** ungerade Tage ab 0.35 Uhr, an 20.15 Uhr.
- **Nr. 340 und 350 Moskau – Tschita** bzw. Blagoweschtschensk, tägl. ab 13.35 Uhr, an 11 Uhr.

Züge nach Moskau:

- **Nr. 9 Irkutsk – Moskau (Baikalexpress),** gerade Tage ab 16.25 Uhr, an 16.42 Uhr.
- **Nr. 1 Wladiwostok – Moskau,** ungerade Tage ab 17.55 Uhr, an 17.42 Uhr.
- **Nr. 339 und 349 Tschita bzw. Blagoweschtschensk – Moskau,** tägl. ab 18.20 Uhr, an 4.11 Uhr.

Mit dem Bus nach Moskau

Für Low-Budget-Reisende gibt es die Möglichkeit, mit Fernbussen bis Moskau zu fahren. Für 65 € (hin u. zurück 110 €) kommt man z.B. aus Berlin innerhalb von 1½ Tagen ans Ziel. Anbieter sind z.B. Reichert, Tel. (0511) 3491900, oder EuroLines, Tel. (069) 790350, www.deutsche-touring.de.

Anreise mit dem eigenen Fahrzeug

Immer wieder gibt es Reisende, die Russland mit Pkw oder Motorrad durchqueren (hierzu s. auch „Autofahren" im Kap. „Reisetipps A–Z"). Für die Einreise nach Russland benötigt man einen **internationalen Führerschein,** eine gute **Haftpflichtversicherung** und die grüne Versicherungskarte. Seit einigen Jahren ist eine Mindesthaftpflichtversicherung für Pkws vorgeschrieben, ausländische Versicherungen werden jedoch noch nicht anerkannt. Die erforderliche Versicherung kann an der Grenze abgeschlossen werden. Der Preis hängt von PS, Hubraum und Aufenthaltsdauer ab. An der Grenze wird eine Einreisegenehmigung ausgestellt, die man bei sich führen muss. Damit ist ein Auto/Motorrad für maximal zwei Monate in Russland zugelassen (auch bei längerer Gültigkeit des Visums). Das Dokument ist nur mit großem Aufwand bei einer Zollbehörde verlängerbar. Autokennzeichen, Fahrzeug-Typ und Farbe müssen im Visumsantrag vermerkt sein. Das Mitführen eines Feuerlöschers im Fahrzeug ist vorgeschrieben.

Weißrussland und die Ukraine haben zum Teil abweichende Bestimmungen (u.a. separate Visumpflicht). Einfacher gestaltet sich die Anreise über Polen und das Baltikum oder über Finnland.

- **Buchtipp:** „Fernreisen mit dem eigenen Fahrzeug" aus der Reihe Praxis, Reise Know-How Verlag, Bielefeld.

Ein- und Ausreisebestimmungen

Die Einreisebestimmungen Russlands sind sehr restriktiv und werden streng gehandhabt. Dies wird eher verständlich, wenn man sich bewusst macht, dass Russland weltweit auf Platz 3 der Einwanderungsländer steht. Die meisten Migranten stammen aus zentralasiatischen Staaten, dem Kaukasus und aus China.

Viele Straßen im Baikalgebiet sind nicht asphaltiert

Visum und Einladung

Für die Einreise nach Russland braucht man ein Visum, das von den **Diplomatischen Vertretungen** (s.u.) ausgestellt wird. Seit 2005 können Visa nicht mehr bei jedem beliebigen russischen Konsulat in Deutschland beantragt werden. Jede Vertretung hat seitdem einen **Zuständigkeitsbereich** von mehreren Bundesländern.

Leider ist es bei den meisten Vertretungen Russlands in Deutschland nahezu **zwecklos, Kontakt** per **Telefon** oder **E-Mail** aufzunehmen. Telefone sind chronisch belegt oder werden nicht abgenommen, Mails nur selten beantwortet. Deshalb werden hier Mail-Adressen erst gar nicht genannt.

In Deutschland

- Zuständig für **Berlin, Brandenburg, Sachsen-Anhalt und Mecklenburg-Vorpommern:** Botschaft der Russischen Förderation, Konsularabteilung, Behrenstraße 66, 10117 Berlin, Tel. (030) 22651184, Fax (0190) 773313 (0,78 €/Min.), Sprechzeit: Mo–Fr 9–13 Uhr, www.russische-botschaft.de.
- Zuständig für **Nordrhein-Westfalen, Hessen, Saarland, Baden-Württemberg und Rheinland-Pfalz:** Generalkonsulat der Russischen Förderation, Waldstraße 42, 53177 Bonn, Tel. (0228) 38679-30/31, Fax 312164, Sprechzeit: Mo–Fr 8.30–12.30 Uhr, 9–12 Uhr Annahme der Unterlagen, 12–12.30 Uhr Ausgabe der fertigen Unterlagen, www.ruskonsulatbonn.de.
- Zuständig für **Bremen, Hamburg, Niedersachsen und Schleswig-Holstein:** Generalkonsulat der Russischen Förderation, Am Feenteich 20, 22085 Hamburg, Tel. (040) 2276380 (Visafragen) 2295201, 2295301, Fax 2297727, Sprechzeit: Mo–Fr 9–12 Uhr.

002ba Foto: rj

- Zuständig für **für Leipzig, Thüringen und Sachsen:** Generalkonsulat der Russischen Förderation, Kickerlingsberg 18, 04105 Leipzig, Tel. (0341) 5851876, Fax 5649589, Sprechzeit: Mo–Fr 9–12.30 Uhr.
- Zuständig für **Bayern:** Generalkonsulat der Russischen Förderation, Seidlstraße 28, 80335 München, Tel. (089) 592528, 592503, Fax 5503828, Sprechzeit: Mo, Di, Mi, Fr 9–13 Uhr.

In Österreich

- **Botschaft der Russischen Föderation,** Konsularabteilung, Reisnerstraße 45–47, 1030 Wien, Tel. 01-7123233, 7139770, Fax 7147612, Sprechzeiten: Mo, Mi, Fr 9–12 Uhr, www.austria.mid.ru.

In der Schweiz

- **Botschaft der Russischen Föderation,** Konsularabteilung, Brunnadernstr. 53, 3006 Bern, Tel. (031) 3520567, 3510670 (Visainfo auf Deutsch), Fax 3526460, Sprechzeit: Mo, Mi, Fr 9–12 Uhr, www.consulrussia.ch.

Zur Beantragung eines Visums muss eine Einladung vorliegen. **Touristische Einladungen** bis zu einer maximalen Dauer von 30 Tagen stellen Reiseveranstalter (bzw. deren russische Partner) aus, wobei das Reiseunternehmen beim russischen Außenministerium registriert sein muss (Registriernummer). Die Bestätigung einer Hotelbuchung reicht als Einladung nicht aus, es sei denn, das entsprechende Hotel ist beim russischen Außenministerium als Reiseveranstalter registriert. Die Registriernummer des Reiseveranstalters muss bei der Beantragung des Visums angegeben werden (häufig auf einem Extrablatt). Auch Privatpersonen können theoretisch einladen. Da dies für den Betreffenden jedoch mit erheblichem Aufwand verbunden ist (Behördengänge, Wartezeiten), sollte man nur in Notfällen darauf zurückgreifen.

Einfache Visa erlauben die einmalige Ein- und Ausreise, **Mehrfachvisa** ermöglichen die mehrmalige Ein- und Ausreise im entsprechenden Zeitraum. Im Fall touristischer Visa gibt es allerdings nur maximal zweimalige Ein- und Ausreise.

Für Aufenthalte von über 30 Tagen können **Geschäftsvisa** beantragt werden (darunter fallen auch kulturelle Aufenthalte). Dafür muss ein russischer Partner an der örtlichen Behörde des Innenministeriums (Owir) eine Einladung beantragen (teurer und bedeutend langwieriger als touristische Einladungen – bis zu sechs Wochen). Die maximale Geltungsdauer von ein- und zweifachen Geschäftsvisa ist drei Monate, von mehrfachen Geschäftsvisa sechs oder zwölf Monate.

Visumsantrag

Formulare können von der Homepage der russischen Botschaft heruntergeladen werden (s.u.). Touristische Einladungen können von den meisten Reiseveranstaltern sehr schnell ausgestellt werden (1 Tag). Visa werden von den Konsulaten zu jeweils unterschiedlichen **Gebühren** innerhalb von 1 Monat, 1 Woche, 3 Tagen, 1 Tag oder 3 Stunden ausgestellt. Der Preis für touristische Visa liegt zwischen 35 und 120 €, je nach **Bearbeitungsdauer.** Bei touristischen Visa müssen zwischen der Beantragung und der Einreise nach Russland mindestens zwei Tage liegen.

Zu einem Visumsantrag gehört:
- einheitlich ausgefülltes Antragsformular
- 1 Passfoto
- Einladung
- ausgefülltes Versicherungskartenformular
- Kopie der Police einer Auslandskrankenversicherung (s. „Versicherungen“)
- Reisepass (mind. sechs Monate über die Reise hinaus gültig)
- Überweisungsbeleg
- bei postalischem Antrag frankierter Rückumschlag und Postbearbeitungsgebühr

In Bonn und Berlin werden **keine postalisch zugesandten Visumsanträge** mehr akzeptiert. Sie können nur persönlich oder von einem Visumsdienst (s.u.) eingereicht werden.

Wer eine **Pauschalreise** bei einem deutschen Reiseveranstalter gebucht hat, hat mit der Beantragung von Einladung und Visum kaum etwas zu tun. Wichtig sind die obigen Hinweise im Fall von russischen Reiseveranstaltern und für **Individualreisende,** die sich ihr Visum selbstständig besorgen müssen. Viele Reiseveranstalter verkaufen ungern nur Einladungen ohne sonstige Dienstleistungen. Ein Kompromiss kann sein, wenigstens einen Teil der Reise bei einem Veranstalter zu buchen. Bei der Wahl der einladenden Organisation muss man beachten, dass nicht alle am Reiseziel Vertretungen haben, die das Visum registrieren können (s.u.). Auch wer sich an einen Visumsdienst wendet, sollte vorher klären, ob die Registrierung am Reiseziel möglich ist.

Ausländer erhalten in den konsularischen Vertretungen nur ein Visum, wenn sie eine Aufenthaltsgenehmigung besitzen.

Aktuelle Informationen zu den Visabestimmungen gibt es auf der Website von Vostok-Reisen: www.vostok.de.

Visumsdienste

Neben Reiseveranstaltern können auch Visumsdienste die Beantragung von Visa übernehmen. Die meisten Visumsdienste bieten inzwischen außerdem Einladungen für touristische und Geschäftsvisa an, was gerade für Individualreisende von Interesse ist.

In Deutschland:
- **Pro-Visa** GmbH, Wilhelm-Stolze-Str. 32, 10249 Berlin, Tel. (030) 42018973, Fax 42018974, www.pro-visa.net.
- **Sicher-Reisen** GmbH, Ehrwalder Str. 52, 81377 München, Tel. (089) 723010, Fax 7230122, www.sicher-reisen.de.
- **Spomer** GmbH, Bahnhofstr. 16, 53584 Bad Honnef, Tel. (02224) 94680, Fax 946829, www.visum.net.
- **Sputnik-Berlin,** Tel. (030) 20454581, www.sputnik-travel-berlin.de.
- **Visa Dienst Bonn** GmbH, Koblenzer Str. 85, 53177 Bonn, Tel. (0228) 36799-0/14 (Fax -36), www.visum.de.
- **Visaexpress,** Merkur-Reisen GmbH, Kamillenweg 22, 53757 Sankt Augustin, Tel. (02241) 337093, www.visaexpress.de.
- **Vostok Reisen,** Weinbergsweg 2, 10119 Berlin, Tel. (030) 30871020, Fax 30871028, www.vostok.de.

In der Schweiz:
- **Priority World** GmbH, Felsenstraße 1, Zürich, Tel. 01-3006260, Fax 01-3006264, priworld@swissonline.ch.

In Österreich:
- **ÖSG Reisedienst/Ganesha Reisen** GmbH, Favoritenstr. 35, 1040 Wien, Tel. 01-5056794, Fax 5056263, www.oesgreisedienst.com.

Russische Anbieter:

Russische Visumsdienste gibt es eigentlich nicht. Die folgenden Irkutsker Firmen bieten auf ihrer Homepage explizit Einladungen an:

- **Sputnik,** ul. Tschkalowa 39 A, 664027 Irkutsk, Tel. (3952) 341733, 341731, Fax 341629, www.baikalsp.ru.
- **Baikal Travel,** Irkutsk, Tel. (3952) 200134, Fax 200070, www.irkutsk-baikal.com.
- **VisaToRussia,** Moskau, Tel. (095) 95644 22, Fax 9562244, www.visatorussia.com; bietet weltweit russische Einladungen für touristische und Geschäftsvisa an.

Grenzübertritt

Ausgefüllt und abgestempelt werden müssen eine Zollerklärung und eine **Migrationskarte.** Auf letzterer müssen Name und Adresse der russischen einladenden Organisation angegeben werden. Auch Einladungen von deutschen Veranstaltern werden von einer russischen Partnerorganisation ausgestellt. Die Migrationskarte muss man auf jeden Fall bis zur Ausreise aufbewahren, auf ihrer Rückseite wird die Registrierung vermerkt. Beim Grenzübertritt wird sie wieder abgegeben.

Eine **Zollerklärung** benötigt man, wenn man beabsichtigt, größere Geldsummen wieder auszuführen. So belegt man, dass diese nicht im Land erworben wurden. Andernfalls muss man ab einer bestimmten Obergrenze die Herkunft nachweisen.

Registrierung

Spätestens **am dritten Werktag eines Aufenthaltes am selben Ort** muss sich jeder Reisende registrieren lassen. In der Regel macht dies die einladende Organisation, das Hotel oder der Föderale Migrationsdienst UFMS. Bei Aufenthalten von mind. 3 Monaten Dauer ist die Meldestelle (Owir, *Otdel wis i registrazi*) zuständig. Seit 2007 gilt ein **neues Gesetz,** nach dem die Registrierung nicht mehr wie bisher auf der Migrationskarte vermerkt wird, sondern auf einem separaten, neu eingeführten **Formular** *(talón).* Den Durchschlag jeder Registrierung muss der Reisende aufbewahren und vor der Ausreise die gesammelten Formulare wieder bei der Behörde (UFMS) oder im Hotel abgeben. Neu ist ebenfalls, dass die Registrierung zukünftig auch in jeder **Postfiliale** durchgeführt werden kann, von wo sie per Post weitergeschickt wird. Hierbei müssen Kopien des Passes, des Visums und der Migrationskarte abgegeben werden. Angegeben wird bei der neuen Registrierung nicht nur die Adresse der Unterkunft mit Telefonnummer, sondern auch die einladende Organisation. Im April 2007 lagen jedoch noch keine neuen Formulare vor, sodass bis auf Weiteres die Migrationskarten für die Registrierung benutzt wurden.

Wie dieses neue Gesetz in der Praxis umgesetzt wird, ist völlig offen. De facto bedeutet die 3-Tages-Regelung eine Erleichterung für Reisende, die gar keine längeren Aufenthalte planen. Auch bei anderen Reisenden ist durch die Abgabepflicht der Durchschläge bei der Ausreise eigentlich keine Kontrolle möglich.

Für **Jahresvisa** (Geschäftsvisa) gilt wie bisher, dass sie nur für max. 180 Tage registriert werden können. Danach muss für mind. eine Stunde das Land verlassen werden.

Ebenfalls unverändert gilt, dass der Pass, die Migrationskarte und der

Durchschlag der Registrierung **ständig bei sich getragen** werden müssen. Allerdings zeigt die Erfahrung, dass Kontrollen auf der Straße bei westlich aussehenden Ausländern sehr selten sind. Häufiger betroffen sind Menschen mit zentralasiatischem oder ostasiatischem Äußeren.

Ein- und Ausfuhrbeschränkungen

Die Ausfuhr von **modernen Kunstgegenständen** aus Russland ist erlaubt und muss am Zoll nicht deklariert werden. Um jedoch Fragen bezüglich des Enstehungsdatums zu vermeiden, sollte man darauf achten, dass ein Kaufbeleg mit Angabe des Künstlers vorliegt.

Wer **ältere Kunstwerke, Antiquitäten** oder prähistorische Souvenirs ausführen möchte, sollte eine Ausfuhrgenehmigung beantragen. Die Vertretung des russischen Kultusministeriums (Irkutsk, ul. Litwinowa 1, Eingang Kárla Márxa) stellt diese mit Bearbeitungszeiten von zwei bis vier Wochen aus. Vorsicht bei der Ausfuhr von vor her eingeführten **eigenen Musikinstrumenten:** Bei älterem Herstellungsdatum sollten sie auf der Einreise-Zollerklärung vermerkt sein.

Zollbestimmungen

Bei der Rückreise gibt es auch auf europäischer Seite **Freigrenzen, Verbote und Einschränkungen,** die man beachten sollte, um eine böse Überraschung am Zoll zu vermeiden. Folgende **Freimengen** darf man zollfrei einführen:

- **Tabakwaren** (über 17-Jährige in EU-Länder und in die Schweiz): 200 Zigaretten oder 100 Zigarillos oder 50 Zigarren oder 250 g Tabak.
- **Alkohol,** über 17-Jährige in EU-Länder: 1 l über 22 % Vol. oder 2 l bis 22 % Vol. und zusätzlich 2 l nicht-schäumende Weine. In die Schweiz: 2 l bis 15 % Vol. und 1 l über 15 % Vol.
- **Andere Waren für den persönlichen Gebrauch,** über 15-Jährige: nach Deutschland 500 g Kaffee, nach Österreich zusätzlich 100 g Tee, ohne Altersbeschränkung: 50 g Parfüm und 0,25 l Eau de Toilette sowie Waren bis zu 175 €. In die Schweiz Waren bis zu einem Gesamtwert von 300 SFr pro Person.

Wird der Warenwert von 175 € bzw. 300 SFr überschritten, sind **Einfuhrabgaben** auf den Gesamtwert der Ware zu zahlen und nicht nur auf den die Freigrenze übersteigenden Anteil. Die Berechnung erfolgt entweder pauschalisiert oder nach dem Zolltarif jeder einzelnen Ware zuzüglich sonstiger Steuern.

Einfuhrbeschränkungen bestehen z.B. für Tiere, Pflanzen, Arzneimittel, Betäubungsmittel, Feuerwerkskörper, Lebensmittel, Raubkopien, verfassungswidrige Schriften, Pornografie, Waffen und Munition; in Österreich auch für Rohgold und in der Schweiz auch für CB-Funkgeräte. **Nähere Informationen** gibt es bei:

- **Deutschland:** www.zoll.de oder beim Zoll-Infocenter, Tel. (069) 469976-00.
- **Österreich:** www.bmf.gv.at oder beim Zollamt Villach, Tel. (04242) 33233.
- **Schweiz:** www.zoll.admin.ch oder bei der Zollkreisdirektion in Basel, Tel. (061) 2871111.

Reiseveranstalter

Es gibt inzwischen eine Vielzahl von Veranstaltern, die Baikalreisen im Programm haben. Die folgende Auswahl soll einen Überblick über einige empfehlenswerte Anbieter geben: große und mittlere Veranstalter sowie Einzelpersonen. Als Orientierungshilfe werden die wichtigsten Besonderheiten kurz aufgeführt. Unter „Standardangebote" wird verstanden: Reisen nach Irkutsk, Ulan-Ude, Olchon, Listwjanka, alte Baikalbahn, Tunka-Tal, einfache Wanderungen, Schiffsfahrten. Wer schon vor Ort ist, kann bei großen Anbietern oft auch noch sehr kurzfristig einzelne Bausteine buchen (Anbieter mit sehr speziell zugeschnittenem Profil s. auch „Sport und Erholung" im Kap. „Reisetipps A–Z").

In Deutschland

- **BaikalExpress Sibirienreisen,** Unterholz 3, 79235 Vogtsburg, Tel. (07662) 949294, Fax 949295, www.baikal-express.de. Breites Spektrum von Standardangeboten, außerdem Trekking, Rad-, Kajak- und Reittouren.
- **BaikalTours,** Ostkirchenstr. 65, 47574 Gorch, Tel. (02823) 419748, Fax 419749, www.baikaltours.de. Standardangebote, Trekking, Tofalarien.
- **BUND-Reisen,** Spitalstr. 21, 91207 Lauf a.d. Peg, Tel. (09123) 9995710, Fax 9995799, www.bund-reisen.de. Gruppenreisen, Reisebegleitung ab Deutschland, Anfahrt prinzipiell per Bahn.
- **Go East Reisen,** Bahrenfelder Chaussee 53, 22761 Hamburg, Tel. (040) 8969090, Fax 894940, www.go-east.de.
- **Hauser Exkursionen International,** Spiegelstr. 9, 81241 München, Tel. (089) 2350060, Fax 23500699, www.hauser-exkursionen.de. Aktive Gruppenreisen zu festen Terminen, Sommer- und Wintertrekking.
- **Knop-Reisen,** Hollerlander Weg 77, 28355 Bremen, Tel. (0421) 9885030, Fax 3509628, www.knop-reisen.de. Zusammenstellung individueller Routen, Transsib.
- **Lernidee Erlebnisreisen,** Eisenacher Straße 11, 10777 Berlin, Tel. (030) 7860000, Fax 7865596, www.lernidee.de. Großer Veranstalter, Standardangebote und Transsib.
- **Perelingua Sprachreisen,** Varziner Str. 5, 12159 Berlin, Tel. (030) 8518001, Fax 8516983, www.perelingua.de. Sprachreisen.
- **pr-naturetours,** Böttcherstr.3, 38518 Gifhorn, Tel. (05371) 687708, www.pr-naturetours.de; Robert.Pudwill@gmx.de. Naturerlebnisreisen, Aktivreisen, Reisen für biologisch Interessierte, Tauchreisen; keine überladenen Reiseprogramme!
- **TSA-Reisen,** Nelkenweg 5, 91093 Hessdorf-Niederlindach, Tel. (09135) 7360780, Fax 73607811, www.tsa-reisen.de. Standardangebote, Transsib, Vermittlung von Privatunterkünften, Trekking, Rad- und Kajaktouren, Oka-Bezirk, Sprachreisen, sehr gute Spezialisierung auf Individualreisende.
- **Schulz Aktiv Reisen,** Bautzner Str. 39, 01099 Dresden, Tel. (0351) 266255, Fax 266256, www.schulz-aktiv-reisen.de. Aktive Reisen mit leichtem bis mittlerem Schwierigkeitsgrad.
- **Vostok-Reisen,** Weinbergsweg 2, 10119 Berlin, Tel. (030) 30871020, Fax 30871028, www.vostok.de. Visa, Bahntickets, Transfer, Hotelbuchung, Sprachreisen.

In Österreich

- **Hauser Exkursionen,** Favoritenstr. 70, 1040 Wien, Tel. 01-5050346, Fax 5054942, www.hauser-exkursionen.at. Aktive Gruppenreisen zu festen Terminen, Sommer- und Wintertrekking.
- **Olympia-Reisen,** Mariahilfer Str. 103/St4/2. OG, 1060 Wien, Tel. 01-5964645, Fax 5964649, www.olympia-reisen.com. Gruppenreisen zu festen Terminen mit einigen Bausteinangeboten.
- **ÖSG Reisedienst/Ganesha Reisen GmbH,** Favoritenstr. 35, 1040 Wien, Tel. 01-5056794, Fax 5056263, www.oesgreisedienst.com. Standardangebote, Oka-Gebiet.

In Russland

Alle aufgeführten Unternehmen können auf Deutsch angeschrieben werden.

- **Baikaladventures Ulan-Ude,** www.baikal adventures.com, info@baikaladventures.com. Tochterfirma von Firntravel (s.u.), Spezialisierung auf Natur pur, Aktivreisen, Touren abseits der gewöhnlichen Gebiete, Flussabfahrten, Pferdetouren, Klettern.
- **Baikalcomplex,** Irkutsk, Tel./Fax (3952) 462244, 510934, www.baikalcomplex.irk.ru, baikal@online.ru. Sehr erfahrenes Unternehmen, breites Spektrum von Standard- und Spezialangeboten.
- **Baikaltrekking,** Irkutsk, Tel. (3952) 333 491, www.baikaltrekking.com, baikaltrekking @yahoo.com. Familienunternehmen *(Andrej Sagusin),* Kultur und Natur, leichtes bis mittelschweres Trekking, Sprachreisen, sehr professionelle Begleitung, perfektes Deutsch.
- **Firntravel,** ul. Kommunistitscheskaja 16, 670000 Ulan-Ude, Tel./Fax (3012) 216250, www.firntravel.ru, info@firntravel.ru. Reisebüro der Umweltorganisation Firn, Trekking, Rad, Nationalparks, burjatische Kultur, Bargusin-Tal, Oka-Bezirk, individuelle Programme.
- **Baikal-Байкал,** ul. Gorkowo 17, Irkutsk, Tel./Fax (3952) 336250, www.baikalskaya. com, heinzcon@irk.ru. Deutsche Leitung *(Joachim Heinz),* Begegnungsreisen, Sprachreisen und individuelle Begleitung.
- **LovelyTour,** ul. Swerdlowa 23, Irkutsk, Tel. (3952) 200606, Fax 242011, lovely@irmail.ru, www.lovelytour.ru. Standardangebote, Trekking, Bratsk, Nordbaikal.
- **Russian Mir,** ul. Jerbanowa 12/323, 670000 Ulan-Ude, Tel./Fax (3012) 211925, Tel. Irkutsk: (3952) 342043; russian-mir@yan dex.ru, www.mirbaikal.com (auf Englisch und Russisch). Standardangebote, Individuelle Bausteine, Ostküste, Bargusin-Tal.
- **Scheremetow Jack,** Irkutsk, Tel. (3952) 336240, www.baikaler.com, info@baikaler. com. Ein-Mann-Unternehmen, individuelle Betreuung, eigenes Hostel in Irkutsk.

In der Schweiz

- **b&b travel,** Seefeldstr. 210, 8008 Zürich, Tel. 01-3804343, Fax 3804344, www.bandb travel.ch. Partner v. Hauser Exkursionen, s.o.
- **Globotrek,** Neuengasse 30, Postfach 7764, 3001 Bern, Tel. (031) 3130003, Fax 3130011, www.globotrek.ch. Standardangebote, Trekking, Transsib.

Informationsstellen

Offizielle Informationsstellen gibt es in Deutschland nicht. Neben Reiseveranstaltern (s. dort) und Literatur zum Thema (s. Anhang) können folgende Organisationen zu bestimmten Bereichen Auskunft geben:

- **Deutsch-Russische Gesellschaft e.V. Pforzheim und Enzkreis,** Vorsitzende: *Inge Weber;* iew.ber@gmx.de; Kontakte und Austausch in kulturellen, gesellschaftlichen und sozialen Bereichen, Mitbegründer der Stiftung „Europa-Haus".
- **Baikalplan e.V.,** Umweltzentrum Dresden, Schützengasse 18, 01067 Dresden, Tel. (0351) 4943320, www.baikalplan.de. Jugendaustausch, Mitbegründer des Baikalhostels in Irkutsk, Organisation der Arbeitscamps von GBT; Bücher, Landkarten.
- Es gibt eine Vielzahl an weiteren deutsch-russischen **Gesellschaften und Vereinen,** einzusehen unter www.rusweb.de/orga.html. Außerdem dienen einige der unter „Lernen und Arbeiten" in diesem Kapitel aufgeführten NGOs und Vereine als Anlaufstellen.

Reiseplanung

Die folgenden Vorschläge sollen die Auswahl passender Reiseziele und die Zusammenstellung der Reiseroute erleichtern. In Klammern ist jeweils angegeben, wieviel Zeit man für die entsprechende Strecke (ohne Anreise!) mindestens einplanen muss.

• Standard 1:
Irkutsk, Listwjanka (ab 3 Tagen)
• Standard 2:
Irkutsk, Olchon, Irkutsk (ab 1 Woche)
• Standard 3:
Ulan-Ude, Transsib nach Irkutsk, Irkutsk (ab 5 Tage)

Die folgenden **Reisebausteine** können zusätzlich eingefügt werden. Auch hier gilt die Zeitangabe für den Aufenthalt ohne Anreise. Diese kann recht anstrengend und zeitraubend sein. Die angegebene Aufenthaltsdauer sollte als Minimum verstanden und nach Möglichkeit ausgedehnt werden.

Geschichte, Bahnbau, Natur

• Zelten und Wandern am See:
- Alte Baikalbahn (ab 1 Tag, Tagesausflug aus Irkutsk)
- Alte Baikalbahn (sehr leicht, ab 2 Tage)
- Ostküste, Gorjatschinsk, Turka, (ab 2 Tage)
- Ust-Bargusin, Landzunge Heilige Nase (ab 2 Tage)
- Nordbaikal, Westküste, Glimmerseen, Baikalskoje, Insel Jarki
- Olchon
- Westküste (Listwjanka, Bolschije Koty, Bolschoje Goloustnoje); höherer Schwierigkeitsgrad

• Leichtes Wandern in der Taiga:
- Olcha-Plateau (ab 1 Tag)

• Gebirgswanderungen:
- Chamar-Daban-Gebirge (ab 2 Tagen)
- Heilige Nase (ab 2 Tage)
- Sajan-Gebirge (ab Arschan, Schumak, Oka-Bezirk, ab 1 Woche)
- Baikal-Gebirge (Tscherski-Gletscher, ab 1 Woche)

• Geführte Themen-Touren in Reservaten:
- Baikal-Reservat, Bargusiner Reservat, Baikal-Lena-Reservat (ab 1-2 Tage)
- Dscherginski Reservat (ab 3 Tagen)

• Robbenbeobachtung:
- Uschkani-Inseln über Nationalpark Sabaikalski (ab Ust-Bargusin, 2 Tage)

• Vogelbeobachtung:
- Selenga-Delta (Kabansker Naturschutzgebiet über Reservat, ab 2 Tage)

• Heiße Quellen:
- Tunka-Tal: Arschan, Schemtschug, Nilowa Pustyn
- Oka-Gebiet: Choito-Gol, Tschoigan
- Prowal-Bucht: Suchaja
- Gorjatschinsk (Sanatorium)
- Heilige Nase: Schlangenbucht
- Bargusin-Tal: Alla, Kutschiger, Garginski, Umchei
- Nordbaikal: Chakussy, Dselinda, Goudschekit, Kap Kotelnikow

Ethnologie

• Burjaten:
- Museum der Geschichte Burjatiens
- Freilichtmuseen bei Ulan-Ude, in Bratsk und bei Irkutsk in Talzy
- Burjatisches Heimatmuseum in Ust-Orda
- Burjatisches Zentrum Bajar in Sewerobaikalsk
- burjatisches Kulturprogramm in Malomorski auf Olchon
- Privatunterkünfte in Jelanzy, im Tunka-Tal, im Oka-Bezirk, in Bolschoje Goloustnoje

• Ewenken:
- Freilichtmuseen bei Ulan-Ude und in Bratsk
- Ewenkisches Schulmuseum in Cholodnoje
- Ewenkische Folklore in Nischneangarsk
- Ewenkisches Zentrum JUKTE in Alla
- Ewenkisches Zentrum in Uljunchan

• Buddhismus:
- Ulan-Ude, Iwolginsk, Gänsesee, Tunka-Tal, Bargusin-Tal

• Altgläubige:
- Freilichtmuseum Ulan-Ude
- Altgläubigendörfer Tarbagatai, Bolschoi Kunalei

• Schamanismus:
Für Touristen ist es schwer, mit authentischen Vertretern in Kontakt zu kommen. Die angeführten Angebote haben rein illustrative bzw. informative Funktion.
- Heimatmuseum in Ust-Ordynski
- *Valentin Chagdajew* in Jelanzy
- Reiseveranstalter in Ulan-Ude

Reisezeit

Die **Hauptsaison** sind in der Baikalregion die warmen Monate: **Mitte Juni bis Ende August.** Die Belastung der Natur durch den Tourismus ist aber im Sommer sehr groß. Es kann interessanter sein und ist sicher unter ökologischem Aspekt sinnvoller, außerhalb der Hauptsaison zu reisen.

Das **erste Grün** zeigt sich Mitte Mai, am See Ende Mai. Nun beginnt die Zeit der größten **Blüte;** besonders in Steppengebieten kann sie außerordentlich farbenprächtig sein. Der Juni ist, wenn auch noch kühl, meist trockener und sonniger als die anderen Sommermonate. Nachteil ist, dass in diese Zeit die größte Aktivität der Zecken fällt (s. „Gesundheitsvorsorge").

Keine Jahreszeit ist farblich so faszinierend wie der **Herbst.** Goldgelbe Birken und Lärchen vor strahlend blauem Himmel geben herrliche Fotomotive ab. Günstig sind auch die niedrige Luftfeuchtigkeit und die klare Sicht. Selbstverständlich gibt es keine Garantie dafür, dass nicht Regentage und Stürme der Pracht ein schnelles Ende bereiten. In den Bergen beginnt der Herbst schon in der zweiten Augusthälfte, in Seenähe dauert er von September bis Mitte Oktober (am Nordbaikal liegt er 14 Tage früher).

Auch der Winter ist in Sibirien nicht so schlimm, wie man ihn sich vorstellt. Wer ein **sibirisches Wintermärchen** mit frisch gefallenem, weißem Schnee erleben möchte, für den sind November und Dezember die richtigen Monate (nicht unbedingt am See direkt, der zu diesem Zeitpunkt nicht zugefroren und sehr stürmisch ist). Meist fallen die Winter weit weniger dunkel und trüb aus als in Mitteleuropa. Der Baikalsee wird erst Ende Januar richtig winterlich, wenn er zufriert. Nun beginnt die Saison für **Eiswanderungen.** Wenn die Küste mit immer wieder neuen, faszinierenden Eisgebilden geschmückt ist, erscheint der See in ganz neuem Gewand. Am beliebtesten sind Eiswanderungen im März, wenn die Temperaturen am Tage auf über 0° C klettern. In der Stadt kann der März allerdings schon sehr matschig sein. Für Stadtaufenthalte ist auch der April mit Staubstürmen und schnell tauendem Neuschnee nicht zu empfehlen.

Wer richtige **Bergtouren** plant, muss im Sommer kommen (Juni bis September). Will man eventuelle Schneefälle möglichst vermeiden, bleiben nur Juli und August, obwohl Juni und September deutlich trockener sind.

Zum typischen Verlauf der Jahreszeiten siehe „Klima" und den Exkurs „Gang durch die Jahreszeiten" im Kapitel „Landschaft und Natur".

Ausrüstung und Reisegepäck

Kleidung

Grundsätzlich ist zu beachten, dass bei kontinentalem Klima die **Temperaturschwankungen** innerhalb eines Tages sehr groß sein können. Auch im heißen Hochsommer sind die Nächte (besonders am See) oft sehr kühl. Im

003ba Foto: rj

Winter wird aufgrund der niedrigen Luftfeuchtigkeit die Kälte nicht so stark empfunden wie in Europa. Viele Russen tragen bis -20° C erstaunlich leichte Winterkleidung (gefütterte Jacken, dünne Wollhandschuhe, gewöhnliche Winterschuhe). Für längere Aufenthalte in der Natur oder für Reisen in den kältesten Monaten sollte man aber **Oberbekleidung aus Daunen oder Fell** haben. Einheimische tragen bei der größten Kälte Stiefel aus Filz *(wálenki)* oder Rentierfell *(untý)*, wenn sie sich lange im Freien aufhalten müssen. Doch auch mit soliden, gefütterten Stiefeln kommt man gut über die Runden. Zu Kleidungskonventionen siehe Kapitel „Reisetipps A–Z", Stichwort „Verhaltenstipps", für Wanderungen Stichwort „Wandern".

Mit etwas Fantasie wird die Kälte auch für die Kleinsten erträglich

Landkarten

In Russland galten Karten (besonders Höhenlinien) lange Zeit als Staatsgeheimnis, und mit Ausnahme weniger populärer Wanderrouten sah man keinen Bedarf zu ihrer Veröffentlichung. Auf Karten wurden Höhenangaben und Flussläufe mitunter verfälscht. So ist man bis heute manchmal mit unterschiedlichen Angaben konfrontiert. Von manchen Städten gibt es noch keine Stadtpläne (z.B. Sewerobaikalsk).

In der Baikalregion ist die Situation inzwischen sehr viel besser geworden. Regionale Verlage produzieren ein breites Spektrum an Karten, die z.T. auch lateinisch beschriftet sind (oft aber mit englischer oder wissenschaftlicher Umschrift). Ein großer Teil der erhältlichen Karten wird in Deutschland von Baikalplan e.V. (http://shop.baikalplan.de) vertrieben. Vor Ort ist das Angebot am besten **in Irkutsk.** Gute Adressen sind Fan-Sport (ul. Kárla Márxa 39), ein Straßenstand, der im Sommer regelmäßig an der Anlegestelle der Tragflächenboote im Stadtteil Solnetschny zu finden ist, Kioske in beiden Gebäuden des Flughafens und das Baikal-Hotel (beste Auswahl, Erdgeschoss, linke Seite nach ca. 50 m).

In Ulan-Ude hat man eine Chance in den Souvenirshops der Hotels oder in Buchläden. Meist bekommt man aber sogar Karten burjatischer Gebiete besser in Irkutsk.

Die ideale Ergänzung zu diesem Reiseführer ist die Mitte 2007 bei Reise Know-How erscheinende Karte „Baikal-See" im Maßstab 1:550.000. Sie bietet eine detaillierte Darstellung des Terrains, ein aktuelles Straßenbild, Gradgitter und ein ausführliches Ortsregister.

Mit den folgenden beiden Karten kommt man in der Regel auch sehr gut zurecht: Die **„Karta Osera Baikal"** gibt es in verschiedenen Ausführungen, auf der einen Seite ist der ganze Baikalsee abgebildet (1:1 Mio.) und auf der anderen befinden sich unterschiedliche Ausschnitte in besserem Maßstab. **„Albom Kart, Pribaikalje"** ist wohl die beste Karte, ein Heft mit 76 Seiten, das den gesamten Baikalsee und das Gebiet von Irkutsk bis Ulan-Ude darstellt (1:200.000).

Gute Karten im Maßstab 1:200.000 oder besser gibt es von folgenden Gebieten: Insel Olchon, Baikalbahn, Selenga-Delta, Chamar-Daban-Gebirge, Pik Tscherskowo, Tunka-Tal, Tunkinskije und Kitoiskije Golzy, Oka-Bezirk (heiße Quellen und Vulkantal), Heilige Nase und Tschiwyrkui-Bucht, Frolicha-See, Baikal-Gebirge (Berg Tscherskowo). Weiter gibt es Übersichts- und Straßenkarten vom Gebiet Irkutsk und von der Republik Burjatien. Für Gebiete abseits der populären Routen gibt es fast keine Karten (z.B. Tofalarien und Bargusin-Gebirge).

Nützliche Dinge

Kopien des Reisepasses und des Visums sollte man immer getrennt von den Originaldokumenten aufbewahren und/oder ins Internet stellen!

Für alle, die außerhalb der Städte unterwegs sind, kann eine **Taschenlampe** von Vorteil sein (Außentolletten sind nachts oft unbeleuchtet).

Busfenster sind im Winter in der Regel innen dick vereist. Wer trotzdem etwas sehen möchte, kann einen **Eiskratzer** mitnehmen.

Sonnenbrille und **Sonnencreme** (mit hohem Lichtschutzfaktor) sind besonders im Winter ein Muss.

Die **Reiseapotheke** erfordert keine speziell auf Sibirien abgestimmten Mittel. Sie sollte enthalten, was auch in anderen Ländern selbstverständlich ist: Mittel gegen Verdauungsstörungen, fiebersenkende und Schmerzmittel, Verbandsmaterial, Desinfektionsmittel, sterile Spritzen. In Städten ist in Apotheken all dies problemlos erhältlich, wer aufs Land in entlegene Gebiete fährt, sollte etwas mehr mitnehmen.

Eine **Kerze** kann praktisch sein beim Wandern oder bei Stromausfall.

Bei der Auswahl von **Gastgeschenken** sollte man sich davon leiten lassen, was man auch im Heimatland gern verschenkt. Kleine Fotokalender oder Bildbände können einen Eindruck vom eigenen Land vermitteln. Andere beliebte Geschenke, wie gute Pralinen oder Blumen, können problemlos vor Ort gekauft werden. Viele Gastgeber werden sich freuen, nach der Reise Erinnerungsfotos zugeschickt zu bekommen. Nicht mehr aktuell sind einfache Kugelschreiber, Feinstrumpfhosen oder billige Kosmetika.

Ausrüstung für Wanderungen und Sport siehe Stichworte „Wandern" und „Sport und Erholung" im Kapitel „Reisetipps A–Z".

Mit Kindern unterwegs

Sibirien ist keine typische Urlaubsregion für Familien mit Kindern. Dafür dürfte vor allem die weite Anreise verantwortlich sein. Wer jedoch den Weg nicht scheut und sich genügend Zeit für die Zeitumstellung nimmt, wird feststellen, dass Russland ein ausgesprochen **kinderfreundliches Land** ist. Nur selten kommt es vor, dass Passagiere in öffentlichen Verkehrsmitteln oder Nachbarn in Unterkünften einem das Gefühl geben, ein Kind sei ein Störfaktor. (Dabei spielt wohl auch eine Rolle, dass sich russische Kinder in der Öffentlichkeit sehr diszipliniert verhalten.) In Geschäften oder Behörden wird man mit Kindern oft schneller bedient. Überall findet man durch Kinder schnell Anschluss. Nur bei Museumsbesuchen kann es sein, dass die Disziplin gewohnten Aufsichtsdamen auf lebhafte Kinder ungehalten reagieren.

Für **Kindernahrung, Windeln** u.Ä. gibt es Spezialgeschäfte *(détskoje pitánije)* mit gutem Sortiment. Windeln für Kinder über zwei Jahre können schwer zu finden sein, da die Sauberkeitserziehung in Russland früher beginnt.

Kinder müssen im **Visum** unbedingt vermerkt sein. Solange sie keinen eigenen Kinderausweis haben, sondern im Pass der Eltern eingetragen sind (bis zu zwölf Jahren), brauchen sie kein eigenes Visum und es wird keine Extra-Gebühr erhoben. Ab vier Jahren muss der Eintrag im Pass mit einem aktuellen Lichtbild versehen sein.

Die meisten **Fluggesellschaften** haben unterschiedliche Regelungen für Kinder. In der Regel brauchen Kinder unter zwei Jahren keinen eigenen Platz, zahlen aber 10 % des Flugpreises. Im Alter von zwei bis zwölf Jahren zahlt man 50–75 % des vollen Preises.

Bei **Zugfahrten** benötigen Kinder unter fünf Jahren keine Fahrkarte, bekommen jedoch keinen eigenen Platz. Von fünf bis zwölf Jahren müssen Kinderfahrkarten (ca. 50 % des Preises) gekauft werden. Sehr vorteilhaft ist eine Anreise mit dem Zug ab Moskau, da Kinder die Zeitumstellung so sehr viel besser verkraften. In umgekehrter Richtung ist dies weniger problematisch. Mitreisende sind in der Regel sehr verständnisvoll und fast immer sind im Waggon noch andere Kinder.

Bei **Grenzkontrollen** kann man mit Kindern unter drei Jahren das Personal bitten, einen vorzulassen.

Behinderte auf Reisen

Behinderte treten im russischen Alltagsleben nur sehr wenig in Erscheinung. Gründe dafür sind mangelnde Integration in die Gesellschaft und das völlige **Fehlen behindertengerechter Anlagen** (Aufzüge, ebenerdige Eingänge, abgesenkte Bürgersteige). So kann Russland als Reiseland für Rollstuhlfahrer allenfalls mit fachgerechter Betreuung empfohlen werden.

Lernen und Arbeiten

Sprachkurse und Auslandssemester

In Irkutsk und Ulan-Ude ist es möglich, an kürzeren oder längeren Sprachkursen teilzunehmen, die von Universitäten und einzelnen Reiseveranstaltern (s.o.) angeboten werden. Die Preise schwanken stark und die Qualität des Unterrichts kann sehr unterschiedlich sein, abhängig von Gruppengröße, Lehrer und Niveau der Gruppe. Unterkunft wird meist in Studentenwohnheimen angeboten. Einladungen können ausgestellt werden. Innerhalb von bestimmten Fachstudiengängen sind auch Auslandssemester möglich, sie müssen aber individuell abgesprochen werden. Besonders intensiven Austausch hat die Technische Universität.

In Irkutsk:
- **Linguistische Universität** (www.islu.ru)
- **Staatliche Universität,** Internationale Fakultät (www.isu.ru)
- **Technische Universität** (http://istu.irk.ru)
- **Baikal-Universität** für Wirtschaft und Recht (www.isea.ru)

In Ulan-Ude:
- **Staatliche Universität** (www.bsu.ru)

Arbeitsaufenthalte

Arbeitsaufenthalte sind schwer zu organisieren, weil dafür meist eine Arbeitsgenehmigung verlangt wird. NGOs wie die Baikalwelle, GBT sowie Baikalplan e.V. organisieren **Freiwilligen-Einsätze,** oft im Umweltbereich.

Great Baikal Trail – der geplante, 1800 km lange Rundwanderweg um den Baikal

Auch **Praktikanten** sind bei NGOs willkommen. Bei geringen Russisch-Kenntnissen sollten Vor- und Nachteile jedoch sorgfältig abgewogen werden. Mehrere Deutsche haben in den letzten Jahren ihren **Zivildienst** in Irkutsker Organisationen geleistet.

NGOs und Vereine

Im gesellschaftlichen Leben Russlands spielen NGOs (*Non Gouvernment Organisations,* nicht-staatliche Organisationen) und Vereine noch eine untergeordnete Rolle. Dennoch gibt es einige Organisationen, die in den letzten Jahren zu festen Institutionen geworden sind und meist Interesse an Auslandskontakten haben. Sie können **Praktikumsaufenthalte** oder **Informationstreffen** organisieren.

- **Baikalwelle,** ul. Lérmontowa 140, Irkutsk, Tel./Fax (3952) 525870, www.baikalwave.eu.org (R/D/E). Größte Umweltorganisation in der Baikalregion (siehe Kapitel „Landschaft und Natur: Umwelt- und Naturschutz"); eigene Zeitschrift „Volna" („Die Welle").
- **GBT,** Tel. Irkutsk (3952) 331033, www.greatbaikaltrail.ru (R/E/D), gbt.international@gmail.com. Organisation zum Aufbau des Great Baikal Trail, Freiwilligeneinsätze (Infos auf Deutsch www.baikalplan.de), daneben Projekte zum Umwelt- und Denkmalschutz.
- **Firn,** Ulan-Ude, Tel. (3012) 216249, www.firnclub.ru. Bekannteste Umweltorganisation in Burjatien.
- **Wiedergeburt der sibirischen Erde** *(Wosroschdénije semlí sibírskoi),* Irkutsk, Tel. (3952) 598442, root@vzs.irtel.ru, www.vzs.irtel.ru (auf Englisch und Russisch); ökologische und soziale Projekte im Raum Irkutsk, regelmäßige Infozeitung für Irkutsk.
- **Wiedergeburt,** Organisation der Russland-Deutschen in Irkutsk, Leitung: *Alexander Meng,* Tel. (3952) 335959, wiedergeburt_irk@mail.ru.

Geldfragen

Währung

Die russische Währung ist der **Rubel** (рубль, abgekürzt р. bzw. R). 1 Rubel sind 100 Kopeken (копейка, abgekürzt к.). Es gibt 10-, 50-, 100-, 500- und 1000-Rubel-Scheine, 5-, 2- und 1-Rubel-Münzen sowie 50-, 10-, 5- und 1-Kopeken-Münzen, wobei die beiden letzteren so gut wie verschwunden sind und auch in Geschäften oft nicht mehr herausgegeben werden. „Die fehlenden zehn Kopeken bringen Sie das nächste Mal bitte vorbei" heißt nicht, dass man wirklich wiederkommen muss.

1998 wurden im Rahmen einer Währungsreform drei Nullen gestrichen. Seit der Augustkrise 1998, als der **Kurs des Rubel** stark absackte, ist er stabil und schwankt zwischen 28 und 32 Rubel pro US$. Möglicherweise hängt das mit dem seitdem stabil hohen Ölpreis zusammen. Da der Kurs des Rubel jedoch stark am Dollar verankert ist, kommt es im Verhältnis zum Euro bzw. zum Schweizer Franken zu stärkeren Schwankungen.

Geldwechsel

Wechseln kann man **Euro und Dollars** in offiziellen Wechselstuben, Hotels und Banken gegen Vorlage des Reisepasses. Schweizer Franken werden nur an sehr wenigen Stellen gewechselt. **American Traveller Cheques** (Euro oder Dollar) können in größeren Städten problemlos eingelöst werden, meist wird eine Provision von 1 bis 3 % einbehalten.

009ba Foto: rj

Ausländische Währung (Dollar oder Euro) wird in Sibirien nicht benötigt. Rubel werden überall angenommen. Auch ist der Euro-Kurs in vielen Banken nicht mehr schlechter als der Dollar-Kurs. Die alte Regel für Reisen in die Sowjetunion, kleine Dollarscheine als Trinkgeld dabei zu haben, ist nicht mehr aktuell. Mit Rubel steht man besser da. Auch zur Bestechung braucht man sie nicht, man kann ausgezeichnet ohne Bestechung reisen.

Wechselkurse (Stand April 2007):

- 1 € = 34,70 Rubel, 100 Rubel = 2,88 €
- 1 SFr = 21,29 Rubel, 100 Rubel = 4,69 SFr
- 1 US$ = 25,99 Rubel, 100 Rubel = 3,84 US$

Währungsangaben bei Unterkünften

Die Preise für Übernachtungen werden im Buch in der Währung angegeben, die die jeweilige Unterkunft auf ihrer Preisliste anführt: **Rubel, Dollar oder Euro.** Das bedeutet nicht, dass sie in diesen Währungen bezahlt werden müssen (man zahlt in Rubel), sondern ist – nach Erfahrungen mit Währungskrisen in den 90er Jahren – ein Mittel der Betreiber, sich gegen Kursschwankungen zu schützen. Mit Dollar (in neuester Zeit auch Euro) sind sie auf der sicheren Seite, wenn der Rubel an Wert verliert.

Dorfladen im Oka-Bezirk

Geldkarten

Man kann inzwischen weitgehend darauf verzichten, Bargeld zu tauschen, da das Abheben mit einer EC- (Maestro-) oder Kreditkarte (Visa oder MasterCard) am Schalter oder **Geldautomaten** bequemer und sicherer ist. Die Höchstsumme pro Abhebung schwankt zwischen 2500 und 15.000 Rubel. Je nach Hausbank wird pro Abhebung mit der Maestro-Karte eine Gebühr von 1,30–4 € bzw. 4–6 SFr berechnet. Bei Barabhebungen per Kreditkarte werden bis zu 5,5 % an Gebühr einbehalten. Für das bargeldlose Zahlen berechnet der Kartenaussteller eine Gebühr für den Auslandseinsatz in Höhe von ca. 1–2 %, es ist aber bisher in Sibirien kaum verbreitet.

Höchstens wer allein unterwegs ist und nur eine Geldkarte hat, sollte für den Notfall eine kleine Menge Bargeld dabei haben. Es kann in seltenen Ausnahmefällen passieren, dass die Geldkarte von einem Automaten nicht akzeptiert wird. An vielen Automaten kann man auch Dollars bekommen, an einigen inzwischen auch Euro.

Zum **Verlust oder Diebstahl** von Geldkarten und Reiseschecks siehe Kap. „Reisetipps A–Z: Notfälle".

Reisekosten

Von bestimmten Bereichen abgesehen, ist Russland für Europäer noch immer ein **„billiges" Land.** Grundnahrungsmittel und Gebrauchsgüter sind günstiger als in Europa, wenn der Kontrast auch nicht mehr so groß ist wie noch in den 1990er Jahren. Ausnahmen sind Wohnungsmieten und **Übernachtungspreise** sowie Teile der **Gastronomie,** wo ein europäisches Preisniveau erreicht ist. Bei einer Unterkunft der untersten Preisklasse und bescheidener Ernährung (Selbstversorger oder einfache Imbiss-Stuben) muss von einem minimalen Tagessatz von ca. 20 € ausgegangen werden (Besichtigungen und Verkehrsmittel inklusive). Museen haben meist Extra-Preise für Ausländer.

Gesundheitsvorsorge

Weitere Hinweise zu Krankheiten und Impfungen siehe im **Anhang** unter „Reise-Gesundheits-Informationen" sowie im Kapitel „Reisetipps A–Z" unter „Hygiene". Zum russischen Gesundheitssystem und seiner Inanspruchnahme durch Ausländer s. „Reisetipps A–Z: Medizinische Versorgung".

Die Gesundheitsstatistik im Baikalgebiet weist mit **Tuberkulose** und **Diphterie** Krankheiten auf, die in Europa sehr selten sind. Dennoch besteht für Touristen keine akute Infektionsgefahr, auch ohne Impfschutz. Betroffen ist von solchen Erkrankungen die unterste soziale Schicht, die in den letzten Jahren stark verarmt ist, zu der aber im Normalfall kein Kontakt besteht.

Die Warnung vor Geschlechtskrankheiten wie **Syphillis** oder auch vor **AIDS** sollte ernst genommen werden. Die Zahl der HIV-Infizierten stieg nach 1991 sprunghaft an. Im Jahr 2000 war ein trauriger Höhepunkt erreicht. Inzwischen sind die Zuwachsraten nicht mehr so hoch. Dennoch gibt es im

Gebiet Irkutsk über 15.000 Infizierte. Anfänglich verbreitete sich die Krankheit fast ausschließlich durch Spritzengebrauch unter Drogenabhängigen, heute infizieren sich über 30 % beim Geschlechtsverkehr. Beim Kauf von Kondomen sollte man nicht die billigsten nehmen (besser in der Apotheke kaufen, nicht im Kiosk).

Mückenstiche bringen in Sibirien kein Infektionsrisiko mit sich, Malaria kommt nicht vor (Näheres s. Kapitel „Reisetipps A–Z: Wandern").

Durch Zecken übertragene Krankheiten

Sibirienreisende, die lange Aufenthalte in der Natur planen, erwägen manchmal eine Impfung gegen **Hirnhautentzündung (FSME** = Frühsommermeningitis). Das ist eine der drei Infektionen, die im Baikalgebiet von Zecken übertragen werden können. Etwa 8 % aller Zecken tragen das Virus in sich, doch wer von einer infizierten Zecke gebissen wird, muss nicht zwangsläufig erkranken. 90 % aller infizierten Zeckenbisse bleiben folgenlos. In den restlichen Fällen kommt es zu einer Infektion, die jedoch wiederum in 70 % aller Fälle schwach verläuft und unbemerkt bleibt. Die Hälfte der stärkeren Infektionen verläuft grippeähnlich, die übrigen schwer. Hirnhautentzündung ist nicht behandelbar und kann bleibende Schäden, in seltenen Fällen auch den Tod zur Folge haben. Die FSME-Impfung muss für maximalen Impfschutz dreimal (im Abstand von einem und sechs Monaten) erfolgen und ist nicht ganz harmlos.

Etwa 30 % der Zecken sind Träger von Bakterien, die **Borreliose** auslösen können. Die Bakterien vermehren sich langsam und rufen zu Beginn nur eine ca. handtellergroße Rötung im Bereich der Bissstelle, häufig mit Randbetonung, hervor. Erst nach Wochen, Monaten oder Jahren können andere Organe erkranken (Herz, Gelenke, Haut, Nerven). Im Anfangsstadium ist Borreliose mit Antibiotika sehr gut behandelbar. Eine Impfung gibt es nicht.

Die Erreger der dritten durch Zecken übertragenen Krankheit, der **Rickeziose** (auch Ehrlichiose), findet man bei der größeren Art der Steppenzecken. Sie kommen hauptsächlich östlich des Baikalsees vor, beißen aber häufiger Vieh als Menschen. Die Bakterien ähneln den Borrelien und können Fieberschübe, Muskel- und Gelenkschmerzen sowie Erbrechen hervorrufen. Auch gegen Rickeziose gibt es keine Impfung.

Zecken werden im Frühjahr ab einer Temperatur von 8° C aktiv (größte Intensität Mai/Juni). Sie halten sich in Gras, Buschwerk und Gestrüpp auf. Man streift sie im Vorübergehen ab. Sie klettern am Körper nach oben und suchen meist lange nach einer geeigneten Bissstelle (vorzugsweise warme Körpergegenden mit weicher Haut). Erreger gelangen bei einem Biss erst nach und nach in den Körper.

Zecken gibt es überall im Baikalgebiet, die größte Dichte findet man aber im Chamar-Daban-Gebirge und auf der Olcha-Hochebene. Das Infektionsrisiko kann durch folgende **Verhaltensregeln** reduziert werden:

- In den **Monaten Mai und Juni** längere Aufenthalte in der Natur vermeiden.
- In der Natur **nicht von Wegen abgehen.**
- Helle, einfarbige **Kleidung** tragen, auf der man sie leichter entdecken kann. Geschlossene, lange Kleidung verhindert, dass die Tiere schnell auf die Haut gelangen.
- **Mückenmittel** helfen oft auch gegen Zecken.
- Mehrmals am Tag den ganzen **Körper gründlich absuchen.**
- Zecken, die sich bereits in die Haut gebohrt haben, müssen so schnell wie möglich **entfernt werden,** bevor eine Infektion stattgefunden hat. Nach jüngsten Empfehlungen sollen Zecken entfernt werden, indem man sie (ohne zu drehen) am besten mit einer Zeckenzange herauszieht. Dabei sollten sie nicht gequetscht werden.
- Nach dem Entfernen die **Bissstelle desinfizieren.**
- Entfernte Zecken können aufbewahrt (z.B. in einer Filmdose, möglichst so, dass sie nicht austrocknen) und anschließend **auf Erreger untersucht** werden. Ein Labor in Irkutsk (ul. Kárla Márxa 3, Tel. 333971 oder 240351) nimmt im Sommer jeden Tag Zecken an.
- Bei Verdacht auf eine Infektion kann man hier auch das **Blut untersuchen lassen** (Preis: 100 R). Eine FSME-Infektion lässt sich wenige Tage nach dem Biss nachweisen, Borreliose erst nach Ablauf eines Monats.

Verdauungsbeschwerden

Bei vielen Sibirienreisenden treten anfangs Verdauungsbeschwerden auf. Diese werden nicht zwangsläufig durch verdorbene Speisen oder schlechtes Wasser verursacht. Grund kann auch einfach die Gewöhnung an die fremde Mikroflora aller Nahrungsmittel sein. Möglicherweise wirkt sich in einzelnen Fällen auch die Zeitumstellung aus. In jedem Fall sollte man Kohletabletten (vor Ort in jeder Apotheke erhältlich) und Präparate zur Stärkung der Darmflora dabei haben.

Versicherungen

Zur Beantragung eines Visums für Russland muss eine **Auslandskrankenversicherung** vorliegen (Ausnahme: Schweiz). Es wird allerdings nur eine bestimmte Auswahl von Versicherungen akzeptiert, die auf der Homepage der russischen Botschaft einzusehen sind. Achtung: Die Liste der deutschen Versicherungen unterscheidet sich von der für Österreich. Bei der Wahl der Auslandskrankenversicherung sollte man typische Leistungsunterschiede prüfen:

- **Reisedauer:** Bei einigen Versicherern wird von einer maximalen Reisedauer von 30 oder auch 62 Tagen ausgegangen. Bei längerem Aufenthalt wird auch die Versicherung teurer.
- **Rücktransport:** Wird in der Regel nur auf ärztliches Anraten übernommen. Im Todesfall werden unterschiedlich hohe Beträge für die Rücküberführung gezahlt.
- **Selbstbeteiligung:** Einige haben z.B. bei Zahnbehandlungen eine Selbstbeteiligung, andere zahlen 100 %.
- **Nachleistungsfrist:** Kann man nicht wie geplant nach Hause reisen, sollte die Versicherung die Rechnungen noch eine Zeit lang weiterzahlen.
- **Altersgrenze:** Die Kosten sind nach Alter gestaffelt. Die Altersgrenzen sind je nach Versicherer unterschiedlich.
- **Chronische Krankheiten:** Wird aufgrund einer Krankheit, die schon vor Urlaubsantritt bestand, eine Behandlung fällig, ist diese nur von wenigen Versicherungen gedeckt.

Zur Erstattung der Kosten benötigt man grundsätzlich ausführliche **Quittungen** (mit Datum, Namen, Bericht über Art und Umfang der Behandlung, Kosten und Medikamente) in englischer oder deutscher Sprache. Da eine beglaubigte Übersetzung teuer sein kann, sollte man bereits bei der Ausstellung den Arzt fragen, ob er sie auf Englisch schreiben kann.

Der Abschluss einer **Jahresversicherung** ist in der Regel kostengünstiger als mehrere Einzelversicherungen. Günstiger ist auch die **Versicherung als Familie** statt als Einzelpersonen.

Andere Versicherungen

Für alle abgeschlossenen Versicherungen sollte man die Notfallnummern notieren und mit der Policenummer gut aufheben! Bei Eintreten eines Notfalles sollte die Versicherungsgesellschaft unverzüglich telefonisch verständigt werden.

Ob es sich lohnt, weitere Versicherungen abzuschließen, wie Reiserücktrittsversicherung, Reisegepäckversicherung, Reisehaftpflichtversicherung oder Reiseunfallversicherung, ist individuell abzuklären. Aber gerade diese Versicherungen **enthalten viele Klauseln.** Die Reiserücktrittsversicherung für 35–80 € lohnt sich nur für teure Reisen. Sie tritt ein, wenn man vor der Abreise einen schweren Unfall hat, erkrankt oder schwanger wird, gekündigt wird oder nach Arbeitslosigkeit einen neuen Arbeitsplatz bekommt o.Ä. Manchmal wird auch die Erkrankung von nahen Verwandten als Rücktrittsgrund anerkannt. Als Grund gelten hingegen nicht: Krieg, Unruhen, Streik etc.

Die Reisegepäckversicherung **lohnt sich seltener,** da z.B. bei Flugreisen verlorenes Gepäck oft nur nach Kilopreis ersetzt wird und auch sonst nur der Zeitwert nach Vorlage der Rechnung. Wurde eine Wertsache nicht im Safe aufbewahrt, gibt es bei Diebstahl keinen Ersatz. Kameraausrüstung und Laptop dürfen beim Flug nicht als Gepäck aufgegeben worden sein. Gepäck im unbeaufsichtigt abgestellten Fahrzeug ist ebenfalls nicht versichert. Überdies deckt häufig die Hausratversicherung Raub und Beschädigung von Eigentum auch im Ausland.

Eine Privathaftpflichtversicherung hat man in der Regel schon. Hat man eine Unfallversicherung, sollte man prüfen, ob diese im Falle plötzlicher Arbeitsunfähigkeit aufgrund eines Unfalls im Urlaub zahlt.

Auch durch manche **Kreditkarten** oder eine **Automobilclubmitgliedschaft** ist man für bestimmte Fälle schon versichert. Die Versicherung über die Kreditkarte gilt jedoch immer nur für den Karteninhaber.

Weitere Infos

Wer sich unsicher ist, welche Versicherung und welche Versicherungsgesellschaft infrage kommt, kann sich über Tests der **Stiftung Warentest** in Deutschland und **Konsument.at** in Österreich informieren. Über deren Webseiten kann man Testberichte herunterladen, Online-Abonnent werden oder Hefte zum Thema bestellen: www.warentest.de, www.konsument.at. Weitere Informationen erhält man in Deutschland bei der **Verbraucherzentrale** (www.verbraucherzentrale.com) und in Österreich bei der **Arbeiterkammer** (www.arbeiterkammer.at).

010ba Foto: r

Praktische Reisetipps A–Z

015ba Foto: rj

016ba Foto: rj

Eisverkauf im Winter:
in Eisquader eingebauter Kiosk

In vielen Dörfern gibt es kein fließend Wasser

Schaschlik ist bei jedem Wetter beliebt

Autofahren

Von 20.000 km **Straßen** im Gebiet Irkutsk sind 9600 asphaltiert. Relativ gut sind besonders die Straßen Irkutsk – Ulan-Ude, Irkutsk – Elanzy, Ust-Bargusin – Kurumkan sowie die Hauptstraße im Tunka-Tal. Es kommt aber auch vor, dass große Überlandstraßen nur grob planierte Pisten sind (s. Ortskapitel).

Der **Fahrstil** russischer Fahrer ist in der Regel aggressiver und unüberlegter als in Westeuropa üblich. Viele fahren gebrauchte japanische Pkws, die das Lenkrad links haben. Die hintere Nummer bei russischen Autokennzeichen bezeichnet das Herkunftsgebiet, 38: Gebiet Irkutsk, 03: Burjatien.

Benzin

Folgende Abkürzungen für Benzinsorten sind gebräuchlich (sie beziehen sich auf die Oktanzahl):

- **Benzin A92** – Normalbenzin
- **Benzin A95** – Super
- **Benzin A98** – Super plus
- **Benzin A80** – gebräuchliche Sorte für viele russische Fahrzeuge
- **Diesel** (ДТ)

In Städten gibt es alle Sorten Benzin in guter Qualität. Auf dem Land ist die Versorgung schlechter (92 häufig, 95 hin und wieder, 98 so gut wie nicht) und die Qualität kann mangelhaft sein. An sehr entlegenen Orten gibt es nur Diesel und 80er Benzin. Bleifreies Benzin ist in Russland seit einigen Jahren gesetzlich vorgeschrieben.

Empfehlenswert für längere Fahrten in Russland sind deshalb **Dieselfahrzeuge oder Normalbenziner.** Für alle Fälle sollte man Ersatzkanister dabei haben. Der Liter Normalbenzin kostet in Russland nur etwa die Hälfte des deutschen Preises.

Tanken

Üblicherweise fährt man zuerst das Fahrzeug an die Zapfsäule. Dann geht man zur Kasse und bezahlt die gewünschte Menge, die anschließend freigegeben wird. Man sollte sich dabei nicht verschätzen, denn oft lassen sich die Schläuche nicht abschalten.

Wichtige Verkehrsregeln

- Maximal erlaubter Alkoholisierungsgrad: **0 Promille.**
- **Höchstgeschwindigkeit:** im Ort 60 km/h, außerhalb 90 km/h, in den ersten zwei Jahren nach Erhalt des Führerscheins max. 70 km/h.
- An **Zebrastreifen** wird in der Regel nicht angehalten.

Sicherheit

Die **Verkehrspolizei** (Tel.-Nr. bei Unfällen: 02) heißt seit kurzem nicht mehr GAI, sondern DPS. Sie hat vor allem an den Ausfahrtstraßen der Städte Kontrollpunkte, an denen Autos herausgewunken werden. Selbst bei Bagatell-Unfällen wird die Polizei gerufen, bis zu deren Ankunft an der Unfallstelle nichts verändert werden darf. Auf diese Weise wird oft der Verkehr stark behindert.

Fahrzeuge werden kaum unbewacht stehen gelassen. Nachts parkt man auf **bewachten Parkplätzen** oder in Gara-

Bergung eines eingebrochenen Autos

gen. Auf dem Land sollte man sich jemanden suchen, auf dessen Grundstück man das Auto abstellen kann.

Autofahren auf dem Eis

Das Eis auf dem Baikalsee wird ab Januar/Februar bis Anfang/Mitte April befahren, im Norden durchaus auch bis Ende April. Flüsse können auch schon früher befahren werden (z.B. der Bargusin bei Ust-Bargusin bereits Ende November). In den letzten Jahren gab es jedoch mehrere warme Winter, in denen das Fahren auf dem Eis stark eingeschränkt war.

Eine **offiziell geprüfte Eisstraße** gibt es nur zur Insel Olchon. Sie wird ab einer Eisdicke von 70 cm freigegeben (auch für Lkws) und soll nur am Tag befahren werden. Die Einheimischen fahren dessen ungeachtet oft schon Ende Dezember, wenn das Eis noch dünner ist.

Ungeprüfte, aber **viel befahrene Strecken** sind: Listwjanka - Baikalbahn, Listwjanka - Bolschije Koty, Sewerobaikalsk - Chakussy, Ust-Bargusin - Dawscha - Baikalskoje - Sewerobaikalsk (sehr viel befahren, da man den Rest des Jahres aus Sewerobaikalsk nicht in zehn Stunden nach Ulan-Ude kommt). Ungern wird der Baikal zwischen Olchon und der Ostseite überquert. Wegen Unebenheiten in der Uferregion verlaufen die Pisten meist in einigem Abstand.

Es wird dringend empfohlen, nur mit solchen Fahrern zu fahren, die den ty-

011ba Foto: rj

pischen Verlauf von **Spalten, Packeis und dünnen Stellen** (heiße Quellen unter Wasser) kennen. Vorsicht bei Städtern, die das behaupten! Die meisten Reiseunternehmen haben erfahrene Fahrer an der Hand. Auf Olchon und in Ust-Bargusin kann man Fahrer finden. Weitere Hinweise s. Kapitel „Landschaft und Natur: Klima".

Mietwagen

Autos werden in der Region (anders als in Moskau) noch **selten ohne Fahrer** vermietet. Wer ein fremdes Auto fahren möchte, benötigt unbedingt eine schriftliche Einverständniserklärung des Besitzers. Die erste Adresse für Mietwagen in Irkutsk:

- *Konstantín Ilitsch Fúrmann,* Tel. Irkutsk (3952) 656523, 205205; www.rentour.irk.ru, info@rentour.irk.ru.

Wagen mit Fahrer können gemietet werden über **lokale Reiseveranstalter, Taxiunternehmen** (siehe Ortsbeschreibungen) oder **Hotels** (teurer). Richtwert für Preise (in Irkutsk): Pkw pro Stunde 300–400 Rubel, auf dem Land evtl. etwas billiger.

Einkaufen

Die **Versorgungslage** ist in russischen Städten (besonders Irkutsk) inzwischen ausgezeichnet. Problematisch kann für Menschen ohne Ortskenntnis sein, dass Geschäfte oft nicht so offensichtlich beschildert sind wie in Europa. Bei der Suche nach Spezialgeschäften können Gelbe Seiten weiterhelfen, sind aber nicht immer vollständig und aktuell. Die beste Methode, um schnell das zu finden, was man sucht, ist, Einheimische zu fragen.

Lebensmittel kauft man in Städten am besten auf den **zentralen Märkten,** wo das Angebot am größten und die Qualität am besten sind. Ganz besonders empfiehlt es sich, am Rand der Märkte Ausschau zu halten nach Privatleuten, die selbst gepflückte Beeren, eigenes Gemüse, Milchprodukte oder Eingemachtes verkaufen. Solche „Gelegenheitsverkäufer" sind in der Regel sehr ehrlich und ihre Produkte haben die beste Qualität. Mit Privatpersonen, die vor den Märkten Lebensmittel oder Textilien ohne Preisangaben verkaufen, kann man handeln.

Wer es eilig hat oder noch spät am Abend etwas braucht, findet inzwischen auch in größeren Dörfern an jeder Ecke kleine **Geschäfte und Kioske,** die oft rund um die Uhr geöffnet sind. In Irkutsk entstehen in den letzten Jahren sehr viele **Supermärkte,** in denen Grundnahrungsmittel kaum teurer sind als anderswo. Manchmal entsteht ein anderer Eindruck, weil auch viele importierte, teure europäische Lebensmittel und Delikatessen im Angebot sind. Für die meisten Importwaren gibt es aber günstige Alternativen aus russischer Produktion.

In kleinen **Dörfern** wird in den Geschäften meist kein Gemüse (Kartoffeln, Karotten) verkauft, da solche Grundnahrungsmittel von allen selbst angebaut werden. Genauso gibt es Probleme mit frischen Milchprodukten (Milch, Butter) sowie Brot, Fleisch und

Wurst (außer Konserven und vakuumverpackter Wurst). Käse gibt es oft nur in schlechter Qualität. Was überall verkauft wird, sind Trockenprodukte wie Mehl und Zucker, Reis, Nudeln, Buchweizen, Hirse, Haferflocken, Grieß, Rosinen, Fertigsuppen und Süßigkeiten.

Beim Einkaufen in vollen Geschäften ist es wichtig, sich von der richtigen Seite her **anzustellen.** Wo dies nicht eindeutig erkennbar ist, kann die einfache Frage „kto poslédni?" schnell Klarheit verschaffen.

Souvenirs

Typische Souvenirs sind neben russlandweit verbreiteten Kunstgegenständen: **Halbedelsteine** (siehe „Geografie – Mineralien" im Kapitel „Landschaft und Natur") und Gegenstände aus **Birkenrinde** (s. „Kunsthandwerk, Malerei und Fotografie" im Kapitel „Menschen und Kultur"), auch gefüllt mit Taigafrüchten wie Beeren und Nüssen oder Tee. Originell sind kleine Schmuckstücke aus prähistorischem **Mammut-Elfenbein,** das auch in der Baikalregion gefunden wird (Adressen siehe Ortsbeschreibungen).

Elektrizität

Das gesamte Baikalgebiet ist an die Stromversorgung angeschlossen. Ausnahmen sind einzelne, weit abgelegene Touristenunterkünfte (Sandbucht). Hier werden zu bestimmten Tageszeiten **Dieselaggregate** eingesetzt.

Strom aus der Steckdose hat wie in Europa 220 Volt (Wechselspannung), große Spannungsschwankungen sind jedoch vor allem in Dörfern keine Seltenheit. Auch **Stromausfälle** kommen etwas häufiger vor als in Europa. Leider haben **Steckdosen** kein einheitliches Format mehr, da (meist aus China) die unterschiedlichsten Normen importiert werden. In der Regel findet man aber immer irgendwo eine europäische Steckdose, sowohl in Privatwohnungen als auch in Hotels. In der **Transsib** können Steckdosen gegen eine Gebühr für das Aufladen von Kameras und Handys genutzt werden.

Essen und Trinken

Ess- und Trinkgewohnheiten

Die Ernährung in Russland unterscheidet sich etwas von der in deutschsprachigen Ländern. Zwar sind die Zutaten im Großen und Ganzen dieselben (es herrscht ein etwas geringeres Angebot an Gemüse-, Käse- und Wurstsorten), doch die **Zubereitung** und die Essgewohnheiten weisen Unterschiede auf, die Reisenden die Umstellung manchmal nicht leicht machen. So wird generell sehr **fett** gekocht, Salate werden meist mit viel Mayonnaise angemacht.

Gewöhnungsbedürftig ist für viele, dass zum **Frühstück** (nicht nur bei Privatpersonen, sondern auch in Pensionen) meist etwas Warmes gereicht wird: Brei aus Grieß, Hirse, Reis (russ: *káscha*), manchmal auch in Milch gekochte Nudeln. Oft gibt es sogar Gebratenes: Spiegelei, Pfann- bzw. Eierkuchen, Würstchen, Frikadellen, Fisch.

Ein **Mittagessen** besteht häufig aus Suppe bzw. Eintopf (z.B. *borschtsch* aus Kohl, Kartoffeln, roten Rüben, Möhren und Fleisch). Auch **abends** wird gekocht. Zu allen Mahlzeiten isst man Brot. Fleisch gibt es häufig in Suppen gekocht, seltener gebraten. Gemüse (mit Ausnahme von Kartoffeln) spielt eine untergeordnete Rolle. Nach jeder Mahlzeit trinkt man **Tee** (in der Regel Schwarztee, seltener Grüntee) und isst dazu **Gebäck** (Kekse, gefüllte Teigtaschen, Torte) und Bonbons.

Wird **Wodka** getrunken, so müssen unbedingt kleine Beilagen *(sakúski)* dazu gereicht werden. Meist erfüllen diesen Zweck Brot, Speck, Wurst, Eingesalzenes, saure Gurken oder Pilze (zu Trinkgewohnheiten s. auch „Verhaltenstipps").

Für **alternative Ernährungsformen** (vegetarische, vegane Kost) findet man in Sibirien wenig Verständnis. Dennoch geben sich Pensionen, Hotels und auch private Gastgeber bei rechtzeitiger Anmeldung Mühe, den Wünschen ihrer Gäste entgegenzukommen. Vegetarier, die Fisch essen, haben eigentlich keine Probleme. Andernfalls kann man, besonders direkt am Baikalsee, in ernsthafte Bedrängnis geraten. In guten Geschäften und Apotheken findet man manchmal Vollkorn- und Diätprodukte (auch für Diabetiker).

Typisch sibirische Speisen

Es gibt wenige Gerichte, die als typisch sibirisch bezeichnet werden können. Meist werden die kleinen fleischgefüllten **Teigbällchen** *pelméni* (ähn-

012ba Foto: rj

lich wie Tortellini oder Maultaschen) als sibirische Nationalspeise angeführt. Etwas größer sind die mit Kartoffeln, Kohl oder Quark gefüllten *waréniki,* die sich, tiefgefroren gekauft, sehr schnell zubereiten lassen. Für die unmittelbare Umgebung des Baikalsees sind **Fischgerichte** typisch (gern als Suppen: *uchá,* aber auch gebraten oder als Frikadellen: *kotlétki*).

Beeren, die in der sibirischen Taiga in besonders vielen Arten vorkommen (s. Kapitel „Landschaft und Natur: Tiere und Pflanzen"), werden entweder mit Zucker gekocht *(warénje)* und zum Tee gegessen oder tiefgefroren aufbewahrt und dann mit Zucker zerstoßen und als Getränk serviert *(mors).* Probieren sollte man unbedingt auch die **Kerne der Zirbelkiefer** (s. Exkurs im Kapitel „Landschaft und Natur").

Für die **burjatische Küche** ist typisch, dass sehr viel Fleisch verwendet und womöglich noch fetter gekocht wird als in der russischen Küche. Allerdings hat man selten die Gelegenheit, echt burjatische Speisen auszuprobieren, denn in Restaurants und in den vielen kleinen Straßenimbissen *(pósnaja)* in Burjatien wird hauptsächlich russische Küche serviert. Weit verbreitet und auch bei Russen beliebt ist die burjatische „Nationalspeise", eine Art Tortellini, *pósy* genannt. Sie sind handtellergroß. Speziellere Speisen kann man in einzelnen, neu entstehenden **Jurtenrestaurants** probieren, die meistens eher in ländlichen Gegenden zu finden sind. Hier gibt es sehr spezifische Gerichte aus Milchprodukten, oft auch Hammelfleisch. Vielleicht bekommt man sogar echt **burjatischen Wodka** zu kosten, der traditionell aus Milch hergestellt wird und, im Gegensatz zum mongolischen Getränk aus Stutenmilch *(kumys),* klar und hochprozentig ist.

Fisch ist am Baikalsee Grundnahrungsmittel

Leitungswasser

Leitungswasser hat in unterschiedlichen Gebieten verschiedene Qualität. Generell wird nur das kalte Leitungswasser als **Trinkwasser** verwendet. Warmes Wasser stammt aus kleinen Stadtteil-Heizkraftwerken und gilt als „technisch". In Irkutsk ist das kalte Leitungswasser gut, wird aber dennoch stark gechlort. Deshalb kann es angenehmer sein, es abzukochen, dadurch verschwindet der Chlorgeschmack. In Dörfern, besonders in Baikalnähe, kann das Wasser meistens auch ungekocht getrunken werden (man sollte vorher die Bewohner fragen).

Gastronomie

Die Gastronomie war in der Sowjetunion in allen Bereichen viel schwächer entwickelt als in Europa. In den letzten Jahren gab es starke Veränderungen. In großen Städten findet man inzwischen **Restaurants** *(restorán)* aller Preisklassen, die auch im Service-Bereich keine Wünsche offen lassen. Oft verbirgt sich auch hinter der Bezeichnung *bar* ein Restaurant, das abends länger geöffnet ist. Klassische

Raskolotka – Sushi auf Sibirisch

Bei Fischern ist diese sibirische Delikatesse besonders beliebt, doch auch in Feinschmeckerrestaurants findet man *raskolótka* auf der Speisekarte. Was verbirgt sich hinter dem geheimnisvollen Namen? *Raskolotka* ist frischer, roher Fisch, der (meist im Winter) in gefrorenem Zustand von Haut und Gräten befreit und in kleine Stücke geschnitten wird. Meist reicht man ihn mit Salz, Pfeffer und rohen Zwiebelringen. Das zarte, kalte Fleisch hat einen sehr milden, unaufdringlichen Geschmack und zergeht förmlich auf der Zunge. Übrigens kann man *raskolotka* auch ausgezeichnet ohne Wodka genießen, der von Fischern mit Vorliebe dazu getrunken wird.

Bars oder Kneipen im europäischen Sinn gibt es noch kaum. Im zaristischen Russland hießen Dorfgaststätten *traktír,* manchmal nennen sich Restaurants heute wieder so.

Die auf Russisch als *kafé* bezeichneten Einrichtungen können nicht immer mit „Café" übersetzt werden. Oft ähneln sie eher einfachen **Gaststätten** mit kleinen Speisen, aber ohne reiches Angebot an Gebäck. Der europäischen Vorstellung von einem Café entsprechen dagegen die **Tee- oder Kaffeestuben** *(tscháinaja, koféinja).*

Sehr billig sind die in Europa eher unbekannten **Mittags-Imbiss-Stuben** *(stolówaja).* Wie in einer Kantine werden wenige fertige Gerichte angeboten, die von Tag zu Tag variieren können. Ähnlich funktionieren die **Imbiss-Stuben** *(sakúsotschnaja),* die meistens an größeren Straßen liegen. In Burjatien heißen sie oft *pósnaja.* Hier beschränkt sich das Angebot im Allgemeinen auf Teigtaschen *(piroschkí)* und Suppengerichte. In Parks und Erholungsgebieten sind **Schaschlik-Imbiss-Stände** *(schaschlýtschnaja)* sehr beliebt. Außer Schaschlik bekommt man hier oft auch einfache Salate oder Fertiggerichte.

Feste und Feiertage

Am größten werden in Russland Feste gefeiert, die zur Zeit der Sowjetunion geprägt wurden. Doch auch kirchliche Feiertage werden nach und nach wieder stärker zur Kenntnis genommen.

Für die Planung von Behördengängen ist es wichtig, folgende Regelungen zu kennen: Wenn ein Feiertag auf einen Sonntag fällt, ist oft der vorhergehende Freitag arbeitsfrei. Dasselbe geschieht mit dem Montag, wenn der Dienstag ein Feiertag ist. In diesem Fall wird allerdings der vorhergehende Samstag zum Arbeitstag.

Das größte Fest, **Neujahr** *(nówy god),* hat keinen religiösen Inhalt und wird vom 31. Dezember auf den 1. Januar sehr ausgelassen begangen. Wie in Europa an Weihnachten feiert man unter einem bunt geschmückten Tannenbaum in der Familie oder mit Freunden. Die Geschenke bringt allerdings nicht der Weihnachtsmann, sondern Väterchen Frost mit seiner Enkelin, dem Schneeflöckchen. Eine Besonderheit ist auch, dass sich Kinder auf Neujahrsfeiern meist verkleiden. Frei sind seit 2005 der 1.–5. Januar und das russische Weihnachten am 7. 1. (s. „Kirchliche Feiertage"). Interessanterweise wird in den letzten Jahren auch das „alte Neujahr" (13.1., nach dem alten Kalender) von vielen wieder gefeiert. Dieser Tag gilt als geeignet für Zukunftsvorhersagen, Kartenlegen u.Ä.

Der 8. März, der **Frauentag** *(schénski den),* ist mit dem deutschen Muttertag vergleichbar, nur dass er alle Frauen umfasst und sich viel größerer Beliebtheit erfreut. Man gratuliert, verschenkt Blumen und singt ausgiebig Loblieder auf die Weiblichkeit.

Zu seinem Gegenstück hat sich der 23. Februar entwickelt, eigentlich der „Tag der Vaterlandsverteidiger". Er wird immer mehr wie ein **Vatertag** gefeiert und ist arbeitsfrei.

Die Maifeiertage (*máiskije prásdniki,* 1. und 9. Mai) gehen manchmal fast nahtlos ineinander über und in vielen öffentlichen Einrichtungen wird in dieser Zeit nicht viel gearbeitet. Der **Tag der Arbeit** (1. Mai) wird schon lange nicht mehr als politisches Ereignis gesehen. Für viele sind die arbeitsfreien Frühlingstage Anlass, erste große Wanderungen in die Natur zu unternehmen. In der Stadt ist die Atmosphäre volksfestartig. Am 9. Mai, dem **Tag des Sieges** *(den pobédy),* wird bis heute der Unterzeichnung der Kapitulationsurkunde durch Hitlerdeutschland gedacht. Nach dem Ende der Sowjetunion wurden einige Jahre lang Kranzniederlegungen und Aufmärsche weniger besucht, doch seit dem Amtsantritt von *Präsident Putin* finden wieder vermehrt Militärparaden statt, die nicht nur ordensgeschmückte Veteranen, sondern auch viele junge Menschen anziehen.

Den 12. Juni, **Tag der Unabhängigkeit,** gibt es noch nicht lange. Als Tag der Loslösung Russlands von der Sowjetunion im Jahre 1991 weckt er allerdings keine großen Emotionen. Die meisten freuen sich einfach, frei zu haben.

Wie ein Volksfest kommt einem der 1. September vor. In ganz Russland ist er der **1. Schul- und Studientag** nach den Sommerferien und meistens wimmelt es überall von schleifengeschmückten kleinen Mädchen und feierlich gekleideten Schülern und Eltern.

Durch die Kalenderreform fiel der **Jahrestag der Oktoberrevolution** auf den 7. November und wurde bis vor kurzem als Tag der Einheit und Eintracht begangen. Seit 2005 jedoch hat man sich endgültig von der Vergangenheit verabschiedet. Als Ersatz für den gestrichenen Feiertag dient nun der 4. November. Als Tag der Nationalen Einheit soll er an die Befreiung Moskaus von polnischen Besatzungstruppen im Jahr 1612 erinnern.

Zusätzlich gibt es eine ganze Reihe von **„Berufsfeiertagen"** (z.B. Tag der Lehrer, Eisenbahner, Seeleute und Fischer), die von den betreffenden Berufsgruppen ausgiebig gefeiert werden und zu denen man üblicherweise auch gratuliert.

Kirchliche Feiertage

Da die orthodoxe Kirche Russlands die Kalenderreform von 1918 nicht mitvollzogen hat, folgen ihre Feste

013ba Foto: rj

nach wie vor dem **Julianischen Kalender,** liegen also 13 Tage hinter den in der katholischen und protestantischen Kirche üblichen Terminen zurück.

Zu den wichtigsten kirchlichen Festen gehört **Ostern** *(páßcha),* das im Vergleich zum westeuropäischen Ostern meist später (1–4 Wochen) gefeiert wird. Anders als in Deutschland spielen Hasen hier keine Rolle. Die gefärbten Eier werden auch nicht versteckt, sondern neben anderen Speisen, wie dem Osterkuchen, abends zum Ostergottesdienst in die Kirche gebracht und gesegnet. Der Höhepunkt der feierlichen Zeremonie ist der Kreuzgang, bei dem die Gläubigen im Gefolge der Geistlichen mit Kerzen einmal um die Kirche ziehen.

Wettbewerb im Gewichtheben
beim Masleniza-Fest, der „Butterwoche"

Das **Weihnachtsfest** *(roschdestwó)* begehen wieder viele, doch bisher eher bescheiden mit einem schönen Essen im Freundes- oder Familienkreis. Seit 2005 ist der 7. Januar offiziell arbeitsfrei.

Neu belebt werden viele Traditionen des **Epiphanias-Festes** (Taufe Jesu, *kreschtschénije*) am 19. Januar: Wasser, das an diesem Tag in der Kirche geweiht wurde, gilt als hilfreich bei den verschiedensten Krankheiten. Besonders glückbringend ist es, wie Jesus selbst ins Wasser zu gehen: An speziell gehackten Eislöchern segnen Geistliche die Mutigen.

Masleniza-Fest

Vergleichbar mit dem europäischen Karneval ist die Funktion der **Butterwoche** *(másleniza)*. In der letzten Woche vor Beginn der österlichen Fastenzeit (meist im Februar) werden ausgiebig Pfann- bzw. Eierkuchen verzehrt. Der letzte Tag, der Sonntag, wird mit einem großen **Volksfest** begangen: Wer möchte, nimmt an lustigen Wettkämpfen teil (Schneeballschlachten, Wettklettern, Faustkämpfe u.v.m.).

Fotografieren

Farbfilme aller Art bekommt man inzwischen überall (sogar in Dorfläden, jedoch nicht immer optimal gelagert). **Diafilme** sollte man besser mitbringen. Wenn sie doch ausgehen, hat man in Irkutsk in den unten genannten Geschäften sowie im **Fuji-Laden** (ul. Proletarskaja 11, Nähe Zirkus) eine gute Chance.

Die gebräuchlichsten Sorten an **Batterien** gibt es außer in den genannten Fotoläden inzwischen in vielen Geschäften größerer Städte zu kaufen, Probleme gibt es höchsten bei älteren Modellen.

Für Farbfilme gibt es viele Möglichkeiten der **Entwicklung**, doch oft ist die Qualität schlecht, weil viele Kunden eine möglichst billige Entwicklung wollen. Gute Adressen in Irkutsk sind: *Skaska* (Kodak), ul. Litwinowa 2 (Eingang von ul. Kárla Márxa), und *Original*, ul. Tschechowa 26 (am zentralen Markt). Schwarzweiß-Filme (außer Prozess 41) werden nur in wenigen Fotoateliers entwickelt. Diafilme sollte man zu Hause entwickeln lassen, die Qualität der wenigen Anbieter ist schlecht.

Die **Digitalfotografie** hat in den Städten inzwischen die analoge Fotografie überflügelt.

- **Buchtipps:** „Reisefotografie" und „Reisefotografie digital" aus der Reihe Praxis, Reise Know-How Verlag, Bielefeld.

Besonderheiten beim Fotografieren in Russland/Sibirien

- Es ist verboten, Objekte von strategischem Wert zu fotografieren (z.B. Tunnels). Bei **Miliz und Militärs** ist ebenfalls Vorsicht geboten. Auch bei anderen Objekten (Bahnhofsanlagen) wird man manchmal angesprochen.
- In **Kirchen und buddhistischen Tempeln** ist das Fotografieren verboten. Auch auf **Märkten** (z.B. Irkutsker Markt) und in Geschäften kann man Probleme bekommen.
- In **Museen** kann man meist gegen eine Extragebühr die Erlaubnis zum Fotografieren bzw. Filmen bekommen. Blitzen ist manchmal ganz verboten.
- **Personen** sollte man vor dem Fotografieren um Erlaubnis fragen. Vielen ist es unangenehm. Frauen werfen gern noch einen Blick in den Spiegel. Auch Betrunkene oder Obdachlose haben das Recht, ein Foto zu verweigern!
- **Geld** wird für Fotos nicht erwartet. Ausnahmen können Angehörige kleiner Volksgruppen oder bestimmter Berufsgruppen sein (z.B. die Fischer von Olchon oder Kurbulik), die sehr häufig von ausländischen Journalisten oder Filmteams bedrängt werden.
- Russische Begleiter können empfindlich reagieren, wenn viel **Negatives** fotografiert wird. Es verletzt sie, wenn das eigene Land von seiner schlechten Seite gezeigt wird, wie es in westlichen Medien leider oft geschieht.
- Der Stromverbrauch von Kameras steigt bei **Kälte** extrem an. Wer bei unter -20° C mehrere Tage unterwegs ist, sollte an Ersatzbatterien denken und diese frostfrei aufbewahren.
- Besitzer einer **guten Fotoausrüstung** werden schnell als Ausländer identifiziert.

Hygiene

Wer nach Sibirien reist, muss sich darüber im Klaren sein, dass außerhalb der größeren Siedlungen die meisten Unterkünfte (mit Ausnahme der obersten Preisklasse) **keinen Anschluss an die Wasserversorgung** haben. Das bedeutet, Wasserbehälter an Waschbecken werden mit Brunnen-, Quell- oder Seewasser befüllt, das hertransportiert werden muss. **Toiletten** befinden sich in den meisten Fällen außerhalb der Wohnräume (Außentoiletten sind Plumpsklos).

Für die Körperhygiene gibt es überall die sogenannte **Banja,** meist ein separat stehendes Holzhaus mit mehreren Räumen. Im Schwitzraum werden durch einen Holzofen sehr hohe Temperaturen erzielt. Nach Wunsch kann Dampf erzeugt werden. Im Waschraum mischt man sich in Schüsseln Wasser angenehmer Temperatur, mit dem man sich nach dem Einseifen begießt. Das Abwasser fließt durch den Fußboden ins Erdreich. Im Umkleideraum ist es am kühlsten. Ein Banja-Besuch hat neben der Reinigung auch soziale Funktion und kann (inklusive Imbiss) über mehrere Stunden ausgedehnt werden. Oft finden wichtige Geschäftstreffen in einer Banja statt, die mit Pool und komfortablen Aufenthaltsräumen sehr elegant ausgestattet sein kann.

Alle Wohnungen, die nicht in Holzhäusern liegen, haben **fließend Wasser, Bad und WC.** Allerdings kommt es in den Sommermonaten nicht selten vor, dass das Leitungssystem oder die Kanalisation nach einem strengen Winter überholt werden muss. Dann kann das warme Wasser in ganzen Stadtbezirken für bis zu einer Woche abgestellt werden. Nur selten wird die Kaltwasserversorgung abgeschaltet. Zur **Trinkqualität des Leitungswassers** siehe „Essen und Trinken".

Medizinische Versorgung

Das russische Gesundheitswesen befindet sich in einer sehr schwierigen Übergangsphase vom rein staatlich finanzierten System der praktisch kostenlosen Massenversorgung zu einem neuen Modell, das auch wirtschaftliche Aspekte berücksichtigt. Das bringt vor allem für wenig finanzkräftige Menschen Probleme mit sich, da auch in **staatlichen Kliniken** nicht mehr alle Leistungen auf Rechnung der Versicherung gehen. So müssen oft Spritzen, Medikamente oder auch Lebensmittel selbst mitgebracht werden.

Für ausländische Patienten hat sich die Situation zumindest in den Städten eher vereinfacht, da parallel zum staatlichen System ein Netz von **Privatpraxen** entsteht, in denen man gegen Barzahlung und ohne mühsame bürokratische Formalitäten meist gut (und im Vergleich zu europäischen Tarifen sehr preiswert) behandelt wird (Adressen s. Ortsbeschreibung Irkutsk bzw. Ulan-Ude). Auch das Netz an **Apotheken** *(aptéka)* ist dicht und gut organisiert.

Hat eine Apotheke ein Medikament nicht vorrätig, kann sie einen stadtweiten Rundruf starten, um sofort zu erfahren, wo man es bekommen kann.

Auf dem Land dagegen ist die medizinische Versorgung noch wenig entwickelt. Selbst in größeren Dörfern gibt es oft nur eine Krankenschwester, und mit ernsteren Erkrankungen müssen die Menschen ins Bezirkszentrum bzw. nach Irkutsk oder Ulan-Ude fahren. So ist es nicht verwunderlich, dass man wieder häufiger **Volksheiler oder Schamanen** aufsucht. Auch die tibetische Medizin hat in Burjatien starken Zulauf.

Nachtleben

Nur die großen Städte der Baikalregion (Irkutsk und mit Einschränkungen auch Ulan-Ude) haben ein einigermaßen vielfältiges Nachtleben (siehe Ortsbeschreibungen). In vielen Restaurants gibt es abends Live-Musik (nicht für jeden Geschmack), manchmal auch Striptease. Auf dem Land ist das einzige Ereignis die Dorf-Disco im sogenannten Club (Kulturhaus), wo man aber über 20 meist schon auffällt. In Hotels in den Städten kann es vorkommen, dass Prostituierte telefonisch ihre Dienste anbieten.

Außentoilette und Waschgelegenheit einer Touristenunterkunft

Notfälle

Russlandweite Notrufnummern

- **Feuerwehr:** 01
- **Polizei:** 02
- **Notarzt:** 03

Notfallsituationen in der Natur

Bei Unfällen in schwer erreichbaren Gebieten ist das russische **Ministerium für außerordentliche Situationen, MTschS** *(ministérstwo tschreswytscháinych situázi,* МЧС) für Bergung und Verletztentransport zuständig. Ihm unterstehen Feuerwehr, Katastrophenschutzeinheiten, Bergwacht usw.

Längere Aufenthalte in der Wildnis sollten bei der entsprechenden regionalen Abteilung **angemeldet** werden. So kann die Behörde im Fall längeren Ausbleibens Suchaktionen einleiten. Regionale Dienststellen können bei den Zentralen in Irkutsk (ul. Gógolja 53, Tel. (3952) 389059, 257910) und Ulan-Ude (ul. Dimítrowa 3, Tel. (3012) 220919, 217763) erfragt werden.

Dokumentenverlust

Ein Diebstahl der Dokumente muss bei der **Polizei** angezeigt werden (das Protokoll aufbewahren).

Ersatzdokumente können nur die **Botschaften** oder **Konsulate** des Heimatlandes ausstellen. Zugfahrkarten werden auch ausgestellt, wenn nur eine Passkopie vorliegt. Bei Fahrtantritt muss man den Schaffnern die Situation erkären, meistens haben sie Verständnis. Fliegen kann man nur mit Originalpapieren.

Die Diplomatische Vertretung verlangt einen **Identitäts-Beleg** (Personalausweis). Liegt keiner vor, muss das zuständige Einwohnermeldeamt die Identität bestätigen, was (durch die Zeitverschiebung) einen Tag dauern kann. Ein sogenannter **Reiseausweis** (Gültigkeit vier Wochen) kann sofort ausgestellt werden. Ein echter Reisepass hat sechs Wochen Bearbeitungsdauer.

Von den russischen Meldebehörden (Owir) braucht man einen Ersatz für das verlorene **Visum.** Meistens wird nur ein Ausreisevisum erteilt. Zumindest dies ist in Nowosibirsk aber in der Regel kein Problem. Helfen kann die Unterstützung der einladenden Organisation.

Auch in **dringenden Notfällen,** z.B. medizinischer oder rechtlicher Art, Vermisstensuche, Hilfe bei Todesfällen, Häftlingsbetreuung o.Ä. sind die Auslandsvertretungen bemüht, vermittelnd zu helfen.

- **Deutsche Botschaft,** Léninski Prospékt 95 A, Moskau (Eingang Nr. 4 in der Seitenstraße ul. Akademika Piljugina), Tel. (495) 9334311, bei Notfällen 9379500.
- **Deutsches Generalkonsulat,** Krásny Prospékt 28, Nowosibirsk, Tel. (383) 2310020, 2231411, im Notfall 2139976.
- **Österreichische Botschaft,** per. Starokonjúschenny 1, Moskau, Tel. (495) 5029517 oder 5029518, im Notfall 7670396.
- **Schweizerische Botschaft,** per. Ogoródnoi Slobodý 2/5, Moskau, Tel. (495) 2583830.

Verlust von Geldkarten

Bei Verlust oder Diebstahl der Kredit- oder Maestro-(EC-)Karte sollte man diese umgehend sperren lassen.

Für deutsche Maestro- und Kreditkarten gibt es die einheitliche **Sperrnummer 1049-116116** und im Ausland zusätzlich 1049-30-40504050. Für österreicherische und schweizerische Karten gelten:

- **Maestro-Karte,** (A)-Tel. 1043-1-2048800; (CH)-Tel. 1041-44-2712230, UBS: 1041-800 888601, Credit Suisse: 1041-800-800488.
- **MasterCard/VISA,** (A)-Tel. 1043-1-71701 4500 (MasterCard) bzw. Tel. 1043-1-7111 1770 (VISA); (CH)-Tel. 1041-58-9588383 für alle Banken außer Credit Suisse, Corner Bank Lugano und UBS.
- **American Express,** (A)-Tel. 1049-69-9797 1000; (CH)-Tel. 1041-44-6596333.
- **Diners Club,** (A)-Tel. 1043-1-5013514, (CH)-Tel. 1041-44-8354545.

Verlust von Reiseschecks

Nur wenn man den **Kaufbeleg** mit den Seriennummern der Reiseschecks sowie den **Polizeibericht** vorlegen kann, wird der Geldbetrag von einer größeren Bank vor Ort binnen 24 Stunden zurückerstattet. Also muss der Verlust oder Diebstahl umgehend bei der örtlichen Polizei und auch bei American Express bzw. Travelex/Thomas Cook gemeldet werden. Die Rufnummer für das Reiseland steht auf der Notrufkarte, die man mit den Reiseschecks bekommen hat.

Geldüberweisungen

Im Notfall kann man sich Geld durch **Western Union** überweisen lassen. Partner ist die Postbank (bzw. Schweizerische Post, Österreichische Postsparkasse P.S.K.) In folgenden Städten gibt es die Möglichkeit, Bargeld über Western Union zu erhalten: Ulan-Ude, Sewerobaikalsk, Irkutsk, Bratsk, Schelechow, Angarsk, Usolje-Sibirskoje, Tulun, Sajansk, Tscheremchowo, Ust-Ilimsk, Bodaibo (Adressen der Banken unter www.westernunion.com).

Öffnungszeiten

Geschäfte sind auch am Samstag und Sonntag geöffnet, oft bis 20 Uhr. Es gibt kein Ladenschlussgesetz. In Dorfläden kann man an einem kleinen Holzfensterchen oft auch nach Ladenschluss noch einkaufen. Manche Kioske sind rund um die Uhr geöffnet. In Geschäften kann es immer passieren, dass wegen Abrechnung oder Inventur tagsüber geschlossen ist. In vielen Einrichtungen ist einmal im Monat Großreinigungstag *(sanitárny den)*, an dem ebenfalls nicht geöffnet wird. Vor Feiertagen gibt es oft Sonderregelungen. **Märkte** finden täglich etwa von 9 bis 18 Uhr statt, jahreszeitliche Verschiebungen sind möglich.

- **Behörden:** meist Mo–Fr 10–17 Uhr mit Mittagspause, gelegentlich auch Sa
- **Post:** in großen Städten mitunter auch Sa/So
- **Telefonämter:** häufig rund um die Uhr (teilweise auch auf dem Land)
- **Banken:** Mo–Fr 10–17 Uhr (meist mit Pause), gelegentlich auch Sa; Wechselstuben in Märkten und Hotels meist auch Sa, So
- **Bahnhöfe:** in der Regel 24 Stunden (mindestens eine Kasse), jedoch mit Pausen
- **Museen:** Ruhetag häufig Mo

Orientierung

Die Orientierung **in Städten** ist nicht immer einfach. Man achtet in Russland viel weniger darauf, dass Ortsfremde sich zurechtfinden können, aber auch Russen haben oft Probleme. Hinweisschilder für Sehenswürdigkeiten oder Überblickstafeln an Haltestellen öffentlicher Verkehrsmittel sind nicht üblich. Einheimische fragen sich durch. Gelbe Seiten gibt es inzwischen, sie sind aber nicht immer aktuell. Gute Stadtpläne von Ulan-Ude sind Mangelware. Für Irkutsk dagegen gibt es eine ganze Reihe verschiedener Ausführungen (s. „Ausrüstung und Reisegepäck: Landkarten").

Post

Für einen Gang zur Post sollte man immer viel Zeit einplanen. Man verschickt hier Briefe, Päckchen und Telegramme; telefonieren und faxen ist jedoch meist nicht möglich (s. „Telefonieren"). Briefe und Postkarten benötigen aus Mitteleuropa nach Russland etwa 10 Tage, der umgekehrte Weg dauert 10 bis 30 Tage. Was die Zuverlässigkeit angeht, ist die Post bei Auslandssendungen besser als ihr Ruf, im innerrussischen Verkehr aber schlechter. Dickere Briefe (besonders mit Fotos) sollte man immer per Einschreiben schicken. Bei längerem Aufenthalt lohnt sich ein Postfach, das nicht teuer ist. **Postleitzahlen** sind in den Ortsbeschreibungen angegeben. Wie in Deutschland haben Städte für einzelne Bezirke unterschiedliche Endziffern.

Bücher verschickt man aus Russland ohne spezielle Genehmigung nur, wenn das Erscheinungsdatum jünger als 1965 ist. Sie werden unverpackt auf die Post gebracht, dort eingewickelt und verschnürt. **Nicht angenommen** werden Bild- und Tonträger, Landkarten und verderbliche Nahrungsmittel.

Internationale Kurierdienste

EMS Garantpost, mit Zustellgarantie, ist nicht immer sehr schnell. Annahme ist meist in den zentralen Postämtern. UPS und DHL sind in Sibirien vertreten. DHL (www.dhl.de) arbeitet sehr schnell, Dokumente aus Irkutsk können innerhalb von 24 Stunden in Europa sein.

Schiffsfahrten

Linienschiffe (Tragflächenboote) fahren aus Irkutsk über die Angara an verschiedene Orte am Baikalsee sowie nach Bratsk. Daneben gibt es die Möglichkeit, **Schiffe für individuelle Fahrten zu buchen.** Neben wenigen größeren Passagierschiffen werden hierfür vor allem Schiffe des Typs „Jaroslawez" eingesetzt. Ursprünglich als Fisch- und Lastkutter gedacht, werden sie vermehrt für touristische Zwecke umgebaut. Bei maximal sieben bis acht Passagieren (teilweise auch bis zu zwölf) hat so ein Schiff zwei Mann Be-

Ausflugsschiff in der Tschiwyrkui-Bucht

satzung, auf Wunsch kann zusätzlich ein Koch mitgenommen werden.

Eine kurze Fahrt kann eine schöne Abwechslung sein, die erlaubt, den Baikalsee aus einer neuen Perspektive kennen zu lernen. Ein großes Plus ist auch, dass Gegenden angefahren werden können, die anders nur schwer oder gar nicht erreichbar sind. Ein Jaroslawez hat nur etwas über einen Meter Tiefgang und kann auch ohne Anlegestelle fast an jeder Küste anlegen. Dazu wird das Schiff kräftig auf den Sand gesetzt, und wenn man Glück hat, reicht der Steg des Bootes vom Deck bis über die Brandung, sodass man trockenen Fußes an Land gelangt. Im Notfall wird vor der Küste Anker geworfen und die Passagiere setzen mit einem Beiboot über.

Mehrtägige Fahrten können jedoch ermüdend werden. Die Küstenlandschaft wirkt aus der Entfernung schnell monoton, das Motorengeräusch der Schiffe ist sehr laut, der Abgasgeruch kann lästig werden, und der persönliche Bewegungsspielraum ist stark eingeschränkt. Ein Nachteil der Fortbewegung per Schiff ist auch ihre schlechte Umweltbilanz: Nur 5 % aller Schiffe entsorgen Abfälle und Fäkalien vorschriftsgemäß. In den meisten Fällen wird einfach alles ins Wasser gekippt. Der Energieverbrauch der Schiffe ist generell hoch: Bei einer durchschnittlichen Geschwindigkeit von 12–18 km/h braucht ein Jaroslawez (je nach Wellengang) in einer Stunde ca. 35 Liter Treibstoff.

017ba Foto: rj

Buchung

Im Grunde kann jedes Schiff beim Kapitän (oft ist er nicht der Eigentümer) gemietet werden. Die Erfahrung zeigt jedoch, dass Kapitäne am Baikal manchmal etwas eigen sind und nicht immer Wert auf Pünktlichkeit legen. Auch weil es um große Summen geht, ist es zumindest bei längeren Fahrten besser, über ein Reiseunternehmen zu buchen.

Der Preis für ein Schiff schwankt zwischen 400 und 800 €/Tag (teils mit Verpflegung), unabhängig von der Zahl der Passagiere. In Irkutsk, Listwjanka und am Kleinen Meer sind die Preise im Allgemeinen am höchsten, gefolgt von Ust-Bargusin und Sewerobaikalsk (Nischneangarsk). Schiffsbesitzer: *Alexánder Búrmeister* (s. Baikal-Lena-Reservat, Kap Sawortny), *Víktor Kusnezów* (s. Nischneangarsk).

Neben den genannten Schiffen werden seltener auch **Jachten** vermietet. Sie können komfortabler und ruhiger sein, allerdings sollte man bei der Ausstattung nicht europäischen Standard erwarten (Anbieter siehe Nischneangarsk und Sewerobaikalsk).

Routenplanung

Bei der Planung der Route sollte berücksichtigt werden, dass die Schiffe meistens nur in Küstennähe fahren. Fahrten quer über den See werden nach Möglichkeit vermieden, denn ein Jaroslawez ist nur für Wellen bis zu 1,50 m konzipiert (Flussschifffahrt). Bei allen Schiffsreisen muss Pufferzeit eingeplant werden. Wetterverhältnisse, Unpünktlichkeit von Kapitänen und auch kleinere Reparaturen können leicht zu Verzögerungen von mehreren Stunden führen.

Sicherheit

Ohne Risiken verharmlosen zu wollen, muss man sagen, dass der Ruf Russlands in punkto **Kriminalität** schlechter ist als die Realität. Durch oft einseitige Berichterstattung westlicher Medien entsteht mitunter ein katastrophales Bild vom „wilden Osten“ ohne Recht und Gesetz. Hier sollte differenziert werden. Unbestritten ist, dass es Wirtschaftskriminalität und mafiöse Strukturen in Geschäftskreisen gibt. An Touristen haben diese jedoch keinerlei Interesse. Auch russische Durchschnittsbürger kommen damit nicht in Berührung. Diese sind oft beunruhigt durch die scheinbar hohe Kleinkriminalität (Wohnungseinbrüche, Taschendiebstahl). Hier spielt allerdings die subjektive Wahrnehmung eine große Rolle, denn Tatsache ist, dass diese Art der Kriminalität bis 1990 fast nicht existierte und die momentane Situation den Menschen bedrohlicher erscheint als sie ist. Für Reisende gelten die üblichen **Vorsichtsmaßnahmen:**

- In **Menschenansammlungen** keine Wertsachen in Außentaschen aufbewahren, Rucksäcke am besten abnehmen.
- **Teure Gegenstände** (z.B. Kameras) nicht zu offensichtlich mit sich herumtragen.
- Nicht allein **trampen.**
- Vorsicht bei **bettelnden Kindern** (gibt es nur selten in großen Städten).
- **Zelte** in der Nähe von Siedlungen nicht unbeaufsichtigt lassen.

Größere Sicherheitsrisiken gibt es beispielsweise im **Straßenverkehr,** Russland zählt verhältnismäßig viele Verkehrstote. Auch **in der Natur** geschehen durch unterschätzte Gefahren jedes Jahr zahlreiche Unglücksfälle.

- **Buchtipp:** „Schutz vor Gewalt und Kriminalität", aus der Reihe Praxis, Reise Know-How Verlag, Bielefeld.

Allgemeine Sicherheitslage

Aktuelle Hinweise zur allgemeinen Sicherheitslage erhält man hier:

- **Deutschland:** www.auswaertiges-amt.de (Länder- und Reiseinformationen), Tel. (030) 5000-2000, Fax 5000-51000.
- **Österreich:** www.bmaa.gv.at (Bürgerservice), Tel. 05-01150-4411, Fax 05-01159-0.
- **Schweiz:** www.dfae.admin.ch (Reisehinweise), Tel. (031) 3238484.

018ba Foto: rj

Auch Strandleben gibt es am Baikal – hier nahe Enchaluk

Sport und Erholung

Die Möglichkeiten der Fortbewegung mit Verkehrsmitteln sind im Baikalgebiet begrenzt. Deshalb sind Unternehmungen in der Natur eine der besten Möglichkeiten, die Region „hautnah" zu erleben. Jeder, der bereit ist, sich auf das Wagnis uralter Fortbewegungsmittel wie Pferde, Boote oder die eigenen Füße einzulassen, wird zwar auf viel Komfort verzichten müssen, dafür aber eine Ursprünglichkeit kennen lernen, die in Europa so kaum noch zu finden ist. Zum Thema **Wandern und Eiswandern** siehe in diesem Kapitel: „Wandern". Bei der Planung von Routen sollte man sich die Hinweise über **Schutzgebiete** im Kapitel „Landschaft und Natur" aufmerksam durchlesen.

Alpinski

Das größte Skigebiet des Baikalgebiets befindet sich in Baikalsk, ein kleineres ist bei Listwjanka entstanden. Doch für Alpinski braucht man eher nicht an den Baikalsee zu fahren. In Europa gibt es bessere Alternativen. Außerdem hat man auf der Piste häufig den Geruch des Baikalsker Zellulosewerkes in der Nase.

Angelsport

Besonders beliebt bei Anglern sind die flachen Randgewässer des Sees, allen voran die seichten Buchten am Tschiwyrkui. Auch Bergseen und -flüsse können sich als kleine Anglerparadiese herausstellen. Ein ganz besonderes Vergnügen ist für viele das **Eisangeln** im Winter. Dafür wird durch ein mit einem speziellen Handbohrer gebohrtes Loch eine Angelschnur ins Wasser gelassen. Zum Schutz gegen Wind und Wetter errichten die Angler gern kleine Zelte über ihrem Loch.

Baden

Der Baikalsee ist kein geeignetes Gewässer für Strandurlaub. Mit etwas Glück hat man an wenigen Orten im Sommer für einige Tage warmes Wasser (Buchten am Kleinen Meer und Tschiwyrkui, Insel Jarki).

Höhlen

Im Baikalgebiet gibt es eine ganze Reihe bekannter und weniger bekannter Höhlen. Zu ersteren zählen die **Botowskaja-Höhle** nördlich von Katschug und die **Baidin-Höhlen.** Bei Interesse können die Irkutsker Höhlenfreunde vom Club Arabika helfen (www.club-arabika.ru, Tel. 432322). Auch die folgende Firma wird von Arabica-Mitgliedern betrieben: www.baikal-expedition.ru (Tel. 584991). Weiter bietet *Iwán Schulz* geführte Fahrten zu den Baidin-Höhlen an (inkl. Ausrüstung); Kontakt: Irkutsk, ul. Kárla Márxa 21 W, Büro 1, Tel. 89027617828, auf Olchon 89148953080, baikalworld@angara.net, www.baikalworld.ru.

Jagd

Selbstverständlich gibt es Veranstalter, die spezielle Jagdtouren anbieten. Die Wildbestände gehen aber in vielen Gebieten stark zurück. Selbst Nationalparks verfügen oft nicht über das nötige Personal, um die **Wilderei** (einerseits durch arme Landbevölkerung, andererseits reiche Hobbyjäger) einzugrenzen. Vor diesem Hintergrund müssen Jagdreisen kritisch gesehen werden. In jedem Fall sollte geprüft werden, ob der Anbieter die entsprechenden (nicht billigen) Lizenzen ordnungsgemäß eingeholt hat. Auch darf man sich keine falschen Vorstellungen von einer organisierten Jagd machen: Meist wird dem zahlenden Kunden mit viel Aufwand und wenig Romantik das Wild vor die Flinte getrieben.

Radfahren

Radfahren ist in Russland weder als Sportart noch zur Fortbewegung sehr verbreitet. Gründe dafür sind der Verkehr, der nicht auf Radfahrer eingestellt ist (Autofahrer können sehr rücksichtslos fahren), die hohe Abgaskonzentration im Stadtverkehr und das **Diebstahlrisiko.** Selbst abgeschlossene Räder darf man in der Stadt eigentlich nicht aus den Augen lassen.

So bieten nur **wenige Veranstalter** Radverleih oder organisierte Touren an. Gute Adressen sind: Alpindustria, Baikalcomplex (Irkutsk), Artur Abagjan (Chuschir, Olchon), Alexander Loginow (Ust-Bargusin). Viele andere Anbieter vernachlässigen die Wartung ihrer Räder und können nicht empfohlen werden.

Allgemein sollte ein Rad für Touren in der Baikalregion **geländetauglich** sein (Tourenrad, Mountainbike). Nicht asphaltierte Straßen (zum Straßenzustand s. „Autofahren") können bei Regen sehr schlammig, bei Trockenheit sehr staubig sein. Dies ist besonders unangenehm, wenn Autos vorbeifahren! Empfehlenswerte Strecken in Seenähe sind Sljudjanka – Selenga und (mit Einschränkung) Gremjatschinsk – Ust-Bargusin.

Fahrradtouren auf dem Eis erfreuen sich zunehmender Beliebtheit. Räder mit Spikes sind dafür Voraussetzung. Angeboten werden Eistouren von Alpindustria (Irkutsk) und Artur Abagjan (Olchon).

Rafting und Paddeltouren

Nicht nur der Baikalsee, sondern auch die umliegenden Regionen bieten viele Möglichkeiten für Paddelsport. Allerdings gibt es bisher wenige Anbieter für organisierte Touren. Auch muss jedem klar sein, dass die sibirische Natur unberechenbar ist. **Unglücksfälle** sind bei diesen Sportarten keine Seltenheit.

Auf dem **Baikalsee** wird an der Westküste eine Tour von Goloustnoje nach Listwjanka angeboten (Baikalcomplex über TSA-Reisen, s. „Vor der Reise: Reiseveranstalter"). Eine Tour an der Ostküste mit dem Kajak durch die Tschiwyrkui-Bucht bietet Alexander Beketow (Ust-Bargusin) an. Auch Touren auf dem See dürfen nicht unterschätzt werden.

Für **Flusstouren** gibt es im Baikalgebiet die gesamte Bandbreite an Schwierigkeitsgraden. Große, einfache Flüsse, die gut ohne Hubschrauber zu erreichen sind: Untere Dschida, Obere Angara, Unterer Bargusin, Selenga, Turka, Irkut, Angara, Lena ab Katschug. Eine **einfache Paddeltour** auf der Oberen Angara (Dselinda – Baikal, ca. 4 Tage) wird von SchTEO (Sewerobaikalsk) angeboten.

Schwieriger sind die folgenden Beispiele. Auch hier kann der Ausgangspunkt mit geländegängigen Fahrzeugen erreicht werden:

- Auf der **Oka** von Sorok (Orlik) nach Sima, Schwierigkeitsgrad 4, 350 km, ca. 10 Tage
- Auf dem **Irkut** von Antschug (Bystraja) nach Smolenschtschina (Irkutsk), Schwierigkeitsgrad 2, 130 km, ca. 5 Tage
- Auf dem **Bargusin** vom Fluss Lowokton nach Maisk, Schwierigkeitsgrad 4, 150 km, ca. 7 Tage
- Auf der **Tyja** von Perewal nach Sewerobaikalsk, Schwierigkeitsgrad 3, 100 km, ca. 4 Tage

Viele andere **schwierige Flüsse** sind nur mit dem Hubschrauber zu erreichen. Beispiele (Schwierigkeitsgrad in Klammern): Tompa (4–5), Utulik (3–4), Sun-Murin (4), Chara-Murin (5), Urik (5). Der Kitoi gilt als die größte Herausforderung, bis zum Fluss Schumak Schwierigkeitsgrad 6, danach 4. Es gibt keine Stelle im Baikalgebiet mit so vielen Gedenktafeln wie in der engen Felsenschlucht Mótkiny Schtschjóki.

Reiten

Die Möglichkeiten für Reittouren sind am Baikal begrenzt, bedingt auch durch Steilküsten. Nur in einzelnen Orten gibt es Anbieter, die **Pferde ver-**

019ba Foto: rj

leihen (Listwjanka, Sludjanka, Bolschoje Goloustnoje, Bolschije Koty, Olchon). Längere **Touren** an der Westküste bieten u.a. an: Dmítri Goworúchin, Port Baikal, Tel. (3952) 128585, baikalguide@ grandbaikal.ru, und die Firma Greenexpress (www.greenex press.ru). Auch am Nordbaikal gibt es Pferde (siehe Nischneangarsk). Vielfältiger sind die Möglichkeiten im Tunka-Tal, wobei die Routen, die traditionell mit Pferden begangen werden (Schumak) für die Tiere meist sehr belastend sind. In der Regel werden Pferde nur als Gepäcktiere geführt.

Empfehlenswerter als Gebirgspässe sind Touren durch Flusstäler. Auch im Bargusin-Tal kann man reiten, z.B. im Reservat Maiski. Besonders viele geeignete Strecken, schöne Ziele und ausreichend Anbieter findet man im Oka-Bezirk. Im Sajan-Gebirge werden Pferdetouren sowohl von lokalen Touranbietern als auch von größeren Reiseunternehmen angeboten (Baikalcomplex, Baikaladventures). Eine Alternative ist es, selbst in den Orten herumzufragen und sich Pferde und Führer zu suchen. Dies kann billiger sein, hat aber den Nachteil, dass man die Einstellung des Begleiters zu Alkohol nie genau kennt und dass Einheimische sich nicht immer auf das gewünschte Marschtempo einstellen wollen (meistens haben sie es sehr eilig). Grundsätzlich sollte man wissen, dass die Pferde von ihren Besitzern anders behandelt werden als in Europa.

Schlittschuhlaufen

Eine Gruppe von Russen legt traditionell jedes Jahr zu Beginn der Eisperiode die Strecke **Listwjanka – Insel Olchon** mit Schlittschuhen zurück. Bei glatten Eisverhältnissen ist sie sehr schnell zu schaffen, allerdings wird manchmal Schnee zum Hindernis, deshalb sollte man im Voraus genaue Informationen über die konkreten Eisverhältnisse einholen.

Langlaufen auf der Olcha-Hochebene

Flussdurchquerung mit Pferden

Ski-Langlauf

Bei Einheimischen ist Langlauf eine populäre Sportart. Außer der Tschiwyrkui-Bucht, dem Nordosten und dem äußeren Süden eignet sich das Eis des Baikal kaum hierfür. In den umliegenden **Wäldern** gibt es eine Vielzahl möglicher Routen. Besonders beliebt sind Tagestouren auf der **Olcha-Hochebene** (s. dort). Skitouren in den Bergen werden von oft in den Monaten Februar bis Ende Mai gemacht (Lawinengefahr!). Allerdings wird Tourenski (Bergtouren in Tiefschnee und unbegangenen Gebieten) im Gegensatz zu Langlauf-Touren auf gespurten Loipen nicht von festen Veranstaltern angeboten (Kontakt: *Igor Sadewalow*, Ulan-Ude, zim73@mail.ru; spricht Englisch).

Tauchen

Mit seiner enormen Sichtweite ist der Baikalsee ein interessantes Gewässer für Taucher. Besonders faszinierend kann es sein, im Winter unter dem Eis zu tauchen. Das an der Oberfläche glatte Eis hat unter Wasser oft eine ganz andere Form.

Auch einige Reisebüros in Deutschland bieten Tauchen am Baikalsee an (s. „Vor der Reise: Reiseveranstalter“).

- **SVAL** *(daiw-zentr)*, Irkutsk, ul. Dekábrskich Sobýti 55, Tel. 211748, www.svaldiving.ru; Vertretung in Listwjanka.
- **Aqua-Eco,** Irkutsk, ul. Kárla Líbknechta 12, Tel. 334290, Fax 432322, www.aquaeco.eu.org.
- **Buchtipp:** „Tauchen in kalten Gewässern“, aus der Reihe Praxis, Reise Know-How Verlag, Bielefeld.

Sprache und Verständigung

Die meisten Russen sprechen Fremdsprachen nicht oder nur schlecht. Erst die jüngsten Generationen, für die Auslandsaufenthalte und Reisen real geworden sind, lernen Englisch, Deutsch und zunehmend auch Chinesisch so, dass sie es anwenden können. Für Individualreisende bedeutet dies, dass man sich ohne **Russisch-Kenntnisse** auf Missverständnisse und Schwierigkeiten einstellen muss. Wenn man wenig Zeit hat und darauf angewiesen ist, dass alles reibungslos klappt, sollte man lieber buchen und sich einer kompetenten Reisebegleitung anvertrauen. Nur wenige Standardziele (Irkutsk, Ulan-Ude, Listwjanka, Olchon) sind inzwischen so gut auf ausländische Reisende eingestellt, dass sie ohne Bedenken auch ohne Sprachkenntnisse empfohlen werden können.

Insgesamt gilt, dass sich Kontakte und damit ein echtes Kennenlernen von Kultur und Mentalität erst mit Russisch-Kenntnissen ergeben. Helfen kann ein Stück weit der in der Reihe „Kauderwelsch" bei Reise Know-How erschienene Sprechführer **„Russisch – Wort für Wort"**, der speziell auf den Reisealltag zugeschnitten ist und eine schnelle Verständigung erlaubt (begleitendes Tonmaterial erhältlich).

Es kann nur jedem dringend empfohlen werden, sich mit dem **kyrillischen Alphabet** vertraut zu machen (s. Anhang). Hinweisschilder mit international gebräuchlichen Wörtern und Ortsnamen sind dann auch ohne Sprachkenntnisse zu verstehen.

Burjatisch, eine Sprache, die eng mit dem Mongolischen verwandt ist, wird zwar von vielen Menschen in Burjatien gesprochen, doch da auch hier die Verwaltungssprache Russisch ist, kommt man selbst in den abgelegensten Dörfern mit Russisch zurecht.

Telefonieren

Vorwahlnummern

Bei Gesprächen außerhalb des jeweiligen Vorwahlbereichs wird in Russland immer eine **8** vorgewählt. Sie entspricht der 0 in Deutschland.

Die Vorwahl bei Telefonaten **aus dem Ausland nach Russland** ist **007.** Danach werden die russische Vorwahl und die Nummer des Anschlusses normal und ohne 8 gewählt.

Russische **Handynummern** beginnen häufig mit der 8 und müssen auch innerhalb eines Vorwahlbereichs mit dieser gewählt werden. Nur, wenn man aus dem Ausland auf ein Handy anruft, wird die 8 weggelassen.

Russische **Orts-Vorwahlen** unterscheiden sich in Abhängigkeit vom Ausgangspunkt des Gesprächs. In den entsprechenden Kapiteln sind jeweils beim Punkt „Telefonieren" zwei Vorwahlen angegeben. Ruft man z.B. einen Ort in Burjatien an und befindet sich dabei in Burjatien, so braucht man die kürzere Vorwahl. Von außerhalb Burjatiens dagegen muss die längere Vorwahl gewählt werden.

Gespräche ins Ausland

Ferngespräche kann man bequem von Telefon-Ämtern *(telegráf)* aus erledigen. Am Schalter schreibt man die Nummer auf, nennt die gewünschte Gesprächsdauer und zahlt die entsprechende Summe. Kommt die Verbindung zustande, wird eine Kabine zugewiesen. Im anderen Fall bekommt man das Geld zurück. Wenn man selbst wählt (auch von der Telefonzelle), muss man das Gespräch meist **freischalten,** sobald sich der gewünschte Gesprächspartner gemeldet hat. Meist ist die entsprechende Taste gekennzeichnet (im Zweifelsfall fragen). **Faxe** kann man meist ebenfalls im Telefon-Amt abschicken.

Ruft man von einem Privatanschluss ins Ausland an, wählt man zuerst die 8, dann die **Landesvorwahl** (Deutschland 1049, Schweiz 1041, Österreich 1043).

Nationale Gespräche

Ortsgespräche von privaten Anschlüssen sind in Russland kostenlos. Telefonautomaten für Stadtgespräche funktionieren inzwischen wie auch Telefonzellen für Ferngespräche meist mit **Karten** (am Kiosk erhältlich).

Im Baikalgebiet gibt es einige Orte, die nicht mit direkter Durchwahl angerufen werden können. In diesen Fällen muss man sich über die **Telefon-Vermittlung** verbinden lassen (Irkutsk 8-11 oder 8-13, Ulan-Ude 8-15).

Entlang der Bahnstrecken (Nord- und Südbaikal) gibt es in vielen Orten eigene Telefonnetze, die von der Bahn betrieben werden. Die **Eisenbahn-Nummern** (oft gekennzeichnet durch MPS) können nur zum Teil vom normalen Netz aus angerufen werden, manchmal über die Vermittlung. Einzelne Orte haben gar keinen Telefon-Anschluss oder nur lokale Vernetzung (s. im jeweiligen Kapitel). Die **Auskunft** ist unter -09 zu erreichen.

Mobiltelefone

Mobiltelefone hatten bis vor einigen Jahren nur in den Städten Irkutsk und Ulan-Ude Empfang. Inzwischen hat sich die Situation verbessert: Olchon, die ganze Südküste von der Selenga bis nach Listwjanka, Teile des Tunka-Tals und der Nordküste (Nischneangarsk und Sewerobaikalsk) sind jetzt abgedeckt. Seit Ende 2006 ist nun auch Ust-Bargusin angeschlossen. Der **Empfang** außerhalb der Städte ist nicht immer gut, mitunter kommt es zu Ausfällen.

Es empfehlen sich Handys, die automatisch auf den jeweiligen örtlichen Anbieter umschalten, da nicht das ganze Baikalgebiet von einem einzigen abgedeckt wird. Anbieter sind z.B. Baykalwestcom, OJSC Sibirtelecom (beide GSM 900 MHz) und Primtelefone (GSM 1800 MHz).

Zur Kosteneindämmung sollte man nicht vergessen, die **Mailbox abzustellen.** Denn wenn man von zu Hause angerufen wird zahlt der Anrufer nur die Gebühr ins heimische Mobilnetz, die teure Rufweiterleitung ins Ausland zahlt der Empfänger.

Preiswerter ist es, sich von vornherein auf **SMS** zu beschränken, der Empfang ist dabei in der Regel kostenfrei.

Trinkgeld

In **Restaurants** ist es üblich, Trinkgeld zu geben, auch wenn im Rechnungsbetrag meist schon ein Aufschlag für die Bedienung enthalten ist. Für **Reisebegleiter** ist das Trinkgeld besonders wichtig, da sie oft schlecht bezahlt werden, vor allem wenn es Studenten sind. Man sollte darauf achten, dass man – besonders nach einer mehrtägigen Tour – nicht zu wenig gibt. Auch **Fahrer** freuen sich über eine Aufmerksamkeit.

Unterkunft

In den Städten gibt es inzwischen ein breites Spektrum an Unterkünften, nur der Billigsektor ist noch wenig entwickelt (Jugendherbergen gibt es nicht, Hostels erst wenige). In teureren Hotels stimmt das Preis-Leistungs-Verhältnis manchmal nicht, besonders ältere Hotels sind oft überteuert. Ausländer-Preise gibt es eigentlich nicht mehr (gesetzlich verboten), nur in ländlichen Gegenden wird in Hotels *(gostíniza)* manchmal noch mehr verlangt als von Russen. Außerhalb der Städte sind Unterkünfte von der Ausstattung her sehr einfach (s. „Hygiene").

Unterkünfte, die hier als **Pensionen** bezeichnet werden, sind in der Regel

021ba Foto: rj

Pension Chwoinaja an der Baikalbahn

neu und haben einen guten Service. Oft wird nur bei Bezahlung im Voraus reserviert, telefonische Anmeldung genügt nicht. An abgelegenen Standorten haben auch Pensionen oft kein fließend Wasser (s. „Hygiene").

In den letzten Jahren entsteht ein immer dichter werdendes Netz von **Privatunterkünften.** Da besonders in den Dörfern die Herzlichkeit russischer Gastfreundschaft oft voll zum Zuge kommt, sind sie eine hervorragende Möglichkeit, menschliche Kontakte zu knüpfen und Einblicke in das russische Alltagsleben zu bekommen. Preise: nicht unter 15 €.

Über **Kindertarife** lassen sich keine allgemeingültigen Aussagen machen. In größeren Unterkünften gibt es unterschiedliche Preise. In Privatunterkünften wird oft gar nichts verlangt.

Abseits von Ortschaften gibt es in Wäldern oder am See **Jäger- und Fischerhütten** *(simowjó).* Manchmal haben sie einen festen Besitzer, der sie instand hält, oft sind sie auch allgemeines Eigentum. Meistens sind sie offen und dürfen von allen benutzt werden, die in der Natur Schutz brauchen. Ihre Einrichtung besteht aus groben Holzpritschen und einem einfachen Ofen. Oft ist Brennholz vorrätig, auch einfache Lebensmittel findet man manchmal. Wer die Hütte verlässt, sollte immer auch etwas da lassen, besonders über trockenes Holz werden sich die nächsten Besucher freuen.

Das russische Wort *kémping* bedeutet übrigens nicht Zeltplatz. Man versteht darunter ein Gelände mit sehr einfachen **Ferienhäuschen** aus Holz.

Bedienung von Holzöfen

In vielen Unterkünften gibt es Holzöfen *(petsch, pétschka),* deren Bedienung nicht schwer ist, doch einige Kleinigkeiten sollte man wissen: Meist befindet sich am Kamin eine **Verschlussklappe.** Vor dem Anzünden muss sie unbedingt herausgezogen werden, dann ist der **Abzug** geöffnet. Wenn das Feuer gut brennt, kann man sie etwas hineinschieben, so verflüchtigt sich die Wärme nicht so schnell durch den Kamin. Ganz geschlossen werden darf sie erst, wenn die Glut vollständig erloschen ist, sonst können giftige Gase in den Wohnraum dringen.

Beim Heizen sollte man sich nicht täuschen lassen: Die Öfen sind meist so gebaut, dass sie sehr viel **Wärme speichern** und erst nach und nach abgeben. Mit dem Nachlegen kann also schon aufgehört werden, wenn die gewünschte Raumtemperatur noch nicht erreicht ist. Sonst geschieht es leicht, dass zwei bis drei Stunden später Saunatemperaturen herrschen.

Verhaltenstipps

Das Leben in Russland scheint besonders nach der politischen und wirtschaftlichen Umgestaltung der 1990er Jahre auf den ersten Blick dem in Mitteleuropa sehr ähnlich zu sein. Wohnungen, Einkaufsmöglichkeiten, Kleidungskonventionen, Verkehrsmittel – man spürt, dass die russische Kultur im Laufe ihrer Geschichte immer stark vom Westen geprägt wurde. Doch umso mehr können kleine Unterschiede an Stellen, wo man sie nicht erwartet, zu Missverständnissen und Spannungen führen. Beachtet man einige kleine Regeln, lassen sich viele von ihnen vermeiden.

Russische Namen

Ein vollständiger russischer Name besteht immer aus **drei Teilen:** den uns vertrauten Vor- und Nachnamen sowie dem sogenannten **Vatersnamen** in der Mitte. Im vorliegenden Buch werden besonders bei Privatunterkünften die Vatersnamen oft mit angegeben, um die korrekte Anrede bei fremden Menschen zu ermöglichen: Sie besteht aus Vor- und Vatersnamen ohne „Herr" oder „Frau", also z.B. *Ljudmíla Petrówna* oder *Alexándr Iwánowitsch.* Der Nachname kommt in der direkten Ansprache nicht vor. Sobald man etwas besser bekannt ist, genügt in der Regel der Vorname, kombiniert mit dem höflichen „Sie".

Kleidung

In Russland trägt man (inzwischen) dieselbe Kleidung wie in Westeuropa. Vielleicht kommen noch etwas mehr synthetische Materialien vor, doch die Unterschiede im Angebot sind nicht groß. Weshalb wird man als Ausländer dennoch schon von weitem erkannt?

Der Hauptgrund ist, dass man als Deutscher besonders im Urlaub, aber auch generell meist Bequemlichkeit über Eleganz stellt. Man verrät sich durch weite, lockere Kleidung und bequeme Schuhe wie Sandalen oder gar Wanderstiefel, während Russen sogar in ihrer Freizeit höchsten Wert auf korrekte, saubere und gut sitzende Kleidung legen. Wer nicht auffallen möchte, muss sich als Frau **modebewusst** und am besten figurbetont kleiden, wobei Hosen nicht tabu sind. Männer tragen sehr selten kurze Hosen und meistens schwarze Halbschuhe. Dem schlabberigen T-Shirt wird oft ein Hemd vorgezogen.

Zu nachlässige Kleidung kann einen in den Augen des Gegenübers herabsetzen, auch wenn sich Russen so etwas in der Regel nicht anmerken lassen. Wichtig kann die Beachtung dieser Regeln für Männer sein, die das sibirische Nachtleben erkunden möchten. Wer tendenziell „alternativ" gekleidet ist, vielleicht längere Haare hat oder generell etwas weniger männlich wirkt als in Russland üblich, kann nachts in unangenehme Situationen geraten.

Gestik und Mimik

Was einen Ausländer ebenfalls häufig von weitem verrät, ist die meist ausladende Gestik, die lebhaftere Mimik und der lautere Gesprächston. Die Bewegungen sind bei Russen besonders in der Öffentlichkeit deutlich **zurückhaltender,** beim Sprechen benutzt man Arme und Hände kaum, ganz zu schweigen vom restlichen Körper. Wenn ein Europäer den Kopf oder gar den ganzen Körper dreht, um in eine bestimmte Richtung zu schauen, sind es bei Russen oft nur die Augen. Selbstverständlich kann man derartige Gewohnheiten nicht so einfach ablegen, und für gewöhnlich ist das auch nicht nötig. Man muss sich nur bewusst machen, dass das westliche Verhalten (besonders beim Sprechen vor Publikum) leicht irritierend, wenn nicht sogar etwas lächerlich wirken kann.

Einen Bereich gibt es allerdings, wo man etwas offensiver sein muss als in

Mitteleuropa üblich. Beim **Einkaufen** wird der Kontakt zwischen Verkäufer und Kunde größtenteils durch andere Signale geregelt als im Westen. Die alleinige Gegenwart des Kunden ist noch kein Anlass, ihn anzusprechen, denn viele kommen nur zum Preisvergleich in Geschäfte und wollen gar nichts kaufen. Wenn also eine Verkäuferin die Präsenz des Kunden scheinbar ignoriert und sich mit anderen Dingen beschäftigt, muss das kein Zeichen für Unhöflichkeit sein. Sie wartet darauf, dass man sie mit „déwuschka" darauf hinweist, dass man sich zum Kauf entschlossen hat. Augenkontakt, der in Europa als ein solches Signal interpretiert wird, erfüllt diese Funktion in Russland nicht.

Der direkte **Blickkontakt** ist in Russland sowohl zwischen Passanten und Passagieren in öffentlichen Verkehrsmitteln als auch bei Vorträgen und beim direkten Gespräch viel **weniger intensiv** als in Europa. Das kann zu Anfang besonders den Gast irritieren, da der Mangel an Blickkontakt in Europa häufig unbewusst als Zurückweisung und Desinteresse interpretiert wird. In Russland jedoch kennzeichnet er neutrales Verhalten. Für das Gegenüber kann zuviel Blickkontakt aufdringlich wirken.

Hilfreich kann die Beachtung dieser Besonderheit sein, wenn man unangenehme Gesprächspartner loswerden will (Betrunkene etc.). In so einem Fall muss selbst der geringste Augenkontakt vermieden werden, denn er würde Interesse signalisieren und das Gegenüber ermutigen.

Körperkontakt

Kulturell bedingt ist auch der grundsätzlich geringere **Abstand,** der zu anderen Menschen eingehalten wird. Sei es in Verkehrsmitteln oder in Warteschlangen, oft ist es für Europäer unangenehm, wenn die gewohnte Distanz von ca. einem Meter nicht eingehalten wird oder gar direkter Körperkontakt entsteht. Für solche Fälle gibt es keine allgemein gültigen Verhaltensregeln, außer dass die Nähe nicht falsch interpretiert werden sollte.

Gewöhnungsbedürftig kann für westliche Frauen sein, dass Russen ihnen (im Gegensatz zu Männern) nicht die Hand reichen. Auch das ist als neutrales, wertfreies Verhalten zu interpretieren. Manche Männer, die die europäischen Konventionen kennen, geben anstatt des **Händedrucks** manchmal einen Handkuss, was als Zeichen der Hochachtung und nicht als Diskriminierung aufzufassen ist.

Ehrlichkeit und Betrügerei

Selbstverständlich gibt es in Russland, wie überall auf der Welt, ehrliche und weniger ehrliche Menschen. Meistens jedoch ist nicht offensichtlicher Betrugswille Anlass für Ärgernisse, sondern **mangelnde Verlässlichkeit.** Besonders von Fahrern, Bootseignern u.Ä. sollte man nicht zu viel erwarten. In vielen Situationen hilft die Regel, nicht zu bezahlen, bevor eine Leistung komplett erbracht ist.

Mahlzeiten

Sehr wichtig ist beim Kontakt mit Russen, die Regeln für die Einnahme von Mahlzeiten zu beachten, denn hier können starke Irritationen entstehen, die den ganzen weiteren Kontakt beeinflussen. Wer mit Russen zusammenlebt oder mit ihnen gemeinsam reist bzw. wandert, muss wissen, dass Russen grundsätzlich **nicht allein essen.** Wenn man auch noch so hungrig ist, wartet man trotzdem ab, bis irgendwo wenigstens ein **provisorischer Tisch** gedeckt wurde (und sei es ein gemeinsames Picknick auf einer ausgebreiteten Zeitung) und isst dann erst mit allen zusammen. Es ist undenkbar, auf einer längeren Fahrt plötzlich einen Apfel auszupacken und vor den Augen der anderen genüsslich hineinzubeißen! Wenn man es gar nicht aushält, sollte man den Apfel in Stücke schneiden und allen etwas anbieten. Die Reaktion wird jedoch vermutlich sein, dass die Fahrt unterbrochen wird und man gemeinsam eine Rastpause einlegt, bei der dann üblicherweise jeder sein Mitgebrachtes in die Mitte legt und sich entsprechend auch bei anderen bedient. Dasselbe gilt für Mahlzeiten in Wohnheimen, Zugabteilen oder anderen ähnlich engen Gemeinschaften.

Fast unverzichtbar ist für Russen der **heiße Tee** nach dem Essen. Sie trinken zum Essen selbst meist nichts (oft besteht es aus relativ flüssigen Suppen), doch danach gilt der Tee als für die Verdauung unabdingbar. So hat auch auf Ausflügen meistens jemand eine Thermoskanne dabei, und auf Wande-

022ba Foto: ri

rungen wird erst dann gegessen, wenn ein ordentliches Lagerfeuer den Tee garantiert.

Wodka

Es ist kein Geheimnis, dass das verbreitetste alkoholische Getränk in Russland Wodka ist. Das Trinken hat eine lange Tradition und ist mit vielen **Ritualen** verbunden. Wer sie einmal erleben möchte, sollte sich seine **Trinkpartner** gut aussuchen. Man muss nicht mit jedem Unbekannten trinken, der einen einlädt. Beim falschen Trinkpartner kann es sehr schwer sein, nachdrückliche Aufforderungen zum Austrinken zu ignorieren. Es wird aber durchaus akzeptiert, dass man nicht bei jeder Runde das ganze Glas leert, sondern nur nippt. Auf diese Weise kann man die Lage (auch ohne große Trinkfestigkeit) einigermaßen unter Kontrolle halten. Wichtig ist es, genug dazu zu essen. Frauen können es sich auch leisten, gar nicht zu trinken, bei Männern erfordert eine Absage viel Durchsetzungsfähigkeit, obwohl es auch abstinente Russen gibt. Nimmt man eine Einladung zum Trinken an, muss man sich bewusst sein, dass eine einmal geöffnete Flasche nie angebrochen stehen gelassen, sondern auf jeden Fall geleert wird. Ist das geschehen, lässt man sie nicht auf dem Tisch, das bringt angeblich Unglück. Sie gehört mindestens auf den Boden.

In Russland ist es üblich,
auch in der Natur warm zu essen

Seit 2004 gilt auch für Bier, was auf Wodka schon länger zutraf: ein allgemeines **Trinkverbot in der Öffentlichkeit** (ausgenommen Gaststätten). Bei Zuwiderhandlung können Geldstrafen erhoben werden. Wie bei allen russischen Gesetzen steht die Umsetzung jedoch auf einem anderen Blatt.

Beim **Kauf** von Alkoholika und von Wodka im Besonderen sollte man unbedingt auf die Seriosität des Händlers achten. Leider leben in Russland viele Menschen von illegalem Handel mit Wodka, den sie meist in Privatwohnungen verkaufen. Die Ware kann aus der Brennerei stammen, sie kann aber auch selbstgebrannt oder **gepanscht** sein. Ende 2006 erlitten allein in der Irkutsker Region über 1500 Konsumenten **Vergiftungen** durch gepanschten Wodka, teils mit tödlichem Ausgang.

Naseputzen

Oft erregen Europäer unbeabsichtigt Anstoß, weil sie eine elementare russische Verhaltensregel nicht kennen: Naseputzen gilt als äußerst unappetitlich und ist in Gegenwart anderer Personen absolut **tabu.** Man versucht, sofern es sich irgendwie machen lässt, zu diesem Zweck ein **Bad** aufzusuchen und den Vorgang hinter geschlossenen Türen zu erledigen. Taschentücher werden in der Öffentlichkeit allenfalls zum geräuschlosen Abtupfen benutzt. Selbst hierbei wenden sich Umstehende in der Regel diskret ab, damit die Situation dem Betreffenden nicht peinlich sein muss. Akzeptiert wird dagegen das in Europa eher als unschicklich geltende „Hochziehen".

Mancher wird sich nun vielleicht wundern, warum man unter diesen Umständen zuweilen beobachten kann, wie Passanten in der Öffentlichkeit unter Zuhalten eines Nasenlochs durch heftiges Schnauben den Inhalt des anderen direkt auf die Straße befördern. Dazu ist nur zu sagen, dass sich solche Personen durch ihr Verhalten als Angehörige einer sehr niedrigen sozialen Schicht zu erkennen geben und man daraus keinesfalls Rückschlüsse auf allgemein verbreitete Konventionen ziehen darf.

Rauchen

Rauchen ist allgemein sehr verbreitet, auch in Restaurants ist es üblich. Umso mehr fällt auf, dass in Wohnungen fast nie geraucht wird. Meist nutzt man dafür **Balkons und Treppenhäuser** oder geht ins Freie. In Zügen gilt das Rauchverbot in allen Waggons, Ausnahme sind die kleinen Abschnitte zwischen den Waggons, die im Winter allerdings recht kalt sein können.

Blumen

Blumen sind ein sehr beliebtes **Geschenk.** Allerdings sollte man beim Kauf beachten, dass bei gewöhnlichen Anlässen nur eine **ungerade Zahl** von Blumen zusammengestellt wird. Gerade Zahlen sind angebracht bei Beerdigungen. Gelbe Rosen sind unüblich, sie symbolisieren Eifersucht und Streit.

Gesprächskultur

Neben diesen sichtbaren Unterschieden in der Alltagskultur gibt es sehr subtile, mit denen der Umgang sehr viel schwerer fällt. Einer betrifft die russische Gesprächskultur. Man kann vielleicht grob vereinfachend sagen, dass im deutschsprachigen Raum Gespräche mehr um des Informationsaustauschs willen geführt werden. In Russland und besonders in Sibirien dienen sie vorrangig der Schaffung einer bestimmten zwischenmenschlichen Atmosphäre. Konkrete Informationen und angehäuftes Wissen spielen eine völlig untergeordnete Rolle. Das spürt man oft daran, dass es für russische Gesprächspartner viel unbedeutender ist, ob eine geäußerte Tatsache wissenschaftlich haltbar ist (vielleicht zeigt sich hier auch ein historisch bedingtes, generelles Misstrauen gegenüber Medien und offiziellen Nachrichten).

Man spürt den anderen Stellenwert von Wissen aber auch daran, dass Russen ihr eigenes Wissen völlig in den Schatten stellen oder verschweigen, und zwar nicht, um dann später damit aufzutrumpfen, sondern aus **Bescheidenheit.** Der Status eines Menschen wird in Russland viel weniger dadurch bestimmt, wie er sich selbst darstellt. Selbstdarstellung wirkt im Gegenteil eher peinlich. Es ist vielmehr die Aufgabe der Mitmenschen, ihre Kollegen, Verwandten oder Freunde in möglichst positivem Licht zu zeigen. Sie dürfen ausplaudern, dass der Betreffende eben seine Doktorarbeit geschrieben hat oder wie erfolgreich er bei seiner Arbeit ist. Er selbst jedoch wird so etwas (wenn er nicht aus den untersten sozialen Schichten kommt) in der Regel vermeiden.

Ausländer lassen sich durch ein solches Verhalten oft täuschen. So kann es geschehen, dass man, seine Erfahrung oder Belesenheit demonstrierend, einen Abend lang das Publikum unterhält, welches höflich zuhört und Beifall klatscht, nur um hinterher zufällig zu erfahren, dass die Gesprächspartner genau in diesem Bereich größere Kenner sind als man selbst. Zurückhaltung sei also grundsätzlich jedem ans Herz gelegt.

Vieles des bereits Gesagten macht deutlich, dass man in Russland großen Wert auf Höflichkeit legt, auch wenn Ausländer, die zwangsläufig zuerst das kühlere Verhalten zwischen Unbekannten in der Öffentlichkeit kennen lernen, oft einen gegenteiligen Eindruck haben. Das hängt auch mit einer stärkeren **Trennung von öffentlichem und privatem Verhalten** zusammen. Man spart sich sozusagen Wärme, Freundlichkeit und Herzlichkeit auf für die, die einem nahe stehen, während das Verhalten in der Öffentlichkeit geprägt ist von sachlicher Nüchternheit, die nach russischem Empfinden nicht unbedingt unhöflich sein muss. Die in Europa übliche Freundlichkeit gegenüber jedem „Dahergelaufenen" wirkt dagegen auf Russen eher aufgesetzt und künstlich.

Häufig befürchten vor allem Deutsche aufgrund von Erfahrungen in anderen Ländern, in Russland mit geschichtlich bedingten **Feindseligkeiten** konfrontiert zu werden. Diese Sorge ist erfreulicherweise ziemlich unbegründet. Erstaunlicherweise trennen die meisten Russen sehr deutlich zwischen „Faschisten" und „Deutschen", vielleicht auf ähnliche Weise, wie die russische Bevölkerung auch im Nachhinein praktisch keine Verantwortung für den Stalinterror spürt. Deutsche und Europäer allgemein sind meist sehr gern gesehen.

• **Buchtipp:** Für eine intensivere Beschäftigung mit dem Thema „kulturelle Unterschiede" sei auf den bei REISE KNOW-HOW erschienenen Band **„KulturSchock Russland"** von *Barbara Löwe* verwiesen.

Besuch orthodoxer Kirchen

Die Besichtigung von orthodoxen Kirchen als reinen Kultur- und Kunstobjekten durch Touristen wird von Geistlichen meist nicht gern gesehen. Deshalb ist es wichtig, dass Besucher einige Grundregeln beachten: **Frauen** sollten den Kopf mit einem **Tuch** bedecken, im Idealfall einen Rock, aber keinen Minirock tragen. **Männer** nehmen im Gegenteil **Kopfbedeckungen ab** und sollten keine kurzen Hosen tragen. Laute Gespräche sind, wie in jeder Kirche, nicht angebracht. Dagegen ist es durchaus üblich, in den grundsätzlich unbestuhlten Kirchen herumzugehen und nach Wunsch vor bestimmten Ikonen Kerzen anzuzünden. Sehr schön kann es sein, einen Teil eines Gottesdienstes, die oft von wunderschönen liturgischen Gesängen begleitet werden, anzuhören. Man muss nicht unbedingt vom Anfang bis zum Ende der manchmal Stunden dauernden Zeremonie dabei sein.

Verkehrsmittel

Bahn

Russische Züge werden unterteilt in **Fernzüge** *(póesd)* und **Nahverkehrszüge** *(elektrítschka)*. In Fernzügen gibt es keine reinen Sitzwaggons, dafür zwei Kategorien von Schlafwagen zweiter Klasse: Abteile mit vier Betten *(kupé)* und offene Waggons mit Bettabteilen ohne Türen *(platzkártny)*. Abteile der ersten Klasse haben nur zwei Plätze und sind sehr komfortabel.

Beim Fahrkartenkauf wird unterschieden zwischen durchfahrenden Zügen und solchen, die aus der betreffenden Stadt losfahren. Für letztere gibt es Karten länger im Voraus. Karten für durchfahrende Züge kann man meist erst wenige Tage vor der Fahrt kaufen. Reservieren ist nicht üblich.

Es gibt in vielen Zügen die Möglichkeit, **Verpflegung** beim Ticketkauf mitzubestellen. Dann bekommt man zweimal am Tag ein plastikverpacktes Fertigessen. Wer dies nicht möchte, sollte ausdrücklich darauf hinweisen, manchmal wird man nicht gefragt.

In russischen Fahrplänen und auf Fahrkarten sind alle **Zeitangaben Moskauer Zeit** (siehe „Zeitverschiebung"). Dies kann zu Missverständnissen führen und man sollte immer Datum und Uhrzeit genau nachprüfen, besonders bei Zügen, die kurz nach Mitternacht abfahren. In diesem Reiseführer sind alle Zeitangaben Ortszeit!

Fahrplaninformationen gibt es bequem unter www.poezda.net (auf Russisch und Englisch). Aufgeführt sind hier alle Züge der GUS, jedoch keine Nahverkehrszüge. Dies funktioniert gut in Russisch, in Englisch leider mit Mängeln, Ortsnamen sind oft abgekürzt (z.B. Severobaik anstelle von Severobaikalsk). Praktisch ist jedoch, dass man für jeden Bahnhof in Russland den täglichen Fahrplan einsehen kann, man erhält so alle Züge, die an diesem Tag am gewünschten Ort ankommen und abfahren.

Ebenfalls Fahrplaninformationen bietet www.rzd.ru (auf Russisch, Englisch eingeschränkt). Bemerkenswert ist, dass man die Belegung jedes einzelnen Waggons mit freien Plätzen einsehen kann.

Stadtverkehr

In den Städten gibt es **Straßenbahnen, Busse** und **Trolleybusse** (Busse, die wie Straßenbahnen von Oberlinien gespeist werden), die noch staatlich sind. In allen wird der Fahrpreis während der Fahrt beim Schaffner *(kondúktor)* entrichtet. Nur wer Tageskarten oder Monatskarten kaufen möchte, muss dies vor Antritt der Fahrt an einem der Fahrkartenkioske tun, die es allerdings nicht an jeder Haltestelle gibt.

Daneben fahren immer mehr private **Linientaxis,** meistens japanische Kleinbusse, die feste Linien befahren und etwas teurer sind. Sie halten an denselben Haltestellen wie die normalen öffentlichen Verkehrsmittel. Man bezahlt je nach Stadt entweder beim Aussteigen oder seltener beim Einsteigen, immer unabhängig von der Entfernung (Preis 8 R). Zum Aussteigen muss der Haltewunsch vernehmbar durchs Auto gerufen werden, denn bei geringem Passagieraufkommen lassen die Fahrer manchmal Haltestellen aus. Wenn man nicht weiß, wie eine Haltestelle heißt, kann man einfach sagen „ostanowíte, poscháluista". Auch andere Passagiere sind meistens hilfsbereit. Der Fahrstil der Linientaxis ist oft sehr schwungvoll, die Unfallfrequenz höher als die anderer Verkehrsmittel.

Neben privaten Linientaxis gibt es (vor allem in Irkutsk) immer mehr **private Busse,** in denen der Fahrpreis zwar dem der öffentlichen Verkehrsmittel entspricht, wo zum Leidwesen von ärmeren Bevölkerungsschichten aber die Tages- und Monatskarten nicht gelten (ebensowenig wie Vergünstigungen für Rentner, Studenten und Behinderte). Manchmal hat man den Eindruck, dass die Kommunen das Auftauchen dieser „Konkurrenz" begrüßen. Sie scheinen in ihre eigenen Fahrzeuge kaum zu investieren. Doch für diejenigen, die auf die städtischen Verkehrsmittel angewiesen sind, bedeutet das inzwischen oft lange Wartezeiten.

Überlandbusse

Auch für Fernbusse gilt, dass neben staatlichen Linien immer mehr private betrieben werden. Sie unterscheiden sich durch neue Fahrzeuge. Dennoch sind noch viele klapprige Gefährte im Einsatz und es kann immer passieren, dass eine **Panne** eine Verzögerung hervorruft. Da russische Fahrer sich aber nicht so leicht unterkriegen lassen, geht es meist irgendwann weiter. Man sollte nur nicht zu eng planen.

023ba Foto: rj

Fall der Schumilicha im Bargusin-Gebirge

Wandern

Mit ganz seltenen Ausnahmen sind Wanderwege in Sibirien keine Wege im gewohnten Sinn, sondern **schmale Pfade ohne Befestigung,** die durch Begehen mehr oder weniger gut ausgetrampelt sind. Wo sich natürliche Hindernisse bilden (Sümpfe, umgestürzte Bäume, Steinrutsch), suchen sich die Menschen Umgehungen, so bilden sich Verzweigungen, größere und kleinere Umwege. Der Weg passt sich der Natur an. Das war schon immer so und viele der heute noch begangenen Pfade waren ursprünglich alte Jägerrouten, die schon vor Hunderten von Jahren die ewenkischen und tofalarischen Nomaden nutzten. Grundsätzlich sind diese Wege **nicht markiert** und Einheimische gehen sie sehr selten ohne eine Person, die den betreffenden Weg kennt. Auch Karten können wegen ungenauer Angaben nicht immer weiterhelfen. Ausnahmen sind einzig die in den letzten Jahren ausgebauten Teilstrecken des **Great-Baikal-Trail,** eines Weges, der (nach dem Vorbild großer amerikanischer Wanderrouten) in Zukunft die Möglichkeit geben soll, den gesamten Baikal zu umwandern. Die ersten Etappen sind in gutem Zustand. Leider hapert es jedoch in vielen Fällen mit der Beschilderung.

Auf anderen Strecken dagegen sind viel gravierendere **Hindernisse** normal: Bäche und Flüsse sind oft nicht mit Brücken versehen und müssen zu Fuß überquert werden. Nach Regenfällen können sie stark anschwellen, und der Wanderer muss große Umwege machen oder gar einfach warten, bis er weiterkommt. Brücken bestehen, wenn sie existieren, oft nur aus einzelnen Baumstämmen, über die man in schwindelerregender Höhe balancieren muss. Pfade können plötzlich verschwinden (z.B. in Geröllfeldern) und dann unauffindbar sein. Abschüssige Stellen sind nicht durch Geländer o.Ä. gesichert.

Eine Besonderheit der Bergregionen am Baikal ist **Gestrüpp aus Zirbelkiefern.** Diese wachsen irgendwann nicht mehr in die Höhe, sondern kriechen strauchartig am Boden entlang und bilden ein fast undurchdringliches Dickicht. Seine Durchquerung kann sehr mühsam und zeitraubend sein.

Zu alledem kommt, dass man sich beim Wandern meist weit von Siedlungen und anderen Menschen entfernt und kleinere Unfälle, Wetterumbrüche oder Begegnungen mit wilden Tieren auf diese Weise ernstere Dimensionen annehmen können, als das in Europa der Fall ist. So geschieht es z.B. auch im Sommer, dass Wanderer in den Bergen von **Wetterumbrüchen** überrascht werden. Folgt einem kalten Regen auch noch Schnee, und die Betroffenen haben kein Zelt, in dem sie sich schützen können, wird die Lage bedrohlich. Im Juli 2003 sind mehrere Jugendliche auf dem Weg zum Schumak in so einer Situation erfroren. All diese **Risikofaktoren** werden von Gästen ohne Ortskenntnis oft unterschätzt. Sie gelten aber auch schon bei einfachen Tagestouren ohne Gepäck. Wenn man im Winter wandert oder mit Tourenski unterwegs ist, muss man wissen, dass die **Lawinengefahr** auch von Einheimischen oft unterschätzt wird. Das größte Risiko besteht in den Monaten April und Mai.

Wer die Natur des Baikalgebiets wirklich genießen möchte, sollte deshalb jede Begegnung mit ihr **gründlich vorbereiten,** immer Reservetage einplanen und sich nach Möglichkeit erfahrenen Einheimischen anschließen.

Sehr gut ist es, sich vor größeren Touren in entlegenen Gebieten vorher bei dem zuständigen Bergnotdienst

Verhalten in der Natur

Die Einhaltung der folgenden Regeln sollte für alle Baikalreisenden selbstverständlich sein. Man sollte auch bedenken, dass Reisen außerhalb der Hauptsaison weniger belastend für die Natur sind. Hinweise zum Thema Schutzgebiete finden sich im Kapitel „Landschaft und Natur" unter „Umweltprobleme und Naturschutz".

- Zeltplätze müssen einen möglichst großen **Abstand zu Gewässern** haben.
- **Waschen, Zähneputzen** etc. darf nie am offenen Wasser stattfinden. Mit einem Wasserbehälter sollte man sich dafür so weit wie möglich vom Gewässer entfernen. Bequem kann es sein, einen festen Waschplatz einzurichten, an dem eine Plastikflasche ohne Boden umgedreht aufgehängt wird. Durch Drehen des Deckels entsteht ein verschließbarer „Wasserhahn".
- An Stellen, wo häufig gezeltet wird, sollten sichtbare **Stellplätze** genutzt werden, um in der Umgebung nicht noch mehr Fläche zu schädigen. In den Wäldern der Baikalregion gibt es überall **Jäger- oder Fischerhütten,** die in der Regel offen sind und benutzt werden können (siehe „Unterkunft").
- **Wildtiere** dürfen nicht gestört werden.
- Für Lagerfeuer darf **kein Holz geschlagen** werden. Wenn es nicht genügend Holz am Boden gibt, muss man einen Gaskocher verwenden.
- In der Taiga ist es besonders wichtig, das **Feuer** beim Verlassen vollständig zu löschen. Viele Waldbrände entstehen durch Unachtsamkeit.
- Wenn überhaupt, sollte in der Natur nur **abbaubare Seife** verwendet werden.
- Als **Toilette** sollte in einigem Abstand vom Zeltplatz ein Loch gegraben werden, das alle benutzen. Nach jeder Nutzung eine Schicht Erde über die Fäkalien streuen und beim Verlassen des Zeltplatzes das Loch ganz bedecken.
- **Müll** darf nicht in der Natur vergraben oder verbrannt, sondern sollte immer mitgenommen werden.

024ba Foto: rj

Jägerhütte in Tofalarien

Empfehlenswerte Eiswandertouren

Umrundung der Insel Olchon

- **8–9 Tage,** sehr beliebt, Ausgangspunkt: Sachjurta/MRS oder Chuschir
- **Route:** Chuschir – Pestschanaja – Drei Brüder/Kap Choboi – Usury – Saliw Ulanur – Uchan-Kap – Idiba-Tal – Umysch-Kap – Tame – Schibetskii Saliw – Chuschir

An der Küste zum Kleinen Meer ist das Eis fast immer glatt und man kommt schnell voran. Zwischen den „Drei Brüdern" und Usury gibt es oft Packeisfelder, die das Vorwärtskommen erschweren. Windgeschützte Übernachtungsplätze am Ufer gibt es entlang der ganzen Westküste. Nur im Süden, östlich des Kap Unschui bis zum Kap Todakski, fällt das Ufer sehr steil ab und man findet geeignete Plätze meist nur in den tief eingeschnittenen Buchten. Auch im Nordteil kann es schwierig sein. Etwa einen Kilometer südlich von Choboi gibt es eine kleine Bucht. Vorsicht in der Gegend des Kap Uchan: Durch aufsteigende Gase ist das Eis hier dünner, teilweise sogar offen.

Ust-Bargusin – Halbinsel Heilige Nase – Insel Olchon

- **14 Tage, ca. 250 km**
- **Route:** Ust-Bargusin – Bucht Kultuk (Glinka) – Thermalquelle – Nordspitze der Heiligen Nase – Uschkani-Inseln – Fluss Markowa – Südspitze Heilige Nase (Mys Nischni Isgolowe) – Übernachtung auf dem Eis – Insel Olchon (weiter siehe obige Wanderung).

Von Ust-Bargusin in die Tschiwyrkui-Bucht sollte man über die Eisstraße der Bargusin-Bucht gehen. Am See Arangatui liegt meist tiefer Schnee. Eine große Spalte verläuft meist an der Nordspitze der Heiligen Nase. Auch schöne Eisschollen findet man hier. Vor der Überquerung des Baikalsees kann man in der Wetterstation der großen Uschkani-Insel (mit Banja) einen Ruhetag einlegen. Auch in Usury auf Olchon gibt es in der Wetterstation Gelegenheit für eine Rast.

Listwjanka – Buguldeika

- **7 Tage, ca. 120 km**
- **Route:** Listwjanka – Bolschije Koty – Bolschoje Goloustnoje – Chomuty – Sandbucht oder Guba Sennaja – Tscherny-Kap – Buguldeika

Diese Tour kann abgewandelt werden in eine Zweitages-Tour nach Bolschije Koty (ca. 4 Stunden, 15 km) und wieder zurück. Dann braucht man kein großes Gepäck und muss nicht im Freien übernachten. Hindernisse sind hier nicht zu erwarten, da eine inoffizielle Eisstraße nach Bolschije Koty führt (private Unterkünfte siehe Bolschije Koty). Der nächste Abschnitt Bolschije Koty – Bolschoje Goloustnoje erfordert ca. 7 Stunden (18 km). Achtung: Beim Kap Kadilny ist das Eis wegen aufsteigender Gase oft dünn.

Weitere Touren

- **Am Nordbaikal:** Nischneangarsk – Chakussy – Tompa – Schegnanda – Kotelnikowski – Baikalskoje, ca. 10 Tage, 180 km.
- **Tagestour Baikalüberquerung:** Listwjanka – Tanchoi (40 km); eine beliebte Wanderung, wenn das Eis stabil ist, ohne Gepäck. Start am frühen Morgen vor Sonnenaufgang.
- **Lange Baikalüberquerung:** Es gibt Sportler, die in einem Monat den Baikal der Länge nach überqueren (Sljudjanka – Nischneangarsk). Ein Franzose legte die Strecke in 20 Tagen zurück, man sollte dafür jedoch mindestens einen Monat einplanen.

(des Ministeriums für außerordentliche Situationen, MTschS) anzumelden. Vertreter des МЧС findet man über die jeweiligen Ortsverwaltungen oder in Irkutsk, bzw. Ulan-Ude (s. „Notfälle").

Auf Karten und in russischer Literatur werden oft **Schwierigkeitsgrade** angegeben. Für Bergpässe gibt es die Kategorien 1A bis 5B und das einfachste Niveau н/к, ohne Kategorie. Wanderern ohne spezielle Erfahrung wird nur н/к oder maximal 1A empfohlen. Pässe ab der Kategorie 2B sind nur für erfahrene Bergsteiger oder in Begleitung geeignet. Touren werden als Ganzes in die Stufen I bis V eingeteilt. Diese Einheit sagt nichts über den Schwierigkeitsgrad zu überwindender Hindernisse aus, sondern orientiert sich ausschließlich an der Länge.

Die Bezeichnungen für **Flussseiten** in den Tourenbeschreibungen (linkes/rechtes Ufer) beziehen sich immer auf die Fließrichtung des Flusses. Tipps für spezielle **Sommertouren** findet man in den jeweiligen Ortsbeschreibungen. Empfehlenswerte **Outdoor-Geschäfte** gibt es in Irkutsk. Unter www.tourism.ru (nur auf Russisch) finden sich Beschreibungen einiger Wandertouren, u.a. im Baikalgebiet.

Auf der Halbinsel Heilige Nase – nicht immer findet man eine warme Hütte

026ba Foto: rj

Auch die Seite http://nature.baikal.ru (nur R) bietet Outdoor-Freunden Routenbeschreibungen z. T. mit GPS-Koordinaten, Fotos und Tipps.

Längst nicht jeder Baikalreisende muss von der sprichwörtlichen sibirischen **Mückenplage** heimgesucht werden. Städte und Dörfer sind genau so stark oder schwach befallen wie in Deutschland. Wer an der **Steilküste** im Westen des Sees wandert, wird ebenfalls so gut wie keine antreffen, da der Wald hier sehr trocken ist und es keine seichten Ufergewässern gibt. Auch der Wind an der Küste macht Mücken das Leben sehr schwer. **Bach- und Flusstäler** bieten natürlich schon ganz andere Bedingungen für die Plagegeister. Und einen Hauch des viel beschriebenen Schreckens (der im Übrigen mehr die weiter nördlich gelegenen Tundragebiete und Taiga mit Dauerfrostboden betrifft) spürt man, wenn man die typische, feuchte **Taiga** betritt.

Sobald man sich also von der Küste des Baikalsees entfernt, steht man vor der Frage „Wie schütze ich mich?". **Mückenmittel** sind das erste und einfachste Rezept. Ab einer gewissen Dichte haben sich jedoch alle Marken als machtlos erwiesen. Abdeckende **Kleidung** hilft ebenfalls nur ab einer bestimmten Materialdicke. Und wer große Touren plant, sollte einen **Kopfschutz mit Mückennetz** dabei haben. Die Erfahrung zeigt, dass die Mückenhäufigkeit von Jahr zu Jahr deutlich schwankt. Wenn man also im einen Jahr an einem bestimmten Ort ungeschoren davon gekommen ist, muss das noch nicht heißen, dass das immer so ist.

Schließlich noch ein Hinweis für alle, die **mit Russen gemeinsam wandern** möchten: Das Marschtempo ist bei Russen fast immer deutlich **schneller** als bei Deutschen üblich. Nicht nur Profis und junge Menschen laufen oft mehr, als dass sie gehen. Sie machen **selten Halt**, um zu verschnaufen oder zu fotografieren, sondern versuchen meist, möglichst schnell das gesteckte Etappenziel zu erreichen, um dann dort viel ausgiebiger zu rasten, als das in Deutschland üblich ist (Lagerfeuer, Suppe und Tee kochen, s. auch „Verhaltenstipps: Mahlzeiten"). Beginnt man eine Wanderung mit einer anderen Erwartungshaltung, kann dies zu starken Differenzen und zu Unzufriedenheit führen.

Eiswandern mit Pulka

Notwendige Ausrüstung

- **Warmer Schlafsack**
- **Zelt**
- **Gaskocher, Streichhölzer**
- **Kompass**
- Evtl. **Seil**
- Zweites Paar **Schuhe** (ausreichend sind eventuell Sandalen), in denen man Flüsse

überqueren kann (glitschiger oder kantiger Untergrund)

- **Mückenmittel**
- Bei Bergwanderungen **warme Kleidung, Mütze, Handschuhe**
- **regenundurchlässige Kleidung**

Eiswandern

Das Eis des Baikalsees ist in den meisten Gebieten schneefrei (siehe Kapitel „Landschaft und Natur: Klima"). Daher sind Fußwanderungen beliebter als Skilanglauftouren. Ausnahmen wie der Winter 2003/04, als Fußwanderungen wegen der durchgehend dicken Schneedecke kaum möglich waren, bestätigen die Regel. Bei schönem Wetter, glattem Eis und entsprechender Ausrüstung stellt eine Eiswanderung (möglich im Februar/März) keine große Herausforderung dar. Da man jedoch immer auch mit Wind, Schneestürmen oder anderen Hindernissen rechnen muss, sollte eine Eiswanderung gut vorbereitet werden. Man sollte sich über die derzeitige Eisbeschaffenheit an der konkreten Stelle informieren und die Tour nicht allein unternehmen.

Übernachten wird man in der Regel im Zelt, möglichst am Ufer (weniger Kälte und Wind, weniger Belästigung durch Eisgeräusche, Brennholz). Nur in Notfällen oder bei Baikalüberquerungen kommt man um eine Übernachtung auf dem Eis nicht herum. Erholsam ist es, in einer beheizbaren Jäger- oder Fischerhütte (s. „Unterkunft") zu übernachten.

Hindernisse und Gefahrenquellen

- **Packeisfelder,** die mehrere Kilometer lang sein können
- **Eisspalten** sind normalerweise schmal, in seltenen Fällen aber bis zu 2 m breit. Normalerweise findet sich im näheren Umfeld eine Stelle, wo die Spalte gut zu überqueren ist.
- **Neuschnee,** der Risse und Spalten verdeckt, wenn sie von einer dünnen Eisschicht bedeckt sind
- **Gase und heiße Quellen,** die vom Grund des Sees aufsteigen und verhindern, dass der See eine feste Eisdecke bekommt

Ausrüstung

Bei der Ausrüstung muss berücksichtigt werden, dass zwischen sonnigem, windstillem Wetter mit Temperaturen bis zu 10° C und windigem Wetter mit Schnee bei bis zu -30° C (in den frühen Morgenstunden) alles vorkommen kann. Interessante Informationen findet man unter www.baikal hostel.com.

- **Zelt**
- **Schlafsack** (bis mindestens -25° C)
- Dicke **Isomatten** (am besten zwei)
- Ein stabiler **Schlitten** oder eine Pulka, die am Seil gezogen wird (muss keine teure Markenware sein). Auch kleine Metall- oder Plastikschüsseln erfüllen den Zweck.
- **Skistöcke**
- **Rutschfeste Schuhe;** Steigeisen sind etwas unpraktisch und unbequem. In Outdoorläden gibt es spezielle Plastiksohlen mit Metallschrauben (Spikes), die mit Klettverschluss und Gurtband am Stiefel befestigt werden *(Kamik Icers).* Wer ein Paar Schuhe mit dicken Sohlen opfern will, kann auch kleine Schrauben in die Sohlen drehen (nicht senkrecht, sondern schräg nach hinten), sodass nur der Kopf herausschaut.
- Evtl. warme **Ersatzschuhe** für den Abend am Lagerfeuer (warm und billig sind sibirische Filzstiefel, *wálenki*)
- Für Übernachtungen auf dem Eis einen **Hammer** und sehr stabile **Heringe** oder

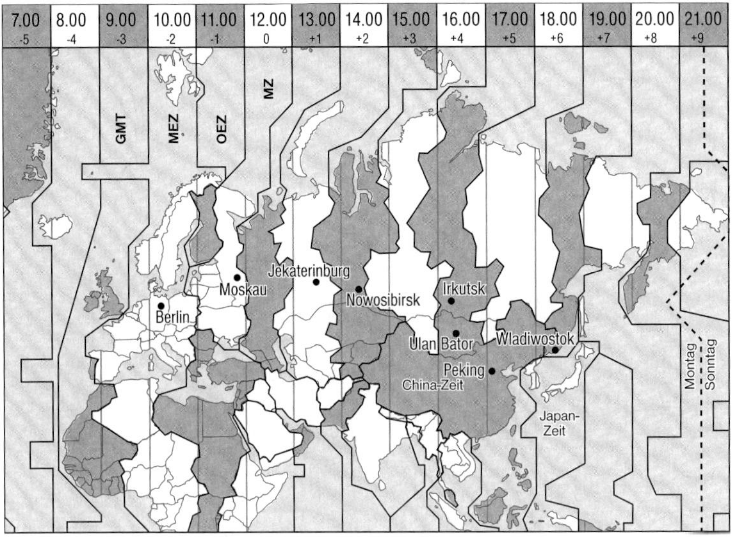

lange, stabile Nägel (nicht zu tief ins Eis schlagen!)

- **Pickel,** um Eis für Trinkwasser loszuschlagen
- **Kocher, Thermoskanne**
- **Sonnenbrille(!), Sonnencreme, Windschutz** (fürs Gesicht)
- Daran denken, dass man zumindest einen Teil der Kleidung und den Schlafsack **wasserfest** verpackt.
- **Nahrung:** Zum Kochen sind praktisch Reis, Nudeln und Haferflocken. Bei Minustemperaturen gut für den Hunger zwischendurch und sehr nahrhaft sind Zwieback, Schokolade, Trockenfrüchte und Nüsse.
- Russen nehmen häufig **Fischkonserven, Speck, dicke Milch** und Wodka mit. Bis auf Letzteres ist alles zu empfehlen: Wodka gibt zwar zu Beginn ein wärmendes Gefühl, es hält jedoch nicht lange an. Danach wird es nur noch kälter!
- Obwohl der Transport auf dem Schlitten bequem ist, sollte man **nicht zu viel Gepäck** mitnehmen. Bei der Überquerung von Packeisfeldern kann es sehr hinderlich sein.

Zeitverschiebung

Der Zeitunterschied zwischen der Baikalregion (Gebiet Irkutsk und Republik Burjatien) und Mitteleuropa beträgt 7 Stunden. Um 12 Uhr Mitteleuropäischer Zeit ist es dort bereits 19 Uhr. Auf Sommerzeit wird am selben Tag umgestellt wie in Mitteleuropa. Der Zeitunterschied der Baikalregion zu Moskau beträgt fünf Stunden, zu Nowosibirsk zwei Stunden.

028ba Foto: r

Landschaft und Natur

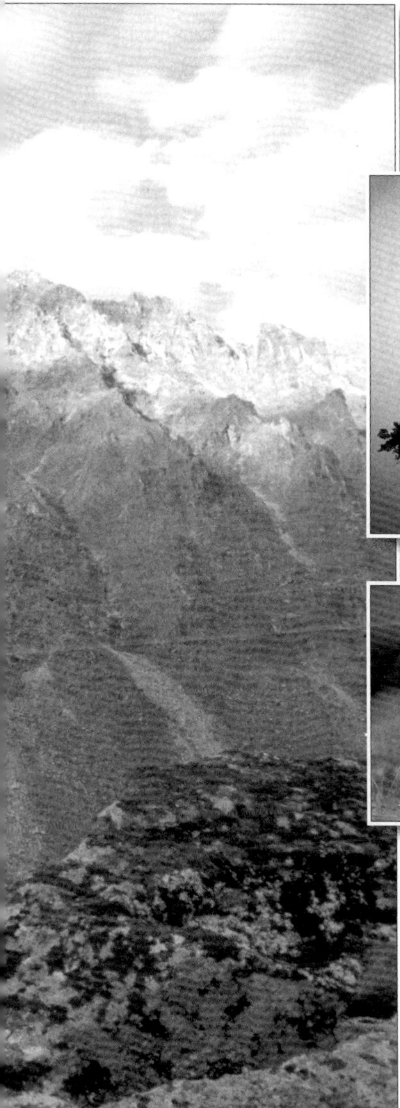

029ba Foto: rj

030ba Foto: rj

Das Tal des Sun-Chandagai im Ost-Sajan, dem Gebirge im Südwesten des Baikalsees

Steilküste mit Kiefern

Streifenhörnchen

Geografie

Die Landschaften am Baikal

Das Baikalgebiet, das im Rahmen dieses Buches ungeachtet geografischer und politischer Grenzen als Einheit betrachtet wird, liegt 5000 km östlich von Moskau. Es hat ungefähr die Größe der Bundesrepublik Deutschland und ist zu einem großen Teil unbewohnt. Der Baikalsee trennt als natürliche Scheidelinie die westlich gelegene **Irkutsker Seite** (Príbaikalje) von der viel asiatischer geprägten **burjatischen Seite** am Ostufer (Sábaikalje) mit der Hauptstadt Ulan-Ude. In der Baikalregion treffen die unterschiedlichsten Landschaftsformen aufeinander und bilden bisweilen faszinierende Gegensätze: Sandstrand und Hochgebirge, Industriegebiete und unberührte Wildnis, sumpfige Flusslandschaften und Steppengebiete.

Die dichtesten Siedlungsgebiete liegen nicht am See, sondern an den **Flüssen Angara und Selenga** und entlang der Bahnlinien, die über weite Strecken diese Flusstäler nutzen. Neben der **Transsib** ist die zweite große Verkehrsader die **Baikal-Amur-Magistrale (BAM).** Sie verbindet Bratsk mit der Nordspitze des Baikal und ist verantwortlich dafür, dass hier, 500 km von Irkutsk entfernt, eine Stadt am Ufer des Sees entstanden ist: Sewerobaikalsk. Es ist die einzige an der sonst fast unbesiedelten, steilen und schwer zugänglichen Westküste. Abseits von Sewerobaikalsk ist die Natur des von hohen Bergen eingerahmten **Nordbaikal** weitgehend unberührt und auch touristisch noch wenig erschlossen.

Das ist im Süden anders: Das **südliche Ufer,** bis zum Selenga-Delta von der Transsib umrundet, bietet mit Siedlungen, Städten und Straßen Verkehrsverbindungen und touristische Infrastruktur. Erst in einigem Abstand vom See erheben sich die Bergketten des Chamar-Daban und das Ost-Sajan-Gebirge, wo die „Zivilisation" schnell wieder aufhört. Zwischen beiden Gebirgen verbirgt sich ein Kleinod der Baikalregion, das **Tunka-Tal.** Es ist bekannt für Heilquellen, herrliche Natur und eine interessante Symbiose verschiedener Religionen.

In touristischer Hinsicht noch beliebter ist der **mittlere Teil des Sees,** der von beiden Seiten über Straßen erreichbar ist und mit einer attraktiven Mischung aus Naturbelassenheit und Kultur lockt. Im Westen ist dies der **burjatische Bezirk Ust-Ordynski,** der mit seinen Steppeneinsprengseln und großen Viehherden einen Vorgeschmack auf die Landschaft östlich des Sees gibt. Die **Insel Olchon** mit dem ihr vorgelagerten „Kleinen Meer" sind ganz eigene, mit nichts zu vergleichende Reiseziele und entsprechend populär.

Ihr Pendant im Osten sind die **Halbinsel „Heilige Nase"** und die Tschiwyrkui-Bucht: Weniger erschlossen bieten sie Tieren wie Bären und Robben geschützte Lebensräume. Im Hinterland nimmt das **Bargusin-Tal** mit Sumpf- und Seenlandschaften seinen Anfang. Vor der Kulisse der steil aufragenden Gipfel des Bargusin-Gebirges leben hier schon lange die verschiedensten Volksgruppen friedlich nebeneinander.

Nördlich der Mitte schließen sich auf beiden Seiten des Sees völlig unberührte und streng geschütze **Natur-Reservate** an. Es ist nicht einfach, hierher zu gelangen. In den Wäldern und Bergen leben Bären, Wölfe, Hirsche und viele seltene Tierarten so wie vor der Besiedelung Sibiriens durch die Russen.

Westlich von Irkutsk und südlich von Ulan-Ude liegen in einiger Entfernung vom See die **Industriegebiete** der Region. Besonders entlang der Angara sind Bodenschätze und große Industriekomplexe konzentriert. Doch wo die Transsib sich von der Angara entfernt, lässt die Besiedlung wieder nach. Träge schlängelt sich der Fluss in nördlicher Richtung durch hügelige, bewaldete Landschaft bis Bratsk. Zwischen der Angara und dem Baikal liegt das **Lena-Angara-Plateau,** in dem einer der größten sibirischen Flüsse, die Lena, ihren Anfang nimmt.

Das burjatische Gebiet südostlich des Sees wird besonders nach Süden hin flacher und geht langsam in **Steppenlandschaft** über. Hier beginnt der Einflussbereich der Mongolei und Chinas, spürbar nicht nur am Buddhismus, der hier immer deutlicher in Erscheinung tritt, sondern auch an den Spuren des Karawanenhandels, der der Region einst großen Reichtum bescherte.

Die wohl am schwersten zu erreichenden Siedlungsgebiete der Baikalregion sind der **Oka-Bezirk** und **Tofalarien** im südwestlich des Sees gelegenen Ost-Sajan-Gebirge. Zwei kleine Völker leben noch sehr naturverbunden in diesen abgeschiedenen Bergregionen, die besonders für Naturtouristen viel zu bieten haben.

Die Region Sibirien

Die Baikalregion liegt in Sibirien, und zwar in **Ostsibirien.** Wer genauer wissen möchte, was Sibirien bedeutet, wird sehr schnell mit einer verwirrenden Vielfalt an Definitionen konfrontiert. Noch Ende des 19. Jh. bezeichnete man den gesamten Raum vom Ural bis zum Pazifik als Sibirien, obwohl rein geografisch der Ferne Osten, ein Streifen entlang der Pazifikküste mit eigenen geologischen und klimatischen Verhältnissen, eine selbstständige Einheit darstellt. In der heutigen Einteilung wurde das berücksichtigt, allerdings wurde als Ostgrenze Sibiriens nicht die geografische Grenze an der Wasserscheide zwischen Pazifik und Nordpolarmeer gewählt. Es gelten heute die Ostgrenzen der Republik Jakutien (Sacha) und des Gebiets Tschita als Ostgrenze Sibiriens. Auch die Trennung in West- und Ostsibirien orientiert sich an den Verwaltungsgrenzen und verläuft von Norden nach Süden entlang der Westgrenzen der Krasnojarsker Region, der Republik Chakassien und der Republik Tuwa.

Wer sich der Baikalregion von Westen her nähert, bekommt einen ersten Eindruck von der **Westsibirischen Tiefebene.** Entweder vom Flugzeug aus oder durch das Zugfenster sieht man die oft beschriebene und trotzdem kaum fassbare Weite dieser völlig flachen, wenig besiedelten und nur teilweise bewaldeten Landschaft. Aus der Luft sind immer wieder große, teils für Kraftwerke aufgestaute Flussläufe zu erkennen. Endlich wird die Eintönigkeit durchbrochen. Das Land wird hügeliger, im Süden von Krasnojarsk zeigen sich schneebedeckte Gipfel, das **Ost-Sajan-Gebirge.** Sie bleiben in Sicht, bis das Baikalgebiet erreicht ist.

Inmitten von Bergen liegt der **Baikalsee,** der Mittelpunkt der Region. Viele ihrer Besonderheiten hängen direkt oder indirekt mit ihm zusammen. Wie ein großer Riss spaltet er die ihn umgebenden Gebirgszüge von südwestlicher Richtung nach Nordosten. Und in der Tat ist der See nichts anderes als die sichtbarste Stelle eines tektonischen Risses, der sich von Pakistan über die Mongolei bis zum Pazifik quer durch den asiatischen Kontinent zieht. Das erklärt seine eigenartig schmale, sichelartige Form und die fast unglaubliche Tiefe von 1637 m. Drei große **Flüsse** münden in den Baikal und prägen seine Uferlandschaft: die Selenga, die aus der Mongolei kommt, der Bargusin im Osten und die Obere Angara im Norden. Die Angara im Westen ist ein Abfluss, der das Baikalwasser über den Jenissei ins Nordpolarmeer abführt.

Vulkankrater Peretoltschin im Oka-Bezirk

Entstehungsgeschichte der Baikalregion

Es wird angenommen, dass im Oligozän, vor ca. 35 Mio. Jahren, die Absenkung des heutigen Baikalbeckens begann. Bis dahin hatten sich die zwei Kontinentalplatten an dieser Stelle aufeinander zu bewegt und dabei Berge aufgeworfen, die durch Erosion wieder abgetragen wurden. Nun jedoch bewegten sie sich auseinander. In der **Riftzone** enstanden einzelne Seen, zuerst im Gebiet des heutigen Olchon, die in subtropischem Klima eine große Artenvielfalt aufwiesen. Bis heute finden Fachleute hier Reste von Schildkrötenpanzern. Andere Arten waren Vorfahren von heutigen Baikalbewohnern, die die vielfachen Veränderungen von Klima und See über Millionen von Jahren überdauert haben.

Im Pliozän, vor ca. 3–4 Mio. Jahren, begann die Bildung der Gebirgszüge im Baikalgebiet. Gleichzeitig wurde das Seebecken immer tiefer und es entstanden kleine, sogenannte **Satellitengraben:** das heutige Bargusin-Tal, das Tunka-Tal und das Tal der Oberen Angara. Als der See immer größere Teile des Hauptgrabens zu füllen begann (vor 2 bis 0,6 Mio. Jahren), suchten sich die Wasser einen Abfluss. Es scheint relativ sicher, dass im Gebiet von Bolschoje Goloustnoje, Buguldeika und vom Kleinen Meer aus mehrere Flüsse über den Lauf der heutigen Mansurka in die Lena flossen. Die **Lena** ihrerseits mündete schon damals ins Nordpolarmeer. Diese Tatsache ist so wichtig, weil man sich lange Zeit nicht erklären konnte, wie Meeressäuger wie die Baikalrobbe und bestimmte Meerfischarten in den Baikalsee gelangen konnten. Eine plausible Erklärung wäre, dass sie in dieser Zeit über die Flüsse gewandert sind. Als sich die Gebirge am Westufer des Baikal immer weiter anhoben, wurde diese Verbindung wieder unterbrochen. Geblieben sind nur einige erstaunlich breite Flusstäler, die unmöglich von den kleinen Bächlein ausgewaschen worden sein können, die heute durch sie in den See fließen.

Ein neuer Abfluss führte über das Tunka-Tal und den Fluss Irkut in den Jenissei. Und erst viel später, vor 20–30.000 Jahren, entstand die Angara. Seitdem ist sie der einzige Fluss, der aus dem Baikal hinausfließt.

Gebirge

Die Gebirge um den See herum erlebten vor 150–200.000 Jahren noch eine Phase starker Veränderung, bevor sie ungefähr ihre heutige Höhe und Gestalt annahmen. Ab Beginn des Quartärs (vor ca. 2 Mio. Jahren) herrschten eiszeitliche Bedingungen. An vielen Stellen kann man bis heute Spuren der Einwirkung von **Gletschern** sehen, die Berge und Täler geformt haben. Gletscher selbst sind allerdings nur an wenigen Stellen erhalten. Einer der größten bedeckt den Tscherski-Gipfel im Baikal-Gebirge.

Jedes der Gebirge hat heute seine eigenen Besonderheiten, seinen eigenen Charakter. Verallgemeinernd kann man sagen, dass die Gebirge westlich des Sees und auch der **Chamar-Da-**

031 ta Foto: rj

ban im Süden weniger stark gefaltet und eher durch eine Aufwärtsbewegung angehoben wurden. Dadurch sind die Gipfel hier weniger schroff, oft sogar durch Erosion abgerundet, und man findet generell ältere Gesteinsarten, auch Marmor und Halbedelsteine. Doch auch hier ist stellenweise Vulkanismus feststellbar, wie im Baikal-Gebirge, das von einer massiven Basaltsäule durchzogen wird. Fast die gesamte Westseite – das **Primorski- und Baikal-Gebirge** – fällt zum See hin sehr steil ab und hat bis heute eine steigende Tendenz, was Fachleute an der Insel Olchon besonders gut erkennen können.

Die **Gebirge der Ostseite** dagegen wurden durch Faltung aufgeworfen. Sie sind tendenziell höher als die im Westen, schroff, zerklüftet, weisen interessante Felsformationen auf und fallen nur zum See hin etwas allmählicher ab, weil hier Flüsse und Gletscher ihre Spuren hinterlassen haben. Hier überwiegen Granit- und Gneisgesteine.

Das **Sajan-Gebirge** im Südwesten zeichnet den Verlauf der Riftlinie nach Westen hin weiter. Es bedeckt eine riesige Fläche Südsibiriens bis über die Grenze zur Mongolei.

Mineralien

Wie der Ural in Westsibirien ist auch das Baikalgebiet bekannt für seine Mineralien-Vorkommen. Lange Zeit wurde im großen Maßstab **Glimmer** abgebaut, der früher u.a. zur Verglasung der Fenster diente und später auch industriell verarbeitet wurde. Am Südbaikal bei Sljudjanka gibt es einen großen Steinbruch für **weißen Marmor,** der jedoch wegen seiner relativ geringen Härte nur lokal verwendet wird.

Besonders beliebt als Souvenir sind Schmuckgegenstände aus Halbedelsteinen. Der blau-weiß marmorierte **Lapislazuli** *(lasurít)* kommt außer bei Sljudjanka weltweit nur noch an zwei oder drei Stellen vor, und der violette **Tscharoit** ist nirgends außer am Fluss Tschara im Norden des Irkutsker Gebiets zu finden. Er wurde erst 1960 entdeckt. **Grüne Jade** (Nephrit) wird auch anderswo in Sibirien gefunden, doch besonders groß sind die Vorkommen nordöstlich des Baikalsees im BAM-Gebiet. Schon in steinzeitlichen Gräbern der Region fand man Schmuckstücke und Messer aus diesem edlen Material. Die Tascheran-Steppe an der Westküste des Baikalsees ist bekannt für ihren ungewöhnlich großen Mineralienreichtum, ebenso wie die Insel Olchon, auf der Geologen **Rubine** und andere Seltenheiten finden.

Erdbeben

Die Prozesse, die zur Entstehung des Baikalsees geführt und die Landschaften des Gebiets geprägt haben, sind nicht zum Stillstand gekommen. Das Gefühl von Ewigkeit, das einen beim Betrachten von schneebedeckten Gipfeln, wellenumspülten, schroffen Klippen und Felswänden überkommt, trügt. Nach wie vor bewegen sich die beiden Kontinentalplatten, rufen Spannungen und Verschiebungen hervor. Eine Folge davon ist, dass der

See jährlich um ca. 2 cm breiter wird. Eine andere, viel spürbarere Folge sind häufige Erdbeben. Die fast 2000 leichten Beben, die jährlich gemessen werden, sind für Menschen nicht wahrnehmbar. Erst wenn die Stärke 5 (Richter-Skala) erreicht wird, was fast jedes Jahr einmal passiert, schwanken Schränke und in alten Gebäuden können auch Risse auftauchen. Noch stärkere Beben sind selten (Stärke 6 alle 5–10 Jahre, Stärke 7 alle 50–100 Jahre). Dennoch gibt es als Vorsichtsmaßnahme keine Hochhäuser in den Städten der Region. Die höchsten Wohnblocks haben acht bis zehn Stockwerke. In den Gebirgen werden häufig Schnee- und Geröllawinen durch Erdbeben ausgelöst. (Die russische Einheit für Erdbebenstärke weicht etwas von der Richter-Skala ab. Ein Beben der russischen Stärke 7 entspricht etwa der Stärke 5 auf der Richter-Skala.)

Als eines der dramatischsten Erdbeben der jüngeren Geschichte des Baikalsees gilt das Beben von 1862 mit Epizentrum in der Zaganskaja-Steppe im nördlichen Teil des Selenga-Deltas. Damals senkte sich infolge eines Bebens in der Silvesternacht ein 200 km² großes Gebiet des Deltas um 7–8 m ab und wurde vollständig überschwemmt. Die entstandene Bucht trägt seitdem den Namen „Einsturz" *(Prowál)*. Andere Beben führten 1931 zum Absinken des Deltas der Oberen Angara und 1959 zur teilweisen Vertiefung des Sees um 10–15 m. Am stärksten sind die Beben an der Südostküste, hier liegen am häufigsten die Epizentren.

032ba Foto: rj

Thermal- und Mineralquellen

Eine andere Besonderheit der Baikalregion, die ebenfalls direkt mit ihrem unbeständigen Untergrund zusammenhängt, ist die Häufigkeit von Mineralquellen und heißen Quellen. Es gibt sie unter Wasser, am Grund des Baikalsees, und auf dem Festland. Häufig kann man ihr Auftreten mit Querbrüchen in der Erdkruste in Verbindung bringen, die an solchen Stellen entstehen, wo besonders hohe Aufstülpungen unter der durch die Erdkrümmung hervorgerufenen Spannung reißen. Ihre Verteilung ist ungleichmäßig: Östlich des Baikalsees findet man fast in allen Uferabschnit-

Thermalquelle in der Schlangenbucht

ten Quellen, die teilweise sehr **naturbelassen** sind (Tschiwyrkui-Bucht, Bargusin-Tal), teilweise auch von **Sanatorien- und Kuranlagen** genutzt werden (Chakussy, Gorjatschinsk). Auch das Tunka-Tal hat eine ganze Reihe heißer Quellen aufzuweisen (Schemtschug, Schumak). Am westlichen Ufer dagegen ist Kotelnikowski als einzige heiße Quelle die Ausnahme.

Eine Thermalquelle entsteht, wenn Grundwasser durch Risse in der Erdkruste in sehr große Tiefen eindringt. Dort erwärmt es sich und steigt wieder auf, wobei Mineralien aus den dazwischen liegenden Erdschichten gelöst werden. Die Wasserzusammensetzung der einzelnen Quellen unterscheidet sich ebenso wie ihre Temperatur (35–80° C) und entsprechend ihre Anwendungsmöglichkeiten.

Vulkane

Die Häufigkeit vulkanischer Gesteinsarten wie **Basalt** im Baikalgebiet zeigt, dass die Region im Laufe ihrer Entstehung auch von Vulkanismus geprägt wurde. Aktive Vulkane wird man heute allerdings vergeblich suchen. Die einzigen sichtbaren Reste von relativ jungen Vulkankratern liegen im Ost-Sajan-Gebirge (Oka-Bezirk) und im Tunka-Tal (Arschan).

Der See

Der Baikalsee ist so groß, dass die Bewohner Sibiriens ihn bis heute „Meer" nennen. Im Glauben der ewenkischen und burjatischen Ureinwohner verkörperte er Gottheiten, die man versuchte, durch schamanistische Rituale zu besänftigen und milde zu stimmen. Auch die russischen Siedler des 18. und 19. Jh. begegneten dem Baikal mit großer Ehrfurcht. Zu groß waren seine Dimensionen und zu abhängig war man vom Wetter und von den Fischereierträgen, als dass man die Gunst der Götter leichtfertig aufs Spiel gesetzt hätte. In Ansätzen findet man diese Haltung heute noch – für die meisten, die hier leben, ist der Baikal mehr als ein See.

Streng naturwissenschaftlich wird dies durch seine Enstehungsgeschichte bestätigt: Auf verblüffend ähnliche Weise ist einst der Atlantik entstanden, und es ist nicht auszuschließen, dass der Baikal den bescheidenen Anfang eines neuen Ozeans darstellt. Doch

Was bedeutet „Baikal"?

„Baikal" ist kein russisches Wort. Als im 17. Jh. die ersten Russen an den See gelangten, übernahmen sie viele der geografischen Bezeichnungen, die die unterschiedlichen Völker der Region schon lange Zeit verwendeten. Für den See gab es das burjatische Wort „Baigal-nuur" (See), die mongolische Bezeichnung „Baigal-murän" (oder auch „Dalai-noor" – heiliges Meer), in China war er bekannt als „Baichai" (nördliches Meer), und die nach Norden abwandernden Jakuten nannten ihn „Baichal" (Meer). Es wird vermutet, dass alle diese Varianten ihren Ursprung in der Turksprache der Kurykanen haben, die im Bronzezeitalter am Baikalsee siedelten: Das Wort „kul" (See) findet man im modernen Kirgisisch (z.B. Issyk-Kul). „Bai-kjul" könnte demnach geheißen haben „reicher See", was in Bezug auf den Fischbestand gut nachvollziehbar ist.

das ist ferne erdgeschichtliche Zukunft. Heute ist er eindeutig ein See, wenn auch einer, der viele Rekorde bricht. Sein Alter, seine Tiefe, auch die Klarheit des Wassers sind weltweit unübertroffen. Sein Volumen ist kaum vorstellbar: Alle Flüsse der Erde bräuchten fast ein Jahr, um den See zu füllen! Gleichzeitig hat das Wasser fast überall Trinkqualität: Die Bewohner der Dörfer rund um den Baikal schöpfen ihr Wasser das ganze Jahr über aus dem See und trinken es oft sogar, ohne es vorher abzukochen. Wie ist das möglich?

Der erste Grund ist die **dünne Besiedlung** der Küste. Am gesamten See gibt es nicht mehr als 40 Dörfer und vier Städte, von denen die meisten an der Südspitze konzentriert sind. Aufgrund der Ufergebirge sind besonders die Nordhälfte des Sees, aber auch viele Uferabschnitte im Südwesten nicht über Straßen erreichbar, sondern nur mit dem Schiff.

Der zweite Grund ist das **Bodenrelief** des Sees und die Lage des Ausflusses Angara. Der Baikal hat nicht überall die gleiche Tiefe, sondern ist sehr deutlich in drei Becken getrennt. Jedes Becken hat einen praktisch in sich geschlossenen Strömungskreislauf. An den „flachsten" Stellen zwischen den Becken ist das Wasser zwar immer noch 100–300 m tief, aber ein Wasseraustausch von Süd nach Nord wird durch sie praktisch verhindert. So können Schadstoffe, die über die Selenga und durch die Siedlungen verstärkt in das südliche Becken eingeleitet werden, zumindest auf diesem Weg nicht

Der Baikal in Zahlen

- **Lage:** 51°29′ bis 55°46′ nördlicher Breite, 103°43′ bis 109°56′ östlicher Länge
- **Höhenlage:** 456 m
- **Wassertiefe:** nördliches Becken 903 m, mittleres Becken 1637 m, südliches Becken 1446 m (max.), durchschnittlich 758 m
- **Volumen:** 23.000 km³ (entspricht 20 % der Süßwasservorräte der Welt)
- **Oberfläche:** 31.500 km² (entspricht der Größe Belgiens)
- **Länge:** 636 km
- **Breite:** 79,5 km maximal (Onguren – Ust-Bargusin), 25 km minimal, 48 km im Durchschnitt
- **Uferlänge:** ca. 2000 km
- **Zuflüsse:** zwischen 336 und 500 (Angaben schwanken), fast 100 % der Wassermenge stammen aus Oberer Angara, Bargusin und Selenga
- **Einziger Abfluss:** Angara
- **Wassereinzugsgebiet:** 570.000 km²
- **Sichtweite unter Wasser:** bis zu 10 m
- **Inseln:** ca. 30, größte: Olchon (700 km², Länge: 71,7 km, Breite: max. 14 km)
- **Wassertemperatur:** ab 50 m Tiefe 3,5° C (konstant), im Sommer an der Oberfläche um 10° C, in flachen Buchten bis 22° C
- **Zeitpunkt des Zufrierens** (geschlossene Eisdecke): durchschnittlich 9. Januar, frühester 1877: 14. Dezember, spätester 1959: 6. Februar
- **Zeitpunkt des Auftauens:** erste offene Stellen durchschnittlich 4. Mai, frühester 1923: 17. April, spätester 1879: 16. Mai. Eisfreiheit im Süden 12.–16. Mai, im Norden 9.–14. Juni
- **Dicke des Eises:** 40–150 cm, Durchschnitt im Norden 100 cm, im Süden 70 cm

in die anderen Becken gelangen. Hinzu kommt, dass die Schadstoffe über die Angara relativ schnell wieder abgeleitet werden. Das Wasser in diesem Becken ist durchschnittlich nur 66 Jahre alt. Im mittleren Becken bleibt ein Wassertropfen dagegen 132 und im nördlichen gar 225 Jahre lang.

Dass selbst der südliche Teil des Sees trotzdem glasklares Wasser hat, liegt an einem weiteren Faktor: seiner **Kälte.** Nur die obersten Wasserschichten erwärmen sich im August auf 12–14° C, ab 50 m Tiefe jedoch hat das Wasser das ganze Jahr über eine Temperatur von 3,5° C. Unter diesen Bedingungen bleiben das Algenwachstum und der Anteil von Schwebstoffen sehr gering. Natürlich spielt auch die **Tiefe** des Sees eine Rolle, denn wie in einem großen Absetzbecken sinken alle festen Stoffe, die in den See gelangen, auf seinen Grund.

Der wichtigste Grund für die Sauberkeit des Sees ist jedoch ein Tier, genauer gesagt ein winziger Krebs, der die Hauptmasse des **Baikal-Planktons** ausmacht. Epischura Baicalensis Sars gehört zur Familie der Ruderfüßer (copepoda) und ist ausgesprochen kälteliebend. Das macht es dem 1–2 mm langen Tierchen möglich, in allen Was-

Mit einer Tiefe von bis zu 1637 Metern ist der Baikalsee das größte Süßwasserreservoir der Erde

serschichten des Sees zu leben. Seine nützlichste Eigenschaft aber ist die Fähigkeit, nicht nur pflanzlichen Plankton, sondern auch Bakterien verzehren zu können. Selbst Cholera-Bakterien kann er unschädlich machen. Gemeinsam mit anderen, weniger häufigen Arten reinigt er den See das ganze Jahr über und schützt ihn vor schädlichen Einflüssen.

Die Küste

Die Ufer des Baikalsees sehen sehr unterschiedlich aus. In dem Abschnitt zwischen der **Südspitze** und der Angara lässt sich am besten nachvollziehen, dass der See in einer tektonischen Spalte liegt. Betrachtet man die steil aus dem Wasser aufragenden Felswände, die den Möwen geschützte Nistplätze bieten, so ist es nicht schwer, sich vorzustellen, dass sie unter der Wasseroberfläche genau so senkrecht abfallen. Schon wenige Meter vom Ufer entfernt verliert man den Grund unter den Füßen. Hier wie fast überall an der **Westküste** ist der Strand steinig, mit größeren oder kleineren Kieseln übersat. Ebenfalls typisch für die Westküste ist, dass das Wasser auch im Sommer kaum wärmer als 14° C wird.

Eine Ausnahme stellt das sogenannte Kleine Meer dar, das zwischen der Insel Olchon und dem Festland liegt und durch seine vielen flachen Buchten an etlichen Stellen weniger als 20 m tief ist. Die Verbindung aus Sandstränden und relativ milden Wassertemperaturen lockt im Sommer viele Urlauber hierher.

An der **Ostküste** steigt das Ufer (mit Ausnahme des nördlichsten Teils) viel flacher an und so sind auch die Küstengewässer durchgehend seichter. An der ganzen Ostküste findet man zwischen steinigen Uferabschnitten immer wieder Buchten mit Sandstränden. Das flachere Wasser kann im Sommer Badetemperaturen erreichen – ein Grund, warum auch Irkutsker oft den weiteren Weg an die Ostküste auf sich nehmen, wenn sie ihr Urlaubsziel wählen.

Klima

Die Baikalregion liegt mitten auf dem asiatischen Kontinent, über 6000 km vom Atlantik und jeweils ca. 2000 km von Pazifik und Nordpolarmeer entfernt. Die klimatischen Verhältnisse sind folglich stark **kontinental** geprägt. In erster Linie bedeutet das niedrige Luftfeuchtigkeit und geringe Niederschlagsmengen, was nicht verwunderlich ist, macht man sich bewusst, dass die Niederschlag bringenden Luftströmungen in der Regel vom Atlantik kommen und auf ihrem Weg nach Osten immer mehr Feuchtigkeit abgeben. Es regnet also nicht nur selten, sondern es gibt auch, entgegen der landläufigen Meinung, **nicht besonders viel Schnee.** Das ist nicht für ganz Sibirien typisch, in der westsibirischen Stadt Tomsk wird jeden Winter meterweise Schnee von den Straßendiensten weggeräumt. Aber im Baikalgebiet schneit es auf den ganzen Win-

Temperatur (monatlicher Durchschnitt in °C) Jahresmittel -0,6 -1,6

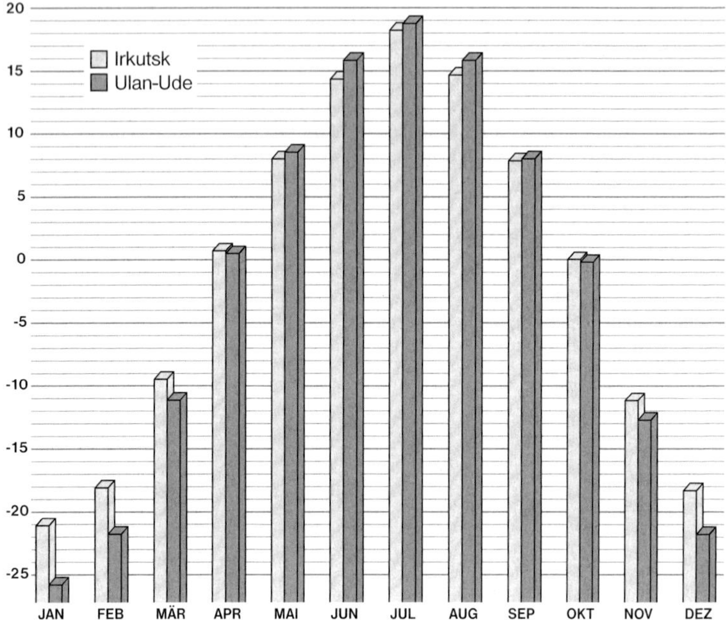

Niederschlagsmenge pro Monat (mm) im Jahr 417 257

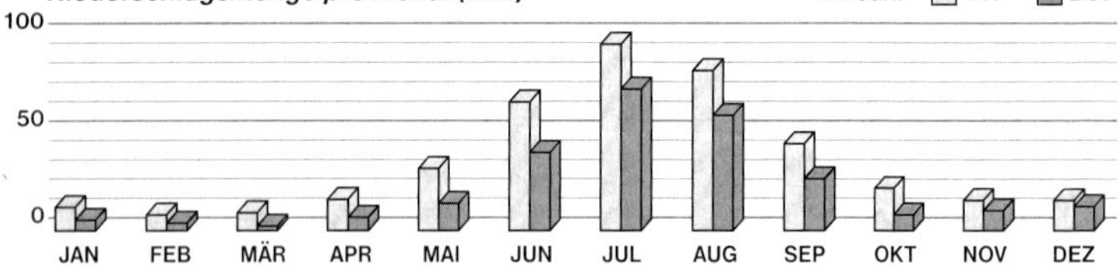

Anzahl der Regen-/ Schneetage pro Monat

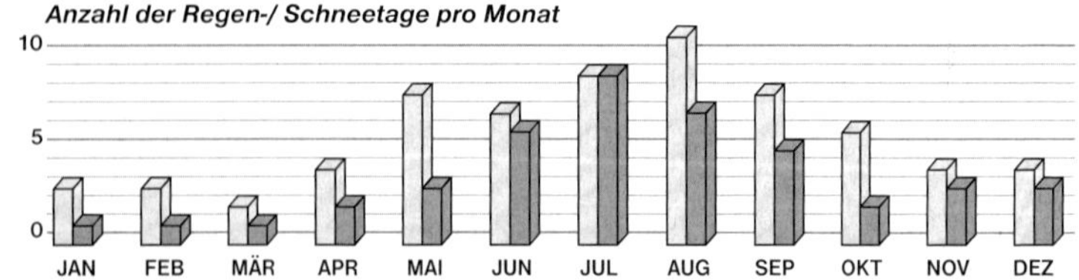

ter verteilt meist nicht mehr als 40 cm. Eine Ausnahme stellen die Berge dar, die besonders an den Westhängen bis zu einem Meter Schnee bekommen können.

Ebenfalls typisch für kontinentales Klima sind große **Temperaturschwankungen.** Die kältesten Temperaturen, die im Winter an einzelnen Tagen erreicht werden, liegen bei **-40° C,** während das Thermometer an den wärmsten Sommertagen auf über **30° C** klettert. Doch nicht nur zwischen den Jahreszeiten gibt es große Unterschiede, sondern auch im Tagesverlauf. Das spürt man ganz besonders in den Übergangszeiten im Frühling oder Herbst. Im März beispielsweise liegen die Nachttemperaturen noch deutlich unter 0° C. Tagsüber kann man allerdings an einem sonnigen Tag durchaus das Bedürfnis haben, die Winterjacke oder gar den Pullover auszuziehen, was besonders erstaunlich scheint, wenn man dabei auf der noch dicken Eisdecke des Baikalsees steht. Dass es bis in den Juni hinein Nachtfröste geben kann, widerspricht nicht der Tatsache, dass man an schönen Nachmittagen oft schon leichte Sommerkleidung aus dem Schrank holen muss.

Ein Grund für diesen scheinbaren Gegensatz ist die hohe Zahl von **Sonnenscheinstunden.** Der Baikalsee liegt in Südsibirien, kaum 200 km von der mongolischen Grenze entfernt. Der Breitengrad der Südspitze (51°29′) entspricht der Lage der Stadt Halle/Saale. Die Nordspitze liegt auf der Breite von Malmö in Schweden (55°46′). Wegen dieser recht südlichen Lage und der meist stabilen Hochdruckwetterlage sind die Winter alles andere als dunkel und trüb. Auch die Sommer sind sonniger als in Mitteleuropa. Insgesamt schwankt die Sonnenscheindauer im Baikalgebiet zwischen 2000 (Irkutsk 2045) und 2300 Stunden pro Jahr (Chuschir auf der Insel Olchon). Zum Vergleich: Die deutschen Werte liegen zwischen 1300 und 1900 Stunden.

Typisch für kontinentales Klima ist, dass der **Luftdruck** stark schwankt. Das an sich sehr gesunde Klima bringt somit Nachteile für ältere Menschen, die auf Druckveränderungen empfindlich reagieren.

Spürbar sind auch in der Baikalregion weltweite **Klimaveränderungen,** die alte Gesetzmäßigkeiten nach und nach aufweichen. So war der Herbst in den Jahren 2005 und 2006 jeweils ungewöhnlich lang. Außerdem scheint es, als würden die Winter milder und schneereicher.

Das Klima am Baikalsee

Es ist nicht erstaunlich, dass ein so großes Gewässer wie der Baikal klimatische Besonderheiten aufweist. Ähnlich wie ein Meer hat er einen **mäßigenden Einfluss** auf die direkte Umgebung. So wird es im Seegebiet im Sommer nie so drückend heiß wie in Irkutsk oder Ulan-Ude, die in einer Entfernung von 60 bzw. 100 km seinem Einfluss kaum noch ausgesetzt sind. Die Winter am See sind milder, die Temperaturen in den Ufergebieten liegen oft um 10° C über denen der

Das Wetter in Südsibirien – ein Gang durch die Jahreszeiten

Die längste Jahreszeit ist in ganz Sibirien der Winter. Er beginnt Ende Oktober oder Anfang November, wenn die Temperaturen auch tagsüber deutlich unter 0° C bleiben. Der Schnee, der nun fällt, wird bis März liegen bleiben und in den Städten nach und nach eine immer dunklere Färbung annehmen. Im November jedoch schmückt er blendend weiß die mit Schnitzereien verzierten Holzhäuschen und häufig farbig gestrichenen Gebäude, die dann wie extra für diese Jahreszeit gemacht zu sein scheinen. Wenn die Temperaturen tagsüber noch manchmal über Null steigen, gibt es Eiszapfen an den Giebeln, allerdings auch Glatteis auf den Gehwegen. Das ist aber die Ausnahme. Meist vergeht der November wie der Dezember kalt und sonnig, sodass viele Flüsse bald unter einer dicken Eisdecke verschwunden sind. Die Menschen tragen bei -10 bis -20° C Jacken aus Schaffell und Pelzmäntel, fühlen sich aber augenscheinlich durchaus wohl, denn die Kälte ist trocken und wird als viel weniger unangenehm empfunden als die mitteleuropäische mit hoher Luftfeuchtigkeit.

Anfang Januar sind meist die tiefsten Temperaturen erreicht. Nun kann sich auch der Baikalsee, der dem Frost bisher getrotzt hat, nicht länger widersetzen und erstarrt. An den kältesten Tagen wird der Verkehr in den Städten deutlich dünner, weil nicht mehr alle Fahrzeuge den Temperaturen gewachsen sind. Auch die Menschen schonen sich und gehen nicht aus dem Haus, wenn es nicht unbedingt sein muss. Doch Ende Januar ist meistens die größte Kälte schon vorbei.

Der Februar gilt eindeutig noch als Wintermonat, wenn er auch meist nicht mehr so kalt ist wie der Januar. Der März dagegen lässt sich schon schwerer einordnen. Die warme Mittagssonne kann den Schnee auf Bäumen, Dächern und Gehwegen deutlich zusammenschmelzen lassen. Es bilden sich Pfützen, die gegen Abend wieder spiegelglatt gefrieren. Dann bringen Tiefdruckgebiete oft frischen Schnee. Man merkt, dass der Winter nicht so einfach aufgibt. Aber es ist nicht mehr der November-Winter. Wenn er auch noch nicht zu sehen ist, spüren die Menschen doch schon die Nähe des Frühlings.

Im April kommt er dann, allerdings nicht mit Grün und ersten Blumen, sondern mit launischem Aprilwetter. Heftige Stürme wechseln sich ab mit warmen Sonnentagen, Regen oder Frost, der in einem letzten Aufbäumen des Winters sogar noch Schnee bringen kann. Die starken Luftdruckschwankungen in dieser Zeit machen besonders älteren Menschen zu schaffen.

Mitte Mai, nach den Feiertagen, wird es dann endlich grün, und zwar nicht zaghaft und allmählich, sondern schlagartig. Die Natur, die so lange ausgeharrt hat, beeilt sich, die kurze frostfreie Zeit bestmöglich zu nutzen. Leider ist der Mai auch die Zeit, in der in den Wäldern, in denen die letzten Schneereste schon längst getaut, versickert und verdunstet sind, häufig Waldbrände entstehen. So ist es nicht selten, dass selbst in der Stadt der Blick auf die ersten zarten Blättchen durch Rauch und Dunst getrübt wird.

Tauwetter und Baumblüte in Irkutsk

Im Juni wird es warm. Auf kleinen Grundstücken, die fast alle Stadtbewohner irgendwo außerhalb besitzen, werden Kartoffeln gesteckt. Pflanzen und Setzlinge, die seit März auf den Fenstersimsen sprießen, werden ausgesetzt. Die Schulen haben schon Ferien, in den Hochschulen laufen noch Prüfungen, bis Anfang Juli die Sommerhitze auch hier den Bemühungen ein Ende macht. Wer kann, versucht nun der staubigen Stadt zu entfliehen, auf die Datscha, an den See oder auch ans Schwarze Meer, nach China oder in die Türkei. Garantiertes Urlaubswetter gibt es allerdings nicht. Den meisten Regen haben statistisch die zweite Julihälfte und der August – glücklicherweise selten als Dauerregen und häufig nachts. Wenn doch einmal ein Sommer verregnet, wird das reiche Angebot auf den Märkten durch die verschiedensten Pilze ergänzt.

Am 1. September beginnt der Herbst, sagt man. Und in der Tat ist in den ersten Septembertagen, wenn Schule und Studium wieder beginnen, schlagartig der Sommer vorbei. Die Tage werden kühler und das Licht verändert sich. Es kann regnen, aber meistens bringt der September auch einige klare Altweibersommer-Tage, an denen das gefärbte Laub der Birken vor dem stahlblauen Himmel nur mit dem Wort „golden" zu beschreiben ist. Später kommen Regentage, wechselhaftes Wetter, Herbststürme, auch manchmal früher Schnee, der Pfützen und Matsch hinterlässt, bis wieder die Jahreszeit anbricht, auf die die Kinder den ganzen Sommer lang warten ...

034ba Foto: rj

035ba Foto: rj

weiteren Umgebung. Heftige Winde und eine höhere Luftfeuchtigkeit können allerdings bewirken, dass dies nicht so empfunden wird.

Die **Verschiebung der Jahreszeiten** in der Umgebung des Sees ist mit maritimem Klima vergleichbar. Der Herbst kann am Baikal fast einen ganzen Monat später einsetzen als in Irkutsk. Das Wasser gibt, solange es nicht zugefroren ist, Wärme ab und bewirkt, dass die kältesten Monate am See nicht Dezember und Januar, sondern eher Januar und Februar sind. Im Frühjahr kommt das erste Grün mit einer Verzögerung von mindestens zwei Wochen zum Vorschein.

Das Wetter am See kann sich vom Wetter in Irkutsk oder Ulan-Ude stark unterscheiden, was das Planen von Ausflügen oft zu einem Glücksspiel macht. Auch zwischen dem Norden und den südlicheren Gebieten am See gibt es starke Unterschiede. Häufig sind auch sehr plötzliche **Wetterumschwünge,** die mit den besonderen Windverhältnissen am See zusammenhängen.

Wind

Winde beeinflussen das Leben der Menschen, die am Ufer des Baikal leben. Als Fischer sind sie seit Urzeiten abhängig von Wind und Wetter. Daher haben die Winde am Baikal größtenteils alte Namen und jeder Fischer kann erzählen, welche Eigenschaften ihnen zugeschrieben werden. Man bekommt mitunter den Eindruck, man habe es mit lebenden Wesen zu tun. Das ist kein Zufall, sondern Zeichen für das magische Verhältnis vieler Russen zur Natur.

Der bekannteste Wind ist wohl der **Bargusin,** der seinen Ursprung im Bargusin-Tal hat. Als der gefährlichste gilt hingegen die **Sarma,** die sehr plötzlich aus dem Sarma-Tal am Kleinen Meer hervorbrechen kann. Sie erreicht eine Geschwindigkeit von 40 m/s und kann Schiffe, besonders im Herbst, in ernste Bedrängnis bringen. Manche Winde kündigen Regen an, andere dagegen gelten als warm und sind bekannt dafür, dass sie gutes Wetter bringen.

Regen

Regenfälle sind am See sehr ungleichmäßig verteilt. Das hängt vor allen Dingen mit den umliegenden Gebirgszügen zusammen. Die westlich gelegenen Bergketten neigen dazu, die meist von Nordwesten kommenden Wolken aufzuhalten. Diese regnen sich ab und erreichen die Westküste des Sees nur selten. Dasselbe wiederholt sich an den Gebirgen der Ostseite, weshalb das Ostufer generell viel feuchter ist als die Westküste. Am stärksten zeigt sich das im Süden zwischen Sljudjanka und Tanchoi. Nirgends am Baikal gibt es mehr Niederschläge.

Das trockenste Gebiet liegt im mittleren Teil des Sees: Das Kleine Meer, die Tascheran-Steppe und die Insel Olchon gehören dazu. Die geringen Niederschläge sind der Hauptgrund für die weitgehend steppenartige Vegetation dieser Gegend.

Schnee

In den östlicheren Gebieten schneit es grundsätzlich mehr als im Westen, wobei diese Ungleichheit noch verstärkt wird durch den Wind. Oft bleibt die dünne Schneedecke im Westen nicht lange liegen, sondern wird über das Eis Richtung Ostküste umverteilt. Die größte Chance, schneefreies Eis zu finden, hat man wegen hoher Windstärken am mittleren Baikal, eine dicke Schneedecke findet man dagegen am sichersten an der Südspitze in der Gegend von Baikalsk. Es ist kein Zufall, dass hier das erste Skigebiet für Alpinski am Baikal gebaut wurde.

Im März und Anfang April gibt es oft noch einmal Schneefälle, die dann meist den ganzen See bedecken.

Nebel

Nebel kommt am Baikal besonders in den **Sommermonaten** häufig vor. Am Nordbaikal kann es bis zu 24 Nebeltage pro Jahr geben, im Süden etwas weniger (14–18). An Nebeltagen liegt schon vom frühen Morgen an den ganzen Tag eine dicke Nebelschicht über dem Wasser, die die Sonne kaum durchscheinen lässt. Das kann sich sehr kalt anfühlen. Daneben gibt es auch kurzfristige Nebel, die am Nachmittag oder gegen Abend plötzlich vom Wasser her aufs Land kriechen, sich dann aber schnell wieder auflösen können.

Stürmischer Baikal im Winter

Eisdecke

Der Winter schafft am See ganz andere Wetterverhältnisse, denn der gesamte See friert zu. Dieses riesige Gewässer, das noch im Herbst mit bis zu **6 m hohen Wellen** schäumt und tost, muss sich jedes Jahr nach und nach der Kälte unterwerfen, bis spätestens Anfang Februar die **Eisdecke durchgehend geschlossen** ist. Im Norden ist es früher so weit, besonders flache Stellen wie die Tschiwyrkui-Bucht können sogar schon im Dezember eine feste Eisdecke bilden. Selbstverständlich schwankt der Zeitpunkt von Jahr zu Jahr.

Bis es soweit ist, bricht der See die dünne Eisschicht viele Male wieder auf und wirft Eisschollen übereinander, sodass sich manchmal meterhohe Berge von **Packeis** bilden. Besonders in Ufernähe findet man oft wunderschöne Gebilde aus glasklaren Eissplittern.

Sobald das Eis **7 cm dick** ist, hält es Fußgänger aus. Ab 40 cm beginnen die Einheimischen, die Winterrouten mit Autos zu nutzen. Manche Strecken werden geprüft, dann mit Bäumchen markiert und **offiziell freigegeben.** Andere werden auf eigenes Risiko befahren, ab 70 cm dann auch mit LKW bis zu 15 Tonnen. Diese Winterverbindungen spielen wirtschaftlich eine große Rolle, denn so können 70 bis 80 Tage lang Gebiete vergleichsweise günstig beliefert werden, die den Rest des Jahres nur per Schiff erreichbar sind.

Doch selbst nachdem das Wasser unter dem Eis verschwunden und das Rauschen der Wellen verstummt ist, bewegen sich der See und das Eis. Wer das Eis zum ersten Mal betritt, bekommt meist einen gewaltigen Schreck, wenn es plötzlich unter den Füßen knallt oder weit draußen auf dem See dumpf grollt. In Wirklichkeit gibt es keinen Grund zur Besorgnis. Was das **Geräusch** verursacht hat, war zwar vermutlich ein Riss, doch in den allermeisten Fällen öffnet sich dabei keine Spalte. Wer das Eis an einer schneefreien Fläche genauer betrachtet, kann eine Vielzahl feinster **Risse** bewundern, die sich oft in wunderschönen Mustern kreuz und quer durchs Eis ziehen. Sie entstehen, wenn Temperaturschwankungen das Eis sich ausdehnen oder zusammenziehen lassen. Selbst wenn es dabei nur leise knackt, leitet das Eis das Geräusch so gut, dass es auch noch in einiger Entfernung zu hören ist. Beunruhigend kann dieses Phänomen werden für die, die während einer Baikalüberquerung auf dem Eis übernachten. In den Abend- und Nachtstunden sind die Bewegungen im Eis besonders stark und wenn sich – und sei es Hunderte von Kilometern entfernt – doch einmal eine richtig breite Spalte öffnet oder das Eis bei Ausdehnung übereinander geschoben wird, kann es wie ein Donnergrollen durch den ganzen See dröhnen.

Die Einheimischen haben offensichtlich keinen besonders großen Respekt vor der Gefahr derartiger **Spalten.** Diesen Eindruck kann man zumindest bekommen, wenn man sie schon in den ersten Tagen des Zufrierens wagemutig ihre Motorräder mit Beiwagen auf dem Eis ausprobieren sieht. Doch sie

037ba Foto: rj

038ba Foto: rj

wissen im Gegensatz zum Besucher, dass sich wirklich breite Spalten mit großer Wahrscheinlichkeit jedes Jahr an denselben Stellen öffnen. Es sind offenbar Stellen mit ganz bestimmten Strömungsverhältnissen. Genau so kennen die Bewohner die Gebiete, in denen das Eis regelmäßig viel dünner bleibt als in der Umgebung. Auch so etwas kann mit der Strömung zu tun haben oder mit heißen Quellen, die aus dem Seegrund sprudeln und die Wassertemperatur in der Umgebung ansteigen lassen.

Ein gewisses **Risiko** bleibt natürlich immer. Risse können oberflächlich wieder gefroren oder von Schnee bedeckt sein, sodass man sie nicht erkennt. So kommt es, dass der See jedes Jahr Opfer fordert. Niemand hat gezählt, wie viele Fahrzeuge schon auf seinem Grund liegen. Vielleicht sollte man aber auch erwähnen, dass ein großer Teil solcher Unglücksfälle nicht in nüchternem Zustand passiert und oft auch längst, nachdem die Trassen offiziell wieder geschlossen sind. Dies sollte keinen Winterbesucher von einem Spaziergang über das Eis abhalten, ihm würde viel entgehen! (Zum Wandern und Autofahren auf dem Eis siehe auch Kapitel „Reisetipps A–Z“, Stichpunkte „Autofahren“ und „Wandern“.)

Da das Baikalwasser sich durch außerordentliche **Klarheit** und Reinheit auszeichnet, ist auch seine Eisdecke unglaublich durchsichtig. Wenn es durch sehr plötzlichen Frost glatt gefroren ist, kann man in Ufernähe durch die bis zu einem Meter dicke Schicht buchstäblich jeden Stein am Grund erkennen. Je weiter man sich vom Ufer entfernt, desto weniger Licht dringt hinab und man sieht irgendwann nur noch schwarz unter dem durch feinste Risse schön geäderten Eis. Manchmal trifft man auch andere „Eisarten“ an, die bei den Einheimischen alle eigene Namen haben: Wenn sich vor dem endgültigen Zufrieren im Wasser winzige Kristalle bilden, die es träge werden lassen wie zähen Schlamm, erstarrt diese Masse zu einer milchig-trüben Eisdecke. Sie wird „Speckeis“ genannt. „Pfannkucheneis“ bezeichnet

Das Eis bildet mitunter bizarre Formen

eine Eisdecke, in die vom Wasser rund geschliffene Eisplatten eingeschlossen sind.

Eisformationen am Ufer

Berühmt sind die Eisformationen, die sich an **steilen, felsigen Uferabschnitten** bilden. Wenn heftige Stürme das Wasser im November und Dezember immer wieder aufpeitschen und gegen die Felsen spritzen lassen, entstehen mit der Zeit wunderschöne Gebilde, die wie filigrane Vorhänge oder mit weichen, runden Formen das Ufer schmücken, an überhängenden Stellen kleine Eisgrotten bilden und den Betrachter (besonders wenn er mit einer Kamera ausgerüstet ist) für lange Zeit fesseln.

Tauwetter

Im April wird es tagsüber so warm, dass sich auf dem Eis **Pfützen** bilden. An den Uferhängen ist der Schnee längst geschmolzen und es blühen schon die ersten Frühlingsblumen. Irgendwann entstehen nun die ersten breiten Risse und das Eis teilt sich in große Platten. Diese schmelzen interessanterweise nicht etwa schichtweise und werden immer dünner, sondern sie spalten sich auf in eine Vielzahl langer, dünner, senkrecht stehender **Eisnadeln.** Diese Nadeln fallen ins Wasser und schmelzen nur langsam. Lange Zeit treiben sie an der Oberfläche, werden ans Ufer gespült und erzeugen in den Wellen ein feines, fast musikalisches Klirren.

Eine Stelle am Baikal ist übrigens seit Menschengedenken noch nie zugefroren: der Ursprung der Angara bei Listwjanka. Das Wasser, das der Abfluss dem See entzieht, kommt nicht aus den oberen Wasserschichten, sondern aus ca. 400 m Tiefe. Obwohl es an der Oberfläche abkühlt und sich mit kälterem Wasser mischt, bleibt seine Temperatur immer mindestens ein paar Zehntelgrade über Null. Erst einige Kilometer weiter flussabwärts wird es so kalt, dass die Angara zufriert.

Tiere und Pflanzen

Wenn die Baikalregion auch zum relativ milden sibirischen Süden zählt, so sind es dennoch die Kälte und der Frost, die die Existenz von Pflanzen und Tieren prägen, ja sie oft zu wahren Überlebenskünstlern werden lassen. Im Norden der Baikalregion, allerdings nicht am See selbst, gibt es schon **Dauerfrostboden.** Im südlichen Teil kommt er nur inselartig in höher liegenden Berggebieten vor.

Taiga

Vegetation

Die **Wälder,** die trotz der schwierigen Bedingungen sehr dicht und üppig werden können, nennt man Taiga. Sie bestehen vorwiegend aus **Nadelbäumen.** In einem ca. 1500 km breiten Gürtel zieht sich diese Vegetationszone quer durch Sibirien. Insgesamt sind Wälder jedoch eher untypisch für Sibirien, das im Süden zum größten Teil von Steppe, im Norden dagegen von Tundra bedeckt ist. Die Baikalregion stellt mit 60–70 % Bewaldung eine Ausnahme dar. Das hängt mit dem bergigen Relief zusammen, das die Niederschlagsmenge erhöht, gleichzeitig aber die Bildung von Sümpfen verhindert und den Einschlag erschwert.

Taigawälder erscheinen auf den ersten Blick oft dichter als ein typischer deutscher Mischwald. In Wirklichkeit sind ihre Bäume jedoch meist niedriger, die Phytomasse ist um 40 % geringer. Der Eindruck von Dichte entsteht durch das **wuchernde Unterholz,** das dem Wanderer oder Beerensucher das Durchkommen stark erschweren kann.

Auch der Artenreichtum der Taiga ist nicht besonders groß, meist bestimmen eine bis zwei Baumsorten das Bild. In den milderen westlichen und südlichen Gebieten Sibiriens ist das die Kiefer. Den härteren Verhältnissen in den östlicheren Gebieten und im Norden kann die **Lärche** besser trotzen, die im Winter ihre Nadeln verliert und unempfindlicher gegen Frost ist. Ganz grob stimmt diese Aufteilung auch für das Baikalgebiet: Lärchenwälder findet man am Nordbaikal. Je kälter es wird, desto lockerer wachsen die Bäume und lassen Platz für eine dicke Schicht von Rentierflechten, die wie ein weiches, meist weißes oder grün-graues Polster den Boden bedecken. Der Mittelteil des Sees ist auch wegen seiner sandigen Böden mehr von **Kiefernwäldern** eingefasst. Doch auch hier findet man immer wieder Lärchen. Der Ort Listwjanka an der Angara beispielsweise verdankt seinen Namen dem Baum, der auf Russisch *lístweniza* heißt.

Beide, Kiefer und Lärche, bilden keine dichten Baumkronen, sondern lassen viel Licht durch, weshalb man diesen Taigatyp auch die „helle Taiga" nennt. Sie hat ein ausgeprägtes Unterholz aus Strauchwerk, in Baikalnähe häufig aus dahurischem **Rhododendron,** einer wilden Form der in Europa bekannten Gartenpflanze (russ. *bagúlnik*). Dieser halbhohe Strauch ist ab Anfang Mai (im Norden bis Ende Juni) bedeckt von kräftig leuchtenden, rosaroten Blüten, welche die Taiga in ein Farbenmeer verwandeln. Besonders beeindruckend ist das Schauspiel vor dem Hintergrund weißer Birken, die zur gleichen Zeit die ersten zartgrünen Blattchen bekommen.

Birken sind grundsätzlich in der Baikalregion weniger häufig, wenn auch Gäste, die sich nur in der näheren Umgebung von Irkutsk bewegen, einen anderen Eindruck bekommen. Zu beiden Seiten des Angara-Stausees gibt es teils gemischte, teils reine Birkenwälder, wie sie sonst vor allen Dingen am Südrand des Taigagürtels sehr häufig vorkommen. Im Baikalgebiet fassen sie oft dort Fuß, wo die Urwälder durch Brände oder Holzeinschlag geschädigt sind. Die verschiedenen russischen Birkenarten unterscheiden sich von den europäischen vor allem durch ihre Rinde, die weicher und glatter ist. Sie leuchtet meist blendend weiß und gibt besonders an sonnigen Wintertagen im weißen Schnee vor strahlend blauem Himmel ein herrliches Bild.

Fichten- und Tannenwälder gibt es nur wenige am Südrand des Sees im Chamar-Daban-Gebirge. Sie bilden die sogenannte „dunkle Taiga", meist in höheren Berglagen. Der **Zirbelkiefer** begegnet man in den höheren Bergregionen, wo der Baumbestand spärlicher und flacher wird, bis er nach und nach in eine tundraähnliche Hochgebirgsvegetation mit teilweise alpinem Charakter und blumenreichen Wiesen übergeht.

Tiere in der Taiga

Erstaunlich viele große Tiere besiedeln die Taiga. Das größte Tier war einst der **sibirische Tiger** (felis pantera), der inzwischen nur noch in wenigen Schutzgebieten am Amur und in der Pazifik-Region (sowie im Wappen von Irkutsk) überlebt hat. Doch praktisch überall im Baikalgebiet gibt es **Bären** (s. Exkurs im Kap. „Weitere Reiseziele im Gebiet Irkutsk"), **Hirsche, Rentiere, Elche, Füchse** und **Wölfe.** In der Nähe von Städten und Siedlungen sind sie seltener, häufiger dagegen in den Schutzgebieten. Doch auch dort bekommt man sie eigentlich nicht zu Gesicht. Anders als Waldtiere in Europa sind sie die Gegenwart des Menschen viel weniger gewohnt. Seit Jahrhunderten werden sie gejagt, und so gönnen sie Wanderern allerhöchstens den Anblick ihrer Spuren.

Das einzige größere Tier, das für Camper sogar aufdringlich werden kann, ist der **Burunduk** (*burundúk,* eutamias sibiricus), ein kleiner Nager aus der Familie der Streifenhörnchen, der sich gern an Vorräte macht. Dagegen kann man die Gegenwart des berühmten **Zobels** (siehe Exkurs im Kapitel „Bargusin-Tal") oder des **Moschustiers** *(kabargá),* einer kleinen asiatischen Rehart, die mit lang hervorragenden Eckzähnen auf Europäer etwas befremdlich wirkt, nur ahnen.

Viel präsenter sind leider verschiedene Insekten: Sibirische **Stechmücken** sind berüchtigt, und wer in den Sommermonaten in den Wald geht, muss sich auf die eine oder andere Weise mit ihnen arrangieren. Glücklicherweise sind sie direkt am See kaum ein Problem. Wind, Sonne und kühlere Temperaturen vertreiben sie in den Schutz der Bäume. Ab September tauchen sie kaum noch auf (s. dazu auch Kap. „Reisetipps A–Z: Wandern").

Vielleicht noch lästiger können **Zecken** werden, die leider oft Infektionen übertragen (s. „Gesundheitsvorsorge" im Kapitel „Vor der Reise"). Neben diesen bekanntesten Arten gibt es in der Taiga noch eine große Zahl von mehr oder weniger unangenehmen **Insekten,** die auf Russisch mit der Sammelbezeichnung *moschká* oder *gnus* umfasst werden, was so viel bedeutet wie „alles, was fliegt und stört".

Auch **Schlangen** trifft man an warmen, trockenen Uferhängen an (gern sonnen sie sich auf den Bahndämmen der Baikalbahn). Neben Kreuzottern gibt es die Halysotter, eine bis zu 69 cm lange, graubraune Schlange. Sie kann dem Menschen sehr schmerzhafte Bisse zufügen, die zwar nicht tödlich sind (die Symptome vergehen nach 5–7 Tagen), dennoch sollte in jedem Fall ein Arzt aufgesucht werden.

Die Zirbelkiefer und ihre Früchte

Vögel, Nagetiere, Bären und sogar den Menschen - wen nährt sie nicht alles mit ihren kostbaren Samen: die sibirische Zirbelkiefer (Pinus cembra sibirica, auch Arve). Auf Russisch nennt man den mächtigen Baum mit den langen Nadeln *kedr.* Er wächst in höheren Lagen, oft bis an die Baumgrenze, wird dort allerdings nicht so groß (20–30 m), sondern macht als fast **undurchdringliches Gestrüpp** Wanderern oft das Leben schwer *(kedrówy stlánnik).*

Die Nadeln der Zirbelkiefer stehen in Büscheln zu je fünf Stück. Das **Holz** wird geschätzt für seine Härte und seine antiseptische Wirkung - Kleidung in Kiefernholzschränken ist vor Motten sicher. Doch wichtiger sind die rundlichen, ca. 1 cm langen Samen, die **Zirbelnüsschen** *(kedrówy oréch).* Im August und September fallen sie nach dreijähriger Reifezeit noch in ihren dicken, harzigen Zapfen auf die Erde und werden dann gesammelt. 90 % Eiweiße, ein hoher Anteil ungesättigter Fettsäuren und eine ganze Reihe wichtiger Vitamine machen die Samen zur begehrten Nahrungsquelle u.a. für Bären. Der Tannenhäher *(kedrówka)* ist im Russischen nach ihnen benannt, denn indem er die Nüsschen als Wintervorrat vergräbt, sorgt er für die Verbreitung der langsam wachsenden Bäume. Viele Tiere der Taiga haben ihren Fruchtbarkeitszyklus dem der Kiefern angepasst, denn nicht in jedem Jahr ist eine gute Ernte zu erwarten.

Die Bewohner vieler Dörfer im Baikalgebiet ernten die Nüsschen in großem Maßstab: Sie nehmen selbstgebaute Schleudertrommeln mit in den Wald und schütteln direkt vor Ort die Samen aus den Zapfen. In großen Säcken werden sie dann auf die Märkte gebracht und verkauft. **Roh oder geröstet** bekommt man sie z.B. an Bushaltestellen, wo man sich mit Nüsseknacken (anstelle von Sonnenblumenkernen) das Warten verkürzen kann. Besonders nach einigen Monaten, wenn die Schalen hart geworden sind, erfordert dies allerdings einiges Geschick. Man kann sich die Sache etwas erleichtern, indem man die Samen vor dem Öffnen kurz mit heißem Wasser übergießt. Noch einfacher ist es, sie geknackt oder gar mit Schokolade überzogen zu kaufen. Eine Delikatesse ist auch das **Nussöl,** dessen Hochwertigkeit mit der von Mandelöl gleichgesetzt wird.

Wer eine Tüte voll Nüsschen als **Reiseandenken** mitnehmen möchte, sollte sie nach der Ankunft möglichst bald in einen Stoffbeutel umfüllen. Sie enthalten im frischen Zustand viel Feuchtigkeit und schimmeln schnell. Sicherer ist die Ausfuhr mit gerösteten Kernen, denn rohe könnte ein strenger Zollbeamter als Saatgut einziehen.

039ba Foto: rj

Nutzung von Taigapflanzen durch den Menschen

Die Taiga hat, obwohl sie vergleichsweise karg ist, jahrhundertelang den sibirischen Ureinwohnern alles gegeben, was sie zum Leben brauchten. Auch heute noch ist sie für viele eine nicht zu unterschätzende **Einnahmequelle.** Besonders seit Beginn der 1990er Jahre, als in den ländlichen Regionen duch den Wegfall vieler staatlicher Finanzquellen die Menschen sich selbst überlassen blieben, sind die Einkünfte aus dem Verkauf von Pilzen, Beeren oder auch Kräutern ein wichtiges zusätzliches Einkommen.

Wo importiertes Obst für viele eine Luxusware ist, können die Früchte der Taiga außerdem eine wichtige **Vitaminquelle** sein. So schrieb schon *A. Tschechow*, der Ende des 19. Jh. durch Sibirien reiste, die Menschen in Listwjanka äßen nichts als **Bärlauch** *(tscheremschá)*. Der Verwandte des Knoblauchs, dessen zarte, grüne Blätter ab April in feuchten Wäldern wachsen, ist die erste frische Pflanze, die nach dem langen Winter auf den Tisch kommt. Noch exotischer klingt für europäische Ohren, dass **Farnkraut** *(páporotnik)* gegessen wird. Die ersten noch eingerollten Triebe kann man auch in Restaurants, eingelegt als Salat oder als gebratene Beilage, serviert bekommen. Oft findet man in Berggebieten auch wilden **Rhabarber** *(réwen)*.

Als erste Beeren reifen die Früchte der **Blauen Heckenkirsche** *(schímolost)*, die wegen ihres herben Geschmacks eher als Arznei- denn als Genussmittel verwendet werden (bei Herzproblemen). Im Gegensatz zu ihrem europäischen Verwandten, dem Geißblatt, ist sie nicht giftig. **Blaubeeren** *(golubíka)* und **Heidelbeeren** *(tscherníka)* werden Ende Juli eimerweise auf den Märkten angeboten. Auch **Himbeeren** *(malína)* und **Walderdbeeren** *(semljaníka)* werden sehr geschätzt. Im August folgen **Preiselbeeren** *(brjusníka)* und die sehr säurehaltigen **Moosbeeren** *(kljúkwa)*, die – in Wasser zerstampft und mit Zucker oder Honig gesüßt – als ausgezeichnetes Hustenmittel gelten. Sie wachsen besonders in sumpfigen Gebieten. In den Bergen findet man häufig wilde **Johannisbeeren** *(smoródina)*. Viele Beeren, wie auch der **Sanddorn** *(oblepícha)*, der auf sandigen Böden gut gedeiht, werden erst im Herbst im gefrorenen Zustand gesammelt und verkauft. So müssen sie nicht konserviert werden, und man kann sie den ganzen Winter über frisch verwenden.

Berühmt für ihre **Kräuter** sind das Tunka-Tal und das Sajan-Gebirge. Hier wächst eine Rhododendronart, der **Sagan Dali** (Rhododendron adamsii Rehder), dessen aromatische Blättchen in geringer Menge im Schwarztee mit aufgebrüht werden und eine stark anregende Wirkung auf die Herztätigkeit haben. Noch berühmter

Steppenlandschaft in Burjatien – hier spürt man die Nähe zur Mongolei

ist ein Verwandter der Ginseng-Wurzel: die **Goldwurzel** (*solotói kóren,* Rhodiola rosea L.). Ihr wird aphrodisische Wirkung zugeschrieben. Im August wird auf den Märkten der **Kurilen-Tee** (*kurílski tschai* – potenzilla fruticosa) verkauft, eine kleine, strauchartige Pflanze mit gelben Blüten, deren schmale, längliche Blättchen zu einem angenehm milden Tee aufgebrüht werden, der täglich getrunken werden kann und bei Magen- und Darmproblemen Anwendung findet (Deutsch: Fingerkraut).

Befremdlich wirkt auf die meisten der sibirische **Taiga-Kaugummi** *(séro),* der aus Baumharz gewonnen wird und einen herb-erfrischenden Geschmack hat. Da er ätherische Öle enthält, die übrigens denen des Teebaumöls ähneln, gilt er als ausgesprochen gesundheitsfördernd. Er wird häufig am Rand von Märkten in Form von kleinen, bräunlichen Stückchen angeboten, manchmal auch in Wasser liegend. Bei kühlen Temperaturen hart, wird er bei Wärmeeinwirkung sofort weich und klebrig und lässt sich beliebig lange kauen.

Steppe

Südöstlich des Baikalsees findet man im Anschluss an das Chamar-Daban-Gerbirge große Steppengebiete, die nördlichen **Ausläufer der mongolischen Steppen.** Sie sind im Winter sehr kalt, im Sommer dagegen sehr heiß. Aus der Ferne sehen sie meist aus wie recht karges, bräunliches, nur

040ba Foto: rj

im Frühsommer grünes Grasland. Beim näheren Betrachten jedoch entdeckt man eine beeindruckende **Vielfalt an Pflanzen** mit oft in kräftigen Farben leuchtenden Blüten.

Eigenartigerweise gibt es am Westufer des Baikalsees auf der **Insel Olchon** und ihrer Verlängerung auf dem Festland einen Vorposten dieser Steppen, der gleichzeitig ein schönes Beispiel für ein naturbelassenes Steppengebiet ist. Im Juli verwandelt es sich in ein **Blütenmeer.** Häufig sieht man den rosarot blühenden wilden Thymian (*tschabréz,* Thymus serpyllum), der die Steppe mit seinem intensiven Duft erfüllt und bei Husten und anderen Krankheiten als Tee getrunken wird. Für manchen mag es eine Überraschung sein, dass das Edelweiß *(edelwéis)* hier zu einer der häufigsten Pflanzen gehört.

Die auffälligsten Vertreter der Tierwelt sind vermutlich **Heuschrecken und Grillen,** die die Luft im Sommer mit einem ununterbrochenen Zirpen und Summen erfüllen. **Schmetterlinge** gibt es in großer Zahl, häufig sieht man den Schwalbenschwanz. Doch auch kleine Nagetiere wie die **Zieselmaus** kann man zu Gesicht bekommen. Sie ist so neugierig, dass sie ihre unterirdischen Höhlengänge oft verlässt, um die Umgebung zu erkunden. **Schlangen und Eidechsen** genießen die Wärme im Sommer gern auf heißen Steinen.

Die nördlichsten Steppenausläufer liegen im **Bargusin-Tal,** das mit seinem Mikroklima wie eine Insel inmitten taigabedeckter Gebirgszüge liegt.

Tier- und Pflanzenwelt des Baikalsees

Die ersten Naturwissenschaftler (z.B. *Gustav Radde*), die sich der Flora und Fauna des Baikalsees widmeten, bewerteten sie als karg und uninteressant. In der Tat erschließt sich ihr Reichtum dem Auge des Laien nur schwer: Das kalte Gewässer hat keine spektakulären Riesenfische, bunten Muscheln und Korallen oder farbenprächtigen Vögel hervorgebracht. Die meisten seiner Bewohner sind **unscheinbar grau** und wachsen sehr langsam. Der polnische Verbannte *Benedykt Dybowski* war der erste, der der Welt eine Vorstellung vom **Artenreichtum** des Sees vermittelte.

Endemische Arten

Im Baikalsee und in seiner Umgebung sind sehr **spezifische Lebensräume** entstanden, an die sich Pflanzen und Tiere angepasst haben. In vielen Fällen haben sich im Laufe der Jahrtausende endemische Arten herausgebildet, Arten die es sonst nirgends auf der Welt gibt. So wächst die Veilchenart **Viola incisa** nur in der Gegend um Bolschije Koty, der Süßklee **Hedysarum sundukii** nur in einem Küstenabschnitt des Kleinen Meeres oder der Schmetterlingsblütler **Astragalus olchonensis** nur auf der Insel Olchon. Das Helmkraut **Scutellaria baicalensis** ist eine endemische Art wie auch die **Anemone baicalensis,** die man im Chamar-Daban-Gebirge findet. Eine Reihe von Flechten und mehrere Pilzarten kommen nur in bestimmten Gebieten am See vor.

Noch größer ist mit 68 % der Anteil von endemischen Arten unter den Pflanzen und Tieren des Sees selbst: Mit der Entdeckung neuer Arten von **Schwämmen, Schnecken und Fischen** erstaunte *Dybowski* im 19. Jh. seine Kollegen an europäischen Universitäten. Er entdeckte die **Krebstierchen** des Sees (u.a. Epischura, s. „Geografie: Der See") und nutzte ihre Gefräßigkeit, um Tierskelette zu präparieren.

Baikalrobben

Die berühmtesten endemischen Tiere sind vermutlich die Baikalrobben (*nérpa,* pusa sibirica), neben den kanadischen Seal-Lake-Seehunden die **einzigen Süßwasserrobben der Welt.** Die faszinierenden Tiere mit den großen schwarzen Augen kommen fast im ganzen See vor, ihre beliebtesten und streng geschützten Liegeplätze jedoch sind die **Uschkani-Inseln.** Sie sind hervorragend an das Leben im See angepasst. Im März/April gebären die Weibchen ihre Jungen in geschützten Schneehöhlen auf dem Eis, während sie selbst die meiste Zeit unter Wasser verbringen und nur zum Atmen an speziellen Löchern auftauchen, die sie mit ihren scharfen Krallen offen halten.

Die *nérpa,* wie sie auf Russisch heißt, wurde traditionell von den Ureinwohnern, später auch von Russen gejagt. Heute gibt es begrenzte **Fangquoten** für bestimmte Ewenken-Siedlungen und Kolchosen am Nord-Baikal (800 Tiere) und im Bezirk Olchon (200 Tiere). Außer dem **Fleisch** wird das **Fell** verwendet, aus dem Mützen, Stiefel oder auch Beläge für Schneeschuhe gemacht werden. Die Abfälle dienen Pelztierfarmen als Futter. Außer dem Menschen hat die Robbe nur zwei natürliche Feinde: Wölfe und Raben, denen in schneearmen Wintern die Jungen auf dem Eis zum Opfer fallen. Die Nerpa-Population wird momentan auf 80–100.000 Tiere geschätzt.

Nerpas sind sehr neugierig, Ruderbooten ohne Motor können sie erstaunlich nahe kommen. Wenn sie allerdings untertauchen, kann es bis zu 25 Minuten dauern, bis sie wieder zum Luftholen erscheinen. Dabei erreichen sie Tiefen von bis zu 200 m, wo sich ihre Lieblingsspeise, der Fettfisch, aufhält. **Beobachten** lassen sich die Tiere, die bis zu 50 Jahre alt werden, am besten auf den Uschkani-Inseln vor der Halbinsel Swjatoi Nos („Heilige Nase)". An anderen Stellen sieht man sie manchmal in sicherem Abstand vom Ufer auftauchen. Doch die Chancen, dass sie sich nähern, sind nicht groß. In Irkutsk und Listwjanka gibt es einige Tiere, die in Aquarien gehalten werden.

Fettfisch Golomjanka

Vielleicht noch erstaunlicher als die Robbe ist ihre Hauptnahrungsquelle: der Fettfisch Golomjanka (Comephorus baicalensis Pall. – großer Fettfisch, Comephorus dybowskii Kor. – kleiner Fettfisch), auf Deutsch auch **Groppe** genannt. Wie die Nerpa kommt er nur im Baikal vor und ist zahlenmäßig der **häufigste Fisch** (mehr als alle anderen

Arten zusammen!). Das liegt möglicherweise daran, dass sein Lebensraum so groß ist. Die zwei Unterarten bewohnen nicht wie viele andere Fische nur die seichten Uferregionen oder Flussdeltas, sondern den gesamten See, und zwar alle Wasserschichten von der Oberfläche bis hinunter auf den Grund.

Möglich macht dies der ganz besondere Körperbau: Der Fettfisch hat ein sehr zartes Skelett und keine Schwimmblase, dafür besteht er zu bis zu **44 % aus Fett,** was ihn fast durchsichtig macht. Er schillert **hellblau bis rosa** und wirkt mit seinen großen Flossen, die Libellenflügeln ähneln, hübsch und zerbrechlich. Er ist ein schlechter Schwimmer und bewegt sich hauptsächlich vertikal in einem festen Rhythmus: Tagsüber sinkt er in tiefere Wasserschichten und nachts nähert er sich der Oberfläche, wo die Robben auf ihn warten. Auch für den Omul ist er die Hauptnahrungsquelle.

Doch nicht nur Tiere schätzen seinen hohen Kaloriengehalt. Schon vor Jahrhunderten wurde das Fett der Golomjanka von tibetischen Mönchen wegen seiner Heilkraft gesammelt. Weil sie nicht in Schwärmen, sondern immer einzeln auftritt, wird sie nicht gezielt gefischt. Nur selten gerät eine

Am häufigsten findet man Robben an den Uschkani-Inseln vor der Halbinsel Heilige Nase

Golomjanka ins Netz. Noch etwas unterscheidet den Fettfisch von allen anderen Fischen im Baikal: Er bringt lebende Larven zur Welt (ca. 2–3000).

Omul

Die anderen Fische des Baikalsees teilt man grob in die, die eigentlich Flussfische und aus Baikalzuflüssen eingewandert sind, in Seefische, die auch in anderen sibirischen Seen vorkommen, und in solche Arten, die sonst nur in arktischen Gewässern leben und sich auf komplizierte Weise an das Leben im Baikal angepasst haben. Zu dieser dritten Gruppe gehört der *ómul,* der bekannteste und **meistgefangene Speisefisch** des Sees (Coregonus autumnalis migratorius Georgy, Familie Forellenfische, Ordnung Lachsartige). Seit Jahrtausenden hat er die Gewohnheit beibehalten, zum Laichen aus seinem eigentlichen Lebensraum Flussläufe hinaufzuschwimmen, und es ist anzunehmen, dass er auf diesem Weg vom Polarmeer in den Baikalsee gelangt ist. Der Begriff „endemisch" ist in seinem Fall etwas weiter zu fassen, denn er kommt auch im Jenissei und seinen Zuflüssen vor.

Entsprechend seiner Laichgewohnheiten unterscheidet man im Baikal fünf verschiedene Omul-Populationen, von denen die größte sich in der Selenga fortpflanzt. Der Omul wächst langsam. Erst nach 7–8 Jahren wird er fortpflanzungsfähig, weshalb es sehr wichtig ist, dass nur die großen Fische (ab 30 cm) befischt werden. Da viele Menschen am Baikal jedoch auf die Einkünfte aus dem Fischfang angewiesen sind, werden diese Verbote häufig missachtet. So ist die durchschnittliche Größe gefangenen Omuls im Lauf des 20. Jh. deutlich zurückgegangen. Geschadet hat dem Omul lange auch die Holzflößerei, die die Laichgebiete zerstörte. Auf diese Weise wurde die Bargusin-Population nahezu ausgerottet. Von 1969–75 war der Omul-Fang komplett verboten, damit sich der Bestand erholen konnte. Man versucht, ihn außerdem zu stabilisieren, indem Larven in Zuchtbetrieben herangezogen und erst ausgesetzt werden, wenn sie nicht mehr so vielen Feinden zum Opfer fallen können (als kleine Jungfischchen werden sie sogar von ihren eigenen Eltern gefressen!).

Zubereitet wird der Omul auf die verschiedensten Weisen. Einheimische kochen meist **Fischsuppe** damit oder **braten** ihn. Aufwendiger ist es, ihn zu **räuchern,** wobei zwischen kaltgeräuchertem und heißgeräuchertem Omul unterschieden wird. Ersterer ist stärker gesalzen und länger haltbar. Um ihn wirklich lange zu konservieren, wird er **roh eingesalzen** oder **gesalzen und getrocknet** und dann auch so gegessen, gern als Beilage zum Bier.

Weitere Fischarten

Neben Omul werden **Äschen** *(chárius)* und **Renken** *(sig,* auf Deutsch auch Felchen oder Maränen) als Speisefische gefangen. Besonders die Renken sind (obwohl eng verwandt) viel seltener als der Omul und werden teurer verkauft.

Der größte Fisch im Baikal ist der **Stör** *(osjótr).* Die maximale Größe von

1,80 m erreicht er aber heute nur noch selten, weil seine Laichgebiete in der Mongolei gefährdet sind. Er ist in die „rote Liste" aufgenommen und darf nicht gefischt werden.

Angler, die in seichten Buchten und Randgewässern ihrem Hobby nachgehen, fangen oft auch **Barsche** *(ókun)* und **Hechte** *(schúka)*, die im Baikal häufig sind.

Wer einmal einen Fischer am Baikal begleitet, wird ziemlich sicher auch Fische zu Gesicht bekommen, die dieser aus dem Netz direkt wieder ins Wasser wirft: Die meisten der 25 verschiedenen Arten von Groppen (manchmal auch **Kaulkopf** genannt, Familie Cottidae, Abyssocottidae, russ. umgangssprachlich *bytschkí*) gelten nicht als Speisefische. Dafür werden sie vom Omul umso mehr geschätzt. Auch viele Vogelarten fressen die Fische mit den gedrungenen Köpfen sehr gern.

Vögel

Die Vogelwelt ist am Baikal vor allem durch **Möwen** vertreten, die in den Felsen der Steilküste ihre Nistplätze finden. Wenn die Silbermöwen im April aus ihren Wintergebieten kommen, wissen die Einheimischen, dass das Baikaleis bald aufbrechen wird.

Im Delta der Selenga und der Oberen Angara sowie an der Tschiwyrkui-Bucht haben seichte Sumpfgebiete viele seltene Vogelarten heimisch werden lassen. **Schwarzstörche** (Ciconia nigra L.), **Rohrdommeln** (Botaurus stellaris L.), **Sterntaucher** (Gavia stellata) und **Sichelenten** (Anas falcata Georgi) gehören zu den interessanten Arten. Die meisten dieser Gebiete stehen unter Schutz. Doch mit besonderer Genehmigung und in Begleitung von Fachleuten kann man an speziellen ornithologischen Touren teilnehmen. Besonders beeindruckend kann ein solcher Besuch im Herbst oder Frühjahr sein, wenn zusätzlich zu den hier lebenden Arten Tausende von **Zugvögeln** in den Feuchtgebieten Rast machen. Schwäne, seltene Entenarten und viele Gänse erfüllen dann die Luft mit ihrem Flügelschlagen und ihren Rufen. Oft sind auch der Graue Kranich (Grus Grus) und der Mönchskranich dabei, seltener sieht man Jungfern- und Nonnenkraniche.

042ba Foto: rj

Kaulkopf

Ausgerottet ist leider seit den 1970er Jahren der **Kormoran** (*baklán,* Phalacrocorax Carbo), der noch im letzten Jahrhundert am Baikal sehr zahlreich gewesen sein muss. Davon zeugen bis heute viele kleine Felseninseln, ehemalige Brutstätten, die nach ihm benannt sind (u.a. im Kleinen Meer und in der Tschiwyrkui-Bucht). Doch Eier und noch nicht flugfähige Jungtiere wurden immer schon (und besonders in den harten Kriegsjahren) gesammelt. Vermutlich spielte auch der Anstieg des Wasserspiegels im Baikalsee eine Rolle, der die Population der Futterfische stark zurückgehen ließ. Die seltenen Exemplare, die heute ab und zu am Baikal gesichtet werden, brüten nicht. Anfang der 1990er Jahre wurde in der Gegend der Halbinsel „Heilige Nase" der Versuch unternommen, mehrere Paare anzusiedeln. Nach erfolgreicher Brut sind sie jedoch weggeflogen und nicht mehr wiedergekommen.

Auch **Adler** gibt es im Baikalgebiet in ungewöhnlicher Vielfalt: Sieben verschiedene Arten lassen sich in den unterschiedlichen Lebensräumen beobachten. Allerdings sind die Bestände der majestätischen Raubvögel deutlich zurückgegangen, obwohl sie in früherer Zeit als heilige Tiere verehrt wurden. Davon zeugen heute nur noch alte Legenden aus der burjatischen Mythologie. Eine besondere Rolle spielt in ihnen der Steinadler. Neben ihm sind die bekanntesten der Kaiseradler (*orjól mogílnik,* Aquila heliaca) und der Seeadler (*orlán-belochwóst,* Haliaeetus albicilla).

Umweltprobleme und Naturschutz

Es ist bekannt, dass die Baikalregion ökologische Probleme hat, einzelne Gegenden (z.B. die Städte an der Angara) haben sogar ganz enorme. Dennoch soll diesem Abschnitt vorangestellt werden: Sibirien ist nicht eine einzige ökologische Katastrophe! Die Dimensionen dieses Landes übersteigen die europäische Vorstellungskraft. Deshalb ist auch keinem ein Vorwurf zu machen, der übersieht, dass „neben" den schlimmsten Verschmutzungszonen Gebiete existieren mit der reinsten Luft, den klarsten Gebirgsbächen und einer völlig unberührten Pflanzen- und Tierwelt. Es ist wahr, dass die Weite ihres Landes die Sibirier dazu verführt, räumlich begrenzte Schäden weniger ernst zu nehmen als vielleicht gut wäre. Doch vermutlich wäre auch bei uns Europäern nur ein Bruchteil unseres heutigen Umweltbewusstseins entstanden, wenn die Folgen unseres Handelns auf dem engen Raum nicht so bedrohliche Ausmaße angenommen hätten.

Schadstoffbelastung

Die stärkste Schadstoffbelastung konzentriert sich im Baikalgebiet um die stark **industrialisierten Städte entlang der Angara.** Irkutsk nimmt in der Liste der 35 schmutzigsten Städte Russlands den 11. Platz ein. Noch schlechter steht Bratsk an 7. Stelle. Verantwortlich dafür sind die Aluminium- und die Zelluloseproduktion. Schelechow dagegen, das ebenfalls durch das Aluminium einen schlechten Ruf hat (Fluorverbindungen), ist auf Platz 34 zu finden, kurz hinter Ulan-Ude und Usolje-Sibirskoje (30 und 31).

In vielen Städten wird diese Situation nur zum Teil durch Industrieabgase verursacht. Seit Beginn der 1990er Jahre ist deren Anteil stark zurückgegangen (20 %). Einen Großteil der Luftverschmutzung haben die vielen kleinen **Heizkraftwerke** und in steigendem Maß der **Straßenverkehr** zu verantworten (zusammen 40 %). Die Zahl der Autobesitzer ist in den letzten Jahren extrem gestiegen, auch wenn sie noch lange nicht vergleichbar ist mit europäischen Dimensionen. In jüngster Zeit sind die ersten Ansätze von Umdenken zu spüren, es darf beispielsweise nur noch bleifreies Benzin verkauft werden. Doch der Autoverkehr an sich wird trotz des zunehmenden Chaos auf den Straßen nicht infrage gestellt.

In manchen Gegenden ruft die Luftverschmutzung lokal begrenzt **Waldsterben** hervor (Ust-Ilimsk, Bratsk). Luftschadstoffe aus der Angara-Ebene werden meist in Richtung Osten abgetrieben und können den Baikalsee beeinflussen. Abgase aus Burjatien dagegen entfernen sich mit den Luftströmen vom Baikalgebiet und beeinträchtigen es weniger.

Auch die **Wasserverschmutzung der Angara** ist ungefährlich für den See. Da das Wasser über diesen Fluss aus dem See abfließt, steigt die Verschmutzung mit zunehmender Entfernung vom See. Leider wird der Zustand der Angara schon hinter Angarsk immer bedenklicher. Bei Bratsk sind die Folgen der Verschmutzung schon deutlich zu erkennen. Die Staustufen haben das Selbstreinigungspotenzial stark beeinträchtigt. Und sicher wäre es nochmals ein tiefer Einschnitt, wenn die vierte Staustufe (s. „Staat und Gesellschaft: Geschichte Sibiriens“) tatsächlich gebaut und so der Angara ein großer Abschnitt genommen würde, auf dem sie sich bisher im natürlichen Lauf regenerieren konnte.

Waldbrände

Dramatisch sind in manchen Jahren die Folgen von Waldbränden. An sich sind vereinzelte Unterholzbrände in der Taiga kein ungewöhnliches Phänomen. Sie entstehen leicht im Frühjahr, wenn der Boden abgetrocknet, das erste Grün aber noch nicht zum Vorschein gekommen ist, und helfen, die Nährstoffe aus der Biomasse, die sonst nur sehr langsam verrotten würde, schneller wieder freizusetzen. Leider kann man den riesigen Bränden, die in den letzten Jahren manchmal sogar auf die Baumkronen übergreifen, diese regenerierende Wirkung nicht mehr zuschreiben. Im Jahr 2003 war die Situation in Ostsibirien besonders erschreckend: Allein im Gebiet Irkutsk wurden nach einem sehr niederschlagsarmen Frühjahr über 2000 Feuerherde gezählt, die über mehr als zwei Monate hinweg unvorstellbar große Waldflächen vernichtet bzw. ge-

Spuren eines Unterholzbrandes

schädigt haben. Selbst über der Stadt war die Sonne durch eine dicke Rauchschicht kaum zu sehen. Die meisten Brände werden von Menschen verursacht, die entweder unvorsichtig sind beim Verbrennen von altem Gras und Müll, oder, wie böse Zungen behaupten, absichtlich den biologischen Wert von Waldgebieten mindern wollen, um leichter Abholzgenehmigungen zu bekommen.

Abholzung der Wälder

Natürlich stellt die Abholzung eine weitere Bedrohung für die sibirischen Wälder dar. Leider wird selten im Rahmen schonender Forstwirtschaft Holz geschlagen. Das Streben nach schnellem Profit endet oft in Kahlschlag (sichtbar in der Umgebung von Bratsk).

043ba Foto: rj

Die Hauptabnehmer China und Japan zahlen gut, besonders für Kiefer und Lärche, und selbst die Wälder der Schutzgebiete sind nicht immer sicher vor den Plänen der Spekulanten.

Müll

Eines der ersten Probleme, das Reisenden ins Auge fällt, ist der Müll. Mit dem Abschied von allem Sowjetischen haben die Menschen auch die Ansätze von Umwelterziehung hinter sich gelassen, die es früher durchaus gab. Obwohl nach wie vor im Frühjahr Schulklassen und Studenten zu Stadtsäuberungsaktionen herangezogen werden, ist wenig Verständnis dafür zu spüren, dass Müll nicht einfach irgendwo hingeworfen werden sollte. Leider spürt man das ganz besonders an den Orten, die mit Pkws erreichbar sind, auch am Baikalsee. Jährliche **Müllsammelaktionen** von Umweltaktivisten entspannen zwar die Lage, können aber auch kritisch gesehen werden, da sie die Lokalverwaltungen ihrer Verantwortung entheben.

Jagd

Der Tierbestand in der Region wird durch die Jagd reduziert. Seit dem Beginn der 1990er Jahre sind viele Menschen in ländlichen Regionen auf zusätzliche Verdienstmöglichkeiten angewiesen. Folglich nehmen **Wilderei** und auch **illegaler Fischfang** stark zu.

Pipelines

Im Zusammenhang mit dem hohen Norden Sibiriens wird häufig über undichte und schlecht gewartete **Ölpipe-**

eine **besondere Schutzzone,** wo reguliertes Betreten zulässig ist, eine naturverträgliche **Tourismuszone,** eine **Erholungszone** sowie eine **Infrastruktur- und Wirtschaftszone** (umfasst Siedlungsgebiete). Dieses Nebeneinander von verschieden streng geschützten Kategorien bereitet manchen Nationalparks Schwierigkeiten und nicht überall gelingt es, eine befriedigende Kontrolle auszuüben. Im **Baikalgebiet** gibt es folgende Nationalparks:

- **Pribaikalski-Nationalpark** (*Pribaikálski gosudárstwenny priródny nazionálny park*), s. Kapitel „Westen: Von Listwjanka nach Buguldeika", Verwaltung: Irkutsk
- **Sabaikalski-Nationalpark** (*Sabaikálski nazionálny park*), s. Kapitel „Das mittlere Ostufer", Verwaltung: Ust-Bargusin
- **Tunka-Nationalpark** (*Tunkínski nazionálny park*), s. Kapitel „Südufer und Sajan-Gebirge: Tunka-Tal", Verwaltung: Kyren

Naturschutzgebiete

Sakasniki dienen der Erhaltung der biologischen Vielfalt sowie dem Schutz und der Wiederherstellung von Landschaften oder bestimmter Arten. Verboten sind Eingriffe, die dem Schutzzweck entgegenstehen. Das bedeutet für Besucher, dass ein Besuch angemeldet und genehmigt werden muss. Zu den insgesamt über 3000 Naturschutzgebieten in Russland gehören solche mit vorrangig botanischem, zoologischem, paläontologischem, hydrologischem oder geologischem Schutzzweck.

Zu den Gebieten, die am häufigsten von Touristen besucht werden, gehören die Naturschutzgebiete **Obere Angara** (*Wérchne-Angárski sakásnik,* Vogelschutzgebiet im Delta) und **Frolicha** (*Frólichinski sakásnik,* Ostküste, nördlich von Chakussy). Für beide stellen die Sewerobaikalsker Büros und die Vertretung in Nischneangarsk (Visit-Zentrum) Genehmigungen aus. Die Gebühr beträgt 62,50 R pro Tag und Person. Das Vogelschutzgebiet **Kabansk** (*Kabánski sakásnik,* Selenga) untersteht der Verwaltung des Baikal-Reservats in Tanchoi (s. auch Kap. „Ostufer: Selenga-Delta").

Naturdenkmäler

Naturdenkmäler sind meist **kleinräumige Naturobjekte,** z.B. malerische Orte, Standorte seltener Arten oder interessante Reliefformen, deren Schutz jedoch aufgrund schlechter Ressourcen und Personalsituation oft mangelhaft kontrolliert wird.

Naturparks

Naturparks sind eine relativ neue Kategorie. Sie können nur von regionalen Behörden eingerichtet werden, haben also keinen föderalen Charakter. Im Baikalgebiet gibt es bislang keine Naturparks.

Heilstätten und Kurorte

Zu den Heilstätten und Kurorten gehören im Baikalgebiet viele **Thermal- und Mineralquellen,** auch Orte mit Heilschlamm, oft unabhängig davon, ob sie durch Sanatorien oder nur in geringem Umfang von Einheimischen genutzt werden.

Embleme der Schutzgebiete: Tunka-Nationalpark, Sabaikalski-Nationalpark, Bargusiner Biosphärenreservat (von oben nach unten)

Besuch der Schutzgebiete

Der Aufenthalt in Reservaten und anderen Schutzgebieten muss nicht langfristig angemeldet werden, da es keine Obergrenzen für Besucherzahlen gibt. Die Schutzgebiete haben fast alle Vertretungen in größeren Orten, die man in der Regel bei der Anreise passiert. Hier wird gegen Bezahlung des entsprechenden Tagessatzes die **Genehmigung** für die gewünschte Dauer ausgestellt, die man dann im Schutzgebiet immer bei sich führen sollte, um bei eventuellen Kontrollen keine Schwierigkeiten zu bekommen.

Geführte Touren in Reservaten müssen frühzeitiger angemeldet werden, damit Begleitpersonen organisiert werden können; dies kann schwierig sein, da nicht alle Gebiete problemlos per E-Mail erreichbar sind.

Die **Gebühren** schwanken zwischen den einzelnen Schutzgebieten stark. Richtwerte sind im jeweiligen Kapitel angegeben, können aber von Saison zu Saison steigen.

Übernachtungsmöglichkeiten gibt es innerhalb von Reservaten nur sehr wenige (einfache Jägerhütten). In den meisten Fällen muss man davon ausgehen, dass in Zelten übernachtet wird. In Nationalparks findet man ein breites Spektrum von Touristenunterkünften, von einfachen Ferienlagern über Privatunterkünfte bis zu besseren Pensionen, die inzwischen teilweise sogar WCs und Duschen bieten. Adressen finden sich in den jeweiligen Kapiteln. Langfristige Anmeldung ist in der Regel nicht notwendig. Wildcampen ist an den meisten Stellen erlaubt.

Staat und Gesellschaft

045ba Foto: rj

046ba Foto: rj

Deutschunterricht an einer Schule in Bolschoje Goloustnoje

Veteran am 9. Mai

Demo am Tag des Baikalsees

Die Geschichte Russlands im Überblick

- **9. Jh. n. Chr.:** Entstehung des Staates Kiewer Rus
- **988:** Annahme des byzantinischen Christentums
- **1237–42:** Mongolensturm und Zerstörung der Kiewer Rus
- **1380–1480:** Ende der (mongolischen) Tatarenherrschaft
- **1547–1584:** *Iwan IV. (der Schreckliche)*
- **1605–13:** Zeit der Wirren
- **1613–1917:** Dynastie der *Romanows*
- **ab 1650:** Kirchenspaltung
- **1689–1725:** *Peter I. (der Große)* – Fenster nach Europa
- **1712:** St. Petersburg wird Hauptstadt Russlands (bis 1918)
- **1762–96:** *Katharina II. (die Große)* – goldenes Zeitalter
- **1801–25:** *Alexander I.* (Retter Europas)
- **1812:** Napoleon in Moskau
- **1825:** Dekabristenaufstand
- **1825–55:** *Nikolaus I.* (Gendarm Europas)
- **1855–81:** *Alexander II.* (Befreier)
- **1861:** Aufhebung der Leibeigenschaft
- **1881–94:** *Alexander III.*
- **1894–1917:** *Nikolaus II.*
- **1898:** Gründung der Russischen sozialdemokratischen Arbeiterpartei
- **1905–07:** Revolution
- **1914–18:** 1. Weltkrieg
- **1917:** Februar- und Oktoberrevolution
- **1917–24:** *Wladimir Uljanow (Lenin)*
- **1918:** Moskau wird Hauptstadt
- **1918–22:** Bürgerkrieg
- **1921–27:** Neue Ökonomische Politik (NEP)
- **Dezember 1922:** Gründung der Union der Sozialistischen Sowjetrepubliken (UdSSR)
- **1924–53:** *Josef Dschugaschwili (Stalin)*
- **1930er Jahre:** Stalins „Säuberungen"
- **1941–9. Mai 1945:** „Großer Vaterländischer Krieg"
- **1954–64:** *Nikita Chruschtschow*
- **1956–63:** Tauwetter-Periode
- **1961:** 1. bemannter Weltraumflug *(Juri Gagarin)*
- **1964–82:** *Leonid Breschnew*
- **1982–85:** *Juri Andropow* und *Konstantin Tschernenko*
- **1985–91:** *Michail Gorbatschow*
- **1991:** Putsch und Auflösung der Sowjetunion
- **1991–99:** *Boris Jelzin*
- **August 1993:** Putsch
- **Dezember 1999:** Ernennung, März 2000 Wahl *Wladimir Putins* zum Präsidenten
- **2004:** Wiederwahl Putins
- **2004–2007:** Fortführung der gelenkten Demokratie und weitere Stärkung der Präsidialmacht durch Straffung des Verwaltungssystems und Kontrolle der Medien

Geschichte Sibiriens

Völkergemisch

In der Geschichte Sibiriens lässt sich bis ins 17. Jh. eine durchgängige Tendenz feststellen: Die südsibirischen Steppengebiete (Teile des Baikalgebiets eingeschlossen) lagen im Laufe der Jahrhunderte immer im Einflussgebiet großer **zentralasiatischer Nomadenvölker,** die unter verhältnismäßig günstigen klimatischen Bedingungen in unterschiedlichem Maß staatsähnliche Strukturen entwickelten und ein relativ hohes kulturelles Niveau erreichten. Nördlich der Steppe dagegen, im sibirischen Waldgürtel und der anschließenden Tundra, lebten unter deutlich härteren Bedingungen und auf kulturell niedrigerem Niveau **Waldvölker, Rentiernomaden und Jäger,** die von ihren oft kriegerischen „Nachbarn" auf verschiedene Weise beeinflusst wurden: Meist waren sie abgabenpflichtig, profitierten jedoch auch von zivilisatorischen Erfindungen, die sie teilweise übernahmen, und vom Handel.

Machtwechsel im Süden, kriegerische Auseinandersetzungen u.Ä. lösten immer wieder Migrationswellen aus. Wenn bestimmte Bevölkerungsgruppen aus dem Süden in die dünner besiedelten Waldgebiete auswichen, kam es zu gegenseitiger Beeinflussung, ja zu kultureller und sprachlicher Assimilierung. Diese Prozesse lassen sich durchgehend beobachten und haben zu der komplizierten ethnischen Situation geführt, die noch heute in Sibirien zu erkennen ist.

Das Baikalgebiet liegt genau an der Schnittstelle zwischen der Steppe und dem Waldgürtel. Fast alle asiatischen Kulturen haben hier ihre Spuren hinterlassen. Neben dem Altai-Gebiet war es häufig diese Region, unter deren günstigen landschaftlich-klimatischen Bedingungen neue Ethnien entstehen konnten und oft in enger Nachbarschaft mit anderen Völkern lebten.

Steinzeitliche und bronzezeitliche Besiedlung

Entgegen verbreiteten Vorstellungen hatte ein großer Teil Sibiriens, u.a. das Baikalgebiet, während der letzten Eiszeit klimatisch deutlich mildere Bedingungen vorzuweisen als Europa. Es wird vermutet, dass dies der Grund war, warum vor ca. 100.000 Jahren immer mehr Menschen aus Osteuropa und Zentralasien **nach Sibirien wanderten.** Viele Funde steinzeitlicher Lagerstätten (die bekanntesten von ihnen, Burét und Malta (im Gebiet Irkutsk), zeugen von dieser Besiedlung.

Vor etwa 4500 Jahren begann in Südsibirien, in bergigen Gebieten, in denen Metalle wie **Kupfer, Silber und Gold** leicht zugänglich waren, das Bronzezeitalter, das nach und nach auch weiter nördlich gelegene Siedlungsregionen erfasste. Mit fortschreitender Entwicklung der Metallverarbeitung veränderten sich Wohnstätten und verbreitete sich die **Viehzucht.**

Plattengräberkultur

Alltagskultur, Kunst und soziale Strukturen erreichten ein neues Niveau in der Epoche der **Skythen** im letzten Jahrtausend v. Chr. Für mehrere Zentren der **Reiternomaden** in Südsibirien waren besonders Gebrauchsgegenstände in Form expressiv stilisierter Tierfiguren charakteristisch. Die skythisch geprägte Kultur der Baikalregion und der Mongolei wird auch Plattengräberkultur genannt, denn ihre sichtbarsten Zeugnisse sind die Überreste von Gräbern, die aus **vertikal aufgestellten, massiven Steinplatten** errichtet wurden. Auf dem Gebiet der Republik Burjatien sind sie besonders häufig, doch einzelne Fundstätten gibt es auch im Bezirk Olchon.

Andere geheimnisvolle Boten aus jener Zeit sind die sogenannten **Hirschsteine,** senkrecht stehende Steinstelen, die meist von allen Seiten mit kunstvollen Reliefs bedeckt waren. Dargestellt sind deutlich erkennbare, diagonal nach oben fliehende Hirsche mit geschwungenem Geweih. Vermutlich waren sie ursprünglich Schmuck von Gräbern der sozialen Oberschicht. Später wurden sie gern von buddhistischen Mönchen in Klöstern aufgestellt, wo sie Gottheiten zum Anbinden der Pferde dienen sollten. Einen Hirschstein kann man heute im Tamtschinski-Kloster am Gänsesee betrachten. Ein anderer (aus dem Kloster von Iwolginsk) befindet sich im Besitz des Irkutsker Heimatmuseums.

Hunnen

Die skythischen Kulturen wurden im 2. Jh. v. Chr. abgelöst durch die Hunnen. Das kriegerische Volk, das ursprünglich aus der Gegend der heutigen **inneren Mongolei** (China) stammte und zum ersten Mal ein staatsähnliches Gebilde hervorbrachte, sollte die von ihm unterworfenen sibirischen Völker stark beeinflussen. Sie übernahmen nicht nur bestimmte Waffenarten, sondern auch bessere Methoden der Eisenverarbeitung in Schmelzöfen und Neuerungen wie die Töpferscheibe und den Sattel. Außerdem intensivierten die Hunnen den **Handel mit China.** Stoffe, Gegenstände aus lackiertem Holz, Keramik und Metall wurden bis in abgelegene Regionen transportiert. Besonders reiche Fundstätten aus dieser Zeit liegen in der Gegend der Stadt Kjachta.

Turkvölker und Kurykanen

Im 1. Jh. n. Chr. zerfiel das Reich der Hunnen und einige der westlichen Stämme zogen Richtung Europa. Nach einer Übergangszeit, in der die südsibirischen Stämme von anderen Nomadenvölkern dominiert wurden, übernahmen Turkvölker aus Zentralasien in der Altai-Region die Macht. Als erste Nomaden mit einer **Schrift** (entstanden aus dem aramäischen Alphabet) besaßen sie im Vergleich zu den Hunnen einen verfeinerten **Staatsaufbau** und kontrollierten in unterschiedlichen Phasen Gebiete zwischen dem Aralsee und dem Pazifik mit Zentrum in der Jenissei-Region.

Unter diesem Einfluss bildete sich im **Baikalgebiet** das Volk der Kurykanen, das seit ca. 500 n. Chr. durch chinesische Chroniken als „guligan" belegt ist. Die turksprachigen Nomaden waren Viehzüchter, kannten aber auch den **Ackerbau,** der bei ihren Vorgängern in Vergessenheit geraten war und den sie mit einfachen Bewässerungssystemen sogar deutlich weiterentwickelten. Auch die Eisenverarbeitung war ihnen bekannt. Die Begräbnisformen (kastenförmige Gräber aus Steinplatten) erinnern stark an die Plattengräberkultur.

Ab der Jahrtausendwende findet man in schriftlichen Quellen keine Erwähnung der Kurykanen mehr. Es wird angenommen, dass ein Teil dieses Volkes nach Norden abgewandert ist und sich mit tungusischen Stämmen vermischt hat, sodass aus dieser türkisch dominierten Mischung die heutigen **Jakuten** entstanden sind. Andere Bevölkerungsgruppen sind vermutlich im Baikalgebiet geblieben, wo sich aus ihnen und einwandernden mongolischen Völkern die **Chori-Burjaten** ent-

Bauwerk aus der Zeit der Kurykanen

047ba Foto: ri

wickelt haben könnten. So ließe sich erklären, woher manche burjatischen Bräuche stammen, die denen turksprachiger Völker stark ähneln.

Spuren der Kurykanen findet man heute besonders auf der Insel Olchon und in den angrenzenden Gebieten auf dem Festland, auf dem Gebiet des autonomen Bezirks Ust-Ordynski, im Bargusin-Tal und einzelne sogar an der Nordwestküste des Baikalsees.

Mongolen

Im 13. Jh. n. Chr. wurde das letzte türkische Reich abgelöst durch das mongolische Khanat. Dem später als **Dschingis Khan** bekannten Fürst *Temudschin* gelang es, alle mongolischen Stämme in einem einheitlichen **Staatsgebilde** zu vereinen. Auch die zu diesem Zeitpunkt bereits mehrheitlich mongolisch geprägten Stämme im südlichen Baikalgebiet mussten sich ihm unterwerfen. Dank der relativ genauen Dokumentierung seiner Feldzüge und seiner Politik ist die ethnische Situation der Baikalregion für diese Epoche verhältnismäßig gut bekannt. Der Einfluss der Mongolen war stark. Sie verbesserten die **Handelswege,** was nicht nur dazu führte, dass viele Waldvölker (wie die Stämme des Baikalgebiets von den Mongolen genannt wurden) Zugang zu hochwertigen chinesischen und zentralasiatischen Waren bekamen, sondern auch dazu, dass handwerkliche Fertigkeiten wie die Metallverarbeitung in Vergessen-

Sagenhafter Dschingis Khan

Der große **Feldherr und Welteroberer** hat sich tief ins europäische Gedächtnis eingegraben. Wie groß muss erst der Eindruck gewesen sein, den er auf die unmittelbar benachbarten, jedoch gesellschaftlich viel weniger entwickelten Stämme im Baikalgebiet gemacht hat! Das lässt sich erahnen, wenn man die Vielzahl von **Sagen und Legenden** betrachtet, die sich noch heute um den geheimnisumwobenen Herrscher ranken:

Er soll von der Landzunge Heilige Nase durch den Baikalsee bis auf die Insel Olchon marschiert sein. Dort habe er einen riesigen Kessel mit einem Pferdekopf auf dem Berg Schima hinterlassen. Er soll mit seinem Heer durchs Tunka-Tal gezogen sein und an heiligen Orten Opfer dargebracht haben. Und wenn man erst die Orte zählt, an denen er angeblich begraben ist! Im Norden des Baikalsees gibt es eine Bergformation, die genau der Stelle entsprechen soll, an der sich einer alten Chronik zufolge seine letzte Ruhestätte befindet. Auch im Chamar-Daban-Gebirge gibt es Überlieferungen und landschaftliche Merkmale, die darauf hinweisen, dass hier der große Heerführer mit seinem Pferd und vielen Schätzen liegt. Sogar am Schamanen-Felsen auf der Insel Olchon wird sein Grab vermutet ...

Keine dieser Behauptungen ist wissenschaftlich bewiesen, doch auch nicht endgültig widerlegt. Sie zeigen, wie stark diese mystische Gestalt die Menschen in der Baikalregion bis heute bewegt, wie groß der Wunsch ist, sich mit Dschingis Khan zu identifizieren. Sichtbar wurde dies übrigens auch im Jahr 2006, als in der Mongolei und in der Baikalregion mit großen Feierlichkeiten das 800-jährige Jubiläum der Staatsgründung durch Dschingis Khan im Jahr 1206 begangen wurde.

heit gerieten, weil die eigene Produktion mit der Qualität der nun erhältlichen Ware nicht konkurrieren konnte.

Zu Lebzeiten Dschingis Khans stellten seine Streitkräfte eine Bedrohung für die „Waldvölker" dar. Zwischen 1202 und 1216 wurden in mehreren Feldzügen auch diejenigen unterworfen, die nicht freiwillig bereit waren, sich ihm anzuschließen. Das hatten die Bewohner der Bargusin-Region angeblich getan, zu der Temudschin über die mütterliche Linie verwandtschaftliche Beziehungen hatte. In manchen Gegenden ließen sich unter seiner Herrschaft Mongolen nieder, die sich später mit den Einheimischen vermischten. Vermutlich waren sie die Vorfahren der heutigen **Burjaten,** die nach dem Tod von Dschingis Khan 1227 die Erinnerung an ihn in ihrer Mythologie wach hielten.

Das sibirische Khanat und seine Eroberung durch die Kosaken

In der zweiten Hälfte des 14. Jh. zerfiel das mongolische Imperium. Das entstandene Machtvakuum wurde schnell besetzt: in Westsibirien von der sogenannten Goldenen Horde, ab dem 15. Jh. vom sibirischen Khanat, im Jenissei-Gebiet durch mehrere kirgisische Khanate. Das Baikalgebiet blieb unabhängig und die hier lebenden Völker entwickelten sich nun fast unbeeinflusst von außen. Leider gibt es praktisch keine Quellen, die diese Zeit etwas näher beleuchten. Keines der Völker am Baikal besaß eine Schrift.

Das sibirische Khanat wurde dominiert von **tatarischen Stämmen,** die dem **Islam** anhingen. Seine Hauptstadt hieß Kaschlyk (auch Isker) und lag am Fluss Irtysch nördlich des heutigen Tobolsk. Der Zusammenhalt dieses Reiches war allerdings sehr schwach, seine Stabilität wurde ständig durch innere Konflikte untergraben. Nur so konnte es einigen Hundert russischen **Kosaken** (s. Kapitel „Menschen und Kultur: Bevölkerung“) unter der Führung von *Jermak Timofejewitsch* innerhalb weniger Jahre (1582–84) gelingen, das sibirische Khanat stark zu schwächen.

Wie war es dazu gekommen? Ungefähr ab dem 11. Jh. wusste man in Zentralrussland von der Existenz Sibiriens und seiner Ureinwohner. Ab dieser Zeit begann insbesondere die **Republik Nowgorod,** diese Gebiete zu erschließen, indem sie Handelskontakte anbahnte und **Raubzüge** zum Sammeln von Abgaben durchführte, die auch auf bewaffneten Widerstand stießen. Doch bis ins 16. Jh. waren diese eher sporadisch und hatten keine ernsthaften Konsequenzen.

1573 kam es zu Konflikten zwischen dem **russischen Staat** und dem sibirischen Khanat. Zar *Iwan IV.* war durch einen Krieg im Westen gebunden und übertrug das Recht zu einem Feldzug gegen den Khan *Kutschum* der reichen **Kaufmanns- und Unternehmerfamilie Stroganow.** Für ihre Ausgaben sollten sie mit Landrechten in Sibirien belohnt werden. Im Auftrag der Stroganows brach Jermak 1582 mit 540 Kosaken zum Marsch über den Ural auf. Auch wenn die Kosaken den Tataren Kutschums zahlenmäßig weit unterlegen waren, hatten sie doch den großen Vorteil von Feuerwaffen, der ihnen zu einigen Siegen verhalf. Doch trotz der Unterstützung noch anderer Kosakeneinheiten gelang die **Unterwerfung des Khanats** nicht schnell. Sowohl Jermak als auch Kutschum kamen ums Leben, bevor 16 Jahre später der Widerstand der Tataren endgültig gebrochen war. Die Rolle Jermaks als „Eroberer Sibiriens“ wurde später oft übertrieben, in Liedern und Gedichten wurde er zum Volkshelden stilisiert. Er hat zwar durch seinen Feldzug die anschließenden Ereignisse ermöglicht, die eigentliche Eroberung und Besiedlung Sibiriens bis zum Pazifik jedoch dauerte danach noch mehrere Jahrzehnte.

Die Vorgehensweise der Kosaken war überall dieselbe: Man nutzte die Flüsse als Verkehrswege und gründete an strategisch günstigen Punkten einfache **Holzfestungen** *(ostróg)*, die zur Verteidigung, als Winterlager, als Versorgungs- und Verwaltungsstützpunkt dienten. Von diesen Festungen aus konnte man bei den Ureinwohnern der umliegenden Gebiete regelmäßig **Tribut in Form von Zobelpelzen** einziehen, was zu Beginn das Hauptziel der Erschließung war. Manche Stämme akzeptierten die Besteuerung ohne Protest, sie hatten im Laufe der Geschichte fast immer an irgendein Volk Abgaben gezahlt. Andere jedoch leisteten auch bewaffneten Widerstand. In den meisten Fällen wurde dieser schnell niedergeschlagen. Zu dünn war die Besiedlung, als dass man hätte große Heere bilden können.

So rückten die Kosaken immer weiter vor in die unerforschte Wildnis, ohne zu wissen, wohin sie gelangen würden. Zu Beginn des 17. Jh. war Westsibirien schon praktisch vollständig erschlossen. Nun galt es die Wasserscheide zwischen Ob und Jenissei zu überwinden, und 1618 wurde die **Festung am Jenissei** gegründet, die als Ausgangspunkt für die Erschließung des Baikalgebiets dienen sollte. An der Angara entstand 1631 die Bratsker Festung, doch hier gestaltete sich das Vordringen als schwierig, denn die burjatischen Stämme dieser Gegend wehrten sich heftig gegen die Eindringlinge. Weniger verlustreich war das Vorwärtskommen im Norden über die Flüsse Untere Tunguska und Lena, sodass 1632 die **Festung von Jakutsk** entstand und schon 1639 die ersten Kosaken das Ochotskische Meer erreichten.

Erst 1644 stand zum ersten Mal ein Russe am **Baikalsee,** und zwar nicht am Angara-Ausfluss, sondern am Kleinen Meer, wohin er durch das Sarma-Tal gelangt war. Auch das Ostufer wurde zum ersten Mal von Norden her erreicht. Langsam machte die Erschließung des Baikalgebiets Fortschritte. In den 1660er Jahren wurden an den Standpunkten des heutigen Irkutsk und Ulan-Ude erste Blockhütten in die Wildnis gesetzt. Doch bis zur völligen Befriedung der Region und der Zunahme des Handels mit China sollte der Norden eine größere Rolle spielen als die Gebiete an der Angara und der Selenga, die heute im Mittelpunkt der Verkehrswege liegen.

Weiter östlich des Baikalsees stießen die Russen auf das Volk der **Dauren,** das die Mandschurei und heutige südsibirische Gebiete bewohnte. Auch auf Deutsch nannte man diese Landstriche noch lange „Dahurien", und bis heute findet man die Bezeichnung „daurisch" in vielen biologischen Gattungsnamen. Das Vordringen in die Amur-Region, die bereits zum Einflussbereich **Chinas** gehörte, musste zur **Konfrontation** mit diesem neuen Nachbarland führen, von dessen geographischer Lage man damals in Moskau nur sehr ungenaue Vorstellungen hatte. Nach heftigen militärischen Auseinandersetzungen wurde 1689 der Vertrag von Nertschinsk unterzeichnet, der mit seiner vorläufigen Grenzziehung praktisch die politische Anerkennung des Anschlusses Sibiriens an Russland bedeutete.

Russische Besiedlung

Unterdessen folgten den Kosaken Händler und Siedler, erstere auf der Suche nach dem **„Gold der Taiga"**, zweitere auf der Flucht vor Leibeigenschaft und Landnot. Die meisten von ihnen hatten nur sehr undeutliche, manchmal stark idealisierte Erwartungen an das Leben in dem Land, über das in Zentralrussland nach wie vor kaum jemand etwas wusste. Mit ihrer Ankunft wuchsen die Aufgaben der Festungs-Kommandanten *(wojewóda):* Sie hatten nun nicht mehr nur für die Eintreibung der Abgaben und die Verteidigung zu sorgen, sondern mussten zusätzlich oft Recht sprechen, Siedlern Land zuteilen und die Suche nach Bodenschätzen überwachen. Dabei war ihre Macht, weit von Moskau, praktisch uneingeschränkt, und sie nutzten sie entsprechend zu ihrem Vorteil. Unzählige Fälle von ungesetzlicher Bereicherung, Bestechung und unangemessener Grausamkeit sind dokumentiert. (Als normal galt es, dass Fürsten der abgabenpflichtigen Ureinwohner in Festungen als Geiseln gehalten wurden, um die pünktliche Bezahlung sicher zu stellen.) Auch russische Siedler fanden in Sibirien nicht immer das erwartete Paradies vor. Sie hatten oft nicht weniger als die Ureinwohner unter der Willkür der lokalen Beamten zu leiden und gemeinsam mit jenen wehrten sie sich in **Aufständen** immer wieder gegen Grausamkeit und Unterdrückung.

Handel mit China

Im 18. Jh. verlagerte sich der Schwerpunkt wirtschaftlicher Tätigkeit. Die Gier nach **Pelzen** wurde dadurch gedämpft, dass die Bestände der bejagten Tiere, besonders des Zobels, stark zurückgingen. Man begann auch Eichhörnchen, Füchse, Biber und andere Pelztiere zu jagen. Gleichzeitig jedoch blühte in den südsibirischen Gebieten der Handel mit China auf. Seitdem 1728 durch einen Botschafter des Zaren ein russisch-chinesisches Handelsabkommen den Grenzhandel regulierte und speziell zu diesem Zweck die Stadt Kjachta gegründet worden war (s. auch dort), verlor der Norden des Baikalgebiets an Bedeutung. Die Handelswege der sogenannten **Teestraße** führten am Südbaikal vorbei, durch Irkutsk und von hier aus weiter nach Westen. Zu Anfang bewegte man sich auf Flüssen und durch unwegsames Gelände, ab 1760 über den **Moskauer Trakt,** eine mit Poststationen versehene und je nach Jahreszeit mehr oder weniger gut befahrbare Piste. Wie der Name sagt, war das wichtigste Handelsgut Tee, der über 9–10.000 km nicht nur bis Westrussland, sondern bis Europa transportiert wurde. Im Gegenzug lieferte man nach China das klassische sibirische Handelsgut: Pelze.

Abbau von Bodenschätzen

Neben dem Handel schenkte man im 18. Jh. dem Abbau von Bodenschätzen verstärkte Aufmerksamkeit. Mithilfe von Einheimischen, die oft noch Überreste alter Minen kannten, fand man **Silber** und **Gold.** Auch **Salz** wurde abgebaut und bereicherte nicht nur Unternehmer vor Ort, sondern auch die Staatskasse spürbar. Um die neu entstehenden Bergwerke und Betriebe mit Arbeitskräften zu versorgen, nutzte man schon früh Verbannte: Kriminelle, Kriegsgefangene und politische Gefangene aller Richtungen ersetzten einheimische Arbeitskräfte, die man dringend in der Landwirtschaft brauchte, um die wachsende Bevölkerung mit Grundnahrungsmitteln zu versorgen.

Verbannung

Der erste politische Verbannte der Baikalregion war das Kirchenoberhaupt *Awwakum,* der im Zusammenhang mit der Kirchenspaltung (s. Kap. „Menschen und Kultur: Religionen“)

den Weg in das damals noch kaum erschlossene Sibirien antrat. Aus der Zeit seiner Bratsker Verbannung stammen die ersten schriftlichen Aufzeichnungen über den See und seine Menschen (ab 1760). Schon kurze Zeit später, Ende des 18. Jh., kamen die ersten **polnischen Freiheitskämpfer,** denen im 19. Jh. um die 18.000 Landsleute folgen sollten. Doch auch in den eigenen Reihen fand man ungeliebte Personen: Die **anarchistischen Schriftsteller** *Bakunin, Tschernyschewski* und *Radischew,* dem die Unfreiheit der Bauern keine Ruhe ließ, verbrachten Jahre der Verbannung im Baikalgebiet. Unter den bekannten Namen waren besonders nach der Revolution von 1905 viele Sozialisten. **Stalin** lebte z.B. 1902–04 im Dorf Nowaja Uda, nördlich von Irkutsk. Doch die bekanntesten Verbannten sind heute die sogenannten **Dekabristen** (siehe Exkurs im Kapitel „Südost-Burjatien").

Vergessen sind die Namen Tausender einfacher Menschen, die keine gemilderten Haftbedingungen bekamen und oft nicht lange lebten (30 % der Einwohner von Tscheremchowo waren vor dem 1. Weltkrieg Verbannte).

Verbannung im zaristischen Russland

Lange Züge in Ketten marschierender Elendsgestalten, notdürftig gegen Kälte und Frost geschützt, schleppen sich dahin auf einem Weg ohne Wiederkehr - Sibiriens Bild als Verbannungsziel ist leider kein Vorurteil. Fast seit seiner Erschließung diente das Land hinter dem Ural den russischen Machthabern als bequemer Entsorgungsort für alle, die im Westen nicht gern gesehen waren. Dazu gehörten neben Straftätern immer schon politische Verbannte. Vermutlich ist das der Hauptgrund, weshalb die Verbannung für die Sibirier selbst zu einem ambivalenten Phänomen wurde. Neben Trauer und Entsetzen angesichts Tausender tragischer Schicksale schwingt in sibirischen Kommentaren zum Thema oft noch etwas anderes mit, das schwer in Worte zu fassen ist. Ist es Stolz auf all jene, deren Geist ungebrochen blieb, denen vielleicht die Flucht aus einem Lager gelang und die zu den Vorfahren heutiger Sibirier gehören? Ist es nicht auch das Bewusstsein, dass die Entwicklung vieler sibirischer Städte und Dörfer ohne die Verbannten (besonders die politischen) ganz anders verlaufen wäre?

In der Tat war es im zaristischen Russland üblich, dass politische Verbannte nur eine relativ kurze Zeit im eigentlichen Sinn des Wortes „inhaftiert" waren und Zwangsarbeit *(kátorga)* leisten mussten. Die meisten bekamen bald die Erlaubnis, ein ziviles Leben zu führen, durften allerdings ihren Wohnort nicht frei wählen. Für Adlige und Intellektuelle war es eine furchtbare Strafe, „am Ende der Welt" in einem einfachen, schmutzigen Dorf leben zu müssen, ohne Kontakte auf ihrem geistigen Niveau. Viele starben an Einsamkeit und Krankheiten. Andere jedoch besaßen genügend innere Stärke, um sich ihrer Einstellung gemäß eine neue Existenz aufzubauen. Sie arbeiteten als Ärzte, Lehrer, Geschichts- und Naturforscher, verbreiteten in Zeitungsredaktionen humanistisches und liberales Gedankengut. Bis heute sind sich die Sibirier bewusst, wie viel sie diesen Verbannten zu verdanken haben.

Sie bauten Bodenschätze ab wie Glimmer, Gold und Kohle, verlegten Straßen und Eisenbahnschienen und standen immer als billige Arbeitskräfte zur Verfügung.

Die Kosten der Verbannung versuchte der Staat niedrig zu halten. Den Transport über Tausende von Kilometern mussten die Verbannten selbst bezahlen. Wer über genügend Mittel verfügte, konnte sich eine Kutsche mieten. Wer nichts hatte, ging eben zu Fuß. Das dauerte Monate, manchmal Jahre. Unterwegs gab es immer wieder längere Aufenthalte in speziellen **Verbannungsgefängnissen.** Im Baikalgebiet war der zentrale „Umschlagplatz" das Gefängnis in Alexandrowskoje bei Irkutsk. Auch in Babuschkin, dem damaligen Mysowsk, gab es ein Gefängnis, das als Zwischenstation für jene diente, die das Schicksal „hinter den Baikalsee" verschlug.

Wissenschaftliche Erforschung

Hin- und hergerissen zwischen dem Bedürfnis, die oft unmenschlichen Verhältnisse anzuprangern und Loyalität gegenüber ihrem Arbeitgeber zu zeigen, waren **ausländische Wissenschaftler,** die ab dem 18. Jh. im Auftrag der St. Petersburger Akademie der Wissenschaften Sibirien bereisten. Größen wie *Vitus Bering, Ferdinand Wrangel, Alexander von Humboldt* oder *Alfred Brehm* wurden großzügig ausgerüstet und sollten ihr Augenmerk besonders auf Vorkommen von Bodenschätzen des fast unbekannten Landes richten. Selbstverständlich gab es daneben eine große Zahl russischer Wissenschaftler, die sich um das Baikalgebiet verdient gemacht haben. *Krascheninnikow* und *Turtschaninow* sind die berühmtesten. (Zu den polnischen Wissenschaftlern *Tscherski* und *Dybowski* s. Kap. „Menschen und Kultur: Bevölkerung".)

Eroberung des äußersten Ostens

Unterdessen stellte sich im Osten Sibiriens, auf den Halbinseln Kamtschatka und Tschukotka, die Unterwerfung der einheimischen Bevölkerung als sehr viel schwieriger heraus als in den restlichen Gebieten. Auf Kamtschatka gelang sie erst Mitte des 18. Jh. unter Aufbringung äußerster Gewalt (die Bevölkerung wurde um mehr als die Hälfte reduziert!). Die **Tschuktschen** waren durch Gewalt überhaupt nicht zu besiegen. Erst als ihnen freundschaftliche Beziehungen und Handel angeboten wurden, gelang es, friedliche Kontakte aufzubauen. Doch sie blieben das einzige Volk, das nie Abgaben an den Zar entrichtete.

Auseinandersetzung mit den Vereinigten Staaten

Nun war der Weg frei nach Amerika. Da die Pelzvorräte Sibiriens spürbar zurückgingen, begann man sich auf Meeressäuger (Seeotter) zu verlegen, die man u.a. an der Küste **Alaskas** fand. Der einflussreiche Kaufmann *Schelichow* verband die Suche nach Pelzen mit der Erschließung bislang unbekannter Gebiete, von denen man sich erhoffte, dass sie auf die Dauer die Versorgung der russischen Pazifikregion mit Getreide verbessern wür-

Industrialisierung

Aus der Ukraine, aus Weißrussland und anderen westrussischen Gouvernements stammten die **neuen Arbeitskräfte,** die (nach der Bauernbefreiung) zum Teil freiwillig kamen, teilweise aber auch zwangsweise „verschickt" wurden. Sie sollten den Grundstock eines sibirischen Proletariats bilden, das sich in den Revolutionsmonaten 1905/1906 in Streiks gegen die unmenschlichen Arbeitsbedingungen wehrte. Doch obwohl die Industrialisierung mit **Kohleabbau, Schiffbau** und **Eisenbahnbau** schnell voranschritt, blieb Sibirien mit 3,5 % der gesamtrussischen Produktion noch immer eine relativ schwach entwickelte Region.

Eine große Rolle spielte der **Goldabbau.** Unter Beteiligung einer englischen Gesellschaft (Lena-Goldfields) wurden die Lagerstätten im Bezirk Bodaibo an der Lena zu einem der größten Goldlieferanten Russlands. Hier wehrten sich die Arbeiter 1912 in einem großen Aufstand gegen die erniedrigende Behandlung durch die Arbeitgeber. Die blutige Niederschlagung des Streiks (250 Tote und 270 Verletzte) löste starke Proteste aus.

Februarrevolution

Trotz der Existenz eines kritischen Potenzials, trotz sozialdemokratischer Vereinigungen und Arbeiterverbänden, traf die Nachricht von der Februarrevolution 1917 (Anfang März) Sibirien relativ unerwartet. Dennoch reagierte man schnell, innerhalb weniger Tage wurde der Gouverneur abgesetzt und eine Übergangsregierung gebildet. Schon im Sommer 1918 jedoch begannen **bürgerkriegsähnliche Auseinandersetzungen** in Sibirien. Zuerst aufgrund von Unzufriedenheit der Bevölkerung mit Maßnahmen der **Bolschewiken,** die inzwischen die Macht übernommen hatten und die Wirtschaft durch Verstaatlichung, Preisbindung und andere unüberlegte Schritte in einen desolaten Zustand gebracht hatten. Dann versuchte der Kosakenhauptmann *Semjonow* östlich des Baikalsees einen Angriff und schließlich übernahm das **Tschechoslowakische Corps** die Macht und kontrollierte bald die ganze Transsibstrecke. Im November 1918 errichtete Admiral *Koltschak* eine **Militärdiktatur,** die in den Wirren der Kämpfe zwischen Roten und Weißen, Amerikanern und Japanern versuchte, Klarheit zu schaffen und eine erneute Machtübernahme durch die Bolschewiken abzuwenden. Auch dieser Versuch scheiterte bekanntlich und 1920 wurde Koltschak in Irkutsk exekutiert. Die **Kommunistische Partei** übernahm die Macht.

Kommunismus

Nach den verheerenden Auswirkungen des Bürgerkriegs dauerte es fast fünf Jahre, bis die Industrie im Baikalgebiet wieder ihr vorrevolutionäres Niveau erreicht hatte. Der Landwirtschaft dagegen standen die schlimmsten Zeiten noch bevor. Da sich die an Selbstständigkeit gewöhnten sibirischen Bauern besonders stark gegen die **Kollektivierung** wehrten, traf sie nach der liberaleren NEP-Periode die sogenannte Entkulakisierung mit großer Härte. Ca. 150.000 Höfe wurden in Sibirien aufgelöst und ihre Besitzer zu **Zwangsarbeit** verurteilt. Bis in die 1930er Jahre waren Bauernunruhen und Aufstände keine Seltenheit.

Auch die Politik gegenüber den **kleinen Völkern** veränderte sich. War der zaristischen Regierung nur wichtig gewesen, dass alle loyal Abgaben zahlten und sich in das Verwaltungssystem einfügten, so wurde nun ein ausgeprägtes Interesse an ihrer Kultur und Lebensweise spürbar. Das 1924 eingesetzte Komitee des Nordens wurde mit der Erforschung und Ausarbeitung einer neuen Nationalitätenpolitik beauftragt. Wissenschaftler wie der Irkutsker Ethnologe *Petri* (s. Kap. „Menschen und Kultur: Bevölkerung") führten unzählige Expeditionen in die abgelegensten Gebiete durch, sammelten reiches Material und gaben ihre Empfehlungen zum Erhalt der nationalen Eigenheiten ab, die jedoch kaum berücksichtigt wurden. In den 1930er Jahren wurden selbst Rentiernomaden kollektiviert.

Zweiter Weltkrieg

Der Zweite Weltkrieg traf Sibirien hart. Jedes auch noch so kleine Dorf musste seine Männer an die Front schicken und überall erinnern noch heute Denkmäler an die vielen Gefallenen. Andererseits sollte die Evakuierung vieler Industrieanlagen aus Westrussland nach Sibirien langfristigen Aufschwung bringen. Ein nicht zu unterschätzender Wirtschaftsfaktor waren auch die Tausenden von **deutschen und japanischen Kriegsgefangenen,** die nach dem Krieg in ganz Sibirien Eisenbahnstrecken verlegten und Industrieanlagen bauten. Für viele von ihnen gab es keine Rückkehr in ihre Heimat. Allein im Irkutsker Gebiet sind über 80 Friedhöfe japanischer Kriegsgefangener erhalten.

Ausbau der Infrastruktur

In den Nachkriegsjahren begann man, **kulturelle und gesellschaftliche Fortschritte** zu spüren. Die intensive Bildungspolitik der sowjetischen Regierung trug Früchte: Selbst in den abgelegensten Dörfern der Baikalregion entstanden Kinos, Kulturhäuser, Bibliotheken, in den größeren Städten an

049ba Foto: rj

Kriegerdenkmal in Sewerobaikalsk

den Universitäten neue Fakultäten und Forschungsinstitute. Dank dem staatlichen Verteilungssystem gab es auch an den kleinsten Dorfschulen keinen Lehrermangel.

Dann setzte die zweite große Phase der Industrialisierung Sibiriens ein. Sie war geprägt von gigantischen Großprojekten. 1950 begann der Bau am **Irkutsker Wasserkraftwerk** (GidroElektroStanzija, GES), das Teil einer ganzen Kaskade von sechs Staustufen an der Angara werden sollte (gebaut wurden dann nur drei davon). Schon 1954 wurde die Baustelle von **Bratsk** eröffnet, wo innerhalb von zwölf Jahren nicht nur das damals größte Wasserkraftwerk der Welt, sondern auch eine neue Stadt entstand. Dasselbe wiederholte sich Anfang der 1970er Jahre in Ust-Ilimsk. Der Bau am vierten Staudamm (Bogutschánskaja GES bei Kodinsk) wurde nur begonnen und lag dann lange Zeit auf Eis. 2006 wurde der Bau wieder aufgenommen, allerdings ohne offizielle Genehmigung und Absprache, was in der Öffentlichkeit große Besorgnis hervorruft. Das Kraftwerk läge zwar im Gebiet Krasnojarsk, doch bei der geplanten Stauhöhe würde der Stausee fast bis an den von Ust-Ilimsk und somit ins Gebiet Irkutsk hineinreichen.

Mit solchen kleinen Maschinen wurden zu Sowjetzeiten viele abgelegene Dörfer versorgt – hier Dawscha

Zu Zeiten der Sowjetunion sah man derartige Großprojekte viel unkritischer, und zu einem großen Teil ist es diesen Projekten zu verdanken, dass *Lenins* Versprechen, das ganze Land zu elektrifizieren, auch in Sibirien wahr gemacht werden konnte. Zur Nutzung der günstigen Energie wurden entlang der Angara große **Industriekomplexe** und ebenfalls **neue Städte** gebaut. Dazu gehören Schelechow, Angarsk und Sajansk.

Die **BAM** (Baikal-Amur-Magistrale), eine zweite Eisenbahnstrecke zum Pazifik nördlich der Transsib, war das letzte und größte der Erschließungsprojekte Sibiriens. Dies alles bewirkte, dass die Bevölkerung Sibiriens zwischen 1959 und 1989 von 23,5 auf über 32,5 Mio. anstieg. Die Zugezogenen stammten aus allen Teilen der Sowjetunion. Der Anteil der städtischen Bevölkerung überwog nun deutlich. Der Export von sibirischen Rohstoffen brachte der Sowjetunion über 50 % ihrer Deviseneinkünfte. Leider hatte dies nicht zwangsläufig Auswirkungen auf die Lebensqualität der Bevölkerung in Sibirien. Im Durchschnitt war die Versorgung mit Lebensmitteln und die ökologische Situation schlechter als in Westrussland.

Nach der Wende

Dieses Ungleichgewicht und das Gefühl, von der Zentrale als Rohstofflieferant ausgenutzt zu werden, mögen Gründe dafür gewesen sein, warum nach dem **Zerfall der Sowjetunion** einige sibirische Regionen mit dem Gedanken spielten, sich **unabhängig** zu machen. Diese Überlegungen gipfelten in der Gründung der „Interregionalen Assoziation Sibirisches Abkommen" (MASS), die bis heute als **Interessensvertretung Sibiriens** auftritt. Doch von ernsthaften Abspaltungstendenzen ist heute nichts mehr zu spüren.

Verwaltung

Die **Russische Föderation** hat 89 sogenannte Föderationssubjekte, die in etwa mit den deutschen Bundesländern vergleichbar sind. Es gibt jedoch Unterschiede, und zwar nicht nur in den Größenverhältnissen (Jakutien ist ungefähr 33-mal so groß wie die Republik Altai), sondern auch im Status. So hat Burjatien als **Republik** *(respúblika)* das Recht auf eine eigene Verfassung und eine zusätzliche Sprache neben dem Russischen. Auch in der Finanzpolitik haben Republiken etwas mehr Freiheiten als beispielsweise ein **Gebiet** *(óblast)* wie Irkutsk. Ein **Autonomer Bezirk** *(awtonómny ókrug)* wie der Bezirk Ust-Ordynski ist zwar in ein größeres Föderationssubjekt (in diesem Fall in das Gebiet Irkutsk) integriert, hat jedoch gleichzeitig gewisse autonome Rechte, die durch die Existenz einer nationalen Minderheit begründet werden (in diesem Fall der Burjaten). Einen solchen autonomen Bezirk gibt es auch auf ewenkischem Gebiet in der **Region** *(krái)* Krasnojarsk. Die lokalen Verwaltungseinheiten innerhalb eines Subjekts sind **Bezirke** *(raión)*.

Die Hymne der Republik Burjatien

Die Hymne der Republik Burjatien (anzuhören unter www.buryatia.ru) ist sehr beliebt und wird häufig bei öffentlichen Anlässen gesungen.

Burjaad Respublikyn gimn

Musik: *Anatoli Andrejew*
Text: *Damba Schalsarajew*

Üngyn daidaar,
changai taigaar nemschygsche
Ülsy Burjaad – manai nangin ülgy.
Selmeg sarjuun, senchir nomin scharaischni
Sedcheldemnai cheseedeschje sulgy.

Erchim changal sansai schengi agaartasch
Ersche chüsöö elsüülengüi jaalaib!
Emtei domtoi münchyn uhan
arschaandasch
Elge sürchöö chürtüülengüi jaalaib!

Cholyn samda echyn johoor juröösche,
Chümüün sondoo chetyn schargal
chüsöösch.
Sajan uulyn selgesn amjaar arjuudchan,
Baigal dalain gegeen dolgjoor sürschöösch.

Scherüün saghaa susarchagüil cheseeschje
Schinii sajaan, schinii ünder chargy.
Ebtei dorjuun bülyn johoor schargysch daa,
Enche Burjaad – manai nangin ülgy!
Nangin ulgy!

Auf Russisch:
Tajóschnaja, osjórnaja, stepnája,
Ty dóbrym swétom sólnetschnym polná.
Zwetúschtschaja ot krája i do krája,
Bud stschástliwa, rodnája storoná.

Brusnítschny duch, tscherjómuchi dychánje,
Lilówowo bagúlnika nastói.
Ja ne dyschú, a pju blagouchánje
Mojéi semlí, rawnínnoi i lesnói.

Primí, semljá, synówneje spasíbo,
Swjatói wodói Baikála ugostí,
tschtob ja obrjól newídannuju sílu
dlja dálnewo neljógkowo putí.

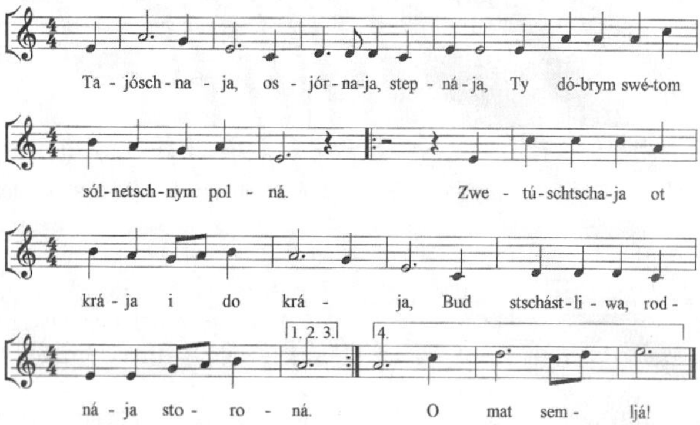

S tobói, semljá, my slíty wojedíno,
Mojéju stála i sudbá twojá.
Poklón tebé ot sérdza, krai rodímy,
Ljubímaja Burjátija, mojá!

O, mat-semljá!

Deutsche Übersetzung:
Deine Taiga, deine Seen und Steppe
Durchflutet segenbringendes Sonnenlicht.
Du blühst so weit das Auge reicht,
Ich wünsche dir Glück, meine Heimat.

Duft der Preiselbeere, Atem des Kreuzdorns,
Aroma des rosafarbenen Rhododendron.
Ich atme nicht, ich trinke deinen Wohlgeruch,
Du Heimaterde der Ebenen und Wälder.

Nimm an, Erde, den Dank deines Sohnes,
und beschenke mich mit heiligem Baikalwasser,
damit ich mich mit neuer, ungeahnter Kraft
auf den weiten, schweren Weg machen kann.

Du und ich, meine Erde, wir sind eins.
Dein Schicksal ist auch das meine geworden.
Aus ganzem Herzen neige ich mich vor dir, meine Heimat,
mein geliebtes Burjatien!

Oh, Mutter-Erde!

In allen Fällen sind die Dimensionen schwer mit Deutschland zu vergleichen. Die Fläche des Gebiets Irkutsk ist mit 768.000 km² mehr als doppelt so groß, Burjatien mit 351.000 km² ungefähr so groß wie die Bundesrepublik (357.000 km²).

Die **Grenzen** zwischen den Subjekten, in unserem Fall zwischen Burjatien und Irkutsk, sind recht deutlich zu spüren. Regionale Fernsehkanäle strahlen nur in ihrem Gebiet aus, Veröffentlichungen, die in Burjatien erscheinen, sind im Irkutsker Gebiet häufig nicht erhältlich (und umgekehrt). Auch in wirtschaftlicher Hinsicht hat man das Gefühl, dass lieber Steine in den Weg gelegt werden, als über gemeinsame Ansätze nachzudenken. Besonders empfindlich zeigt sich das in der Umweltpolitik und im Tourismus, wo beide Regionen mit dem Baikalsee eigentlich vieles gemeinsam haben. Auch hier sind übergreifende Programme leider die große Ausnahme.

Politik

„Gott ist hoch oben und der Zar weit weg" – mit diesen Worten beschrieben die Sibiriaken noch vor der Revolution ihr Verhältnis zur Macht. Auch heute scheint sich daran nicht viel geändert zu haben. Die Bewohner der Baikalregion haben nicht das Gefühl, dass sie über die Politik ihr Leben verändern können, was sich deutlich an ihrem **Wahlverhalten** zeigt. Bei den Wahlen zur **städtischen Duma** (dem lokalen Abgeordnetenhaus) von Irkutsk im Juni 2004 hielten es weniger als 20 % der Bevölkerung für notwendig, ihre Stimme abzugeben. Diese Einstellung ist generell symptomatisch für das Verhältnis zur Politik. Sowohl auf lokaler als auch auf föderaler Ebene hat man den Eindruck, mit einem undurchschaubaren Geflecht von Intrigen und Machtspielereien konfrontiert zu sein. Einheimische schmunzeln meist nur über die Versuche westlicher Journalisten, diese Verhältnisse in einem logischen und verständlichen Licht erscheinen zu lassen. Man ist überzeugt von der Unmöglichkeit, in politischen Kreisen eine weiße Weste zu bewahren.

Im Zuge einer Verwaltungsreform wurden im Jahr 2000 vom russischen Präsidenten *Putin* sieben Vertreter der Moskauer Regierung eingesetzt, die den regionalen Machtstrukturen als direkte Ansprechpartner zur Verfügung stehen, diese aber gleichzeitig auch kontrollieren sollen. Der für Burjatien und Irkutsk zuständige Vertreter hat seinen Sitz in Nowosibirsk.

Anfang 2005 wurde ein sehr fragwürdiges Gesetz verabschiedet, das die Macht des Präsidenten in der Föderation noch weiter ausbaut: Putin hat seitdem das Recht, die Kandidaten für Gouverneure und Republikspräsidenten vorzuschlagen und die abstimmungsberechtigten Gebietsparlamente aufzulösen, sollten sie seine Kandidaten nicht wählen. Als offizielle Begründung wird die Terrorismusbekämpfung angeführt (als Reaktion auf die Geiselnahme von Beslan im September 2004).

Die **parteipolitische Orientierung** der Bevölkerung im Baikalgebiet ist unbestimmt. Zwar sind 25 von 35 Abgeordneten der Irkutsker Stadtduma Mitglieder der Regierungspartei Jedinaja Rossija, doch muss berücksichtigt werden, dass fast ein Drittel von ihnen ihre Mitgliedschaft erst nach der Wahl aus pragmatischen Gründen aufgenommen hat. Ein großer Teil der Wähler hat gar keine bestimmten Präferenzen. Auch die Klientel der kommunistischen Partei nimmt ab, sie hat keinen Abgeordneten im Stadtparlament.

Gebiet Irkutsk

- **Gouverneur:** *Alexándr Tischánin* (im Amt seit 2005)
- **Parlament:** Gebiets-Duma
- **Bürgermeister der Stadt:** *Wladímir Jakubówski* (im Amt seit 1997)

Republik Burjatien

- **Präsident:** *Leoníd Potápow* (im Amt seit 1994)
- **Parlament:** Chural
- **Bürgermeister Ulan-Ude:** *Gennádi Aidájew* (im Amt seit 1998)

Medien

Fernsehen

Die Medienlandschaft ist in Russland inzwischen fast so vielfältig wie in Deutschland. Wer Kabelfernsehen hat, empfängt ungefähr ein Dutzend Kanäle, zu denen neben dem **1. und 2. staatlichen Fernsehen** auch eine ganze Reihe von **Regionalsendern** gehört. In Burjatien strahlen diese regelmäßig auch Sendungen auf Burjatisch aus. Nur wer abseits der größeren Städte auf dem Land lebt, muss sich oft mit dem 1. und 2. Programm zufrieden geben.

Presse

Wer das Angebot in einem der vielen Zeitungskioske in Irkutsk oder Ulan-Ude betrachtet, kann sich davon überzeugen, dass sowohl die Boulevardpresse (auf Russisch: „gelbe Presse") als auch seriösere Blätter und Zeitschriften für jedes Hobby und jeden Geschmack reichlich im Angebot sind. Nur die wenigen in westlichem Stil kritischen Blätter, die in Moskau oder St. Petersburg erscheinen, sind in Sibirien kaum zu finden. Bei der Lektüre der meisten Zeitungen fällt auf, dass russische Leser offensichtlich ein geringeres Bedürfnis nach Trennung von „ernsten Nachrichten" und „Klatsch" haben, oft findet man beides schon auf der ersten Seite. Generell ist die Bedeutung von Nachrichten und Information weit geringer als in Mitteleuropa. Da man in Russland heute oft davon ausgehen muss, dass Journalisten in irgendjemandes Auftrag schreiben, dass sie die komplizierten Machenschaften im Hintergrund entweder nur sehr vereinfacht oder gar nicht darstellen, misst man Nachrichten meist von vornherein weniger Bedeutung bei.

Umfangreiche und zum Teil überraschend kritische Lokalnachrichten findet man am bequemsten auf der Internetseite **www.babr.ru** (nur auf Russisch). Eine sehr informative Zeitschrift (auf Russisch) ist vor Ort erhältlich:

- Время Странствий („Wanderings' Time"), Redaktion ul. Gorkowo 8, Büro 4, Irkutsk; wtime@irk.ru; Naturtourismus, Reiseberichte, Sport, Ökologie, hochwertiger Druck.

Deutsche/englische Zeitschriften

Die Zeitschrift **„Wostok"** berichtet in deutscher Sprache über aktuelle russische Themen (www.wostok.de).

Medien in deutscher oder englischer Sprache sind in Sibirien nur sehr schwer erhältlich. Mit etwas Glück kann man in Irkutsk (ul. Kárla Márxa 28, Sojuspetschat) den „Spiegel" oder das „Time Magazine" bekommen.

Wirtschaft

Nach der schwierigen Umbruchszeit der 1990er Jahre, in der sowohl im Gebiet Irkutsk als auch in Burjatien die Wirtschaftskurven drastisch nach unten gingen, ist in den letzten Jahren eine deutliche **Stabilisierung** zu beobachten. Sie betrifft besonders Städte und Siedlungen an der Transsib.

Republik Burjatien

Burjatien hatte im Vergleich eine schlechtere Ausgangslage, da die Industrie hier stark auf Rüstungsgüter spezialisiert war (Hubschrauberwerk in Ulan-Ude). Generell ist die Region trotz ihrer günstigen Verkehrsanbindung (Kreuzung der Transsib und der Transmongolischen Eisenbahn) strukturschwach und hat wenig verarbeitende Industrie. Die Landwirtschaft bringt geringe Erträge, obwohl das burjatische Rindfleisch auch in der weiteren Umgebung sehr geschätzt wird. Aber die Weideflächen sind größtenteils karg und erlauben keine intensive Viehhaltung.

Wer die riesigen Güterzüge mit dicken sibirischen Baumstämmen beobachtet, die auf der Transsibstrecke vorbeiziehen in Richtung China, kann den Eindruck bekommen, die burjatischen Wälder würden leer geholzt. Doch in Wirklichkeit werden die enormen **Holzvorkommen** viel weniger genutzt als möglich wäre, ohne die Bestände zu schädigen. Verarbeitet wird Holz nur in einem relativ kleinen Zellulosewerk bei Selenginsk. Reich ist Burjatien an **Bodenschätzen:** Buntmetalle, Wolfram und Molybdän (Sakamensk), Kohle (Gusinoosjorsk), Gold (Oka-Bezirk) und Zink sind in teils großen Mengen vorhanden.

Doch verschiedene Probleme behindern die Förderung: Einige Bereiche hätten eine starke Gewässerbelastung zur Folge, was zu einer Gefährdung des Baikalsees führen würde, denn ein Großteil seines Wassereinzugsgebiets liegt in Burjatien. 1995 wurde Burjatien von Moskau vertraglich zu strengster Einhaltung der Schadstoffgrenzen verpflichtet, im Gegenzug wurde materielle Unterstützung in Form eines Baikal-Ökologiefonds versprochen. Andere Vorkommen wurden genutzt, bis die früheren Abnehmer abgesprungen sind (z.B. Kohle, Gusinoosjorsk). Nicht in allen Fällen finden sich ohne weiteres neue. Wieder andere Vorkommen müssten erst erschlossen werden, wofür momentan kein Kapital vorhanden ist. In den bei-

051ba Foto: rj

den letzten Punkten hofft man auf verstärkte Investorentätigkeit, wobei Burjatien große Hoffnungen auf die direkten Nachbarn setzt. China und die Mongolei sind, gefolgt von Japan und Korea, die Handelspartner Nr. 1.

Gebiet Irkutsk

Im Gebiet Irkutsk sieht die Lage besser aus. Es gilt allgemein als reich und zählt im russischen Finanzausgleich zu den „Gebersubjekten". Zwar fehlen auch hier in vielen Bereichen Investoren, aber das Gebiet versucht, seine günstige Lage zwischen Westen und Osten zu nutzen, und seine Perspektiven werden allgemein als gut eingeschätzt. Konkret stammen die Einkünfte des Gebiets aus folgenden Bereichen: Führend ist anteilsmäßig die **Erdölverarbeitung** mit Sitz in Angarsk. Bisher wird das Erdöl aus Westsibirien geliefert, doch könnte es sein, dass man den Bedarf langfristig aus eigenen Vorkommen im Norden des Gebiets (Kowykta) decken kann. Auch hierfür werden jedoch noch Investitionen gebraucht. An zweiter Stelle steht die **Holzverarbeitung.** Die in Bratsk, Ust-Ilimsk und Baikalsk produzierte Zellulose deckt fast 60 % des Bedarfs der Russischen Föderation. Allerdings ist die Produktion an allen drei Standorten ökologisch problematisch.

Beeindruckend ist die Stromerzeugung. Drei große **Wasserkraftwerke** in Irkutsk, Bratsk und Ust-Ilimsk nutzen die Kraft der Angara und bieten die billigste Energie in ganz Russland an (was der WTO ein Dorn im Auge ist). Diese Energie nutzt die **Aluminiumindustrie** in Schelechow und Bratsk mit ebenfalls großen Kapazitäten (40 % des russischen Aluminiums), was allerdings auch ökologische Konsequenzen hat. Nicht zuletzt haben die **Chemieindustrie** (Usolje-Sibirskoje), die **Kohleförderung** (Tscheremchowo), der **Goldabbau** (Bodaibo) und die Aussicht auf eigene **Erdgasförderung** (Kowytka) Anteil an guten Bilanzen.

Die etwas hoffnungsvollere Lage der Industrie im Gebiet Irkutsk bedeutet jedoch nicht, dass hiervon die breite Masse der **Bevölkerung** profitiert. Die Wirtschaftskraft ist hier, wie in Burjatien auch, in wenigen Ballungszentren konzentriert. Wer abseits davon lebt, **auf dem Land** in abgelegenen Dörfern, in denen die ehemaligen staatlichen Betriebe meistens geschlossen wurden, fällt in den untersten Bereich der sozialen Schere, die sich seit dem Ende der Sowjetunion aufgetan hat. Selbst wer durch Glück noch einen Arbeitsplatz in einer Kolchose oder einem Kombinat hat, muss sich manchmal damit abfinden, dass der Lohn in Naturalien ausgezahlt wird. Da verlässt man sich lieber auf seinen Kartoffelacker, den Gemüsegarten und vielleicht eine Kuh und ein paar Hühner. Am Baikal kann man sich mit Fischen über Wasser halten. Und selbstverständlich helfen Verwandte sich gegenseitig. Schwierig wird die Lage, wenn ein Kind zum Studium in die Stadt geschickt werden soll und Bargeld gebraucht wird.

Burjatisches Ehepaar auf dem Land

Arbeitgeber Eisenbahn

In vielen, auch ländlichen Gebieten der Baikalregion ist die Bahn ein wichtiger Arbeitgeber. Die Ostsibirische Eisenbahn-Gesellschaft, der die betreffenden Strecken gehören, ist mit eigenen Wohnungen, Schulen, Kindergärten, Hochschulen und Kultureinrichtungen, sogar einem eigenen Telefonnetz fast ein Staat im Staat, der seinen Mitarbeitern nach wie vor erschwingliche medizinische Behandlung in eigenen Krankenhäusern bietet. Das spürt man besonders in Siedlungen entlang der Transsib, wo Bahnangestellte deutlich stabilere Einkommen haben als andere (Bahnarbeiter ca. 9000 R, Zugführer ca. 18 000). Wer einen Eindruck von der Stellung der Eisenbahner bekommen möchte, kann in Irkutsk einen Blick in die Eisenbahn-Hochschule oder das Lyzeum der Bahn werfen.

Armut

Dennoch hat es die **Stadtbevölkerung** etwas leichter, wenn es darum geht, sich durch Zweitarbeit etwas dazu zu verdienen (s. Kapitel „Menschen und Kultur: Materielle Situation"). Trotzdem ist auch hier in den 1990er Jahren eine große soziale Unterschicht entstanden, die **unter dem Existenzminimum** lebt, in der sich aufgrund von Drogenkonsum und allgemein schlechter Gesundheitssituation Krankheiten wie **AIDS und Tuberkulose** ausbreiten und deren (oft zahlreiche) Kinder kaum eine Chance auf sozialen Aufstieg haben. Auch für viele Russen ist diese Entwicklung erschreckend. Man hat sich noch nicht daran gewöhnt, dass in der Kanalisation Straßenkinder leben und dass gar so viele Elendsgestalten die Mülltonnen nach Pfandflaschen oder etwas Essbarem durchwühlen. Die Behörden stehen dieser Entwicklung bislang recht ratlos gegenüber.

Mittelschicht

Erwähnt werden muss allerdings auch, dass sich die Situation der Mittelschicht, die in den 1990er Jahren langsam entstanden ist, seit der letzten Währungskrise (1998) immer mehr **stabilisiert** hat. Für eine wachsende Bevölkerungsschicht werden der eigene Pkw, Computer, Digitalkamera und sogar ein bescheidener Jahresurlaub zunehmend normal.

Reiche Oberschicht

Daneben gibt es in den Städten inzwischen auch eine immer reicher werdende Elite. Es genügt, in einen der **neu entstehenden Vororte** zu fahren und die durch hohe Mauern und Alarmanlagen abgeschirmten Paläste zu betrachten, um einen Eindruck von den finanziellen Möglichkeiten dieser Neureichen zu bekommen. Nicht alle, die sich in den Neubaugebieten ein eigenes Häuschen leisten, sind zwangsläufig auf fragwürdigen Wegen zu Wohlstand gekommen. Doch bei vielen liegt die Vermutung nahe, dass dabei nicht alles mit rechten Dingen zuging. Es gibt über Korruption, Bestechung und Klüngelwirtschaft keine Statistiken. Doch wenn selbst einfache Kioskbesitzer kaum überleben können, ohne die Steuerbehörde zu schmieren oder an irgendwelche dubiosen Strukturen Schutzgelder zu zahlen, dann erlaubt das durchaus Rückschlüsse auf das, was in höheren Etagen an der Tagesordnung ist.

Tourismus

Gelenkter Tourismus zu Sowjetzeiten

Tourismus bedeutete in der Sowjetunion komplette Kontrolle nicht nur für ausländische Reisende: Man buchte Reisen gleich **inklusive Übernachtung und Freizeitangebot.** In manche Feriencamps am Baikalsee konnte man nicht einmal beliebig anreisen, sondern alle kamen gesammelt an einem bestimmten Tag, wenn die vorherige „Schicht" abreiste. Für Reiseveranstalter war das bequem.

Daneben hatte das Wort *turíst* jedoch auch noch eine andere Bedeutung: Ab den 1960er/70er Jahren begannen zuerst Sportler, doch dann auch immer mehr „normale" Leute, einem *turísm* nachzugehen, der das absolute Gegenteil darstellte. Man suchte sich ein völlig unberührtes Berggebiet, einen Fluss oder eine andere schöne Strecke, packte alles, was man brauchte, auf den eigenen Rücken und zog mit Zelt und Kochtopf in die Wildnis. Da es in der Baikalregion verhältnismäßig viele völlig unkultivierte Landschaften gibt, reisten zu diesem Zweck sogar *turisty* aus anderen Regionen der Sowjetunion hierher. Auf der Suche nach Freiheit und Abenteuer bestieg man nicht ungefährliche Gipfel oder wagte mit Flößen Abfahrten auf schäumenden Gebirgsflüssen. Den Behörden waren diese **Naturtouristen,** die sich jeglicher Kontrolle entzogen, zwar ein Dorn im Auge, doch man duldete das Phänomen.

Ausländische Touristen durften das Land zu jener Zeit nur auf ganz bestimmten Routen bereisen. Eine selbstständige Reiseplanung war undenkbar. In festen Gruppen wurde man betreut, das Intourist-System zog ein Standardprogramm durch. Im Baikalgebiet gehörten dazu die Städte Irkutsk, Bratsk und Listwjanka. Mehr war Ausländern nicht zugänglich.

Individualreisen nach der Grenzöffnung

Das änderte sich in den 1990er Jahren. Seitdem die Grenzen offen sind, wagen Touristen mit Russischkenntnissen durchaus auch indiviuelle Reisen ohne vorherige Buchung. Interessant ist, dass viele Russen darauf bis heute mit Unverständnis reagieren. Die touristische Infrastruktur und besonders Informationen über sie sind so schlecht zugänglich, dass nur wenige Russen einfach so auf eigene Faust eine Reise unternehmen. Denn das ist unter diesen Verhältnissen unweigerlich auch anstrengend. Im Urlaub will man sich ja erholen.

Reiseveranstalter

Auf dem Hintergrund dieser Entwicklung werden die heutigen Strukturen auf dem **Touristik-Markt** verständlich: Die ehemaligen unionsweiten Monopolisten (Intourist, Sputnik) haben sich aufgespalten und regionale Einzelverbände gegründet. Neben ihnen schießen **neue Reiseunternehmen** wie Pilze aus dem Boden. Manche von ihnen verfügen über beträchtliche Ressourcen, eigene Ferien- und Hotelkomplexe und gute Kontakte, andere sind risikolustige Neueinsteiger. Ältere Unternehmen haben oft Mängel im Bereich Kundendienst und Service. Jüngere dagegen können außer einer glänzend gestalteten Homepage manchmal nicht viel Erfahrung vorweisen. Es ist nicht einfach, sich in diesem Dschungel zurechtzufinden, und viele Touristen nehmen lieber die Dienste europäischer Reiseveranstalter in Anspruch. Die Empfehlungen im Kapitel „Vor der Reise" nennen neben diesen auch eine Auswahl von **lokalen Anbietern,** die auf gutem Niveau arbeiten und über E-Mail inzwischen genau so gut erreichbar sind wie ihre Partner im Westen.

Chance für die Landbevölkerung

Ein Problem ist bei fast allen Reiseveranstaltern, dass sie ihren Sitz in den großen Städten haben und die meisten **Einkünfte** aus ihrer Tätigkeit nicht in die strukturschwachen, ländlichen Gebiete der Baikalregion fließen, sondern in den Metropolen bleiben. Wichtig als Wirtschaftszweig ist der Tourismus aber genau für diese Gegenden, in denen nur so eine noch stärkere Landflucht verhindert werden kann. Einkünfte aus der **Unterbringung** von Touristen oder dem Verkauf von **Lebensmitteln** können das Einkommen einer Familie erheblich aufbessern und neue Perspektiven schaffen. In manchen Gegenden ist auch spürbar, dass eine Beteiligung an den Einkünften aus dem Tourismus das **Umweltbewusstsein** erhöht. Wenn der Zusammenhang zwischen Besucherzahlen und dem Zustand der Natur sichtbar wird, steigt der Anreiz, etwas für ihren Erhalt zu tun. Bei individuellen Reisen mit Übernachtung in Privatunterkünften werden diese Faktoren maximal gefördert.

Problematisch kann die russische **Business-Mentalität** sein, die es oft bevorzugt, auf eine begrenzte Klientel mit großem Geldbeutel zu setzen, anstatt günstige Dienstleistungen mit geringerer Gewinnspanne für den unteren Sektor anzubieten.

Deutschsprachige Touristen

Am Baikalsee kann man den unterschiedlichsten Nationalitäten begegnen: Außer Franzosen, Italienern und Spaniern trifft man Amerikaner, Australier und Neuseeländer und immer mehr auch Japaner, Koreaner und Chinesen. In den letzten Jahren wächst der Touristenstrom aus dem deutschsprachigen Raum kontinuierlich. Vermutlich haben Publikationen und Filme wie *Klaus Bednarz'* „Ballade vom Baikalsee" und „Sternflüstern" keinen geringen Anteil an der wachsenden Popularität der Baikalregion – und das, obwohl nach wie vor 90 % der Unterkünfte außerhalb der Städte kein fließend Wasser und keine WCs haben. Es ist wohl diese Ursprünglichkeit und die relative ökologische Unversehrtheit, die fasziniert.

„Ökotourismus"

Auf diese Karte setzen viele Reiseanbieter, wenn sie mit „Ökotourismus" und „Naturreisen" werben. Dabei interessiert es jedoch kaum einen, dass Ökotourismus streng genommen „ökologisch unbedenklicher" Tourismus sein sollte. Am Baikal (wie auch in anderen Regionen der Welt) wird darunter meist einfach „Naturerleben" verstanden. Genau das ist jedoch oft alles andere als ökologisch. Dazu kommt, dass viele Anbieter inzwischen versuchen, ihre Einkünfte zu steigern, indem sie neue Pensionen möglichst mitten in die Natur setzen. In Russland wird aber selten unter Einhaltung aller Bestimmungen gebaut. Wer Kontakte hat, kann sich auch mal ein Grundstück im Naturschutzgebiet besorgen. Und alles, was mit Wasserverbrauch und Abwasser zu tun hat, belastet automatisch den See. Auch Müll wird zunehmend ein Problem, wovon sich jeder Besucher leicht überzeugen kann.

Verantwortung jedes Baikalreisenden

Es soll deshalb jeder Baikalreisende dazu aufgerufen sein, sich seine Verantwortung bewusst zu machen: Jedes Angebot, das man als Verbraucher in Anspruch nimmt, **beeinflusst den Markt** und die Anbieter, die noch auf der Suche sind nach neuen Konzepten. Es liegt in der Hand jedes Besuchers, deutlich zu machen, dass eine **intakte Umwelt** wichtiger ist als Bequemlichkeit, wenn sie um einen hohen Preis erkauft werden muss. Die sibirische Natur hat ein empfindliches Gleichgewicht. Der Tourismus kann helfen, **schädlichere Wirtschaftszweige zu ersetzen,** er kann aber auch sehr zerstörerisch wirken. Zu wünschen wäre Ersteres.

Im Kapitel „Reisetipps A–Z: Verhaltenstipps" findet man die international üblichen **Verhaltensregeln für den Aufenthalt in der Natur,** deren Einhaltung für jeden Baikalreisenden eine Selbstverständlichkeit sein sollte.

052ba Foto: rj

Müll ist an vielen Orten ein Problem

053ba Foto: ri

Menschen und Kultur

055ba Foto: rj

054ba Foto: rj

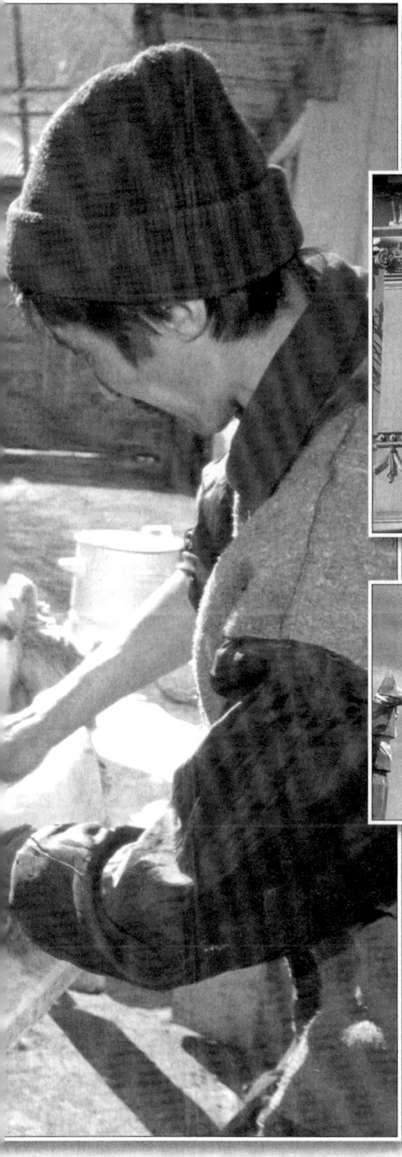

Ein Schaf wird geschlachtet

Fenster an Kaufmannsvilla in Irkutsk

Schamanistische Pferdepfähle

Bevölkerung

Einwohnerzahlen

- **Gebiet Irkutsk:** ca. 2,8 Mio.
- **davon städt. Bevölkerung:** ca. 2,2 Mio.
- **Republik Burjatien:** ca. 1 Mio.
- **davon städt. Bevölkerung:** ca. 600.000
- **Autonomer burjatischer Bezirk Ust-Ordynski:** ca. 140.000

Die Bewohner Sibiriens nennt man gemeinhin Sibiriaken *(sibirjakí)* oder Sibirier. Man sagt ihnen alles Mögliche nach: Für Bewohner Zentralrusslands sind sie leicht naive Hinterwäldler, die man in Moskau von weitem an ihrem staunenden Blick erkennt. Von ihnen selbst hört man oft, sie seien unabhängiger und freiheitsliebender als Menschen im Westen des Reiches, die der Macht des Zaren unmittelbarer ausgesetzt waren. All dies sei einmal dahingestellt. Doch woher kommen sie eigentlich, die Bewohner Sibiriens? Man möchte fast behaupten, „Sibirier" sei ein ähnlicher Sammelbegriff wie die Bezeichnung „Amerikaner", denn auf ganz ähnliche Weise ist er in einem **Schmelztiegel** entstanden.

Seit Menschengedenken mischen sich im Baikalgebiet unterschiedliche Ethnien. Die als **Ureinwohner** bezeichneten Ewenken und Burjaten sind ihrerseits aus Völkern hervorgegangen, über die wir heute kaum noch etwas wissen. Seit vier Jahrhunderten kommt dazu das Erbgut von Russen, Polen, Ukrainern, Deutschen, Tataren, Balten, Juden und vielen anderen, die das Schicksal freiwillig oder unfreiwillig hinter den Ural verschlagen hat. Fragt man einen Sibiriaken nach seiner Abstammung, bekommt man oft die abenteuerlichsten Biografien zu hören. Obwohl es heute meist unmöglich ist, eine klare Zuordnung zu einer Nationalität vorzunehmen, sollen die wichtigsten Bevölkerungsgruppen des Baikalgebietes im Folgenden kurz vorgestellt werden.

- **Informationen zum Thema:** Haus der Völkerfreundschaft *(dom drúschby naródow)*, ul. Lenina 54, Irkutsk, Tel. (3952) 334770.

Russen (rússkije)

Als Russe bezeichnet sich heute jeder, dessen Stammbaum **mehr als zwei Nationalitäten** enthält, und es ist praktisch unmöglich, allgemeingültige Aussagen über „die Russen" in Sibirien zu machen. Dreht man die Zeit jedoch etwas zurück und betrachtet die ersten russischen Siedler, die den weiten Weg nach Osten auf sich nahmen, so lassen sich doch Besonderheiten feststellen. Russische Bauern in Sibirien waren keine Leibeigenen. Nach Aussagen von Zeitzeugen waren sie selbstständiger, besser gebildet und moralisch gefestigter als ihre Verwandten im Westen. Gefangene und Verbannte, die schon bald den ersten Siedlern folgten, brachten außer kriminellen Elementen oft auch kritisches Denken mit, das von den Bauern aufgenommen wurde.

Doch diese Eigenheiten verschwammen sehr schnell, als sich die Bevölkerungszahlen von Sibirien mit dem Bau der Transsib vervielfachten. Nur in wenigen, sehr abgelegenen Regionen (z.B. im Norden des Gebiets Irkutsk im Bezirk Katanga) sind noch Dörfer erhalten, in denen fast ausschließlich **Nachfahren altrussischer Siedler** leben. Auch zwei Weltkriege brachten weitere Verschiebungen mit sich: Kriegsgefangene, umgesiedelte Russlanddeutsche und andere Minderheiten veränderten die Zusammensetzung der Bevölkerung.

Seit den 1950er Jahren ist es vollends unmöglich, von eigenen sibirischen Charakterzügen zu sprechen, denn mit der Industrialisierung des Ostens, mit Großbaustellen wie den Wasserkraftwerken an der Angara oder Projekten wie der BAM kamen solche Massen von Arbeitern, Fachkräften und Wissenschaftlern aus Westrussland und den Sowjetrepubliken nach Sibirien, dass sich die ursprüngliche Bevölkerung vollständig in ihnen auflöste. Die jahrhundertelange Vermischung mit Ureinwohnern hat dennoch dazu geführt, dass man vielen Russen in Sibirien heute einen leicht asiatischen Einschlag ansieht.

Das Verhältnis zu anderen Nationalitäten

Man spürt in Sibirien, das am Schnittpunkt mehrerer Kulturen jahrhundertelang ein positives Beispiel für **friedliches Zusammenleben** war, heute sehr wenig offenen Rassismus. Das heißt jedoch nicht, dass gegenüber bestimmten Minderheiten nicht doch hier und da **Ressentiments** laut würden.

In der Sowjetunion gab es kaum unkontrollierte Migration, und Arbeitskräfte, die z.B. zum Bau der BAM aus vielen Sowjetrepubliken eingeladen worden waren, wurden relativ problemlos integriert. Einheitliche Wohn- und Lohnverhältnisse boten keinen Anlass zu Feindlichkeit.

Auch heute ist die Mobilität der russischen Bevölkerung noch nicht sehr groß. Doch andere Nationalitäten sind flexibler. Im Baikalgebiet ruft die große Zahl **chinesischer Einwanderer** und der verstärkte Zuzug von billigen Arbeitskräften **zentralasiatischer oder kaukasischer Nationalität** (z.B. Aserbaidschaner) inzwischen häufig Besorgnis hervor. Von Integration dieser Bevölkerungsgruppen kann bisher nicht die Rede sein und die Mehrheit der Russen ist ihnen gegenüber misstrauisch, wenn nicht sogar deutlich **ablehnend** eingestellt. Man befürchtet, dass sie in bestimmten Marktsegmenten zu einflussreich werden, sagt ihnen einen Hang zu Spekulationen auf dem Immobilienmarkt nach, und die gesamte Haltung zeugt von großer Unsicherheit gegenüber solch relativ neuen Erscheinungen.

Leider ist in Ansätzen zu spüren, dass sich diese Tendenz nach dem Verschwinden alter Tabus (zu Sowjetzeiten war Völkerfreundschaft eine verordnete Selbstverständlichkeit) auch auf die sehr präsente **Minderheit der Burjaten** ausweitet. Offene Feindlichkeit ist zwar zum Glück sehr selten, doch aus vielen Äußerungen hört man eine deutliche Distanz heraus.

Westliche Ausländer werden dagegen meist sehr interessiert wahrgenommen. Auch hier spürt man zwar oft, dass der Kontakt zu anderen Kulturen noch längst nicht Normalität ist, doch äußert sich dies eher in unbeholfener Neugierde und nimmt selten unangenehme (z.B. aufdringliche) Züge an (siehe auch „Reisetipps A–Z: Verhaltenstipps").

Kosaken

Eine gesonderte Erwähnung verdienen die Kosaken, die lange Zeit innerhalb der russischen Gesellschaft eine eigene Schicht bildeten. Ab dem 15. Jh. versuchten **in Westrussland leibeigene Bauern,** sich aus ihrer bedrückenden Lage zu befreien, und flüchteten in die Grenzgebiete des damaligen Staates, besonders in die südrussische Steppe, wo sie als rechtlose, aber **freie Siedler** lebten. Sie nannten sich turk-tatarisch *kasakí*, was ursprünglich so viel bedeutete wie „freie Krieger". Sie kamen aus den verschiedensten Teilen des Reiches, doch ihre gemeinsame Lage führte im Laufe der Zeit zur Herausbildung einer gewissen eigenen Identität mit eigenem Brauchtum und Folklore.

Die Haltung der Regierung zu dieser an sich ungesetzlichen Bevölkerungsgruppe war zwiespältig. Die Kosaken bildeten als völlig unkontrollierbare Masse in Krisenzeiten eine unberechenbare Gefahr für die politische Stabilität. Das militärische Potenzial der verwegenen Gesellen, die kaum etwas zu verlieren hatten, war nicht zu unterschätzen. So versuchte man sie zu binden, indem man sie als **irreguläre Truppen,** häufig in Grenzgebieten, einsetzte. In dieser Funktion hatten Kosaken einen erheblichen Anteil an der **„Eroberung" Sibiriens** (s. „Staat und Gesellschaft: Geschichte"). Bereits ab dem Ende des 17. Jh. wurden Kosakenregimenter (unter der Leitung ihrer Anführer, russ: *atamán*) gezielt entlang der neu gezogenen russisch-chinesischen Grenze im südlichen Baikalgebiet stationiert. Interessanterweise hat man bald zusätzlich zu den russischen Kosaken Burjaten und Ewenken zum Militärdienst im Grenzgebiet hinzugezogen.

Anstelle von Lebensmitteln bekamen die Kosaken bald Land zugeteilt und mussten sich selbst versorgen, waren jedoch von der Steuerpflicht freigestellt. Im 18. und 19. Jh. kamen Bauern aus den bereits entstandenen sibirischen Siedlungen hinzu, die meist mit ihren Familien auf mehrere Generationen verpflichtet wurden. So wurde das Kosakentum trotz seiner ethnischen Heterogenität zu einer festen **sozialen Schicht,** die besonders im Grenzgebiet auch **rein kosakische Dörfer** besiedelte (Bezirke Tunka, Sakamensk und Kjachta). In manchen von ihnen ist man sich dieser Wurzeln bis heute bewusst. Man sagte den Kosaken besonderen Mut, Tapferkeit und Ausdauer nach. Sie selbst entwickelten ein starkes Selbstbewusstsein und Stolz auf ihre Stellung, obwohl der lebenslange Dienst eines Kosaken oft alles andere als leicht und mit großen Risiken verbunden war.

In den 20er Jahren des 20. Jh. wurde die Teilung der Bevölkerung in Schichten verboten und damit das Kosakentum, das im Bürgerkrieg teilweise auf

Seiten der Weißen (Zarentreuen) gekämpft hatte, aufgelöst. Seit dem Ende der Sowjetunion jedoch versuchen **neu gebildete Kosakenregimenter** hier und da alte Traditionen wieder aufleben zu lassen. In Ulan-Ude und Irkutsk gibt es wieder staatlich anerkannte Regimenter, die u.a. in der Jugendarbeit und im sozialen Bereich aktiv sind. Im Oka-Bezirk übernehmen Kosaken teilweise freiwillig die Bewachung der völlig unkontrollierten Grenze zur Mongolei. An vielen Orten kann man außerdem kosakische **Folklore-Ensembles** alte Tänze und Lieder aufführen sehen.

Erster Schultag am 1. September

Burjaten (burjáty)

Jedem Besucher des Baikalgebiets fallen die vielen **asiatisch geprägten Gesichter** auf, denen man in den Straßen begegnet. Zu Beginn ist es für das ungeübte europäische Auge nicht leicht, die meist zu kurzen Aufenthalten anreisenden Chinesen und Mongolen von den einheimischen Burjaten zu unterscheiden. Das ist auch nicht verwunderlich, denn mit den **Mongolen** verbindet diese eine enge Verwandtschaft, die sich heute noch durch große **sprachliche Nähe** nachvollziehen lässt. Dennoch sind die Burjaten nicht einfach Mongolen, auch wenn ihre Vorfahren, die Stämme der Bulagaten, Echiriten und Chori, vermutlich schon in den ersten Jahrhunderten unserer Zeitrechnung im Selenga-Gebiet nomadisierten. Doch unmittelbar am Baikal lebten damals die **Kurykanen** (s. „Staat und Gesellschaft: Geschichte"), mit denen diese Stämme, wie man heute annimmt, erst um das 10./11. Jh., als sie ihre Siedlungsgebiete weiter nach Norden ausdehnten, teilweise verschmolzen.

Im 13. Jh. gerieten die entstandenen Völker, die sich damals noch nicht Burjaten nannten und ohne staatliche Strukturen in reinen **Sippengemeinschaften** lebten, wieder in die mongolische Einflusszone: *Dschingis Khan* machte die meisten von ihnen abgabepflichtig, das Baikalgebiet wurde seinem Reich einverleibt. Das ist insofern wichtig, als seine Geschichtsschreiber praktisch die einzigen Quellen über die Ureinwohner vom Baikal hinterließen. Keines der hier lebenden Völker hatte eine Schrift, und die Zeit nach Dschingis Khan bis zur Ankunft der ersten Russen versinkt wieder in völliger Dunkelheit. Die Burjaten am Westufer des Baikalsees haben alte Legenden, in denen von Vorfahren aus dem Altai die Rede ist. Gesichert ist nur, dass sich bis Anfang des 17. Jh. die Bezeichnung „Buraad" bei den locker kommunizierenden Stämmen herausgeprägt haben muss, denn in den ersten russischen Quellen werden sie überall als *brátskije ljúdi* bezeichnet.

Schätzungen zufolge gab es damals ca. 27.000 Burjaten im ganzen Baikalgebiet bis nach Tschita. Sie wohnten in filzgedeckten **Jurten** und lebten nomadisch, in erster Linie von der **Viehzucht,** d.h. Grundnahrungsmittel waren im Winter Fleisch und im Sommer Milchprodukte. Ackerbau kannten sie gar nicht, im Gegenteil, wie in der Mongolei galt die Erde als heilig und es war eine Sünde, sie zu verletzen. Die Burjaten beherrschten die **Metallverarbeitung** und schmiedeten nicht nur Eisen, sondern fertigten auch kunstvolle Schmuckstücke und Verzierungen aus Silber. Der Status eines Mannes wurde meist schon von weitem am Schmuck seines Sattels erkannt.

057ba Foto: rj

Traditioneller burjatischer Kopfschmuck

Benachbarten Waldvölkern, wie den Ewenken, Sojoten und Tofalaren, waren die Burjaten überlegen und tauschten nicht nur vorteilhaft Gegenstände aus Metall, sondern ließen sich von ihnen Tribut zahlen. Dies war wohl neben dem Verlust von gutem Weideland an der Angara auch einer der Hauptgründe dafür, warum besonders die westlichen Burjaten den **russischen Eindringlingen** teils heftigen **Widerstand** leisteten: Sie verloren eine lukrative Einnahmequelle. Für die Sippen östlich des Baikalsees sah die Lage anders aus. Im Grenzgebiet zur Mongolei und zu China waren sie häufig Überfällen ausgesetzt. Im Vergleich zu dieser willkürlichen Gewalt schien eine Unterordnung unter die russischen Besatzer mit geregelten Abgabeverhältnissen vorteilhaft. Wer das nicht so sah, konnte noch im 18. Jh. in die mongolische Steppe oder weiter nach Osten ausweichen, wo das Land sehr dünn besiedelt war. So kam es hier deutlich seltener zu bewaffneten Konflikten mit den Russen. Im Westen, an der Angara, welche die Burjaten bis in die Gegend des heutigen Bratsk besiedelten, geschahen bis in die 50er Jahre des 17. Jh. blutige Zusammenstöße, teils hervorgerufen durch willkürliche Gewalt der Kosaken, die plündernd und Frauen und Kinder raubend ihre Macht oft missbrauchten.

Zu Beginn des 18. Jh. hatten die Burjaten die Gegenwart der Russen akzeptiert, kämpften jedoch weiterhin für eine menschenwürdige Behandlung: 1702 machte sich eine Abordnung aus Vertretern verschiedener Stämme des Baikalgebiets per Pferd auf den Weg nach Moskau zu **Zar Peter I.** Er empfing sie, die ihm kostbare Geschenke überbrachten und darum baten, die Rechte der Burjaten als Ureinwohner schriftlich zu garantieren, was tatsächlich geschah. Die Umsetzung dieses Erlasses ließ jedoch vermutlich zu wünschen übrig, denn die Generalgouverneure, die Sibirien zu jener Zeit regierten, machten sich hauptsächlich durch Korruption und ihren Hang zur Selbstbereicherung einen Namen.

Erst als 1819 Graf *Michail Speranski* auf diesen Posten ernannt wurde, änderte sich die Lage. In einer Reform des vernachlässigten sibirischen Rechts- und Verwaltungswesens ließ er sogenannte **Steppendumas** *(stepnýe dúmy)* einrichten, die, stark auf den traditionellen Sippenhierarchien der Burjaten aufbauend, eine weitgehende Selbstverwaltung ermöglichten. Fast das ganze 19. Jh. hindurch regelten diese teils gewählten Organe fast alle Lebensaspekte der Burjaten, bis die Zarenregierung sie im Zug der Vereinheitlichung des Verwaltungssystems abschaffte.

Inzwischen hatte sich die Lebensweise der Burjaten verändert. Viele lebten nicht mehr in Filzjurten, sondern wurden sesshaft und bauten achteckige Jurten oder **Blockhäuser aus Holz.** Auch gemischte Ehen waren keine Seltenheit. Die ersten Generationen von russischen Eroberern hatten ausschließlich aus Männern bestanden und viele von ihnen nahmen sich burjatische Frauen. Die so entstandenen Mischlinge nennt man bis heute in vielen Gebieten *karým*. Besonders westlich des Baikalsees war der Grad der **Russifizierung** hoch. Teils auf eigene Initiative der Burjaten, teils auf Drängen der russischen Behörden wurden nach und nach Schulen eingerichtet, in denen außer der russischen Schrift in den buddhistisch beeinflussten Gebieten oft auch die mongolische unterrichtet wurde. Doch die Alphabetisierungsrate war im 19. Jh. noch nicht sehr hoch. Zu weit lagen die Siedlungen verstreut und die meisten Familien brauchten ihre Kinder früh als Arbeitskräfte. Versuche von russischer Seite, den Ackerbau einzuführen, waren meist wenig erfolgreich, man lebte weiterhin von der Viehzucht.

Auch andere Traditionen wie die der Polygamie wurden weiter praktiziert. Während der **schamanistische Glaube** und damit auch das alte Gesundheitssystem ins Wanken geriet, war eine moderne medizinische Versorgung noch sehr unterentwickelt, die Sterblichkeit hoch. Gleichzeitig aber brachten es Sippenoberhäupter zu beachtlichem Wohlstand und zu **Bildung.** Sie schickten ihre Kinder teils in angesehene Lehranstalten nach Irkutsk, ja sogar nach Moskau. In wissenschaftlichen Einrichtungen tauchten die ersten burjatischen Gelehrten auf.

In diese Situation fiel der politische Umbruch der Revolution. Der Untergang des Zarenreiches gab Raum für **nationale Tendenzen:** 1917/18 wurde auf mehreren gesamtburjatischen Kongressen eine burjatische Regionalregierung für die burjatisch besiedelten Regionen im westlichen und östlichen Baikalgebiet beschlossen, deren Arbeit jedoch durch den Bürgerkrieg unterbrochen wurde. Erst 1923 kam es, nun bereits im Rahmen der Sowjetunion, zur Gründung eines autonomen mongolisch-burjatischen Gebiets.

Auch das sollte jedoch nicht der Endzustand bleiben. Die sowjetische Regierung fürchtete ein übermäßiges Erstarken nationaler Strömungen, den sogenannten Panmongolismus. Nachdem 1927, 1930 und 1935 immer wieder Verwaltungsgrenzen verschoben und Kompetenzen verändert wurden, beschloss man 1937, die burjatischen Gebiete durch eine **Aufsplitterung** zu schwächen, und schuf als selbstständige Verwaltungssubjekte die autonomen Bezirke **Ust-Ordynski** (als Enklave im Gebiet Irkutsk) und **Aginski** (im Gebiet Tschita) sowie die **Republik Burjatien.** Der Bezirk Olchon wurde als „Pufferzone" bewusst aus den burjatischen Gebieten ausgegliedert. Ab Januar 2008 wird Ust-Ordynski **Teil des Gebiets Irkutsk.** Das Referendum, das zu dieser Entscheidung führte, wurde auf Wunsch von *Präsident Putin* im April 2006 von *Gouverneur Tischanin* durchgeführt. Viele bezweifeln die Methoden, mit denen die Mehrheit erreicht wurde.

Die gesellschaftlichen Umwälzungen der 1920er Jahre betrafen Russen wie Burjaten gleichermaßen. Enteignungen, Kollektivierung, die Unterdrückung jeglicher Religion und die darauf folgenden Repressionen trafen alle, ungeachtet ihrer Nationalität. Mit

Elektrizität, Schulen und ärztlicher Versorgung hielt die Moderne auch in ländlichen Gebieten Einzug, verdrängte traditionelle Kleidung und altes Handwerk. Erfreulicherweise hat dieser **Abschied von den Wurzeln** jedoch kaum zu einem sozialen Abstieg der burjatischen Bevölkerung geführt. Vom Kolchosenvorsitzenden bis zum Lehrstuhlleiter fand man Burjaten bald in allen gesellschaftlichen Schichten und zwar nicht nur in den burjatischen Gebieten, sondern auch im Gebiet Irkutsk. Nur eine zu starke Betonung der nationalen Besonderheiten wurde nach wie vor nicht begrüßt. Dennoch wurde 1944 innerhalb der philologischen Fakultät der Irkutsker Universität eine Abteilung für Burjatisch und Mongolisch eröffnet.

058ba Foto: rj

Burjaten heute

445.300 Burjaten leben nach der Volkszählung von 2002 in Russland (in der Mongolei: 35.000, China: 10.000), davon ca. 250.000 in Burjatien, wo sie fast 30 % der Gesamtbevölkerung ausmachen. In den autonomen Bezirken Ust-Ordynski und Aginski stellen sie jeweils 35 % bzw. 55 % der Bevölkerung. Doch auch im Gebiet Irkutsk gibt es nach wie vor Gegenden, wo viele Burjaten leben, auch wenn ihr Anteil an der Bevölkerung insgesamt nur bei 2,7 % liegt. So sind z.B. viele Dörfer an der Angara bis nach Bratsk stark burjatisch geprägt. Doch hier wie auch in vielen Siedlungen in Burjatien (von Stadtbewohnern ganz zu schweigen) unterscheidet sich die Lebensweise nur wenig von jener der Russen.

Sprache und Traditionen

Auch die burjatische Sprache hat im Laufe des 20. Jh. gelitten, obwohl sie in Burjatien neben dem Russischen **Verwaltungssprache** ist: Für viele moderne Ausdrücke benutzt man der Einfachheit halber die entsprechenden russischen Wörter und vielen Kindern ist aus Schule und Fernsehen inzwischen das Russische geläufiger als die Sprache der Großeltern. Schulen können heute selbst entscheiden, ob sie das Fach Burjatisch anbieten möchten. Leider scheitert dies besonders in kleinen Dorfschulen oft am Mangel an entsprechend ausgebildeten Lehrern.

Alter Burjate in Bolschoje Goloustnoje

059ba Foto: rj

Alte Traditionen werden wieder gepflegt

Eine Besonderheit dagegen, die erhalten blieb, ist das starke **Sippendenken.** Auch städtische Burjaten haben eine viel stärkere Bindung an ihre Verwandten, als das bei Russen der Fall ist, einhergehend mit vielen Verpflichtungen. Möglicherweise ist es diese starke Einbindung, die zu einer gewissen Absonderung im Alltagsleben führt. Enge Freundschaften zwischen Burjaten und Russen sind relativ selten. Gemischte Ehen kommen dagegen vor. Die Bedeutung der Verwandtschaft spiegelt sich auch darin, dass Burjaten üblicherweise eine beeindruckende Anzahl von Generationen ihrer Vorfahren zurückverfolgen können. Das hatte früher die Funktion, Heiraten enger Verwandter zu verhindern.

Erhalten blieb auch die **viehzüchterische Tradition.** Neben Kühen und Pferden werden in erster Linie Schafe gehalten. Auf dem Irkutsker Zentralmarkt fällt sofort ins Auge, dass hausgemachte Milchprodukte wie Quark oder saure Sahne fast nur von burjatischen Verkäuferinnen angeboten werden.

In manchen Gebieten werden heute noch traditionelle **Feuerbestattungen** durchgeführt, die leider manchmal Waldbrände auslösen.

Burjatische Feste und Folklore

Feste, Liedgut und andere Folklore werden eher mühsam seit den 1990er Jahren wiederbelebt. Sie waren früher in begrenztem Rahmen willkommen, um die Vielfalt der Nationalitäten der Sowjetunion zu demonstrieren, so beispielsweise im Operntheater von Ulan-Ude. Doch in den Dörfern gab es kaum Ensembles, die die Traditionen gepflegt hätten. So ist den Veranstaltungen und wiedereingeführten Festen heute zwar viel guter Wille anzumerken, doch die Authentizität bleibt manchmal noch fragwürdig.

Das größte burjatische Fest heißt **Surcharbáan.** Es wird in den Sommermonaten in vielen Bezirken gefeiert (z.B. Kyren, Ust-Ordynski). Wettkämpfe in traditionellen burjatischen Sportarten wie **Reiten, Bogenschießen** und **Ringen** (sehr beliebt!) werden meist umrahmt von Tänzen, Gesang und anderen Folkloredarbietungen. Häufig sieht man inzwischen auch „modernere" Variationen: Fußballturniere, Leichtathletik und Volleyball können genauso vorkommen wie Schönheitswettbewerbe. Am ersten Sonntag im Juli findet üblicherweise das größte Surcharbáan-Fest in Ulan-Ude statt, das als eine Art Endausscheidung der regionalen Wettkämpfe gilt. Im Hippodrom versammeln sich riesige Menschenmengen und genießen außer den Darbietungen auch Speis und Trank und weitere Vergnügungen. Direkter erleben kann man die Wettkämpfe in den Regionen, wo die Vorausscheidungen meist an den vorhergehenden Wochenenden stattfinden.

Andere Feste, die in erster Linie von Burjaten begangen werden, sind das **Fest der Gottheit Máidari** und das **Neujahrsfest Sagáalgan** (Weißer Mond) (s. Kap. „Religionen: Buddhismus"). 2006 wurde letzteres im Tunka-Tal zum ersten Mal erweitert zu den **Internationalen Baikalspielen der Indigenen Völker** mit dem Namen **„Roots 2006".** Unterstützt wurde es u.a. von den amerikanischen Navajo-Indianern, die mit den Burjaten freundschaftliche Beziehungen pflegen.

Nur lokal werden die Spiele am Berg Jeche-Jord gefeiert, deren zentrales Element der traditionelle burjatische **Rundtanz** Jechor ist, der hier allerdings auf überdimensionale Weise rund um einen Berg getanzt wird (s. Kap. „Westen, Tascheran-Steppe").

Burjatisches Volksepos

Ein wichtiges Element burjatischer Folklore ist neben Liedern und Tänzen das Volksepos vom **Helden Gesser,** dem Sieger über das Böse. Seine Bedeutung ist vielleicht mit der des Nibelungenlieds zu vergleichen. Die alte Legende existiert in mehreren zentralasiatischen Völkern und wurde **jahrhundertelang mündlich überliefert.** Am bekanntesten sind heute die tibetische, die mongolische und die burjatische Variante. In **Tibet** wurde bereits im 11. Jh. eine Schriftfassung angefertigt. Das aus Tausenden von Verszeilen bestehende burjatische Epos dagegen wurde bis zum Beginn des 20. Jh. nur mündlich weitergegeben. Besonders interessant ist, dass es noch **vorbuddhistische Elemente** enthält.

Der Ursprung der Heldensage liegt mindestens 1000 Jahre, wenn nicht noch länger zurück. Darauf deuten Details aus dem Alltag der Menschen hin, die noch keine Viehhaltung kannten, Jäger und Sammler waren und in einfachen Grasbehausungen lebten. Teilweise sind sogar noch matriarchalische Elemente zu erkennen.

Die Hauptperson Gesser, eine Verkörperung von Himmelswesen, wird in einer Hütte von armen Menschen geboren und wächst zunächst unerkannt zum Helden heran, der den **Kampf gegen das Böse** aufnimmt, furchtbaren Dämonen und Ungeheuern gegenübertritt und am Ende siegt. Als ihn die Himmelsbewohner jedoch wieder zurückholen wollen, widersetzt er sich und bleibt bei seinem Volk auf der Erde, um ihm weiter beizustehen.

Jede Version des Epos hat ihr regionales Kolorit und in vielen Gegenden sind die Menschen überzeugt, dass der Held genau ihrer Region entstammt. Besonders südlich von Irkutsk im Ost-Sajan, im Oka-Bezirk, der wegen seiner landschaftlichen Ähnlichkeit auch „Klein-Tibet" genannt wird, werden viele Orte mit Heldentaten von Gesser identifiziert.

Inzwischen wird der König Gesser im **Schamanismus** und im **Buddhismus** als Gott verehrt. Bis in die 1930er Jahre wurden ihm zu Ehren Tempel gebaut. In der Zeit des „Kampfes gegen den Kosmopolitismus" wurden leider auch Ethnologen und sogar Philologen, die mit der Erforschung und Übersetzung des Epos beschäftigt waren, des Panmongolismus angeklagt und Repressionen ausgesetzt. Heute nimmt seine Bedeutung wieder zu. 1995 führte man aus Anlass des 1000-jährigen Bestehens des Epos an verschiedenen Orten in Burjatien die sogenannte **Gesseriada,** eine Art Kultur- und Sportfestival, durch.

Übrigens wurde die **mongolische Version** bereits 1839 durch *Jakob Isaak Schmidt* (1779–1847) unter dem Titel „Die Thaten des Vertilgers der 10 Übel in den 10 Gegenden des verdienstvollen Helden Bogda Gesser Chan" ins Deutsche übersetzt.

Ewenken (ewénki)

Dieses **Waldvolk** führt mit seinen spitzen Wohnzelten, der traditionellen Kleidung aus Leder und Fellen und seinen uralten **Jagdmethoden** sehr deutlich die Herkunft der **nordamerikanischen Indianer** vor Augen. Seine eigene Abstammung ist dagegen nicht eindeutig geklärt. Da die Ewenken bereits seit langer Zeit in Sibirien leben (nach unterschiedlichen Schätzungen zwischen 1500 und 3500 Jahren), lässt sich nur noch vermuten, wo die Wurzeln dieser Volksgruppe gelegen haben mögen. Manche Forscher verweisen auf das Baikalgebiet, andere gehen von einer Einwanderung aus Nordchina und der Mongolei aus. Die Sprache der Ewenken dagegen gehört eindeutig zum **tungusisch-mandschurischen Zweig der Altai-Sprachen,** auch wenn sie im Laufe der Zeit Elemente der benachbarten Sprachen der Jakuten und Burjaten aufgenommen hat.

Die wissenschaftliche Erforschung der ewenkischen Kultur begann sehr spät, so lässt sich auch ihr ursprüngliches Siedlungsgebiet zwischen der Amur-Region, der Lena und dem Jenissei nur noch ungenau eingrenzen. Im Unterschied zu den Burjaten lebten sie nicht in offenen Steppengebieten, sondern nur im Wald, denn ihr gesamter Lebensrhythmus wurde von den **Rentieren** bestimmt, die (vermutlich ab dem 2. Jahrtausend n. Chr.) als Reit- und Lasttiere gehalten wurden. In der Baikalregion eigneten sich hierfür das Bargusin-Tal und die nördlich anschließenden Gebiete, der Norden des Sees und ein großes Territorium westlich des Sees von der Lenaquelle bis in den Norden des heutigen Irkutsker Gebiets. Hier war die Bezeichnung Ewenken übrigens nicht verbreitet. Die meisten Stämme nannten sich selbst *ile* (Mensch) oder hatten andere Bezeichnungen für ihre Rasse.

Traditionelle Lebensweise

Da die Ewenken drei- bis viermal im Jahr den Wohnort wechselten, besaßen sie leichte **Zelte** *(tschum)*, die sie im Sommer mit Rinde, im Winter mit großen Fellen (Elch, Hirsch) bedeckten. Birkenrinde wurde zu diesem Zweck gekocht und dann zu großen Bahnen zusammengenäht, die völlig wasserdicht waren und mehrere Jahre hielten. Allerdings bildete man keine größeren Dorfgemeinschaften, sondern meist bewegte sich jede (Groß-) Familie in ihren angestammten Jagdgründen, die jedoch nicht als Eigentum betrachtet wurden. Nur auf den

060ba Foto: rj

jährlichen Suglan-Treffen kamen größere Stammesgruppen zusammen, um Streitfragen zu klären und um jeweils auf mehrere Jahre sogenannte Fürsten zu wählen.

Die wichtigste Nahrungsquelle war das **Fleisch** von erjagtem Großwild, wobei übrigens nicht nur Männer auf die Jagd gingen. Auch Fisch spielte je nach Jahreszeit eine Rolle. Die eigenen Rentiere wurden fast nie geschlachtet. Man brauchte eine Herde von 25–30 Tieren für die Umzüge an andere Lagerstellen. Interessant ist, dass weiße Tiere, die gezielt gezüchtet wurden, einen besonderen Wert besaßen. Auch in anderen Bereichen war das Bedürfnis der Ewenken nach Ästhetik auffallend. Lagerplätze wurden oft nicht nur nach rein praktischen Gesichtspunkten ausgewählt und Kleidung wurde aufwendig verziert.

Burjatisch-ewenkische Frau im Bargusin-Tal

Die Religion der Ewenken war schamanistisch, wobei im Gegensatz zu den Burjaten für Heilungszeremonien meist der **Schamane** einer anderen Sippe eigeladen wurde. Man glaubte, er könne seine eigenen Verwandten nicht behandeln. Tote wurden auf hohen Gestellen luftbestattet.

Gutes Verhältnis zu den Russen

Im 17. Jh. trafen die ersten Russen auf ewenkische Stämme und machten sie nach teilweise blutigen Kämpfen abgabenpflichtig. Es ist unklar, warum sie sowohl die Ewenken als auch die nördlicher lebenden Ewenen als Tungusen bezeichneten. Erst im 20. Jh. setzte sich die Bezeichnung Ewenken allgemein durch. Da die Abgaben in Form von **Pelzen** erfolgen mussten und diese außerdem bei den bald auftauchenden Händlern als Zahlungsmittel angenommen wurden, änderte sich der Charakter der Jagd. Man begann, Zobel, und – als dieser schnell dezimiert war – vorwiegend Eichhörnchen zu jagen. Bald ging man von Pfeil und Bogen zu Feuerwaffen über.

Russische Siedler ließen sich schon im 17. Jh. (östlich des Baikals später) in der Nachbarschaft der Ewenken nieder, von denen es im 18. Jh. im Gebiet Irkutsk ca. 2000 gab. An ihrem **friedlichen Zusammenleben** lässt sich die große Toleranz der Ewenken ablesen. Weder mit jakutischen Stämmen, die ebenfalls zeitweise im Baikalgebiet migrierten, noch mit den altrussischen Siedlern gab es ernste Auseinandersetzungen. Stattdessen beobachtete man aufmerksam die andere Lebensweise und übernahm einzelne Elemente. Manche Ewenken lernten von Jakuten die Pferde- und Viehzucht, Russen begannen, gemeinsam mit Ewenken zu jagen, lernten sich im Wald lautlos und geschickt fortzubewegen, und **gemischte Ehen** waren keine Seltenheit. So wie Russen Einzelheiten der ewenkischen Naturreligion in ihren Volksglauben aufnahmen, tauchten in den ewenkischen Zelten neben hölzernen Tier- und Geisterfiguren kleine Ikonen auf. In Gegenden, wo die Ewenken eng mit Burjaten zusammenlebten (z.B. im Bargusin-Tal), vermischte sich die Folklore beider Völker.

Übergang zu Sesshaftigkeit

Manche Ewenken gingen dazu über, im Winter typisch russische **Blockhütten** anstelle der Zelte zu bauen oder hatten mit der Zeit sogar eine ständige Behausung im Dorf, die sie von Zeit zu Zeit aufsuchten. So begann schon lange vor dem 20. Jh. ein langsamer Übergang zur Sesshaftigkeit. Aus manchen Gebieten zogen sich die Ewenken zurück, weil die Ansiedlung von Russen und Burjaten die Jagdgebiete zu sehr reduzierten. Im westlichen Baikalgebiet hatte es Stämme gegeben, die zeitweise bis auf die Höhe von Goloustnoje nomadisierten. Angeblich war es nicht nur die höhere Siedlungsdichte, die sie zum Ausweichen zwang, auch neue Krankheitserreger, denen sie wenig entgegenzusetzen hatten, ließen sie Distanz halten.

Massiv veränderte sich das Leben der Ewenken in den 20er Jahren des 20. Jh. Gleichzeitig mit einer intensiven Erforschung der ewenkischen Kultur durch neu gegründete ethnologische Institute forcierten die sowjetischen Behörden die Bildung von **Kommunen** und **Produktionsgenossenschaften.** Das Komitee des Nordens *(komitét sévera)* bildete eigene ewenkische Räte, in denen allerdings Schamanen kein Stimmrecht besaßen. Bald sollten sie ganz verschwinden. In den 1930er Jahren wurde der **Zwang zur Sesshaftigkeit** verstärkt. Auch die altrussischen Siedler waren von der Auflösung von Dörfern betroffen, die zum Ziel hatte, wenige und dafür größere Siedlungen mit Schulen, Krankenhäusern und sonstiger Infrastruktur zu schaffen. Den Ewenken, die die Taiga als ihre Wohnung empfanden, fiel der Umzug in feste Häuser sehr schwer, und noch lange konnte man in den Höfen traditionelle Zelte sehen, in denen die älteren Menschen oder im Sommer auch die ganze Familie lebte.

Doch noch immer besaßen viele Familien Rentiere und lebten selbstständig von der Jagd. Erst ab den 1950er Jahren wurden verstärkt Kolchosen und Sowchosen gegründet. Die ewenkische Kultur erlebte einen massiven **Niedergang.** Nun begann auch die intensive geologische Erschließung der abgelegenen ewenkischen Siedlungsgebiete. Der Anteil der zugereisten Bevölkerung nahm zu, teilweise flossen beträchtliche finanzielle Mittel und viele Ewenken fanden dank ihres hervorragenden Orientierungssinnes Arbeit als Führer. Nur noch sehr wenige Familien bewahrten sich ihre traditionelle Lebensweise.

Ewenken heute

Heute gibt es ca. 30.000 Ewenken in Russland, davon 1800 auf dem Gebiet der Republik Burjatien (bes. Bezirke Kurumkan, Sewerobaikalsk und Baunt) und 700–800 im Gebiet Irkutsk (Bezirke Katschug und Katanga). Auch in China leben ca. 18.000 Ewenken in einem eigenen Bezirk. Am ursprünglichsten jedoch ist die ewenkische Kultur im Norden des **Gebiets Krasnojarsk** erhalten, wo ein eigener nationaler Verwaltungsbezirk den Ewenken eine gewisse Autonomie zusichert, und in **Jakutien.** Im Baikalgebiet kann man auch wegen der starken Mischung mit anderen Nationalitäten nur noch bedingt von ewenkischer Kultur sprechen. Nur noch ca. 6 % der Ewenken leben traditionell nomadisch (im Bezirk Katanga), und selbst hier sind Ehepartner anderer Nationalitaten nicht selten. Rentiere waren in manchen Gebieten ganz verschwunden, werden jedoch in den letzten Jahren hier und da wieder eingeführt, wobei nicht nur eine Rückbesinnung auf die eigenen Wurzeln, sondern auch der Tourismus eine Rolle spielt.

Seit 1990 sind die Mittel für die Rohstofferschließung fast vollständig versiegt, viele Russen haben die ewenkischen Gebiete verlassen. Doch es ist nicht ausgeschlossen, dass sich dies punktuell wieder ändert. So sollen beispielsweise an einem großen Gasvorkommen im Norden des Irkutsker Gebiets (Kowykta) schon bald die Förderungsarbeiten beginnen, obwohl das Projekt besonders aus ökologischen Gründen umstritten ist.

Generell ist die Situation in traditionell ewenkischen Gegenden jedoch mehr von **Finanzmangel,** Arbeitslosigkeit und einer schlechten Versorgungslage gekennzeichnet. Die Sterblichkeit ist hoch, häufig bedingt durch **Alkoholismus** und dadurch verursachte Unglücksfälle. Ewenken mit höherer Bildung wandern oft aus dem Baikalgebiet ab in die autonomen Bezirke. Andere ernähren sich wieder in erster Linie durch die Jagd und den Verkauf von Pelzen, bleiben jedoch sesshaft. In manchen Gegenden werden Ewenken bei der Vergabe von Jagdlizenzen bevorzugt, z.B. wird am Nordbaikal jedes Jahr eine bestimmte Anzahl von Robben zum Abschuss für Ewenken freigegeben. U.a. aus diesem Grund wird es auch für Mischlinge wieder attraktiver, sich als Ewenken eintragen zu lassen.

Ewenkische Folklore

Ewenkische Folklore-Ensembles gibt es an mehreren Orten. In Irkutsk kann man Auftritte im Rahmen des **Fests der Nationalitäten** im Juni sehen (Info: Haus der Völkerfreundschaft, s.o.). Auch traditionelle **Handarbeiten** werden von Kindern gelernt und bei Gelegenheit an Touristen verkauft (z.B. Alla im Bargusin-Tal, Cholodnoje bei Sewerobaikalsk). Generell jedoch sind die meisten Gebiete zu schlecht erreichbar, als dass der Tourismus helfen könnte, die nationale Kultur zu stärken.

Folkloredarbietung auf dem Suglan-Fest in Alygdscher

Tofalaren (tófy)

Die Tofalaren bilden eine sehr kleine Volksgruppe im **Ost-Sajan-Gebirge** (Bezirk Nischneudinsk). Bis ins 20. Jh. hinein wurden sie Karagassen genannt. Erst dann setzte sich die Bezeichnung Tofalaren (von *tofa, tofalarisch* = Mensch) durch. Ihre Herkunft ist (wie die vieler anderer sibirischer Ethnien, über die lange keine schriftlichen Quellen vorlagen) umstritten. Ihre sprachliche Nähe zu den **turksprachigen** Tuwinern lässt vermuten, dass sie aus Tuwa abgewandert sind. Im Widerspruch dazu steht ihre Lebensweise, die der nordsibirischer Völker stark ähnelt.

Traditionelle Lebensweise

Traditionell waren die Tofalaren **nomadische Jäger und Sammler.** Ihr einziges Haustier war das **Rentier,** das ihnen als Transportmittel, Fellieferant und Nahrungsquelle diente. Auch Hunde waren wichtige Helfer auf der Jagd und durften mit den Menschen im Zelt leben. Die Behausungen, die im Sommer mit Rinde, im Winter mit Tierhäuten bedeckt waren, ließen sich leicht ab- und aufbauen. Im Winter ernährten sie sich hautpsächlich von der Jagd, im Sommer von Wildpflanzen und Fischen, weshalb sie alle drei Tage ihren Aufenthaltsort wechselten. Ihr Glaube war schamanistisch, jede Sippe hatte einen **Schamanen.** Sie verehrten Berge, Gewässer und besonders den Bären, den „Herrn der Taiga".

Eine wichtige Rolle spielte das jährliche **Sippentreffen** „Suglan", das im

Frühsommer stattfand und auf dem traditionell alle organisatorischen Fragen besprochen wurden. Auch Ehen wurden hier geschlossen. Nach Abschluss aller wichtigen Fragen wurden sportliche **Wettkämpfe und Spiele** durchgeführt.

Das Leben der Tofalaren war immer schon hart, und die kargen Verhältnisse verhinderten die Entwicklung von Kunst und Handwerk. Ihre Alltagsgegenstände waren einfach, die Kleidung kaum verziert und sie kannten keine Schrift. Da sie außerdem kein organisiertes Gemeinwesen hatten, war das schon damals kleine Volk (400–500 Personen) vor der Ankunft der Russen seinen burjatischen Nachbarn im Ost-Sajan und davor chinesischen Herren tributpflichtig. Vom 17. Jh. bis zum Jahr 1925 wurden Abgaben in Form von Fellen an die russischen Einwanderer gezahlt.

Kultureller Niedergang

Besonders schädlichen Einfluss auf die traditionelle Lebensweise hatten aber weniger die Steuern als die **russischen Händler,** die bald begannen, industrielle Waren und Alkohol in die entlegenen Gebiete zu transportieren und zu überhöhten Preisen, oft auch auf Kredit zu verkaufen. Zu Beginn des 20. Jh. waren alle Familien extrem verschuldet. Die Christianisierung der Tofalaren, die im 19. Jh. angeblich abgeschlossen war, scheint dagegen keine sehr tiefen Auswirkungen auf ihre

061ba Foto: ej

Lebensweise gehabt zu haben. Das geht aus den Veröffentlichungen des Ethnologen *Bernhard Petri* (1884–1937) hervor, der die tofalarische Kultur und Lebensweise in den 1920er Jahren sehr ausführlich untersuchte und sich für ihren Erhalt einsetzte. Er konnte aber die Politik der sowjetischen Behörden, die Ende der 1920er Jahre das Interesse an einer individuellen Nationalitätenpolitik immer mehr verloren, nur kurzfristig beeinflussen. 1937 wurde er auf dem Höhepunkt der stalinschen Repressionen der Spionage angeklagt und hingerichtet.

Sojotisch-burjatische Familie im Oka-Bezirk

Die tofalarische Bevölkerung wurde vollständig **sesshaft** gemacht. Man ging dazu über, nach russischem Vorbild Blockhütten zu bauen. Der Schamanismus wurde verboten. Die Ernährungweise veränderte sich und auch die traditionelle Kleidung verschwand, nachdem die Rentiere verstaatlicht waren. Man gründete Kolchosen, die versuchten, in den Flusstälern Ackerbau zu betreiben. Erfolgreicher war allerdings die Zucht von Rentieren und (seit 1967) Pelztieren.

Tofalaren heute

Heute lebt die Bevölkerung von Tofalarien deutlich **ärmer** als Menschen in anderen ländlichen Gebieten Russlands, die eine bessere Infrastruktur haben. Das betrifft auch zugezogene Russen, Tuwiner und andere Nationalitäten, obwohl Russen statistisch häufiger in leitenden Positionen zu finden sind. Die meisten Menschen ernähren sich heute (allerdings gezwungenermaßen) wieder von der **Jagd** und gesammelten **Waldfrüchten.** Der Anteil „echter" Tofalaren ist nicht sehr hoch, besonders in Alygdscher gibt es fast nur noch Menschen gemischter Abstammung. Die staatliche Kinderbetreuung führte dazu, dass die **tofalarische Sprache** immer schlechter gesprochen wurde. Allerdings wurde 1989 ein Schriftsystem für Tofalarisch ausgearbeitet und seit 1990 gibt es ein Lehrwerk, mit dem in Schulen Tofalarisch unterrichtet wird. In Ansätzen versucht man außerdem, Elemente von Kultur und Folklore wiederzubeleben. So findet seit einigen Jahren wieder jährlich das **Suglan-Fest** mit Tanz- und Gesangsvorführungen und Sportwettkämpfen statt (Schießen, Ringen). Das Verhältnis zu den benachbarten Tuwinern ist heute eher angespannt. Sie werden häufig des Pferdediebstahls bezichtigt.

Der bekannte sibirische Schriftsteller *W. Rasputin* (s. „Literatur") hat eines seiner Bücher Tofalarien gewidmet („Krai wósle sámowo néba", 1982).

Sojoten (soióty)

Die Sojoten, ein sehr kleines Volk im Ost-Sajan-Gebirge, sind Nachbarn der oben beschriebenen Tofalaren. Schon bei Ankunft der ersten Kosaken lebten sie südöstlich von Tofalarien im **Oka-Bezirk,** der zur Republik Burjatien gehört. Die Zugehörigkeit der sojotischen Sprache zur **uigurischen Untergruppe der Turksprachen** und ihre Lebensweise legt eine enge Verwandtschaft mit Tuwinern *(todschinzy)* und einer Volksgruppe in der Nord-Mongolei (Zaatan/Tsaaten; mongolisch *tsaa* = Rentier) nahe. Doch lassen sich auch über dieses Volk aus Mangel an Quellen keine sicheren Angaben machen.

Wie die Tofalaren waren die Sojoten (früher auch *sojan, sojet, soiong*) bis ins 18./19. Jh. nomadisch lebende **Rentierzüchter und Jäger,** die ihre rinden- oder fellbedeckten Spitzzelte je nach Jahreszeit in höheren oder tieferen Bergregionen aufschlugen. Ihre Religion war **schamanistisch.** Durch starke Vermischung mit den Burjaten begannen sie jedoch immer mehr, deren Sprache anzunehmen, wurden sesshaft und hielten Vieh. Auch der Naturglaube wurde stark vom Buddhismus beeinflusst. Schon bei einer Volkszählung im Jahr 1897 hat man sie nicht mehr als eigenständige Volksgruppe, sondern als Burjaten registriert. Nachdem in den 1920er Jahren die Kultur und Lebensweise auf Initiative des Irkutsker Ethnologen *Bernhard Petri* erforscht und dokumentiert wurde, bekam das damals ca. 500 Menschen zählende Volk den offiziellen Status einer **eigenständigen Ethnie** *(málaja naródnost séwera),* allerdings ohne dazugehöriges Verwaltungsgebiet, was wegen der Durchmischung mit Burjaten unmöglich war. Die sojotische Sprache wurde zu diesem Zeitpunkt, nach Angaben von Petri, kaum noch gesprochen.

Die weitere Entwicklung in der Sowjetperiode wirkte sich besonders auf die Religion aus. Schamanen und Lamas wurden verfolgt und der Glaube nur noch ansatzweise privat praktiziert. Auch sonstige Züge ethnischer Eigenständigkeit wurden noch mehr verwischt. Die Rentierzucht dagegen, ein wichtiges Element der nationalen Identifikation, wurde im Rahmen einer Kolchose weitergeführt und erst 1963 wegen Unrentabilität eingestellt.

Heute ist die Volksgruppe praktisch **in der burjatischen Bevölkerung aufgegangen.** Nach offiziellen Angaben waren 1995 von den ca. 4600 Bewohnern des im Oka-Bezirks 1970 (also 42 %) Sojoten. Doch kaum jemand bezeichnet sich noch als Sojote. Auch in Weltanschauung, Folklore und Lebensweise ist es praktisch unmöglich,

Unterschiede zu der burjatischen Bevölkerung des Bezirks auszumachen. In der Religion gibt es schamanistische und buddhistische Tendenzen. Die Lebensweise ist einfach, man lebt von Viehzucht, teilweise gibt es **Yaks** und seit kurzem auch wieder **Rentiere.** Manche Familien haben noch Sommerdörfer, wo im Sommer das Vieh geweidet wird.

Dennoch werden Versuche unternommen, die **nationale Identität** wieder auferstehen zu lassen. Von den Bewohnern des Dorfes Sorok wurde 1992 ein Zentrum für sojotische Kultur gegründet. Weiter gibt es zur Interessenvertretung der Minderheit eine sojotische Assoziation und die gemeinnützige Stiftung „Achalar", als deren Vorsitzender sich der Lama *D. Ch. Samajew* engagiert. Die Sojoten sind aufgenommen in das Gesetz über die „Kleinen Völker Russlands".

Andere Minderheiten

Im Verhältnis zu den zahlenmäßig relativ unbedeutenden Gruppen der Ureinwohner im Baikalgebiet haben andere Nationalitäten einen viel größeren Anteil an der heutigen Bevölkerung. So leben im Gebiet Irkutsk mit 3,5 % mehr Ukrainer als Burjaten. Auch Weißrussen und Menschen aus anderen **ehemaligen Sowjetrepubliken** machen einen großen Anteil aus.

Russlanddeutsche

Gemessen an gesamtrussischen Zahlen ist der Anteil der Russlanddeutschen *(rússkije némzy)* im Baikalgebiet relativ gering. Die Gegend gehörte **nicht zu den typischen Siedlungsgebieten** unter *Katharina II.*, in die **ausreisewillige Bauern** freiwillig zogen, um sich eine neue Existenz aufzubauen. Die meisten Deutschen am Baikal wurden nach der Auflösung der Wolgarepublik 1941 hierher deportiert. In Burjatien waren sie besonders auf die Bezirke Sakamensk und Kabansk konzentriert. Im Gebiet Irkutsk galt die Siedlung Piwowaricha am Stadtrand von Irkutsk als stark deutsch geprägt. Durch Assimilation und seit 1990 auch durch Ausreise nach Deutschland sind die Spuren der Deutschen inzwischen stark verwischt. Es ist eher Zufall, wenn einem hier oder da noch ein deutscher Nachname begegnet.

Polen

Zu den historisch interessanten Minderheiten gehören die Polen *(poljáki)*. Ihre Präsenz in Sibirien hat ausschließlich unfreiwillige Gründe. Seit der Aufteilung der polnischen Gebiete unter Russland, Preußen und Österreich gab es im Rahmen der nationalen Freiheitsbewegung eine ganze Reihe von Aufständen, denen regelmäßig massive Wellen von Verhaftungen und **Verbannung nach Sibirien** folgten. Den ersten Polen, die schon zu Beginn des 17. Jh. hinter dem Ural auftauchten, folgte eine zweite Verbannungswelle Ende des 18. Jh. und ein besonders großer Schub nach den Aufständen von 1830/31, 1848 und 1863/64 (über 18.000 Menschen). Als mildere Strafe galt die Zwangsrekrutierung in die zaristische Armee.

Da die meisten der Verbannten im Gegensatz zu Wirtschaftsemigranten, die nach Amerika auswanderten, aus den **gebildeteren Schichten** stammten, fiel es ihnen meist nicht schwer, bezahlte Arbeitsstellen zu finden (u.a. beim Eisenbahnbau). Einzelne ließen sich selbst durch harte Verhältnisse in der Verbannung nicht abschrecken und gingen ihrer wissenschaftlichen Berufung nach. Einer der wichtigsten Baikalforscher, *Jan Tscherski* (russ. auch *Iwán Deméntjewitsch Tschérski,* 1845–92), war polnischer Herkunft, ebenso wie der Arzt *Benedykt Dybowski* (1833–1930). Vier Jahre seiner 13-jährigen Verbannung verbrachte dieser am Baikalsee.

Die Zahl der heute noch im Baikalgebiet lebenden Polen nimmt ständig ab. In Burjatien sind es nur noch 400 Menschen, im Gebiet Irkutsk knapp 3000. In Irkutsk erinnert die ehemalige katholische Kirche noch an die polnische Diaspora, in Ulan-Ude wurden zwei polnische Kirchen abgerissen.

Tataren

Auf anderen Wegen sind die Tataren *(tatáry)* ins Baikalgebiet gelangt. Als Nachfahren verschiedener sibirischer **Turkstämme** waren sie mit den Heeren *Dschingis Khans* nach Westrussland gekommen und lebten dort später unter russischer Herrschaft, hauptsächlich an der Wolga, auf dem Gebiet der späteren **Tatarischen Republik** mit der Hauptstadt Kasan. Schon im 19. Jh., doch verstärkt zu Beginn des 20. Jh. wanderten viele Tataren in der Hoffnung auf eigenen Landbesitz oder Arbeit in Industrie und Bergwerken nach Sibirien aus. Im Laufe der 1920er und 1930er Jahre kamen Enteignete und Verbannte dazu, viele Geistliche wurden mit ihren Familien verschickt und mussten sich auf dem freien Feld aus nichts eine neue Existenz aufbauen. Sie waren **Muslime** und nach einigen schweren Anfangsjahren gründeten sie tatarische Schulen und bauten Moscheen.

Heute leben im Gebiet Irkutsk ca. 39.000 Tataren, besonders in den Bezirken Salari, Tscheremchowo und Ust-Ordynski. Auch in Irkutsk und Ulan-Ude gab es große tatarische Gemeinschaften, die Irkutsker Moschee hat (im Gegensatz zu der Moschee von Ulan-Ude) die Jahre der Repression überlebt. Doch die tatarische Kultur mit ihren Bräuchen und Traditionen und besonders die Sprache gehen langsam verloren. Nur noch wenige ältere Menschen sprechen Tatarisch, die meisten Kinder sind völlig assimiliert.

Jakuten

Die Jakuten *(jakúty)* spielen heute in der Baikalregion kaum noch eine Rolle. Vermutlich besiedelte das **turksprachige Volk** von Vieh- und Pferdezüchtern die Region bis ins 13. Jh. Dann wich es nachdrängenden mongolischen Stämmen weiter nach Norden aus und vermischte sich teilweise mit schon hier lebenden Stämmen. 1922 wurde die **Autonome Jakutische Sowjetrepublik** gegründet, die 1992 umbenannt wurde in „Republik Sacha" (Eigenbezeichnung vom jakut. Wort für „Mensch"). Da das Gebiet Irkutsk und die Republik Burjatien an Jakutien grenzen, lebt in den **nördlichen Randgebieten** eine geringe Zahl von Jakuten.

Chinesen

Die chinesische Minderheit im Baikalgebiet *(kitáizy)* hat keine historischen Wurzeln. Erst **seit den 1990er Jahren** nimmt die Zahl chinesischer Kleinhändler, Unternehmer, Arbeiter und Studenten in den Städten stark zu. Es sind wohl in erster Linie **wirtschaftliche Gründe,** welche die Menschen veranlassen, entweder regelmäßig zu kurzen Handelsreisen nach Russland zu kommen oder sich längerfristig niederzulassen, denn das Preisgefälle zwischen China und Russland ist sehr groß. Obst und Gemüse kommen zu einem großen Teil aus China, auch viele Textilien und Haushaltswaren, besonders im Billigsektor.

Golendry – Bugholländer in Sibirien

80 km von der Stadt Salarí entfernt liegen am Fuß des Sajan-Gebirges die Dörfer **Pichtinsk, Sredne-Pichtinsk** und **Dagnik.** Die Menschen, die sie ab 1911 mitten im Wald gegründet hatten, nannten sich *goléndry* – „Holländer". Sie kamen aus **Polen,** sprachen Ukrainisch und brachten in Preußen gedruckte, protestantische Gebetsbücher mit. Ihre Nachnamen dagegen (Kunz, Hildebrandt, Ludwig ...) hörten sich so **deutsch** an, dass dies für lange Zeit ihre **offizielle Nationalität** blieb. Heute wissen auch sie, dass ihre Vorfahren, die sogenannten Bugholländer, sich wohl auf der Flucht vor politischer oder religiöser Repression erst in Preußen, dann zu Beginn des 17. Jh. am damals polnischen Bug niederließen, um Neuland zu roden und zu besiedeln, was ihnen möglicherweise den Namen „Hauländer" eingebracht hat. Fast 300 Jahre später, als auch hier Landnot aufkam, machten sie sich, angelockt durch diverse Vergünstigungen (Steuern, Armeedienst, kostenloser Transport) auf nach Sibirien. Das Missverständnis in Hinblick auf ihre Nationalität kam sie im **Zweiten Weltkrieg** teuer zu stehen, als fast die gesamte arbeitsfähige Bevölkerung der Dörfer in Arbeitskolonnen zwangsrekrutiert wurde. Bis heute haben sich die *golendry,* die lange Zeit nur ihresgleichen heirateten, viel ursprüngliches Brauchtum, ihren alten Baustil und ihren Glauben bewahrt. Seit 2004 gibt es Kontakte zu Nachfahren von Bugholländern, die heute in Deutschland leben.

Religionen

Orthodoxie (prawosláwije)

Ab dem 10. Jh. wurde das orthodoxe Christentum mit Ursprung in Byzanz (heutiges Istanbul) die offizielle Religion in Russland. Die Verknüpfung zwischen Kirche und Staat war stark, und so geschah es in beider Interesse, als den russischen Siedlern nach Sibirien bald Geistliche nachgeschickt wurden, die erste kleine Holzkirchen bauen ließen, Gemeinden gründeten und schließlich auch die Eingeborenen **missionieren** sollten. Dies geschah, besonders seit der Gründung der ersten Klöster (um 1670 in Kirensk, 1672 und 1693 in Irkutsk und 1690 östlich des Baikalsees das Troizki-Kloster) mit den verschiedensten Methoden. Angeblich soll es Zwangstaufen gegeben haben. Bald jedoch merkte man, dass Anreize wie die zeitlich befristete Befreiung von der Abgabenpflicht viel effektiver waren. Selbstverständlich ist fraglich, inwieweit solche Motive eine Abkehr von jahrhundertealten Traditionen auslösen konnten. Doch sie schwächten auf jeden Fall die Position der Schamanen und führten dazu, dass im westlichen Baikalgebiet Anfang des 20. Jh. fast 50 % aller Burjaten nominell Christen waren. Auch unter den Ewenken war diese Zahl hoch.

Nicht zu unterschätzen ist sicher auch der Einfluss der Kirche auf Sitten und Moral der ersten Generationen russischer Eroberer. Tausende von Kilometern von Moskau entfernt stellten die Kosaken, die aus den unterschiedlichsten Gründen (teils auch, um einer Strafverfolgung zu entgehen) Westrussland verlassen hatten, ihre eigenen Gesetze auf und unterwarfen sich kaum einer Autorität. Beispielsweise waren der Handel mit Frauen der Ureinwohner und das Zusammenleben ohne kirchliche Trauung weit verbreitet. Eine der Aufgaben der Geistlichen war also auch die **Zivilisierung** dieser „wilden Kerle". Lange Zeit waren die Geistlichen die einzigen, die das Recht hatten, in Moskau Beschwerden gegen zaristische Beamte vorzubringen.

Später spielte die orthodoxe Kirche eine wichtige Rolle bei der Entwicklung der **Wohlfahrt,** bei sozialen und Bildungseinrichtungen, aber auch bei der Entwicklung von **Kunst und Malerei** in Sibirien.

Im Zuge der politischen **Unterdrückung jeglicher Religion** in den 1920er und 1930er Jahren verlor die orthodoxe Kirche natürlich zuerst die eher formalen Anhänger aus den Reihen der Ureinwohner. Doch auch mehrere sowjetisch geprägte Generationen von Russen haben den Kontakt zum Glauben weitgehend verloren. In den vergangenen Jahren ist zwar bei vielen ein wachsendes Bedürfnis nach Füllung des religiösen Vakuums zu beobachten, doch nicht alle wenden sich zu diesem Zweck an die orthodoxe Kirche, was von dieser wiederum mit großer Empfindlichkeit beobachtet wird. Besonders westliche Religionsgemeinschaften verfügen häufig über ganz andere finanzielle Mittel für ihre Überzeugungsarbeit, während die russische Kirche, belastet durch Hunderte von Kirchenruinen (von denen viele in den letzten Jahren wieder prächtig restauriert wurden!) an ihrem Erbe schwer zu tragen hat.

Orthodoxe Gotteshäuser in der Baikalregion

Das russische Wort für Kirche ist *zérkow.* Die Kirchen in der Baikalregion werden jedoch (zur Unterscheidung von deutlich kleineren Holzkirchen) manchmal auch als *chram* oder *sobór* (Kathedrale, Dom) bezeichnet. Bis auf Fälle, in denen die Dimensionen dies

eindeutig rechtfertigen, wurde bei der Übersetzung auf die Wiedergabe dieser Unterscheidung verzichtet.

Die feierlichsten (und auch meistbesuchten) Gottesdienste finden in der **Osternacht** statt. Meist beginnen sie am späten Abend und werden gekrönt von einem Kreuzzug, bei dem die Geistlichen, gefolgt von den Gläubigen, einmal um die Kirche herumgehen. Anschließend können mitgebrachte Ostereier oder die typischen Osterkuchen *(kulítsch)* gesegnet werden.

Zwei **Ikonen** findet man in orthodoxen Kirchen des Baikalgebiets besonders häufig. Eine stellt den ersten Bischof von Irkutsk *Innokenti Kultschizki* dar, der 1727 aus Kiew nach Sibirien kam und nach seinem Tod heilig gesprochen wurde (die Heiligsprechung ist abgebildet auf der Fassade der Spasskaja-Kirche in Irkutsk). Sehr beliebt ist außerdem der heilige Nikolai, der Wundertäter *(tschudotwórez)*, der nicht nur als Schutzpatron der Fischer und Seeleute, sondern auch als Heiliger Sibiriens sehr verehrt wird.

Altarraum der Kirche in Tunka

Altgläubige (staroobrjádzy)

Die Altgläubigen sind eine russische Bevölkerungsgruppe, die sich im 17. Jh. von der Mehrheit der russischen Bevölkerung **abspaltete,** weil sie nicht bereit war, die von Patriarch *Nikon* ausgearbeitete Reform des orthodoxen Glaubens (1652) anzunehmen. Ganze Dörfer versuchten, dem Druck des Zaren zu entgehen, indem sie an die Landesgrenzen, nach Weißrussland und nach Polen abwanderten. Ihre relativ unabhängige Existenz dort missfiel Zarin *Katharina II.* In zwei Wellen (1735, 1764) versuchte sie erst, sie zur Rückkehr zu bewegen und zwang sie schließlich, sich in den weiten, damals noch unerschlossenen Gebieten Südsibiriens niederzulassen. Im **Altai** und **östlich des Baikalsees** würden die selbstbewussten „Regimegegner" wenig Schaden anrichten, gleichzeitig den russischen Anspruch auf Grenzgebiete festigen und die Arbeiter der Erz- und Silberminen hinter dem Baikalsee mit landwirtschaftlichen Produkten versorgen, die bislang mühsam in diese Gebiete transportiert werden mussten.

Die Altgläubigen, im Baikalgebiet auch *seméiskije* genannt, weil sie im Gegensatz zu Kosaken und Verbannten als Einzige mit ihren ganzen Familien anreisten, bekamen Land zugeteilt und verwandelten nach Aussagen von Zeitzeugen innerhalb weniger Jahre karge Landstriche in blühende Gärten und Felder. Das war ihnen möglich dank eines sehr strengen Systems an **Verhaltensregeln,** die nicht nur den Glauben, sondern den ganzen Alltag regelten. Fleiß, Ordnung und Sauberkeit waren für die Altgläubigen auf dem Gebiet des heutigen Burjatien oberste Grundsätze. Sie nutzten Kanäle aus der Zeit der Kurykanen und bauten Bewässerungssysteme, sie bauten Getreide an in Gegenden, wo keiner das für möglich gehalten hätte.

Neben der **Sauberkeit** von Kleidung, Geschirr und Wohnung – sie schrubbten vor Ostern die Balken ihrer Blockhäuser sogar von außen – war auch die „innere Sauberkeit" wichtig: Wer Alkohol trank oder rauchte, wurde erbarmungslos aus der Gemeinschaft ausgeschlossen. All diese strengen Regeln gaben Sicherheit und ein klar gegliedertes Weltbild. So ist zu erklären, warum die meisten Reisenden die Altgläubigen als sehr fröhliche und zufriedene Menschen beschrieben. Auffällig war besonders ihre Vorliebe für **bunte Malereien** auf Alltagsgegenständen und Hausfassaden. Auch die farbenfrohe Tracht, die sich möglicherweise unter dem Einfluss erhandelter chinesischer Stoffe herausgebildet hat, sowie schwere Bernsteinketten, die aus der historischen Heimat importiert wurden, waren typische Merkmale.

Ende des 19. Jh. lebten in ganz Sibirien ca. 180.000 Altgläubige, davon 40.000 in 30 Dörfern östlich des Baikalsees. Sie waren bekannt für ihren Kinderreichtum, und so wurde das Land knapp, weshalb in dieser Zeit viele junge Familien aufbrachen in neu erschlossene Gebiete am Amur und weiter nördlich in Jakutien. Ihre Dörfer bauten sie überall gleich: Sie zogen sich oft über mehrere Kilometer an einer einzigen Dorfstraße entlang.

Der Glaube allerdings unterschied sich im Laufe der Zeit immer mehr. Manche Gemeinden lebten prinzipiell priesterlos. Dorfälteste hatten hier das Recht zu taufen und zu beerdigen und gaben ihr Wissen weiter. Andere Gemeinden hatten Kirchen und suchten sich unter großen Schwierigkeiten **Priester** ihres Glaubens. Ähnlich schwierig war die Beschaffung liturgischer Bücher, die in Geheimdruckereien in Westrussland und Polen hergestellt wurden.

Trotz des Lebens in festen Dorfgemeinschaften, das es ihnen erlaubte, bis ins 20. Jh. altrussisches Liedgut, Tänze und Brauchtum zu bewahren, hatten die Altgläubigen in Burjatien durchaus **Kontakt zu ihrer Umgebung.** Sie handelten mit ihren Erzeugnissen und setzten sich mit den zaristischen Behörden auseinander. Mit burjatischen Nachbarn kam es sogar teilweise zu Wissensaustausch – jene lernten Methoden des Ackerbaus, die Altgläubigen schauten sich Feinheiten der Viehzucht und manche Naturheilmittel ab. Geheiratet wurde allerdings nur innerhalb der Gemeinschaft (unter strenger Beachtung des Verwandtschaftsgrades). Lange wehrte man sich gegen staatliche Schulbildung und moderne Medizin.

Diesen Widerstand brach **nach der Revolution** die sowjetische Regierung mit Gewalt. Schon zuvor hatten einzelne Altgläubige, die auf Arbeitssuche in die Städte oder in den Goldabbau abwanderten, die strenge Moral aufgeweicht. Doch nun wurde radikal gegen den Glauben vorgegangen (81 Kirchen wurden in den 1930er und 1940er Jahren zerstört). Viele der relativ wohlhabenden Familien wurden als Kulaken enteignet oder gar getötet, alle anderen mussten von nun ab in neu gegründeten Kolchosen arbeiten. Die Trachten verschwanden, getauft und gebetet wurde nur noch im Verborgenen und die festen Dorfgemeinschaften zerfielen.

Heute lässt in erster Linie die Architektur noch erkennen, wo Altgläubige leben. Ihr Alltag mit all seinen Problemen (Arbeitslosigkeit und Alkoholismus eingeschlossen) unterscheidet sich praktisch nicht mehr von dem in „normalen" russischen Dörfern. Doch das Interesse auch der Wissenschaft an diesen Überbleibseln alter slawischer Kultur wächst, und so wird hier und da Brauchtum wiederbelebt, man erinnert sich an alte Lieder und Tänze und der Glaube erfährt einen starken **Aufschwung** – so stark, dass sogar in Städten wie Ulan-Ude und Irkutsk

064ba Foto: rj

Im Altgläubigendorf Bolschoi Kunalei

heute wieder **aktive Gemeinden** von Altgläubigen leben. In vielen Orten werden neue Kirchen und Gebetshäuser gegründet.

Dem **Tourismus** stehen viele Altgläubigendörfer sehr aufgeschlossen gegenüber. Er hilft einerseits den kleinen Gemeinden in einer wirtschaftlich sehr schwierigen Zeit, andererseits stärkt er das Bewusstsein für die eigene Identität. So sind fast alle Dörfer gern bereit, kleine Auftritte zu organisieren und im Rahmen von Wanderungen in der Natur oder Begegnungen in typischen Häusern vom Leben der Altgläubigen zu erzählen.

Volksglaube

Ähnlich wie in Westeuropa hat sich auch die russische Bevölkerung beim Übergang zum Christentum viele **Elemente aus vorchristlicher Zeit** bewahrt. Was jedoch in Europa durch die Aufklärung und früher einsetzende Bildung bis auf kaum spürbare Reste verschwunden ist, konnte sich in vielen ländlichen Regionen Russlands **bis heute** halten. So sind viele, auch junge Russen in Dörfern der Baikalregion überzeugt davon, dass der **„böse Blick"** besonders kleinen Kindern Schaden zufügen kann. Man zeigt u.a. aus diesem Grund Säuglinge im ersten Lebensmonat nur den engsten Familienmitgliedern. Auch Erwachsene können, davon ist man überzeugt, Opfer von bösen Flüchen, **Verwünschungen** oder gar Hexerei werden. Man achtet deshalb genau darauf, bei wem man auf dem Markt einkauft. Die erstandene Ware könnte mit „negativer Energie" belastet sein. Bemerkt man an sich oder an Kindern Spuren einer Verwünschung *(pórtscha)*, wendet man sich üblicherweise an eine der älteren Frauen *(bábuschka)*, die in jedem Ort die Funktion von **Volksheilern** ausüben. Diese wird durch bestimmte Zeremonien (oft mithilfe von Wachs und geweihtem Wasser) versuchen, die Ursache der Beschwerde festzustellen und sie durch Gebete und alte Beschwörungsformeln zu beheben.

Lebendig ist bei vielen auch der Glaube an den **Hausgeist** *(domowói)*, der eine Familie über Generationen unauffällig begleiten kann, wenn man ihm respektvoll begegnet und ihn u.a. beim Einzug mit kleinen Speisen bewirtet. Erzürnt man ihn jedoch, kann er sich den Bewohnern im Schlaf auf die Brust setzen und Beklemmungs-, ja Erstickungsgefühle hervorufen.

Selbstverständlich gibt es auch eine Vielzahl weniger bedrohlicher Regeln des **Aberglaubens**, die in der Regel allen bekannt sind und auch eingehalten werden. Weit verbreitet ist das „Klopfen auf Holz"; tabu ist das Pfeifen in geschlossenen Räumen; Gegenstände sollten nie über eine Schwelle hinweg gereicht werden.

Buddhismus (buddísm)

Im 16. Jh. verbreitete sich der **tibetische Lamaismus** in der Mongolei. Lamaismus nennt man diese nördliche Ausprägung des Buddhismus deshalb, weil der Lama als Lehrer, spiritueller Meister und Helfer eine wichtige Stellung einnimmt, ja den Gläubigen viele Pflichten gänzlich abnimmt, sie sozusagen an ihrer Stelle ausübt. Die bis zu diesem Zeitpunkt in der Mongolei verbreitete Naturreligion wurde zum Teil gewaltsam unterdrückt, Schamanen wurden verfolgt und vernichtet, andererseits nahm der Lamaismus manche Elemente dieses Glaubens auf. Beispielsweise begannen die Lamas **anstelle der Schamanen,** die Zukunft vorherzusagen.

Langsam begann der Lamaismus im 17. Jh. auch nach **Burjatien** vorzudringen. Beschleunigt wurde dieser Prozess zu Beginn des 18. Jh., als 150 mongolische und tibetische Lamas ins Baikalgebiet flohen. Ihre Gegenwart wurde von der russischen Regierung akzeptiert. Vermutlich war dies Teil einer neuen Nationalitätenpolitik, die darauf abzielte, religiöse Zentren außerhalb des russischen Reiches nicht unnötig zu stärken. In diesem Sinn wurde 1764 das Amt eines eigenen buddhistischen Oberhaupts für Russland, des **Pandido-Hambo Lama,** geschaffen.

Schon 1741 waren alle Lamas von der Abgabenpflicht befreit worden. Dieses Privileg hatte jedoch die unerwünschte Konsequenz, dass die Zahl der Lamas extrem schnell anstieg. 1774 gab es 617 Lamas in den neu entstehenden Klöstern *(dazán)* in Burjatien, zu Beginn des 19. Jh. hatte sich ihre Zahl verdreifacht und 1831 waren es über 4600 im Vergleich zu einer Bevölkerung von ca. 150.000 Burjaten. Bis zur Oktoberrevolution sollte sich dieses Verhältnis noch mehr zuspitzen, bedingt auch dadurch, dass sich Kinder aus burjatisch-russischen Ehen oft als Russen eintragen ließen.

Das Verhältnis zum burjatischen Schamanismus war ähnlich wie schon zuvor in der Mongolei, wobei in der Baikalregion viele Schamanen der Verfolgung entgehen konnten, indem sie in Gebiete westlich des Sees auswichen, wo der Buddhismus bis ins 20. Jh. hinein nicht richtig Wurzeln fassen konnte. Gleichzeitig lässt sich wieder eine erstaunliche Offenheit beobachten: Nachfahren burjatischer Schamanen wurden bereitwillig als Lamas aufgenommen, ihre Fähigkeiten galten auch im Buddhismus als wertvoll. Ebenso kreativ verstanden es die einfachen Gläubigen, die neue Religion mit der alten zu verbinden. Bis heute lässt sich in vielen Regionen (z.B. Tunka-Tal, Bargusin-Tal) ein deutlich ausgeprägter **Doppelglaube** (Schamanismus und Buddhismus), wenn nicht sogar Dreifachglaube (und Christentum) beobachten, der von Lamas zwar nicht immer gern gesehen ist, gegen den jedoch nur schwer etwas ausgerichtet werden kann.

Unumstritten ist heute, dass die **Tätigkeit der Klöster,** von denen es östlich des Sees auf dem Gebiet des heutigen Burjatien im 19. Jh. über 30 gab, nicht nur die Verbreitung der Religion förderte, sondern auch in Kunst, Buchdruck, Wissenschaft und (tibetischer) Medizin wichtige Impulse gab.

Einer der berühmtesten Vertreter des burjatischen Buddhismus ist wohl der **Lama Agwan Dorschijew** (1854–1937). Dorschijew hatte nach langer

Ausbildung in Tibet, u.a. als einer der wenigen Schüler des 13. Dalai Lama, eine diplomatische Laufbahn eingeschlagen und setzte sich erst in der Mongolei, dann in Sankt Petersburg für eine politische Annäherung Russlands und Tibets ein. Der hochgebildete Mann erwirkte bei *Zar Nikolai II.* die Genehmigung für den Bau des ersten buddhistischen Tempels in Petersburg (seit 1990 wiedereröffnet). Daneben widmete er sich dem Druck und der Verbreitung burjatischer und mongolischer Literatur und entwickelte ein eigenes burjatisches Alphabet. Am Beispiel des Chandagataiski-Klosters bei Arschan verwirklichte er seine Vorstellung von einem reformierten Buddhismus. Er setzte sich intensiv mit den Gedanken des Marxismus-Leninismus auseinander, sah wohl Schwierigkeiten voraus und versuchte, ihnen u.a. durch die Aufnahme der Kommunen-Idee in Klöstern Burjatiens zu begegnen. Doch er konnte die beginnenden Repressionen nicht verhindern und starb im Alter von 85 Jahren im Gefängniskrankenhaus in Ulan-Ude.

Nachdem in den 1930er Jahren alle Klöster Burjatiens geschlossen und teilweise vernichtet, Mönche verfolgt und hingerichtet worden waren, konnten 1945 das **Kloster Iwolginsk bei Ulan-Ude** und später das Kloster Aginsk (autonomer Bezirk Aginski im Gebiet Tschita) neu gegründet werden. Heute sind (teils mit internationaler Unterstützung) die meisten Klöster Burjatiens wieder hergestellt, an vielen Orten entstehen sogar neue kleine Gebetshäuser, und der Buddhismus erfreut sich **zunehmender Beliebtheit** sowohl unter Burjaten als auch unter Russen.

065ba Foto: rj

Buddhistisches Maidari-Fest in Iwolginsk

Menschen und Kultur

Tibetische Medizin

„Unsere Medizin geht davon aus, dass die Stoffe, die man als Nahrung und Medizin einnimmt, und die Stoffe, aus denen der Körper aufgebaut ist, grundsätzlich gleicher Natur sind. Es besteht eine gegenseitige Abhängigkeit. Die Lebensfähigkeit des menschlichen Organismus hängt von der Qualität der Umwelt und der Nahrung ab."

Dr. Tenzin Choedrak, tibetischer Arzt

Mit dem Buddhismus fand ab dem 17. Jh. auch die tibetische Medizin starke Verbreitung in Burjatien. An Klöstern wurden die Prinzipien dieser alten Wissenschaft unterrichtet, die

Mönche lernten, nach alten Rezepten aus pflanzlichen, tierischen und mineralischen Grundstoffen **Medikamente** herzustellen und besonders mithilfe der sogenannten **Pulsdiagnostik** Krankheitsbilder zu erkennen und ganzheitlich zu diagnostizieren.

Die größte Schule für tibetische Medizin befand sich vor der Revolution im Kloster von Azagat. Um 1900 gelangte eines von weltweit drei Exemplaren des **„Atlas der tibetischen Medizin“** hierher, u.a. auf Veranlassung des Lamas Agwan Dorschijew (s.o.). Der Atlas stellt eine neuere Kopie des Originals aus dem 17. Jh. dar, das sich in Lhasa (Tibet) befindet und seinerseits als Kommentar zum Grundlagenwerk der tibetischen Medizin „Gyüschi“ (auch „Tschud-schi“) zu verstehen ist. Ab 1936 wurde er im Heimatmuseum von Ulan-Ude aufbewahrt. Mit amerikanischer Unterstützung konnte er 1999 aufwendig restauriert und konserviert werden, denn die insgesamt 76 Blätter mit ihren vielen farbigen Zeichnungen waren ernsthaft bedroht. Im Museum der Geschichte Burjatiens in Ulan-Ude befindet sich eine Ausstellung über den Atlas.

Heute befindet sich das (in Burjatien) größte Zentrum für tibetische Medizin in Ulan-Ude. Es wird nicht nur von Burjaten, sondern immer mehr auch von Russen genutzt.

Im Kloster

Wer ein buddhistisches Kloster besucht, sollte einige elementare Grundregeln kennen: Man bewegt sich immer **im Uhrzeigersinn.** Auch die als „Gebetsmühlen“ bezeichneten, meist bemalten Metalltrommeln werden im Uhrzeigersinn gedreht. Dies gilt nicht nur als ein „Abspulen“ der darin enthaltenen Gebete, sondern symbolisiert die kreisförmige Bewegung des Weltenrads.

Weiße Bauten, meist auf einem quadratischen Fundament mit stufenförmigem Aufbau, halbkugelförmigen und nach oben spitz zulaufenden Elementen werden **Stupa** genannt und meist als Aufbewahrungsort für Reliquien Buddhas oder berühmter Anhänger gebaut. Ihr Aufbau symbolisiert die Struktur des Kosmos mit den fünf Elementen. Gleichzeitig steht ein Stupa für den Weg des Menschen zur Erleuchtung. Auch einen Stupa umrunden Gläubige im Uhrzeigersinn.

Generell sind Lamas offen für Gespräche auch mit Andersgläubigen. Doch viele Klöster haben Öffnungszeiten, außerhalb derer oft niemand mehr zu sprechen ist. Von Gläubigen und Besuchern werden **Spenden** erwartet. Ausländer betrifft das ganz besonders.

Buddhistische Feste

Es gibt mehrere große Feste im Jahr, die in den meisten Klöstern mit farbenprächtigen Zeremonien begangen werden. Auch hier sind (respektvolle) Zuschauer nicht grundsätzlich verboten. Die bekanntesten Feste sind das Neujahrsfest (Sagaalgan) und das Maidari-Fest.

Das **Neujahrsfest** (wörtlich: Fest des weißen Mondes) hat viele Elemente des ursprünglichen schamanisti-

schen Neujahrsfestes der Burjaten integriert. Vielleicht lässt sich so erklären, dass man bis heute zwischen volkstümlichen Festtraditionen für den Familienkreis und buddhistischen Neujahrs-Ritualen unterscheidet, die zwei Tage vor dem eigentlichen Neujahrstag am Abend im Kloster stattfinden. Ein wichtiges Element ist die Verbrennung von Teigbällchen (teilweise auch anderen Gegenständen), welche die menschlichen Sünden symbolisieren. Gefeiert wird das Neujahrsfest im Unterschied zum chinesischen am 1. Tag nach dem 1. Neumond **im Februar** (selten Ende Januar). Eine Rolle spielt dabei auch der Tierkalender mit seinem 60-jährigen Zyklus, der bis zur Oktoberrevolution in der Mongolei und in Burjatien mit leichten Abweichungen vom chinesischen Gültigkeit hatte.

Das zentrale Ereignis des **Maidari-Fests** ist eine Prozession, in der unter traditionellen Klängen eine große Abbildung der Gottheit Maidari (auch Maitrei) rund ums Klostergelände gezogen wird. Vorgespannt wird ein farbenprächtiges, aus Stoff genähtes Pferd (in manchen Gegenden, z.B. Arschan, auch ein weißer Elefant). Gefeiert wird das Fest im Juli (4. Tag der 6. Mondphase).

Maskentänzer auf dem Zam-Mysterium im Tamtschinski-Kloster (histor. Foto)

Schamanismus (schamanísm)

Als eine der ältesten Religionen der Welt war der Schamanismus schon vor Tausenden von Jahren nicht nur in Nordasien, sondern auch bei den Vorfahren der modernen Europäer verbreitet. Als **Naturreligion** ist er bis heute lebendig unter Völkern, die in enger gegenseitiger Abhängigkeit mit den sie umgebenden Tieren und Pflanzen leben. Dazu zählen viele der sibirischen Ureinwohner.

Typisch für den Schamanismus allgemein ist eine Aufteilung der Welt in **drei Ebenen:** die stoffliche Welt als Lebensraum der Menschen und Tiere, die göttliche Oberwelt und die Unterwelt, die von Geistern bzw. Göttern bewohnt werden. Die Seele, die auch nach dem Tod fortbesteht, kann sich unter bestimmten Umständen auch zu Lebzeiten in allen drei Bereichen bewegen.

Als Vermittler zwischen den Welten, zwischen den Menschen und der Götterwelt, dient der **Schamane,** der – durch rituelle Handlungen und Schlagen der Schamanentrommel in einen Trancezustand versetzt – Zugang zu Ober- und Unterwelt hat. Es liegt in diesem Zustand in seiner Macht, Krankheiten zu heilen und zukünftige Ereignisse vorherzusagen. Doch meist war der Schamane, dessen Funktion auch Frauen ausüben können, mehr als ein Heiler und Prophet. Er hatte nicht selten auch eine politische Funktion in seiner Stammeseinheit. Zusätzlich waren Schamanen häufig mit großem literarischen Talent begabt: Sie überlieferten außer Beschwörungsformeln und Gebeten auch Gedichte, Lieder und Heldensagen, die sie auswendig kannten und weiterentwickelten.

Die einfachen Menschen, die in den meisten Gebieten als Jäger, Vieh- oder Rentierzüchter stark von der sie umgebenden **Natur** abhängig waren, beachteten im Alltag eine Vielzahl von Regeln beim Umgang mit ihr. So wurde versucht, böse und gute Geister zu beeinflussen, bzw. nicht zu erzürnen, um Unglück und Krankheit fern zu halten. Insgesamt ist für den Schamanismus ein starkes Gefühl der Verbundenheit mit allem Lebendigen typisch. Auch die Verehrung der **Vorfahren,** deren Seelen aktuelle Geschehnisse beeinflussen können, spielte eine große Rolle.

Schamanismus bei Tofalaren und Ewenken

In der Baikalregion wurden in Gräbern aus der sogenannten Glaskowskaja-Kultur (1700–1300 v. Chr.) zum ersten Mal eindeutige Schamanenattribute gefunden. Bei den Völkern der Neuzeit war der Schamanismus unterschiedlich ausgeprägt. Starke Ähnlichkeiten gab es sicher zwischen Tofalaren und Ewenken, wobei er bei Letzteren auch aufgrund ihrer zahlenmäßigen Stärke deutlich besser erforscht ist. Im Weltbild der Ewenken sind die drei Ebenen verbunden durch einen Fluss, weshalb bei schamanistischen Handlungen oft auch Boote eine Rolle spielten. Viele Rituale standen in Zusammenhang mit der **Jagd** und sollten entweder vorher das Jagdglück beeinflussen oder nachher die Seele des erlegten Tieres begütigen.

Burjatischer Schamanismus

Der Schamanismus bei den Burjaten hat durch den Kontakt mit den Mongolen besonders seit dem 13. Jh. eine eigene Ausprägung erhalten und sich dann auch unter dem **Einfluss des Buddhismus** weiterentwickelt. So findet man hier eine sehr viel deutlicher strukturierte Welt von **Himmelswesen** *(tengri)* vor, deren Namen oft mit buddhistischen Göttern übereinstimmen. Der Schöpfergott wird symbolisiert durch den blauen Himmel, weshalb bei Burjaten die Verwendung blauer Gebetsschals verbreitet ist. Auch die Unterwelt mit ihrem Herrn *Ärlen Khan* hat mehrere Ebenen. Der Überbegriff für alle Geister, zu denen auch die Geister verschiedener Elemente gehören, heißt *eschin.* Sie gelten als allgegenwärtig und besonders an landschaftlich auffälligen Stellen (Talsenken, Flüssen, Seen, Berggipfeln) wird ihnen geopfert. Solche **Opferstellen,** die meist an einem aufgeschichteten Steinhaufen und an festgebundenen Stoffstreifen zu erkennen sind, bezeichnet man u.a. mit dem mongolischen Wort *obo.*

Eine andere Besonderheit des burjatischen Schamanismus sind die **Pferdepfähle** *(serge).* Ursprünglich einfache Holzpfähle, die vor jeder Jurte dazu dienten, die Pferde festzubinden, bekamen sie mit der Zeit magische Bedeutung. Heute findet man vor allem im westlichen Baikalgebiet von Schamanen geweihte *serge,* die frei in der Steppe stehen und ebenfalls mit Opferbändern behängt sind.

Bereits bei der Ankunft der Russen unterschied man bei den Burjaten schwarze und weiße Schamanen, die jeweils entweder mit bösen oder mit guten Geistern arbeiteten.

Sehr weit verbreitet waren **Tieropferungen.** Meist wurden an heiligen Orten zu Ehren einer bestimmten Gottheit Schafe geschlachtet und anschließend verzehrt. Durch Gebete und Tänze erbat man sich günstige Bedingungen für Mensch und Vieh. Die bekanntesten dieser **Heiligtümer** liegen im **Bezirk Olchon,** der traditionell eine zentrale Rolle im burjatischen Schamanismus einnahm.

Schamanen stammten meist ebenfalls von Schamanen ab. In manchen Fällen erhielten sie ihre Begabung „vom Himmel", wenn beispielsweise ein Vorfahr vom Blitz erschlagen wurde oder wenn der Betreffende ein Stück eines Meteoriten fand.

Verdrängung durch die Russen

Die das Baikalgebiet besiedelnden Russen standen dem Schamanismus **misstrauisch** gegenüber. Wenn die fremde und unverständliche Religion den einfachen Siedlern hauptsächlich Angst einflößte, so stellte besonders die Macht der Schamanen für die Obrigkeit eine direkte Bedrohung dar. So wurde nach und nach versucht, die Religion zurückzudrängen. Eine Maßnahme war z.B. die **„Entzauberung" von heiligen Stätten** durch die Anbringung von Kreuzen.

Im 19. Jh. wurden Burjaten, die sich taufen ließen, für drei Jahre von der **Steuerpflicht befreit.** Dennoch war der Schamanismus noch sehr lebendig: 1868 gab es im Irkutsker Gouvernement 102 Schamanen und 58 Schamaninnen. Es ließ sich nicht verhindern, dass Elemente der Religion sogar von der einfachen **russischen Bevölkerung übernommen** wurden: So trifft man bis heute Russen, die beim Passieren einer heiligen Stätte wenigstens ein paar **Münzen niederlegen,** vor allem, wenn sie mit dem Auto unterwegs sind. Ungern riskiert man eine Panne, die der erzürnte Geist hervorrufen könnte. Auch Russen, die in Nachbarschaft zu Ewenken lebten und wie diese jagten, haben einzelne schamanistische Bräuche übernommen.

Niedergang und neuer Aufschwung

Erst die 20er Jahre des 20. Jh. führten mit dem Übergang zu modernen Wirtschaftsformen und mit forcierter Anpassung an das russische Verwaltungs- und Bildungssystem zu einem starken Niedergang des Schamanismus, den die systematische **Verfolgung und Vernichtung der Schamanen** in den 1930er Jahren vollends vor das Aus stellte. Nach und nach hörte man auf, die jährlichen Tailagan-Feste, die ursprünglich religiöse Bedeutung gehabt hatten, durchzuführen. Kultgegenstände wurden vernichtet und viel altes Wissen, das über Jahrhunderte durch Schamanen tradiert worden war, ging verloren.

Doch offensichtlich blieb das Bedürfnis nach dem alten Glauben in der Bevölkerung lebendig, denn schon Ende der **1980er Jahre** lebten nach einer Lockerung der Gesetze hier und da alte Traditionen wieder auf. **Fast in jedem Dorf** gibt es heute wieder Menschen, die sich als Schamanen bezeichnen. Sie stammen häufig aus alten Schamanengeschlechtern, doch haben die meisten keine Einweihungszeremonie durchlaufen, wie das noch Anfang des 20. Jh. üblich war. Oft beschränken sie sich auf „einfache" Tätigkeiten wie das Vorhersagen der Zukunft oder die Aufhebung von Flüchen. Viele hatten nicht die Möglichkeit, ihr Handwerk bei einem erfahrenen Schamanen zu lernen.

Auch heute findet man bei den Burjaten die Unterteilung in **weiße und schwarze Schamanen.** Äußeres Unterscheidungsmerkmal ist häufig, dass weiße Schamanen als Opfer- und Weissagungsmaterial Milch verwenden, schwarze Schamanen dagegen alkoholische Getränke, meist Wodka.

Einzelnen Schamanen sagt man starke **Heilkräfte** nach. Ihr Ruf verbreitet sich schnell auch im weiteren Umkreis und es kommt durchaus vor, dass selbst **städtische Russen** sich an sie wenden. Generell ist die Achtung vor Schamanen hoch, sodass sie sogar manchmal zur **Aufklärung von Straftaten** hinzugezogen werden, oft mit dem Ergebnis, dass der Täter sich stellt, weil er von seiner sicheren Entdeckung überzeugt ist.

Vorführung zum Schamanismus in Ust-Ordynski

Sichtbare Zeichen für den Reisenden

Das sichtbarste Zeichen für die Verbreitung des Schamanismus sind auch heute die **heiligen Stätten,** gekennzeichnet durch Obos, an Bäumen befestigte **Stoffstreifen** und leider oft durch viel Müll. Passanten nehmen das Opfer an den Geist zum Anlass, sich selbst ein Schlückchen zu genehmigen, und es gilt als verboten, etwas (also auch Müll) von dem Ort mitzunehmen.

Praktisch unmöglich ist es für Reisende, einen echten Schamanen zu Gesicht zu bekommen, denn es gilt bei diesen als nicht akzeptabel, wenn schamanistische Handlungen für Geld oder nur **zur Schau** vorgenommen werden. Rituale, die von manchen burjatischen Organisationen vorgeführt werden, um einen Eindruck von der Kultur zu vermitteln, sind als reine Darbietungen ohne religiösen Inhalt (z.B. Ust-Ordynski) oder allenfalls als informative Veranstaltungen über Schamanismus (z.B. Valentin Chagdajew, Jelanzy, Olchon) zu verstehen und haben keinen tieferen Hintergrund. Nur wer ein wirklich ernstes Interesse am Schamanismus hat, kann hoffen, von Schamanen empfangen zu werden.

066ba Foto: rj

Islam

Der Islam war im Baikalgebiet ab dem 19. Jh. durch die **Tataren** vertreten. In Irkutsk hatte sich die (sunnitische) muslimische Gemeinde um 1880 konsolidiert. Da diese jedoch wie alle anderen Religionsgemeinschaften in der Zeit der Sowjetunion stark an der Ausübung ihres Glaubens gehindert waren und zu einem großen Teil heute keine praktizierenden Muslime sind, bestehen die modernen muslimischen Gemeinschaften überwiegend aus Angehörigen **anderer Nationalitäten,** besonders der ehemaligen zentralasiatischen Sowjetrepubliken, die erst in den letzten Jahren in die Region zogen. Sie sind hautpsächlich in den Städten aktiv.

Judentum

Nach Sibirien kamen die ersten Juden in der ersten Hälfte des 19. Jh., teilweise durch Verbannung, hauptsächlich jedoch freiwillig in den Jahren 1835–1837, als kurzzeitig die gesetzliche Erlaubnis gegeben wurde, die Siedlungsgebiete in Westrussland zu verlassen. Die Situation dort war offensichtlich so bedrückend, dass unerwartet viele Juden von dieser Möglichkeit Gebrauch machten, und schnell entstanden östlich des Baikalsees in erster Linie bäuerliche Gemeinschaften. Die größte befand sich in **Bargusin,** auch in der Gegend von Selenginsk lebten Juden. Manchen gelang es im Laufe der Zeit, nach Werchneudinsk (Ulan-Ude) oder Irkutsk umzuziehen.

1897 lebten im heutigen Burjatien ca. 8000 Juden, die meisten nach wie vor in Bargusin, wo sie ein Drittel der Bevölkerung ausmachten. Viele hatten sich inzwischen als **Kaufleute** einen Namen gemacht und nahmen großen Einfluss auf das wirtschaftliche und gesellschaftliche Leben der Region. Auch in Irkutsk gab es ab den 70er Jahren des 19. Jh. eine große jüdische Gemeinde, von deren Geschichte nach wie vor die Synagoge (1878) und ein jüdischer Friedhof zeugen.

Nach 1905 gab es noch eine große Umsiedlungswelle nach Sibirien, ausgelöst durch Pogrome in Westrussland. 1917 wurden alle Judengesetze aufgehoben, es begann eine rege politische Tätigkeit, u.a. 1919 die Gründung einer „Sibirischen Liga für jüdische Kultur". Viele der wohlhabenden Juden aus dem Baikalgebiet förderten mit großen Spenden den Zionismus und parallel begann eine erste große **Ausreisewelle.** Sie verstärkte sich noch, als in den 1920er Jahren nationale und religiöse Vereinigungen wieder aufgelöst wurden, und führte dazu, dass 1926 nur noch 4500 Juden in Burjatien lebten. 1959 waren es noch 2700, und die Volkszählung von 1989 schließlich ergab 1200 Menschen, die in ihren Dokumenten eine jüdische Herkunft angaben. Seit 1993 gibt es in Ulan-Ude ein jüdisches Kulturzentrum. Doch inzwischen ist auch Deutschland als Ausreiseland hinzugekommen und die Arbeit des Zentrums wird durch die Emigration erschwert.

Manchen Europäer mag es irritieren, dass im heutigen Russland **antisemitische Äußerungen** ebenso wenig tabu sind wie entsprechende Kommentare über die zentralasiatischen Nationalitäten. Meist bezieht sich derartiges Gedankengut auf die angeblich starke Präsenz von Juden in der neuen finanziellen Elite des Landes, nicht jedoch auf jüdische Kollegen oder Nachbarn, die völlig assimiliert sind.

Andere Glaubensrichtungen

Waren die Jahre der Sowjetunion gekennzeichnet durch fast völliges Fehlen religiöser Aktivitäten, so lässt sich seit Beginn der 1990er Jahre generell eine starke Zunahme beobachten. Besonders in den Städten bildet sich eine Vielfalt an religiösen Gemeinschaften, wie sie auch für Europa typisch ist. Viele Menschen stehen dieser Entwicklung sehr offen gegenüber und sind nicht abgeneigt, „einmal etwas Neues auszuprobieren", besonders wenn westliche Strömungen auch mit materiellen Anreizen oder Auslandskontakten locken. Neben **protestantischen** und **katholischen** Gemeinden gibt es inzwischen **Baptisten, Zeugen Jehovas, Mormonen** und **Hare Krishnas,** um nur einige zu nennen.

Materielle Situation

Der russische Alltag besteht auch in Sibirien nicht mehr aus Schlangestehen und der mühsamen Suche nach bestimmten Produkten. Das **Warenangebot** in den Städten unterscheidet sich nur noch in Spezialbereichen von dem in Europa (s. Kap. „Reisetipps A–Z: Einkaufen“). Die Preise sind jedoch oft im Verhältnis zur Einkommenssituation deutlich höher. Doch interessanterweise ist der Begriff von „sich etwas leisten können“ in Russland anders definiert als in Europa. Man neigt weniger dazu, ausgehend vom monatlichen Verdienst abzuwägen, ob das eine oder andere „drin ist“ oder nicht, sondern gönnt sich gern auch mal etwas Teures, wenn gerade Geld da ist. So ist es für Europäer, die die statistischen Durchschnittslöhne vor Augen haben, oft nicht nachvollziehbar, wie viel auch einfache Leute für Kleidung, insbesondere für Wintermäntel oder Pelze, ausgeben.

Doch auch das lässt sich verstehen: Die **Gehälter** sind tatsächlich in vielen Bereichen so gering, dass man im Grunde nicht von ihnen leben kann. Die Betroffenen ziehen daraus meist die Konsequenz, dass sie die Arbeitsstelle zwar behalten (um der Sozial- und Rentenversicherung willen), sich dabei aber kein Bein ausreißen. Sie investieren ein Minimum an Energie und suchen sich einen Bereich, wo sie am Feierabend, am Wochenende oder sogar während der Arbeitszeit **dazuverdienen** können. Häufig sind das Stellen im Handel; manche (z.B. Lehrer) geben Privatstunden, die nach ganz anderen Tarifen bezahlt werden als der Unterricht an Schulen oder Unis.

Parallel dazu werden die laufenden Lebenshaltungskosten dadurch gesenkt, dass man **Grundnahrungsmittel** (auch gemeinsam mit Verwandten) in großen Mengen zu Großhandelspreisen kauft. Auch die **Datscha,** das Gartengrundstück, oft von Großeltern bestellt, leistet einen entscheidenden Beitrag. Die meisten Russen essen das ganze Jahr über ihre eigenen Kartoffeln. **Wohnungen** sind in den meisten Fällen **Privateigentum,** teure Mieten zahlen nur Zugezogene, Reiche oder Ausländer.

So lässt sich erklären, dass die meisten Russen trotz der verheerenden Statistik doch ein relativ „normales“ Leben führen. Und wenn wirklich einmal alles daneben geht, helfen die Verwandten aus. Wirklich schlecht geht es tatsächlich nur denen, die keine Verwandten haben oder sich von ihnen losgesagt haben: alleinstehende Rentner, Obdachlose, Straßenkinder. Es gibt furchtbare **Armut,** und das soziale System hat meist nicht die Mittel und Möglichkeiten, um diesen Menschen langfristig zu helfen.

Bildungswesen

Das Bildungswesen ist in Sibirien wie in ganz Russland in den letzten Jahren von starken Veränderungen geprägt. Die spürbarste ist, dass auch Einrichtungen, an denen der Unterricht oder das Studium früher kostenlos waren, heute für verschiedene Leistungen **Gebühren** verlangen. Das sind nicht immer offizielle Studiengebühren. Es gibt an Schulen Renovierungsbeiträge, Beteiligung am Kauf von Lehrbüchern, an Universitäten Gebühren für zusätzliche Nebenfächer oder für bestimmte Prüfungen.

Für Außenstehende verwirrend sind Namensänderungen. Viele Fachhochschulen, die früher auf Russisch *institít* hießen, nennen sich jetzt *universitét,* um ihr Prestige zu verbessern. Ein unklares Profil haben auch neu entstehende *kólledsch* (College), die nicht mit den amerikanischen allgemeinbildenden Schulen verwechselt werden dürfen. Im Schulwesen stehen *lizéi* (Lyzeen) plötzlich neben *gimnási* (Gymnasien) und gewöhnlichen *schkóly,* die jedoch gar nicht immer normale Schulen sind.

Ebenso wenig, wie man vom Namen auf den Inhalt der Ausbildung schließen kann, lässt sich etwas Allgemeines über deren **Qualität** sagen. Manche der klassischen Hochschulen, die früher einen ausgezeichneten Ruf hatten, verschwenden jetzt viel Zeit mit der Ausarbeitung neuer Studienrichtungen, die mit modernen Bezeichnungen mehr Studenten anlocken sollen, verlieren jedoch dabei an fachlicher Tiefe. Auch käufliche Dozenten und Professoren existieren (der niedrigen Gehälter wegen) leider nicht nur in Gerüchten. Dennoch trifft man immer wieder auch auf ausgezeichnete Spezialisten, die allen widrigen Umständen zum Trotz in Forschung und Lehre Beachtliches leisten.

Generell dauert sowohl die Schul- als auch Hochschulausbildung in Russland weniger lange als in Deutschland. Auch wenn die Grundschule vor kurzem von drei auf vier Jahre umgestellt wurde, sind doch nach **elf Schuljahren** in der Regel alle entlassen. Der Hochschulzugang erfolgt (meist mit 17 Jahren) nicht aufgrund des Schulabschlusszeugnisses, sondern durch **Aufnahmeprüfungen** bzw. an bestimmten Hochschulen offiziell über **Bezahlung.** Die Studiendauer beträgt maximal fünf Jahre. Die Abbruch- und Durchfallquoten sind extrem gering, sodass man sich im Klaren darüber sein muss, dass ein bestimmter Teil der Absolventen ihr Diplom „um der Statistik willen" bekommen hat (wenn zu viele durchfallen, würde das nach der verbreiteten Logik heißen, dass der Unterricht zu schlecht war!).

Es ist sehr schwer, russische **Abschlüsse** mit europäischen zu vergleichen, da nicht nur der Fächerkanon,

Computer halten in immer mehr Kinderzimmer Einzug

sondern auch Stundenzahlen und Notengebung denkbar verschieden sind. Ein Studium in Russland dient in geringerem Maß als in Deutschland als Vorbereitung auf die Berufspraxis (vielleicht eher vergleichbar mit der Situation in England) und hat in diesem Kontext vermutlich seine Berechtigung.

Die Frau in der Gesellschaft

Wer auf einem Spaziergang durch eine russische Stadt die vielen **modisch gekleideten** Frauen betrachtet, mit perfekten Frisuren, hochhackigen Schuhen und eleganten Täschchen, wird auf den ersten Blick nicht glauben können, was er vielleicht aus europäischen Medien über die Frauenrolle in Russland gehört hat. Doch es stimmt. Frauen **arbeiten** fast zu 100 %, sie tragen komplett die **Erziehung** der Kinder (entweder als Mütter oder als Großmütter), sie haben eine **mühsame Haushaltssituation** in kleinen Wohnungen, oft immer noch ohne Waschmaschinen und andere Haushaltsgeräte, und ihre Männer haben nicht selten die Angewohnheit, viel Geld für Alkohol auszugeben. Gleichzeitig sind die **Gehälter** in Frauenberufen üblicherweise extrem niedrig, und Frauen sind sehr selten in Spitzenpositionen zu finden.

Wer nun glaubt, in so einem Sklavenleben könne keine Frau glücklich werden, der irrt. Die meisten Frauen

067ba Foto: rj

sind sich ihrer Leistungen sehr bewusst und stolz darauf, genau so wie sie stolz sind auf ihre Weiblichkeit, die sie durch ihren modischen Stil gern betonen. Die Tatsache, dass sie normalerweise alles allein schaffen, hindert sie nicht daran, es zu genießen, wenn sich doch einmal ein Kavalier findet, der ihre schwere Tasche trägt oder eine Tür für sie aufhält.

Ganz besonders genießen sie die Verehrung durch ihre männliche Umgebung einmal im Jahr, am **Frauentag.** Der 8. März wird immer noch mit vielen Geschenken, Blumen, Glückwunschkarten und Lobesreden gefeiert, auch wenn manche Russin inzwischen eine eher westliche Meinung zu dem Fest hat und meint, sie könne darauf verzichten, einen Tag lang gefeiert zu werden, wenn sich den Rest des Jahres keiner um ihre Arbeit schert.

Ausländische Frauen können dieses Frauenbild spüren, wenn sie mit Männern Fachgespräche führen und diese sich automatisch mehr an die anderen Männer wenden als an die vielleicht kompetentere Frau. Auch kann für manche ungewohnt sein, dass einem in den Mantel geholfen oder beim Aussteigen aus dem Auto die Hand gereicht wird, was bei Russen aus gebildeten Kreisen durchaus vorkommt. Doch grundsätzlich können Russen gut damit umgehen, dass Mitteleuropäer in dieser Hinsicht etwas anders sind, und tiefere Missverständnisse entstehen durch diese Unterschiede nicht.

Architektur

Es gibt über die Architektur in Sibirien wenig zu sagen, was nicht genau so für ganz Russland gälte. Schon im 18. und 19. Jh. wurde die Bauweise der **Holzhäuser** von Moskau aus reglementiert. Es gab standardisierte Baupläne, die zwar nicht immer ganz unverändert übernommen wurden, aber doch in weiten Bereichen die Architektur in den Städten beeinflussten. In den Dörfern wandten die Siedler sowieso die Techniken und Stile an, die sie aus Westrussland kannten.

Diese Tendenz setzte sich fort, als im 19. Jh. die ersten **Steinbauten** entstanden. Zwangsläufig musste man sich an Architekten aus Westrussland wenden, denn in Sibirien gab es schlichtweg noch keine. Selbst als neue Hochschulen eigene Fachleute ausbildeten, war die Mode so eindeutig vom Westen geprägt, dass kaum Raum blieb für kreative Gestaltung. Oft wollten die Auftraggeber ganz bewusst, dass **Moskauer oder Petersburger Vorbilder** kopiert wurden, wenn auch manchmal in deutlich kleinerem Format (z.B. das Stadttheater von Irkutsk). So ist es kein Zufall, dass viele Reisende im 19. Jh. Irkutsk als „sehr europäische" Stadt beschrieben. An Kirchen oder an einzelnen Gebäuden wie dem Irkutsker Heimatmuseum lassen sich manchmal individuelle Elemente beobachten, die teilweise orientalisch anmuten. So wird der Baustil des Heimatmuseums als „mauretanisch" bezeichnet.

Eine viel größere Vielfalt findet man bei **modernen Gebäuden,** besonders bei privaten Wohnhäusern, die in den Randgebieten der Städte ohne besondere stadtplanerische Einschränkungen aus dem Boden schießen. Das bevorzugte Baumaterial ist Ziegelstein und das Spektrum an Stilrichtungen, das man hier vorfindet, lässt keine Wünsche offen. Auffallend ist, dass die Angehörigen der neuen finanziellen Elite eine Vorliebe für Türmchen haben, die ihre „Schlösser" oft in großer Zahl schmücken.

In den ländlichen Gebieten der Baikalregion sind – abgesehen von **wenigen Plattenbauten** in größeren Siedlungen – nach wie vor fast alle **Gebäude aus Holz,** und zwar meistens Kiefern- oder Lärchenholz. Einerseits ist dies das günstigste Material, andererseits hat es sich unter den klimatischen Gegebenheiten bewährt. Je nach Besitzer findet man mehr oder weniger aufwendig **verzierte Fensterrahmen und Hoftore.** In der Regel sind ländliche Gebäude jedoch eher schlicht. Die harten Verhältnisse lassen nicht viel Raum für kunstvolle Spielereien.

Der **Hof,** der auf der einen Seite vom einstöckigen Wohnhaus, auf der anderen von den Anbauten (Banja, Sommerküche, Stall oder Garage) eingerahmt wird, ist durch einen hohen Zaun und das Tor gegen Blicke abgeschirmt. **Vorgärten** gibt es nur sehr kleine, meist mit Bäumen oder Sträuchern bepflanzt (beliebt sind Eberesche, Flieder und Faulbeere) und manchmal mit einer **Bank** versehen, von der aus die ältere Generation das Treiben auf der Straße im Blick hat. Der **Gemüsegarten** liegt unsichtbar hinter dem Haus. Ein traditionell wichtiger Teil des Hauses ist die kleine **Treppe,** die zur Eingangstür hinaufführt *(krylzó)*. Sie wird sauber gefegt und an warmen Sommerabenden kann man nach getaner Arbeit hier sitzen. Auch die ein bis zwei anschließenden, meist nicht beheizbaren **Vorräume** (*weránda* und *séni*) sind fast überall zu finden. Sie werden im Winter als kühle Lagerräume, im Sommer als zusätzliche Wohnräume genutzt.

Einfache Bauernhäuser bestanden früher oft nur aus einem Raum, heute können es mehrere sein, doch noch immer steht in der Mitte des Hauses meist der **Ofen** *(petsch)*. Aus Ziegelsteinen gemauert, hatte er früher oft riesige Ausmaße. Er verbreitet eine behagliche Wärme und gibt sie sehr langsam ab. Heute sind Öfen meist kleiner, weil sie nicht mehr zum Kochen und Backen verwendet werden. Aber wie früher werden sie nur mit Holz beheizt und dienen als sehr gemütliche Wärmequelle. Jeder, der einmal in einem sibirischen Holzhaus geschlafen hat, kann bestätigen, wie angenehm sich dieses Material auf das Raumklima auswirkt.

Die Magie sibirischer Fenster

Die auffallenden hölzernen Verzierungen alter Häuser sprechen ihre eigene Sprache. Verständlich wird sie vor dem Hintergrund der **altslawischen Mythologie,** denn die Symbolik russischer Fensterornamente hat ihre Wurzeln in vorchristlicher Zeit. Damals lebten die Vorfahren der heutigen Russen als Ackerbauern in enger Abhängigkeit von der Natur und den Elementen: Man brauchte und man fürchtete sie. Im Haus wollte man einen Raum schaffen, der für böse Kräfte nicht zugänglich sein sollte. Es galt also, alle **Öffnungen mit Schutzzaubern** zu versehen. An den Fenstern waren dies **stilisierte Symbole** für den Acker, für Regen, Samenkörner und Pflanzen. Eine zentrale Rolle spielte die lebensspendende **Sonne,** deren Lauf rund um das Fenster einen magischen Schutzkreis bildete. Im Weltbild der alten Slawen tauchte die Sonne nach Sonnenuntergang in das unterirdische Weltmeer, aus dem sie morgens gereinigt wieder hervorging. Deshalb wird das Sonnensymbol unterhalb des Fensters meist von Wassertropfen begleitet.

068ba Foto: rj

Traditionelle Fensterornamente in der Marat-Straße in Irkutsk

Ein Vergleich mit dörflicher Holzarchitektur macht deutlich, dass Fenster in Irkutsk und Ulan-Ude in ihrer Vielfalt und Raffiniertheit typisch städtische Kultur widerspiegeln. Auf dem Land findet man kaum Schnitzereien in dieser Form. Reiche Bürger und Kaufleute haben offensichtlich durch ihre auf Außenwirkung angelegte, prunkvolle Bauweise zum Erhalt oder gar zur Wiederbelebung einer Tradition beigetragen, die im ländlichen Raum schon am Verschwinden war.

Neben Fenstern, die die alte Symbolik noch relativ unverfälscht zeigen, findet man in beiden Städten viele Beispiele für den **Einfluss des europäischen Barock.** Mit etwas Verspätung kamen die verspielten Schnörkel und geschwungenen Formen im 19. Jh. nach Sibirien, wurden von der Holzarchitektur aufgenommen und vielfältig variiert. Man hatte die magische Bedeutung der Verzierungen vergessen, sie waren nun nur noch reines Dekor und als solches Modeeinflüssen unterworfen. Andere Fenster spiegeln mit geraden Formen und säulenartigen Einrahmungen Elemente des **Klassizismus** wider. An wieder anderen lassen sich sogar Einflüsse des **Jugendstils** feststellen. Je nach Geschmack des Erbauers entstanden sie zeitgleich, sagen also kaum etwas über das Baudatum aus.

In **Irkutsk** sind einige besonders schöne Beispiele in den Straßen ul. Gorkowo und ul. Marata zu finden. In den Straßen nördlich der Karl-Marx-Straße gibt es viele Fenster mit barocken Verzierungen. In **Ulan-Ude** liegen die meisten schönen Holzhäuser in dem Viertel westlich der Leninstraße, zwischen ihr und der Selenga.

Literatur

In der russischen Welt der Literatur nimmt Sibirien eine Randposition ein. Es ist für Schriftsteller aus der „Provinz" nicht leicht, in Zentralrussland Gehör zu finden. Fast genau so schwer ist es, von hier aus neue Entwicklungen der Moskauer oder Petersburger Szene zu verfolgen. Bis in die 1980er Jahre war dieses Verhältnis noch ausgeglichener. Doch seitdem Mitte der 90er Jahre die staatliche Aufsicht über die verlegerische Tätigkeit eingestellt wurde, sind die Autoren auf sich allein gestellt.

Dennoch hat zumindest **Irkutsk** eine sehr vielfältige Literaturszene, bestehend (seit 1989) aus zwei Schriftstellervereinigungen, von denen sich die eine um den Lyriker *Mark Sergejew* gebildet hat *(Sojús rossískich pisátelei)*, die Ausrichtung der anderen *(Sojús pisátelei Rossí)* entspricht eher der Haltung von *Walentin Rasputin*. Beide haben Zeitschriften, in denen ihre Mitglieder veröffentlichen, und jeweils ein Veranstaltungshaus *(dom Literátorow)*: das Schriftstellerhaus M. Sergejew, ul. Dserschínskowo 12, und das Schriftstellerhaus P. Petrow, ul. Stepána Rásina 40.

Erzählungen und Lyrik lokaler Schriftsteller erscheinen außerdem häufig in der Irkutsker Jugendzeitschrift „Sibirjatschók", die neben kulturellen und geschichtlichen häufig auch ökologische Themen aufgreift.

Burjatische Literatur hat einen noch geringeren Verbreitungsgrad als russische aus Sibirien. Wurde noch zu Sowjetzeiten oft bewusst auch in Fremdsprachen übersetzt, um die Vielfalt des multinationalen Staates zu demonstrieren, so werden burjatische Autoren heutzutage kaum noch gefördert.

Zwei Autoren aus der Baikalregion haben auch außerhalb der Grenzen Russlands eine gewisse Bekanntheit erreicht: *Walentín Raspútin* in erster Linie durch Prosa, *Alexánder Wampílow* durch Theaterstücke. Der Lyriker *Jewgéni Jewtuschénko* kann nur noch bedingt der Region zugerechnet werden, obwohl sein Geburtsort Simá im Gebiet Irkutsk liegt. Doch seit er 1951 zum Studium nach Moskau zog, lebt er nicht mehr ständig in Sibirien, und in den 90er Jahren ging er in die USA, um an der Universität Tulsa (Oklahoma) russische Literatur zu lehren.

Walentín G. Raspútin (geb. 1937) wuchs in Atalanka auf, einem Dorf an der Angara, das im Zuge des Bratsker Staudammbaus evakuiert und überflutet wurde. Dieser Hintergrund lieferte dem seit den 1960er Jahren überregional bekannten Autor den Stoff für seinen vielleicht berühmtesten Roman „Abschied von Matjora" (*Proschtschánije s Matjóroi,* 1983), in dem er die letzten Wochen eines fiktiven Dorfes und seiner Bewohner beschreibt. Vorsichtig klingen hier zum ersten Mal nachdenkliche Töne in einer Zeit technikbegeisterten Fortschrittsdenkens an. Der Roman wurde übersetzt (u.a. ins Deutsche) und verfilmt. Auch Bühnenfassungen gibt es: Seit 2004 steht das Stück ab und zu auf dem Spielplan des Irkutsker Wampilow-Theaters.

Themen wie das Leben im sibirischen Dorf, Bräuche und Traditionen, die geistige Welt der Menschen und ihre enge Verwurzelung in der Natur ziehen sich durch das gesamte Werk Rasputins. Sie bildeten die Grundlage für sein zunehmend politisches, teilweise auch ökologisches Engagement in den 1990er Jahren. Er war unter *Gorbatschow* Abgeordneter des Obersten Sowjets der UdSSR und Mitglied des Präsidentenrates. In den letzten Jahren lebt Rasputin vorwiegend in Moskau, nur ab und zu besucht er seine Datscha an der Angara. Er wendet sich vermehrt der Publizistik zu. In Essays beleuchtet er den Verlust geistig-moralischer Werte im modernen Russland und betreibt philosophische Sinnsuche in Zeiten der Orientierungslosigkeit. Seine Haltung nimmt immer stärker national-konservative Züge an. Der vielfach ausgezeichnete Ehrenbürger der Stadt Irkutsk gehört zu den Initiatoren der jährlichen „Tage der russischen Geistigkeit und Kultur" in Irkutsk, in deren Rahmen jeden Herbst literarische, musikalische und künstlerische Veranstaltungen stattfinden.

Alexander W. Wampilow (1937–1972) stammt aus dem Bezirk Ust-Ordynski. Sein literarisches Talent zeigte sich schon früh. Er hinterließ eine ganze Reihe von Stücken mit stark satirischem Einschlag, gleichzeitig aber auch moralischem Anspruch, die teilweise übersetzt sind und auch in Deutschland aufgeführt werden. Das wohl bekannteste ist die „Entenjagd" *(Utínaja ochóta)*. Wampilow kam bei

einem Bootsunglück früh ums Leben. An der Stelle des Unfalls am Ursprung der Angara erinnert eine kleine Gedenkstätte an den Schriftsteller. Ein realistisches Standbild in Lebensgröße wurde ihm 2004 vor dem Stadttheater von Irkutsk errichtet. Bereits seit den 1980er Jahren trägt das Jugendtheater seinen Namen.

Geschätzt wird in Irkutsk auch **Mark D. Sergejew** (1926–97). Im Vordergrund seines Schaffens steht Lyrik, doch ist er daneben für Texte zur Regionalgeschichte bekannt. Von ihm stammt der erste Führer über Irkutsk und die Region, der in den 1980er Jahren auch auf Deutsch erschien. Er hat mehrere Bildbände betextet und Theaterstücke geschrieben, wichtiger jedoch sind seine Erzählungen für Kinder. Durch sein gesamtes Werk ziehen sich die Themen der Stadt Irkutsk, oft geht es um Sibirien mit seiner Geschichte und seiner reichen Natur.

Auch für andere Irkutsker Schriftsteller ist eine starke Auseinandersetzung mit der Natur, der Taiga und ihren Bewohnern sowie dem Baikalsee typisch. Einige der bekanntesten Namen sind: *Moltschanow-Sibirski, Starodumow, Ustinow, Trofimow, Tschjornych, Wolkowa, Nefedjew* und *Chairjusow.*

Burjatische Themen klingen bei **Nelli A. Matchanowa** an (geb. 1935). Bekannt wurde ihre Erzählung „Schtóby w júrtje gorél ogón“ (1981), in der sie die Kindheit eines burjatischen Mädchens zwischen traditionellem Lebensstil und modernem Stadtleben beschreibt. Mit ihrem Stück „Is Amériki s ljubówju“ („From America with love“) über die Liebe zwischen einem Amerikaner und einer Sibirierin ging sie vor wenigen Jahren auf Tournee durch die USA. In ihren neuesten Arbeiten setzt sie sich mit dem Schamanismus auseinander.

Das „Haus mit den Löwen“ in Irkutsk ist Sitz einer Schriftstellervereinigung

Ein wichtiger burjatischer Autor ist **Chosa Namsarajew** (1889–1959), nach dem in Ulan-Ude ein Theater benannt ist. Zeitgenössische Schriftsteller und Lyriker sind u.a. *Dugarow, Jalsarajew, Angarchajew, Baldano, Damdinow, Batoschabai, Tumunow* und *Ultsitujew.*

Kunst und Kunsthandwerk

Das Leben in Sibirien wurde lange Zeit bestimmt durch den Kampf mit der Natur, mit Frost und Hitze. Hinzu kamen, wenn auch in geringerem Maß als in Westrussland, die Schwierigkeiten, die die Obrigkeit mit strengen Gesetzen, Steuern und politischem Druck der Bevölkerung auferlegte. Unter diesen Umständen überrascht es, dass die Menschen überhaupt Zeit und Muße für Kunst hatten. Doch schon die Siedler im 17. und 18. Jh. machten an langen Winterabenden gewöhnliche Alltagsgegenstände zu kleinen Kunstwerken. Sie schnitzten, nähten und stickten, und sie fertigten Gefäße aus Birkenrinde, die im Haushalt unentbehrlich waren.

Neben für ganz Russland typischen Techniken (traditionelle, handbemalte Holzgegenstände, Keramik) ist insbesondere die **Bearbeitung von Birkenrinde** *(berestá)* für das Baikalgebiet typisch. Die dafür notwendigen Fertigkeiten werden an Schulen und in Jugendgruppen unterrichtet und viele führen so die Traditionen ihrer Vorfahren fort. Als Souvenirs werden oft Collagen (Bilder) aus verschiedenen Rindensorten angeboten. Nicht immer haben sie künstlerischen Wert, doch manchmal hat man Glück und findet sehr anspruchsvolle (und nicht ganz billige) Exemplare.

070ba Foto: rj

Plastik des burjatischen Künstlers Daschi Namdakow

In der burjatischen Kultur war die **Silberschmiedekunst** sehr hoch entwickelt. Meist in Kombination mit Korallen fertigte man herrlichen Kopfschmuck, Halsketten, Armbänder, auch kunstvolle Messer und Sattelschmuck. Einzelne Künstler, wie der Burjate *Bulat Schambalow,* führen diese Tradition heute fort.

Internationaler Bekanntheit erfreut sich der burjatische Künstler *Daschi Namdakow* (geb. 1967). Im Jahr 2003 fand in Jekaterinburg ein Treffen zwischen ihm und Präsident *Putin* sowie Kanzler *Schröder* statt, die beide Werke von ihm besitzen. Seine modernen **Plastiken** spiegeln viele Elemente burjatischer Kultur, verarbeiten sie jedoch auf unkonventionelle Weise. Eine seiner Skulpturen ist in Ust-Ordynski zu sehen.

Nicht nur in Burjatien, sondern auch in Irkutsk setzen sich junge Künstler heute wieder mit der Thematik des **Schamanismus** auseinander. Nach alten Vorbildern werden hölzerne und schmiedeeiserne Amulette, Trommeln mit schamanistischer Symbolik, kleine Schamanenfiguren u.Ä. gefertigt. Besonders bekannt sind die Werke der Künstler *Olga Osipenko* und *Iwan Wytschugschanin,* die man in den Irkutsker Künstler-Werkstätten in der ul. Chalturina 1 (Hinterhaus) antreffen kann.

Schutz vor Kälte, Schimmel und bösen Geistern: vielseitige Birkenrinde

Selbst wer nichts über dieses in Europa wenig bekannte Material weiß, wird es beim Anfassen als sehr angenehm empfinden: warm, weich und sehr leicht liegt die Birkenrinde in der Hand und strömt einen unaufdringlichen, aber würzigen Duft aus. Doch es lohnt sich, etwas mehr darüber zu erfahren. Schon vor vielen Jahrhunderten wussten die Menschen in Russland und Sibirien, dass der Birkenrinde geheimnisvolle Kräfte innewohnen: Milch oder Sahne, die in Rindengefäßen aufbewahrt wird, bleibt viel länger frisch, Brot schimmelt nicht, Getreide wird nicht von Ungeziefer befallen! Das liegt nicht nur an der **antiseptischen Wirkung,** von der die Menschen damals noch nichts wussten, sondern auch an der **Isolierfähigkeit** der Rinde, die sie sehr wohl spürten: Sie flochten daraus einfache Schuhe, die sogar im Schnee lange warm hielten.

Überzeugt von den magischen Kräften der Birke, war man außerdem der Meinung, sie biete Schutz vor bösen Geistern. Kleine Rasseln oder anderes **Spielzeug** aus dem weichen Material sollten Krankheit und anderes Übel von kleinen Kindern fern halten.

Immer mehr verfeinerte sich die Verarbeitungstechnik: Aus Alltagsgegenständen wurden an langen Winterabenden kleine **Kunstwerke.** Bis heute haben Gegenstände aus Birkenrinde *(berestá)* beide Funktionen. Viele Russen bewahren nach wie vor gern Tee, Gewürze oder andere Nahrungsmittel in den **schmucken Dosen** auf, doch auch als stilvolles Geschenk eignet sich Birkenrinde immer.

Malerei

Dank seiner **Kunsthochschule** (gegründet 1900) hat Irkutsk eine sehr lebendige Kunstszene. Ausstellungen lokaler Maler kann man oft im Rogall-Haus sehen. Auch die Räumlichkeiten des Europa-Hauses werden gern genutzt.

Witali S. Rogall (geb. 1915 in der Ukraine) nutzte sein Talent bereits als junger Mann im Zweiten Weltkrieg. Auch als er später Großbaustellen des Sozialismus porträtierte, wählte der begabte Maler seine Motive immer machtkonform. Erst nach der Perestroika begann in seinem Werk die Auseinandersetzung mit der Repression. In späten Arbeiten dominieren Landschaftsmotive. Rogall lebt in Irkutsk und hat eine Werkstatt im Rogall-Haus, wo er allerdings aus gesundheitlichen Gründen immer seltener anzutreffen ist.

Internationaler Bekanntheit erfreuen sich die Grafiken des Irkutskers **Schipizin,** der auf einfühlsame Weise sibirische Holzarchitektur und kleine Stadtszenen darstellt.

Spät wurde der burjatische Zeichner **Zyren-Namschil Otschirow** (1920–87) von der Kunstszene entdeckt. Seine Arbeiten stellen in einem sehr spezifischen Stil Szenen aus dem burjatischen Alltag dar, wie er ihn in seinem Heimatort Mogsochon beobachten konnte. Teils grotesk verfremdet, wurden seine Figuren lange Zeit nicht ernst genommen. Heute besitzt das Kunstmuseum in Ulan-Ude eine bedeutende Sammlung seiner Grafiken und Zeichnungen.

Fotografie

Der wohl angesehenste Fotograf der Baikalregion ist der Irkutsker **Alexander Knjasew,** der der Stadt und dem See zahlreiche Publikationen gewidmet hat (s. „Literaturtipps" im Anhang). Glück muss man haben, um seine Postkartenserien (auch zur Holzarchitektur) zu finden. Interessant ist auch sein schwarz-weißes Frühwerk.

Auf Landschaftsfotografie ist **Boris Dmitrijew** spezialisiert. Besonders bekannt ist sein Fotoband „Sibir, Sibir ...", den er gemeinsam mit dem Schriftsteller *Walentin Rasputin* herausgebracht hat. Auch von ihm gibt es schöne Postkarten.

Eine Auswahl von Arbeiten moderner Irkutsker Fotokünstler wird alle zwei Jahre aus Anlass des Baikal-Wirtschafts-Forums in hochwertigen Fotojournalen veröffentlicht. Auch hier steht der Baikal als Motiv meist im Vordergrund. Schöne Arbeiten aus dem Bereich Naturfotografie gibt es von **Dmitri Medwedew** (Biologe).

Zur Ausfuhr von Kunstgegenständen s. Kapitel „Vor der Reise: Ein- und Ausreisebestimmungen".

Musik und Theater

Wer die Region im Sommer besucht, wird wenige Möglichkeiten haben, das Theaterleben kennen zu lernen, da fast alle Bühnen in dieser Zeit geschlossen sind. Außerhalb der Sommerpause jedoch bemühen sich Irkutsk und Ulan-Ude mit Theaterfestivals und anderen Ereignissen, ihren Ruf als Provinzstädte aufzubessern.

Für nicht russisch sprechende Gäste ist ein Besuch der **burjatischen Oper** (bzw. Ballett) in Ulan-Ude zu empfehlen. Daneben kann das **Pantomime-Festival,** das jedes Jahr Anfang September in Irkutsk stattfindet, interessante Erlebnisse bieten. Stücke von **Wampilow** (s. „Literatur") tauchen regelmäßig auf den Spielplänen von Irkutsk und Ulan-Ude auf. Wer etwas Besonderes sucht, kann sich erkundigen, ob die Irkutsker **Theater-Hochschule** Aufführungen plant. Je nach Regisseur kann man hier erfrischend unkonventionelle Inszenierungen erleben.

Liebhabern klassischer Musik kann ein Konzert im Irkutsker **Orgelsaal** (der ehemaligen polnischen Kirche) ans Herz gelegt werden. Klassische und moderne **Gitarrenmusik** gibt es auf den Konzerten des Musikers *Alexander Saga,* der jedoch nicht oft „zu Hause" zu hören ist. Manchmal tritt er im Sommer im Liedermachertheater in Listwjanka auf.

Weniger professionell geht es jährlich im Mai zu, wenn sich am Flüsschen Olcha (Haltestelle Datschnaja) die **Liedermacherszene** der Region trifft und mehrere Tage unter Bäumen am Fluss campt, singt und spielt. Etwas größer ist das **Festival für Jugendmusik** angelegt, das jedes Jahr Anfang August große Menschenmengen nach Baikalsk zieht. Angarsk ist bekannt für sein **Jazz-Festival,** das seit einigen Jahren immer größer und anspruchsvoller wird.

Eine Besonderheit für Liebhaber moderner, experimenteller Musik ist das Duo **Bely Ostrog,** das in Irkutsk „groß geworden" ist, heute jedoch (unter dem Namen „White Fort") in den USA lebt und arbeitet. Dennoch lassen sich der Gitarrist *Matwejew* und der Violinist *Jakuschenko* mindestens einmal im Jahr in Irkutsk und Umgebung blicken, um ihre Fans mit einigen Konzerten zu entzücken.

Stars aus dem Bereich Pop und **Unterhaltungsmusik** treten von Zeit zu Zeit in der Halle des Irkutsker Stadions oder in Ulan-Ude auf. Bekannte russische Rockgruppen beehren die Region dagegen eher selten mit einer Tournee. Und internationale Größen pflegen dem Baikalgebiet in der Regel erst einen Besuch abzustatten, wenn ihr Stern schon am Verblassen ist.

071ba Foto: rj

Rockkonzert im Irkutsker Sportpalast: Wjatscheslaw Butusow, ehemaliger Sänger von Nautilus Pompilius

072ba Foto: rj

Irkutsk und der Westen

Das Europa-Haus in Irkutsk

073ba Foto: rj

Glockenturm-Felsen in der Sandbucht

074ba Foto: rj

Tankstelle an der Westküste

Irkutsk und Umgebung

Иркутск

⇗ II/A-B1

Das „Paris Sibiriens“?

Irkutsk nennt sich bis heute stolz **„Hauptstadt von Ostsibirien“.** Jeder Irkutsker kann den Schriftsteller *A. Tschechow* zitieren, der Irkutsk 1890 als Weltstadt mit europäischem Flair beschrieb. Es mag sein, dass dies um die Jahrhundertwende noch mehr zutraf als Anfang der 1990er Jahre, doch seitdem verändert sich die Stadt in beeindruckendem Tempo (wenn auch nicht ganz so schnell wie Nowosibirsk) und ist dabei, ihrem alten Ruf wieder alle Ehre zu machen. Gleichzeitig ist es ihr gelungen, sich auch ganz **ursibirische Charakterzüge** zu erhalten. In kaum einer anderen sibirischen Stadt findet man so wenige Spuren sozialistischer Neubauten und so viele Gassen und Sträßchen mit altersgebeugten, stilvollen Holzhäuschen. Zwischen prächtigen Kaufmannsvillen aus dem 19. Jh., den mit Pappeln bestandenen Straßen und dem großen Marktviertel im Zentrum, wo wie eh und je im regen Getümmel Verkäufer der verschiedensten Nationalitäten ihre Ware feilbieten, ist es nicht schwer, den Geist der alten Handelsstadt auferstehen zu lassen. Anstelle der eleganten Modeschneidereien des 19. Jh. öffnen heute wieder mehr und mehr Geschäfte und Boutiquen mit bekannten europäischen Namen. Leider schießen dazwischen in den letzten Jahren auch Spielsalons wie Pilze aus dem Boden.

Irkutsk ist eine Großstadt mit etwas unter 600.000 Einwohnern. Ihr Zentrum ist nach wie vor überschaubar, doch umso größer sind die vielen

Randbezirke, in denen fast unsichtbar für Besucher die Industrie angesiedelt ist. Neben Schlafstädten aus den 1970er Jahren gibt es im Umkreis noch große „hölzerne" Wohnbezirke, die vor den 1950er Jahren entstanden sind und in denen heute die Kriminalitätsraten bedrohlich steigen.

Beeinträchtigt wird die Lebensqualität in Irkutsk zunehmend von der **hohen Verkehrsdichte,** die die Fortbewegung sowohl zu Fuß als auch mit Verkehrsmitteln oft zur Qual macht. Besonders auf der Angara-Brücke kommt der Verkehr in den Morgen- und Abendstunden oft zum Stehen. Um die Situation zu entschärfen, wird seit einigen Jahren an einer dritten Brücke gebaut, die ab 2007/08 östlich der Insel der Jugend das Zentrum mit der anderen Flussseite verbinden soll. Auch die Luft leidet unter dem Verkehr, noch verstärkt durch die Abgase der vielen Heizkraftwerke, die die Wohnungen mit warmem Wasser versorgen.

Biber oder Tiger – das Wappen von Irkutsk

Das Wappen von Irkutsk ist ein amüsantes Beispiel für die Auswüchse der zentralistischen russischen Verwaltung. Bereits 1690 war der Stadt vom Zaren höchstpersönlich ein Wappen zugestanden worden. Es stellte einen **sibirischen Tiger** auf silbernem Grund dar, der mit einem **Zobel im Maul** über ein grünes Feld läuft. Die Tiere sollten Macht und Reichtum symbolisieren. Als dieses Wappen jedoch 1878 erneut den Moskauern zur Überarbeitung vorgelegt werden musste, geriet es an einen Beamten, dem die (aus dem Mongolischen stammende) Bezeichnung *babr* für Tiger nicht geläufig war. Er beschloss, dass es sich um einen Schreibfehler handeln müsse und wohl der ihm bekannte Biber (russ: *bobr*) gemeint sei. Als die Irkutsker das offiziell bestätigte Wappen zurückerhielten, müssen sie sich sehr gewundert haben, warum der Tiger plötzlich **keine Streifen** mehr hatte, dafür jedoch mit einem eindeutig **rundlichen Biberschwanz** versehen war. Seitdem wurden zwar einzelne Versuche unternommen, dieses bedauerliche Missverständnis auszuräumen, doch unterschiedliche Gründe verhinderten jedes Mal einen Erfolg. So ähnelt das Tier im Irkutsker Wappen heute nach wie vor mehr einem merkwürdigen **Fabelwesen** als einem Tiger. Die Irkutsker nehmen es mit Humor und erzählen gern die Geschichte seiner Entstehung.

Geschichte

Die Geschichte der Stadt beginnt im Vergleich zu anderen Orten im Baikalgebiet spät. Erst 1661 wurde am Zusammenfluss des **Irkut** und der **Angara** eine ständige **Festung** errichtet (zum Vergleich: Bratsk 1631, Jakutsk 1632, Pazifik 1639). Der Hauptgrund, warum es die Kosaken bevorzugten, erst die nördlichen Regionen zu erschließen und sich dann dem Baikalsee zuzuwenden, war vermutlich die starke Präsenz der Burjaten, die bewaffneten Widerstand leisteten.

Doch ab dem Verleih der Stadtrechte und der damit einhergehenden Unabhängigkeit von Jenisseisk (1668) ging die Entwicklung schnell. Die treibenden Faktoren waren und blieben über einen großen Zeitraum der **Handel** für den wirtschaftlichen Bereich und die **Kirche** für Kultur und Bildung. Diese Dualität hat das Stadtbild von Irkutsk bis heute geprägt: Direkt neben der Holzfestung (an der Stelle des ewigen Feuers, siehe „Sehenswertes") entstand als erste Steinkirche die Erlöserkirche, nur wenige Meter weiter spielte sich auf dem heutigen Kirow-Platz das Marktleben ab. Weitere Kirchen entstanden im 18. Jh. Außerdem richtete das Männerkloster 1725 die erste Schule ein. Nicht nur Geistliche und Missionare wurden hier ausgebildet, sondern auch Dolmetscher für Mongolisch: Es galt, die Beziehungen zu den Nachbarn in günstige Bahnen zu lenken. Auf dem Kirow-Platz wurde der Handelshof errichtet, ein großes Karree mit Arkadengängen, das Lager- und Verkaufsräume enthielt. Ende des 18. Jh. war Irkutsk durch feste **Handelsstraßen** mit dem Baikalsee, dem Tunka-Tal, Jakutsk und Moskau verbunden.

Weniger spürbar für das Leben in der Stadt, dafür langfristig umso bedeutsamer waren **wissenschaftliche Aktivitäten** in Irkutsk. Ohne dass feste Einrichtungen diese gelenkt hätten, wurde die Stadt zum Ausgangspunkt bzw. zur Station auf Forschungsreisen. **Expeditionen** zur Erforschung und Erschließung des russischen Nordens (wie die von *Vitus Bering*) wurden hier ausgerüstet und vorbereitet, eine ganze Reihe von internationalen Wissenschaftlern bereiste im Auftrag der Zaren und der Petersburger Akademie der Wissenschaften Sibirien, erforschte seine Geologie, die Pflanzen- und Tierwelt, suchte Bodenschätze und legte Karten an. An der Fassade des Heimatmuseums findet man einige der berühmtesten Namen, von denen aber nicht alle in Irkutsk gewesen sind.

Während in Westrussland *Peter der Große* mit seiner neuen Hauptstadt St. Petersburg das „Fenster nach Europa" öffnete, lag hier das **Tor nach Osten** viel näher. Irkutsk wurde zum Ausgangspunkt für die Erschließung Alaskas und des Amurgebiets. Nur vor diesem Hintergrund ist verständlich, dass 1754 eine Navigationsschule gegründet wurde, die Seeleute ausbildete. Von hier aus agierte der „russische Columbus" *Grigori Schelichow* (1747–95, s. auch Kapitel „Geschichte"). Im Irkutsker Snamenski-Kloster ist er begraben. Die Nachbarstadt von Irkutsk – Schelechow – ist nach ihm benannt.

Unterdessen wuchs Irkutsk, große Vororte entstanden rund um das Zentrum, Ende des 18. Jh. hatte die Stadt über 10.000 Einwohner. Doch ihre größte **Blütezeit** erreichte sie erst im 19. Jh. Zusätzlich zum China-Handel brachten nun der Goldabbau an der Lena sowie die Verarbeitung von Erzen und Glimmer den Irkutsker Kaufleuten Reichtum. Der erste Generalgouverneur *M. Speranski* sorgte mit einer grundlegenden Verwaltungsreform dafür, dass sie weniger unter Korruption und Misswirtschaft zu leiden hatten. Sie dankten es der Stadt, indem sie nicht nur in prächtige Villen, elegante Kutschen und feinste Luxusartikel investierten, sondern auch in öffentliche Schulen, Waisenheime, Kunst und Kultur. Auch unter dem Einfluss zahlreicher verbannter Intellektueller

075ba Foto: ri

wurde Irkutsk von einer zwar reichen, aber eher einfachen Provinzstadt zum sibirischen **Zentrum für Literatur, Wissenschaft und Kunst,** in dem die feine Gesellschaft nicht anders als in Westrussland in ihre Salons einlud, sich im Theater oder auf Bällen traf. Dennoch bestand Irkutsk noch zu über 90 % aus Holzgebäuden und das sollte ihm zum Verhängnis werden.

Im Juni 1879 wurde Irkutsk schlagartig durch einen furchtbaren **Stadtbrand** vernichtet. Durch die drei Tage dauernde Katastrophe wurden 15.000 Menschen obdachlos, fast alle Häuser der Stadt, die Sammlung der Geografischen Gesellschaft, Gemälde, Bibliotheken und alle Warenlager fielen den Flammen zum Opfer.

Fast zehn Jahre dauerte es, bis die Stadt wieder aufgebaut war. Dabei wurde die alte Straßengliederung weitgehend beibehalten. Doch die neue Bebauung unterschied sich deutlich von der alten. Nun gab es im Stadtzentrum Platz für **prunkvolle Steinbauten** wie das erste Hotel, Bankgebäude, eine Einkaufspassage und etwas später den ersten Kinosaal. Auch wurden nun erstmals ganze Straßenzüge gepflastert. Das Holzpflaster stellte einen großen Fortschritt dar in der Stadt, die bislang bei jedem Regen und besonders in der Zeit der Schneeschmelze im Schlamm versunken war.

Der Angara-Staudamm

1898 erreichte die **Transsibirische Eisenbahn** Irkutsk, und unter großen Feierlichkeiten fuhr der erste Zug aus Krasnojarsk in den Irkutsker Bahnhof ein. Damit begann eine neue Epoche. Eine Fahrt von Moskau nach Irkutsk dauerte nun nur noch wenige Wochen. Diese neue Situation brachte Irkutsk einen atemberaubenden Anstieg seines industriellen Potenzials, die Einwohnerzahl stieg und es gab eine Veränderung vieler Bereiche des gesellschaftlichen Lebens.

Selbst die beginnenden revolutionären Umwälzungen konnten nicht verhindern, dass 1918 die Irkutsker **Universität** gegründet wurde. Die 1920er Jahre brachten der Stadt neue Industriezweige: **Maschinenbau und Flugzeugtechnik.** Um die Flugzeugfabrik und entlang der Bahnstrecke entstand westlich der Stadt mit der Zeit eine große Trabantenstadt, das sogenannte Irkutsk II. 1936 bekam Irkutsk seine lange geplante **Brücke** über die Angara. Endlich war es möglich, den Fluss zu jeder Jahreszeit zu überqueren, was bisher im Herbst und im Frühjahr durch das Gefrieren und Auftauen des Flusses verhindert wurde. Allerdings hatte die Stadt in diesen Jahren auch Verluste zu verzeichnen: Von 24 Kirchen unterschiedlicher Konfessionen wurden 16 zerstört.

Nach dem Zweiten Weltkrieg bauten japanische Kriegsgefangene die Irkutsker Straßenbahn. Noch ein viel größeres Projekt war der Bau des Irkutsker **Angara-Staudammes** ab 1950. Neben dem billigen Strom brachte er einen großen Vorteil für die Stadt. Bisher waren die Straßenzüge am Ufer oft im Herbst von eisigem Wasser überschwemmt worden, wenn sich die ersten, noch losen Eisschollen stauten und Hochwasser hervorriefen. Der Damm hielt nun dieses Eis von der Stadt ab. Unterhalb des Kraftwerks friert der Fluss seitdem nicht mehr vollständig zu, was allerdings den Nebeneffekt hat, dass die Angara an kalten Wintertagen viel Nebel entwickelt. (Zu den Folgen des Staudammbaus für den Baikal s. Kapitel „Landschaft und Natur: Umweltprobleme und Naturschutz".) Die Kapazität des Kraftwerks von maximal 78 Mrd. kWh pro Jahr wird heute nur zu ca. 70 % genutzt. Geplant ist der Verkauf von Strom an China.

Im Zuge des Kraftwerkbaus wurde begonnen, das linke Angara-Ufer, das nun auch über den Damm ans Stadtzentrum angeschlossen war, zu bebauen. Nach den Vierteln am Damm entstand in den 1960er Jahren der „Stadtteil der Wissenschaft", das **Akademgorodok.** Nachdem in Nowosibirsk die sibirische Abteilung der Akademie der Wissenschaften gegründet worden war, eröffnete man 1957 in Irkutsk deren Filiale für Ostsibirien. Gleichzeitig mit den Forschungsinstituten (u.a. Geografie, Geochemie, Limnologie, Erdmagnetismus, Rechenzentrum) wurden Wohnhäuser für deren Mitarbeiter, Schulen, Kindergärten und Kliniken gebaut. Man sagt, dass sich in den ersten Jahrzehnten hier eine ganz eigene soziale Schicht, eine eigene Atmosphäre bildete, denn viele der jungen Wissenschaftler kamen nach ihrem Studium aus Moskau oder Petersburg. Da das Akademgorodok jedoch nicht so weit außerhalb der Stadt liegt wie sein Nowosibirsker Vorbild, hat inzwischen eine starke Durchmischung stattgefunden und für Außenstehende unterscheidet es sich nicht mehr von anderen Stadtteilen.

Auch der angrenzende Stadtteil **Studgorodok** ist heute nicht mehr die „Studentenstadt", die er in den 1970er Jahren einmal war, als die vielen Wohnheime von Studenten aus der Mongolei, aus Vietnam und Laos bewohnt wurden.

Bis zur Wende hatte Irkutsk eine deutsche **Partnerstadt:** Karl-Marx-Stadt, nach der bis heute eine Straße und ein Stadtviertel benannt sind. Leider sind die Kontakte zu dem heutigen Chemnitz mit der Zeit eingeschlafen. Dafür bestehen seit den 1990er Jahren sehr lebendige Beziehungen zu der badischen Stadt **Pforzheim,** mit der 1999 ein Freundschaftsvertrag abgeschlossen wurde.

Architektur

Irkutsk hat sich im Gegensatz zu vielen anderen russischen Städten ein sehr vielfältiges Stadtbild bewahrt. Besonders der große Anteil von Holzhäusern, aber auch Steinarchitektur aus verschiedenen Epochen sowie die nicht immer rechtwinklig angelegten Straßenzüge erwecken den Eindruck einer **gewachsenen Stadt.**

Bis ins 19. Jh. war das Stadtbild mit Ausnahme weniger Kirchen und Verwaltungsgebäude ausschließlich von niedrigen **Holzbauten** geprägt. Sie waren aus massiven Stämmen gezimmert, schlicht gehalten und kaum verziert. Da die Baumeister selbst Siedler aus Westrussland waren, übernahmen sie größtenteils die vertraute Bauweise. Allerdings war es durch Erlass des Zaren ab 1785 (bis Mitte 19. Jh.) verboten, zweistöckige Häuser zu bauen. Ein Kompromiss waren **1½-stöckige Wohnhäuser** mit halb versenktem Erdgeschoss, was einen zusätzlichen Isolierungseffekt brachte. Nicht zu verwechseln sind diese Häuser allerdings mit solchen, die sich im Laufe der Jahrhunderte **ungewollt abgesenkt** haben. Da meist ohne Fundament gebaut wurde, gab das Erdreich jedes Frühjahr in der Zeit des Tauwetters etwas nach und manche Häuser stehen heute um bis zu 1½ m tiefer als zum Moment ihrer Erbauung. Die ältesten, bis heute fast unveränderten Holzhäuser stammen vom Ende des 18./Anfang des 19. Jh. Gut zu erreichen ist das Haus der Familie *Schubin* (ul. Lapina 23). Andere findet man in der ul. Osipenko 15, ul. Burlowa 6 oder ul. Sedowa 75.

Mitte des 19. Jh. wurden immer mehr Holzhäuser gebaut, die zur Straße hin nur ein Geschoss, zum Hof hin aber zwei hatten. Das hing einerseits noch mit dem nicht mehr allzu streng befolgten Verbot, andererseits auch mit der Besteuerung zusammen, die nach Stockwerken der Fassade berechnet wurde. Typisch für diese Zeit ist eine **Veranda** über dem Eingangsbereich (z.B. ul. Dekabrskich Sobyti

Eines der ältesten Häuser der Stadt – für Denkmalschutz ist nicht viel Geld da

74, ul. Liebknechta 45, per. Pionerski 13). Auch die **Verzierung der Fenster** mit aufwendigen Schnitzereien kam zu dieser Zeit in Mode (s. Exkurs im Kap. „Menschen und Gesellschaft: Architektur").

Jedem, der einmal durch ein Viertel mit Holzhäusern spaziert ist, wird klar, dass es nicht prestigeträchtig ist, hier zu wohnen. Die große Mehrzahl dieser Häuser ist nicht an Kanalisation und Wasserversorgung angeschlossen, d.h. dass die Bewohner sogar mitten in der Stadt **Außentoiletten** benutzen und Wasser an der nächsten **Pumpe** holen müssen. Viele Irkutsker Holzhäuser stehen unter **Denkmalschutz.** In den 1990er Jahren hoffte man, auf diese Weise Anspruch auf westliche Hilfsmittel zu bekommen. Die Rechnung ging nicht auf und heute leidet man darunter, dass an diesen Häusern keine baulichen Veränderungen oder Modernisierungen vorgenommen werden dürfen. Geld für eine gründliche Restaurierung steht in den meisten Fällen auch nicht zur Verfügung, sodass viele einfach langsam verfallen. Die entsprechenden Stadtteile (z.B. Rabotscheje, Marata) werden in der Konsequenz zu sozialen Brennpunkten, in denen der illegale Handel mit Alkohol und die Drogenkriminalität stark zunehmen.

Wohl das älteste **Steingebäude** aus dem 18. Jh. ist das ehemalige Kirchenseminar (ul. Nischnaja Nabereschnaja 8), das vom furchtbaren Stadtbrand 1879 verschont blieb. Es ist allerdings in traurigem Zustand. Zu Beginn des 19. Jh. zeigten die wenigen Steinbauten oft deutliche Einflüsse des europäischen **Klassizismus.** Erhalten ist aus dieser Zeit neben dem Kaufmannshaus der Familie *Dudarowski* (ul. 5. Armee 65, Fassade zu per. Gascheka) und dem Gebäude der Volksschule (ul. Lenina 5a) das sogenannte „Weiße Haus" (s. „Sehenswertes").

Um die Jahrhundertwende wurde **Ziegelstein** als Baumaterial billiger. Nun entstanden die Gebäude der Stadtversammlung und der Duma (ul. Lenina 14 und 23). Noch interessanter ist die Villa des jüdischen Unternehmers *Feinberg* (ul. Chalturina 1) oder das ehemalige Grand Hotel (ul. Litwinowa 1). Unweit des Zirkus (ul. Scheljabowa 5) steht die ebenfalls sehenswerte Villa der Gebrüder *Wtorow,* die heute als Jugend-Musik- und Kunstschule genutzt wird.

Der **Jugendstil** hat in Irkutsk wenige Spuren hinterlassen. Eines der auffallendsten Beispiele ist das „Haus mit den Löwen", das Gebäude der Schriftstellervereinigung (ul. St. Rasina 40). Auch das Gebäude der Russisch-asiatischen Bank (ul. Lenina 38, Ecke ul. Kárla Márxa), in dem sich heute eine Klinik befindet, weist sehr schöne Details auf.

Aus den 1930er Jahren gibt es im Stadtzentrum einige Wohnhäuser, die im Volksmund „Stalinka" genannt werden und bis heute wegen ihrer soliden Bauweise sehr geschätzt sind (z.B. ul. Kárla Márxa 30). Es fällt dagegen auf, dass Irkutsk fast keine Gebäude im sonst so verbreiteten Stil des Neoklassizismus besitzt. Dagegen findet man sogar im Zentrum die berüchtigten **Plattenbauten** aus der Chruschtschow-Zeit, deren Haltbarkeitsdauer eigentlich längst abgelaufen ist. Neben ihnen tauchen in den letzten Jahren immer mehr **neurussische Wohnhäuser** aus unverputzten Ziegelsteinen auf, im Stadtzentrum als Mehrfamilienhäuser, an den Stadträndern wie in ganz Russland als stattliche Einfamilienhäuser.

Sehenswertes

Im Zentrum

Klassische Stadtführungen durch Irkutsk beginnen meist hinter dem **Grauen Haus,** dem Gebäude der Gebietsverwaltung am **Kirow-Platz.** Hier haben vor über 300 Jahren Kosaken aus grob behauenen Stämmen die erste Festung errichtet. Heute liegt im Mittelpunkt einer Grünanlage das sogenannte **„Ewige Feuer",** die Gedenkstätte für die ca. 10.000 Gefallenen des Zweiten Weltkriegs aus dem Gebiet Irkutsk. Da die Erinnerung an den Sieg über Hitlerdeutschland nach wie vor positiv besetzt ist, gilt die Wache, die mit Ausnahme der Sommerferien

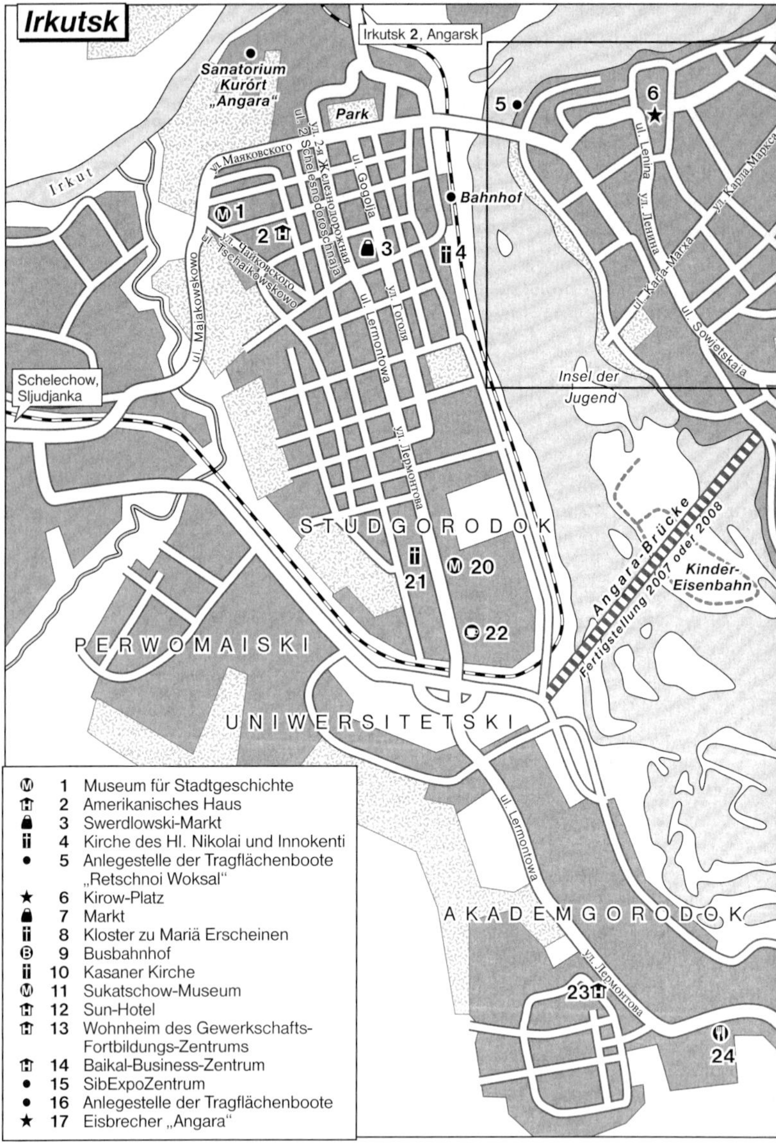
Irkutsk
Irkutsk 2, Angarsk
Sanatorium Kurórt „Angara“
Park
Irkut
ul. Majakowskowo
ul. 2 Schelesnodoroschnaja
ul. Gogolja
ul. Tschaikowskowo
ul. Lermontowa
Bahnhof
ul. Lenina
ul. Karla-Marksa
ul. Sowjetskaja
Insel der Jugend
Schelechow, Sljudjanka
STUDGORODOK
PERWOMAISKI
UNIWERSITETSKI
AKADEMGORODOK
Angara-Brücke Fertigstellung 2007 oder 2008
Kinder-Eisenbahn
1 Museum für Stadtgeschichte
2 Amerikanisches Haus
3 Swerdlowski-Markt
4 Kirche des Hl. Nikolai und Innokenti
5 Anlegestelle der Tragflächenboote „Retschnoi Woksal“
6 Kirow-Platz
7 Markt
8 Kloster zu Mariä Erscheinen
9 Busbahnhof
10 Kasaner Kirche
11 Sukatschow-Museum
12 Sun-Hotel
13 Wohnheim des Gewerkschafts-Fortbildungs-Zentrums
14 Baikal-Business-Zentrum
15 SibExpoZentrum
16 Anlegestelle der Tragflächenboote
17 Eisbrecher „Angara“

Ausschnitt Zentrum S. 220

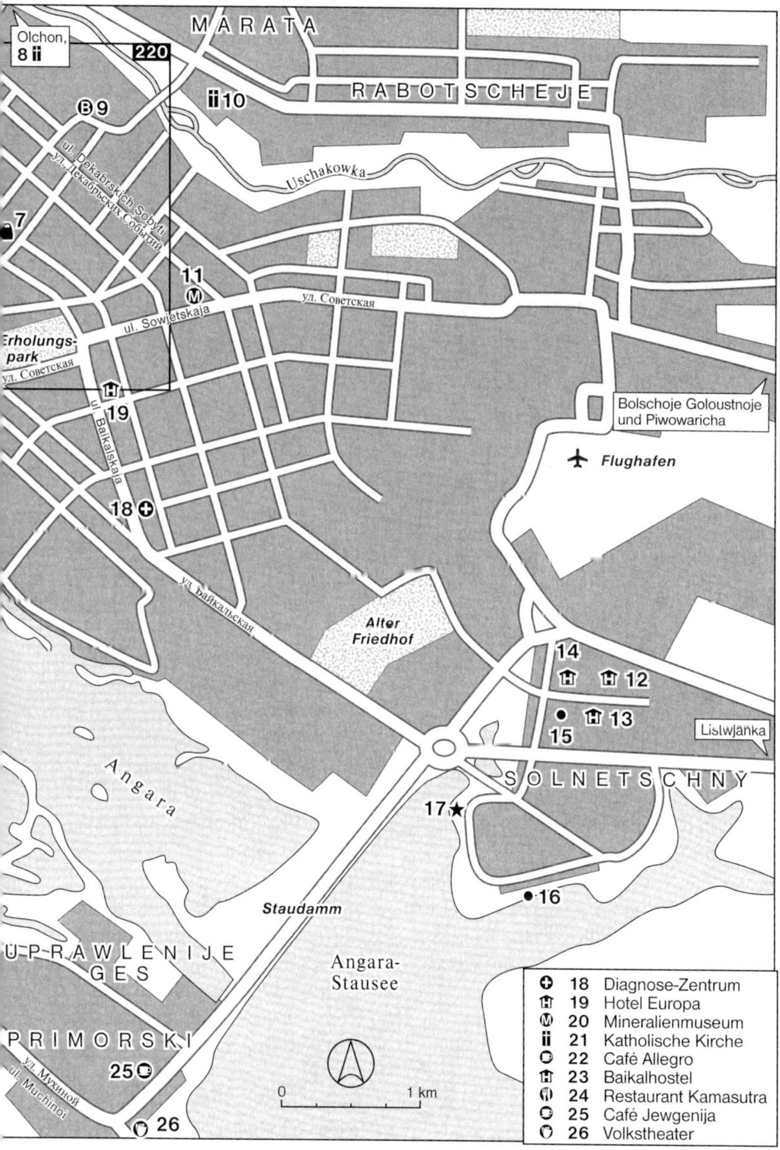

Irkutsk und Umgebung

fast das ganze Jahr um die Mittagszeit von den besten Oberstufenschülern gehalten wird, tatsächlich als Ehrensache.

Erlöserkirche

Gesäumt ist das historische Zentrum von drei Kirchen. Die älteste von ihnen, die Erlöserkirche *(Spásskaja zérkow),* ersetzte 1706 die erste hölzerne Festungskirche. Die **Wandmalerei** an ihrer Fassade gilt als große Seltenheit in Sibirien, üblich waren nur Innenmalereien. Eines der Gemälde stellt die Heiligsprechung des ersten Irkutsker Bischofs *Innokenti* dar. Die Kirche war nach der Revolution einige Jahre geschlossen, wurde aber in den 1970er Jahren restauriert und diente bis 2006 als Filiale des Heimatmuseums. Diese ist inzwischen geschlossen, vermutlich soll die Kirche wieder in ihrer ursprünglichen Funktion eröffnet werden. Schön ist die Aussicht vom Glockenturm.

Kathedrale zu Christi Erscheinen

Nur wenig jünger ist die Kathedrale zu Christi Erscheinen *(Bogojawléntscheski sobór,* ul. Nischnjaja Nabereschnaja 132), die 1718–74 unter Einfluss des **Moskauer Barock** erbaut wurde, aber auch altrussische Elemente aufweist. Später wurde ein **klassizistischer Glockenturm** aufgesetzt. Sie ist heute, nachdem sie lange Zeit geschlossen war, wieder die wichtigste Irkutsker Kirche. Besonders in der Osternacht zieht sie große Mengen von Gläubigen an.

Polnische Kirche

Fast direkt neben der Kathedrale steht die 1881 (an der Stelle einer Holzkirche) erbaute Polnische Kirche *(Pólski kostjól),* so benannt, weil sich ihre katholische Gemeinde fast nur aus verbannten Polen zusammensetzte. In sowjetischer Zeit wurde zwar eine benachbarte Straße nach ihnen benannt (ul. Pólskich powstánzew), die Kirche selbst jedoch erst zum Kinostudio und dann 1979 zum Konzertsaal umgewandelt, den eine für Sibirien einmalige Orgel aus der DDR schmückt. Ein **Konzertabend** mit der Organistin *Lidija Jankowskaja* gehört zu den besonderen Genüssen der Irkutsker Kulturwelt.

Im Untergeschoss der Kirche wurden auch wieder Gottesdienste abgehalten. Doch seit dem Jahr 2000 haben die Irkutsker Katholiken ein großes, modernes Kirchengebäude im Stadtteil Studgorodok, das besonders von der polnischen katholischen Kirche viel Unterstützung erhält (ul. Gribojédowa 110, Tel. 430510). Die Kontakte nach Polen sind so intensiv, dass in Irkutsk 2004 ein polnisches Konsulat eröffnet wurde (ul. Suche Batora).

Kirow-Platz

Der Kirow-Platz vor dem Grauen Haus, der heute schön begrünt ist, war bis ins 19. Jh. dicht bebaut mit Verkaufsständen, Lagerräumen und Geschäften, die sich um den großen Handelshof *(gostíny dwor)* drängten. Erst nach dem großen Stadtbrand bekam dieser die Funktion eines öffentlichen Versammlungsplatzes. Im Winter wurde er in eine große Schlittschuhbahn verwandelt, auf der sich die Bevölkerung amüsierte. Später brauchte man ihn für große politische Demonstrationen und **Paraden,** am 9. Mai dient er diesem Zweck bis heute. Militärparaden mit Kampf-Vorführungen von Spezialeinheiten ziehen in den vergangenen Jahren immer größere Mengen von Schaulustigen an.

Noch mehr Menschen tummeln sich allerdings um den Neujahrstag auf dem Platz. Pünktlich zum Fest, das von der Bedeutung eher mit dem deutschen Weihnachten vergleichbar ist, werden jedes Jahr beleuchtete Skulpturen sowie große und kleine Rutschbahnen aus klaren, funkelnden Eisquadern errichtet. Bei -20 bis -30° C tummelt sich Groß und Klein zwischen Verkaufsständen von Feuerwerkskörpern und Zuckerwatte, fährt mit dem Pferdeschlitten um den Platz oder lässt sich mit ausgestopften Bären oder dem Väterchen Frost fotografieren.

Die Irkutsker Kirchen wurden im 19. Jh. zu klein, um die wachsenden Bedürfnisse der orthodoxen Gemeinde zu befriedigen. So begann man 1875 mit dem Bau einer riesigen **Kathedrale,** die eine der größten in ganz Russland werden sollte und der Gottesmutter von Kasan geweiht wurde *(Kasánski sobór).* Der Bau verzögerte sich durch den Stadtbrand, doch 1893 war das monumentale Gebäude im russisch-byzantinischen Stil fertig gestellt. Eine architektonische Besonderheit der Kirche, die sechs verschiedene Altarräume hatte, war der separat stehende Glockenturm, der durch eine lange Galerie mit dem Hauptbau verbunden war. Allerdings war ihr nicht beschieden, lange zu dienen. Schon in den 1920er Jahren wurde der Bau nicht mehr beheizt, es fanden keine Gottesdienste mehr statt, im Kirchhof spielte die Jugend Fußball. 1932 entschied man sich für den Abbruch der Kathedrale. Es bedurfte mehrerer Sprengungen, bis die massiven Mauern nachgaben, und Augenzeugen berichten, dass danach tage-

168ba Foto: ih

Historisches Foto der in den 1930er Jahren abgerissenen Kathedrale

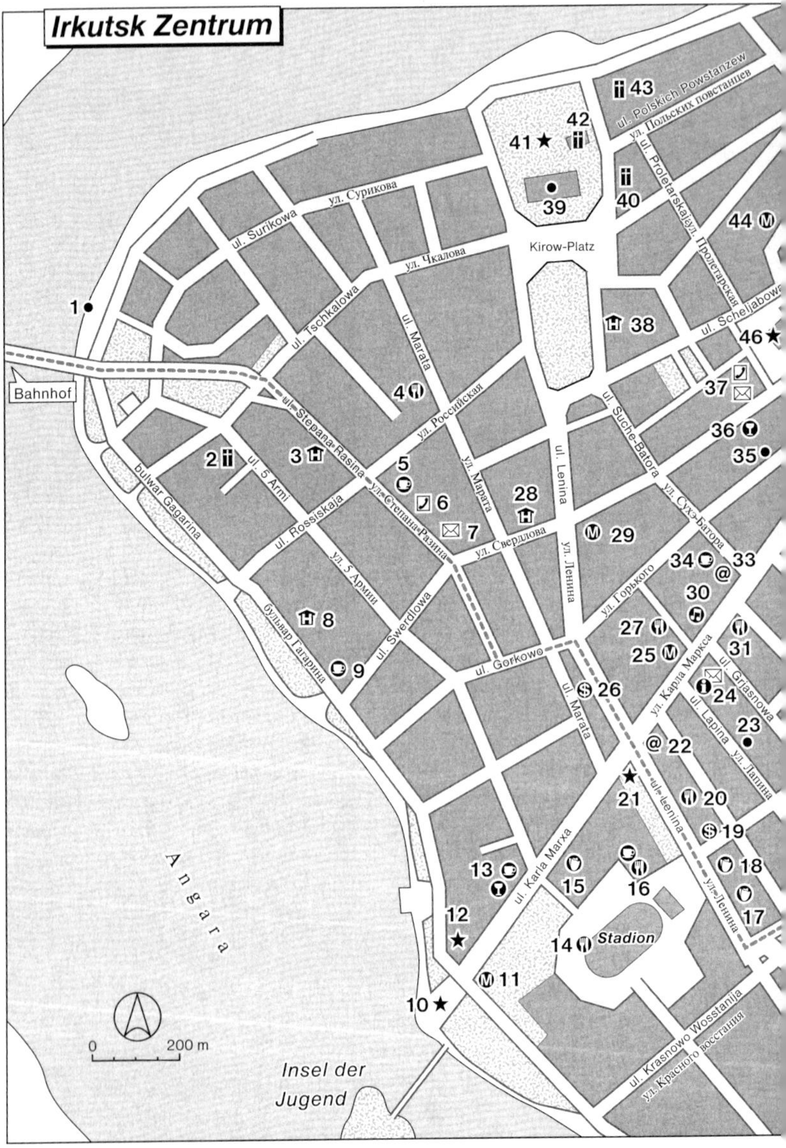
Irkutsk Zentrum
ul. Polskich Powstanzew
ul. Польских повстанцев
ul. Proletarskaja
ул. Пролетарская
ul. Surikowa
ул. Сурикова
ул. Чкалова
ul. Tschkalowa
Kirow-Platz
ul. Marata
ул. Марата
ul. Scheljabowa
Bahnhof
ul. Stepana Rasina
ул. Степана Разина
ул. Российская
ul. Rossiskaja
ul. 5 Armii
ул. 5 Армии
bulwar Gagarina
бульвар Гагарина
ul. Lenina
ул. Ленина
ul. Suche-Batora
ул. Сухэ-Батора
ул. Свердлова
ul. Swerdlowa
ул. Горького
ul. Gorkowo
ul. Карла Маркса
ul. Karla Marxa
ul. Grjasnowa
ul. Lapina
ул. Лапина
Stadion
ul. Krasnowo Wosstanija
ул. Красного восстания
Angara
Insel der Jugend
0
200 m

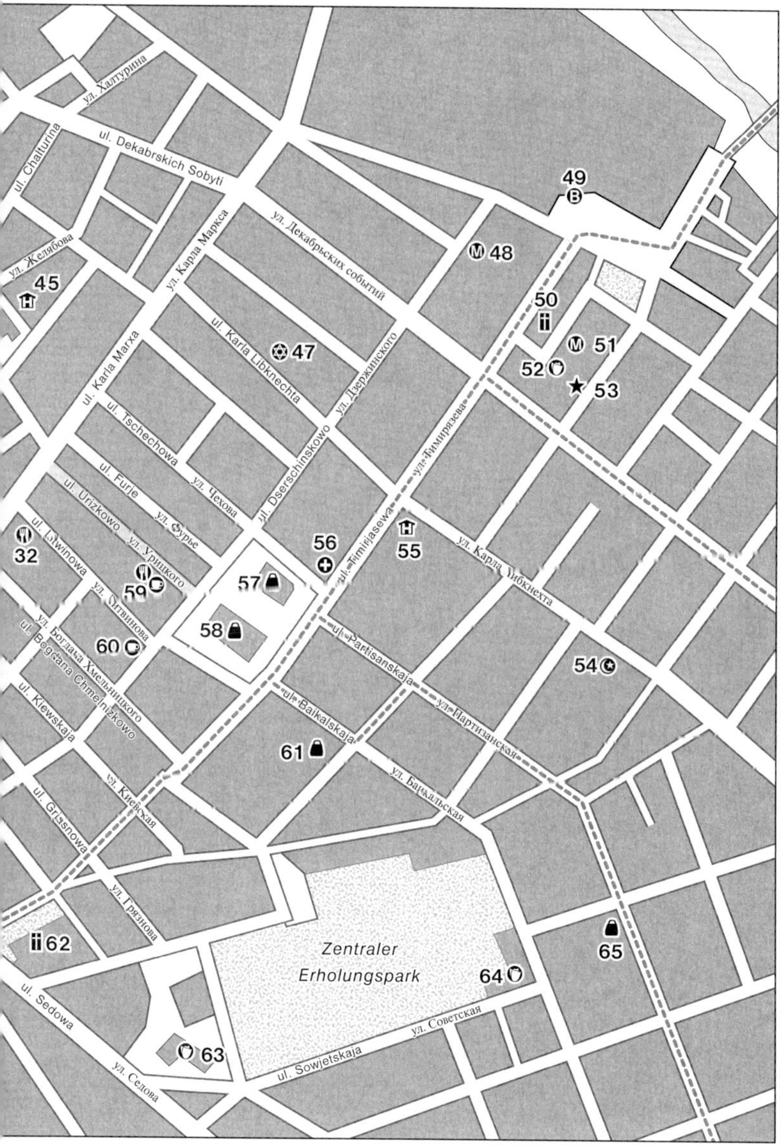
ул. Халтурина
ul. Dekabrskich Sobyti
ul. Chalturina
ул. Карла Маркса
ул. Декабрьских событий
ул. Желябова
45
49
48
50
51
52
53
47
ul. Karla Libknechta
ul. Karla Marxa
ul. Tschechowa
ul. Furje
ul. Urizkowo
ul. Litwinowa
ул. Дзержинского
ul. Dserschinskowo
ул. Чехова
ул. Фурье
ул. Урицкого
ул. Тимирязева
ul. Timirjasewa
32
56
55
57
58
59
60
ул. Карла Либкнехта
ул. Литвинова
ул. Богдана Хмельницкого
ul. Bogdana Chmelnizkowo
ul. Kiewskaja
ul. Partisanskaja
ул. Партизанская
ul. Baikalskaja
ул. Байкальская
54
61
ул. Киевская
ul. Grjasnowa
ул. Грязнова
62
Zentraler Erholungspark
64
65
ul. Sedowa
ул. Седова
63
ul. Sowjetskaja
ул. Советская

lang eine Staubwolke über der Stadt hing. Die Ziegelsteine wurden wiederverwertet, doch der übrige Schutt, den man schließlich gleichmäßig über den Kirow-Platz verteilte, führte dazu, dass sich dessen Niveau um fast einen Meter anhob.

In den Folgejahren wurde (bis 1957) an der Stelle der Kathedrale das Gebäude der **Gebietsverwaltung** im Stil des Konstruktivismus gebaut. An die Kasaner Kathedrale erinnert seit 2002 eine kleine **Kapelle** vor dem Grauen Haus, eine exakte Kopie eines der gesprengten Kirchtürme.

Gagarin-Boulevard

Beliebter als der Kirow-Platz ist als Flaniermeile nur der Gagarin-Boulevard. Fast an seinem Beginn steht unweit der Angara-Brücke die **Dreifaltigkeitskirche** (*tróizkaja zérków,* ul. 5 Armi 8). Heute erinnert nur eine Bushaltestelle daran, dass sie noch in den 1980er Jahren ein Planetarium beherbergte. Inzwischen finden in dem beschaulichen Bau wieder regelmäßig Gottestdienste statt. Nur ein Häuserblock trennt sie vom Gagarin-Boulevard. Die **Ufer-Promenade** an der Angara ist durch einen breiten Grünstreifen von der Straße getrennt, und der eiskalte Fluss sorgt auch im heißesten Sommer immer für ein frisches Lüftchen. Von hier aus kann man den Transsibzügen zusehen, die oft mit vielen Dutzenden von Güterwaggons am gegenüberliegenden Ufer entlangrattern. Im Sommer bieten manchmal kleine Ausflugsschiffe Flussüberfahrten an.

Weißes Haus

Spaziert man die Promenade hinauf, am Gagarin-Denkmal vorbei, gelangt man an das sogenannte Weiße Haus. Als prächtiges Beispiel für Provinzklassizismus wurde es 1804 von einem der reichsten Kaufleute Sibiriens, *K.M. Sibirjakow,* im **russischen Empire-Stil** erbaut. Allerdings lebte seine Familie nicht lange darin. Bereits 30 Jahre später wurde es an den Staat verkauft und diente bis zur Revolution als Gouverneurssitz. Während der Wirren des Bürgerkriegs wurde es von Weißen beschossen, doch schon 1918 übernahm es die Irkutsker Universität und richtete darin die **Universitäts-Bibliothek** ein.

Auf dem **Platz** vor dem Weißen Haus trifft sich besonders an lauen Sommerabenden gern die Irkutsker Jugend. Doch auch gesetzteres Publikum lässt sich hier gern sehen, seitdem die Ostsibirische Eisenbahn 2003 mit Unterstützung mehrerer Irkutsker Unternehmen den Platz gründlich renoviert, mit Straßenlaternen und Bänken neu gestaltet und das Denkmal in seinem Mittelpunkt nach altem Vorbild rekonstruiert hat. Das monumentale Standbild wurde 1908 aus Dank für **Zar Alexander III.** errichtet, der die Entscheidung zum Bau der Transsibirischen Eisenbahn getroffen hatte. Neben dem doppelköpfigen Adler, dem russischen Wappentier, schmücken sein Fundament bedeutende Figuren aus der Geschichte Sibiriens: der Kosakenführer *Jermak* sowie die Generalgouverneure *Speranski* und *Murawjow,* daneben finden sich wichtige sibi-

- 1 Anlegestelle „Retschnoi Woksal“
- 2 Dreifaltigkeitskirche
- 3 Downtown-Hostel
- 4 Restaurant Rio Grande
- 5 Wiener Café
- 6 Telefon
- 7 Post
- 8 Hotel Irkutsk
- 9 Café Monet
- 10 Denkmal Alexanders III.
- 11 Heimatmuseum
- 12 Weißes Haus
- 13 DJ Bar Red Hall
  Café Russkaja Tschainaja
- 14 Grillbar Mesto
- 15 Stadttheater
- 16 Restaurant und Café Starina Fichtel
- 17 Wampilow-Theater
- 18 Philharmonie
- 19 Außenhandelsbank
- 20 Pizzeria Domino
- 21 Lenin-Denkmal
- 22 Internet
- 23 Konsulat der Mongolei
- 24 Baikalinfo,
  Post
- 25 Naturkundemuseum
- 26 Sparkasse
- 27 Restaurant Kioto
- 28 Hotel Rus
- 29 Kunstmuseum
- 30 Nachtclub Stratosfera
- 31 Restaurant Lancelot
- 32 Restaurant und Café Sneschinka
- 33 Internet
- 34 Café Nr. 16
- 35 Flugtickets
- 36 Bar Liverpool
- 37 Telefon,
  Post
- 38 Hotel Angara
- 39 Graues Haus
- 40 Polnische Kirche
- 41 Ewiges Feuer
- 42 Erlöserkirche
- 43 Kathedrale zu Christi Erscheinen
- 44 Rogall-Museum
- 45 Hotel Arena
- 46 Zirkus
- 47 Synagoge
- 48 Dekabristen-Museum (Trubezkoi)
- 49 Busbahnhof
- 50 Christi-Verklärungs-Kirche
- 51 Dekabristen-Museum (Wolkonski)
- 52 Pilger Theater
- 53 Europa-Haus
- 54 Moschee
- 55 Hotel Delta
- 56 Unfallklinik
- 57 Zentralmarkt
- 58 Kaufhaus
- 59 Pizzeria und Café Fiesta,
  Restaurant Arbatski Dworik
- 60 Café Ventus
- 61 Chinesenmarkt
- 62 Kreuzerhöhungskirche
- 63 Musik-Theater
- 64 Puppen-Theater
- 65 Einkaufszentrum „Nowy rynok“

----- Straßenbahn

rische Wappen. Auf älteren Aufnahmen kann man noch den Obelisk sehen, der 1960–2003 auf dem Fundament stand, nachdem die Statue des Zaren bereits im Jahr 1920 gestürzt worden war.

Insel der Jugend

Vom Platz gelangt man hinüber auf die Insel der Jugend *(óstrow júnosti)*, ein großes **Erholungsgebiet,** in dessen vorderem Teil man zwar zwischen Schaschlik-Ständen, Karussells und einer Freilichtbühne im Sommer kaum einen Schritt tun kann, das aber etwas gehfreudigeren Besuchern im östlicheren Teil sehr ruhige Waldstückchen mit kleinen Lichtungen und lauschige Plätzchen am Angara-Ufer bietet. Diese etwas abgelegeneren Stellen nutzen im Winter die Freunde des **Eisbadens,** die man auf Russisch scherzhaft Walrösser *(morschí)* nennt.

Ungefähr in der Mitte der Insel liegt der Bahnhof der Irkutsker **Kinder-Eisenbahn,** einer originalgetreuen Bahn in kleinem Format, die von Jugendlichen bedient wird. Auch das vor wenigen Jahren erbaute, repräsentative Bahnhofsgebäude zeugt vom Status der Bahn in Irkutsk.

Noch eine Attraktion lockt die Irkutsker im Sommer an die Angara: Zwischen dem Denkmal für *Alexander* und der Insel der Jugend erstrahlt abends bis ca. 23 Uhr ein beleuchteter **Springbrunnen,** der im Rhythmus von Lautsprechermusik mit verschiedenfarbigen Wasserspielen fasziniert.

Karl-Marx-Straße

Ins Stadtzentrum führt von hier die ul. Kárla Márxa, die **Hauptstraße** der Stadt. Sie entstand als Große Straße (ul. Bolschája) im 18. Jh. an der Stelle der hölzernen Stadtbefestigung. Nach dem großen Brand nutzte man die Gelegenheit zur Neugestaltung und ließ sie nur noch mit Steingebäuden bebauen, die mit ihren prächtigen Fassaden bis heute das Bild der Straße prägen.

Heimatmuseum

Das erste Gebäude zur Rechten ist das Heimatmuseum. Nach dem Brand (1888–91) mittels Spenden der Geografischen Gesellschaft aus ganz Russ-

078ba Foto: rj

Eingangstür des Heimatmuseums

land erbaut, lässt es den Betrachter heute spüren, dass er sich nicht in Europa befindet. Der Stil des rotgelben Backsteingebäudes mit seinen **orientalischen Ornamenten** wird als mauretanisch bezeichnet. Die Namen an der Fassade erinnern an Persönlichkeiten, die sich um die Erforschung Sibiriens verdient gemacht haben. Links neben dem Eingang steht (wenig beachtet) ein **Hirschstein** mit ca. 2500 Jahre alten Tierreliefs.

● **Heimatmuseum** *(Krajewédtscheski muséi)*, ul. Kárla Márxa 2, Tel. 333449, Di–So 10–18 Uhr; ethnografische Sammlung, Stadtgeschichte, wissenschaftliche Erforschung Sibiriens, Zweiter Weltkrieg.

Stadttheater

Unweit des Heimatmuseums tritt man auf den Vorplatz des Irkutsker Stadttheaters. Schon 1897, als es dank eines gewaltigen Spendenaufkommens der Irkutsker Bürger fertig gestellt wurde, war es der Stolz der Stadt. Man sagt, sein Aufbau und seine Proportionen ähnelten in vielem dem berühmten Bolschoi-Theater in Moskau. Nur die Dimensionen sind deutlich bescheidener. Dennoch wirkt der Bau beeindruckend, ganz besonders, seit er 1997–99 mit enormem finanziellen Aufwand grundlegend renoviert und um einen Anbau mit Kammerbühne erweitert wurde. Seit 2004 ziert die kleine Parkanlage am Theater ein **Standbild Wampilows.** Nachdenklich schaut er auf den Baikal hinaus, der ihm zum Verhängnis werden sollte (siehe Kapitel „Menschen und Kultur: Literatur").

Düsterer, aber dennoch Respekt einflößend, wirkt der graue Bau aus den 1950er Jahren schräg gegenüber des Theaters. Hinter den massiven Säulen der neoklassizistischen Fassade residiert die Verwaltung der **Ostsibirischen Eisenbahn.**

Lenin-Denkmal

Etwas weiter, wo die Karl-Marx-Straße die Lenin-Straße, eine der wichtigsten Verkehrsadern der Stadt, kreuzt, steht nach wie vor ein großes Denkmal des ersten sozialistischen Staatsoberhaupts: *Lenin.* Der Grund hierfür liegt sicher nicht in einer besonderen Verehrung des Revolutionärs durch die Irkutsker, sondern eher in Ihrem gelassenen Verhältnis zu Spuren der Geschichte. Keine Spuren hat allerdings die lutheranische Kirche hinterlassen, die einst genau an dieser Stelle stand.

Marat-Straße

Gegenüber beginnt die Marat-Straße (ul. Maráta), an der einige der schönsten alten **Holzhäuser** zu bewundern sind. Das Eckgebäude im Jugendstil war einst eine Filiale der Russisch-asiatischen Bank. Im Bürgerkrieg residierte hier der Stab von Admiral *Koltschak* und heute ist darin eine Klinik untergebracht.

Rund um die Kreuzerhöhungs-Kirche

Von hier lohnt ein Abstecher am Stadion und der Philharmonie vorbei zur Kreuzerhöhungs-Kirche (1747–58, ul. Sedówa 1). Mit ihren bunt bemalten

Türmen erhebt sie sich auf einer Anhöhe über der Altstadt. Sie ist die einzige Kirche, deren Ausstattung während der sowjetischen Periode fast unbeschädigt blieb, ja sogar bereichert wurde, denn hier befand sich sieben Jahre lang ein Anti-Religions-Museum, in das Ikonen und Kultgegenstände aus anderen Kirchen gebracht wurden. Schon 1943 wurde sie wieder in ihrer eigentlichen Funktion eröffnet. Die märchenhaften Ornamente ihrer Fassade sind eines der schönsten Beispiele für den Stil des sogenannten **sibirischen Barock,** der westrussische Barockelemente mit orientalischen Motiven und regionalen kunsthandwerklichen Traditionen verband.

Unterhalb der Kirche, auf der kleinen Grünfläche inmitten der Straßenkreuzung, steht heute ein provisorisches **Dekabristen-Denkmal.** Doch kaum jemand weiß noch, dass hier bis 1931 ein kleiner protestantischer Friedhof lag, der auch der „deutsche" genannt wurde. Einige berühmte Persönlichkeiten der Stadt, wie der erste Irkutsker Gouverneur *K. Frauendorf,* waren hier begraben.

Zwischen der Kirche und der Karl-Marx-Straße liegen einige Sträßchen, die von dem großen Stadtbrand verschont wurden. Neben den verschiedensten Neubauten kann man hier noch alte **Holzarchitektur** bewundern, die jedoch meist in baulich schlechtem Zustand ist.

Kaufmannsvillen

Folgt man der **Karl-Marx-Straße** weiter in Richtung Stadtzentrum, passiert man einige der prächtigsten Kaufmannsvillen der Stadt. Waren viele von ihnen Mitte der 1990er Jahre noch in traurigem Zustand, so finden sich in den letzten Jahren immer mehr finanzkräftige Investoren, die die Gebäude wieder in altem Glanz erstrahlen lassen. In vielen haben teure Geschäfte eröffnet, neben kleinen Filialen des Irkutsker Heimatmuseums locken elegante Cafés. Die Freude am Bummeln wird nur durch den starken Verkehr getrübt.

Fußgängerzone

Angenehmer als auf der viel befahrenen Karl-Marx-Straße lässt es sich in der einzigen Fußgängerzone, der **Urizkowo-Straße,** flanieren. Sie biegt rechts von Ersterer ab und führt geradewegs auf den Zentralmarkt und das nebenan gelegene Kaufhaus zu. Sie war schon immer die wichtigste Einkaufsstraße der Stadt. Im Sommer ist sie gesäumt von Straßenmusikern und Porträtmalern, und angefangen von einfachen Imbissständen bis hin zu guten Restaurants findet man hier für jeden Geschmack etwas.

Zentralmarkt

Der Zentralmarkt *(zentrálny rýnok)* ist das Herz der alten Handelsstadt. Er besteht aus einer großen **Markthalle,** die 1997 die alte ersetzte und in der eine riesige Auswahl aller Arten von Lebensmitteln angeboten wird. Einen beeindruckenden Ausblick auf das Getümmel hat man vom Zwischengeschoss, zu dem im Inneren der Halle Treppen hinaufführen und wo sich

Kleidungskioske befinden. Wie schon vor Hunderten von Jahren findet der Handel nicht nur in der Markthalle statt, sondern auch der Platz vor und neben ihr wird fast bei jedem Wetter von Händlern genutzt. Der Besuch lohnt, denn besonders einheimische Produkte wie **Beeren, Pilze und Kräuter** werden nur hier angeboten. Man wird sicher keine besseren Tomaten, Gurken und Gartenkräuter finden, als die, die von Rentnern liebevoll auf ihrer Datscha gezogen und dann hier verkauft werden.

Vorsicht: Natürlich ist der Markt mit seinem engen Gedränge auch für **Taschendiebe** und andere Gauner attraktiv. Es gelten deshalb die üblichen Regeln, Geld nicht in Außentaschen aufzubewahren und beim Einkauf immer alle Habseligkeiten gut im Blick zu behalten!

Einen Straßenzug weiter lag von Anfang der 1990er Jahre bis 2007 der im Volksmund „Schanghai" genannte **Chinesenmarkt,** auf dem Hunderte von Kleinhändlern aus China in dichtem Gedränge improvisierter Buden und Stände billige Textilien, Haushaltswaren und anderen Krimskrams verkauften. Typisch für die Wirtschaftsentwicklung im nachsowjetischen Russland ist, dass sich inzwischen finanzkräftige Investoren finden, die derart lukrative Grundstücke mitten im Stadtzentrum kaufen, die Reste der alten hölzernen Wohnhäuser abreißen und an ihrer Stelle moderne Einkaufszentren oder Bürogebäude entstehen lassen. Die chinesischen Händler stehen inzwischen auch besser da und mieten kleine Verkaufsräume innerhalb dieser Zentren oder auf einem Gelände zwischen Irkutsk und Irkutsk 2, das nach dessen geplanter Schließung als Ersatz für den „Schanghai-Markt" vorgesehen ist.

Erholungspark

Wer nun eine Erholungspause im Grünen machen möchte, kann vom Markt der ul. Baikalskaja folgen und dann rechts die ul. Sofí Perówskoi entlanggehen. An ihrem Ende beginnt an einem kleinen Platz eine einst ansehnliche, heute leider sehr baufällige Paradetreppe hinauf zum großen Erholungspark *(zentrálny park kultúry i ótdycha).* Oben sollen vor dem Eingangstor einige bescheidene Denkmaler und Grabsteine das Andenken an Helden der Revolution hochhalten. Auch die Kirchenruine zur Linken kann, obwohl 2004 mit Renovierungsarbeiten begonnen wurde, noch nicht als Sehenswürdigkeit bezeichnet werden. Sie diente einst als Friedhofskirche, denn ursprünglich war die Grünanlage der „Jerusalemer Friedhof", einer der größten der Stadt. Schön ist der **Blick über die gesamte Altstadt,** der sich von hier eröffnet. Der anschließende weitläufige Park hat viele ruhige Ecken und Winkel, die den Lärm und die schlechte Luft des Zentrums vergessen lassen. An seinem anderen Ende (Richtung ul. Sowjétskaja) liegen ein Riesenrad, Karussells, eine Boxautoanlage und Imbissstände, die den ganzen Sommer über viele Familien und Kinder hierher locken.

Freilicht-Museumsviertel

Vom Markt aus kann man mit den Straßenbahnlinien Nr. 2, 3 oder 4 zwei Stationen zur Haltestelle „Muséi Dekabrístow" fahren. So gelangt man bequem in das Stadtviertel zwischen den Straßen Timirjásewa, Dekábrskich Sobýti und Éngelsa. Dieses Viertel steht komplett unter **Denkmalschutz** und soll einmal das Freilicht-Museumsviertel von Irkutsk werden. Hier sind einige sehr schöne Beispiele Irkutsker Holzarchitektur versammelt und langfristig möchte die Stadt den gesamten Komplex restaurieren und für kulturelle Zwecke nutzen. Doch auch heute schon lohnt sich ein Besuch.

Christi-Verklärungs-Kirche

Als erstes Gebäude fällt die Christi-Verklärungs-Kirche (*Preobraschénskaja zérkow,* ul. Timirjásewa 58, 1795–98) ins Auge. Der eher bescheidene Bau war ursprünglich im Handwerkerviertel entstanden. 1847 ließ der Dekabrist *Wolkonski* sein elegantes zweistöckiges Wohnhaus aus der Ortschaft Urik in die unmittelbare Nachbarschaft versetzen. Seitdem ist das Schicksal der Kirche eng mit dem der Dekabristen verbunden (s. Exkurs im Kapitel „Südost-Burjatien"). Hier fanden Hochzeiten und Begräbnisse statt (*Muchanow* und *Panow*). Nachdem sie lange als Bücherlager diente, wird die Kirche seit Ende der 1990er Jahre wieder in ihrer eigentlichen Funktion genutzt.

Pilgertheater

Gegenüber der Kirche zieht das Pilgertheater den Blick auf sich. In dem stilvollen Holzhaus inszeniert eine Irkutsker Truppe moderne Stücke, die sich besonders durch den Einsatz elektronischer Musik auszeichnen.

Dekabristen-Museum

Das Kernstück des Viertels ist das Anwesen der Familie *Wolkonski,* das seit 1985 als Dekabristen-Museum zu besichtigen ist. Besonders lebendig wird die Atmosphäre dadurch, dass in den einstigen Stallungen heute wieder Pferde untergebracht sind.

- **Dekabristen-Museum der Familie Wolkonski** *(Usádba knjásja Wolkónskowo),* per. Wolkónskowo 10, Tel. 277532/273438, Di–So 10–18 Uhr; großes Anwesen mit stattlichem Wohnhaus, Einrichtung der Wohnräume fast originalgetreu rekonstruiert, Geschichte des Aufstands, Lesungen und Konzerte.

Europa-Haus

Zur Engels-Straße hin liegt noch ein Schmuckstück dieses Viertels, das ehemalige Anwesen des Kaufmanns *Schastin.* Das um die Jahrhundertwende (19./20. Jh.) erbaute **Wohnhaus** fasziniert mit den prächtigsten **Holzschnitzereien,** die heute in Irkutsk zu finden sind. Offensichtlich lag dem Besitzer viel daran, sich im besten Licht zu zeigen: Nicht nur die Fensterrahmen des zweistöckigen Hauses sind reich verziert, sondern auch die Eckbalken, die Giebel und sogar die Hoftore schmücken die feinsten Schnitzereien, die an den Saum einer Spitzenserviette erinnern (das Haus wird in Irkutsk auch *kruschewnói,* „mit Spitzen verziert", genannt). Nachdem es in den 1990er Jahren z.T. mit EU-Geldern und mit Unterstützung der Stadt Pforzheim restauriert wurde, wird es nun von der Stadt Irkutsk als „Europa-Haus" genutzt. Fast immer kann man in den Räumlichkeiten wechselnde **Ausstellungen lokaler Künstler** besichtigen.

Karl-Liebknecht-Straße

Eine ruhige, wenig beachtete Straße im Zentrum der Stadt, an der viele interessante Holzhäuser liegen, ist die Karl-Liebknecht-Straße. Hier befinden sich außerdem die **Synagoge** (ul. Karla Lîbknechta 23, Tel. 275367) und die **Moschee** der Stadt (ul. Karla Libknechta 86, Tel. 277796). Die Synagoge, 1881 erbaut und 1924–81 geschlossen, fällt eher ins Auge als die Moschee (erbaut 1897), die vor der Revolution noch ein Minarett zierte.

Sehenswertes außerhalb des Zentrums

Kloster zu Mariä Erscheinen

Das Kloster zu Mariä Erscheinen (*Snámenski monastýr,* ul. Angarskaja 14) im **Stadtteil Marata** ist schlecht zu Fuß zu erreichen. Mit dem Trolleybus Nr. 3 (Einstieg ul. Scheljábowa am Zirkus), Bus Nr. 8 oder Linientaxis Nr. 8 (Einstieg Kirow-Platz am „Injás") kommt man jedoch schnell zur Klosteranlage, die aus der Ferne vom Angara-Ufer am Ewigen Feuer zu sehen ist. Nach dem Wosnesénski-Männerkloster, das 1672 im Stadtteil Schilkino gegründet wurde, war dieses Frauenkloster 1693 das zweite in Irkutsk. Zar *Peter I.* verlieh seiner Freude darüber Ausdruck, indem er den Nonnen ein kostbares Evangeliar schenkte, das – mit seiner Signatur versehen – bis heute im Kloster aufbewahrt wird. In den folgenden Jahrhunderten war das Kloster mit seiner 1754–94 erbauten Klosterkirche ein bedeutendes religiöses Zentrum des gesamten westlichen Baikalgebiets, das sogar eine eigene Werkstatt für Ikonenmalerei unterhielt. Viele hier entstandene Ikonen schmücken auch heute noch die Kirche.

Auf dem Klosterfriedhof ließen sich berühmte Persönlichkeiten der Stadt beerdigen. Leider sind viele der Gräber vernichtet worden, während das Kloster von den 1920er Jahren bis 1994 zweckentfremdet war. Erhalten sind nur die Gräber der Dekabristen *W. Bestschasnow, P. Muchanow* und *N. Panow* sowie der Dekabristen-Gattin *Jekaterina Trubezkaja* und ihrer Kinder. Ebenfalls verschont wurde das Grabmal *Grigori Schelichows,* der auch der „russische Kolumbus" genannt wird (s. auch Kapitel „Geschichte").

Bei der Klosteranlage wurde Ende 2004 ein sehr kontrovers beurteiltes Denkmal für den 1920 in Irkutsk hingerichteten Admiral *Koltschak* (siehe Kapitel „Staat und Gesellschaft: Geschichte") enthüllt.

Noch etwas weiter vom Zentrum entfernt liegt im Stadtteil Marata die große Irkutsker **Wodka-Fabrik „Kedr"**.

Kasaner Kirche

Die Kasaner Kirche (1885–92 erbaut mit Mitteln des Kaufmanns *A.M. Sibirjakow*), nach der Kasaner Gottesmutter benannt, liegt in dem problematischen **Stadtteil Rabotscheje** (ul. Barrikad 34) unweit des städtischen Gefängnisses und gehört nicht zu den häufig besuchten Sehenswürdigkeiten, obwohl schon allein ihre schön renovierte Fassade mit den leuchtenden Blau- und Rottönen mehr Aufmerksamkeit verdient hätte. Inzwischen ist auch die Restauration der Innenräume abgeschlossen, sodass die lange Zeit unzugängliche Kirche wieder für Gläubige geöffnet wurde.

Stadtteil Swerdlowski

Der Stadtteil Swerdlowski, in dem heute der Bahnhof liegt, war lange Zeit nur dünn besiedelt, weil die Verbindung mit der anderen Flussseite nur durch eine langsame Fähre gewährleistet war. Dennoch begann hier der Trakt, der die Stadt mit der Südspitze des Baikalsees verband, und so gab es seit Beginn des 18. Jh. auch einige Häuser am waldigen Ufer. Erst mit dem Bau der Transsib entstanden um die Bahnanlagen große Wohngebiete, und bis heute befinden sich die Eisenbahner-Schulen und -Kliniken auf dieser Flussseite. 1858–59 wurde für den wachsenden Stadtteil die **Kirche des Hl. Nikolai und Innokenti** (ul. Profsojúsnaja 45 B) gebaut, die seit 2004 wieder weithin sichtbar das linke Flussufer mit ihren goldenen Kuppeln schmückt.

Die größte Sehenswürdigkeit des Stadtteils ist jedoch der **Bahnhof** selbst. Zum 100-jährigen Jubiläum der Ostsibirischen Eisenbahn wurde er aufwendig renoviert.

Museum für Stadtgeschichte

Das Museum enthält eine schöne Sammlung zu Urgeschichte und Stadtgeschichte mit wechselnden Sonderausstellungen. Außerdem bietet es **thematische Stadtführungen** an (Kirchen, Literatur, Dekabristen, Repression), auch Ausflüge nach Schelechow, Angarsk, Listwjanka.

Ein Besuch des Museums lässt sich mit einem Spaziergang im **Park des Sanatoriums „Kurórt Angará"** verbinden. Durchquert man das hübsche Kiefernwäldchen, hat man eine schöne Sicht vom Steilufer hinab auf den Fluss Irkut, in dem im Sommer gern gebadet wird.

- **Museum für Stadtgeschichte** *(Muséi istóri góroda Irkútska),* ul. Tschaikówskowo 5, Tel. 381020, Fax 381787, http://mus.irk.ru; Do–Di 10–18 Uhr; Bus Nr. 8, 11, 22 ab Hotel Angara, Haltestelle „Garaschí".

Stadtteil Uprawlenije GES

Eine architektonische Kuriosität ist der Stadtteil Uprawlenije GES, auf dem linken Flussufer unmittelbar an den **Staudamm** angrenzend. Als er in den 1950er Jahren für die Leitungsschichten des neu entstehenden Kraftwerks gebaut wurde, nutzte man allem Anschein nach **Baupläne aus dem besiegten Deutschland.** So findet man in seiner Tiefe bis heute Ein- und Zwei-Familienhäuschen mit für Russland völlig untypischem Aufbau, roten Ziegeldächern und Vorgärten,

Kasaner Kirche

080ba Foto: rj

die einem das Gefühl geben, man stünde mitten in einer deutschen Wohnsiedlung. Allerdings gilt das ruhige Viertel mit sauberer Luft als prestigeträchtig und viele Irkutsker Größen sind dabei, die eher einfachen Häuser zu modernisieren und umzubauen.

Angara-Stausee

Vom Staudamm ist es nicht weit zum größten **Naherholungsgebiet** der Stadt: dem Angara-Stausee. Besonders von der südlichen Seite kommen die Irkutsker gern an die warmen Buchten, grillen Schaschlik und machen Picknick. Auch jenseits des Staudamms gibt es Inselchen und seichtes Gewässer, wo im Sommer gebadet und geangelt wird. Man erreicht diese ruhige Ecke zu Fuß von der Haltestelle „Posjolok energetikow".

Auf dem Angara-Stausee versammeln sich im Winter (besonders ab Februar) fast an jedem Wochenende Menschen mit merkwürdigen Konstruktionen: selbstgebastelten **Flugapparaten.** Teils haben sie Ähnlichkeit mit Drachenfliegern, andere werden von Propellern angetrieben, wieder andere müssen von Pkws angezogen werden. Bei manchen kann man gegen geringe Bezahlung sogar mitfliegen, wobei man sich im Klaren darüber sein muss, dass keiner der Apparate TÜV-geprüft ist. Dieses Hobby hat übrigens eine lange Tradition in Irkutsk: Den Club der Flugliebhaber gibt es seit 1919!

Gedenkstätten

Zwei Gedenkstätten erinnern in Irkutsk an düstere Kapitel der Geschichte. Beim Vorort Piwowáricha erinnert ein Friedhof an **Opfer der politischen Repressionen** der 1930–50er Jahre. Mehrere Tausend Menschen wurden hier hingerichtet. Die meisten von ihnen sind inzwischen rehabilitiert. Die Gedenkstätte liegt außerhalb und ist nicht leicht zu finden. Das Museum für Geschichte der Stadt Irkutsk bietet geführte Besuche an.

Im Stadtteil Marata liegt ein Friedhof mit Gräbern von 406 **japanischen Kriegsgefangenen,** die nach dem Zweiten Weltkrieg bei der Zwangsarbeit umkamen. Auch hier ist eine öffentliche Gedenkstätte eingerichtet.

Weitere Museen

- **Dekabristen-Museum der Familie Trubezkoi** *(Museí Dekabrístow Trubezkích),* ul. Dserschinskowo 64, Tel. 275773, Do–Mo 10–18 Uhr; bescheideneres Wohnhaus im altrussischen Stil, Geschichte der Dekabristen-Verbannung, wenige Einrichtungsgegenstände erhalten.
- **Kunstmuseum** *(Chudóschestwenny muséi),* ul. Lénina 5, Tel. 344230/340146; zusätzliche Ausstellungsräume des Kunstmuseums: ul. Kárla Márxa 23–25, Tel. 334389. Der Grundstock der Sammlung wurde von dem Kaufmann und Kunstkenner *W. Sukatschow* gestiftet (s. Sukatschow-Museum). Ikonen, russische Maler (u.a. *Repin*), einzelne für Sibirien bemerkenswerte Werke holländischer, französischer, italienischer und deutscher Maler des 17.–19. Jh., chinesische und japanische Kunst.
- **Naturkundemuseum** *(Muséi priródy),* ul. Kárla Márxa 11, Tel. 340832, Di–So, 10–18 Uhr; unlängst renoviert und erweitert, schöne Sammlung zur Tierwelt der Baikalregion, Aquarium.
- **Rogall-Museum** *(Muséi im. Rogaljá),* ul. Chaltúrina 5, Tel. 200365; Werke von *W. Rogall* (s. Kapitel „Menschen und Kultur: Kunst") und Ausstellungen lokaler Künstler.
- **Anwesen des Kaufmanns Sukatschow** *(Usádba Sukatschówa),* ul. Dekábrskich Sobýti 112, Tel. 291088, tägl. 10–17 Uhr; schön restauriertes Anwesen bestehend aus mehreren mit Schnitzerei verzierten Holzhäusern, Ausstellungen.
- **Mineralienmuseum** der Technischen Hochschule *(Muséi minerálow),* ul. Lérmontowa 83, Tel. 430353.
- **Galerie für moderne Kunst** *(Dom Chudóschnika),* ul. Kárla Márxa 38, Tel. 344612.
- **Zentrum für Volkskunst** *(Dom naródnowo twórtschestwo),* ul. Swerdlówa 18a, Tel. 242692.
- **Eisbrecher Angara** *(ledokól Angará),* im Stadtteil Solnetschny am Angara-Stausee, Tel. 358085/8551, Mi–So 10–18 Uhr; Dampfer,

der vor der Fertigstellung der Baikalbahn Passagiertransporte über den Baikalsee gewährleistete, keine ständige Ausstellung mehr, Besichtigung der Maschinenräume möglich.

- **Botanischer Garten** (*botanítscheski sad,* Achtung: stimmloses „s"), ul. Kolzowa 93, Tel./Fax 387476, www.isu.ru/insts/botsad/; der Garten selbst ist eher bescheiden, wer jedoch Experten zur Pflanzenwelt Sibiriens sucht, ist hier an der richtigen Adresse. Trolley-Bus Nr. 7, 11 bis Haltestelle „Botanitscheski sad", Linientaxi 21, 10, 127, 45 70.

Zirkus und Aquarium

- **Zirkus** (*zirk),* ul. Proletárskaja 13, Tel. 240535; festes Zirkusgebäude mit ständiger Truppe, die ab und zu durch Gastspiele von außerhalb verstärkt wird.
- **Aquarium mit Baikalrobben** (Nerparium), ul. 2. Schelesnodoróschnaja 66 (direkt am Swerdlowski-Markt), Tel. 435047, Di–So Vorführungen ab 11 Uhr alle 30 Minuten, letzte Vorführung 18.30 Uhr.

Praktische Tipps

Service

- **Vorwahl:** 3952 (bzw. aus dem Gebiet Irkutsk 22).
- **Postleitzahl:** 664000.

Info

- Tourist-Info **Baikalinfo.ru,** ul. Kárla Márxa 26, Tel. 406706 oder 707012, Mo–Fr 8–20 Uhr, Sa/So 10–15 Uhr, www.baikalinfo.ru; info@baikalinfo.ru.

Post

- **Hauptpost** (auch Telefon), ul. Tschelnokówa 3 (direkt neben dem Bahnhof), tägl. 8–18 Uhr, So 9–17 Uhr.
- **Postamt,** ul. Stepána Rásina 21 und 23.
- **Postamt,** ul. Proletárskaja 12 (Eingang um die Ecke von ul. Bogdanowa).
- **Postamt,** ul. Kárla Márxa 28.

Telefonieren, Fax

- **Zentrale** (*zentrálny telegráf),* ul. Proletárskaja 12 (gegenüber vom Zirkus, Erdgeschoss im Hinterraum); rund um die Uhr geöffnet, auch Erhalt von Faxen möglich. Filiale: ul. Stepána Rásina 19.

Internet

- **Web-ugol,** ul. Lénina 13 (Ecke Kárla Márxa), 10–23 Uhr.
- **Internetcafé,** ul. Suche-Bátora 18; rund um die Uhr geöffnet.

Geld

- **Wechseln** (auch Traveller Cheques in Euro und Dollar): sehr viele Möglichkeiten. Einen guten Kurs bieten in der Regel Hotel Angara, Hotel Baikal Business Center und Außenhandelsbank *(Wneschtorgbank),* ul. Dserschínskowo 1 (auch Schweizer Franken).
- **Geldautomaten** gibt es in den meisten Hotels, am Flughafen, in großen Einkaufszentren, allen Banken, z.B. Hotel Angara, Telefonzentrale am Zirkus, Sparkasse *(sberbánk)* ul. Lénina 28, Außenhandelsbank *(Wneschtorgbank),* ul. Dserschínskowo 1.

Konsulat

- **Konsulat der Mongolei,** ul. Lápina 11, Tel. 342295, 342445.

Gesundheit

Bei Knochenbrüchen und anderen Unfallverletzungen:

- **Unfallklinik Nr. 3** (*trawmpúnkt),* ul. Timirjásewa 31, Tel. 277614 (in der Nähe des Zentralmarkts).

Bei anderen Krankheiten:

- **Diagnose-Zentrum Irkutsk** (*Irkútski Diagnostítscheski Zentr),* ul. Baikálskaja 109, Tel. 211240, Fax 211230, Mo–Fr 8–20 Uhr, Sa 8–14 Uhr www.dc.baikal.ru, mkt@dc.baikal.ru.

Bei Zahnproblemen:

- Zahlreiche private Zahnarztpraxen, z.B. **Medial,** ul. Lénina 6, Tel. 333834.

Neue Angarabrücke

Es ist angekündigt, dass 2007 oder 2008 die Bauarbeiten an der neuen Brücke über die Angara abgeschlossen werden sollen. Mit ihrer Inbetriebnahme werden sich viele **Verkehrslinien neu ordnen.** So ist damit zu rechnen, dass sich viele Taxi- und Busrouten ändern und Angaben in diesem Buch damit hinfällig werden.

Stadtverkehr

- **Taxi:** Tel. 222222, 333333, 333555; Fahrten im Zentrum kosten ca. 80 R, nachts 120 R.
- Auf der folgenden Website kann man Haltestellen aller Verkehrsmittel nachschauen: **www.irk.ru/ref.**

Linientaxis

In Irkutsk gibt es neben Straßenbahnen, Bussen und Trolleybussen immer mehr Linientaxis (s. Kap. „Reisetipps A–Z: Verkehrsmittel"). Die normalen Busse fahren immer seltener, sodass man oft auf Linientaxis zurückgreifen muss. Die wichtigsten Linien sind die auf der **Kreislinie** (1, 95, 96 ...), die das linke und rechte Angara-Ufer miteinander verbinden. Über Staudamm und Angara-Brücke fahren sie ihre Runde, die bei den meisten am Markt endet. Oft ist dies aus der kreisförmigen Anordnung der Haltestationen am Außenfenster ersichtlich.

Straßenbahn

Die Straßenbahn ist eine der bequemsten Verbindungen **zwischen Bahnhof und Markt** (Linie 1 und 2). Auch in den Stadtteil **Solnetschny** (zum Messezentrum bzw. den Hotels) kommt man bequem (Linie 5), sollte allerdings genug Zeit einplanen, denn die Fahrtgeschwindigkeit ist nicht hoch.

An Neujahr wird auf dem Kirow-Platz eine Rutschbahn aus Eis gebaut

Essen und Trinken

Die Gastronomie in Irkutsk entwickelt sich zwar lebhaft, ist aber leider noch etwas unbeständig, d.h. Schließungen und Besitzerwechsel kommen häufig vor. Im Zentrum an den Straßen Kárla Márxa und Urizkowo wurde aus Platzgründen nur eine Auswahl der guten Einrichtungen aufgenommen.

- Restaurant **Lancelot,** ul. Kíewskaja 2, Tel. 202328, tgl. 12–24 Uhr; Interieur im Ritterstil, sehr gute russisch-europäische Küche, ausgezeichnete Bedienung, sehr empfehlenswert.
- Restaurant **Rio Grande,** ul. Rossískaja 17 (Eingang von ul. Maráta), Tel. 242971, mexikanische Küche, sehr große Portionen, empfehlenswert.
- Restaurant **Stariná Fíchtel,** ul. Lénina 46 (Eingang vom Stadion, Richtung Theater), Tel. 240468; ehemaliges „Fichtelberg".
- Restaurant **Kioto,** ul. Kárla Márxa 15a, Tel. 550505; stilvolles japanisches Restaurant, ausgezeichnete Bedienung, sehr empfehlenswert.
- Restaurant **Arbátski Dworik,** ul. Urízkowo 16, Tel. 200633, russische und europäische Küche.
- Restaurant **Kamasutra,** ul. Akademítscheskaja 24, Tel. 425379; gute chinesische Küche auf der linken Flussseite, Achtung: ab 22 Uhr Striptease-Programm mit Eintritt.
- Restaurant und Café **Sneschínka,** ul. Litvínova 2 (Eingang ul. Kárla Márxa), Tel. 344862; sehr stilvoll mit ausgezeichneter russischer Küche.
- DJ-Bar **Red Hall,** ul. Kárla Márxa 3, Tel. 200170, jeden Abend ab 19 Uhr lokale DJs, im Sommer Biergarten (oft lange Wartezeiten).
- Grillbar **Mésto,** ul. Kárla Márxa 12 (am Stadion), Tel. 201859, 9–1 Uhr; europäische Küche, modernes Ambiente.
- Bar **Liverpool,** ul. Swerdlówa 28, Tel. 202512; Kneipe im Stil der 1960er Jahre.
- Pizzeria und Café **Fiesta,** ul. Urízkowo 16, Tel. 203033, 340462; gemütliche Selbstbedienungs-Einrichtung, zweigeteilt: Pizzeria und Café.
- Pizzeria **Dominó,** ul. Lénina 13 A; Fastfood, rund um die Uhr geöffnet.
- Selbstbedienungsrestaurant **Belgrád,** ul. Urízkowo 5, Tel. 336157; Balkanküche.

- **Café Nr. 16,** ul. Súche-Bátora 16; stilvolle Filiale des Wiener Cafés, auch mit warmer Küche.
- **Wiener Café** *(Wjénskoje kafé),* ul. Stepána Rásina 19, Tel. 202116; klassisches Café mit roten Samtsofas und gutem Gebäck im österreichischen Stil, gegründet mit österreichischem Know-how.
- **Rússkaja Tscháinaja,** ul. Kárla Márxa 3; Café im Obergeschoss von Jefimytsch.
- Café **Stariná Fíchtel,** Tische im Freien, nur im Sommer neben dem gleichnamigen Restaurant.
- Café **Monet,** bul. Gagárina, am Intourist; neues, sehr elegantes Café in gehobener Preisklasse.
- Café **Ventus,** ul. Litwínowa 14, Tel. 345611/09; Betreiber ist eine der besten Irkutsker Konditoreien.
- Café **Allegro,** ul. Lérmontowa 87, Tel. 431958; nettes Café auf der linken Flussseite.
- Café **Bar Ewgénija,** ul. Besbókowa 8 (Stadtteil Uprawlenije GES), neben Haltestelle; günstiger Anlaufpunkt nach einem Spaziergang am Stausee.
- **Bliny-Stände** (ul. Kárla Márxa, ul. Lenina am Stadion, ul. Dserschinskowo am Markt); die russischen Pfannkuchen ähneln den französischen Crêpes und sind mit Füllung eine sättigende Zwischenmahlzeit.
- Eher als Kuriosität ist das **Bierhaus** zu betrachten (ul. Kárla Márxa); neues Restaurant mit bayerischem Ambiente und deutscher Speisekarte.

Einkaufen

Lebensmittel

- **Zentralmarkt** (s. „Sehenswertes"), erreichbar mit allen Straßenbahnlinien und sehr vielen Linientaxis (nach *rýnok* fragen).
- **Supermärkte** *(supermárket)* schießen seit wenigen Jahren wie Pilze aus dem Boden und nehmen beträchtliche Ausmaße an. **Cash&Carry** in Irkutsk 2, **Zäsar** und **Slata** in der ul. Kárla Márxa.

081ba Foto: rj

Kleidung

Neben dem Kaufhaus beim Zentralmarkt und einer ständig wachsenden Zahl an Geschäften aller Preisklassen in den Straßen Kárla Márxa und Urizkowo ist für den Kauf von Kleidung besonders das neuere Einkaufszentrum **Nówy rýnok** beliebt (ul. Sowjétskaja 58).

Bücher

- **Prodalit,** ul. Urízkowo 9, am Stadion, ul. Baikalskaja 172, weitere Filialen.
- **Márina Róschtscha,** ul. Rossískaja 18 (Eingang vom Hof).
- Buch-Antiquariat **Bukinist,** ul. Litwínowa 1.

Outdoor

- **Fan-Sport,** ul. Kárla Márxa 39; allgemein etwas günstiger als Vertikal.
- **Vertikal,** ul. Sedówa 29, im Untergeschoss des Musiktheaters; http://alpindustria-baikal.ru.
- Die Irkutsker Flugzeugfabrik hat im Rahmen der Konversion ihrer Produktion begonnen, Outdoor-Produkte herzustellen. Unter der Marke „Irkut" werden sie nicht nur im **Fabrikverkauf** (Irkutsk 2), sondern auch bei Fan-Sport verkauft.

Musik und Filme

- **Musik-Most,** Kaufhaus *(torgówy kómplex).*
- **Ismerenije,** ul. Suche-Bátora 18.

Souvenirs

- **Kaufhaus** (*torgówy kómplex,* beim Zentralmarkt, Erdgeschoss); klassisches Sortiment, Porzellan, Holzgeschirr, Matrjoschka-Puppen, Birkenrinde.
- **Salon Chudóschnik,** ul. Lenina 40 (direkt am Lenin-Denkmal); große Auswahl, Gemälde lokaler Künstler, Schmuck.
- Souvenir-Stand des **Heimatmuseums;** prähistorische Souvenirs, Schamanen-Amulette, Schmuck.
- **Flughafen** (altes Gebäude, 1. Stock); gute Auswahl klassischer Souvenirs, schön verpackte sibirische Delikatessen.
- Antiquitäten **Antikwar,** ul. Rossískaja 23.

Theater und Konzerte

- **Städtisches Ochlopkow-Theater** (*Irkútski dramatítscheski teátr im. Ochlópkowa,* Große Bühne und Kammerbühne), ul. Kárla Márxa 14, Tel. 200474/77/78/200488; teatr@irk.ru.
- **Wampilow-Theater** *(teátr júnowo srítelja im. Wampílowa),* erbaut 1928, ul. Lénina 13 und 23, Tel. 344102/344398.
- **Puppen-Theater Aistjónok** *(teátr Kúkol),* ul. Baikálskaja 32 Tel. 270666; auch Stücke für Erwachsene wie „Der Kleine Prinz".
- **Pilger-Theater** *(teátr Piligrímow),* per. Wolkónskowo 8, Tel. 204432, 204439; modernes Musik-Theater, hervorgegangen aus einer Rock-Gruppe. Überregional bekannt sind Stücke wie das Rock-Mysterium „Ave Maria".
- **Volks-Theater** *(teátr naródnoi drámy),* ul. Múchinoi 13A; Tel. 469968.
- **Theater-Hochschule** *(teatrálnoje utschílischtsche),* ul. Timirjásewa, schräg gegenüber vom Kaufhaus; unregelmäßig studentische Aufführungen unter teils sehr guter Regie.
- **Philharmonie** (*filarmónija,* seit 1939), ul. Dserschínskowo 2, Tel. 334777/241100; der Genuß schöner Konzerte wird durch vorbeiratternde Straßenbahnen leider geschmälert.
- **Orgelsaal** *(orgánny sal),* ul. Súche-Bátora 1, Tel. 336365 (siehe „Sehenswertes: Polnische Kirche").
- **Musik-Theater** *(musikálny teátr im. Sagúrskowo),* ul. Sedówa 29, Tel. 342131/278331; der große Neubau ist mit weißem Baikal-Marmor verkleidet. Er wird für Opern, Operetten und Ballette genutzt, die Irkutsk als Gastspiele besuchen. Aus „eigener Produktion" stammen nur Musicals wie der Dauerbrenner „Junóna i Awós", ein Stück über eine tragische Liebe zwischen Sibirien und Alaska in den Zeiten der Russisch-Amerikanischen Gesellschaft.
- **Konzert- und Sporthalle im Stadion** *(Dworéz spórta),* ul. Lénina; Konzerte (Pop, Rock, Unterhaltungsmusik).

Die Halle des Zentralmarkts

082ba Foto: rj

Nachtleben

Im Sommer spielt sich ein großer Teil des Nachtlebens **im Freien** ab. Zwischen dem Stadion, dem Stadttheater und der Angara trifft man sich, unterhält sich und trinkt etwas. Dafür werden Getränke meist selbst mitgebracht, denn direkt an der Angara dürfen aufgrund des Müllproblems keine Imbissstände mehr betrieben werden. Wer Glück hat, ergattert einen Platz im Biergarten der DJ-Bar. Zur Not gibt es noch das „Domino" oder die Schaschlik-Stände auf der Insel der Jugend.

Richtige **Kneipen** sind eher dünn gesät. Am ehesten kann das Liverpool empfohlen werden. Auch die Kofeinja ist lange geöffnet.

Kinos

Das ganze Jahr über beliebt sind Kinos, so sehr, dass man für die Wochenendvorstellungen Karten im Voraus besorgen sollte. Das aktuelle Programm ist immer unter www.irk.ru oder www.irkutskout.ru abrufbar.

- **Tschaika,** ul. Tereschkówoi 23, Tel. 550405, 223223, 388423 (AB); gilt als das modernste Kino, das Programm beschränkt sich auf große Kassenschlager.
- **Bargusin,** ul. Baikálskaja 107, Tel. 228778, 229330; vergleichbar mit Tschaika, liegt etwas zentraler.
- **Chudóschestwenny,** ul. Kárla Márxa 24, Tel. 343150 (Kasse), 344382 (AB); anspruchsvolleres Programm, fremdsprachige Kinofestivals, historisches Interieur.

Discos

Auch der Besuch einer Disco kann interessant sein. Man tanzt und amüsiert sich in Russland meist sehr viel ausgelassener als in Deutschland. Die Preise schwanken zwischen 150 und 200 R.

- Nachtclub **Objekt 01,** ul. Baikálskaja 241 A, Tel. 245135/247367, Mi–So 22–6 Uhr; zwei Tanzflächen, Restaurant, Billard, Lufthockey, Autorennen, interessantes Publikum.

● Nachtclub **Megapolis,** ul. Ulan-Bátorskaja 4, Tel. 426410; Großraumdisco, oft DJs von außerhalb mit ausgefallener Musik, kein Essen.
● Nachtclub **Stratosfera,** ul. Kárla Márxa 15, Tel. 243436; Treffpunkt für die, die es zu etwas gebracht haben, Bowlingbahn.
● Nachtclub **Fortuna,** ul. Kárla Márxa 53, Tel. 281092.

Veranstaltungen

● **Messen** im SibExpoZentrum (z.B. die jährliche Touristik-Messe im Februar), ul. Baikalskaja 253 A, Tel. 352239, www.sibexpo.ru.
● **Baikal-Winterspiele Winteriada** *(simniáda),* findet seit 2003 jedes Jahr meist im Februar/März statt. Ski-Rennen, Eisschnelllauf, Wettbewerbe in Eisfischen, Hundeschlittenrennen, Schneemobilrennen, Eissegeln und Jeep-Touren werden mit viel Medienpräsenz organisiert durch das Gebiet Irkutsk (www.winteriada.ru). Kritische Stimmen bewerten die Spiele jedoch als reines Werbespektakel mit meist drittklassigen Teilnehmern.
● **Bandy-Spiele** im Stadion *(stadión Trud):* Die Sportart der Wintersaison ist in Sibirien Bandy *(chokéi s mjatschóm),* eine Disziplin, die auch in den skandinavischen Ländern verbreitet ist. In Sibirien hat sie ungefähr den Stellenwert von Fußball in Europa. (Dieser dagegen spielt eine untergeordnete Rolle. Die Irkutsker Fußballmannschaft „Swesda" fällt nicht durch glänzende Leistungen auf.)

Die Ausrüstung der Spieler erinnert zwar stark an Eishockey, doch die Regeln entsprechen mehr denen des Feldhockey (Spielzeit 2x 45 Minuten, elf Spieler pro Mannschaft). Mit bis zu 30.000 Zuschauern werden die Spiele der Meisterschaft auch bei Temperaturen von unter -30° C im offenen Stadion ausgetragen. Besonders, wenn die Irkutsker Mannschaft **Baikal-Energia** spielt, ist die Stimmung alles andere als frostig! Und sollten die Ergebnisse mal weniger erwärmend sein, helfen die Fans in der Pause mit Tee, Wodka und Speck nach. Meistens jedoch spielt Baikal-Energia (die bis 2004 Sibskána hieß, bis sie zum Leidwesen der Fans von den Funktionären umbenannt wurde) im oberen Drittel der Liga (www.sibscana.ru). Besonders gut besucht sind Spiele gegen die Meisterschaftsanwärter Jenissei (Krasnojarsk), Kusbass (Kemerowo), Wodnik (Archangelsk) und Chabarowsk. Auf großes Interesse stößt auch das Lokalderby gegen Metallurg (Bratsk). Die Saison dauert von November bis März.

Unterkunft

Nicht aufgeführt sind eine ganze Reihe von Hotels der unteren und mittleren Preisklasse, die jedoch meist deutlich weniger Komfort bieten als billigere Privatunterkünfte.

Privatunterkünfte und untere Preisklasse

● Hostel **Baikaler,** *Jack Scheremétow,* Tel. 336240, info@baikaler.com (siehe auch Kapitel „Vor der Reise: Reiseveranstalter"). Übernachtung 500 R.
● Familie **Arfanídi,** Tel. 334418, sergarf@irk.ru; ausgezeichnete Deutschkenntnisse, Nähe Lenin-Denkmal.
● **Baikalhostel,** ul. Lérmontowa 136, Wohnung 1 im Erdgeschoss, Tel. 525742, www.baikalhostels.ru, info@baikalhostels.ru, booking@baikalhostels.ru; Übernachtung in Mehrbettzimmern, Stockbetten, 20 Plätze, Selbstverpfleger, Betreiber: Club der Höhlenfreunde „Arabica", sehr sauber; 11,70 € (Nebensaison 10 €). Es werden auch DZ (15 €) und EZ (25 €) angeboten.
● **Downtown Hostel,** ul. Stepána Rásina 12, Wohnung 12, Tel. 684248, 334597; www.hostel.irkutsk.ru; irkutskhostel@yahoo.com; Mehrbettzimmer, 1 DZ, Stockbetten, Übernachtung mit Frühstück 15 € (Winter 12 €); Hilfe bei Registrierung, Ausflüge, Internetzugang, sehr zentral.
● Privatpension **Galína** Bolschedwórowa, ul. 5 Armi 35, 1, Tel. 330493/333226, gurevv@mail.ru; mehrere ordentliche Zimmer in separaten, neu renovierten Wohnungen. Die Besitzerin wohnt nebenan in einem alten Holzhaus im Stadtzentrum, familiäre Atmosphäre; HP 650 R, mit Frühstück 550 R, ohne Verpflegung 400 R.

- **Amerikanisches Haus,** ul. Ostrówskowo 19, Tel. 432689, slida@irk.ru; 20 $ mit Frühstück; im Winter ist Übernachtung nur mit rechtzeitiger Anmeldung möglich (1 Monat).
- **Wohnheim des Gewerkschafts-Fortbildungs-Zentrums** *(Obschtscheschítije Profsojúsow)* ul. Baikálskaja 263, Tel. 357963, liegt neben dem ExpoZentrum; sehr einfache, aber ordentliche Zimmer; EZ 300 R, DZ 450 R.
- Neben den aufgeführten Anbietern vermitteln auch die Firmen **Baikalcomplex** und **Baikal-Байкал** Privatunterkünfte (s. Kapitel „Vor der Reise: Reiseveranstalter").

Mittlere Preisklasse

- Hotel **Arena,** ul. Scheljábowa 8 A; kleines Hotel mit 26 Zimmern im Gebäude des Zirkus, komfortabler Teil: Tel. 344642, EZ 950 R, DZ 1200 R; einfacherer Teil: Tel. 334663, Eingang ul. Swerdlówa 39, EZ 800 R, 4-Bett-Zi 950 R.
- Hotel **Rus,** ul. Swerdlówa 19, Tel. 242715, Fax 240733, www.rus.baikal.ru; rus@baikal.ru; überschaubares Hotel im Zentrum, unbedingt im Voraus buchen wegen geringer Kapazität; Preis mit Frühstück EZ ab 1600 R, DZ ab 2980 R (Nebensaison etwas billiger).
- Hotel **Solnyschónok,** ul. Baikálskaja 279, gegenüber vom Sun-Hotel (s.u.), Anmeldung dort, EZ ab 45 $, DZ ab 60 $.
- Hotel **Angará,** ul. Súche-Bátora 7 (am Kirow-Platz), Tel. 255105/6, Fax 255103, www.angarahotel.ru; zentral gelegener, sehr großer Hotelkomplex, teilweise sehr gut renoviert; EZ mit Frühstück ab 1600 R, DZ ab 2400 R (alter Standard), EZ ab 2400 R, DZ ab 3300 R (renoviert).
- Hotel **Irkutsk,** ehem. Intourist), bul. Gagárina 44, Tel. 250167, Fax 250314, www.baikal-hotel.ru; info@baikal-ho tel.ru; EZ ab 2250 R, DZ ab 2650 R mit Frühstück.
- Hotel **Europa,** ul. Baikálskaja 69, Tel. 291515, www.europehotel.ru; info@europe hotel.ru; 2005 neu erbaut, elegantes Ambiente, EZ ab 1800 R, DZ ab 2600 R mit Frühstück, Hauptsaison etwas höher.

Obere Preisklasse

- Hotel **Delta,** ul. Kárla Líbknechta 58, Tel. 219800; sehr angenehm, ruhige Seitenstraße im Zentrum; DZ mit Frühstück ab 3000 R.
- **Baikal Business Center,** ul. Baikálskaja, Tel. 259120/22, www.bbc.ru, hotel@bbc.ru; EZ ab 4000 R, DZ ab 5000 R, zusätzliche Angebote für Geschäftsleute, Tourismus-Abteilung: Tel. 259223, Fax 259110.
- **Sun-Hotel,** ul. Baikálskaja 275 B, Tel. 255912/10, Fax 255912, www.xemi.com/sunhotel, sunhotel@xemi.com; EZ ab 100 $, DZ ab 130 $.

Tourenanbieter

Irkutsker Reiseveranstalter siehe Kapitel „Vor der Reise: Reiseveranstalter"; **Thematische Stadtführungen** s. „Sehenswertes: Museum für Stadtgeschichte".

- **Baikalhostel,** s.o., www.baikal-expedition.ru, baikalexp@irk.ru, Tel. 384092, preisgünstige Ausflüge und Wanderungen.

Verkehrsverbindungen

Flug

Verbindungen mit Moskau s. Kapitel „Vor der Reise: Anreise".

Der Irkutsker **Flughafen** liegt ca. 5 km östlich des Stadtzentrums. Er besteht aus einem Gebäude für Inlandsflüge (älteres Gebäude, rechts) und einem für internationale Flüge (*meschdunaródny aeropórt,* neueres Gebäude, links). Flüge der Gesellschaften Siberian Airlines, Transaero und Aeroflot von und nach Moskau werden in der Regel an Letzterem abgefertigt. Bei der Ankunft erfolgt die **Gepäckausgabe** grundsätzlich im alten Gebäude.

- **Flughafen,** Schirjámowa 13, Tel. 544191, 266277.
- **Zentraler Ticketverkauf** *(Awiakássy),* ul. Górkowo 29, Tel. Auskunft 342535, internationale Kasse (für Ausländer) Tel. 201517.
- **S7** (Sibir), ul. Górkowo 31, Tel. 211129.

Neben mehreren täglichen Verbindungen nach Moskau gehen **von Irkutsk** u.a. Flüge nach:

- Bratsk (5x pro Woche)
- Ulan-Ude, Ust-Kut, Nischneangarsk, Kirensk, Lensk, Bodaibo, Taximo, Erbogatschen (1–2x pro Woche)
- Nowosibirsk und Krasnojarsk (3–4x pro Woche)
- St. Petersburg, Jekaterinburg, Omsk, Barnaul, Kysyl, Jakutsk, Mirny, Blagoweschtschensk, Chabarowsk, Wladiwostok (1–2x pro Woche)
- Schwarzes Meer (im Sommer häufig)
- Ulan-Bator (Mongolei), Shenjang (China)

Fahrt in die Innenstadt:

- **Trolleybus 4** über ul. Sowjétskaja, Musiktheater, ul. Lénina, Kirow-Platz
- **Bus 20** und **Linientaxi 20** über ul. Kárla Márxa, Bahnhof
- **Linientaxi 61** über ul. Kárla Márxa, Kírow-Platz, Stadtteil Universitétski

Zum linken Angara-Ufer:

- **Linientaxi 45, 94, 99**

Am Flughafen und am Bahnhof stehen immer **Taxis und Privatpersonen,** die allerdings bedeutend mehr verlangen können als üblich (Flughafen – Zentrum: 150 R, Bahnhof – Zentrum: 80 R). Meistens lassen sich die Preise herunterhandeln.

Bahn

- **Bahnhof,** ul. Tschelnokówa, Tel. Auskunft: 394747, Service-Zentrum: Tel. 636501, 632287. **Fahrpläne** für Nahverkehrszüge: **www.irk.ru/ref.**

Das System der separaten Bedienung von Ausländern wurde am Irkutsker Bahnhof 2004 abgeschafft. Es gibt eine Schalterhalle im zentralen Teil, in der Fahrkarten für Nahverkehrszüge verkauft werden. Alles, was Fernzüge betrifft, findet in der Schalterhalle 1 (linker Flügel) statt. Im 1. Stock des mittleren Teils des Bahnhofs (zugänglich durch die zentrale Schalterhalle) stellt ein **Service-Zentrum** Fahrkarten für Auslandsverbindungen aus. Auch Reservierungen sind hier möglich. Die Leistungen der anderen Kassen werden hier ebenfalls ausgeführt, allerdings gegen geringen Aufpreis.

Der **Wartesaal** im Erdgeschoss darf nur mit Fahrkarte betreten werden. Hinter dem Wartesaal gibt es **Telefonkabinen,** von denen Ferngespräche möglich sind. Für Ortsgespräche gibt es auf dem Bahnhofsgelände mehrere Kartentelefone, zusätzlich steht im Service-Zentrum ein Apparat zur Verfügung, der gegen Bezahlung benutzt werden kann.

Der **Weg zum Bahnhof** sollte besonders zur Hauptverkehrszeit sehr großzügig berechnet werden. Staus auf der Angara-Brücke können leicht eine halbe Stunde in Anspruch nehmen.

Fahrt in die Innenstadt:

- **Straßenbahn 1, 2** über ul. Stepána Rásina, Markt
- **Linientaxi und Bus 16** über ul. Lénina, ul. Baikálskaja, Stadtteil Solnetschny

Zum Flughafen:

- **Linientaxi und Bus 20**

Zum linken Angara-Ufer:

- **Linientaxi 12** über ul. Lérmontowa, Stadtteil Solnetschny

Überlandbusse und Linientaxis

Linienbusse für Überlandfahrten fahren am **Busbahnhof** ab *(awtowoksál).* Im Kassenraum stehen meistens lange Schlangen. Deshalb und weil die Fahrten oft ausverkauft sind, empfiehlt es sich, Fahrkarten (sehen aus wie kleine Kassenzettel) spätestens am Vortag zu kaufen. Im Winter kann es im Gegenteil passieren, dass im Vorverkauf die Mindestanzahl von Fahrkarten nicht verkauft wird. Dann werden Fahrten oft abgesagt, der Fahrpreis wird erstattet.

Auskunft Busbahnhof: Tel. 209411 (nur Fahrplan, keine Karteninformation). Man kommt zum Busbahnhof mit der Straßenbahn Nr. 4 vom Markt.

Fahrpläne für Linienbusse: **www.irk.ru/ref.**

Verbindungen mit anderen Städten der Baikalregion s. dort. Nach **Ulan-Bator** fährt Nr. 364, tägl. ab 20.10 Uhr, an 6.20 Uhr

(Fahrtzeit 39 Std.); aus Ulan-Bator Nr. 363, tägl. ab 20.50 Uhr, an 8.27 Uhr.

Linientaxis, die die gleichen Strecken befahren wie die Busse, warten meistens vor dem Busbahnhof auf Passagiere und fahren in der Regel kurz vor diesen ab. Ausnahmen sind Linientaxis und Busse nach Ulan-Ude und Angarsk, die am Bahnhof abfahren.

Schiffsverkehr

Der Schiffsverkehr beginnt je nach Eisverhältnissen meist Ende Mai und endet im September. Die Saison für die Sandbucht und den Nordbaikal ist kürzer (letzte Juniwoche bis letzte Augustwoche). Der genaue **Fahrplan** sieht jedes Jahr anders aus Er ist zwar unter www.baikalsee.net einzusehen, sollte aber dennoch in jedem konkreten Fall durch Nachfrage an der Anlegestelle überprüft werden. **Fahrkarten** müssen auf jeden Fall am **Vortag** gekauft werden. Die Schiffe sind oft voll. Außerdem sollte am Abfahrtstag **telefonisch nachgefragt** werden, ob das Schiff auch wirklich fährt, denn Ausfälle aufgrund technischer Probleme oder Wetterverhältnisse kommen vor.

Richtung Baikalsee

Das **Tragflächenboot** „Rakéta" verbindet Irkutsk mit den Orten Port Baikal, Listwjanka, Bolschije Koty und der Sandbucht. Die etwas größere „Kométa" fährt Olchon, Sewerobaikalsk (s. auch dort) und Nischneangarsk an. Sie verkehrt nicht auf der Angara, wer also eine Fahrt von Irkutsk an den Nordbaikal gebucht hat, wird von der Rakéta nach Port Baikal gebracht und muss dort umsteigen. Die Seite der Betreibergesellschaft Ostsibirische Flussschifffahrt: www.vsrp.ru.

Die **Anlegestelle** für Fahrten zum Baikal liegt östlich des Staudamms im Stadtteil Solnetschny (Tel. 358860, tägl. 10–19 Uhr) und ist zu erreichen:
- vom Bahnhof per Bus oder Linientaxi 16 über Kirow-Platz, Leninstr., Musiktheater, ul. Baikalskaja bis zur Haltestelle „Prístan Rakéta".
- vom Kirow-Platz Trolleybus 5 bis zur Endhaltestelle im Stadtteil Solnetschny (von dort 500 m zu Fuß).
- vom linken Angara-Ufer Linientaxi 12 über Bahnhof, ul. Lermontowa, Staudamm bis zur Haltestelle „Lódotschnaja".

Richtung Bratsk

Eine andere Linie fährt auf der Strecke Irkutsk – Bratsk. Sie beginnt an der Anlegestelle „Retschnói Woksál" (Tel. 287467) auf dem rechten Ufer an der Angara-Brücke. Man erreicht sie mit Linie 1 und 2 ab Straßenbahnhaltestelle „Tschkálowa" oder Bushaltestelle „Bytowája/Planetári", tägl. 10–18 Uhr.

Angarsk – Stadt des Öls

Ангарск ↗ III/A3

Nähert man sich der Nachbarstadt von Irkutsk (mit heute knapp 300.000 Einwohnern), so erkennt man sie meistens schon von weitem an den Flammen über den Schornsteinen, an denen **Gas abgefackelt** wird. Doch dieses Bild ziert noch nicht lange die Ebene westlich von Irkutsk. Noch vor 60 Jahren gab es hier nur einzelne Anwesen entlang des Moskauer Trakts. Erst 1945, genau eine Woche nach dem Ende des Zweiten Weltkriegs, wurde die Entscheidung über die Gründung von Angarsk getroffen.

Man brauchte in Sibirien dringend eine Fabrik für die Herstellung von **Treibstoff aus Kohle.** Nun bot sich die Chance: Industrieanlagen aus dem besetzten Deutschland wurden ausgeführt und bildeten den Grundstock für ein großes Kombinat. Der Standort war günstig. Das Gebiet um Tscheremchowo war reich an Kohle, und an Arbeitskräften mangelte es in der Zeit des GULAG in Sibirien nie. Wie damals in der Sowjetunion üblich, sollte die Fabrik den Kern einer **neuen Stadt** bilden. Zehn Jahre lang wurde Angarsk von Insassen des speziell eingerichteten Straflagers „KitoiLag" gebaut (nach dem Fluss Kitoi, der hier in die Angara fließt). Ab Mitte der 1950er Jahre begann man verstärkt, auch reguläre Arbeitskräfte aus allen Teilen der Sowjetunion anzuwerben. Dennoch gibt es noch heute viele Nachkommen **ehemaliger Häftlinge,** die sich nach ihrer Freilassung in der Stadt niederließen.

Ende der 1950er Jahre bekam die bereits damals „geschlossene" (also nicht frei zugängliche) Stadt noch ein zweites großes Werk. Heute heißt es Angarsker **Elektrolyse-Chemie-Kombinat.** Damals gehörte es zur Atomindustrie und war hoch geheim. Ausländer durften nicht nach Angarsk. Ungefähr zu der Zeit wurde die Brennstoffproduktion umgestellt auf Öl, das nun aus Westrussland kam. Angarsk wurde der größte Standort der **Petrochemie** hinter dem Ural (inzwischen ist dies Omsk). Es versorgte die neuen Großbaustellen und stellte u.a. Düngemittel für die neu erschlossenen Landwirtschaftsflächen in Kasachstan her.

2006 wurde bekannt, dass die Gesellschaft Rosatom in Angarsk mit dem Bau einer neuen Anlage zur **Uranverarbeitung** begonnen hat. Da der Öffentlichkeit bisher nicht mitgeteilt wurde, ob frisches Uran verarbeitet oder ob es sich um eine Wiederaufbereitungsanlage handeln soll und was mit eventuellen Abfällen geschehen wird, hat die Nachricht in der Region erhebliche Besorgnis ausgelöst.

Auch ohne dieses neue Werk war die Umweltsituation in der Region seit langem problematisch. Aus Sicherheitsgründen wurden Pipelines und Ölreservoirs grundsätzlich unterirdisch angelegt, was die Kontrolle von Lecks fast unmöglich machte. Erst in den letzten Jahren findet ein Umdenken statt. Seit 2001 gehört das Kombinat dem Öl-Magnaten Jukos, der zumindest bis zur Verhaftung des Geschäftsführers *Chodarkowski* auch mit sozialen Projekten viel neuen Wind in die Stadt gebracht hat. Andererseits muss kritisch gesehen werden, dass viele Aspekte des Lebens in Angarsk nach wie vor von einem einzigen Arbeitgeber abhängen.

Sehenswertes

Inzwischen ist Angarsk frei zugänglich und ein Spaziergang durch das beschauliche Zentrum kann interessant sein. Den **neoklassizistischen Baustil** der 1950er Jahre findet man in Irkutsk kaum. In Angarsk prägt er die ganze Innenstadt auf angenehm zurückhaltende Weise. Einen Besuch wert ist das **Uhrenmuseum,** das – entstanden aus einer Privatsammlung – über 1100 Exponate aus drei Jahrhunderten umfasst. Uhren aus Russland, Japan und verschiedenen europäischen Ländern, aus Bronze, Marmor, Porzellan oder Holz ticken und schlagen in den Sälen.

- **Uhrenmuseum** *(Muséi tschasów),* ul. Kárla Márxa 31, Tel. 523345, Di–Sa 10–17 Uhr.
- **Mineralienmuseum** *(Muséi minerálow),* ul. Glínki 25, Tel. 523402.

Service

- **Vorwahl:** 39518, aus dem Irkutsker Gebiet 21 (+8 bei 5-stelligen Nummern).
- **Telefon und Internet:** ul. Lénina 28.
- **Geldwechsel:** Sberbank, ul. Kárla Márxa 32; Baikalbank, ul. Lénina 30; an der ul. Kárla Márxa gibt es einige Bankautomaten.

Essen und Trinken

- Restaurant **Sajany,** s.u.
- Café **Rússkoje Sastólje,** ul. Moskówskaja 39, kwártal 72, Tel. 523920 (in der Mittagszeit sind die Preise hier extrem billig).
- In der ul. Kárla Márxa gibt es noch viele weitere billige Cafés und Imbissbuden.

Unterkunft

- Angarsk ist nicht auf große Besucherzahlen eingerichtet. Eines der wenigen Hotels der Stadt ist das Hotel **Sajány** *(gostíniza),* ul. Kárla Márxa 19, Tel. 522324.

Verkehrsverbindungen

- Die Anfahrt mit Nahrverkehrszügen empfiehlt sich nicht, denn der **Bahnhof** von Angarsk befindet sich außerhalb des Zentrums.
- **Busse und Linientaxis** fahren fast im 20-Minuten-Takt am Bahnhof in Irkutsk ab. Rückfahrt aus Angarsk: Nur wenige Busse fahren vom Busbahnhof Angarsk, die meisten Busse und Linientaxis findet man an der Haltestelle Jermak (am Stadion Jermak).

083ba Foto: rj

Im Uhrenmuseum in Angarsk

Lagerromantik oder Hölle des GULAG?

Wenn Jugendliche in sibirischen Dörfern **Lieder zur Gitarre** singen, dann erklingen neben den Evergreens des russischen Rock und Pop auch solche, die in Europa kaum Äquivalente haben. Es geht in ihnen um **Gefängnisaufenthalte und Lagerleben,** und sie bilden ein eigenes, altes Genre *(tjurémnye pésni)*. Auch was in Russland als *schansón* bezeichnet wird, war ursprünglich nichts anderes, auch wenn der Begriff inzwischen mit einem eigenen Radiosender *(Rádio Schansón)* etwas verwaschen wurde.

Man ginge vermutlich zu weit, spräche man den meist einfachen Liedern, die von Liebe, Abschied, Gefangenschaft und Tod handeln, die vom Westen so oft angemahnte Funktion der Vergangenheitsaufarbeitung zu. Dennoch ist die Musik bisher wohl einer der wenigen Bereiche, in dem es angesprochen werden kann: das Thema der russischen Straflager im 20. Jh.

Die Baikalregion zählte nicht zu den berüchtigtsten Lagergebieten, die weiter östlich und nördlich lagen (Kolymá). Doch auch hier war die sowjetische Repression besonders ab den 1930er Jahren in unterschiedlichen Abstufungen sichtbar. Bauern aus Westrussland wurden, ihrer politischen und teils sogar ihrer Bürgerrechte beraubt, in sogenannten **„Spezialsiedlungen"** (*spezposelénije,* z.B. bei Cholodnoje am Nordbaikal) angesiedelt. Diese waren, wie auch kleine **Arbeitslager** (z.B. Sandbucht auf Olchon), nicht Teil des GULAG-Systems und galten im Vergleich als harmlos. Eine eigene Kategorie bildeten auch **Angehörige anderer Nationalitäten,** die nach Sibirien verschleppt, in der Regel aber **nicht inhaftiert** wurden, sondern sich eine neue Existenz aufbauen sollten. Ins Baikalgebiet wurden besonders viele Balten gebracht.

1936 gilt als Beginn des großen Terrors. Die Angaben über die Zahl der Lagerinsassen gehen sehr stark auseinander. Sicher ist nur, dass Millionen Menschen Opfer von *Stalins* Politik wurden. Man setzte sie an großen Bauprojekten ein: Das **Angarsker Petrochemiewerk** wurde von Gefangenen gebaut, ebenso wie die **Bahnstrecke von Taischet bis Bratsk,** die Vorgängerin der BAM. Es war kein Problem, in die bestehenden Strukturen nach 1945 die Kriegsgefangenen einzugliedern. Von fast **600.000 japanischen Kriegsgefangenen** war ein großer Teil im Baikalgebiet (besonders entlang der Angara) inhaftiert. **Deutsche und Italiener** rodeten Wald, bauten Straßen und Industrieanlagen zwischen Taischet und dem gerade entstehenden Bratsk. Wie schon vor Jahrhunderten war der Wert eines Menschenlebens gering.

Nach Stalins Tod war die Zeit der größten Willkür vorbei. Doch nach wie vor sind abgelegene Orte in Sibirien günstige Standorte für Gefängnisse, in denen keine europäischen Haftbedingungen herrschen.

Die Menschen in Sibirien hat diese lange Geschichte, die selten zwischen Schuldigen und Unschuldigen unterschied, geprägt. Gefangene waren immer zuallererst Opfer und ein Mensch mit Lagervergangenheit hatte es in Sibirien nie schwer, ein neues Leben zu beginnen. So drückt man bis heute seine **Solidarität** in Gefängnisliedern aus und gibt sich gern den **schwermütigen Melodien** hin. Ernsthafte Aufarbeitung dagegen überlässt man lieber den Menschenrechtlern von „Memorial".

Schelechow – Reichtum durch Aluminium

Шелехов ⇗ II/A1

Wie Angarsk ist auch Schélechow ein Kind der 1950er Jahre, eine der großen **„Baustellen des Kommunismus"**. Nachdem der Beschluss zum Bau der Angara-Stauseen gefasst war, bot es sich an, energieintensive Industrie anzusiedeln, die den billigen Strom nutzen würde. Ein **Aluminium-Werk** sollte gebaut werden, ursprünglich in unmittelbarer Nähe des Wasserkraftwerks, doch das linke Angara-Ufer erwies sich als zu eng für die Wohnsiedlungen der Arbeiter, die die Fabrik bedienen sollten. So entstand Schelechow ab 1953 am Trakt Irkutsk – Kultuk, was heute vielleicht als Glück für Irkutsk bezeichnet werden kann, denn die Umweltsituation in der neuen Stadt ist, bedingt durch den Schadstoffausstoß der Aluminium-Produktion, sehr schlecht.

Beim Bau von Schelechow und seiner Fabrik IrkAS wurden keine Strafgefangenen herangezogen. Die ersten Arbeiter stammten aus der Region, später halfen immer mehr Freiwillige aus der ganzen Sowjetunion, wovon einige Straßennamen zeugen (*ul. Orlówskich komsomólzew* – Straße der Komsomolzen aus Orjol). Die meisten Fachleute für die Fabrik reisten aus dem Ural an, wo schon länger Leichtmetalle verarbeitet wurden. Bis heute hat das Werk enge Kontakte zu diesen Industrieniederlassungen. Das Schelechower Aluminium war und ist gefragt, auch im Ausland. Selbst in den wirtschaftlich schwierigen Zeiten der 1980er Jahre erkannte man die Arbeiter der IrkAS immer an ihrer relativ guten Versorgungslage.

Besuchern zeigt sich Schelechow (mit etwas unter 60.000 Einwohnern) heute als sehr **ruhige und saubere Stadt,** der man ihre schwierige ökologische Situation äußerlich nicht ansieht. Viel Grün ziert die Straßen der Innenstadt.

Das erst 1995 eröffnete **Heimatmuseum** ist in einem schönen Holzhaus untergebracht. Im Zentrum der Ausstellung steht das Leben *Grigori Schelichows* (auch *Schelechow* geschrieben), des Namenspatrons der Stadt. Obwohl es keine direkte Verbindung zwischen dem Kaufmann und Entdecker und der Stadt gibt, identifiziert man sich heute in Schelechow stark mit seiner herausragenden Persönlichkeit. Auch der Tätigkeit der russisch-amerikanischen Gesellschaft und modernen Kontakten nach Amerika sind Teile gewidmet. Die Abteilung über Stadtgeschichte ist naturgemäß eher bescheiden.

In der Nähe des Museums steht die erste Kirche der Stadt. Eines der ehemals zwei Kulturhäuser wurde in den 1990er Jahren umgebaut.

- **Heimatmuseum,** kwártal 18, Haus 46, Tel. 42034, Fax 42131, www.east-siberia.ru/~shelmuz/.

Service

- **Telefonvorwahl:** 39510, aus dem Gebiet Irkutsk 210.
- **Linientaxis** fahren in Irkutsk am Zirkus (ul. Scheljábowa) ab, Fahrtzeit ca. 20 Min.

Entlang der Angara zum Baikalsee

↗ II/B1-2

Auf dem rechten (östlichen) Ufer der Angara führt eine der besten Straßen des Gebiets Irkutsk fast schnurgerade an den Baikalsee. Früher hieß der *Baikálski trakt* noch *Amúrski trakt* und diente den kleinen Dörfchen am Fluss als Verbindung in die Stadt. Heute bestehen die meisten dieser Siedlungen aus **Datschen oder Ferienhäusern** und zwischen ihnen reihen sich Pensionen, Hotelkomplexe, Sanatorien und betriebliche Erholungsheime aneinander. Zunehmend haben reiche Irkutsker auch ständige Wohnungen hier und nehmen die tägliche Fahrt zur Arbeit auf sich, um im Grünen zu wohnen.

Von der Straße aus sieht man jedoch wenig davon. Seitdem die Angara aufgestaut ist und oft weit in die zahlreichen Seitentäler hineinreicht, verläuft die Straße in einigem Abstand vom Fluss und ist von hübschen **Birkenwäldern** gesäumt. Wegen ihres guten Belags ist sie als „Rennstrecke" bekannt und Unfälle sind hier keine Seltenheit. Die Beschilderung des „Trakts" gilt als die beste im weiten Umkreis, denn jedes Mal, wenn hoher Besuch angekündigt ist, der den Baikalsee sehen möchte (was nicht selten geschieht), wird alles grundlegend erneuert.

Die Lage am Trakt wird gewöhnlich in Kilometern von Irkutsk aus angegeben. Entlang der Straße findet man in regelmäßigen Abständen Anzeigetafeln. Am 28. Kilometer des Trakts liegt die Datscha des Schriftstellers *W. Rasputin*. Einige seiner bekannten Werke sind hier entstanden (s. Kapitel „Menschen und Kultur: Literatur").

Unterkunft

- Ferienkomplex **Jolotschka** *(kemping-otel)*, 13. Kilometer am Baikaltrakt, Tel. 336384; ehemals Erholungsheim für Unternehmensangehörige, heute Ferienkomplex mit sehr schön ausgebauten Holzhäuschen, sogenannte Cottages (Bad, WC, Küche, TV), direkt am Ufer der Angara, ruhige Lage im Wald, gutes Restaurant, Banja; Häuschen mit 2 DZ 1080 R, 2 DZ im Cottage 1500 R.
- Hotelkomplex **Baikál** und Restaurant, 21. Kilometer am Baikaltrakt, Tel. (3952) 253600; rustikales, aber elegantes Hotel in sibirischer Holzarchitektur, Banja, Minizoo, Restaurant; ab 900 R, sehr gute Küche.
- Das Dorf Burdugus (Бурдугуз) am 39. Kilometer ist bekannt für seine große Fischzucht-Anlage. Hier werden u.a. die Bestände von Baikalfischen aufgebessert. Für Touristen dürfte jedoch der benachbarte Erholungskomplex interessanter sein: **Sibirskaja Saimka,** 39. Kilometer am Baikaltrakt; Info Irkutsk: Baikal-Hotel, bul. Gagarina 44, Büro Nr. 320, Tel. 250310/20. Auf weitläufigem Gelände wird mit schnitzereiverzierten Holzgebäuden, stilvollen Unterkünften, Banja, einem gemütlichen Restaurant, Pferden und anderen Freizeitattraktionen eine sibirische Bilderbuchlandschaft geschaffen, die allerdings eher auf besser verdienende Gäste ausgerichtet ist.

Talzy Тальцы

↗ II/B1

Am 47. Kilometer des Baikaltrakts liegt das Dörfchen Talzy. Schon Ende des 18. Jh. arbeiteten viele seiner Bewohner in einer Glasfabrik. Ihr Gründer war der schwedische Finne *Erik Laxman* (1738–96). Als lutheranischer Pastor, aber auch als Wissenschaftler bereiste der Lomonosow-Schüler sieben Jahre lang Sibirien. Die Fabrik in Talzy produzierte das erste Fensterglas in Sibirien. Es war von so hoher Qualität, dass Bestellungen sogar aus Moskau und St. Petersburg eingingen. In der Ermitage sind einzelne erhalten. Im Zusammenhang mit dem Irkutsker Staudammbau wurde die Produktion 1955 nach Tulun verlegt und das Gelände in Talzy überflutet. Auch Talzy hat heute nicht mehr viele ständige Bewohner. Dafür bevölkern die Datschen im Ort viele Künstler und andere interessante Persönlichkeiten. Ausländische Gäste sieht man besonders häufig im nahe gelegenen Freilichtmuseum.

Freilichtmuseum

Die wunderschön am Angara-Ufer gelegene Museumsanlage wurde 1970 gegründet. Die meisten der alten **Bauern- und Kosakenhöfe,** die, umgeben von Wald, auf sehr anschauliche Weise die Atmosphäre eines sibirischen Dorfes wieder erstehen lassen, stammen aus den Gebieten um Bratsk und Ust-Ilimsk. Noch vor dem Aufstauen der dortigen Angara-Stauseen hatte man besonders wertvolle oder charakteristische Exemplare abgebaut, um sie im Museum originalgetreu zu rekonstruieren. Wie in den Freilichtmuseen bei Ulan-Ude und Bratsk gibt es auch hier Einheiten, die den **Ureinwohnern** der Region gewidmet sind. Allerdings fallen sie bescheidener aus. Besonders das ewenkische Lager wirkt ohne Beschriftungstafeln vernachlässigt und das tofalarische ist als solches kaum zu erkennen. Der Schwerpunkt der Irkutsker Anlage liegt auf der Kultur und Lebensweise der altrussischen Siedler und der Kosaken (17–19. Jh.). Sie ist durch folgende Gebäude repräsentiert:

- **Turm** der Festung von Ilimsk (1630 erbaut, der zweite Turm dieser Festung steht im Bratsker Freilichtmuseum, ein dritter in Moskau)
- **Holzkirche** aus Ilimsk (1679)
- **Mühlen** aus Wladimirowka
- **Bäuerliche Höfe** mit Dorfschule u. Friedhof
- **Dorfgaststätte** (in der man sich mit kleinen Speisen stärken kann)
- **Burjatische Jurten,** eine Wohnjurte und eine zur Thematik des Schamanismus

Das Museum unterhält **kunsthandwerkliche Ateliers,** deren Produktion an Ständen und im Museums-Shop verkauft wird. Außerdem tritt es als Herausgeber einer eigenen wissenschaftlichen Zeitschrift („Talzy") auf.

Wer im Februar zum Masleniza-Fest (s. Kapitel „Reisetipps A–Z: Feste und Feiertage") oder im Mai zu Pfingsten nach Talzy kommt, wird die Höhepunkte des Museumslebens kennen lernen, die jedes Jahr mehr Besucher anlocken. Zu diesen Anlässen werden (unter Mitarbeit des Volkstheaters Irkutsk) alte **Bräuche und Traditionen,** die zu sowjetischer Zeit drohten, in Vergessenheit zu geraten, wieder vorgestellt und inszeniert. Das Publikum nimmt mit typisch russischer Begeisterung an Faustkämpfen, Kletterwettbewerben, Volkstänzen und vielen anderen Vergnügungen teil, sodass diese alten Feste in neuer Lebendigkeit aufleben.

- **Freilichtmuseum** *(architektúrno-etnografítscheski muséi Talzý),* Tel. 145249, tägl. 10–18 Uhr (Kasse geöffnet bis 17 Uhr).

„Flucht“ aus dem Baikal: der Ursprung der Angara

Die bekannte **Legende** von der Angara berichtet Folgendes:

Der weißhaarige **Vater Baikal** hatte eine junge und schöne **Tochter, die Angara.** Als sie ins heiratsfähige Alter kam, beschloss der Vater, sie mit dem Fluss **Irkut** zu vermählen. Als er jedoch seiner Tochter diese Entscheidung mitteilte, fing diese an, laut zu weinen. Sie hatte sich nämlich insgeheim in den starken und mächtigen **Jenissei** verliebt. Der Vater bestand auf seinem Wort. Doch auch die Angara hatte einen starken Willen. Als sie sah, dass ihr Vater nicht bereit war, nachzugeben, floh sie Hals über Kopf und stürzte sich hinfort aus dem Baikal. Der Vater bemerkte ihre Flucht. Er sah, dass er sie nicht mehr halten konnte und schleuderte ihr in seiner Wut einen mächtigen Felsbrocken nach. Er wird **Schamanenstein** genannt und ragt bis heute aus den Fluten der Angara. Sie selbst aber erreichte ihren Bräutigam, den ersehnten Jenissei, und fließt mit ihm gemeinsam durch ganz Sibirien bis ins Eismeer.

Eine andere Version der Legende hat kein Happy-End: Der Schamanenstein erschlug die Angara. Die Tränen, die der Vater um seine Tochter vergoss, bildeten den Fluss, der aus dem Baikal entspringt.

Die Angara (Ангара) ist ein besonderer Fluss. Davon zeugen nicht nur Sagen und Legenden, die sich um sie ranken. Sie ist der **einzige Abfluss des Baikalsees.** Ringsum ist er von hohen Bergen eingerahmt. Nur an dieser einen Stelle haben seine Wassermassen einen Ausweg gefunden, und dieser Ausweg sah einmal ganz anders aus als heute. Betrachtet man die Angara, wie sie sich träge in ihr breites Flusstal wälzt, so ist es schwer zu verstehen, wie die Legende von ihrer „Flucht“ entstehen konnte. Erst wenn man sich vor Augen führt, dass der Bau des Irkutsker Staudamms ihren Wasserspiegel und den des Baikalsees um einen Meter angehoben hat, wird die Sache etwas klarer: Die Angara ist nämlich an ihrem Ursprung extrem niedrig. Nur wenige Meter Wasser liegen über der Kante, die das Becken des Sees bildet. Über dieses Hindernis stürzte sich früher der Fluss, sprudelte, Stromschnellen bildend, über Felsen und Gestein und beruhigte sich erst einige Kilometer weiter abwärts. Entsprechend ragte auch der als „Schamanenstein“ bekannte Fels in ihrer Mitte deutlich höher aus dem Wasser als heute, wo er bei trübem Wetter kaum zu erkennen ist. Die Kante des Seebeckens kann man sehen,

084ba Foto: rj

wenn man mit der Fähre von Listwjanka nach Port Baikal übersetzt. Es ist beeindruckend, wie das **flache Flussbett** (das wegen der großen Wasserklarheit noch flacher scheint) plötzlich abbricht und sich unter Wasser der **gähnende Abgrund** des Sees auftut.

Gebildet hat sich der Einschnitt im Pribaikalski-Gebirge vor verhältnismäßig kurzer Zeit (20–30.000 Jahre) und man vermutet, dass auch dies – wie so oft am Baikal – tektonische Ursachen hatte. Ob das Absinken vielleicht sogar vor den Augen der ersten menschlichen Bewohner des Baikalsees vor sich ging, weiß man nicht. Doch manche Sprachforscher sehen in der Wurzel des Wortes Angara die Bedeutung „Einbruch". Und ein Ereignis wie die Überflutung der Prowal-Bucht durch ein Erdbeben 1862 würde erklären, wie die Angara-Legende entstanden sein könnte.

Unabhängig davon hat der Ort auch heute eine besondere Aura. Man spürt sie am meisten im Winter, wenn die ersten Kilometer des Flusses **eisfrei** bleiben. Das Baikaleis kann noch so dick sein – am Ursprung der Angara bricht es abrupt ab und die dunklen Wassermassen fließen dampfend darunter hervor. Der Grund für dieses Phänomen ist die relativ „warme" Temperatur des Flusswassers, das zu einem großen Teil nicht von der Oberfläche des Sees, sondern aus großer Tiefe stammt. Erst einige Kilometer weiter ist es so weit abgekühlt, dass sich wieder eine Eisdecke bilden kann. Diese Tatsache machen sich jedes Jahr viele Wasservögel zunutze, die am Angara-Ursprung überwintern.

Auch der **Schamanenstein** hatte nicht nur für die Ureinwohner seine Bedeutung. Angeblich stellte man in alten Zeiten mutmaßliche Verbrecher auf die Probe, indem man sie eine Nacht auf dem Felsen inmitten der tosenden Strömung verbringen ließ.

Zum Verhängnis wurde die Angara 1972 dem Schriftsteller *Wampilow* (s. Kapitel „Menschen und Kultur: Literatur"). Direkt am Ursprung erinnert ein Denkmal an seinen frühen Tod.

Bolschaja Retschka

Большая Речка ⇗ II/B2

Das Dorf Bolschája Rétschka entstand im 19. Jh. als bäuerliche Ansiedlung. Es lebte lange Zeit vom Holz, mit dem es Irkutsker Baustellen belieferte. Doch seit der Einrichtung des Nationalparks Pribaikalski liegt dieser Wirtschaftszweig brach. Dafür sprießen hier besonders viele stattliche Datschen und Ferienhäuser aus dem Boden. Auch hier lassen sich gern Künstler aus Irkutsk und Umgebung nieder. Einer von ihnen ist *Juri Panow,* der mit großen Holzskulpturen seine Lagervergangenheit aufarbeitet. Im Dokumentarfilm von *Klaus Bednarz,* „Die Ballade vom Baikalsee", ist ihm ein Ausschnitt gewidmet.

Nikola Никола

Die letzte Siedlung vor dem Baikalsee ist das alte Dorf Nikóla. Schon Ende des 18. Jh. spielte sein kleiner Hafen eine wichtige Rolle für die Angara-Schifffahrt. Eng mit der Schifffahrt verbunden ist auch der Bau der ersten Nikolai-Kirche, die inzwischen in Listwjanka steht (s. dort).

Von Listwjanka nach Buguldeika

Steilküste mit Hindernissen

Der Abschnitt zwischen der Angara und Buguldeika ist geprägt vom **Primorski-Gebirge.** Seine Gipfel sind durch jahrtausendelange Erosion fast völlig verschwunden. Der höchste Punkt des Gebirges ist der Berg *(golez)* Trjochgolowy. Er ähnelt mehr einer kuppelartigen Anhöhe, ist oben kahl und leicht zu besteigen. Doch die Küste fällt fast überall zum See hin steil ab und hat nicht viel von ihrer Schroffheit verloren. Deshalb gibt es **ab Listwjanka keine Straße,** die die wenigen Siedlungen miteinander verbindet, sondern nur Fußpfade in unterschiedlich gutem Zustand (s.u.: „Wanderung von Listwjanka nach Buguldeika"). Sie wurden früher häufiger von den Bewohnern begangen, heute nutzen diese in erster Linie **Schiffsverbindungen.** Da das gesamte Gebiet so schwer zugänglich ist, war es nahe liegend, es zum Nationalpark zu erklären. Der **Pribaikalski-Nationalpark** umfasst das gesamte Gebirge von der Südspitze des Sees (die Baikalbahn eingeschlossen) bis ans Kleine Meer bei der Insel Olchon.

Am Hafen von Listwjanka wird bei jedem Wetter geräucherter Fisch verkauft

Listwjanka – Riviera am Baikalsee

Листвянка ↗ III/B3

Das einstmals romantisch verträumte Fischerdörfchen am Abfluss der Angara hat sich in den letzten Jahren zum **Ausflugsziel Nr. 1** am Baikal entwickelt. Von Irkutsk aus gut erreichbar, ist es nicht nur ein attraktiver Standort für Wochenendhäuser, die (wie das berühmte Rosa Schloss) teilweise bizarre Formen annehmen, sondern es ist auch erste Anlaufstelle für Reisende, die nur einen kurzen Aufenthalt am Baikal eingeplant haben. Dies hat wild wuchernde touristische Strukturen hervorgebracht: Fast jedes Haus in Listwjánka bietet inzwischen Zimmer an, daneben schießen einfachere bis luxuriöse **Unterkünfte aller Preisklassen** aus dem Boden. Unweit des Hafens wird zu jeder Jahreszeit ein reiches Angebot an Souvenirs, frisch geräuchertem Fisch und Erfrischungen geboten, und im Sommer findet man am Ufer kaum ein Plätzchen, wo nicht eine Irkutsker Familie auf der Kühlerhaube ihr Wodka-Picknick ausbreitet.

Die Entwicklung der touristischen Infrastruktur wird weiter forciert, seitdem Listwjanka im Rahmen eines russischen Regierungsprogramms den Status **„Besondere Wirtschaftszone"** erhalten hat. Nun gelten hier zusätzliche steuerliche Vergünstigungen und andere Sonderregelungen. Geplant war 2006 der Bau neuer Hotels (höhere Preisklasse) und eines Aquaparks.

Nur wenige wissen, dass es genügt, die letzten zwei Kilometer des lang gezogenen Ortes hinter sich zu lassen und um das **Kap** herumzugehen, an dem die Straße endet. Hier beginnt ein **wunderschöner Fußpfad,** der auf halber Höhe zwischen Lärchen und Kiefern der Küste folgt und auf dem man eine Chance hat, Rummel und Urlaubsstimmung hinter sich zu lassen und etwas von der wirklichen Natur des Baikalsees zu spüren.

Doch auch das Dorf selbst, das sich nördlich des Ursprungs der Angara über mehrere Kilometer am Baikalufer entlangzieht, hat einige kleine Sehenswürdigkeiten zu bieten. Und wem der Rummel im Ort zu viel wird, der hat die Möglichkeit, nach **Port Baikal** aufs andere Angara-Ufer auszuweichen, das vom Massentourismus fast unberührt ist und mit ländlicher Idylle lockt.

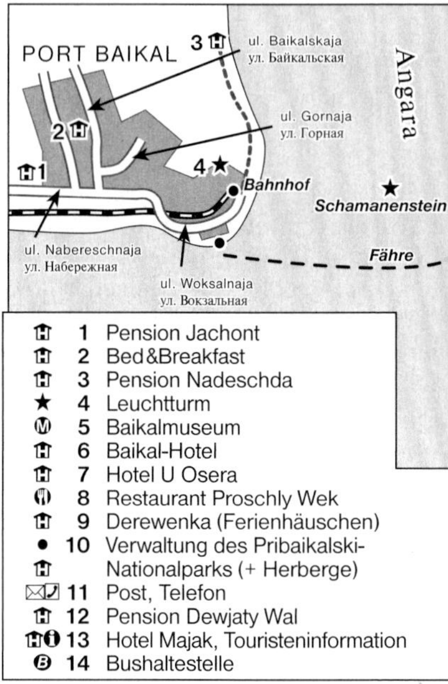

Baikalmuseum

Meist beginnt ein Besuch des Ortes nicht an der Endhaltestelle des Linienbusses, am Hafen, sondern eine Haltestelle früher, am Ortseingang, wo das Baikalmuseum von Listwjanka gleich oberhalb der Straße liegt. Es enthält die größte Sammlung über die **Pflanzen- und Tierwelt** sowie die **Umweltsituation** des Sees. Sie ist didaktisch ansprechend aufbereitet, und bei Anmeldung können fremdsprachige Führungen organisiert werden. Im Sommer ist das Museum sehr gut besucht, besonders seit 2004 das **Aquarium** eröffnet wurde. Neben den wichtigsten Fischarten des Sees leben hier auch Baikalrobben.

Kurz vor dem Museum passiert man das **Denkmal für A. Wampilow,** den Irkutsker Schriftsteller und Dramaturgen, der hier auf tragische Weise jung ums Leben kam.

● **Baikalmuseum** *(Limnologítscheski muséi),* ul. Akademítscheskaja 1, Tel. 250551, bm@irk.ru, tgl. 10–17 Uhr, im Sommer bis 19 Uhr, bei Voranmeldung Führungen auch in Englisch. Eintritt 180 R.

Tscherski-Stein

Ein beliebter **Spazierweg** von ca. 20 Minuten führt oberhalb des Baikalmuseums auf den sogenannten Tscherski-Stein *(kámen Tschérskogo),* einen der vielen Orte am Baikal, die an den großen Baikalforscher polni-

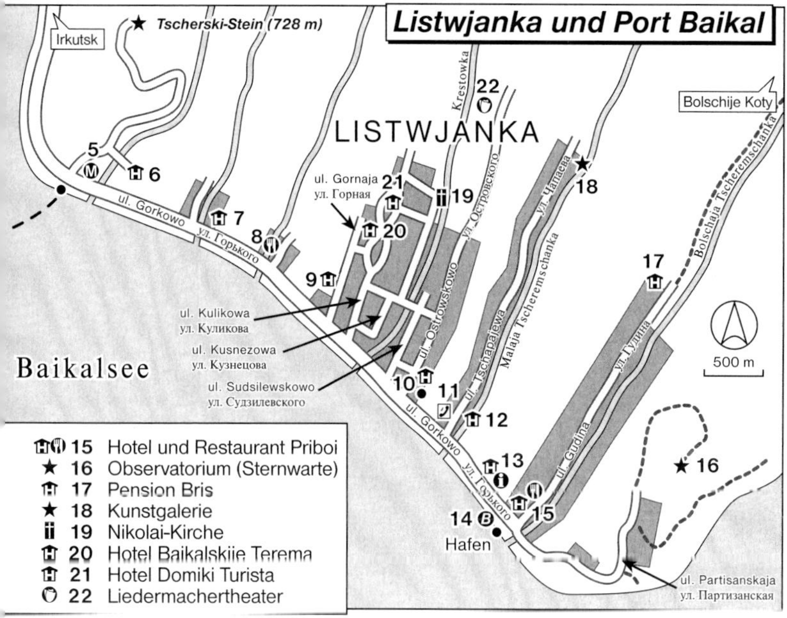

scher Abstammung erinnern. Von dem bequem zu erreichenden **Aussichtspunkt** eröffnet sich die Sicht auf den Baikal und beide Ufer der Angara. Hinter dem Weg beginnt ein kleines Skigebiet, das 2004 eingerichtet und mit einem Lift versehen wurde.

Nikolai-Kirche

Ca. 4 km weiter liegt im Taleinschnitt des Flüsschens Krestowka einer der alten Teile des Dorfes, das früher offensichtlich wegen der großen Zahl an Lärchen (russ: *Lístwenniza*) Lístwenitschnoje hieß. Als ältestes Gebäude gilt die Nikolai-Kirche, die vom Kaufmann *Sibirjakow* gestiftet und, ursprünglich als Steinkirche geplant, nach seinem Tod in den 40er Jahren des 19. Jh. aus Holz erbaut wurde. Von ihrem ersten Standort in Nikolskoje (heute Nikola) wurde sie schon bald versetzt in das heutige Listwjanka, allerdings direkt ans Baikalufer. Erst vor dem Irkutsker Staudammbau kam sie an ihren heutigen Standort.

Die Wahl ihres Namenspatrons ist selbstverständlich kein Zufall. Der Heilige *Nikolai* wird am Baikal generell stark verehrt und gilt als Schutzheiliger der Fischer und Seefahrer. Eine Vielzahl von Legenden schreibt ihm und seinen Ikonen Wundertaten zu und kaum ein Schiffer versäumte es, den

Heiligen vor Fahrtantritt auf den unberechenbaren Gewässern des Baikal um günstiges Wetter und gutes Gelingen zu bitten.

Die Vorgängerin der Kirche, die Nikolai-Kapelle von Nikolsk, gab es übrigens schon, als sich die ersten Siedler hier niederließen. Zwischen 1700 und 1725 entstand vermutlich die erste ständige Siedlung und mit ihr das Bedürfnis, höhere Kräfte um Beistand gegenüber den Naturgewalten anzuflehen. Nur von 1938 bis 1945 war die Kirche geschlossen und wurde anderweitig genutzt. Heute wird sie gern Gästen gezeigt, weshalb besonders im Sommer in ihrer Umgebung immer Andenken zum Verkauf angeboten werden.

Kunstgalerie

Ebenfalls in diesem Teil Listwjankas liegt die oft erwähnte, von dem Dichter und Lebenskünstler *Wladímir Plamenéwski* (1946–2003) geschaffene Galerie **lokaler Maler.** Sie ist zu besichtigen, obwohl die vergangenen Jahre einige tragische Ereignisse mit sich brachten: 2003 ist ihr Initiator sehr überraschend verstorben. Im Januar 2004 fiel das originelle Holzgebäude der Galerie mit fast allen Beständen auf tragische Weise einem Brand zum Opfer. Die Schwester Plamenewskis *(Ljudmila)* und sein Bruder *(Alexei)* versuchen, sein Lebenswerk in seinem Geiste fortzuführen. Die Galerie war einer der wenigen Orte, an denen man ein breites Spektrum von Strömungen lokaler Gegenwartskunst sehen konnte.

- **Galerie Plamenéwskowo,** ul. Tschapájewa 76, Tel. 112752.

Mahnmal

Nach dem Zweiten Weltkrieg lebten im Krestowka-Tal **japanische Kriegsgefangene** in einem Arbeitslager. Sie arbeiteten in der Forstwirtschaft. Auf dem Friedhof erinnert ein Mahnmal an 60 Japaner, die die Lagerzeit nicht überlebten und hier begraben sind.

Zentrum und Hafen

Noch einen Kilometer weiter östlich beginnt das heutige administrative Zentrum des Ortes mit Schule, Geschäften, einigen bisher eher provisorischen Imbissbuden und natürlich dem Hafen. Um ihn dreht sich das Leben, denn die Mehrzahl der Bewohner Listwjankas lebt vom Fisch oder von Schiffen. Eine weitere Einnahmequelle ist der Verkauf von **Souvenirs,** der bis 2006 auf dem Hafenplatz stattfand. Nach dem Bau des neuen Hotels Majak durch die Bürgermeisterin von Listwjanka mussten die bunt zusammengewürfelten Stände und Straßenverkäufer jedoch weichen. Folgt man der ul. Górkowo noch ein Stück über den Hafen hinaus, findet man den neuen Standort. Am Hafen selbst durfte nur ein Souvenirgeschäft im Gebäude gleich neben dem Hotel bleiben.

Die kleine Werft, in der Anfang des 20. Jh. das riesige, aus England gelieferte Fährschiff „Baikal" zusammengebaut wurde (s. „Staat und Gesellschaft: Geschichte: Baikalbahn"), hat heute als Arbeitgeber kaum mehr eine Bedeutung.

Fußweg am Kap

Der oben erwähnte Fußpfad, der am Ostrand von Listwjanka beginnt, führt erst unterhalb des **Observatoriums** vorbei und verläuft dann auf halber Höhe der Steilküste **parallel zum Ufer.** Hier findet man je nach Jahreszeit viele für diese Baikalgegend typische Pflanzen, z.B. im Juni den rosa blühenden Rhododendron, Küchenschellen, Enziane und viele interessante Trockengewächse auf den steinigen Abhängen. (Näheres s.u.: „Wanderung nach Buguldeika".)

Liedermachertheater

Eine Bereicherung des kulturellen Lebens in Listwjanka ist das Liedermachertheater *(Áwtorski teátr pésni na Baikále)*, in dem besonders im Sommer fast täglich mehr oder weniger bekannte **Gruppen und Künstler** auftreten. Neben Liedermachern gibt es dabei durchaus auch andere Musikrichtungen wie Rock, Blues oder Jazz. Im Obergeschoss stehen einige einfache Übernachtungsplätze zur Verfügung (s. „Unterkunft").

Service

- **Vorwahl:** wie Irkutsk
- **Post:** ul. Górkowo 49
- **Geld:** Automat im Baikal-Hotel
- **Info:** Neben dem Hotel Majak hat eine kleine Touristen-Information eröffnet, die bei der Suche nach Unterkünften oder der Vermittlung von Freizeitangeboten behilflich ist.

Essen und Trinken

Eine klassische Mahlzeit in Listwjanka besteht aus **geräuchertem Fisch** (Omul, Äschen und Renken), der an unzähligen kleinen Ständen frisch zubereitet und in allen Varianten verkauft wird. Auch gefüllte Teigtaschen findet man hier meistens. Früher fand all dies direkt am Hafen statt, heute muss man der Hauptstraße noch etwas weiter folgen, um die Souvenir- und Fischverkäufer zu finden, die das ganze Jahr über im Freien ihre Ware anbieten. Wer sich nicht für Fisch begeistern kann, findet in der Umgebung des Hafens viele kleine Imbissstände und improvisierte Cafés, die allerdings nur sehr einfache Speisen anbieten. Bessere Restaurants gibt es vor allem in den großen Hotels und Pensionen.

- Restaurant **Pribói,** gleich am Hafen (s. Hotel); preisgünstige, ordentliche Küche.
- Restaurant **Próschly Wek,** an der Uferstraße zwischen Baikalmuseum und dem Ortskern, Tel. 112554; empfehlenswert.

Unterkunft

- Eine Vielzahl von Familien bietet in Listwjanka **Privatunterkünfte** an. Ab 150 R gibt es die einfachsten Unterkünfte, die ohne Anmeldung spontan gesucht werden können. Besonders viele findet man in der ul. Tschapájewa und ul. Gúdina.
- Herberge im **Liedermachertheater,** ul. Ostrówskowo 45, Tel. 112812; Schlafsaal (10 P.) für Selbstverpfleger, Toilette im Hof; ab 150 R.
- Herberge des **Infozentrums des Pribaikalski-Nationalparks** *(Informaziónno-wisítny zentr Pribaikálskowo nazionálnowo párka),* ul. Górkowo 39, Tel. 112520; ab 250 R für Selbstverpfleger.
- Wander-Herberge **Domiki Turista,** ul. Kulikówa 57, Tel. 250139; 89086619471; mit eigenem WC 500 R mit Frühstück, nur Übernachtung 250 R (Außentoilette).
- Gästezimmer der **Galerie Plamenewskowo,** ul. Tschapájewa 76, Tel. 112752; einfach, WC und Dusche im Haus; 560 R mit Frühstück, VP auf Wunsch.
- Pension **Bris** *(pansionát),* ul. Gúdina 71, Tel. 250468; DZ mit WC 1800 R, DZ ohne WC 1500 R.
- Ferienhäuschen **Derewénka** *(seméinaja gostíniza),* ul. Górnaja 1, Tel. 250459, www.villa ge2002.narod.ru, fligel@irmail.ru; Holzhäuschen mit WC und Heizmöglichkeit für 2, 4 oder 7 Personen; Haus ab 1400 R mit Frühstück.

●Pension **Dewjaty Wal** *(tschástnaja gostíniza),* ul. Tschapájewa 24, Tel. 496814, www.9val.irk.ru, 9val@list.ru; komfortable, rustikale Unterkunft, WC, Dusche, Banja; ab 1600 R mit Frühstück.

●Hotel **Priboi** *(gostíniza),* ul. Górkowo 101, Tel. 112393, unweit der Anlegestelle in Betonbau, renovierte Zimmer; DZ mit Frühstück ab 1400 R, günstigere Mehrbettzimmer.

●Hotel **U Osera,** ul. Suwórowa 2, Tel. 250444/122777; Hotel (Holzhaus) mit allem Komfort, liegt etwas außerhalb des Ortskerns in Richtung Baikalmuseum, 50–100 $.

●Hotel **Baikalskije Terema** *(gostínitschno-turistítscheski kompleks),* ul. Górnaja 16, Tel. 112799/563404, www.greenexpress.ru, travel@greenexpress.ru; sehr komfortables Hotel im altrussischen Stil aus Holz, Bad in jedem Stockwerk, eigenes Restaurant, Seminarräume, großes Freizeitangebot (Ausflüge, Wintersport, Abenteuertouren), schöne Lage; DZ mit Frühstück ab 3300 R (Hauptsaison), 2400 R (Nebensaison), EZ 3100 bzw. 2300 R.

●Hotel **Majak,** ul. Górkowo 85 A, Tel. 112911/112910; das neueste Hotel am Ort, 3 Kategorien, EZ ab 1800 R, DZ ab 2200 R.

●**Baikal-Hotel** (ehem. Intourist), ul. Akademítscheskaja 13, Tel. 250391; großer Betonbau oberhalb des Baikalmuseums; EZ/DZ ab 115 $.

●Hotel **Pribaikalskaja** *(turbása),* 62. Kilometer, Tel. 333906, 112250, Fax 333904; Hotel mit reichem Freizeitangebot, nur mit Pkw zu empfehlen, da außerhalb gelegen; EZ ab 1000 R, DZ ab 1600 R (außerhalb der Saison 500 bzw. 1000 R).

Aktivitäten

●**Pferdevermietung** im Konny Dwor na Saimke Krestowaja, am Ende des Krestowka-Tals, Tel. 89025197951/ 89086471728.

●**Tauch-Zentrum** (s. „Reisetipps A–Z: Sport und Erholung") an der Ortsdurchfahrt, einstündiges Schnuppertauchen für Anfänger mit Begleitung ca. 2000 R.

Verkehrsverbindungen

●**Busse** aus Irkutsk fahren täglich vom Busbahnhof (9, 14.30, 16.30, 19 Uhr, im Sommer manchmal noch Zusatzfahrten). Fahrkarten (Preis 60 R) sollten im Sommer mehrere Tage vorher gekauft werden. Fahrtzeit: 1½ Stunden. Nach Irkutsk ab Hafen um 7, 11, 16.45, 18 Uhr.

●Etwas schneller geht die Fahrt mit **Linientaxis.** Sie stehen besonders zu den Abfahrtszeiten der Busse am Busbahnhof bereit. Der Fahrpreis richtet sich nach dem der Linienbusse.

●**Taxi** in Listwjanka: Tel. 671069.

Schiffsfahrten

●Das **Tragflächenboot** „Raketa" pendelt im Sommer täglich zwischen **Irkutsk** und Listwjanka. Ende Mai bis Ende September fährt die Linie nach Bolschije Koty, die in Listwjanka Zwischenstation macht, 1–3x täglich, frühestens um 9 Uhr. Schiffe, die nur Irkutsk, Port Baikal und Listwjanka verbinden, fahren meist nur von Ende Juni bis Ende August 2x pro Woche. Die genauen Daten ändern sich oft und müssen an der Anlegestelle in Irkutsk erfragt werden. Die Fahrt dauert ca. 1 Stunde 20 Minuten und kostet etwas über 100 R.

Die Rückfahrt mit der Raketa nach Irkutsk klappt ohne vorher gekaufte Fahrkarte nicht immer, denn wenn das Schiff aus Bolschije Koty kommt, ist es oft schon voll.

●Listwjanka ist durch eine ganzjährige **Fährverbindung** mit der Siedlung **Port Baikal** am gegenüberliegenden Ufer der Angara verbunden (Anleger: Baikalmuseum). Dreimal täglich kann man übersetzen und ein Stück auf den Schienen der alten Baikalbahn wandern (s. Kap. „Südufer und Sajan-Gebirge: Entlang der alten Baikalbahn").

●Am Hafen von Listwjanka liegen immer größere und kleinere **Kutter und Ausflugsschiffe,** die je nach Wetter und Auftragslage zur Verfügung stehen. Für kleinere Ausflüge sollte man sofort den Preis aushandeln. Für mehrtägige Touren ist es besser, über einen der Reiseanbieter in Irkutsk feste Konditionen festzulegen, auf die man sich dann verlassen kann (s. auch Kap. „Reisetipps A–Z: Schiffsfahrten").

Pribaikalski-Nationalpark

Прибайкальский национальный парк ⇗ XV

Der Pribaikalski-Nationalpark *(Pribaikálski gosudárstwenny priródny nazionálny park)* umfasst den Mittelgebirgsrücken des **Primorski-Gebirges** am Westufer des Baikalsees und zieht sich an der gesamten Westküste entlang bis zur Insel Olchon. Die Vegetation besteht aus Kiefernwäldern, Zirbelkiefer-Tannen-Wäldern, Lärchen-Waldsteppen und ariden Steppen auf Olchon. Gegründet wurde der Park 1986, seine Fläche umfasst 418.000 ha, die Grenzen sind noch nicht überall eindeutig festgelegt.

Der Park wird im Sommer stark von **Wildcampern** frequentiert, was besonders die Müllproblematik verschärft. Der Holzeinschlag wurde seit seiner Einrichtung deutlich reduziert. Dies hat sich positiv auf den Tierbestand in der Küstenregion ausgewirkt. In den Wäldern Richtung Irkutsk wird angeblich in den letzten Jahren viel illegal abgeholzt. Ein Problem für den Park ist, dass auf seinem Gelände viele Siedlungen und sogar Industrieanlagen liegen, für die zwar andere Regeln gelten, die aber die Kontrolle der streng geschützten Gebiete erschweren. So wird in vielen Gegenden den Schutz-Verpflichtungen unzureichend nachgekommen. Besonders unbefriedigend ist die Waldbrandbekämpfung. Auch die Vergabe von Baugenehmigungen ist ein wunder Punkt.

Wer im Nationalpark wandern will, muss eigentlich pro Tag eine **Aufenthaltsgebühr** bezahlen. De facto wurde diese in den letzten Jahren jedoch nur für die streng geschützte Kernzone verlangt, die ungefähr am Felsen Skriper beginnt und 5 km südlich von Goloustnoje endet. Für Tagesausflüge z.B. nach Listwjanka oder Goloustnoje muss man sich deshalb nicht unbedingt eine Genehmigung besorgen, möchte man jedoch längere Strecken am Ufer entlang wandern, dann ist es auf jeden Fall besser, wenn man sich die Mühe macht.

- **Verwaltung** des Pribaikalski-Nationalparks in Irkutsk: Stadtteil Jubiléiny 83A, Tel. (3952) 385300, 385487, Fax 396318, www.pribpark.narod.ru, pribpark@mail.ru.
- **Infozentrum** in Listwjanka (Informaziónnowisítny zentr Pribaikálskowo nazionálnowo párka), ul. Górkowo 39, Tel. 112520.
- **Infozentrum** in Bolschoje Goloustnoje, ul. Swordlówa 40.
- **Service:** breites Spektrum von begleiteten Wanderungen, thematische Exkursionen, Unterkünfte in verschiedenen Gegenden des Parks.
- **Gebühren:** Aufenthalt 30 R/Tag.

Bolschije Koty – Gold und Baikalforschung

Большие Коты ⇗ III/B3

Das auf den ersten Blick unscheinbare Dörfchen, das sich idyllisch in das grüne Tal des Flüsschens Kotinka schmiegt, zeigt beim näheren Hinsehen sehr unterschiedliche Gesichter. Wer mit dem Schiff ankommt, steht gleich nach Verlassen des Landungssteges vor der biologischen Forschungsstation des Ortes und dem kleinen **Baikalmuseum,** das von deren Mitarbeitern im Laufe der Zeit aufgebaut wurde. Es ist nur im Sommer geöffnet, wenn die Tragflächenboote fahren. Die Sammlung konservierter Fische, ausgestopfter Tiere und zahlreicher Insekten ist zwar klein, aber liebevoll zusammengestellt.

Als Gründer der **biologischen Forschungsstation** gilt *Witáli Dorogostáiski* (1879–1938), Sohn eines polnischen Verbannten, der 1919 als Professor für Zoologie seine Lehrtätigkeit an der Irkutsker Universität aufnahm. Er und seine Schüler, u.a. der berühmte Biologe *Michaíl Koschów,* verhalfen der Station zu vielen bahnbrechenden Entdeckungen auf dem Gebiet der Baikalforschung. Dadurch, dass bis heute jedes Jahr Biologie-Studenten der Irkutsker Universität zu Feldforschungen und Praktika nach Bolschíje Kotý kommen, die sich nach dem Studium hier Ferienhäuser kaufen, ist inzwischen der ganze Ort sehr eng mit der Fakultät für Biologie verbunden.

Viel auffälliger ist jedoch, dass Bolschije Koty sich in den letzten Jahren langsam zu einem beliebten **Feriendomizil** für reiche Irkutsker verwandelt. Ihre riesigen Wochenendhäuser mit privaten Anlegestellen und allem Komfort sind nicht zu übersehen.

Die Zahl der ständigen Bewohner des Dorfes sinkt dagegen stetig, die Infrastruktur wird für die ca. 40 Menschen immer schlechter. Auch die Schule wurde aus Schülermangel geschlossen. Wären nicht die Touristen, denen die Einheimischen im Sommer

086ba Foto: r

Fisch und verschiedene Dienstleistungen anbieten, gäbe es kaum noch Einnahmequellen in Koty.

Das war jedoch nicht immer so. Die Siedlung war 1855 entstanden, weil Goldfunde hier große Verdienstmöglichkeiten versprachen. Bald wurde zusätzlich eine Glasmanufaktur eröffnet und 1871 noch eine Seifen- und Kerzenfabrik. Die Produktion war so einträglich, dass sie es dem Besitzer *A.M. Sibirjakow* (1849–1933) nicht nur erlaubte, Grundschulen zu gründen und eine hölzerne Kapelle zu errichten, die noch heute schräg oberhalb des Museums zu sehen ist. Er spendete auch große Summen für Expeditionen, die neue Schifffahrtswege erschließen sollten. U.a. unterstütze er die sibirische Forschungsreise von *Otto Finsch* und *Alfred Brehm*.

Die Glasproduktion wurde 1902 eingestellt, Gold wurde hingegen noch bis 1968 in Koty abgebaut, und zwar ab 1949 auch halbmechanisch mit zwei Förderinseln, die im Baikalsee schwimmend aus dem Kies vor der Mündung des Flusses Gold gewannen. Nicht alle Arbeitskräfte waren freiwillig hier. Bis zu *Stalins* Tod mussten verbannte Litauer und auch Deutsche zwangsweise in Bolschije Koty leben. Inzwischen gibt es vom Goldabbau keine Spuren mehr. Nur im benachbarten Tal *pad Sennája* sollen in einiger Entfernung vom Ufer noch eingefallene Reste von Stollen zu sehen sein.

Dorfidylle in Bolschije Koty

Der Name Koty hat übrigens nichts mit dem Wort *kot* (Kater) zu tun, sondern wird verschiedenen Versionen nach entweder von der alten Bezeichnung für Filzschuhe *(kóty)* oder von einem Fischfanggerät *(kotzy)* abgeleitet. Interessant mag auch sein, dass Bolschije Koty heute eine neue Kapelle besitzt, in die unregelmäßig ein Pfarrer kommt. Allerdings steht sie auf dem hiesigen Privatgrundstück ihres Irkutsker Sponsors.

Essen und Trinken

Im Sommer wird im Dorf eine ganze Reihe von **Kiosken** betrieben. Im Winter ist die Auswahl im **Dorfladen** schlecht.

Unterkunft

Privatunterkünfte gibt es im Ort inzwischen zahlreich.

- **Anna Sújewa,** ul. Baikálskaja 55; einfaches Häuschen auf Grundstück, zwei Betten, Elektroheizung, sehr kleine Banja, 250 R, VP möglich.
- **Herberge** *(gostíniza),* ul. Dorétschnaja 14, Besitzer *Dewert Stom;* einfache, nicht sehr geräumige Zimmer, Banja, nur im Sommer.
- Camp **Prijut Staratelei** *(bása),* pad Tschórnaja (3 km südwestlich von B. Koty, 200 m vom Ufer entfernt); Kontakt über Greenexpress, www.greenexpress.ru; Häuschen für 4 und 5 Personen ab 1020 R (mit Frühstück).

Tourenanbieter

- **Waléri Iwánowitsch Reswánow,** ul. Lesnája 21, Tel. (3952) 511179; Förster, bietet begleitete Pferdetouren an.

Verkehrsverbindungen

- Bolschije Koty ist wegen der Berge des Primorski-Gebirges **nicht auf dem Landweg zu erreichen.** Es gibt keine Straße, die von Pkws befahrbar wäre. Von Listwjanka führt am Ufer entlang nur ein Fußpfad (Beschreibung siehe unten).

087ba Foto: rj

- Das **Tragflächenboot „Woschód"** pendelt zwischen Ende Mai und Ende September 1–2x täglich zwischen Irkutsk, Listwjanka und Bolschije Koty, in der Hauptsaison von Ende Juni bis Ende August auch bis zu 3x täglich. Es fährt um 9, 12.30 und 14.30 Uhr in Irkutsk ab und braucht ca 1½ Stunden für die Fahrt. Die Rückfahrt ist um 12.30, 17 und 18 Uhr. Montags gibt es häufig gar keine Fahrten. Der genaue Fahrplan muss an der Anlegestelle in Irkutsk (Tel. 358860) erfragt werden. Auch im Internet unter www.baikalsee.net ist er zu finden.
- Alternativ zum Linienschiff kann man in Listwjanka nach einem **Ausflugsschiff** suchen, das einen nach Bolschije Koty bringt. In einer größeren Gruppe ist dies erschwinglich.
- Im Winter gibt es noch die Möglichkeit, **zu Fuß** oder **mit dem Auto über das Eis** zu kommen.

Wanderungen

Landschaftlich reizvoll sind besonders Wanderungen in die **benachbarten Täler** Bolschája (Große) und Málaja (Kleine) Sennája, die den Bewohnern von Koty mit ihren saftigen Auwiesen als Heugründe dienten. Der Beginn des schmalen, aber gut erkennbaren Fußpfades am Nordrand des Dorfes ist mit „turistítscheskaja tropá" ausgeschildert. Er führt zunächst oberhalb des Ufers am Steilhang entlang, dann ein Stück über den steinigen Strand, und schon nach 4 km (ca. 20 Min.) erreicht man den ersten Taleinschnitt mit lichtem Birkenwald, einem kleinen Bächlein und Wiesen, die im Sommer viele Irkutsker zum Zelten anlocken.

Auch südlich des Ortes kann man schön am Ufer spazieren gehen, das licht mit Kiefern bestanden ist.

Kadilnaja

Кадильная ↗ III/B3

Auf der etwas vorspringenden Landecke, dem **Kap Kadilny,** wo es fast nie windstill ist, leben als ständige Mitarbeiter des Nationalparks *Wladimir* und *Natalja*. Sie kontrollieren, dass das Gebiet nur mit Genehmigung betreten wird. Selbst das Anlegen von Schiffen ist ohne Erlaubnis verboten. Wer sich jedoch in Irkutsk angemeldet hat, kann in der einfachen Herberge, die sie betreiben, übernachten.

Hier machten bereits im 19. Jh. deutsche Reisende Station. So berichtet der deutsche Physiker *Adolph Erman* 1829:

„Von der Station Listwennitschnaja, oder Lärchendorf [...] fanden wir eine ganze Fläche mit Eis bedeckt und blieben auf demselben, aber noch nahe an den Felsen bis zum Posthaus von Kadilnaja. Hier verließen wir noch an demselben Abend das westliche Ufer und fuhren gerade gegen Osten, den ungeheuren See seiner Breite nach überschreitend, bis zur Station Possolsk. Kein Schnee lag auf der Eisfläche, die von dem Mondlichte wie ein polierter Spiegel erglänzte. In Kadilnaja wurden die Pferde vor unseren zwei Schlitten bis zum Augenblick der Abfahrt von beiden Seiten am Zügel gehalten, und dann liefen sie in gestrecktem Galopp und ohne Halt bis zum anderen Ufer. Wir hatten 7 deutsche Meilen in neun Viertelstunden zurückgelegt [...]"

Der Name Kap Kadilny leitet sich übrigens ab von *kadílniza* (Weihrauchfass). Früher wurde im Tal Kalk gebrannt. Der Ranger kann die Stelle zeigen. Im Kalkstein findet man manchmal Versteinerungen von prähistorischen Organismen.

Unterkunft

● Herberge **Kadílnaja** *(turbása)*, Kontakt Nationalparkbüro Irkutsk, Stadtteil Jubileiny 83A, P.O.B. 185, Tel. (3952) 385300, 385487, www.pribpark.irk.ru; ca. 20 Plätze in einfachen Holzhäuschen, teilweise beheizbar, Außentoilette, sehr große Banja, Speisesaal und Küche, bei Vorbestellung mit Verpflegung; Selbstversorger 300 R bzw. 600 R *(ljux)*.

Wanderung

In ca. 40 Minuten kommt man über blumenübersäte Wiesen an das Tal **Málaja Kadílnaja.** Hier liegen in etwas Entfernung vom Ufer mehrere große und kleine **Höhlen,** die teilweise nicht schwer zu begehen sind. Ausgrabungen haben Fundstücke aus der Eisenzeit zutage gebracht.

Bolschoje Goloustnoje – Dorf im Delta

Большое Голоустное ↗ III/B3

Der Name des Ortes und des Flusses (Goloústnaja) beschreibt die Landschaft sehr zutreffend. Ein riesiges „nacktes Delta" hat die Goloustnaja im Laufe der Zeit angeschwemmt, das völlig flach und von Wasserläufen durchzogen weit in den Baikal hineinragt. Auch wenn der hintere Teil zum Festland hin hauptsächlich aus Steppe besteht, finden doch in den Feuchtgebieten in Seenähe viele Wasservögel Rückzugsgebiete. Drei Arten, die hier vorkommen, sind die Rostgans (Tadorna ferruginea), die Tafelente (Aythya ferina) und die sehr farbenprächtige Baikalente (Anas formosa Georgi).

Bis ins 17. Jh. kamen nur ab und zu ewenkische Familien zum Fischen in die weitläufige Ebene und an den Fluss, den sie Idin-Gol nannten. Erst dann ließ sich die erste burjatische Familie und bald darauf auch der erste Russe hier nieder. Die Bevölkerung, die sich in mehreren Siedlungen übers Delta verstreute, bestand also fast von Anfang an zu gleichen Teilen aus Russen und Burjaten. Mit Ausnahme der Jahre des Bürgerkriegs ist bis heute für Goloústnoje ein relativ friedliches Zusammenleben der Nationalitäten typisch. Nur Ewenken gibt es inzwischen praktisch keine mehr. Sie sind größtenteils in weiter nördlich liegende Gebiete an die Lena abgewandert.

Wirtschaftlich blühte der Ort besonders mit Zunehmen der Kontakte ins

Burjate aus Bolschoje Goloustnoje, der als getaufter Christ eine Russin geheiratet hatte, unterhielt diese sehr erfolgreiche Unterkunft, in der fast alle Reisenden vor der Überquerung des Sees Rast machten. Im Rahmen der Kollektivierung wurden 1949 alle Gebäude von hier in den Hauptort verlegt.

Ungefähr an der Stelle liegt heute ein unternehmenseigenes Ferienheim. In der Nähe gibt es eine allgemein zugängliche **Feuerstelle,** zu der im Sommer oft Auto-Camper kommen.

Suchoje Osero

Beim Ferienheim Semjónowka beginnt ein **Naturlehrpfad** zum sogenannten **Trockenen See** *(suchóje ósero),* der einen knappen Kilometer oberhalb des Heims liegt und sich jedes Jahr nur für eine kurze Zeit mit Wasser füllt. Das Begleitheft zum Naturlehrpfad, das auf Russisch oder Englisch Besonderheiten der Tier- und Pflanzenwelt vorstellt, kann bei Ustje (s.o.) erworben werden. Sowohl der (stark beschädigte) Pfad „Uschkani-Tal" (s. Listwjanka, Wanderungen) als auch die Wanderung „Suchoje Osero" kann von Bolschoje Goloustnoje aus als Tagesausflug gemacht werden.

Podkammennaja

Ein Ausflug in die **verlassene burjatische Siedlung** Podkammennaja (nördlich von Bolschoje Goloustnoje) kann nicht nur historisch interessant sein, sondern auch einen schönen Eindruck von der Steppe vermitteln, die hier mit unzähligen Blumen übersät ist.

Sandbucht

Бухта Песчаная ⇗ III/B2

An der Westküste des Baikalsees sind **Sandstrände** eine Seltenheit. Dies und die Tatsache, dass es in der Sandbucht *(búchta pestschánaja),* ca. 80 km nordöstlich von Listwjanka, durchschnittlich etwas wärmer ist als anderswo am Baikal, sind wohl die Gründe für ihre Beliebtheit. In der hübsch geschwungenen Bucht, die von **zwei Felsen,** dem „großen und kleinen Glockenturm" (Mály und Bolschói Kolokólny, 80 und 60 m) eingerahmt wird, befindet sich eines der ältesten Ferienheime des Sees. Mehrere Holzbaracken mit Zimmerchen für zwei bis drei Personen, Speisesaal und Verwaltungsgebäude liegen zwischen hohen Kiefern verstreut.

Berühmt ist die Sandbucht für ihre „Stelzenbäume". Gemeint ist eine Hand voll **Lärchen** am Nordrand der Bucht, deren Wurzeln durch Erosion freigelegt sind und die so scheinbar auf langen Beinen stehen. Leider setzen ihnen Wind, Wetter und Touristen zu und sie mögen einmal eindrucksvoller gewesen sein. Auch der **Kormoranfelsen** *(bakláni kámen)* vor der Küste ist leider heute nur noch von Möwen besiedelt (s. Kapitel „Landschaft und Natur: Tiere und Pflanzen").

In der südlich gelegenen **Nachbarbucht,** die in einem kurzen Spaziergang erreichbar ist, wurde vor wenigen Jahren eine sehr komfortable Unterkunft der oberen Preisklasse eröffnet. In der nördlich sich anschließenden Bucht dagegen wird traditionell gezeltet. Auch hier ist das Ufer noch sandig, das Wasser wird jedoch in allen drei Buchten auch im Sommer nicht besonders warm.

Insgesamt ist ein Besuch der Sandbucht im Sommer nur für den zu empfehlen, der unempfindlich ist gegen große Menschenmengen. Allen anderen sei der Mai/Juni ans Herz gelegt, wenn der wilde Rhododendron blüht, oder der Altweibersommer, der im September die Küste in leuchtende Herbstfarben taucht. Schön sind zu jeder Zeit die **Sonnenaufgänge,** besonders, wenn man sich die Mühe macht und rechtzeitig auf einen der Aussichtspunkte steigt.

Unterkunft

- **Ferienheim Buchta Pestschanaja** *(turbása),* ul. Sowjetskaja 139 A, Büro 26, Tel. 207403, nur im Sommer geöffnet (15.6.–1.9.); sehr einfache Unterkunft; VP 600 R; das Ferienheim betreibt eine Ausleihstelle für Camping-Zubehör (Kochtöpfe, Schlafsäcke etc.).
- **Pension Baikalskije Djuny** (Baikaldünen), Tel. in Irkutsk: 201852 (im Stadion Büro 224); www.baikal-dunes.ru, dunes@baikal-hotel.ru; WC, Dusche, Möglichkeiten für Wassersport, an bestimmten Tagen ist kostenlose Anreise möglich; DZ mit VP ab 330 R, EZ ab 1800 R.

Verkehrsverbindungen

- Es gibt **keine Straße** in die Sandbucht. Die einfachste Verbindung auf dem Wasserweg ist das **Tragflächenboot** aus Irkutsk (Preis 600 R). Es fährt von Ende Juni bis Ende August Mi, Fr und So.

Irkutsk (10 Uhr) – Sandbucht (13 Uhr) – Suchaja Bucht (13.50 Uhr);

Rückfahrt Suchaja Bucht (15.10 Uhr) – Sandbucht (16 Uhr) – Irkutsk (19.40) Uhr.

088ba Foto: rj

- Aus Bolschoje Goloustnoje kann man sich mit kleineren **Motorbooten** in die Sandbucht bringen lassen, die z.B. mit Hilfe der Organisation Ustje organisiert werden (s. dort).
- Wer mit einem **gemieteten Ausflugsschiff** (vom Typ Jaroslawez) anreist, braucht aus Listwjanka ca. 5 Stunden.

Wanderungen

Zedern-Pass

Vom Zedern-Pass *(perewál Kedrówy)* oberhalb der Bucht bietet sich ein herrlicher Ausblick (Dauer: 2–2½ Std. zum Aussichtsfelsen). Der Weg ist der Anfang der Strecke nach Bolschoje Goloustnoje. Auch in der näheren Umgebung liegt eine ganze Reihe kleinerer **Aussichtsfelsen,** die durch viele gut ausgetrampelte Pfade ohne Probleme zu finden sind.

Sennaja-Bucht

Eine schöne Strecke ist auch die Wanderung in die 5 km nordöstlich gelegene Bucht Sennaja. Hier liegt ein Kontrollpunkt des **Pribaikalski-Nationalparks.** Der Ranger lebt das ganze Jahr auf seinem kleinen Anwesen und kann einfache Übernachtungsmöglichkeiten für bis zu 15 Personen anbieten (mit Verpflegung). Das Zentrum Ustje in Bolschoje Goloustnoje hat gute Kontakte zum Ranger und kann einen Aufenthalt anmelden. Der Weg nach Sennaja über die „Großmutter-Bucht" *(gubá bábuschka)* ist viel begangen und gut zu finden.

Suchaja-Bucht

Die nächste Bucht nach Sennaja heißt Suchája und wird sogar vom **Tragflächenboot** angefahren (Endhaltestelle). Hier lassen sich im Sommer gern Wildcamper absetzen. Auch von Sennaja aus ist sie zu Fuß zu erreichen. Allerdings ist im Jahr 2003 der Wald zwischen den beiden Buchten fast vollständig abgebrannt.

Nach Süden

Auch in südlicher Richtung kann man am Ufer entlangwandern. Der Pfad ist in gutem Zustand. Nach ca. 2,5 km sieht man unweit des Ufers eine kleine Felseninsel, deren Name **Baklani Kamen** an die Kormorane erinnert, die früher in großer Zahl auf solchen Felsen brüteten, heute jedoch am Baikal ausgestorben sind. Der Forscher *Gustav Radde* beschrieb Mitte des 19. Jh. die Massen von Vögeln, die hier nisteten. In den Steilfelsen zwischen Baklani Kamen und Mály Kolokólny gibt es ungefähr ein Dutzend kleinerer und größerer **Höhlen,** die man allerdings besser im Winter vom Eis aus anschauen sollte.

Ab Baklani Kamen wird der Weg deutlich schlechter und hat gefährliche Stellen. Dennoch kann man noch einigermaßen erträglich bis zum Flüsschen Schúmicha kommen. Hier endet der Pfad.

Schwierige Touren

Auf der Höhe des Primorski-Berggrats, oberhalb der Quelle der Schumicha, wurde 1991 von der Firma Baikal-Tour (per Hubschrauber) eine neue **Holz-Statue** (nach burjatischem Vorbild, „Ongon") aufgestellt. Angeblich soll sie Geistern als Heimat dienen, die in den vergangenen Jahrzehnten aus heiligen Stätten vertrieben wurden. Von der Küste bis zur Statue (ca. 4 km) gibt es **keine Wege.** Wer den Aufstieg dennoch wagen möchte, muss für die gesamte Strecke von der Sandbucht und zurück mindestens zwei Tage einplanen. Es ist kein Vergnügen, sich durch das Unterholz der Taiga zu schlagen. Weiter oberhalb kommt man an Geröllfelder. Auch hier ist das „Gehen" äußerst mühselig. Insgesamt muss die Tour als sehr anspruchsvoll eingestuft werden.

Auch die Alternativroute vom Zedern-Pass aus auf dem Grat entlang bis zur Statue ist nicht viel empfehlenswerter. Zusätzlich zur weglosen Taiga mit umgestürzten Bäumen und Gestrüpp kann hier der Wassermangel zum Problem werden.

Buguldeika

Бугульдейка ↗ III/B2

Das kleine Dorf Buguldeika gehört bereits zum Bezirk Olchon. Es liegt schön am linken Flussufer, an dessen gegenüberliegender Seite eine 100 m hohe, steile Felswand aufragt. Früher lebte Buguldeika von der Forstwirtschaft. Heute sind die Folgen des wirtschaftlichen Niedergangs und der Abwanderung deutlich zu sehen: Die ganze untere Hälfte des Dorfes steht leer, wobei die alten Holzhäuser mit ihrem Flechtenbewuchs fast schon wieder malerisch aussehen. Dennoch gibt es noch eine Schule und eine Post.

Unterkunft

- **Pferdehof Saretschnoje,** ul. Baikálskaja 24 (die einzigen Gebäude a.d.rechten Flussufer), Tel. (Irkutsk) (3952) 707012/ 406706; zarechnoe@baikalinfo.ru; DZ 690 R, 5-Bett-Zimmer 290 R, Verpflegung 300 R; Banja 350 R/ Stunde, Ausritt mit Begleiter (8 St.) 1500 R.
- Die **Bucht Malaja Buguldeika** (Малая Бугульдейка) auch Chuja/Kujada, 6 km nordöstlich von Buguldeika, ist inzwischen fast unbewohnt. Nur im Sommer hat ein **Ferienlager** *(turbása)* der Irkutsker Firma Baikálskije Gorisónty geöffnet. Kontakt: Tel. 424341, www.baik-gor.narod.ru.

Verkehrsverbindungen

- Die **Straße** aus Kosája Step ist schlecht und wird bei Tauwetter manchmal gesperrt. Die Verbindung nach Pertowa ist neuer und besser, wenn auch etwas bedrückend. Die Spuren der verheerenden Waldbrände von 2003 sind hier besonders deutlich zu sehen.
- Freitags um 10.30 Uhr fährt ein **Linienbus** aus Irkutsk nach Buguldeika, Rückfahrt am Sonntag.

Wanderung von Listwjanka nach Buguldeika

Früher war die gesamte **Uferstrecke** von Listwjanka bis Buguldeika auf Fußwegen gut begehbar. Die Einheimischen trieben Vieh auf bessere Weiden und hielten Kontakt zu benachbarten Siedlungen. Eine Zeit lang gab es sogar eine Telegrafenlinie von Listwjanka bis Bolschoje Goloustnoje, deren Reste noch hier und da zu sehen sind. Heute gibt es die Pfade noch, sie sind jedoch, je nachdem wie häufig sie begangen werden, in unterschiedlich gutem Zustand. Da, wo sie an steilen Uferabhängen entlangführen, können wegrutschende oder abgebrochene Stellen teils **gefährliche Hindernisse** darstellen, die nur mit guter Kondition umklettert oder umgangen werden können. Besonders ab Bolschoje Goloustnoje Richtung Norden werden die Abstände zwischen Siedlungen größer und die Wege immer schlechter. Wer die ganze Strecke zurücklegen möchte, sollte ca. zwei Wochen einplanen. Man muss immer damit rechnen, dass man durch die Suche nach Wegen, durch Hindernisse oder die Wetterverhältnisse Zeit verliert.

Die eine der beiden Irkutsker Rotary-Vereinigungen hat der Organisation *Great Baikal Trail* eine Spende für den Ausbau von 100 km Wanderweg zukommen lassen, die für diese Strecke genutzt werden soll. Im Sommer 2004 wurde mit dem ersten Abschnitt ab Listwjanka begonnen. Seitdem wurde immer wieder an einzelnen Abschnitten gebaut. Leider hapert es mit der Beschilderung der neuen Strecken, und man sollte sich im Zweifelsfall lieber an die unten stehende Beschreibung halten.

Für jede Wanderung auf der Strecke sollte die **Genehmigung des Nationalparks** eingeholt werden (s. Pribaikalski-Nationalpark).

Listwjanka – Bolschije Koty (ca. 18 km)

Dank der Einsätze von freiwilligen Helfern des *Great Baikal Trail* ist dieser erste Abschnitt inzwischen einer der besten der Strecke. Schwierig zu finden ist der **Beginn des Weges** in Listwjanka: man folgt der ul. Gudina bis zur Überquerung des Baches Tscheremschanka (s. Ortsplan Listwjanka). Nun steigt man den steilen Pfad bergan, erreicht einen kleinen Seitengrat und steigt nach links bis zum Hauptgrat hinauf. Diesem folgt man nach rechts parallel zum Ufer, bis er in einem gut ausgebauten Pfad in Serpentinen den Bergrücken hinab führt. Ungefähr ab der Hälfte der Strecke verläuft der Weg dann in Ufernähe und ist leicht zu finden.

Bolschije Koty – Kadilnaja (ca. 12 km)

In einer Tagestour erreicht man den Stützpunkt des Pribaikalski-Nationalparks, der in der streng geschützten Kernzone liegt. Fast die ganze Strecke verläuft am Ufer und ist vielleicht eine der schönsten am westlichen Baikal. Im Tal Sennája verlässt der Weg das Ufer und umgeht den sogenannten **Skríper,** ein kleines Felsmassiv, das zum See hin sehr steil abfällt. Ab hier ist Zelten verboten. Beim Abstieg nach der zweiten Anhöhe sieht man in der gegenüberliegenden Felswand eine **Höhle,** die nur kletternd zu erreichen ist und in der Spuren steinzeitlicher Besiedlung gefunden wurden.

Anschließend muss man mehrere Kilometer direkt am steinigen Strand gehen, bevor sich ein zweiter Felsen, das **Kap Soboljew,** zur Steilküste erhebt. Er besteht ähnlich wie der etwas hellere Skriper aus einer für den Baikal sehr seltenen Gesteinsart, einem Kieselkonglomerat. Urzeitliche Kiesel verschiedener Größen und Farbschattierungen sind in einem vorwiegend rötlichen

Lehm verbacken, was sehr effektvoll aussieht. Der ästhetische Genuss wird allerdings etwas geschmälert durch den atemberaubenden Pfad, der mehrere Meter ungesichert an seiner senkrechten Wand entlangführt. An seiner Nordseite muss noch eine Stelle überwunden werden, an der der Pfad durch einen Steinrutsch beschädigt ist. Hier muss sich einmal die berüchtigte „Teufelsbrücke" befunden haben, von der heute nichts mehr zu sehen ist. Hinter dem Kap folgen ohne weitere Abenteuer meist oberhalb des Ufers die letzten Kilometer bis Kadilnaja.

Kadilnaja – Bolschoje Goloustnoje (ca. 18 km)

Der große Ort Bolschoje Goloustnoje ist in einem einfachen Tagesmarsch zu erreichen. Anschließend an Malaja Kadilnaja folgt der Weg ein Stück dem Strand, bevor man über eine hölzerne Leiter die Uferböschung erklettern muss. Weiter verläuft er fast durchgehend unter Kiefern und Lärchen, in deren Schatten im Frühsommer herrliche Waldblumen blühen. Im **Uschkani-Tal** passiert man einen weiteren Stützpunkt des Nationalparks. Der Ranger kann die Aufenthaltsgenehmigung überprüfen. Auch hier entstehen Übernachtungsmöglichkeiten.

Auf den nun folgenden acht Kilometern wurde ein **Naturlehrpfad** eingerichtet, zu dem ein Begleitheft auf Russisch und Englisch existiert. Leider sind die Markierungen am Weg durch Wind und Wetter stark beschädigt.

Fünf Kilometer südlich von Bolschoje Goloustnoje endet die strenge Schutzzone des Nationalparks. Der Weg wird zu einer Fahrstraße, die auf dem breiten Uferstreifen am Ferienheim Semjonowka vorbei in den Ort führt.

Bolschoje Goloustnoje – Sandbucht (ca. 40 km)

Der nächste Abschnitt des Weges erfordert zu Fuß mindestens drei Tage. Er wurde in den letzten Jahren von Freiwilligen im Rahmen des Projekts „Great Baikal Trail" in relativ guten Zustand gebracht, mit **Feuerstellen und Zeltplätzen** versehen sowie teilweise

089ba Foto: rj

Felsen aus Kieselkonglomerat nördlich von Bolschije Koty

markiert. Wegen der steilen Küste führt er in einiger Entfernung vom Ufer über die Berge. Im Jahr 2003 haben Waldbrände Teile der Strecke stark beschädigt. Da es an der Küste keinen Weg gibt, werden die Stationen, die der Nationalpark an mehreren Stellen unterhält, vom Wasser aus versorgt. Eine detaillierte Beschreibung der Tour ist auf Englisch im Zentrum vom Ustje in Bolschoje Goloustnoje zu erhalten.

Der **Anfang** des Pfades an der neuen Brücke über den Fluss Goloustnaja ist **schwer zu finden,** man sollte ihn sich besser von Einheimischen (Ustje) zeigen lassen. Am Berg **Schamanka** entlang führt der Weg zurück an den Fluss Goloustnaja. Im Tal des Flusses Bolschaja Tscheremschanka verlässt er ihn wieder und steigt nun langsam an bis zum **Jelowy-Pass.** Der kleine See auf der Höhe enthält kein Trinkwasser. Nach dem Abstieg geht es auf dem linken Ufer des Flusses Jelowaja weiter. Ungefähr 5 km flussaufwärts gibt es auf dem rechten Ufer eine Jägerhütte mit Stellplätzen für Zelte, einem Tisch, Bänken und einer Feuerstelle.

Der Pfad folgt dem Fluss Jelowaja und überwindet dann den flachen Pass zum nächsten Wasserlauf, der Linken Ilga. Achtung: hier führt ein neuer GBT-Weg (markiert durch Einkerbungen an Bäumen) hinab zur Ranger-Station Srednije Chomuty. Auch wenn Hinweisschilder „Sandbucht" angeben, sollte man ihm nicht folgen, da er noch nicht fertiggestellt ist und irgendwo am Baikalufer endet. Stattdessen folgt man der Ilga, wo es ein Stück flussabwärts einen gut ausgestatteten Lagerplatz gibt. Die Route begleitet den Fluss noch ein Stück aufwärts, um ihn dann zu verlassen und über die nächste Anhöhe an den Fluss Kolesma Morskaja hinabzusteigen. Nach einem längeren Stück an seinem linken Ufer muss er an einer flachen Stelle durchwatet werden. Man kann sie leicht verfehlen. An einem Seitenarm der Kolesma liegt noch ein Lagerplatz. Auf dem letzten Abschnitt des Weges verpasst man leicht die Stelle, wo der Weg nach Osten abbiegt. Vom Zedern-Pass *(perewál Kedrówy)* ist die Sandbucht nicht mehr zu verfehlen.

Sandbucht – Buguldeika (ca. 44 km)

Bis in die **Bucht Suchaja** ist der Weg, der unweit der Küste verläuft, in gutem Zustand und wird häufig begangen (s. in diesem Kapitel: „Sandbucht"). Nördlich der Sandbucht befand sich einstmals eine Siedlung in der **Bucht Chargino** (Харгино). Früher wurde hier Sand für die Glasmanufaktur in Talzy abgebaut, heute sind noch Reste des Anlegestegs und rostige Schienen zu sehen. Auf dem Abschnitt zwischen Suchaja und Chargino muss ein Berg umgangen werden, der senkrecht ins Wasser abfällt. Sowohl der Auf- als auch der Abstieg sind steil und anstrengend.

Hinter Chargino wird der Weg immer schlechter, bis er irgendwann aufhört und man ohne Pfad immer am Ufer entlanggehen muss. Immer wieder müssen Felsen umwatet oder umklettert werden. Erst kurz vor Buguldeika gibt es wieder einen Weg.

Von Ust-Ordynski ans Kleine Meer – Vorgeschmack auf die Steppe

Autonomer burjatischer Bezirk Ust-Ordynski

Усть-Ордынский Бурятский Автономный округ ↗ III/A2

Der autonome Bezirk scheint nicht nur verwaltungsmäßig eine Enklave im Irkutsker Gebiet zu sein. Auch seine Landschaft wirkt zum Teil, als wäre ein Stück der **Graslandschaft** aus dem östlichen Baikalgebiet zufällig hierher versetzt worden. Nördlich von Irkutsk weichen die Wälder zurück und machen einer leicht hügeligen Nutz- und Weidelandschaft Platz, auf der bald große **Rinder- und Pferdeherden** auftauchen, meist begleitet von berittenen **burjatischen Hirten.** Dieses Gebiet ist schon seit Jahrhunderten von den halbnomadischen Viehzüchtern besiedelt.

Ab 1.1.2008 wird sich sein Verwaltungsstatus ändern: in einem Referendum wurde im April 2006 seine **Eingliederung** in das **Gebiet Irkutsk** beschlossen. Es wird erwartet, dass dies entgegen den Versprechungen im Vorfeld des Referendums keine nennenswerten Verbesserungen für die Bevölkerung mit sich bringen wird.

Ust-Ordynski

Усть-Ордынский ↗ III/A2

Das Verwaltungszentrum ist Ust-Ordynski, eine eher trist anmutende Siedlung, die mit Ausnahme einiger Gebäude an der Hauptstraße nur aus Holzhäusern besteht. Auffällig ist einzig ein monumentaler, silbern bemalter Reiter, der an der Abzweigung zum Ort prangt.

Die wirtschaftliche Lage ist nicht glänzend, doch trotz der zahlreichen Probleme machen nicht selten durchreisende Gruppen hier Halt, denn Ust-Ordynski hat ein sehenswertes **Heimatmuseum** mit dem Schwerpunkt Kultur und Lebensweise der Burjaten im westlichen Baikalgebiet. Auch das burjatische Folklore-Ensemble „Stepnyje Napewy" ist überregional bekannt. Kunstinteressierte sollten einen Blick auf die Skulptur des burjatischen Künstlers *Daschi Namdakow* werfen, die die Straße vor dem Hotel ziert (s. Kap. „Menschen und Kultur: Kunst").

- **Museum,** ul. Lénina 6, Tel. 21402 oder 21608. Urgeschichte, burjatische Kultur und Traditionen, Naturkunde, berühmte Persönlichkeiten der Region. Auf Bestellung werden in einer Holzjurte beim Museum burjatische Speisen serviert. Auch Auftritte lokaler Künstler (burjatische Musik und Tänze) sowie Vorführungen zum Schamanismus können organisiert werden.

Service

- **Vorwahl:** 39541, aus dem Gebiet Irkutsk 241.
- **Post und Telefon:** ul. Lénina 26.
- **Bushaltestelle:** ul. Kalandarischwíli, Ecke ul. Lénina.

Unterkunft

- Hotel **Baikal** *(gostíniza),* ul. Lenina 24, Tel. 22236, Fax 21900; neu gebaut, komfortabel, kleines Restaurant.

In der Umgebung

Bajandai Баяндай ↗ III/A2

60 km hinter Ust-Ordynski kommt man durch das Dörfchen Bajandái, dessen Haupteinnahmequelle wohl mehrere Autoreparaturwerkstätten und eine ganze Reihe von Cafés und Imbissbuden an der Durchfahrtsstraße sind. Praktisch alle Fahrer von Linienbussen und privaten Fahrzeugen machen hier Halt, bevor sie ihren Weg nach Norden oder Südosten Richtung Olchon fortsetzen.

Diese zweite Route führt ab Bajandái bergan und überquert den Bergzug Primorski. An seinem höchsten Punkt spürt man, dass man sich auf burjatisch geprägtem Gebiet bewegt, denn hier liegt ein wichtiger *obo,* eine schamanistische Opferstelle, an der sogar viele russische Fahrer anhalten oder wenigstens während der Fahrt einige Münzen aus dem Autofenster werfen.

Jelanzy

Еланцы ↗ III/B1

1937 wurde der Bezirk Olchon aus der Republik Burjatien ausgegliedert und ohne Zustimmung der Bevölkerung dem Irkutsker Gebiet zugeschlagen. Seitdem ist das Dorf Jelanzý in den Rang eines **Verwaltungszentrums** aufgerückt. Für über 4000 Menschen in 61 Orten und auf fast 16.000 km² ist es damit erster Anlaufpunkt in medizinischen, schulischen und sonstigen Fragen. Das sieht man dem überwie-

091ba Foto: rj

gend burjatisch geprägten Dorf mit seinen niedrigen Holzhäuschen allerdings nicht an.

Die meisten Touristen kennen Jelanzy nur als Ort, der den Beginn der Tascheran-Steppe markiert und eventuell als Wohnort des wohl bekanntesten **Schamanen** am Baikalsee, *Valentín Chagdájew*. Chagdajew ist einer der wenigen Vertreter seines Berufsstandes, der Öffentlichkeitsarbeit zu seinen Tätigkeitsfeldern rechnet und es nicht wie die meisten ablehnt, Informationsveranstaltungen für Touristen anzubieten. Während des Sommers kann man ihn wöchentlich auf Olchon antreffen, wo er unweit des Schamanenfelsens Einführungen in sibirisches Schamanentum gibt. Hauptberuflich ist er Leiter eines kleinen Heimatmuseums in Jelanzy.

Am Ortsausgang von Jelanzy befindet sich ein Kontrollpunkt des **Pribaikalski-Nationalparks**, an dem manchmal die Aufenthaltsgebühr für den Park erhoben wird.

Service

- **Telegraf:** ul. Penkálskowo 4.
- **Vorwahl:** 39518.
- **Post:** ul. Sowjétskaja 12, Mo–Fr manchmal Möglichkeit zur Internetnutzung.
- **Apotheke:** ul. Lenina 40.
- **Krankenhaus** *(bolníza)*: ul. Sowjétskaja 21, Tel. 51196.

Gegend bei Jelanzy

Unterkunft

- **Herberge** *(gostíniza),* ul. Kírowa 27, Ecke per. Pionérski, Tel. 51448; 4–5 Zimmer, 150 R.
- **Valentín Chagdájew,** ul. Lénina 28, Tel. 51195, Handy 89149219461; bis zu 5 Personen, bei Voranmeldung bis zu 15 Personen, einfache Verhältnisse, aber lebendige Einblicke in burjatische Lebensweise und Küche, Hilfe bei der Organisation von Ausflügen in die nähere Umgebung; VP 350 R.

Verkehrsverbindungen

- Es gibt tägl. Verbindungen mit **Linientaxis** oder **Bussen** aus Irkutsk (Richtung Jelanzy, Kleines Meer oder Olchon).

Tascheran-Steppe – Heilige Stätten, salzige Seen und Höhlen

Тажеранская степь ↗ III/B1

Das Steppenmassiv, das sich ab Jelanzy und dem Flüsschen Anga über fast 40 km am Baikal entlangzieht, ist geologisch und klimatisch eng mit der Insel Olchon verwandt. Beide trennt dieselbe tektonische Bruchlinie vom dahinter liegenden Teil des Primorski-Gebirges, beide sind extrem niederschlagsarm und weisen sehr alte Gesteinsarten auf (300–400 Mio Jahre). Eine Fundgrube für Geologen ist die enorme Vielfalt an teils sehr seltenen **Mineralien und Edelsteinen,** die hier auf verhältnismäßig engem Raum konzentriert sind. Geologie-Studenten aus Irkutsk finden hier ideale Bedingungen für Exkursionen und Praktika. Biologisch gelten diese Steppengebiete als Relikte der Trockensteppen vom mongolischen Typ.

Die Straße durch die *Tascheránskaja step* passiert mehrere **Seen,** die ohne Abfluss und Zufluss mitten in dem trockenen Grasland liegen. Sie werden im Volksmund „Salzseen" genannt, weil sie extrem mineralhaltig sind. Eine Zeit lang wurde aus ihnen Sulfat für die Glasproduktion in Ulan-Ude gewonnen. Manchmal ändern sie ihre Lage, dann muss der Verlauf der Straße angepasst werden.

In der unwirtlichen, im Winter sehr kalten, im Sommer extrem heißen Steppe zu leben, ist schwer. Deshalb wurde sie von der burjatischen Bevölkerung hauptsächlich als Sommer-Weidegebiet genutzt. Mit dem Vieh und leichten Jurten zog man für mehrere Monate an feste Standorte (auf Karten oft mit „let." = *letník* markiert), die man im Herbst wieder verließ. Heute wird dies immer weniger praktiziert, und die Jurten, die man hier bis in die 1970er Jahre noch sehen konnte, sind verschwunden.

Baidin-Höhlen

Eine Sehenswürdigkeit der Tascheran-Steppe sind die vier Baidin-Höhlen *(Baidínskije peschtschéry).* Sie liegen 7–8 km südlich des Ortes Sachjurta/MRS in 1 km Entfernung vom Baikalufer mitten in der Steppe und sind ohne ortskundige Begleitung praktisch nicht zu finden. Ausgrabungen haben gezeigt, dass zumindest zwei von ihnen, die Bolschaja Baidenskaja und die Malaja Baidenskaja, schon seit der frühen Eisenzeit Menschen als Unterschlupf dienten. Ein interessanter Fund war ein Hammelknochen mit alttürkischen Schriftzeichen. Die größte der Höhlen ist mit bislang 830 m erforschter Gänge die Höhle Metschtá („Traum"), die erst in den 1960er Jahren entdeckt wurde und ihren Namen wunderschönen Tropfsteinen verdankt. Ein Jugendlager, das jeden Sommer hier durchgeführt wird, hat es sich zur Aufgabe gemacht, die Höhlen zu schützen, ihre Umgebung von Müll zu säubern und Höhlen-Führer auszubilden (Höhlentouren s. Kap. „Reisetipps A–Z: Sport und Erholung: Höhlen"). Doch auch Irkutsker Höhlen-Vereinigungen und sogar Reiseagenturen können Besichtigungen organisieren. Ausrüstung ist dafür unerlässlich.

Wandern

Beim Wandern in der Tascheran-Steppe muss man die extrem hohe Sonneneinstrahlung berücksichtigen. Andererseits erleichtert der fehlende Baumbestand das Vorwärtskommen. Wasser gibt es in der Steppe kaum. Auch der Baikal ist wegen der Steilküste nur an wenigen Stellen zugänglich.

Küste der Tascheran-Steppe

Kap Krestowski мыс Крестовский

Das südlich von Jelanzy gelegene Kap *(mys Krestówski,* burj. *Dain-Choschun)* liegt in einem Ausläufer der Tascheran-Steppe. Es ist von Petrowa aus über eine Piste zu erreichen. Bekannt ist es in erster Linie für ein Bauwerk aus der Zeit der Kurykanen, das Ausgrabungen zufolge den Bauten bei Baikalskoje (Nordbaikal), auf der Halbinsel Aral (Kleines Meer) und auf Olchon ähnelt. Die Mauern des festungsartigen Gemäuers müssen bis zu 3,50 m hoch gewesen sein, sind jedoch heute nur noch von Kennern zu identifizieren. Etwas versteckt liegen hinter dem Kap eine kleine Wetterstation und ein kleiner Ferienkomplex.

- **Unterkunft:** *Adélja* und *Anatóli Kopýlow,* einzeln stehender Hof direkt in der Bucht, Tel. 9148817712; Jelanzy: 52203; Irkutsk: 293160, www.baikalbay.ru, baikalbay@bk.ru, baikalbay@hotmail.com; Übernachtung im Holzhaus mit VP 700 R (Baikalfisch, eigene Fleisch- und Milchprodukte), Banja extra, max. 18 P., Anreise und Ausflüge können organisiert werden, sehr engagierte Besitzer.

Sagan Saba утес Саган-Заба

5 km nördlich von Krestowski ragen aus dem Baikal wunderschöne weiße **Marmorfelsen** heraus. An ihrem Nordrand befanden sich unten am Wasser Felszeichungen, die zu den kunstvollsten zwischen Ural und Pazifik zählten. Krieger, Pferde, Hunde, Hirsche und Schwäne aus Jungsteinzeit und Bronzezeit schmückten die Felsen, die als wichtiges Heiligtum verehrt wurden. An ihrem Fuß fanden schamanistische Rituale und Opferhandlungen statt, zu denen Menschen aus weit entfernten Gegenden anreisten.

Die Geschichte ihrer Zerstörung beginnt schon Anfang des 19. Jh., als Mönche aus dem Kloster Posolsk versuchten, die Macht des heidnischen Ortes zu bannen, indem sie zwei Kreuze in die Felsen schlugen. Auch die Witterung hat die Zeichnungen stark beschädigt, und manche Teile sind wohl später von Menschenhand entfernt bzw. mit Schmierereien versehen

Irkutsk und der Westen

pen von Zeichnungen nördlich der Straße über dem linken Anga-Ufer. Die ältesten von ihnen werden auf ca. 2000 Jahre datiert und dienten früher als Opferstätte. In der Literatur findet man „Sachjurte" als Bezeichnung für den Berg. Einheimische kennen diesen Namen aber nicht.

Alle diese Stellen sollten mit Ortskundigen (z.B. *Valentin Chagdajew,* s. Jelanzy) besucht werden, sonst ist die Gefahr groß, dass man sie nicht findet.

Ein Besuch des Anga-Tals kann auch für Vogelfreunde interessant sein. In den Feuchtgebieten am Fluss leben im Sommer viele Enten, Reiher und andere **Wasservögel.** Das Dorf Ust-Anga, kurz vor der Mündung des Flusses, ist im Sommer von Hirten bewohnt.

Bucht Aja бухта Ая

Die tief eingeschnittene Ája-Bucht mit ihren weißen Felsen nördlich der Anga-Mündung war ein wichtiges Heiligtum. Am Fuß der Felsen wurden besonders im Rahmen des Festes am Berg Jeche Jord auf einem Opferstein Fleisch, Kräuter und alkoholische Getränke geopfert. Auch hier gibt es Reste von **Felszeichnungen,** die jedoch ebenso wie die Opferstellen und Höhlen, von denen es in den Felsen mehrere gibt, sehr schwer zu finden sind. Sie liegen am Nordhang der Bucht. Die besten Chancen, sie zu sehen, hat man vom Boot aus oder wenn man im Winter übers Eis nah an die Felsen herankommt.

Ein Feldweg führt bis in die Bucht. In ihrem inneren Teil, wo bei einem kleinen Gehöft ein Anlegesteg zur Verfügung steht, machen gern Ausflugsschiffe Halt. Hier gibt es sogar ein kleines Stück **Sandstrand.**

Kap Ulan-Nur мыс Улан-Нур

Dieser Felsen ist bekannt für Vorkommen verschiedener seltener **Mineralien und Kristalle** (Diopsid, Saphir, Zirkon, Rubin, Spinell). Im Umkreis findet man viele Spuren von studentischen Expeditionen, die jährlich hier Grabungen durchführen.

Kleines Meer – Urlaubsparadies der Irkutsker

малое море

Als „Kleines Meer" *(máloje móre)* bezeichnet man den Teil des Baikalsees, der **zwischen der Insel Olchon und dem Festland** liegt. Natürlich können sich seine Ausmaße von 70 km Länge und 4–16 km Breite nicht mit denen des „Großen Meers" messen, aber dennoch weiß der Seitenarm mit Stürmen und Wellengang dem Besucher Respekt abzugewinnen. Dabei hat man bei klarem Wetter von Olchon aus manchmal den Eindruck, das Ufergebirge liege nur einen Katzensprung entfernt. Außerdem ist das Kleine Meer verhältnismäßig flach: Seine tiefsten Stellen sind kaum tiefer als 200 m.

Das ist wohl der Hauptgrund für seine Beliebtheit, sowohl bei Fischern als auch bei Urlaubern. Denn das Wasser im Kleinen Meer wird zumindest in seichten Buchten deutlich **wärmer** als anderswo am Baikal. So haben die Fischer hier fast das ganze Jahr über volle Netze, und die **Strände,** besonders auf der Festlandseite, sind im Sommer sehr gefragt. Die Landschaft ist am Kleinen Meer nicht so rau wie weiter südlich oder nördlich an der Westküste. Sanft fällt das Ufer zum Strand hin ab, steppige, grasbewachsene Hügel rahmen die vielen Buchten ein, und erst Richtung Norden rücken die Berge näher, wird der Uferstreifen schmaler.

Besonders der südlichste Teil des Kleinen Meers mit seinen Sandstränden wurde in den letzten zehn Jahren als gut erreichbares Urlaubsziel für Irkutsker immer beliebter. Siedlungen, Straßen und Geschäfte gibt es hier zwar kaum, dafür hat sich ein sehr dichtes Netz von billigeren **Feriencamps** und teureren **Pensionen** entwickelt, das besonders von russischen Gästen intensiv genutzt wird. Viele kommen auch einfach mit Auto und Zelt. Das Ergebnis kann schon fast als Massentourismus bezeichnet werden und hat in der Hochsaison entsprechende Konsequenzen für die Wasserqualität und die Sauberkeit der Strände. Dennoch gibt es auch im Sommer schöne Möglichkeiten, etwas abseits der Massen leichte Wanderungen zu unternehmen. Wer außerhalb der Saison kommt, kann vielleicht sogar noch einsamer als auf Olchon sandige und felsige Küstenabschnitte, bewaldete Berge und flache Steppenlandschaft genießen.

Archäologische Fundstellen

Interessant kann ein Besuch am Kleinen Meer, das auch von den burjatischen Ureinwohnern schon so bezeichnet wurde (*Narin Dalaj* = enges Meer), für archäologisch Interessierte sein. Ebenso wie auf Olchon gibt es auch hier eine große Zahl von Siedlungsspuren aus unterschiedlichen Epochen. Die meisten Fundstellen sind aus Steinplatten aufgeschichtete **Gräber** und Bauwerke von nicht geklärter Bestimmung, die vermutlich von den **Kurykanen** hinterlassen wurden. Experten sehen in ihnen teilweise Opferstätten und vermuten wegen ihrer Häufigkeit, dass die gesamte Region am Kleinen Meer kultische Bedeutung gehabt hat. Für Laien ist es dagegen sehr schwer zu erkennen, welche der vielen durch Erosion frei gelegten Steine zufällig in der Steppe liegen und welche die Überreste von Bauwerken darstellen.

Inseln im Kleinen Meer

Völlig **unbewohnt** sind heute die Inselchen, die im Kleinen Meer liegen und den Möwen als Nistplätze dienen. Im 19. Jh. dagegen wurden zeitweise Leprakranke auf ihnen ausgesetzt, die dort ohne Kontakt zur Außenwelt ihr Dasein fristen mussten. Heute werden sowohl von Olchon als auch vom Festland aus manchmal **Bootsausflüge** angeboten, die auch Besuche von Inseln einschließen. Wer zur Brutzeit an einem solchen Ausflug teilnimmt, sollte sich seiner Verantwortung bewusst sein und die Inseln nicht betreten, geschweige denn Eier oder Küken berühren, auch wenn der russische Begleiter hierin kein Problem sieht.

Besonders viele Fahrten werden seit 2005 auf die größte der Inseln, **Ogoi,** angeboten. Hier ließen Buddhisten einen neuen, großen Stupa errichten.

Anreise

Eine einzige **Fahrstraße** verbindet die wenigen Siedlungen am Kleinen Meer mit der Hauptstraße zwischen MRS und Jelanzy. Sie ist nicht ganz so gut wie die erwähnte Hauptstraße, trotzdem bis zur Siedlung Kurma gut mit Pkws befahrbar. Ab Kurma jedoch wird sie deutlich schlechter und kann auch wegen mehrerer Flüsse, die sie kreuzen, nur noch von geländegängigen Fahrzeugen befahren werden.

Bis vor kurzem gab es keine Linienbusse ans Kleine Meer (außer nach MRS). Im Sommer 2006 tauchten erstmalig Linientaxis auf, die Tschernorud, Sarma und Kurma anfuhren. Teils waren sie von dortigen Pensionen finanziert, teilweise aber auch ab Busbahnhof für die Öffentlichkeit zugänglich.

Alle **Kilometerangaben** beziehen sich im Folgenden auf die Abzweigung von der Straße zum Ort MRS.

Wandern

Die Küste des Kleinen Meers eignet sich wegen ihrer Übersichtlichkeit gut für **einfache Touren mit Zelt.** Wer ohne Begleiter den Baikal erleben möchte, findet hier einsame Strände und wunderschöne Natur und ist doch nicht abseits aller Zivilisation: Die Fahrstraße bietet ab und zu die Chance, eine Mitfahrgelegenheit zu finden.

In den Wäldern am Kleinen Meer leben **Bären,** die besonders im Mai/Juni herunter ans Ufer kommen. Auch Spuren anderer Wildtiere begegnen Wanderern hier in großer Zahl.

Wer die Möglichkeit hat, sich z.B. bis Kotscherikowo mitnehmen zu lassen, kann die 140 km zurück bis MRS in 7–10 Tagen wandern. Besonders empfehlenswert ist die Strecke nordöstlich von Kurma, wo die Piste einerseits als gute Orientierung dient, andererseits aber fast keine Autos fahren, sodass man ungestört von Lärm und Staub gut vorwärts kommt.

Winter am Kleinen Meer

Der flache Wasserarm friert, deutlich früher als der Rest des Sees, im Januar mit einer geschlossenen, stabilen Eisdecke zu. Dann beginnt die Saison der **Eisfischer und Eisangler.** Die einheimischen Fischer, die davon leben, holen mit Lizenzen große Mengen Omul unter dem Eis hervor. Dennoch bleibt auch für die vielen Hobbyangler aus Irkutsk, die besonders ab März in großer Zahl an den Wochenenden anreisen und meist in ihren Autos auf dem Eis übernachten, noch genügend Raum für ihre Leidenschaft.

Wer winterliche Fotomotive sucht, findet am Kleinen Meer eine große Vielfalt an originellen Eisformen. Ein Vorteil von Winterreisen am Kleinen Meer ist, dass man nicht auf die Straße angewiesen ist, sondern viele Orte über die **Eispisten** besser erreichen kann als im Sommer (zum Fahren auf dem Eis s. Kap. „Praktische Reisetipps: Autofahren“).

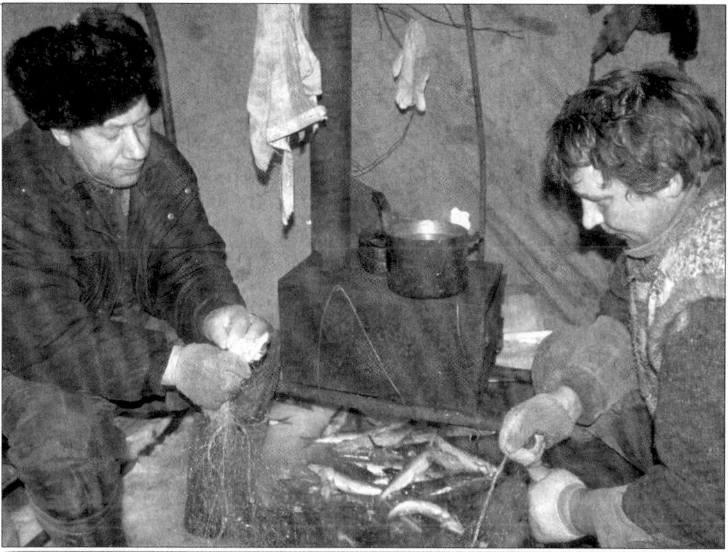

Unterkunft am Kleinen Meer

Im Text wird eine Auswahl von empfehlenswerten Pensionen und Herbergen gegeben, die alle das ganze Jahr über geöffnet sind. Alle organisieren außerdem bei Bedarf die **Anfahrt** von Irkutsk und haben **Freizeitangebote** wie Wanderungen, Ausflüge u.a. nach Olchon, Bootstouren und Verleih von Mountainbikes im Programm. Der sanitäre Standard ist allerdings niedrig, kein fließend Wasser und Außentoiletten sind die Regel.

Fischer haben direkt über dem Eisloch ein Zelt aufgebaut und es mit einem Ofen ausgestattet

MRS MPC

⇗ IV/A1

MRS *(mechanisírowannaja rybolowézkaja stánzija)* ist die heute geläufige Bezeichnung für das burjatische Dorf **Sachjurtá.** Es verdankt sie der 1930 gegründeten Fischfabrik und dem **Hafen,** der als der größte am Kleinen Meer gilt. Außer als Fischerort spielte MRS an der Meerenge *Olchónskije Woróta* immer schon eine Rolle als „Verkehrsknotenpunkt". Das **Übersetzen nach Olchon** war früher nicht ungefährlich. Angeblich stammen manche der Stein-Obos nahe dem Fähranleger noch aus Zeiten, in denen man aus Dank für die gelungene Überfahrt Opfer darbrachte. Am Ortsrand gibt es eine Tankstelle mit Normalbenzin.

Unterkunft

Es werden auch günstige Privatunterkünfte angeboten. Man muss sie vor Ort erfragen.

- Feriencamp **Malomorskaja** *(turbása),* Tel. Irkutsk 333660, Tel. Sachjurta 51765; einfache Holzhäuschen, 2-stöckige Häuser, Speisesaal, nur im Sommer geöffnet, wenig Flair, liegt gleich am Ortseingang.
- Pension **Edelweiss,** Tel. Irkutsk 290653, Ortsausfahrt Richtung Fähre, rechts auf der Anhöhe; 10 Plätze, WC, Dusche, HP 1400 R.
- Feriencamp **Tschaika** (*bása ótdycha,* nicht zu verwechseln mit dem gleichnamigen Camp bei MRS), in der Bucht Kurkutskaja, Kontakt Irkutsk: ul. Stepana Rasina 5, Tel. 202989; neue Holzhäuschen, Speisesaal, gut geeignet z.B. für Jugendgruppen; ab 380 R, VP zusätzl. bis zu 300 R.

Muchur-Bucht Мухур

↗ IV/A1

An die Buchten Basárnaja und Kurkútskaja schließt sich die wohl größte und **berühmteste Bucht des Kleinen Meers,** Muchar (auch Muchór oder Muchur), an. Die Hänge, die sie vor Wind schützen, sind teilweise mit Lärchen bewachsen, die besonders im Herbst mit ihrer goldgelben Färbung eine schöne Kulisse abgeben. Zu Fuß ist die Bucht von MRS aus 6–8 km entfernt. Sie ist wohl am dichtesten mit **Camps und Lagern** bestückt, sodass für Wildcamper nicht nur die Menschen, sondern auch der Brennholzmangel ein Problem werden können. Zwei Unterkünfte, die am nördlichen Rand der Bucht liegen, können empfohlen werden:

Unterkunft

- Herberge **Baikalski Weter** *(bása ótdycha),* Km 10, am Kap Schida, Kontakt Irkutsk: ul. Súche-Bátora 4, Büro 112, Tel. 258056, bai kalw@rol.ru; ältere, einfache Unterkunft, sehr

094ba Foto: r

erfahrene Organisatoren, interessante Angebote für Wanderungen in die Primorski-Berge, auch mehrtägig; VP ab 600 R, Nebensaison bis zu 50 % billiger.

- Pension **Tschara** *(bása ótdycha)*, Km 10, am Kap Schida, Kontakt Irkutsk: ul. Tschkálowa 12, Tel. 200650, www.chara-tur.narod.ru, chara@mail333.com; neuere, sehr gute Unterkunft, VP ab 650 R.

Tschernorud Чернорyд ⇗ IV/A1

Der kleine Ort Tschernorud (auch Schara-Togot genannt) mit ca. 300 Einwohnern liegt zwar nur 2 km landeinwärts von der Bucht Muchor, ist aber wegen sumpfigen Geländes von hier aus nur schlecht zu erreichen. Seine sehr typische Entwicklung schließt eine große Kolchose ein, die heute verschwunden ist. Obwohl die Viehzucht kaum noch einträglich ist, wird der Ackerbau von der hauptsächlich burjatischen Bevölkerung größtenteils abgelehnt. Dafür beginnen immer mehr Bewohner von Tschernorúd im Sommer durch den Verkauf von Milchprodukten, Brot und Andenken an die Touristen ihre Einkünfte aufzubessern.

Sarma Сарма ⇗ IV/A1

Die Sárma ist nicht nur der größte **Fluss,** der ins Kleine Meer fließt, sie ist gleichzeitig auch Namensgeberin für einen der gefürchtetsten **Winde** am Baikal. Er schickt als Vorboten dicke Wolken, die sich über den Berggipfeln zusammenziehen, und beginnt meist pünktlich 30 Minuten, nachdem diese sich zum sogenannten „Tor" geöffnet haben. So lange haben Fischer und Wanderer Zeit, sich in Sicherheit zu bringen, denn danach kann es zu spät sein, mit solcher Kraft stürmt die Sarma auf das Kleine Meer ein.

Auch die **Sarma-Schlucht,** das Flusstal, ist von Naturgewalten gezeichnet. Bis in ihr großes Delta hinaus hat die Sarma mächtige Gesteinsbrocken geschleudert. Die ersten Baikalreisenden (u.a. der Kosake *Kurbat Iwanow,* der 1643 mit seinem Häuflein Getreuer hier zum ersten Mal das Ufer des Sees betrat) beschrieben die Schlucht wegen umgestürzter Bäume als fast unbegehbar. Zeitweise wurde am Fluss Gold abgebaut, allerdings nicht in großen Mengen, später wurde Phosphorit (Düngemittel) gefunden. Die malerische Schlucht ist ein beliebtes Wanderziel für Tagesausflüge von den Feriencamps aus. Allerdings ist der dichte Wald im Inneren der Schlucht 2003 praktisch vollständig abgebrannt.

Der **Ort Sarma,** 16 km von der Abzweigung entfernt, hat einen kleinen Dorfladen.

Kap Chadarta мыс Хадарта und Kap Ujuga мыс Уюга ⇗ IV/A1

Das Kap Chadarta ist eine weit ins Wasser vorspringende, hohe Klippe, auf deren leuchtend **weißem Marmor** orangefarbene Flechten einen schönen Kontrast ergeben. Gemeinsam mit der sandigen Landzunge Ujuga bildet es ein sehr hübsches Fleckchen.

Olchonskije Worota –
hier setzt die Fähre nach Olchon über

095ba Foto: r

Unterkunft

- Pension **Laguna** *(bása ótdycha)*, Km 28; liegt kurz hinter dem Kap Ujuga, Kontakt Irkutsk: ul. Stepana Rasina 11, Büro 3, Tel. 333803, www.baikallaguna.ru, laguna@irk.ru; VP ab 1000 R.

Kurma Курма ⇗ IV/A1

Ab diesem Dorf wird die Straße sehr schlecht, entsprechend nimmt auch die Zahl der Urlauber nach Kurmá deutlich ab. Die nächsten 110 km bis Onguren sind bei Regen streckenweise unpassierbar, landschaftlich aber reizvoll.

Heilige Stätte mit Opferbändern an der Quelle Ubugun Chuschun

Burjatischer Fischer aus Onguren

Ubugun Chuschun

Убугун Хушун ⇗ IV/B1

Ungefähr 1 km vor dem **Kap Jadyrtui** (Km 49) zweigt ein nicht gekennzeichneter Fahrweg von der Piste ab. Folgt man ihm, kommt man 1,5 km vom Ufer am Fuß der Berge auf eine Waldlichtung. 20 m weiter liegt zwischen den Bäumen die **heilige Quelle** Ubugun Chuschun (russ. *Kotschereki*). An der großen Zahl von Opferbändern, die die Bäume in der Umgebung schmücken, lässt sich ablesen, wie ehrfürchtig die Einheimischen ihr gegenübertreten. Von den zwei Wasserrinnen, aus denen die Quelle sprudelt, ist angeblich eine für Frauen und die andere für Männer bestimmt.

Unterkunft

- Luxus-Pension **Enchok** *(bása ótdycha)*, Km 60; 4 km vor dem Kap Oto-Chuschin, Kontakt Irkutsk: ul. Lesnaja 31, Büro 402, Tel. 336654, www.chanchur.irk.ru, chanchur@mail.ru; WC, Dusche, VP ab 60 $.

Sama Зама ⇗ IV/B2

Eine alte Straße verbindet das Dörfchen Sama mit den Flüssen Ilikta und Tschantschur, an denen früher Gold gewonnen wurde, sowie Katschug. Über diese Berge kam 1990 die Camel-Trophy auf ihrer letzten Etappe vor der Insel Olchon. Sie wurde schon damals mit Protesten örtlicher Umweltschützer konfrontiert.

Unterkunft

- Luxuspension **Sama** *(bása ótdycha)*, hinter dem Dorf Sama, Kontakt Irkutsk: Baikal Business Center, Büro A 401–405, Tel. 259260, www.grandbaikal.ru, info@grandbaikal.ru; VP 700–3000 R.

Kap Sunduk мыс Зундук ↗ IV/B2

Das Kap galt den Menschen am Kleinen Meer früher als heilig. In einer Höhle auf dem Kap wurden Reste von Schamanenfeuern gefunden.

Halbinsel Aral мыс Арал ↗ IV/B2

Auf der Höhe der flechtenbewachsenen Felsen sind Reste eines **Kurykanen-Bauwerks** zu sehen. Ähnlich wie bei den Mauerresten von Baikalskoje oder auf dem Kap Chorgoi (Olchon) ist auch hier nicht mehr eindeutig zu bestimmen, ob es der Verteidigung oder kultischen Zwecken diente.

Onguren Онгурен ↗ V/C2

Das größte Dorf am Kleinen Meer (Km 105) hatte 1998 ca. 450 überwiegend burjatische Einwohner. Doch gab es Zeiten, da spielte Ongurén als Verwaltungszentrum für alle Siedlungen am Kleinen Meer eine große Rolle und hatte sogar ein eigenes Krankenhaus. Auch im Zusammenhang mit dem Goldabbau taucht der Name Mitte des 20. Jh. auf. Außerdem kommt Onguren in alten Legenden über die ersten Schamanen am Baikalsee vor. Offensichtlich war in diesem Gebiet das Schamanentum besonders stark entwickelt.

5 km vom Ort entfernt liegt eine **Mineralquelle,** die bei Krankheiten der Verdauungswege helfen soll. Die **Seen** unweit des Ortes sind für ihren Heilschlamm bekannt. In alter Zeit gab es einen Pfad, der von Onguren über den Tschantscher-Pass zu den Ewenken an der Lena führte.

Kotscherikowo 1 und 2

Кочериково ↗ V/C-D3

Dies sind die letzten zwei Siedlungen, (Km 133), die mit Glück per Auto erreichbar sind. Danach beginnt das Baikal-Lena-Reservat (s. Kapitel „Weitere Reiseziele im Gebiet Irkutsk“). Im Winter reicht die Eisstraße bis zum Kap Solnetschny (auch: Kap Pokoiniki), wo die Hauptverwaltung des Reservats liegt.

096ba Foto: r

Insel Olchon – Heiligtum des Baikalsees

Ольхон

Olchon in Zahlen

- **Maximale Länge:** 72 km
- **Maximale Breite:** 14 km
- **Fläche:** 730 km^2
- **Einwohner:** 1800
- **Sonnenstunden:** ca. 2300/Jahr
- **Niederschläge:** 200 mm/Jahr

Dieses Eiland, das ziemlich genau in der Mitte zwischen der Süd- und der Nordspitze des Baikalsees liegt, zieht vermutlich in den letzten Jahren mehr Touristen an als irgendein anderer Ort am See. Doch es ist nicht einfach, in Worte zu fassen, was den Reiz dieser abgelegenen Insel ausmacht, die parallel zur Westküste liegend einen Arm des Baikalsees, das sogenannte „Kleine Meer", vom „Großen Meer" trennt. Sicher besteht ihre Anziehungskraft nicht allein in den Kontrasten von hügeliger Steppenlandschaft, schroffer Steilküste, hellen Kiefernwäldern und weißen Sandstränden. Sicher lässt sie sich auch nicht nur durch die Ursprünglichkeit der Insel erklären, die nicht ans Telefonnetz angeschlossen ist und zwischen 1990 und 2005 nicht einmal eine regelmäßige Stromversorgung hatte. Auch Fischer und burjatische Dörfer kann man an vielen anderen Orten finden. Selbst als heilig verehrte Berge und Felsen, die im Schamanismus eine Rolle spielen, gibt es nicht nur hier. Und doch ist es Olchón, dessen schönste Ansichten fast jede Publikation über den Baikal zieren.

Auf Olchon finden Theaterfestivals, Umweltaktionen und Selbstfindungs-

Workshops statt. Im Winter tummeln sich hier die meisten Eisliebhaber – mit Kameras, Skiern, Schlittschuhen oder gar Fahrrädern und Zelt ausgerüstet, auf der Suche nach dem gewissen Etwas. Russen sprechen vom Energiepotenzial der Insel, das dem Besucher Kraft und neue Impulse geben kann. Was auch immer der Grund für ihre Attraktivität ist, sie lässt Menschen wieder und wieder hierher reisen, obwohl es auf der ganzen Insel fast keine Unterkunft mit WC und fließend Wasser gibt, obwohl Teile der Bevölkerung seit dem Ende der Sowjetunion unter sehr schwierigen Bedingungen leben und viele Flecken auf der Insel sich unter dem Ansturm der Besucher schon merklich verändern.

Geschichte

Die große Zahl archäologischer Fundstellen auf Olchon und am Kleinen Meer deutet darauf hin, dass die Gegend schon in der **Steinzeit** (viele Funde aus der Jungsteinzeit, einzelne auch älter) als Siedlungsgebiet geschätzt wurde. Vermutlich waren die Gründe ähnlich wie heute: die sehr hohe Zahl von Sonnenstunden, der Fischreichtum des Kleinen Meers, die geringe Zahl von Mücken.

Funde aus dem 5.–9. Jh. n. Chr. geben ein – wenn auch sehr lückenhaftes – Bild vom Leben der **Kurykanen,** einem Volk, dessen Herkunft und Verbleib bis heute nicht eindeutig nachgewiesen sind (s. Kapitel „Staat und Gesellschaft: Geschichte"). Tatsache ist, dass im ganzen heutigen Bezirk Olchon deutliche Spuren vom Leben des Turkvolks zeugen. Es lebte in erster Linie von der Viehzucht, aber auch von Fischfang und Jagd, angeblich gibt es sogar Hinweise auf landwirtschaftliche Tätigkeit. Die Eisenverarbeitung war den Kurykanen nicht fremd, wie die Reste eines Schmelzofens bei Charanzy bezeugen.

Am meisten Rätsel geben den Forschern heute die **Bauwerke aus groben Steinen** auf, welche die ehemaligen Baikalbewohner auf der Insel und am Kleinen Meer in großer Zahl hinterlassen haben: Mauern von ehemals beeindruckenden Ausmaßen, mit denen sie mehrere Landzungen vom Festland abgegrenzt haben. Scheinbare Reste von Behausungen an unwirtlichen und völlig ungeschützten Stellen mögen Verteidigungszwecken gedient haben, vielleicht hatten sie auch kultische Bedeutung. Da über diese Zeit keine schriftlichen Quellen vorliegen, wird man diese Fragen wohl nie endgültig beantworten können.

Man weiß, dass Olchon ab dem 11./12. Jh. von **Burjaten** besiedelt war. Die genauen Umstände der Besiedlung sind nicht bekannt, doch es wird vermutet, dass Teile der kurykanischen Bevölkerung in der burjatischen aufgegangen sind.

Die Epoche **Dschingis Khans,** die Anfang des 13. Jh. auch das Baikalgebiet erschüttert hat, ist bis heute im Gedächtnis der Bewohner lebendig geblieben (s. Kapitel „Menschen und Kultur: Bevölkerung, Burjaten"). Hartnäckig hält sich die Legende von einem Aufenthalt des großen Heerführers auf der Insel, doch sie lässt sich nicht wissenschaftlich belegen. Teile seines Heeres oder Kundschafter müssen jedoch eine Zeit lang auf Olchon gelebt haben. Hiervon zeugen nicht nur Legenden und Überlieferungen, sondern auch einzelne Exponate des Heimatmuseums in Chuschir.

Über die darauf folgenden Jahrhunderte bis zur Ankunft der ersten Russen (1643) hingegen gibt es keinerlei schriftliche Zeugnisse. *Kurbat Iwanow* kam aus der Festung Wercholensk mit einem **Kosaken-Trupp** durch das Sarma-Tal und machte sich an die Unterwerfung der Bevölkerung von Olchon, was ihm angeblich im Handumdrehen gelang. Die Lebensweise der von nun an tributpflichtigen Inselbewohner wurde jedoch vorerst kaum beeinflusst. Ca. 1000 Personen lebten in 18 Siedlungen in einfachen Verhältnissen von Viehzucht und Fischfang – unter relativ schlechten gesundheitlichen, aber sozial intakten Bedingungen. Bis in die 20er Jahre des 20. Jh. waren es ausschließlich Burjaten.

Weder der Bürgerkrieg noch die Kollektivierung und Entkulakisierung machten vor der Insel halt. Die 1920er Jahre waren eine schwierige Zeit des Umbruchs. Um die 1932 gegründete **Fischfabrik** entstand die Siedlung Chuschir, die mit Krankenstation, Post, Schule und elektrischem Strom nicht nur Russen, sondern auch Burjaten aus kleineren Orten auf der Insel anzog. Auch die stalinschen **Repressionen** der 1930er Jahre gingen nicht spurlos an Olchon vorbei. In der Sandbucht Pestschanka gab es von 1935–50 ein Arbeitslager für bis zu 200 Personen, in dem neben Straftätern auch Menschen aus Olchon und Umgebung wegen Bagatellen wie Zuspätkommen zur Arbeit oder Diebstahl von ein paar Fischen aus der Fabrik Lagerhaft von mehreren Jahren zu verbüßen hatten. Sie produzierten Delikatesskonserven für die Elite des Landes.

Wenig bekannt ist, dass auf Olchon ab 1941 auch **zwangsumgesiedelte Litauer** lebten, die sich allerdings auf der Insel frei bewegen, heiraten und arbeiten durften. Nach ihrer Rehabilitierung kehrten sie in den 1960er Jahren fast ausnahmslos in ihre Heimat zurück. Ein Lager für politische Häftlinge gab es auf Olchon wie am ganzen Baikalsee nicht. Die „Politischen" wurden weiter weggebracht oder gleich vor Ort exekutiert. Nach heute veröffentlichten Zahlen hat der gesamte Bezirk Olchon 215 Todesopfer der Repressionen zu beklagen. 554 Bewohner des Bezirks kehrten aus dem Zweiten Weltkrieg nicht zurück.

Die 1960er Jahre brachten nach den politischen nun wirtschaftliche Katastrophen: 1969 wurde der **Omul-Fang verboten.** Die finanziellen Verluste sollten durch verstärkte **Schafzucht** ausgeglichen werden. Innerhalb kurzer Zeit wurde der Schafbestand auf 15.000 Tiere vergrößert – für das empfindliche Gleichgewicht der Steppenlandschaft zu viel. Mit der Zeit entschärfte sich die Situation wieder: Immer mehr Menschen mit meist höherer Bildung verließen die Insel, und

Typische Küstenlandschaft

097ba Foto: rj

von über 3100 Bewohnern im Jahr 1958 sank die Zahl langsam auf 1500 Anfang der 90er Jahre.

Der Omul-Fang wurde 1975 in begrenztem Ausmaß wieder erlaubt und es stellte sich relativer Wohlstand auf der Insel ein. Der Fisch hatte einen guten Preis und nach Aussagen von Einheimischen war die Zahl der Autobesitzer auf Olchon deutlich höher als anderswo in der Region.

Olchon heute

Die 1990er Jahre brachten die nächste **Krise:** Die in eine Aktiengesellschaft umgewandelte Fischfabrik, der größte Arbeitgeber, begann radikal zu entlassen. Mit der Senkung der Produktion wurde auch die **Stromversorgung eingestellt.** Nun bekam Chuschir nur noch abends einige Stunden Strom. Einzig öffentliche Einrichtungen wie die Schule und natürlich Amtspersonen wie der Bürgermeister wurden rund um die Uhr versorgt. Dies änderte sich erst 2005, als eine neu gebaute Stromleitung vom Festland in Betrieb genommen wurde.

Die Zahl derjenigen, die trotz solch schwieriger Verhältnisse auch in den 1990er Jahren auf der Insel blieben, ja sogar aus Irkutsk und Umgebung hierher umzogen, zeigt, dass es Menschen gibt, für die sauberes Wasser, gute Luft und viel Natur wichtiger sind als elektrischer Strom und Telefon. Interessante Menschen haben sich im Laufe der letzten Jahre vor allem in

Chuschir niedergelassen: Zwischen Fischern, Lehrern, Krankenschwestern und Ladenbesitzern findet man **Künstler, Schauspieler** und Anhänger der verschiedensten geistigen Strömungen. Im Sommer kommen **Naturwissenschaftler** hinzu, die der Mineralienreichtum der Insel, die Archäologie und die Pflanzenwelt anziehen. In den anderen Orten leben nach wie vor fast ausschließlich Burjaten von Viehzucht und Fischfang. Hier ist die Armut deutlicher zu spüren als in Chuschir.

Administrativ gehört Olchon zum Bezirk Olchon *(Olchónski raión)*, dessen Verwaltung sich in Jelanzy auf dem Festland befindet. Hauptort der Insel und wichtigste Anlaufstelle für Touristen ist **Chuschir.** Einige Unterkünfte hat auch das nahe gelegene Charanzy, die anderen Orte auf der Insel (Jalga, Ulan-Chuschin, Maly Chuschir und Usyk) sind sehr klein, von Burjaten bewohnt und spielen für den Tourismus keine Rolle. Das Angebot in den winzigen Dorfläden ist jeweils sehr gering und unzuverlässig.

Mythologie und Religion

Olchon hatte für die Menschen am Baikal immer schon eine besondere Bedeutung. Als **Wohnort des Gottes Khan Choto-Babai** (auch Guta-Babai) galt der **Schamanenfelsen** bei Chuschir, doch die ganze Insel unterstand seiner Macht. Legenden über die Herkunft des Gottes widersprechen sich teilweise, manche werden heute auch idealisiert wiedergegeben. Nach alten Quellen gehört er zu den bösen Göttern. Seitdem er seinen Vorgänger durch List besiegt hat, herrscht Choto-Babai unbarmherzig über die Insel und ihre Bewohner. Früher versuchten die Burjaten, seine Aufmerksamkeit möglichst nicht auf sich zu ziehen. Angeblich vermieden sie es sogar, vom Südteil der Insel am Felsen vorbei in den Norden zu reiten. Später ließ der Respekt nach und man begnügte sich damit, beim Vorbeireiten die Hufe der Pferde zu umwickeln, um das Geräusch zu dämpfen. Choto-Babai wurde sehr viel geopfert, um ihn zu besänftigen. Der Reisende *Georgi* berichtete 1775, er habe nirgends so viele geopferte Fohlen gesehen wie hier.

Verehrt wird auf Olchon außerdem der **Steinadler** (*bérkut,* Aquila chrysaetos). Er gilt als der Sohn des Gottes Choto-Babai. Noch im 19. Jh. wurden zu bestimmten Ritualen Vogelpuppen aufgestellt. Heute gibt es leider nur noch wenige Paare auf der Insel.

In verschiedenen Versionen einer anderen Legende kommt eine Himmelstochter in Gestalt eines **Schwans** vor, die auf Olchon einen Jäger heiratete, der ihr Federkleid geraubt hatte. Der Schwan spielt – obwohl er heute nur selten auf dem Weg in seine Brutgebiete im Norden Station macht – als heiliges Tier in vielen Überlieferungen der Burjaten eine Rolle und ist auch in Felszeichnungen zu finden. Möglicherweise handelt es sich um die Erinnerung an ein uraltes Totemtier.

Das geistige Weltbild der Olchoner Burjaten blieb lange Zeit relativ unbeeinflusst. Der **Missionierungsversuch** eines orthodoxen Priesters aus Kosaja Step (auf dem Festland) 1861 hinterließ keine Spuren.

Ab Ende des 19. Jh. zog die Insel mit ihren heiligen Stätten **buddhistische Lamas** an. Auch sie sahen den Schamanenfelsen als Ort mit besonderer Ausstrahlung. Sie bauten 1918 mit Mitteln des Lamas *Agwan Dorschijew* (s. Kapitel „Menschen und Kultur: Religion") einen kleinen Tempel bei Charanzy, in dem bis 1930 Lamas lebten. Seine Reste waren bis vor wenigen Jahren noch zu erkennen. Auch auf dem Berg Schima muss es eine buddhistische Einsiedelei gegeben haben. Doch auch der Buddhismus verbreitete sich nicht auf der Insel, wenn auch eine Auseinandersetzung stattgefunden haben muss: Eine Legende erzählt, wie der Herr von Olchon sich dem buddhistischen Gott unterwerfen musste. Auch wird der Schamanenfelsen seit dieser Zeit Kap Burchan genannt (*burchan* = burjatisch „Gott"). 2005 hinterließen moderne Buddhisten Spuren auf einer der Inseln im Kleinen Meer (s. dort).

Heute haben sich im Bewusstsein der Inselbewohner vielleicht etwas mehr als anderswo **schamanistische Elemente erhalten.** Die alten Traditionen des Volksglaubens sind jedoch größtenteils in Vergessenheit geraten. Dennoch hat man den Eindruck, dass die Bestrebungen zur Rückbesinnung auf das Verlorene hier besonders stark sind, hier und da sichtbar durch neu aufgestellte **Serge** (rituelle Pferdepfähle). Ob es der Schamanenfelsen ist, der durch seine nicht zu ignorierende Präsenz die Suche nach den Wurzeln verstärkt, oder ob die Insel tatsächlich, wie auch viele Russen behaupten, ein besonders starkes Energiefeld hat? Tatsache ist, dass sie von den burjatischen Vertretern des Schamanismus wieder offiziell zum sakralen Zentrum des Baikalsees erklärt wurde, dass sie Anhänger des Schamanismus nicht nur aus Russland anzieht und dass viele ihrer Bewohner von Erlebnissen berichten, die nicht gut in das rationale Weltbild eines Westeuropäers passen.

Natur, Umweltschutz und Wandern

Insgesamt ist die Natur der Insel in relativ gutem Zustand, obwohl der **Nationalpark Pribaikalski,** zu dem die ganze Insel gehört, in den letzten Jahren kaum Kontrollen durchführt und wenig für ihren Erhalt tut. Eigentlich muss für den Aufenthalt auf der Insel eine Gebühr bezahlt werden, sie wird aber nicht immer erhoben.

Steppe

Olchon besticht besonders durch die weite, hügelige Steppe, die – in Fortsetzung der Tascheran-Steppe auf dem Festland – fast den ganzen westlichen Teil der Insel bedeckt. Eine hohe Zahl an Sonnenstunden und geringe Niederschläge sind verantwortlich für diese Landschaft, die eigentlich für die Gebiete östlich des Baikal typisch ist.

Winzig klein sind die **Blumen und Kräuter,** die hier überleben können, dafür leuchten sie in den kräftigsten Farben und strömen an heißen Sommertagen einen betäubenden Geruch aus. Dann geben das Zirpen der **Grillen,** die Millionen von **Heuschrecken** und **Käfern** und bunte **Schmetterlinge** einen Eindruck davon, wie viel Leben die Steppe in sich birgt. Auch die größten Säugetiere, die flinken **Zieselmäuse,** kann man durchaus zu Gesicht bekommen. Schon seit Jahrhunderten wird die Steppe beweidet. Pflanzen wie das **Edelweiß,** das hier in großer Zahl vorkommt, und der **wilde Thymian** *(tschabréz)* mit seinen rotvioletten kleinen Blüten, der gesammelt und dem Tee zugegeben wird, sind hervorragend an die Verhältnisse angepasst. Seltener sind eine **weiße Mohnart** (Papavier popovil Sipi), die es nur hier auf der Insel gibt, und der **rote Türkenbund** (Lilium pumilum Delile), der eher felsigen Untergrund mag.

Waldgebiete

Einen ganz anderen Eindruck machen die **bewaldeten Berge** entlang der Ostküste der Insel, die nach Norden hin höher und unzugänglicher werden. Mit Ausnahme weniger Buchten fallen sie steil und zerklüftet ab ins Wasser des „Großen Meeres". In den teils lichten, teils schwer begehbaren Wäldern aus **Kiefern und Lärchen** leben durch die Insellage relativ wenige Tierarten. Das größte Raubtier ist der **Luchs.** Bären gibt es nicht, auch Wölfe kommen nur noch selten im Winter über das Eis. So können sich **Hirsche** vermehren. Die Jagd ist eigentlich verboten, denn Olchon gehört zum Nationalpark, bei Einheimischen wird sie jedoch manchmal toleriert.

Wandern

Wer die Natur von Olchon näher kennen lernen möchte, findet hier ideale Bedingungen für einfache bis schwierigere Wanderungen mit dem **Zelt.** Der Westteil der Insel eignet sich durch seine Überschaubarkeit – in der Steppe kann man sich praktisch nicht verirren. Außerdem ist Trinkwasser (aus dem Baikal) überall leicht erreichbar. An vielen Buchten findet man wunderschöne Stellen zum Zelten.

Allerdings ist diese Art des Urlaubs auch bei Irkutskern sehr beliebt, und die Anzahl von Wildcampern, die mit **Autos** die Buchten im südlichen Teil der Insel belegen, wird jedes Jahr größer. Das ist vor allen Dingen wegen des **Holzverbrauchs** problematisch. Die Westküste ist heute entweder ganz baumlos oder nur von einzelnen, durch Wind und Wetter oft bizarr geformten Lärchen geprägt. Und auch sie sind gefährdet. Weiter ist vielen nicht bewusst, dass das Autofahren über die Steppe abseits der Fahrspuren der empfindlichen Vegetation großen Schaden zufügt. Die Spuren der Autoreifen sind oft noch jahrelang zu sehen. Außerdem hinterlassen die Touristen **Müll,** der in den kurzen Vegetationsperioden nur extrem langsam verrottet.

Kurykanen-Mauer auf der Halbinsel Chorgoi

Nördlich von Charanzy werden die Straßen schlechter und die Strände einsamer. Doch sollte man sich seiner Verantwortung bewusst sein, wenn man diese Gegenden aufsucht und sich streng an die Regeln für den Aufenthalt in der Natur halten. Man kann Treibholz oder Gas zum Kochen verwenden und muss natürlich allen Müll mitnehmen. Es ist auch noch nicht die beste Lösung, wenn man ihn in Chuschir in einen Container wirft, denn die Insel hat keine geregelte Müllabfuhr und nur eine einfache Deponie gleich hinter Chuschir im Wald. Im Idealfall sollte Müll also aufs Festland mitgenommen werden. Umweltschützer, u.a. auch Greenpeace Russland, organisieren fast jedes Jahr Aktionen zur Müllproblematik.

Wer **anspruchsvollere Touren** über den Ostteil der Insel machen möchte, darf nicht einfach drauf los wandern. Er sollte in Erfahrung bringen, wo es **Wasser** gibt und ob die Wege auf den Karten wirklich existieren. Mit Brennholz gibt es hier kein Problem. Dafür muss die **Waldbrandgefahr** sehr ernst genommen werden. Im Jahr 2003 brannten große Waldgebiete um den Berg Schima, und vermutlich ist dadurch ein großer Teil des Reliktwalds aus Tannen vernichtet worden, der erst 1965 hier entdeckt worden war. Die Tannen müssen sich aufgrund der hohen Niederschlagsmenge auf dem Gipfel des Schima seit der letzten Eiszeit erhalten haben, obwohl das Klima auf der Insel eigentlich heute viel zu trocken ist.

098ta Foto: rj

Winter auf Olchon

Typisch sind auf Olchon Winter mit **sehr wenig Schnee.** Selbst wenn es schneit, bleibt in der Steppe aufgrund des starken Windes kaum Schnee liegen. Im Wald hat man eher eine Chance, eine dünne Decke zu finden. Hier kann man machmal sogar Skilanglauf betreiben.

Dennoch ist Olchon ein sehr reizvolles Ziel für Winterreisen. Wegen der starken Winde am Kleinen Meer und der schroffen Küstenlinie findet man wenige Orte am Baikal mit so vielfältigen **Eisformationen.** Für den Winter bieten sich also Wanderungen (zu Fuß, mit Schlittschuhen oder mit dem Rad) entlang des Ufers an. Stellen, an denen die stürmischen Herbstwellen besonders schöne Eiszapfen und andere märchenhafte Gebilde hinterlassen, sind z.B. die Küste der kleinen **Insel Charanzy,** wo Eishöhlen und Grotten in herrlichen Farben glitzern, wenn die Abendsonne durch das durchsichtige Eis scheint, oder die **Krokodil-Insel,** die vollständig mit einer durchgehenden Eisschicht überzogen ist. An der Landzunge, die die **Bucht Ulan-Chuschin** von Süden her einschließt, gibt es tiefere Höhlen, die im Winter fast hinter Eisvorhängen verschwinden. Doch der Ort, an dem die beeindruckendsten Eisgebilde zu finden sind, ist das **Kap Choboi,** wo Stürme im Winter das Wasser bis zu 20 m an den Klippen hoch spritzen lassen, sodass eine dicke Eisschicht mit interessanten Formen und Mustern zurückbleibt. Hier sind faszinierende Eindrücke garantiert.

Anreise

Busse und Linientaxis

Die offizielle Linienverbindung aus **Irkutsk** fährt je nach Bedarf mal als Bus, mal als Kleinbus bis **Chuschir.** In der Zeit, während die Fährverbindung nach Olchon besteht, starten zwischen 10 und 14 Uhr ungefähr stündlich Fahrzeuge. Fahrtzeit 6 Std., Preis ca. 300 R.

Gegenüber dem Busbahnhof warten zudem oft inoffizielle **Linientaxis,** Preis 350 R, für ein ganzes Fahrzeug ca. 3500 R.

Außerhalb der Saison gibt es nur 2x wöchentlich eine Verbindung, die von Dezember bis Mai nur bis **MRS** fährt.

Die Linienfahrzeuge von Chuschir fahren, solange die Fähre verkehrt, jeden Tag um 9.30 Uhr an der Ecke ul. Lénina 17, Ecke ul. Baikálskaja ab. Hier kann man auch im Voraus **Fahrkarten kaufen,** was besonders im Sommer sehr zu empfehlen ist (Tel. 8950 1001010).

Die inoffiziellen Linientaxis werden von einem Büro wenige Meter weiter koordiniert, das ebenfalls an der ul. Baikálskaja auf dem Gelände der Schule liegt.

Autofähre

Vom Ort **MRS** auf dem Festland verkehrt ab ca. 25. Mai bis 15. Dezember regelmäßig eine Autofähre nach Olchon im Zwei-Stunden-Rhythmus, in der Hochsaison ca. stündlich, Fassungsvermögen 8–9 Pkws, Fahrtdauer ca. 15 Min., die Überfahrt ist kostenlos. Im Sommer sind die Schlangen wartender Autos allerdings beträchtlich (Fr–So beträgt die Wartezeit nicht selten um 8 Std.), nur der Linienbus wird ohne Wartezeit übergesetzt.

Wird die Fahrt über eine Firma gebucht, fährt das Auto aus Irkutsk meist nur bis zum Anlegepunkt, dort werden die Reisenden als Fußgänger ohne Wartezeit übergesetzt und auf der anderen Seite von einem anderen Wagen abgeholt.

Im Winter 2006/07 verkehrte erstmals ein spezielles **Luftkissenfahrzeug** auch in der Übergangszeit Dezember/Januar, das sowohl über offenes Wasser als auch über Eis fahren kann. 8–10 Personen ohne Fahrzeuge konnten sich so für ca. 150 R auf die Insel bringen lassen. Ob dies zu einer ständigen Einrichtung wird, war noch unklar.

Linienschiffe

Das **Tragflächenboot** „Kometa" fährt seit 2006 Olchon an. Do gibt es eine Hin- und Rückfahrt aus Irkutsk, Di und Fr einfach Irkutsk - Olchon, Mi und Sa Nischneangarsk - Olchon. Genaueres s. Ortsbeschreibungen Irkutsk und Sewerobaikalsk.

Eispiste

Von Januar bis Anfang April (mit starken jährlichen Schwankungen) kann das Eis im Kleinen Meer gewöhnlich mit Pkws befahren werden. Die Piste wird **offiziell geprüft** und zugelassen und kann dehalb als sehr zuverlässig bezeichnet werden. Sie verläuft nicht genau an der Stelle der Fährverbindung, sondern zwischen den Buchten Kurkutskaja und Irkutskaja Guba.

Chuschir

Хужир ↗ IV/A2

Der mit ca. 1400 Einwohnern **größte Ort** auf der Insel ist zugleich das Verwaltungszentrum. Er ist über eine ordentliche **Schotterstraße** vom Fähranleger in etwa einer Stunde zu erreichen. Chuschír liegt in einer kleinen Senke, direkt am Schamanenfelsen, dem größten Heiligtum der Insel. Dieses Gebiet war bis in die 1920er Jahre völlig unbesiedelt, weil kein Burjate auf die Idee gekommen wäre, in direkter Nachbarschaft zu dem unberechenbaren und heimtückischen Herrn der Insel seine Jurte aufzustellen. Erst in den 1930er Jahren entstand an der geschützten Bucht Chuschir, zuerst als russische Siedlung. Es wuchs jedoch schnell und hatte 1958 schon 1800 Einwohner.

Heute macht Chuschir, das sich äußerlich kaum von den anderen Orten der Insel unterscheidet, auf die meisten Gäste zunächst einen trostlosen Eindruck. Das mag zum Teil mit der Arbeitslosigkeit zusammenhängen, die seit dem Ende der Sowjetunion hoch ist. Frühere Arbeitgeber wie die Fischfabrik, das Krankenhaus, die Bibliothek oder Forschungsstationen erhalten heute deutlich weniger Unterstützung und bieten keine lukrativen Arbeitsstellen mehr. Andererseits hat ein großer Teil der Bevölkerung inzwischen Einkünfte aus dem Verkauf von Fisch, Milchprodukten oder Souvenirs bzw. durch das Aufnehmen von Gästen. Fast jedes zweite Anwesen in Chuschir hat einfache Anbauten im Hof, die **russische Urlauber** gern in Anspruch nehmen. Einzelne Familien bieten auch schon ein bemerkenswertes Niveau an Komfort und Gemütlichkeit.

Die **Fischfabrik** produziert heute nur noch Trocken-, Salz- und Räucher-Omul. Für die meisten Fischer ist es jedoch lukrativer, privat zu fischen und den Fang zu verkaufen. Interessant ist, dass alle Fischer sich bis heute an eine alte Tradition halten, die vorschreibt, dass bei der Heimkehr in den Hafen Armen, die hier warten, ein paar Fische geschenkt werden.

Schamanenfelsen

Der Schamanenfelsen (*mys Burchán*, auch *skalá Schamánka*) wird häufig als Symbol des Baikalsees bezeichnet. In

099ba Foto: rj

der Tat lässt die Ausstrahlung des der Küste vorgelagerten charakteristischen Kalkfelsens kaum jemanden unberührt. Bereits vor Jahrhunderten wurde er als Heiligtum und **Sitz der Götter** verehrt und gefürchtet. In einer Höhle im Innern des Felsens wurden Spuren **steinzeitlicher Besiedlung,** eine Grabstätte sowie Reste älterer und jüngerer **Opferrituale** und Beschwörungszeremonien gefunden. Sie hat je einen Eingang auf beiden Seiten des Felsens.

Zu Beginn des 20. Jh. wurde der Felsen von Buddhisten als Stätte ritueller Zeremonien genutzt, sie entfernten allerdings fast alle schamanistischen Gegenstände und Spuren aus der Höhle. Angeblich haben sie noch immer sichtbare **tibetische Schriftzeichen** hinterlassen. Viele Einheimische bedauern, dass dem Felsen heute nicht mehr die Ehrfurcht entgegengebracht wird, die die Vorfahren der modernen Burjaten dazu bewog, beim Ritt in der Nähe des Felsens die Hufe ihrer Pferde zu umwickeln. Wie an anderen Stätten dieser Art findet man auch hier Schmierereien und Müll. Dennoch gilt das Betreten des Felsens bis heute als Sünde. Wer (besonders als Frau) nicht die nötige Ehrfurcht zeigt, kann den Zorn des Geistes auf sich ziehen.

Im Wäldchen nördlich des Schamanenfelsens hat man früher Schamanen beigesetzt. Es wurde von Normalsterblichen nicht betreten und die hier nistenden Adler galten als Verkörperung der Schamanenseelen.

Heimatmuseum

Das Heimatmuseum von Chuschir *(krajewédtscheski muséi),* direkt neben der Schule, ist einen Besuch wert. Sein Gründer *Nikolái Michaílowitsch Rewjákin* (1899–1983) kam 1945 als Lehrer an die Schule von Chuschir und leistete gemeinsam mit Schülern enorme Arbeit bei der Erforschung von Brauchtum, Geologie, Geschichte, Klima und Biologie der Insel. Mit etwas Glück kann man seine Tochter *Kapitalína Nikolájewna Litwínowa* bei einer Museumsführung erleben.

- **Museum,** ul. Perwomáiskaja 21, Juni–Sept. So–Fr 13–20 Uhr, außerhalb der Saison nach Absprache mit *Kapitalína Nikolájewna*.

Kirche

Die kleine orthodoxe Kirche auf der Anhöhe beim Hafen, an der seit 2002 auf private Initiative gebaut wurde, ist nun auch eingeweiht. Gottesdienste mit Priester finden dennoch nur statt, wenn selbiger ab und zu vom Festland auf die Insel kommt.

Kunstausstellung „Landschaften von Olchon"

In einem originellen achteckigen Holzgebäude, ul. Perwomáiskaja 24, präsentieren (und verkaufen) mehrere Künstler Gemälde, Grafiken und kleine Souvenirs. (Achtung: bei der Ausfuhr von Kunstgegenständen muss deren Herkunft belegt werden, deshalb beim Kauf unbedingt Quittung ausstellen lassen.)

Chuschir – Hauptort der Insel

Kunsthandwerk

Nur im Sommer geöffnet ist eine kleine private **Ausstellung** für Kunsthandwerk (*twórtschestwo ruk,* ul. Baikalskaja 53/1, Jelena Nikolajewna Kostarnowa, Eintritt 10 R). Manche Ausstellungsstücke kann man kaufen.

Strand und Wald

Sehr beliebt ist der Sandstrand in der **Bucht Saraiski,** gleich nördlich hinter dem Schamanenfelsen. Er hat nicht nur den feinsten Sand, sondern bietet mit vereinzelt stehenden, bizarr geformten alten Lärchen auch ein bisschen Schatten.

Im Wäldchen zwischen Chuschir und Charanzy kann man Spaziergänge machen. Besonders schön ist es hier Anfang Juni, wenn der sibirische Rhododendron blüht. Der Genuss wird allerdings getrübt, wenn man aus Versehen auf die Müllkippe von Olchon stößt, die sich hier Jahr für Jahr ausbreitet und Umweltschützern ein großer Dorn im Auge ist.

Service

- Olchon ist nicht an das Telefonnetz angeschlossen. Dafür hat sich seit 2006 der lokale **Mobilfunk-Betreiber MTS** der Insel angenommen. Viele Unterkünfte haben seitdem Handy-Nummern.
- **Post:** ul. Lénina 15, Mo–Fr 9–12 und 14–17 Uhr. Seit 2003 hat die Post eine Satelliten-Telefonverbindung.
- **Internet-Café:** ul. Baikálskaja 41 (ab 2007 rund um die Uhr geöffnet). Internet-Zugang auch im Camp von *Nikita Bentscharow* (siehe Unterkunft) und bei *Grigóri Karándin,* ul. Púschkina 2, hier Brennen von Foto-Chips auf CD möglich.
- **Krankenhaus:** ul. Baikálskaja.

• **Geschäfte:** im ganzen Ort, sehr flexible Öffnungszeiten. Besonders gute Auswahl hat das Geschäft „Choroschi" am Ende der ul. Baikalskaja hinter dem Denkmal für die Opfer des Zweiten Weltkriegs.

• **Infozentrum:** in der ul. Kirpitschnaja (Betreiber Bezirksverwaltung und *Nikita Bentscharow*), Verkauf von Büchern, Karten, Souvenirs, Organisation von Ausflügen ins burjatische Dorf Malomorez.

• **Zweites Infozentrum** (nur Sommer): Ecke ul. Lenina, ul. Baikalskaja, gegenüber der Fahrkartenverkaufsstelle der Linienbusse. Organisation von Ausflügen, Fahrern, Pkws und Kleinbussen, Souvenirs.

• Imbiss *(kafe)* **Pribói,** ul. Baikalskaja 20 (im Winter nur nach Voranmeldung).

• Imbiss *(kafe)* **Choróschi,** neben dem gleichnamigen Geschäft (s.o.).

• **Ausflüge** (Auto/Schiff) werden von vielen angeboten. Eine empfehlenswerte Adresse ist auch für Gäste anderer Unterkünfte *Nikita Bentscharow* (mögliche Ziele sind auf seiner Homepage http://olkhon.info/ beschrieben).

• Sehr gute **deutschsprachige Führungen, Dolmetschen:** *Grigori Karandin,* ul. Puschkina 2, Tel. 89025127901/89148773909, grig-70@mail.ru.

• Tagestouren zu den **Baidin-Höhlen** organisiert von Olchon aus *Iwan Schulz,* s. Kap. „Reisetipps A–Z: Sport und Erholung: Höhlen".

• **Einführung in die burjatische Kultur** durch die Familie *Ogdonow* im Dorf Malomorez (Maly Chuschir), Kontakt: Infozentrum.

• **Verleih von Mountainbikes:** *Artur Abagjan* (im Camp von Nikita), Tel. 89086661193, ratna@mail.ru; im Winter auch Räder mit Spikes, mehrtägige Touren sollten angemeldet werden; außerdem in der *Herberge Swetlana.*

Unterkunft

Auf Olchon gibt es kein fließend Wasser. Wo nicht anders angegeben, gibt es Außentoiletten, einfache Waschgelegenheiten im Freien und Banja. Seit kurzem gibt es auch wenige Unterkünfte in Charanzy, dem Nachbardorf nördlich von Chuschir.

• **Nikíta Wladímirowitsch** und **Natálja Wladímirowna Bentschárow,** ul. Kirpítschnaja 8, Tel. 791489 57865, nikita@olkhon.info, www.olkhon.info. Das Anwesen der Bentscharows am Rand von Chuschir hat sich im Lauf der letzten Jahre in ein malerisches kleines Dörfchen verwandelt. Auf dem Grundstück stehen ein- und zweistöckige Holzhäuser mit kleinem Vorgarten, Sitzecke oder Balkon. Sie sind fast alle beheizbar, also wintertauglich, und beherbergen das ganze Jahr über eine bunte Gesellschaft internationaler und russischer Gäste. Jedes Zimmer hat ein einfaches Waschbecken und auf Wunsch eine Plastiktoilette (ohne fließend Wasser), im Sommer gibt es Duschen, das ganze Jahr über Banja (einfache Variante kostenlos).

Die einheimischen Köchinnen verstehen es, den (wie auf Olchon üblich) täglichen Fisch überraschend vielfältig (und nicht nur als Suppe) zuzubereiten und mit Gemüsebeilagen, Salaten und Selbstgebackenem anzureichern. Auch für Vegetarier zu empfehlen! VP ca. 19 €, 60 Plätze und weitere in privaten Unterkünften im Dorf, ca. 30 wintergeeignete Unterkünfte.

Mahlzeiten sind auch ohne Übernachtung möglich; täglich **Ausflüge** an die verschiedensten Stellen der Insel mit erfahrenen Begleitern (auch deutsch- und englischsprachig), Motorrad mit Beiwagen, Souvenirs.

Nikita ist einer der wenigen Tourismusunternehmer der Baikalregion, dessen Handeln nicht allein von kommerziellen Interessen bestimmt wird. In alter Tradition sibirischer Kaufleute ist er nicht nur wichtiger und verlässlicher Arbeitgeber, sondern fördert gleichzeitig kulturelle Ereignisse und sportliche Aktivitäten in Chuschir, organisiert Ferienprogramme für Kinder und Jugendliche aus dem Dorf und gibt ihnen die Möglichkeit, auf Reisen einen Blick über den Rand ihrer Inselwelt zu werfen.

Leider ist das Besucheraufkommen von Nikita in den letzten Jahren so stark gewachsen, dass man seine Herberge im Juli und August nur noch mit Vorbehalt empfehlen kann. Wenn sich auf dem Grundstück und im Speisesaal um die 100 Gäste tummeln und versorgt werden möchten, kann man die Atmosphäre nicht mehr als familiär bezeichnen. Ab September jedoch gilt die Empfehlung wieder uneingeschränkt.

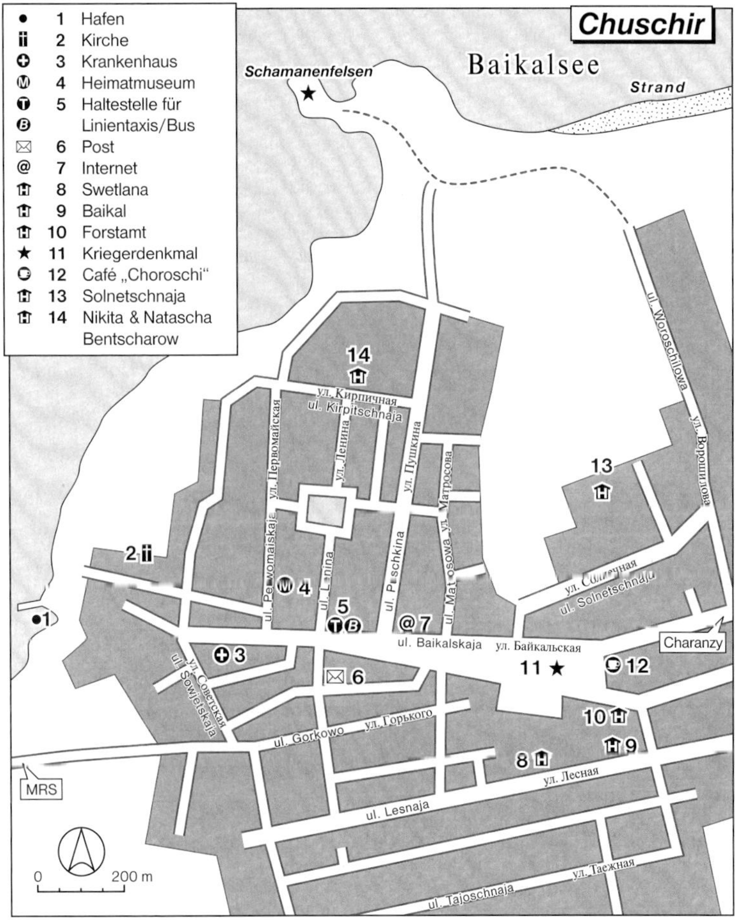

●Camp **Solnetschnaja** *(turbása),* ul. Solnetschnaja 14, Kontakt in Irkutsk: ul. Gogólja 53, Tel. (3952) 683216, 420930; Handy des Besitzers *Waléri Wladímirowitsch Obogójew:* 89086668018, das seiner Frau *Antonína Zirendorschíewna:* 89086616519. www.olkhon.com; info-irk@yandex.ru. Das Feriendorf liegt auf der Anhöhe am Rand des Dorfes unterhalb des „Fernsehturms“. Die ansehnlichen Holzhäuschen sind z.T. auch im Winter bewohnbar. Das großflächige Gelände eignet sich gut für Jugendgruppen. VP 500–800 R.

●Herberge **Swetlana** *(gostíniza),* ul. Lesnája 28, Tel. 89021703862. Die einfachen Pressspan-Häuschen auf dem Anwesen der Besitzerin *Swetlána Michaljówa* sind nur im Sommer bewohnbar. Ein zweiter Komplex von Holzhäusern am Waldrand (ca. 500 m entfernt) in der ul. Sowjétskaja ist auch wintertauglich. Hier gibt es Banja (300 R/Stunde), Duschen und Sauna. Service: Ausflugsfahrten; Essen in der Herberge ist auch ohne Übernachtung möglich. Preis mit VP 600 R, ohne Verpflegung 200 R.

- Herberge **Baikal** *(gostíniza)*, ul. Lesnája 30. Das große Holzhaus mit ca. 20 Betten in 6 Zimmern war einmal das einzige offizielle Hotel von Chuschir. Seitdem hat sich hier wenig verändert. Komfort einer sehr einfachen Jugendherberge mit Küche zum Selbstkochen, Waschraum, Toilette im Hof, Banja, Preis: 180 R.
- **Forstamt** *(lesnítschestwo)*, ul. Baikalskaja 50, Kontakt in Irkutsk: Tel. 385391, 385392; sehr einfache Unterkunft für 4 Personen, Kochgelegenheit.

Privatunterkünfte:

In Chuschir gibt es außer den großen Herbergen inzwischen viele Privatpersonen, die im Sommer einfache Unterkünfte in oder neben ihren Wohnhäusern anbieten. Am einfachsten ist es, wenn man zur Ankunftszeit des Linienbusses aus Irkutsk an der Haltestelle steht, wo viele ihre Dienste anbieten. Allerdings können hier die Preise etwas höher sein. Eine einfache Übernachtung ohne Verpflegung kostet etwa 200 R, mit VP ca. 500 R. Üblicherweise steigt der Preis um nicht mehr als 20–30 R von Jahr zu Jahr.

Die folgenden Familien haben alle ähnliche Verhältnisse: Außentoilette, kein fließend Wasser, Banja, können Verpflegung anbieten.

- **Familie Schúkow** *(Olga* und *Wladimir)*, ul. Lesnája 27/1, Tel. 89086663769, julia.baik.post@mail.ru (Tochter *Julia* in Irkutsk); separates Häuschen auf dem Grundstück mit max. 10 Plätzen; sehr offene, fröhliche Familie, sie arbeitet im Krankenhaus.
- **Tamára Andréjewna Charnútowa,** ul. Baikálskaja 56/1, katja3000@yandex.ru (Tochter *Katja* in Irkutsk); vermietet im Sommer ein komplettes Wohnhaus an max. 6 Personen, im Winter können 3 Personen unterkommen.
- **Alexándr und Tatjana Gusíchin,** ul. Matrósowa 7, Tel. 89027611200, 89501107833; 5 beheizbare Doppelzimmer.
- **Valéri Inokéntjewitsch** und **Galína Petrówna Néiberg,** ul. Woroschílowa 3, Tel. 89086688674; 5 Zimmer im Garten zwischen Gewächshäusern, Schafen, Hühnern, sehr nette Familienatmosphäre, er ist Fischer, sie arbeitet im Krankenhaus. Besonderheit: eigener Olchon-Honig und viele andere hausgemachte Fleisch- und Milchprodukte.
- **Véra Alexándrowna** und **Ígor Alexándrowitsch Schrámko,** ul. Tajóschnaja 16, Tel. *(Igor)* 89086669902, *(Vera)* 89086564423, shramko64@mail.ru; 2 sehr geräumige Zimmer mit je 2 Betten im Winter, im Sommer 4 Plätze mehr. Im Winter können Skier ausgeliehen werden. Ein Pkw steht zur Verfügung. Sehr stilvoll eingerichtetes Holzhaus, aufgeschlossene Besitzer, sie ist Sportlehrerin, er Fischer, die Tochter lernt Englisch.

Der Inselsüden

↗ IV/A1-2

Chanchoi-See Ханхой

Bei russischen Wildcampern und besonders bei Anglern ist dieser See unweit des Dorfes **Jalgá** sehr beliebt. Er liegt im waldlosen Steppengebiet und ist durch eine dünne Sandzunge vom Baikal abgeschnitten. Im Sommer hat er sehr warmes Wasser. In seiner Umgebung wurden bei Ausgrabungen an mehreren Stellen Spuren steinzeitlicher Besiedlung und kurykanische Kult- und Grabanlagen gefunden, die aber für das Auge des Laien kaum zu erkennen sind.

Schara-Nur-See Шара-Нур

Im Volksmund heißt der Schara-Núr „Salzsee". Sein Wasser ist relativ stark mineralisiert und wird ebenso wie sein Schlamm für Kurzwecke verwendet. Der Mineralgehalt ist jedoch nicht so hoch, dass man ihn schmecken würde.

Der See liegt im Wald, der allerdings nicht bis an das sumpfige, von Wiesen umgebene Ufer heranreicht.

Halbinsel Chorgoi Хоргой

Chorgói (auch Chargoi) ist einer von mehreren Orten am Baikal, an denen Reste von **Steinmonumenten** erhalten sind, die vermutlich aus der Zeit der Kurykanen stammen. Das beeindruckendste von ihnen ist eine 185 m lange Mauer mit Wall und Graben, die die Halbinsel vom Rest der Insel trennt. Sie ist aus sehr unregelmäßigen Steinen aufgeschichtet und heute an den meisten Stellen nicht mehr höher als einen Meter. Über die Funktion der Mauer sind sich die Forscher uneinig. Teilweise wird davon ausgegangen, dass sie Verteidigungszwecken diente und eine Siedlung oder möglicherweise ein Rückzugsgebiet für Notfälle auf der Halbinsel schützte. Andererseits wird häufig die Ansicht vertreten, dass sie kultische Bedeutung hatte und möglicherweise die hier lebenden Menschen vor bösen Geistern schützen sollte. Ähnliche Mauern gab es bis 1963 auf der Landzunge westlich der Bucht Sem Sósen und auf der Landzunge Schibeté (Schebétski). Beide hat man fast vollständig abgetragen, als in der Bucht von Chuschir der Anlegesteg gebaut wurde. Die Steine dienten zur Befestigung des Fundaments.

Auf dem höchsten Punkt der Halbinsel liegt ein massiver Stein, auf dessen Fläche man mit etwas Fantasie ein Gesicht mit einer Vertiefung an der Stelle des geöffneten Mundes erkennen kann. Möglicherweise wurden hier Opferrituale vollzogen. Am Südhang der Halbinsel sind noch deutlich Grundrisse von Gebäuden zu sehen.

Auf dem nördlich an die Halbinsel angrenzenden Gebiet gibt es (wie an vielen anderen Stellen der Insel) eine große Zahl einfacher, aus Steinen aufgeschichteter Gräber, die ähnlich datiert werden wie die Mauern. Da die Steppe hier übersät ist mit durch Erosion freigelegten Steinkämmen und einzeln liegenden Brocken, ist es jedoch nicht leicht, Spuren dieser Grabstätten zu entdecken, und die Zeiten, als Knochen oder Grabbeigaben durch Wind und Wetter an die Oberfläche kamen, sind vorbei, seit das Gebiet gründlich archäologisch erforscht wurde.

Stutenkopf-Kap мыс Хорин-Ирги

Das Kap hat eine traurige Berühmtheit erlangt durch das größte **Schiffsunglück,** das jemals am Baikal geschehen ist. 1901 sind hier 176 Menschen verunglückt, die sich auf mehreren Booten von einem Schleppkahn übersetzen lassen wollten. Der Kapitän hatte die Anzeichen für das Aufkommen des Sarma-Windes missachtet und war nicht rechtzeitig in einer Bucht vor Anker gegangen.

Im Winter sollte das Eis um das Kap nicht befahren werden. Bestimmte Strömungen bilden hier jedes Jahr Risse und dünne Stellen.

Der Inselnorden ↗ IV/B2-3

Charanzy Харанцы

Nach Charanzý kommt man über eine ordentliche Schotterstraße von Chuschir aus. Der Ort hatte früher einen kleinen Landeplatz für Flugzeuge, der jedoch heute nicht mehr angeflogen wird. Charanzy ist kleiner als Chuschir, wird mehrheitlich von Burjaten bewohnt und ist deutlich ärmer. Im Ort gibt es keine Unterkünfte für Touristen. Nördlich führt eine schlechte Piste weiter in den Norden der Insel. Für Pkws ist sie nicht befahrbar.

- Außerhalb, am nördlichen Ende der Siedlung, nahe des Sees, liegt ein **Jurtencamp** (*jurt kemping* „Garmonija"), Kontakt in Irkutsk: ul. Súche-Bátora 7a, Tel. 202600/1, www.poligrad.ru; turizm@poligrad.ru.
- **Ferienwohnung,** in unmittelbarer Nähe des Strandes, die Besitzer *Simone Halemyer* und *Leonid* leben nebenan, Handy 89501375480; Kontakt in Deutschland: (05206) 2750; 3 Betten im frisch renovierten, sauberen und gemütlichen Haupthaus, 2 Betten im Schlafhaus, Selbstversorger (Küche mit Gasherd, Geschirr ...), Bettwäsche wird gestellt, Banja, ab 2 P. 10 € pro Tag, 1 P. 20 €; ab 1 Woche (kürzere Aufenthalte nur mit eigenem Schlafsack möglich).

Pestschánaja Песчаная

Der Name des Ortes leitet sich vom Sand ab, der hier nicht nur den Strand, sondern in Form großer **Dünen** die ganze Bucht bedeckt. Es scheint fast, als wolle er die Spuren der Geschichte möglichst schnell unter sich begraben. Doch wer in den Resten der Siedlung herumstreift, kann noch Überbleibsel des Arbeitslagers entdecken, das hier in den 1940er Jahren Fisch verarbeitete. Bis in die Perestroika-Zeit standen die Gebäude angeblich praktisch unberührt. Doch dann wurden sie zielstrebig von Einheimischen zerlegt, die alles noch Verwendbare mitnahmen. Der Anlegesteg, erbaut von litauischen Arbeitern, ist 2003 durch die Nachlässigkeit von Fischern abgebrannt.

Heute lebt noch eine alte Frau in der Sandbucht, und manchmal wohnen vorübergehend Fischer in einem der Häuschen. Einheimische kommen im Sommer, um den besonders aromatischen **Thymian** zu sammeln, der auf den Sanddünen gedeiht. Eher nur für Biologen von Interesse ist der Schmetterlingsblütler Astragalus olchonensis Gontsch., eine endemische Art, die nur auf Olchon und speziell hier in der Sandbucht vorkommt.

Die „Drei Brüder" Саган-Хушун

Das „Weiße Kap", wie der burjatische Name übersetzt wird, ist eine **Felsenformation** im nördlichsten Teil der Insel mit ganz besonderer Ausstrahlung. Drei Felsen heben sich hier von der Steilküste ab. Sie sind mit seltenen roten Flechten bewachsen und bilden vor dem blauen See und dem gegenüberliegenden bergigen Ufer eine wunderschöne Kulisse. Auch hier gab es einen Graben und einen Wall, vermutlich kurykanischen Ursprungs, die das Kap abgrenzten.

Kap Choboi мыс Хобой

Die **Nordspitze der Insel** bildet das Kap Chobói. Es verdankt seinen Namen (*Choboi* ist burjatisch und bedeutet „Reißzahn") einer senkrecht aus dem Felsen ragenden Klippe aus einer anderen Gesteinsart, die aber nur vom Wasser bzw. Eis aus deutlich zu erkennen ist. Dennoch sind Ausflüge und Wanderungen an das Kap zu jeder Jahreszeit beliebt. Von den hohen, steil abfallenden Felsen hat man einen herrlichen Blick in alle Richtungen über den See und die Insel. Früher konnte man an der Küste um das Kap oft **Robben** beobachten, die sich hier in der Sonne ausruhen. Heute muss man Glück haben, denn die scheuen Tiere kommen immer seltener an die viel besuchte Nordspitze. Wer zu Fuß ans Kap wandert, sollte bedenken, dass es wegen der steil abfallenden Küsten nördlich von Usury kaum Möglichkeiten gibt, ans Wasser zu kommen.

Usury Узуры

Die **nördlichste Siedlung** der Insel ist gleichzeitig die einzige an der sonst unbewohnten Ostküste. Usúry liegt geschützt im Tal an einer schönen Bucht, die von Schiffen gern als Ankerstelle genutzt wird. Zum Baden eignet sie sich wegen des steinigen Ufers und des kalten Wassers allerdings nur bedingt. In dem unscheinbaren Ort haben drei Institute der Russischen Akademie der Wissenschaften kleine Forschungsstationen. Eine davon ist die **Wetterstation** *(meteostánzija)*. Ihr Angestellter *Juri Usow* nimmt Gäste auf:

- **Unterkunft:** *Juri Usow* (Wetterstation), Tel. 89501208765 (nur für SMS, da Usury keinen Telefonempfang hat); 6 Plätze, Banja, Übernachtung ca. 200 R, Verpflegung mögl., Imbissstand mit Fisch, Snacks und Getränken; Ausflüge mit Fahrzeug ans Kap Choboi (im Winter auch übers Eis), mit Motorboot nach Choboi, Wanderungen auf den Berg Schima.

Berg Schima Жима

Der Schimá (auch Ischimei, von burj. *Eschin* = „Herr") ist mit **1274 m** der höchste Berg der Insel. Neben dem Schamanenfelsen war der sagenumwobene Gipfel im Nordteil das zweite **Heiligtum** für die burjatische Bevölkerung. Man glaubte, dass er von einem besonders starken Geist bewohnt wurde, der niemanden auf den Berg ließ außer **Schamanen,** und bis heute ist das Betreten des Berges bei Burjaten verboten.

Unweit des Gipfels lag ein Reliktwald aus **Tannen,** der möglicherweise auch wegen des Tabus lange Zeit erhalten blieb, bis er 1987 und 2003 zu großen Teilen Waldbränden zum Opfer fiel. Auch eine kleine Gebetsstätte und eine Hütte standen hier, beide aus Kiefernholz, das auf den Berg getragen worden sein muss, da in der Umgebung keine Kiefern wachsen. Moderne Russen erklären die **mystische Aura** der Gegend durch natürliche Radioaktivität oder dadurch, dass nur wenige Kilometer entfernt die tiefste Stelle des Baikals liegt und der extreme Höhenunterschied (über 2450 m) besondere Energieströme hervorruft. Tatsache ist, dass Besteigungen des an sich nicht besonders schwierigen Gipfels meist an unerwarteten Schwierigkeiten scheitern. Oft treten selbst bei erfahrenen Wanderern Orientierungsschwierigkeiten auf, viele ziehen sich Verletzungen zu, das Wetter kann sich plötzlich ändern. Allgemein wird berichtet, dass der Aufstieg übermäßig kräftezehrend ist.

Kap Uchan мыс Ухан

Das Kap an der **Ostküste** der Insel ist ständig Wind und Wetter ausgesetzt. Doch der sich nördlich anschließende **Sandstrand** bietet Zelten Schutz und kann im Sommer als sehr friedliches Plätzchen empfohlen werden. In einer kleinen Holzhütte im Wald leben im Sommer meistens Fischer, die manchmal auch Touristengruppen hier empfangen und die einfache Banja anheizen können. An den steinigen Uferhängen der Umgebung wärmen sich bei sonnigem Wetter viele Schlangen und Eidechsen.

Wer zufällig die Möglichkeit hat, mit dem Boot vom Taschkinei-Tal zum Kap zu fahren, kann sich vom Fahrer die Bläschen zeigen lassen, die vor dem Kap Uchán vom Boden des Sees aufsteigen. Hier entweichen **Gase aus dem Erdinneren,** die im Winter verhindern, dass das Eis fest gefriert.

Wandertouren auf Olchon

Zur Nordspitze der Insel: Chuschir – Kap Choboi

Eine Wanderung zur Nordspitze ist mit keinen größeren Schwierigkeiten verbunden, und man plane für die einfache Strecke (40 km) ca. **drei Tage** Fußmarsch ein. Man kann auch eine Tagestour nach Choboi mit dem Auto machen, sich an der Nordspitze absetzen lassen und von dort zurückwandern. Es bieten sich entweder der **Fahrweg** von Usury nach Chuschir an oder kleine **Fußpfade in Küstennähe,** wo man unter Umständen hübschere Stellen zum Zelten findet.

Der Weg von Choboi nach **Usury** verläuft zuerst an der Ostküste entlang auf der Piste. Wo sie die Küste verläßt, führt ein kleiner Trampelpfad weiter entlang der Steilküste bis nach Usury.

Wichtig ist im Norden, genügend **Wasser** mitzunehmen, da es nur zwei Stellen gibt, an denen man einigermaßen gut ans Ufer kommt, eine davon liegt ca. 1 km südlich von Choboi an der Westküste. Eine Fahrspur führt in ein Wäldchen zu einer Feuerstelle, von dort führt ein sichtbarer Pfad zum Wasser hinunter. Eine zweite (schlechtere) Möglichkeit liegt an der Ostküste, ca. 3 km südlich von Choboi. An einer verfallenen Hütte erkennt man einen kleinen Taleinschnitt, wo man ebenfalls ans Wasser gelangen kann.

Besteigung des Schima: Usury – Schima – Chalgai

Eine **dreitägige Wanderung** auf den Schima ist nicht ganz einfach, und man sollte auf jeden Fall in **guter physischer Verfassung** sein. Ausgangspunkt ist entweder die Sandbucht Pestschanaja oder Usury, wobei der Weg von der Sandbucht aus schwer zu finden ist und eigentlich ohne ortskundigen Begleiter nicht empfohlen werden kann. Man muss am nördlichen Ende der Sandbucht nach den letzten Häusern in den Wald abbiegen und zuerst Waldwegen folgen, die sich ständig verzweigen.

Besser ist es also, in **Usury** loszugehen. Von hier kann man entweder den steileren Weg nach oben nehmen, der direkt entlang der Steilküste verläuft, oder den etwas einfacheren, der 200 m weiter im Inselinneren beginnt und zunächst auf einer mit orangefarbenen Flechten überzogenen Felsreihe nach oben führt. Oben läuft ein kleiner Trampelpfad recht flach weiter in Richtung Süden und man erreicht nach ca. 4 km einen kleinen Taleinschnitt (ca. 1 km nördlich des Kaps Schunte-Práwy). Von dort führt ein kleiner, kaum zu erkennender Trampelpfad nach unten durch das am Ende des Sommers trockene Bachbett zum Baikalsee. Ca. 2 km weiter am Ufer erreicht man ein kleines Bächlein. Hier kann das erste Nachtlager aufgeschlagen werden.

Am nächsten Tag sollte man sehr früh aufbrechen, um der größten Hitze zu entgehen, da der Aufstieg sehr anstrengend ist. **Wasservorräte** müssen für 24 Stunden mitgenommen werden, da es auf dem Schima im Sommer kein Wasser gibt. Am rechten Bachufer beginnt der Pfad zum Schima, der zuerst recht steil nach oben führt und zu Beginn sehr rutschig ist. Später geht es entlang des Bergkammes (teilweise markiert) weiter nach oben (orangefarbene Felsen). Der Pfad verläuft praktisch parallel zur Küste mit vielen fantastischen Ausblicken auf das „Große Meer". Weiter oben eröffnet sich zusätzlich die Sicht über die Insel zum „Kleinen Meer". Das ist der schönste Teil der Wanderung.

Der letzte Kilometer bis zum **Gipfel** ist schwieriger zu finden, da er durch den Wald führt. Vermutlich sind hier Spuren des Brandes zu sehen, der im Jahr 2003 auf dem Berg wütete. In der Nähe des Gipfels, der als solcher schwer zu erkennen ist, kann man gut sein Zelt aufstellen.

Am nächsten Tag klettert man über einen sehr steilen und schwer zu findenden Pfad Richtung Süden hinunter ans Ufer des Baikalsees. Über flachen Kieselstrand geht es nun ca. 8 km in Richtung Süden bis zur Bucht *(salíw)* **Ulanúr.** Man erkennt sie daran, dass der Wald hier vom Ufer zurückweicht und Platz macht für eine große Wiese. An einem oft trockenen Bachbett beginnt ein kleiner Pfad, der Richtung Nordwesten einem Taleinschnitt folgt und nach ca. 2 km auf einen Waldweg stößt. Nach weiteren 6 km erreicht man auf diesem Weg die Siedlung **Chalgai.**

Mountainbike-Tagestour: Chuschir – Taschkinei – Ostküste

Dies ist sicher eine der schönsten Routen auf Olchon, ganz besonders zu empfehlen Anfang Juni, wenn die Bäume ihr erstes helles Grün tragen, die Rhododendronbüsche dazwischen rosa leuchten und die Wiesen mit bunten Blumen übersät sind. Man kann anstatt mit dem Fahrrad auch eine Strecke (ca. 20 km) mit dem **Auto** und den Rückweg (bzw. Hinweg) **zu Fuß** zurücklegen.

Aus Chuschir folgt man zunächst der Straße nach **Maly Chuschir.** Hier biegt man in einen Weg Richtung Wald ein, der an einem kleinen Friedhof vorbei führt und dann ein Stück steil bergan geht. Noch unterhalb des Waldes verläuft der Weg ca. 2 km nach

101ba Foto: rj

Westen, bevor er sich gabelt. Man folgt dem linken Weg und kommt nach ca. 1 km in den Wald. Von dort geht es abwärts zum **Taschkinei-Tal** und man erreicht nach 10 km das Ufer des Baikalsees. Den Rückweg kann man über den **Schara-Nur-See** vornehmen.

Rundwanderung: Chuschir – Taschkinei-Tal – Kap Uchan – Chatcha-Tal

Diese 48 km lange Rundtour ist in drei Tagen zu bewältigen. Das Kap Uchan *(mys Uchán)* ist zu erreichen vom Ufer der Taschkinei-Schlucht (ca. 6–7 km, s.o.). Allerdings kann man nicht direkt am Ufer entlanggehen. Man sucht sich oberhalb der Steilküste in Ufernähe seinen Weg, einen richtigen, durchgehenden Pfad gibt es nicht. Wegen teils steiler Anstiege ist dieser Abschnitt als schwieriger einzustufen. Vor dem Kap wird das Ufer dann wieder begehbar. Am Kap kann man zelten und sich eventuell sogar in der Banja entspannen.

Am nächsten Tag geht man 8 km in nordöstlicher Richtung am Strand entlang bis zum **Tal der Chatcha.** Das Flüsschen rauscht über einen 2 m hohen Wasserfall hinunter in den Baikalsee. Von hier folgt man dem 14 km langen Waldweg nach Chuschir.

Der Schamanenfelsen bei Chuschir – Wahrzeichen des Baikalsees

Weitere Reiseziele im Gebiet Irkutsk

Baikal-Lena-Reservat

Байкало-Ленский заповедник ↗ XVI/B1-2

Das Baikal-Lena-Reservat *(Baikálo-Lénski gosudárstwenny sapowédnik)*, geprägt von Bergtaiga- und Bergtundra-Landschaften, liegt am Westufer des Baikalsees und am Oberlauf des Flusses Lena. Es wurde 1986 gegründet, seine Fläche beträgt 660.000 ha.

Einer der **unberührtesten Landstriche** am Baikal ist das Gebiet zwischen dem Kap Kotscherikowo am Kleinen Meer und dem Kap Jelochin am Nordbaikal. Außer wenigen Lagerplätzen **ewenkischer Nomaden** gab es hier noch nie große Siedlungen. Auch von Straßen oder anderen Verkehrswegen ist der Landstrich völlig frei. Wie auch anderswo an der Westküste ist das Ufer steil, das Baikal-Gebirge erhebt sich mit seinen Gipfeln von bis zu 2500 m Höhe direkt aus dem Wasser. Zum Reservat gehört zusätzlich zum 95 km langen **Küstenstreifen** noch ein riesiges Gebiet im **Hinterland.** So ist ein sehr wichtiges Rückzugsgebiet für Wildtiere entstanden.

Kontrolliert wird das Reservat von Rangern, die meist in Küstennähe in einfachen Holzhäusern leben. Die Nutzung im Rahmen des Tourismus ist stark begrenzt. Eine Genehmigung kann man bekommen für **Wanderungen an die Lena.** Der drittlängste sibirische Fluss (4400 km) entspringt auf einer moorigen Hochebene im Baikal-Gebirge, auf dem Territorium des Baikal-Lena-Reservats. Mit Begleitung ist es möglich, an die **Quelle** zu wandern.

Bären – die Herren der Taiga

Schon vor vielen Jahrhunderten, als die endlosen Wälder der Wohnraum der sibirischen Ureinwohner waren, als sie der rauen Natur auf Gedeih und Verderb ausgeliefert waren, erhielt der Bär die Bezeichnung „Herr der Taiga". Er flößte den Menschen so viel Respekt ein, dass sie selbst nach einer erfolgreichen Jagd durch zahlreiche Rituale versuchten, seinen Geist milde zu stimmen und ihm ihre Achtung bezeugten. Auch heute ist der Bär – inzwischen verniedlicht als „Mischa, der Tolpatschige" – Hauptfigur vieler russischer Märchen.

Viel lebendiger ist der Ursus Arctos in den sibirischen Wäldern! Aus dichtbesiedelten Gebieten zieht er sich eher zurück, doch in den Nationalparks und ganz besonders in den Biosphärenreservaten findet man sehr große Populationen. Menschen interessieren ihn eigentlich nicht, er meidet ihre Nähe. Zu seinen Lieblingsspeisen gehören ganz andere Dinge: Wenn er im Frühjahr aus dem Winterschlaf erwacht, ist sein erster Leckerbissen der vitaminreiche, zarte **Bärlauch,** der wohl nicht zufällig so heißt. Im Mai freut er sich auf die nächste Delikatesse: Im Laufe von ein bis zwei Wochen schlüpfen an Flüssen und Seen die **Köcherfliegen** und bedecken, mit dem Paarungsspiel beschäftigt, Ufersteine in einer dicken, schwarzen Schicht. Wie ein Kind seinen Honig, so lecken die Bären die eiweißreiche Nahrung vom Gestein. Haben sie Glück, finden sie in den Bächen auch noch **Fischlaich** (die Kaulköpfe legen ihn um diese Zeit ab), bevor sie im Juni langsam in höhere Gefilde abwandern. Inzwischen sind in den Bergen viele saftige **Kräuter** gesprossen und schon bald werden die ersten **Beeren** reif. Mit ihren langen Krallen kämmen die Bären Früchte und Blätter von den Sträuchern und verzehren alles mit großem Genuss. Ist die Ernte gut, werden Beerensammler, die den Bären manchmal begegnen, kaum eines Blickes gewürdigt. In einem schlechten Beerenjahr bleibt nur zu hoffen, dass die **Zirbelkiefern** gut tragen (s. Exkurs im Kap. „Landschaft und Natur") – ohne ihre Nüsschen bleibt der Winterspeck mager. Dann kann es passieren, dass sich ein hungriger Bär auch einmal einer Siedlung nähert.

Begegnet man einem Bären – was sehr unwahrscheinlich ist, meist bemerkt der Bär den Menschen zuerst und weicht aus – sollte man **nie weglaufen,** denn ein Bär ist immer schneller. Bleibt man ruhig stehen, geht er in der Regel von allein. Empfohlen wird auch, ruhig vor sich hin zu sprechen, sich umzudrehen und langsam dorthin zurückzugehen, woher man gekommen ist. Nur wenn man Jungtiere vor sich hat, kann die Lage brenzlig werden. Die Mutter, die sicher in der Nähe ist, kennt keinen Spaß ...

Der Weg führt durch die Sonnen-Schlucht (einfache Strecke 20 km, hin und zurück 2–3 Tage). Beliebt ist es auch, mit Booten auf der Lena bis Katschug zu fahren.

Die Küste des Reservats wird manchmal auch **Braunbärenküste** genannt, denn die Siedlungsdichte von bis zu einem Bär auf 1000 ha ist sehr hoch. Besonders im Frühjahr nach ihrem Winterschlaf kommen die „Herren der Taiga" aus den Bergen herab ans Ufer. Bucht man für diese Zeit einen Aufenthalt in einer der Ranger-Stationen, bekommt man sie mit großer Wahrscheinlichkeit zu Gesicht.

Für nähere Information wendet man sich an die Verwaltung des Reservats in Irkutsk. Ohne Erlaubnis sind Besuche am Kap Saworotny möglich (s.u.).

●**Verwaltung:** Irkutsk, ul. Baikalskaja 291 B, Tel. (3952) 350615, Fax 351350, www.blensk.zapoved.ru, zapoved@irk.ru, stolga@ irk.ru.

Anreise

Das gesamte Territorium des Reservats ist **nur mit dem Schiff** zu erreichen. Die billigste Möglichkeit ist das Tragflächenboot, das zwischen Irkutsk und dem Nordbaikal verkehrt. Es legt zwar nicht an der Küste an, doch bei rechtzeitiger Absprache mit der Verwaltung des Reservats kann organisiert werden, dass Mitarbeiter mit einem Motorboot die „Kometa" vor der Küste abfangen und **auf offener See Passagiere in Empfang nehmen.** Diese Praxis ist durchaus gebräuchlich.

Kap Ryty мыс Рытый

Das Kap Ryty (burj. *Chyr Chuschun*) ist das Delta des gleichnamigen Flusses, der sich durch eine **steinige Schlucht** seinen Weg bahnt. Es liegt am südlichen Rand des Reservats. *Ryty* heißt so viel wie „durchpflügt" und soll die von Wasserarmen, Felsbrocken und Schlammlawinen geprägte Landschaft des Deltas beschreiben. Einheimische haben vor diesem Ort großen Respekt. Es heißt, dass die Schlucht von zwei zornigen Brüdern, den Geistern Äärä und Almä, bewohnt wird, die verantwortlich sind für Unwetter und die vielen Unglücksfälle, die hier geschehen. Entsprechend versucht man, sich so wenig wie möglich an diesem Ort aufzuhalten. Die Schlucht wird überhaupt nicht betreten, wie auch für Frauen der ganze unwirtliche Ort tabu ist.

102ba Foto: rj

Bärenspuren

Kap Solnetschny мыс Солнечный

Am Kap Solnetschny (auch: Kap Pokoiniki) liegen ein **Verwaltungsstützpunkt** des Reservats und eine Wetterstation. Außerdem beginnt hier der Weg zur Lena-Quelle.

Kap Sawarotny мыс Заворотный

In der Mitte des Reservats ist ein Küstenstreifen aus der Schutzzone ausgenommen. Der Grund sind Lagerstätten einer **seltenen Quarzart** unweit der Kaps Saworotny und Sredni Kedrowy. Bis vor einigen Jahren wurde der kostbare Rohstoff noch abgebaut und in der Raumfahrttechnik eingesetzt. Heute ist die Förderung eingestellt. Dennoch gelten für dieses Gebiet die Beschränkungen des Reservats nicht. Von Saworotny gibt es gute Wege am Ufer entlang und in die Berge zum Steinbruch.

●Am Kap Saworotny gibt es einige Häuser. Eines davon gehört **Alexander Burmeister.** Er organisiert Aufenthalte (besitzt ein Schiff vom Typ Jaroslawez, 12 Schlafplätze) und bietet Wintertouren übers Eis an (www.baikal1.com, burmeister@irk.ru, Tel. 423130).

Katschug

Качуг ↗ XVI/A2

Obwohl fast in der Mitte des Gebiets Irkutsk gelegen, ist Katschug an der **Lena** mit den Orten nördlich davon eine der Regionen, die am seltensten besucht werden. Über 250 km asphaltierte Straße des ehemaligen Jakutsker Trakts trennen sie von der Gebiets-Hauptstadt Irkutsk.

Doch die Orte an der Lena waren nicht immer Hinterland. Zu Zeiten der Besiedlung Sibiriens lagen hier die größten Verwaltungsstützpunkte, und der Süden der Baikalregion war weitgehend unerschlossen. Nach der sowjetischen Kollektivierung blieb von den vielen kleinen Dörfern am Fluss nur noch ein kleiner Teil übrig, in die die Bewohner aus den anderen Orten umgesiedelt wurden. Es wäre zu teuer geworden, jedes Dörfchen mit Schulen und Ärzten zu versorgen.

Unterkunft

- **Herberge** *(gostíniza)*, ul. Karandaschwili 37, Tel. (39540, aus dem Gebiet Irktusk 240) 91166.

Verkehrsverbindungen

- Je ein **Linienbus** täglich verbindet den Ort mit Irkutsk und Schigalowo.

In der Umgebung

Die Region ist touristisch nicht erschlossen. Die größte Sehenswürdigkeit, die **Felsmalereien** *(schíschkinskije písanizy)*, die 20 km flussabwärts von Katschug am Steilufer der Lena erhalten sind, werden selten von Touristen

166ba Foto: ff

aufgesucht. Sie liegen in der Nähe des Dorfes Schischkino, zwischen Katschug und Wercholensk.

Im Norden des Bezirks (70 km von Katschug) liegen mehrere **ewenkische Siedlungen.** Die größte heißt Werschina Tutury.

Botowskaja-Höhle

Ботовская пещера

Ein großer Teil der Baikalregion ist mit **Karstgestein** bedeckt. Das schafft ideale Voraussetzungen für die Entstehung von Höhlen. Tatsächlich werden bis heute immer neue, faszinierende Höhlen auf den weiten, noch unerforschten Landstrichen entdeckt. Eine der interessantesten ist die Botówskaja-Höhle *(Botówkaja peschtschéra)*, die zwar in den 1940er Jahren schon bekannt war, aber erst ab den 1980er Jahren systematisch erforscht wurde. Sie liegt 90 km flussabwärts von der Stadt Schigálowo, 8 km vom Lena-Ufer entfernt in der Taiga. Die Anfahrt ist sehr schwierig, dennoch führen Irkutsker Höhlenforscher jedes Jahr eine Expedition durch, von der sie jedes Mal mit neuen Ergebnissen zurückkehren.

Die Höhle hat ein riesiges, verzweigtes Gangsystem, das nach wie vor nicht komplett erkundet ist. Die bisher vermessenen Gänge sind insgesamt über 57 km lang. Damit ist die Botowskaja-Höhle die **längste Höhle Russlands.** Neben unterirdischen Seen, großen Hallen und vielen Tropfsteinen ist sie dadurch interessant, dass man in ihren Gängen eine große Zahl von **Tierskeletten** (in erster Linie Bären) findet, unter denen sehr alte und seltene Exemplare sind.

Trasse auf der zugefrorenen Lena

- Informationen zur Botowskaja-Höhle kann der Irkutsker Speleologen-Club **Arabika** geben, Tel. 432322, www.club-arabika.ru.

An der Angara nach Westen – das „Ruhrgebiet“ der Baikalregion

Usolje-Sibirskoje

Усолье-Сибирское ↗ XVI/A2

Wie der Name dieser 110.000 Einwohner zählenden Stadt andeutet, ist ihr größtes Kapital das **Salz** (russ: *sol*). Schon um 1670 waren stark salzhaltigen Quellen bekannt und erforscht worden. Man begann sie zu nutzen, denn Salz war ein kostbarer Rohstoff. 1738 schrieb *Johann Georg Gmelin:*

„Wir kamen bald nach Ussolje [...]. Wir fuhren zwischen zwei Inseln durch. Auf derjenigen, die zur rechten Hand liegt, ist ein Dorf mit einer Kirche, auf der linken aber sind die Salzkoten. [...] Diejenige, welche dem Dorfe am nächsten ist, gehört einer irkutskischen Witwe namens Piwowaricha, die andere dem wosnessenskischen Mönchskloster in Irkutsk. [...] Man kocht aber doch jährlich soviel Salz, dass der irkutskische Bezirk kein fremdes Salz bedarf, sondern mit diesem reichlich versehen werden kann.“

Inzwischen weiß man, dass die Steinsalzvorkommen der Region größer sind als alle anderen Lagerstätten in Russland zusammengenommen. Um die Salzproduktion entwickelte sich die Siedlung Usólje-Sibírskoje, die allerdings erst 1925 den Status einer Stadt bekam, nachdem durch den Bau der **Transsib** die Einwohnerzahl stark angestiegen war. Doch auch schon im 19. Jh. war sie u.a. durch die Ansiedlung russischer und polnischer Verbannter zu einem nicht unwichtigen kulturellen Zentrum geworden. Große wirtschaftliche Bedeutung erhielt sie in den Nachkriegsjahrzehnten, als mit der Chlorproduktion der Grundstein der **chemischen Industrie** gelegt wurde. Außer verschiedenen Salzverbindungen werden heute Farben, Lacke, Arzneimittel und eine breite Palette anderer Produkte hergestellt, die die Stadt zu einem wichtigen Wirtschaftsfaktor des Irkutsker Gebiets machen.

Tscheremchowo

Черемхово ⇗ XVI/A2

Auch Tscheremchówo hat sich aus einem kleinen, 1743 gegründeten Ort zu einer **Poststation am Moskauer Trakt** entwickelt. Erst 1898 begann man mit dem industriellen Abbau der **Steinkohle,** die die Einheimischen bis dahin nur zum Heizen ihrer Häuser verwendet hatten. Doch nun brauchte man die Kohle für die **Transsib,** und innerhalb weniger Jahre wurden Tausende von Arbeitern freiwillig und unfreiwillig aus allen Ecken Russlands, aus der Ukraine, Weißrussland und Polen hierher gebracht. Während der Abbau damals noch unter Tage geschah, begann man in den 1930er Jahren mit offenem Tagebau. Heute ist die Stadt von allen Seiten von Gruben umgeben. Sie versorgt in erster Linie die Heiz- und Wärmekraftwerke im Irkutsker Gebiet, was leider zu erhöhter Luftverschmutzung führt.

● **Urlaubsdomizil für Angler und Taiga-Freunde:** Am Fluss Ija liegt 3 km flussaufwärts von Tulun das Anwesen „Kasatschka Ija" in herrlicher, wilder Natur. Besitzer: *Nikolai Wasilewitsch Tereschenko,* Tel. (39530) 23923, 27130, 89021739920; hunting@aport2000.ru. Alle Gebäude sind rustikal, aber sehr komfortabel ausgestattet. Die Zimmer haben Dusche, WC, außerdem stehen zur Verfügung: Tennisplatz, Billard, Fitness-Raum, Banja, Sauna; max. 15 Pers.

Nischneudinsk

Нижнеудинск ⇗ **Umschlag vorn/A2**

Die Stadt an der **Transsib** ganz im Westen des Irkutsker Gebiets entstand 1648 als eine von Kosaken gegründete Festung am Fluss Uda. Schon bald begann man, das fruchtbare Land am Fluss zu bebauen. Mitte des 18. Jh. erreichte die erste organisierte Überlandstraße, der „sibirische Trakt", die Siedlung Nischneudínsk. Es entstand eine Poststation, die den Ort sehr belebte, sodass er 1783 den Stadtstatus bekam. Zu Beginn des 19. Jh. ließen sich viele Goldsucher hier nieder, um am Fluss Birjusa zu schürfen. Mit der transsibirischen Eisenbahn entstanden Industrieniederlassungen, die die in der Umgebung reichlich vorhandenen Rohstoffe nutzten und die Einwohnerzahl, besonders durch die Ansiedlung polnischer Verbannter, in die Höhe schnellen ließen.

Bis heute wird **Glimmer** gewonnen und verarbeitet. Auch die **Holzindustrie** spielt eine wichtige Rolle. Nischneudinsk hat ca. 44.000 Einwohner. Touristisch ist es besonders als Ausgangspunkt für Touren nach Tofalarien interessant. Ein **Heimatmuseum** in der ul. Lénina 27 widmet sich der Stadtgeschichte und der Kultur Tofalariens.

Vom **Bahnhof** ins Zentrum gelangt man per Bus oder Pkw (fahren wie Linientaxis) von der Bushaltestelle. Diese erreicht man vom Bahnhof 200 m geradeaus bis zur Hauptstraße gehend, dort Fahrtrichtung links.

Service

- **Geschäfte, Apotheke, Telegrafenamt** sind in der ul. Lénina zu finden.
- **Miliz:** ul. Nekrásowa 8, Tel. 41867.

Unterkunft

- Hotel **Uda,** ul. Lénina 11, Tel. (217) 40144; großer Betonklotz mit einfachen und etwas besseren Zimmern *(ljux)*, nicht teuer (ca. 80–100 R).

Verkehrsverbindungen

- Mehrere **Züge** tägl. aus Irkutsk (liegt ca. 500 km südöstlich), alle Transsib-Züge machen hier Station.
- **Flugplatz,** Tel. (217) 41533 *(otdél perewósok* = Transportabteilung), liegt etwas außerhalb. Nur eine Buslinie fährt unregelmäßig ab der Bushaltestelle. Vom Hotel ist er in ca. 20 Minuten zu Fuß zu erreichen.

Tofalarien – kleines Volk, großes Gebirge

Тофалария ↗ Umschlag vorn/A2

Seit 1934 trägt die Gebirgsregion im Nordteil des **Ost-Sajan** den Namen Tofalarien. Sie liegt im Westen des Irkutsker Gebiets, grenzt im Westen an die Krasnojarsker Region und im Süden an die Republiken Tuwa und Burjatien. Auf 21.426 km^2 (etwas größer als Hessen) leben ca. 1200 Menschen, die ungefähr zur Hälfte vom kleinen Volk der **Tofalaren** abstammen (s. Kap. „Menschen und Kulur: Bevölkerung"). Doch weniger diese ethnische Minderheit macht eine Reise in die Region interessant (die Dörfer sind in einem traurigen Zustand) als vielmehr ihre faszinierende Natur.

Tofalarien ist bis heute **nicht an moderne Verkehrswege angeschlossen.** Die drei Siedlungen Alygdscher (administratives Zentrum), Werchnjaja Gutara und Nercha liegen völlig abgeschnitten in den Bergen und sind auch untereinander nicht durch Straßen verbunden. Deshalb ist das verbreitetste Fortbewegungsmittel im Sommer das **Pferd.** Im Winter, wenn die zugefrorenen Flüsse befahren werden können, werden auch Autos und Motorräder und für die Jagd Rentiere benutzt. Die Flusstäler sind umrahmt von bewaldeten Hügeln und Bergen, die in Richtung Hochgebirge langsam schroffer und karger werden. Bergseen sind manchmal in den Kratern erloschener Vulkane entstanden. Es gibt unzählige Möglichkeiten für **Wander- und Reit-**

touren oder **Wildwasserfahren.** Allerdings muss man sich im Klaren darüber sein, dass Tofalarien **keine touristische Infrastruktur** aufweist. Mit etwas Glück und Ausdauer kann man in den Dörfern eine Übernachtungsmöglichkeit finden, jedoch sehr einfach ohne WC, Dusche oder fließend Wasser. Geschäfte gibt es nur wenige private mit geringem Angebot. Das Preisniveau ist wegen der Transportkosten deutlich höher. Brot gibt es in den Geschäften nicht, die Einheimischen backen es selbst. Eine weitere Schwierigkeit ist, dass es fast kein **Kartenmaterial** von Tofalarien zu kaufen gibt. Helfen können folgende Quellen:

- http://vmk.ugatu.ac.ru/tourism/GEOMAP/N-47.htm
- www.tourism.ru/phtml/users/get_report.php?157
- www.tofalaria.ru

Anreise per Hubschrauber

Nach Tofalarien führen keine Straßen. Früher flogen regelmäßig Propellerflugzeuge des Typs AN-2, heute bleibt nur der Hubschrauber.

Eine Alternative zu selbstorganisierten Aufenthalten bietet die Transportabteilung des **Flugplatzes von Nischneudinsk.** Über sie können Gruppen Hubschrauber mieten. Sie bringt Touristen jedoch ungern in die Nähe der Siedlungen und setzt sie direkt an speziellen **Unterkünften** (gut ausgebaute Jagdhütten) ab, wo sie in unberührter Natur fischen, jagen oder wandern können (Kontakt s. Nischneudinsk).

Die Transportabteilung hat heute zwei Hubschrauber (Typ MI-8 und ein neuerer) mit je ca. 20 Plätzen, die Tofalarien regelmäßig anfliegen, nach Alygdscher (ca. 150 km) in der Regel zwei- bis dreimal wöchentlich und in den Ort Werchnjaja Gutara etwa ein- bis zweimal wöchentlich. Allerdings kommt es vor, dass die Hubschrauber anderweitig belegt sind (Touristen, Verwaltung, Wissenschaftler). Auch bei schlechten Wetterbedingungen, besonders in den wolkenreichen Sommermonaten, fliegen sie seltener.

Touristen werden grundsätzlich ungern mitgenommen. Von ihnen wird erwartet, dass sie einen kompletten Hubschrauber mieten (30–60.000 Rubel je nach Typ). Wenn man jedoch einzeln reist, etwas Russisch spricht und Plätze frei sind, hat man trotzdem eine Chance (Einheimische haben Vorrecht). Wann Flüge aus Alygdscher zurückgehen, muss man vor Ort erfragen. Preis Hin- und Rückflug: ca. 3600 R (Einheimische 500 R).

Theoretisch kann man den Rückweg auch zu Fuß oder per Pferd machen. Einheimische bevorzugen im Notfall die kürzere Verbindung nach Arschan (nicht zu verwechseln mit Arschan im Tunka-Tal) oder Ischidei (bei Tulun).

Jagd

Die Jagd ist heute die wichtigste Einkommensquelle für die Einheimischen. In unregelmäßigem Rhythmus gehen die Männer zu zweit oder dritt auf die Jagd. Geschossen wird Wild (Moschustier, Rotwild) für den Eigenbedarf und Pelztiere (Zobel, Eichhörnchen) für den Verkauf. Besonders der Zobel gilt hier als sehr hochwertig.

Jeder Jäger hat ein eigenes Jagdgebiet, in dem er eine Jagdhütte unterhält. Je nach Besitzer können diese Hütten sehr einfach oder auch besser ausgestattet sein. Tofalaren trinken auf der Jagd grundsätzlich nicht. So verwandeln sich Alkoholiker nach ein bis zwei Tagen im Wald in ausgezeichnete Jäger.

Rentiere

Die Tofalaren, die traditionell Rentierzüchter waren, haben diesen Wirtschaftszweig heute fast aufgegeben. **Eine einzige Herde** von etwa 200 Tieren wird momentan noch gehalten.

In den Wäldern Tofalariens

Die sehr groß gewachsenen Rentiere werden fast ausschließlich von Einheimischen als Reit- und Lasttiere genutzt, wofür sie im Winter ungleich besser geeignet sind als Pferde. Ein tofalarisches Rentier kann mit Last am Tag bis zu 60 km zurücklegen.

Eine ganz ähnliche Situation hatten die sowjetischen Wirtschaftsplaner schon zu Beginn des 20. Jh. vorgefunden, als sie versuchten, die Existenz der Minderheit auf eine „moderne" wirtschaftliche Grundlage zu stellen. Daraufhin wurde die Rentierzucht bewusst gefördert, sodass bis zum Niedergang der Sowjetunion fünf große Herden mit jeweils weit über 1000 Tieren existierten. 20–30 Menschen waren als Hirten angestellt, sie redu-

104ba Foto: rj

zierten außerdem den Wolfbestand, der die Tiere sonst bedrohte.

Ohne die staatliche Förderung ist die Zucht heute wohl nicht mehr rentabel. Außerdem ist kaum jemand bereit, das ganze Jahr über mehrere Tagesritte von Alygdscher entfernt in den Bergen zu leben. Die letzte Herde ist in Privatbesitz. Die beiden Männer, die sie pflegen, werden von den „Kunden", die sich im Winter Rentiere leihen, das ganze Jahr über versorgt.

Wer im Sommer die Rentierherde **besuchen** will, braucht mit dem Pferd für die einfache Strecke ca. zwei Tage, zu Fuß ca. drei bis vier Tage. Da es keine guten Karten gibt, sollte man einen Führer mitnehmen. Die Herde ist schwierig zu finden.

Rentierkalb

Blick auf Alygdscher

Der Weg führt von Alygdscher ca. 3 km die Uda hinauf, danach ca. 28 km weiter am Fluss Kara-Buren entlang, ehe man über einen Pass (sehr sumpfig) Richtung Osten den Fluss Chailama (Хайлама) erreicht. Von hier muss noch ein Pass in Richtung des Flusses Barbitai (Барбитай) überquert werden. 1 km unterhalb dieses Passes befindet sich das Sommerlager der Herde. Das Winterlager liegt etwas tiefer am Fluss Chailama und wird häufiger gewechselt. Man sollte dort ein bis zwei Tage einplanen, da man bei schlechtem Wetter die Rentiere nicht zu Gesicht bekommt. Sie weiden in kleinen Gruppen auf den Bergkämmen und kommen nur tagsüber bei schönem Wetter in den Wald herunter, wo sie Schutz vor der Sonne suchen. Die Umgebung ist landschaftlich schön, auch wenn die Berge hier noch nicht übermäßig hoch sind (etwa 2000 m). In 15 km Entfernung liegt der heilige Berg Alchadyr (2313 m).

Magische Mergelsteinchen

Der **Kastarma-See** (Кастарма) liegt ca. 40 km entfernt von Alygdscher. Im Uferschlamm findet man bis heute kleine, meist weiße oder auch graublaue Mergelsteinchen. Sie bestehen aus einem Ton-Kalk-Gemisch und haben oft sehr komplizierte, scheinbar von Menschen geschaffene Formen. Von den Tofalaren wurden sie „Kastarma" genannt, am als heilig geltenden See gesammelt und als **Talisman** getragen. Fremde wurden ungern in die Nähe des Sees gelassen. Der Legende nach lebt der Meister Kastarma auf

105ba Foto: ri

dem Grund des Sees, macht dort von vorübergehenden Menschen und Tieren Abbilder aus Stein und wirft sie ans Ufer. Nicht nur die Tofalaren schätzten sie, sondern auch benachbarte Burjaten tauschten früher gern bestimmte Waren (z.B. verzierte Sättel oder Metallgegenstände) gegen die magischen Steinchen.

Alygdscher

Алыгджер ↗ Umschlag vorn/A2

Das größte der Dörfer, am Fluss Uda gelegen, ist äußerlich kaum von einer ländlichen russischen Siedlung zu unterscheiden. Es dient oft als **Ausgangspunkt für Touren.** Mit etwas Glück findet man in Alygdscher Begleiter, die einen auf die Jagd oder in die Berge mitnehmen. Pferde kann man leihen.

In der Ortsmitte gibt es ein kleines tofalarisches Kulturzentrum, das hauptsächlich für Kinder traditionellen Tanz- und Gesangsunterricht anbietet. Eine kleine Ausstellung zeigt Kunstgegenstände und tofalarisches Werkzeug. Einen besseren Eindruck der Kultur gibt jedoch das Heimatmuseum in Nischneudinsk (s.o.).

Die Einheimischen sind leider heute zu einem hohen Prozentsatz arbeitslos, und betrunkene Männer und auch Frauen gehören zu jeder Tageszeit zum Dorfbild. Angenehm ist, dass sie kaum aufdringlich und meist gutmütig sind. Sie konsumieren in erster Linie Selbstgebranntes.

Pferde mieten

Familien in Alygdscher besitzen in der Regel ein oder zwei Pferde, die sie relativ kurzfristig ausleihen können. Mindestens zwei Tage sollte man aber auf jeden Fall für die Vorbereitung einplanen, denn die Einheimischen überstürzen solche Dinge ungern. Die Preise sind Verhandlungssache und können stark schwanken. Der Preis für ein Pferd beträgt pro Tag etwa 100–150 R. Hinzu kommen evtl. 150 R für das Pferd des Begleiters und noch einmal soviel als Lohn.

Wanderung zum Wasserfall

Ca. 3 km flussaufwärts von Alygdscher bildet ein Gebirgsbach einen Wasserfall von ungefähr 20 m Höhe. Auf der Seite des Ortes führt ein Weg am Fluss entlang. An einem steilen Geröllfeld verengt sich der Weg. Danach führt kurz vor dem Fluss Kara-Buren ein sehr kleiner Trampelpfad nach links oben zum Wasserfall.

Wer weiter flussaufwärts an der **Uda** entlanggehen will, sollte sich bereits bei Alygdscher mit dem Pferd oder Boot übersetzen lassen, da der Fluss teilweise sehr tief und schnell ist.

Bergtouren

Spektakuläre Hochgebirgslandschaften mit Bergseen findet man entlang der Grenze zu Tuwa (z.B. Changarok) und zum Krasnojarsker Gebiet. Die höchsten Gipfel liegen hier über **2500 m** (Pik Trianguljatorow 2875 m, Pik Grandiosny 2922 m). Die Möglichkeiten für Wander- oder Reittouren sind fast unbegrenzt.

Eine schöne Tour, die relativ häufig begangen wird, führt von Alygdscher nach **Werchnjaja Gutara** (Pferd: 7–10 Tage, zu Fuß 14 Tage). Der Weg verläuft von Alygdscher entlang der Uda zwischen den Bergzügen Dschuglymski und Udinski hindurch. Am Fluss Chataga verlässt man die Uda in Richtung Norden und gelangt über einen Pass zum (rechten) Kasyr.

Alternativ kann man auch weiter an der Uda bleiben. Nach Überquerung eines anderen Passes gelangt man auf diesem Weg zum (linken) Lewy Kasyr. Doch auch er führt am Ende wieder zum Kasyr. Von hier muss man über den Fluss Malaja Kischta den Pass Fedosejewa überqueren, bevor man entlang der Flüsse Iden und Gutara den Ort Werchnjaja Gutara erreicht.

Wildwassertour

Größere Flüsse sind die Uda und die Birjusa (Бирюса). Eine sehr beliebte Bootstour führt von **Alygdscher** die Uda hinab bis nach **Nischneudinsk** und dauert ca. 4 Tage (Schwierigkeitsgrad 3–4). Sie führt durch unbewohntes Gebiet und sehr malerische Landschaft. Eine Sehenswürdigkeit unterwegs sind schwer datierbare (3–8000 Jahre alte) Felsmalereien, die ca. 2 km vor der Mündung der Jarma an den steilen Felswänden am rechten Flussufer zu sehen sind. Die rote Farbe der Zeichnungen ist auf den leicht rosafarbenen Felsen allerdings nicht auf den ersten Blick zu erkennen.

Taischet Тайшет ↗ Umschlag vorn/A1

Wer mit dem Zug nach Bratsk reist, verlässt die Transsib in Taischet. Hier beginnt die BAM (Baikal-Amur-Magistrale, s. Exkurs). Wenn auch der Name der Stadt alte Wurzeln hat – er ist aus dem Ketischen, der Sprache eines sibirischen Volkes, abgeleitet und bedeutet „kaltes Wasser" – so ist das heutige Taischet doch erst 1897 mit dem Transsibbau gegründet worden. Es liegt am Fluss Birjusa und hatte immer schon die Funktion eines **Verkehrsknotenpunktes.** Viele Kriegsgefangene lernten es als Station auf dem Weg in eines der Lager Richtung Bratsk kennen.

Einer der nördlichsten Ausläufer des **Sajan-Gebirges** reicht fast bis Taischet, sodass die Stadt einen günstigen Ausgangspunkt für Touren in herrliche Natur darstellt.

Unterkunft

- Hotel **Birjusa,** ul. Tránsportnaja 13 (ca. 200 m vom Bahnhof entfernt).
- **Privatunterkunft.** *Igor Schalýgin,* Birjusinsk, Tel. (39563) 24375; igor_sh@irmail.ru; *Igor* spricht Deutsch.

Tourenanbieter

- *Igor Schalýgin,* Kontakt s.o., mehrtägige Schlauchboot-Abfahrten auf den Flüssen Birjusa oder Tagul in verschiedenen Schwierigkeitsgraden, Wanderungen, Jeep-Touren, Reisen nach Tofalarien.

Bratsk – Stadt am Staudamm

Братск ↗ XIV/A3

Es ist schwer, Zugang zu finden zu einer Stadt wie Bratsk, die zwar auf eine lange Geschichte zurückblickt, diese aber durch den Bau eines riesigen Staudamms für immer hat in den Fluten des **Bratsker Meers** versinken lassen. Mehrere merkwürdig weit voneinander entfernt liegende Stadtteile machen es nicht leicht, Bratsk überhaupt als *eine* Stadt wahrzunehmen. Ökologisch problematische Industriezweige tragen wenig dazu bei, das Image aufzubessern. So gilt Bratsk nicht als eines der beliebtesten Reiseziele. Mit Ausnahme von Technikinteressierten, die den Damm und das Kraftwerk besuchen möchten, oder Durchreisenden auf dem Weg an den Nordbaikal macht heute selten jemand hier Halt.

Die Stadt selbst und ihr Leben erschließt sich erst durch Kontakte zu ihren Bewohnern. Risikofreudige und innovative Menschen, Naturwissenschaftler, Ingenieure, auch Menschen mit Lagervergangenheit – die Zusammensetzung der **Bevölkerung** von Bratsk hat ihre Besonderheiten. Wer genauer hinschaut, spürt das. In der Bratsker Zeitschrift „Taiga" erscheinen teilweise sehr kritische Artikel über Ökologie, Soziales und Stadtentwicklung (http://taiga.bratsk-city.ru). Der regionale Verband der Menschenrechtsorganisation „Memorial" ist hier aktiver als in anderen Städten und scheut auch nicht vor der öffentlichen Aufarbeitung der Repression zurück.

Nicht zuletzt gibt es in Bratsk eine Pflichtadresse für alle Freunde **russischer Lyrik.** *Viktor Serbski,* selbst Herausgeber einer Lyrikanthologie für Bratsk („Wéter Brátska"), besitzt die wohl vollständigste Sammlung russischer Lyrik (über 30.000 Bände, http://serbsky.bratsk-city.ru). Nach Anmeldung können hier seltene Kostbarkeiten eingesehen werden, und der Hausherr, der von *Okudschawa* bis *Jewtuschenko* viele Berühmtheiten persönlich kennt bzw. kannte, antwortet gern auch auf ausgefallene Fragen.

Viele Bratsker Jugendliche gehen zum Studium nach Irkutsk. Doch die Bratsker **Hochschulen** arbeiten in den letzten Jahren an der Verbesserung ihres Profils, um der Abwanderung entgegenzuwirken.

Geschichte

Als Gründungsdatum der Stadt gilt das Jahr 1631, in dem ein Kosaken-Hauptmann aus Jenisséisk es riskierte, mitten im burjatischen Gebiet an den Stromschnellen von Padun *(padúnksi poróg)* eine erste kleine **Festung** zu errichten. Dieses Datum ist allerdings etwas willkürlich, denn die Festung, die drei Jahre später abbrannte, war nur einer von vielen Versuchen der russischen Eroberer im Zeitraum zwischen 1620 und 1650, einen festen Stützpunkt an der Angara zu gründen und die hier lebenden **Burjaten** und **Ewenken** abgabepflichtig zu machen. Die Festung Jenisseisk unweit des Zusammenflusses von Jenisséi (Енисcей) und Angara war damals der wichtigste russische Siedlungspunkt östlich von Tobolsk. Die Kosaken drangen über die Flüsse Untere Tunguska, Lena und Angara in die Region ein.

Die Reaktion der Burjaten war gespalten. Dem Kosaken *Pjotr Beketow* war es gelungen, einen Stamm friedlich zum Tribut zu verpflichten. Seine Nachfolger verspielten diesen Vertrauensvorschuss durch Willkür und Gewalt und provozierten heftigen **militärischen Widerstand** im Gebiet der Angara und ihrem Zufluss, der Oká (Ока). Dies hing auch damit zusammen, dass die Burjaten bis dahin von den Ewenken Abgaben erhalten hatten und es für sie von Nachteil war, diese Tributzahler zu verlieren.

Erst die Festung, die 1654 auf dem linken Oka-Ufer an der Angara-Mündung erbaut wurde, entwickelte sich zum Kern einer bäuerlichen Siedlung. Sie bestand aus einfachen Holzhäusern, umgeben von einem Palisadenzaun, und hatte hölzerne Wachttürme, von denen einer heute im Bratsker Freilichtmuseum zu sehen ist.

Nach und nach entstanden mehr russische Siedlungen in den fruchtbaren Flussniederungen der Angara, die den Burjaten als Weideland gedient hatten. Jetzt wurde hier zunehmend Ackerbau betrieben, wobei man relativ gute Ernten erzielte.

BAM

Im 19. Jh. begann man, Eisen zu verhütten. Doch auch im 20. Jh. blieb Bratsk eine unbedeutende kleine Stadt.

Zu weit lag es von der Hauptverkehrsader Sibiriens, der Transsib, entfernt. Allerdings gab es Pläne, dies zu ändern. Schon in den 1930er Jahren wurde an einer neuen **Zugstrecke** von Taischet nach Bratsk gebaut, sozusagen dem Westteil der späteren BAM. Obwohl sie Bratsk erst 1947 erreichte und während des Krieges teilweise wieder abgebaut wurde, weil Schienen in Westrussland dringend benötigt wurden, ist sie doch verantwortlich für ein dunkles Kapitel in der Geschichte der Region: Zwangsarbeit und Verbannung. In unzähligen Lagern entlang der Strecke lebten und starben die verschiedensten Opfer der Stalinschen Repression und später auch Kriegsgefangene. Sie rodeten den Wald, schütteten Bahndämme auf und bauten eine Straßenverbindung, die 1951 Bratsk erreichte.

Angara-Stausee

Ungefähr zu dieser Zeit entstand die Idee, die Angara zur **Stromgewinnung** zu nutzen. Nachdem mit dem Bau der ersten Staustufe in Irkutsk schon 1950 begonnen worden war, begannen 1954 in Bratsk Soldaten und Strafgefangene, den Wald zu roden und die ersten Vorbereitungen für die Großbaustelle zu treffen. Für den eigentlichen Bau wurden etwas später reguläre Arbeitskräfte angesiedelt. Auch an diesem Projekt, Sinnbild für den Sieg des Menschen über die sibirische Natur, arbeiteten wie später an der BAM freiwillige Komsomolzen, junge Menschen, die von der Idee der Neulandgewinnung begeistert waren. Sie waren bereit, in der Anfangszeit in Zelten zu wohnen, und nahmen sogar im Sommer die furchtbare Mückenplage der Angara-Flusslandschaft auf sich, um voller Idealismus an der „großen Sache" zu arbeiten. 1961 waren 19.000 Menschen an dem größten jemals dagewesenen Stauprojekt beschäftigt. Die 114.000 Bewohner der Dörfer, die aus der **Überflutungszone** umgesiedelt wurden, standen den Plänen vielleicht skeptischer gegenüber. 1960 begann der Aufstau des Flusses, und an seinen Ufern entstand das heutige Bratsk, das zurzeit ca. 270.000 Einwohner hat.

Industrie

Um die enorme Stromkapazität des Kraftwerks zu nutzen, wurde energieintensive Industrie angesiedelt. Die größten Arbeitgeber sind heute das **Aluminiumwerk** (BrAS) und einer der größten **Holzverarbeitungsbetriebe** der Welt (exportiert viel nach Europa). Sie liegen am Südrand der Stadt, einzelne Sägewerke finden sich auch in der weiteren Umgebung. **Luft- und Wasserverschmutzung** sind allerdings bei beiden ein großes Problem, über das erst in den letzten Jahren öffentlich gesprochen wird. Im Hinblick auf die Luftverschmutzung gibt es inzwischen Ansätze für ein Umdenken. Doch es wird lange dauern, bis sich die geschädigte Taiga im Umkreis und die belastete Angara erholen. Trotz der großen Stromabnehmer ist das Kraftwerk oft nicht ausgelastet, und auch seine Dimensionen werden heute kritischer gesehen.

Ein literarisches Denkmal hat der Schriftsteller und Dichter *Jewgeni Jewtuschenko* dem Staudamm gewidmet. In seinem Epos „Bratskaja GES" verflicht er auf sehr feinfühlige Weise Beschreibungen des technischen Ereignisses mit menschlichen Schicksalen.

Das Wasserkraftwerk (Brátskaja GES) in Zahlen

- **Inbetriebnahme:** Aufstau ab 1960, Bauabschluss des Kraftwerks 1966
- **Höhe des Damms:** 125 m
- **Länge des Damms:** 924 m
- **Fläche des Stausees:** 5440 km² (10-mal so groß wie der Bodensee)

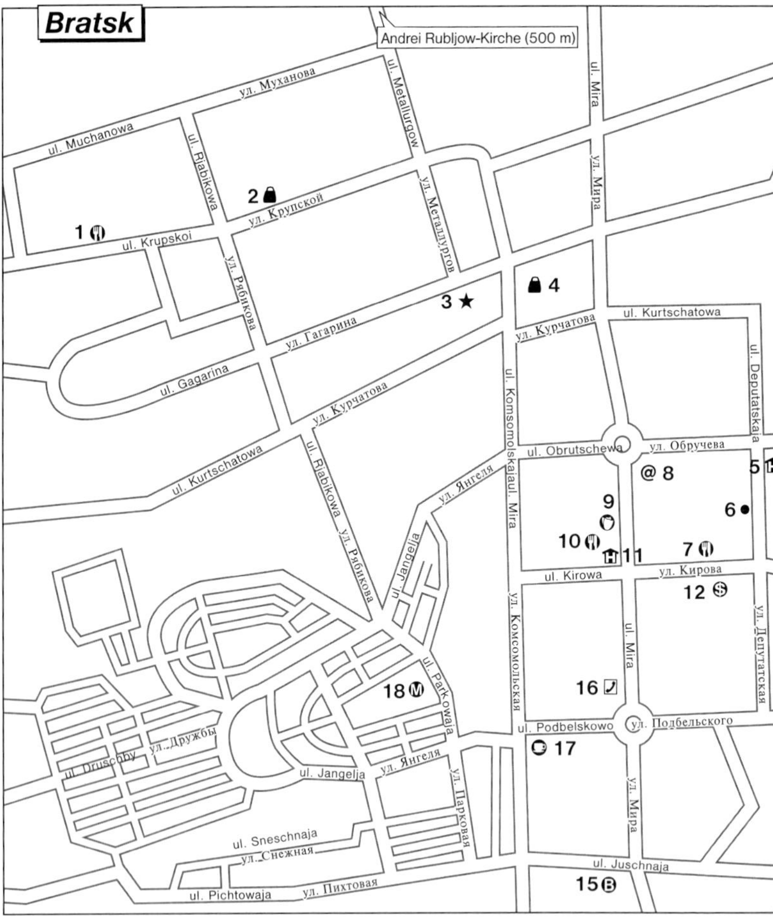

- **Volumen des Stausees:** 169 km³
- **Kapazität:** 18 Turbinen mit je 250.000 kW, einsetzbar max. 15 (3 in Wartung)
- **Jahresleistung:** 22,6 Mrd kWh

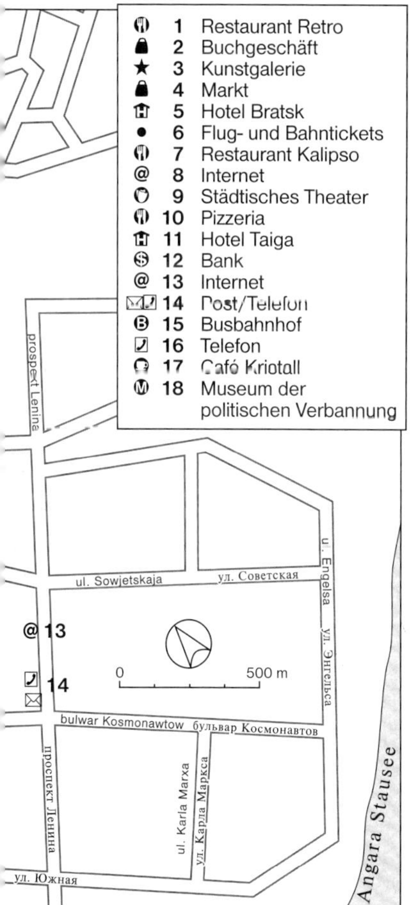

Sehenswertes

Anfahrt über die Angara

Eine interessante Möglichkeit, nach Bratsk zu kommen, ist das **Tragflächenboot,** das regelmäßig zwischen Irkutsk und Bratsk verkehrt. Nach einer ruhigen Fahrt auf der in leichten Windungen gemächlich dahinfließenden Angara, zwischen waldigen Ufern, mit seltenen Halts in kleinen Siedlungen, weitet sich der Fluss 200 km vor Bratsk zu einem ersten Stausee, verengt sich noch einmal, bevor man hinausfährt auf die riesige Wasserfläche des **Bratsker Meers** *(Brátskoje wodochranílische).* Vom Wasser aus bekommt man einen ersten Eindruck von der Stadt und ihren rauchenden Schornsteinen. Im Sommer tummeln sich Segelboote und Jachten in den Buchten.

Im Zentrum

30 km südlich des Damms liegt am westlichen Seeufer das Zentrum von Bratsk *(Zentrálny),* ein eher trister, von sozialistischer Architektur geprägter Stadtteil mit der 100 m breiten ul. Míra (Straße des Friedens) im Mittelpunkt. Im Zentrum gibt es eine Reihe von Hotels, die teils gut besucht waren, als Bratsk noch zum Pflichtprogramm für Reisende aus sozialistischen Nachbarländern gehörte. Seit 2004 steht hier das **städtische Theater,** ein ehemaliges Kino, das aufwendig umgebaut wurde *(Bratski dramatítscheski teátr,* ul. Mira 37, Tel. 411438). Am nördlichen Rand des Stadtteils wurde eine neue **orthodoxe Kirche** zu Ehren des

Ikonenmalers *Adrej Rubljow* erbaut, die seit 2005 fertiggestellt ist. An der Kreuzung der ul. Kirowa und ul. Mira entsteht noch eine Kirche. Neben dem Fernsehzentrum steht eine katholische Kirche aus Holz.

Padun

Von Zentralny führt eine gut ausgebaute Schnellstraße fast 30 km weit nach Norden durch den Wald, bis man in den sehr viel ansprechenderen Stadtteil Padún kommt. Hier sind viele Häuser noch aus Holz, und es gibt seit Ende der 1980er Jahre eine orthodoxe Holzkirche.

Energetik und Gidrostroitel

Der direkt anschließende Stadtteil Energétik liegt kurz vor dem Staudamm. Obwohl seine Architektur von Wohnblocks geprägt ist, wirkt Energetik freundlicher als das Zentrum. Wie auch im Stadtteil Gidrostroítel, der gleich östlich vom Damm liegt, fallen der ruhige, geordnete Lebensrhythmus auf, die zivilisierte Fahrweise und die Sauberkeit.

Staudamm

Die größte Sehenswürdigkeit von Bratsk ist wohl der Staudamm mit dem **Kraftwerk.** Er spielt nicht nur für Touristen eine Rolle: Fast jedes junge Ehepaar fährt nach der Trauung zum Damm, um sich am Flussufer vor dem riesigen Bauwerk fotografieren zu lassen. Für Interessierte gibt es die Möglichkeit, über örtliche Reiseveranstalter eine Führung durch das Kraftwerk zu buchen (Bus nach Gidrostroitel).

Freilichtmuseum Angara-Dorf

Das Freilichtmuseum wurde Ende der 1970er Jahre zusammengestellt, in erster Linie aus russischen Häusern der Überflutungszone des Ust-Ilimsker Stausees. Auf dem weitläufigen Gelände im Wald ist auch ein kleiner Komplex über ewenkische Lebensweise zu sehen, liebevoller gestaltet als der im Freilichtmuseum Talzy bei Irkutsk.

- Freilichtmuseum **Angárskaja derévnja,** Tel. 368910, Informationen auch unter Tel. 412834, 414651; ganzjährig Fr, Sa, So 10–18 Uhr (im Sommer bis 19 Uhr, teilweise und bei Voranmeldung auch Di, Mi, Do). Das Museum liegt zwischen dem Zentrum und Padun. Es fahren Busse/Marschroutkas Nr. 9, 10, 10u, 50 bis in die Nähe eines Verkehrskontrollpunktes, von dort sind es noch ca. 2 km Fußweg. Ein Taxi, das bis direkt vor das Museum fährt, kostet ab Zentrum ca. 100 R.

Weitere Museen

- **Museum der politischen Verbannung** *(Dom muséi politítscheskoi sýlki),* ul. Párkowaja 3, Tel. 414960, im Zentrum.
- **Museum für Stadtgeschichte und Staudammbau** (*Padúnski filiál muséja istórii oswojénija Angarý,* auch unter dem Namen *muséi Bratskgesstrója* bekannt), ul. Gidrostroítelei 54, Tel. 363543, 362744, in Padun.
- **Kunstgalerie** *(Wýstawotschny sal),* ul. Komsomólskaja 77, Tel. 421636, im Zentrum.

Praktische Tipps

Post und Telefon

- **Vorwahl:** 3953 bzw. 23
- **Telefonieren:** ul. Míra 27.
- **Post/Telefonieren:** ul. Podbélskogo 43, Ecke prospekt Lénina, Zentrum.
- **Postleitzahl:** 665700

Internet

- Internetcafé **Serwer,** prospekt Lénina 29.
- Internetcafé **Sky Net,** ul. Míra 40.

106ba Foto: rj

Geld

- **Bank Sberbank,** ul. Kirowa 30, Geldwechsel, Travellercheques.
- **Bankautomaten** gibt es auch hier inzwischen zahlreich, da fast alle städtischen Betriebe auf bargeldlose Gehaltauszahlung umgestellt haben.

Stadtverkehr

- **Taxi:** Zentrum Tel. 455000, Padun Tel. 335533, 441175.
- Zwischen dem Zentrum und Energetik (die Endhaltestelle liegt ca. 1 km vor dem Damm) pendeln die **Busse** und **Linientaxis** 9, 10, 10u (Russisch: y) und 50. Bis Gidrostroitel fährt die Linie 10. Sie alle machen auch in Padun Halt. Einsteigen kann man entweder am Busbahnhof oder entlang der ul. Mira.
- Innerhalb jedes Stadtteils gibt es eigene Linien von **Bussen** und **Trolleybussen,** die sehr regelmäßig und häufig fahren, sodass deutlich weniger Linientaxis unterwegs sind als in anderen Städten.

Der Bratsker Staudamm war bei seiner Fertigstellung 1960 das größte Stauprojekt aller Zeiten

Essen und Trinken

- Restaurant im Hotel **Taiga,** Tel. 414215.
- Café **Achtamar,** Séwerny Arték, Tel. 415975; armenische Küche, empfehlenswert, liegt nördlich vom Zentrum in der Nähe der Rennrodelbahn im Wald und ist nur mit dem Taxi zu erreichen.
- Café **Kristall,** ul. Podbélskogo 2, Tel. 419043.
- Restaurant **Retro,** ul. Krupskói 9, Tel. 429283.
- Restaurant/Bar **Kalipso,** dreimal in Bratsk: ul. Kírowa 27, Tel. 431812; ul. Naimúschina 54, Tel. 376781 (Energetik); ul. Sosnówa 2, Tel. 440909 (Gidrostroítel).

107ba Foto: rj

●Beliebt und preisgünstig sind auch die Pizzerien: Café **Pizza,** ul. Naimúschina 24 (Energetik); **Pizzeria,** ul. Míra 37a.

●Restaurant **Slawjanksi Dwor,** 4 km vom Zentrum entfernt an der Straße zum Flughafen, Tel. 317599; traditionelle russische Küche, rustikale Ausstattung mit „Museums-Exponaten", Laubenplätze im Freien.

Einkaufen

Geschäfte und kleine **Märkte** gibt es in jedem Stadtteil. Die größte **Einkaufsstraße** ist die ul. Mira.

●**Meridian,** ul. Krupskói 27, Bücher.

Unterkunft

●Hotel **Taiga** (ehem. Intourist), ul. Mira 35, Tel. 414315, 414710, taiga-tours@bratsk.net.ru; hat den besten Standard in Bratsk, renoviert; EZ ab 1900 R, DZ ab 2400 R.

●Hotel **Bratsk,** ul. Deputátskaja 32, Tel. 438436; einfach, EZ ab 500 R, DZ ab 600 R.

●Hotel **Turist,** ul. Naimúschina 28 (Energetik), Tel. 378743, 378760, brtour@formula.ru; EZ ab 1300 R, DZ ab 1400 R.

Tourenanbieter

●**Taiga-Tours,** ul. Mira 35, Tel. 413951, 416513, Fax 416522, www.taiga-tours.ru, taiga-tours@bratsk.net.ru.

●**LovelyTour,** ul. Sowjétskaja 3, Tel. 433290, 453030, Fax 439909, baikal@lovelytour.ru.

Bahnverbindungen

●Bratsk hat drei Bahnhöfe. Von Westen kommend, ist der erste **Ansjóbi** (Tel. 474550). Er liegt sozusagen auf dem freien Feld, ca. 10 km westlich vom Zentrum. Zu erreichen ist er mit Bus Nr. 27 vom Busbahnhof aus (Richtung Tschenakówski) oder mit dem Taxi (ca. 120 R). Vor dem Bahnhof warten immer Taxis auf ankommende Reisende.

Der nächste Bahnhof **Padúnksije Porógi** (Tel. 363688) bedient die Stadtteile Padun und Energetik, der östlich der Angara gelegene Bahnhof **Gidrostroitel** (Tel. 357223) gehört zu Osinowka und Gidrostroitel.

- **Fahrkarten** gibt es im Zentrum unter anderem im Foyer des Hotels Bratsk sowie in der Eisenbahn-Kasse ul. Deputátskaja 17, Auskunft Tel. 439089, Kasse Tel. 452261.
- Alle **Ankunftszeiten** sind für den Bahnhof Ansjobi angegeben. Alle Züge halten jedoch auch an den anderen Stationen. Für die Fahrt von Ansjobi bis Gidrostroitel brauchen die meisten Züge eine Stunde. Alle Angaben sind Ortszeit.

Aus Moskau (Fahrtdauer 77 Std.):

- **Nr. 92** Moskau (Kasanskaja) - Sewerobaikalsk, gerade Tage ab 12.56, an 22.51 Uhr.
- **Nr. 75/76** Moskau (Kasanskaja) - Tynda, ungerade Tage, ab 13.11 Uhr, an 22.14 Uhr.

Nach Moskau:

- **Nr. 91** Sewerobaikalsk - Moskau, ungerade Tage ab 3.52 Uhr.

Aus Irkutsk:

- **Nr. 87** Irkutsk - Ust-Ilimsk, tägl. ab 20.10 Uhr, an 13.31 Uhr.
- **Nr. 71** Irkutsk - Sewerobaikalsk, ungerade Tage ab 22.05 Uhr, an 16.19 Uhr.

Nach Irkutsk:

- **Nr. 87** Ust-Ilimsk - Irkutsk, tägl. ab 17.24 Uhr, an 10.15 Uhr.
- **Nr. 71** Sewerobaikalsk - Irkutsk, gerade Tage ab 13.53 Uhr, an 6.35 Uhr.

Aus Sewerobaikalsk:

- **Nr. 347** Sewerobaikalsk - Krasnojarsk, gerade Tage ab 22.35 Uhr, an 15.40 Uhr.
- **Nr. 71** Sewerobaikalsk - Irkutsk, ungerade Tage ab 22.35 Uhr, an 13.48 Uhr.

(nach Sewerobaikalsk s. dort)

Schiffsverbindungen

- **Tragflächenboot** „Meteor": aus Irkutsk in der Regel Anfang Juni bis Ende September Di, Do, Sa ab 8.30 Uhr, an Bratsk 20.50 Uhr (Adresse s. Irkutsk). Nach Irkutsk Mi, Fr, So ab 8 Uhr an der Anlegestelle „Retschnói port" (Tel. 438511), wenige Kilometer südlich vom Zentrum (Linientaxi 33), an Irkutsk 21 Uhr; einfache Fahrt 420 R.

Busverbindungen

- **Busbahnhof:** ul. Júschnaja 16 (Ecke ul. Mira), Auskunft Tel. 411384, Kasse Tel. 414498.
- Tägl. zwei Verbindungen von und nach **Irkutsk** jeweils morgens und abends (Fahrtdauer ca. 12 Std.).

Flug

- Der **Flughafen** liegt ca. 8 km nördlich von Padun und ist nur mit dem Taxi zu erreichen.
- Die lokale Fluggesellschaft **Aerobratsk** fliegt Mo–Fr nach Irkutsk und 4-mal die Woche nach Moskau (Domodedowo). Die Krasnojarsker Gesellschaft **Kras-Air** fliegt über Krasnojarsk noch einige andere russische Städte an.
- **Flugtickets** kann man an einigen Stellen in Bratsk kaufen, u.a. im Hotel Taiga oder bei Poljot-Service, ul. Deputátskaja 17, Tel. 430775, 435895.
- **Auskunft Flughafen:** Tel. 330910.

Ust-Kut

Усть-Кут ↗ Umschlag vorn/B1

Mit dem Bau der BAM wurde die Stadt an der Mündung des Kut in die Lena zu einem wichtigen Verkehrsknotenpunkt. Über den Fluss wird von hier ein großer Teil der Versorgung Jakutiens abgewickelt. Sie ist meist der Ausgangspunkt für **Fahrten auf der Lena,** denn ab hier ist diese für große Flussdampfer schiffbar (Informationen über Reisen an der Lena s. Literaturtipps im Anhang).

Unterkunft

- Hotel **Lena,** ul. Kírowa 88, Tel. (39565) 51507, Fax 51424.

108ba Foto: rj

Südufer und Sajan-Gebirge

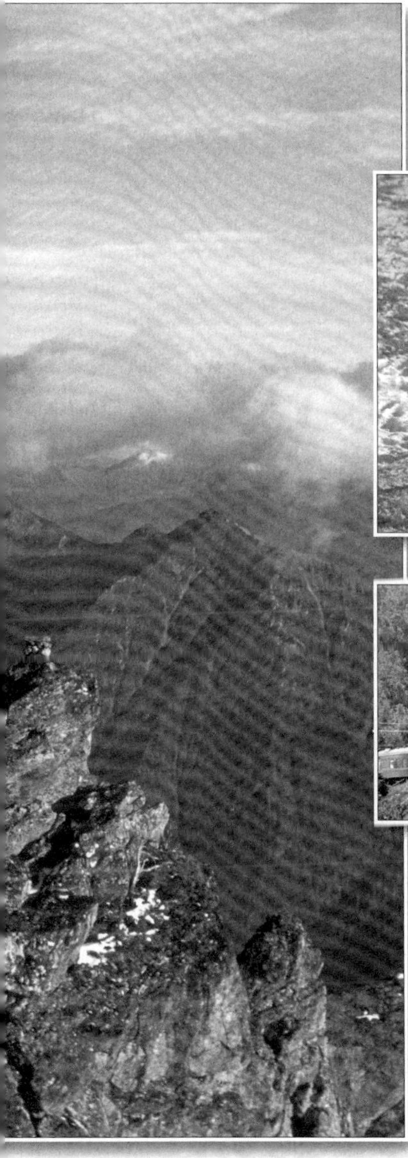

109ba Foto: rj

110ba Foto: rj

Auf dem Pik Poroschisty

Yak im Oka-Bezirk

Linienzug an der Alten Baikalbahn

Das Südufer

Zwischen Gipfeln und Gleisen

Der gesamte Süden des Sees ist geprägt von der **Transsibirischen Eisenbahn.** Das Olcha-Plateau zwischen Irkutsk und dem See wurde erst durch sie erschlossen. Am südwestlichen Ufer kann man die fast stillgelegte **Baikalbahn** beinahe als eine Art Transsib-Museum bezeichnen. Sie zweigt bei Kultuk an der Südspitze von der heutigen Transsib-Strecke ab und führt unmittelbar am Ufer entlang nach Port Baikal an der Angara.

Der **südöstliche Teil** des Sees gilt als einer der landschaftlich schönsten Transsib-Abschnitte. Vor der Kulisse der schneebedeckten Gipfel des **Chamar-Daban-Gebirges** erstreckt sich ein breiter, bewaldeter Küstenstreifen (bis zu 40 km), der immer wieder von Flüssen durchschnitten wird. Aus den Bergen führen sie dem Baikal kristallklares Wasser zu. Überquert werden sie von Straßen- und Bahnbrücken, weite Strecken der meist steinigen Küste mussten für die Transsib befestigt werden. Dennoch gibt es auch sehr schöne, unberührte Abschnitte, allerdings nicht in der Nähe der Siedlungen. Dieser Teil des Baikalsees ist der am dichtesten besiedelte. In den Dörfern, die größtenteils im Zuge des Bahnbaus entstanden, leben auch heute noch viele von der Eisenbahn, dem zuverlässigsten Arbeitgeber. Reste von zerfallenden Industrieanlagen, Überbleibsel intensiven Fischfangs und der Forstwirtschaft haben an vielen

Orten hässliche Spuren hinterlassen, und besonders die Schornsteine von Baikalsk sind kilometerweit zu sehen. Doch es genügt, von der Küste in die Bergwelt einzutauchen, dann lässt man die Zivilisation schnell hinter sich.

Die Gegend zwischen Sljudjanka und Babuschkin – das Südostufer – ist berühmt für ihre **Erdbeeren.** Im Schutz des Gebirges ist hier ein eigenes, relativ feuchtes und warmes Mikroklima entstanden. So verdienen viele Bewohner der Dörfer einen Großteil ihres Jahreseinkommens mit den süßen Früchten, die sie im Juli am Straßenrand und in den Zügen verkaufen.

Das **Tunka-Tal,** das die Südspitze des Baikalsees mit der Grenze der Mongolei verbindet, ist mehr als einen kurzen Abstecher wert.

Die Olcha-Hochebene – das Irkutsker Naherholungsgebiet

Олхинское плато

Die Bezeichnung Olcha-Hochebene umfasst ein fast gleichseitiges Dreieck, begrenzt durch den Fluss Irkut, die Angara und den Baikalsee. Der Fluss Olchá, der hier entspringt und dessen Tal für den Bahnstreckenbau genutzt wurde, gab ihm seinen Namen. Erst seit dem Bau der **Transsib-Linie** von Irkutsk an den Südbaikal ist diese Gegend dichter besiedelt: Datschensiedlungen ziehen sich an der Bahnstrecke entlang. Die Einheimischen kennen Stellen, von denen sie im Herbst eimerweise **Beeren, Pilze und Nüsse** auf die Irkutsker Märkte bringen. Leider wird der **Wald** in den letzten Jahren auch für illegalen Holzeinschlag und Wilderei genutzt. Im Sommer suchen die Obdachlosen und Straßenkinder im Wald Zuflucht; hier tauchen sie unter und gehen Begegnungen möglichst aus dem Weg.

Wanderungen

Besonders beliebt ist die Olcha-Hochebene aber seit den 1960er Jahren als Ziel für Wochenendausflüge. Auf vielen der wenig spektakulären Erhebungen der Hochebene (höchster Punkt Moigoty, 1222 m) sind durch Erosion bizarre Felsgebilde entstanden, die als Wanderziele und Übungsgelände für Hobbykletterer dienen. Die meist unkomplizierten Wege sind zwar nicht ausgeschildert, doch so beliebt, dass man fast immer jemanden finden kann, der einem weiterhilft. Die Gefahr unangenehmer Zusammenstöße mit Wildtieren ist erst im südlicheren Teil gegeben, wo das Olcha-Plateau Teil des **Pribaikalski-Nationalparks** ist.

Die beliebtesten Touren beginnen alle an der Zugstrecke. Die Straße verläuft in einigem Abstand, sodass für die Anfahrt meist nur die **Nahverkehrszüge** infrage kommen. Sie können besonders an Wochenenden im Sommer zu Beginn sehr voll sein, leeren sich aber mit zunehmender Entfernung von Irkutsk. Detailkarten für die Felsen des Olcha-Plateaus sind schwer zu finden. Doch an Wochenenden steigen an der **Station Orljonok** so

Fahrplan der Nahverkehrszüge Irkutsk – Sljudjanka

nach Osten (Irkutsk –Sljudjanka)

	täglich	Fr, Sa, So	Sa, So	täglich	täglich
Irkutsk	9.28	10.07	14.15	17.37	20.26
Orljonok	10.51	11.26		18.44	
Perejesd[1]	11.45	12.22		19.38	
Tjomnaja Pad	12.10	12.46		20.08	
Tschertowa Gora (Kultuk)[2]	12.21	12.57		20.19	
Sljudjanka	12.46	13.22	17.10	20.38	23.27

nach Westen (Sljudjanka – Irkutsk)

	täglich	täglich	Fr, Sa, So	Sa, So	täglich
Sljudjanka	4.48	8.00	14.25	17.40	20.00
Tschertowa Gora (Kultuk)[2]		8.16		17.56	20.15
Tjomnaja Pad		8.28		18.08	20.29
Perejesd[1]		8.59		18.44	21.04
Orljonok		9.47		19.21	21.52
Irkutsk	7.36	11.02	17.47	20.43	23.02

[1] nur auf Fahrgastwunsch, entweder dem Schaffner mitteilen oder über Sprechanlage im Waggon.
[2] Kultuk hat drei Haltestellen.

viele mit denselben Zielen aus, dass man sich unmöglich verlaufen kann.

Wítjas – „der Recke" – ist 6 km von der Haltestation Orljonok entfernt. Der bekannteste Felsen liegt in einer Schleife des Flüsschens Bolschaja Olcha und ist das ganze Jahr über Ziel von Wanderern und Kletterern. Oft stehen am Fuß des Felsens Zelte. Viele wählen für den Hinweg die „obere" Route und gehen dann am Fluss entlang zurück (etwas weiter). Wer gut zu Fuß ist, kann an einem Tag auch noch die Felsen Idol und Starucha besuchen. Geruhsamer wird die Tour, wenn man sich dafür zwei Tage Zeit nimmt.

Der pilzartige Felsblock **Ídol** (2,5 km vom Witjas), der scheinbar lose auf seinem Sockel liegt, erinnerte seine Namensgeber an die Steinmonumente der Osterinseln. **Starúcha** – „die Alte" (5 km vom Witjas) – erinnert mit ihrem lang herausragenden Felsvorsprung an eine alte Hexe mit krummer Nase. Der „untere" Weg zum Witjas bildet den Anfang der Tour, die dann in südlicher Richtung weitergeht.

Langlaufen

Im Winter durchziehen viele Langlauf-Loipen die Wälder. Günstige Ausgangspunkte sind die Stationen Orljonok, Ogonki und Trudny. Bei diesen Touren sollte man darauf achten, dass man die „Mitläufer" nicht aus den Augen verliert. Als Ortsunkundiger kann man in dem Gewirr von Loipen auch mit Karte leicht die Orientierung verlieren. Alle Touren sind beliebig variierbar bzw. erweiterbar. Beispiele:

- Ogonki – Witjas – Fluss Olcha – Orljonok (15 km)
- Trudny – Lewinksi-Quelle – Witjas – Fluss Olcha – Orljonok (24 km)

Die „Alte Baikalbahn" – goldene Schnalle des Transsib-Gürtels

↗ II/A-B2

Die Baikalbahn in Zahlen

- Tunnels (erhalten): 39
- längster Tunnel: 778 m
- Brücken (große und kleine): 352
- Galerien: 18
- Stützmauern: 77
- Mauern zur Felsstabilisierung: 58
- Mauern zur Uferbefestigung: 48
- Bahngebäude (ehemals): ca. 300

Unter „Galerie" versteht man einen Tunnel, der nicht in den Fels, sondern nur an ihn gebaut wurde, z.B. um den Verkehr vor Steinschlag zu schützen.

Die Westküste des Baikalsees hat mit ihren kargen Steilküsten, ihren steinigen Ufern und der dünnen Besiedlung nur wenige touristische Höhepunkte. Einer von ihnen ist die alte Baikalbahn, ein kulturhistorisches Denkmal der besonderen Art. Nicht nur Eisenbahnliebhaber und architektonisch Interessierte kommen hier auf ihre Kosten. Auch wer es liebt, auf den Spuren der Geschichte zu wandeln oder wer einfach nur Natur erleben möchte, dem sei ein Besuch empfohlen.

Die Strecke der Baikalbahn, einst ein zentrales Element der großen Transsibirischen Eisenbahn, umfasst **84 km** zwischen der Station **Kultuk** (etwas nördlich von Sljudjanka an der Südspitze des Sees) und **Port Baikal,** dem einst bedeutenden Hafenort am Ursprung der Angara. Die russische Verkleinerungsform *Krugobaikálka* (als Abkürzung für die Streckenabschnittsbezeichnung *Krugobaikálskaja schelésnaja doróga*) bezeichnete Anfang des 20. Jh. die gesamte Strecke von Babuschkin (damals Mysówsk) bis Port Baikal. Das macht die Bezeichnung, die sich mit „den Baikal umrundende Eisenbahn" übersetzen lässt, einigermaßen verständlich. Bis 1904 war sie das letzte fehlende Glied im „Stahlgürtel der Transsib", weshalb sie oft bildlich als „Gürtelschnalle" bezeichnet wird. Die „goldene" Schnalle ist sie einerseits, weil sie als **Kleinod der Ingenieurstechnik** die meisten und die kompliziertesten Bahnobjekte (Tunnels, Brücken, Stabilisierungsmauern) der gesamten Transsib auf sich vereint, und andererseits, weil sie die Staatskasse mehr gekostet hat als irgendein anderer Bauabschnitt.

Seit dem Staudammbau in Irkutsk und der damit einhergehenden Stillle-

111ba Foto: rj

gung des Abschnitts Irkutsk – Port Baikal und dem Bau der heutigen Trasse Irkutsk – Sljudjanka, wird der Abschnitt Port Baikal – Kultuk nur noch zur Versorgung der wenigen Siedlungen an der Strecke befahren. Ein Schienenstrang der einst zweigleisigen Strecke wurde nach und nach demontiert, viele Bahngebäude hat man abgerissen oder dem Verfall überlassen.

Die Natur hat in bald 50 Jahren viel Terrain zurückerobert. Angesichts einer herrlichen Blumenvielfalt entlang der Gleise, idyllischer Dörfer in grünen Taleinschnitten und dem Ufer mit blaugrün leuchtendem, unglaublich klarem Wasser ist es schwer vorstellbar, dass der Bau dieser Strecke einer der radikalsten ökologischen Eingriffe in der Geschichte des Baikalsees war. Heute ist sie Teil des **Nationalparks Pribaikalski** (s. Kapitel „Westen: Von Listwjanka nach Buguldeika“). Außer dem Zug ist die einzige Verkehrsverbindung für die Menschen hier der See selbst, der im Sommer per Boot, im Winter etwas bequemer mit Pkws und Lkws befahren werden kann.

Die „Italienische Mauer“ an Kilometer 102

Entlang der Strecke sind neben Tunnels, Brücken und anderen bahntechnischen Besonderheiten noch viele große und kleine **Bahngebäude** vom Anfang des 20. Jh. erhalten. Sie wurden damals hauptsächlich aus Holz und nach ganz bestimmten, einheitlichen Bauplänen errichtet. Je nach Bestimmung (Passagiergebäude, Vorsteherhaus, Wächterhäuschen) waren sie mehr oder weniger aufwendig verziert, manche ließen Elemente des Jugendstils erkennen. Heute ist nur noch ein kleiner Teil erhalten, doch es lohnt sich, die Augen offen zu halten. Oft entdeckt man unscheinbare Exemplare erst auf den zweiten Blick. An manchen Stellen erinnern nur noch alte Pappeln an die einstige Besiedlung. Schön ist, dass beim Neubau von Pensionskomplexen durch die Eisenbahn heute wieder dieselben alten Baupläne verwendet werden.

Auch die **Pflanzen- und Tierwelt** hat mit vielen geschützten Arten Besonderheiten aufzuweisen. Nicht zuletzt bietet die Steilküste Wasservögeln geschützte Brutplätze.

Geschichte

1899 erreichte die Transsib von Osten her die Station Mysowája am Baikalsee. 1900 war man von Westen her am Abfluss der Angara angelangt. Fast ganz Russland konnte nun per Zug durchquert werden, einzig ein winziges Nadelöhr blieb offen: der Baikal. Doch man wusste sich zu helfen. Ausgehend von der Erfahrung der USA an den Großen Seen wurde bei der englischen Schiffsbaugesellschaft „Armstrong“ ein riesiger **Dampfer** in Auftrag gegeben (Länge: 88 m), dessen Laderaum 27 Waggons fasste. Über das Polarmeer und den Jenissei wurde er in Einzelteilen angeliefert und in der Werft in Listwjanka zusammengesetzt. Sowohl am Endpunkt der Schienen in Port Baikal als auch am gegenüberliegenden Ufer in Babuschkin und Tanchoi entstanden große Hafenanlagen, Lagerräume und Unterkünfte für Passagiere. Die gesamten Züge wurden zwar mit leichten Verzögerungen, aber doch regelmäßig **per Schiff über den See** transportiert. Ein zweiter, kleinerer Dampfer, die „Angara“, die heute in Irkutsk als Museumsschiff zu besichtigen ist, übernahm kleinere Mengen an Fracht und Passagieren. Der „Baikal“ besaß als Eisbrecher eine speziell verstärkte Außenwand und konnte auch im Winter kursieren. Nur wenn das Eis zu dick wurde, brachten Pferdeschlitten Menschen und Gepäck übers Eis.

Im besonders kalten Winter 1904 machte der russisch-japanische Krieg Materialtransporte notwendig, die die Kapazitäten der Schlittenverbindung überstiegen. Man wagte das Unvorstellbare und verlegte **Schienen direkt über das Baikaleis!** Ganze Züge konnten allerdings nicht auf ihnen fahren. Die Waggons wurden einzeln von Pferden gezogen, die besonders schweren Lokomotiven zerlegt.

Bis 1904 behalf man sich auf diese Weise, doch (u.a. angesichts der zunehmenden Spannungen zwischen Japan und Russland) war die Notwendigkeit einer schnelleren Verbindung längst offensichtlich. Zar *Nikolai II.* hatte schon 1898 den Befehl zur Planung einer den Baikal umgehenden Zugstrecke, der **Krugobaikalka,** gegeben.

Wer die heutige Transsibstrecke von Irkutsk nach Sljudjanka mit ihren zwei kleinen Tunnels kennt, wird sich vielleicht fragen, weshalb nicht schon vor 100 Jahren diese Streckenführung der hochkomplizierten Baikalbahn vorgezogen wurde. In der Tat schwankten die mit der Planung beauftragten Ingenieure und Fachleute lange, bevor sie sich für die Variante am See entschieden. Den Ausschlag gab die Steigung am Olcha-Plateau, der die damaligen Dampflokomotiven nicht gewachsen waren.

Am Baikalufer standen **Sprengarbeiten, Tunnel- und Brückenbau** in für Russland damals unvorstellbaren Ausmaßen bevor. Entsprechend wurden vor Baubeginn qualifizierte und erfahrene Bauleiter gesucht. Man fand sie über internationale Ausschreibungen! Aus einer großen Zahl von Bewerbern, die teilweise an berühmten europäischen Bahnprojekten gearbeitet hatten, wurden 28 Spezialisten ausgewählt, die wiederum die meisten ihrer Facharbeiter aus ihren Heimatländern mitbrachten. So wurde die Baikalbahn zu einer wahrhaft internationalen Baustelle. Neben Russen aus den verschiedensten Regionen des Reiches arbeiteten hier Italiener, Albaner (insbesondere aus Montenegro) und einzelne Deutsche. Viele der einfachen Arbeiter kamen aus China. Die Angaben darüber, ob an diesem konkreten Abschnitt auch Strafgefangene eingesetzt waren, widersprechen sich. Eine Tatsache ist dagegen, dass alle unter äußerst harten Bedingungen arbeiteten. Selbst Facharbeiter lebten in einfachen Baracken, alle anderen in Laub-

169ba Foto: ih

und Erdhütten. Die Zahl der Unfälle war an den steilen Felswänden und beim Tunnelbau sehr hoch.

Auch nach der Fertigstellung des zweiten Schienenstrangs (1911–15) war die Baikalbahn eine **Schwachstelle der Transsib.** Zugunglücke durch Steinschlag oder Abrutschen des Untergrunds waren an der Tagesordnung, und schon in den 1920er Jahren betrachtete man sie nur noch als Provisorium bis zum Bau einer sichereren Strecke über das Olcha-Plateau.

Reisen an der Baikalbahn

Einheimische benutzen für die Bezeichnung eines Ortes an der Strecke selten Ortsbezeichnungen, sondern fast immer nur die historischen **Kilometerangaben,** die die Entfernung von Irkutsk bezeichneten. Da sie bis heute auf allen Karten zu finden sind, wird dieses Maß auch hier verwendet.

Erschließen lässt sich die Baikalbahn auf unterschiedliche Weise: zu Fuß, mit dem Zug oder per Schiff. Für Pkws ist die Strecke nicht erreichbar, es gibt parallel zur Bahnstrecke **keine Straße.** Da sich die Besonderheiten von Tier- und Pflanzenwelt eher im Kleinen verbergen und die Küste aus der Entfernung schnell sehr monoton wirkt, sind Schiffsausflüge nur bedingt zu empfehlen. Zugfahrten haben den Nachteil, dass man Tunnels und andere Bauten immer nur aus einer Perspektive sieht und dass sich die Fahrt bei dem generell sehr niedrigen Tempo extrem lange hinzieht, was besonders bei heißem Sommerwetter im ungelüfteten Waggon sehr ermüdend sein kann. Wer also mehr als nur einen oberflächlichen Eindruck bekommen möchte, sollte – wie so oft am Baikal – mehrere Tage einplanen und unterschiedliche Verkehrsmittel kombinieren. So braucht man nicht zu fürchten, dass dieser Winkel des Sees schnell langweilig wird.

Eine großzügige Planung lässt einen im Übrigen auch angesichts unangenehmer Überraschungen, wie ausfallender Züge (kann wegen Steinschlags oder anderer technischer Probleme durchaus vorkommen) oder Schiffen, die an der felsigen Küste nicht anlegen können (bei zu starkem Seegang), die Ruhe bewahren.

Wandern an der Baikalbahn

Bei Irkutsker Studenten, Kletter- und Wanderfreunden ist es sehr beliebt, direkt **auf den Schienen zu wandern.** Der eine Zug, der pro Tag vorbeikommt, fährt so langsam, dass das Risiko hierbei denkbar gering ist. Die Monotonie der Schienen wird etwas ausgeglichen durch **Tunnels,** die von Zeit zu Zeit durchquert werden müssen und die je nach Länge und Kurvenreichtum ziemlich finster, kalt und feucht sein können (Taschenlampe!). Allerdings sollte bei der Planung nicht unterschätzt werden, dass das Gehen auf den Bahnschwellen anstrengt und man nicht immer das gewohnte Tempo vorlegen kann. Ein Vorteil ist, dass man eine solche Wanderung fast je-

Zugunglücke waren an der Baikalbahn keine Seltenheit

Haltestellen und Fahrplan der Baikalbahn (Stand Januar 2007)

	Sljudjanka – Baikal[4] Mo, Do, Fr, So	Port Baikal – Sljudjanka[4] Di, Fr, Sa, Mo	Irkutsk – Port Baikal[1] Zug 838 Mi, Sa	Port Baikal – Irkutsk[1] Zug 837 Do, So
Irkutsk			8.05	21.35
Sljudjanka	13	7.42	10.12–10.45	19–19.40
Sljudjanka 2	13.15	7.27	10.57[2]	[3]
Km 159: Kultuk	13.20	7.18		
Km 157: Kultuk Bhf.	13.30	7.10	11.12[2]	
Km 154	13.47	6.47		
Km 149: Angasolka	13.57	6.24	11.40–12.10	
Km 137: Scharyschalgai	14.48	5.50	13.15[2]	
Km 134	14.56	5.33		
Km 130			13.55–14.55	
Km 129: Baklan	15.22	5.08		
Km 123			14.40–15.10	
Km 120: Maritui	15.48	4.38	15.25[2]	
Km 119: Maritui Bhf.	15.53	4.33		
Km 110: Polowinnaja	16.23	4.03	15.50–17.10	
Km 107: Ponomarjowka	16.33	3.52		
Km 106: Iwanowka	16.38	3.47		
Km 102: Schumicha	16.45	3.40	17.45-18.10	
Km 98: Ulanowo	17.15	3.23	18.30[2]	
Km 80: Turbasa Retro	18.16	2.23	[2]	
Km 79: Serebrjany Kljutsch:	18.21	2.18		
Km 74: Port Baikal	18.44	1.56	[2]	[3]
Km 72: Port Baikal Bhf.	18.50	1.50	19.30	11.30

[1] *Krugobaikalski express (exkursionnaja elektritschka)*
[2] Hier hält der Zug nur auf Anfrage (Zugbegleiterin) oder wenn Menschen an der Haltestelle warten!
[3] Für die Rückfahrt Port Baikal – Irkutsk wurde auf genaue Zeitangaben verzichtet. Dem Zug steht weniger Zeit zur Verfügung als auf der Hinfahrt, deshalb werden einige „Sehenswürdigkeiten“ weggelassen.
[4] Linienzug – hält sich häufig nicht an die Zeiten, hat oft Verspätung und fällt manchmal sogar ganz aus. Den aktuellen Fahrplan gibt es unter http://kbzd.irk.ru (R, E).

112ba Foto: rj

Wandern auf den Schienen ist möglich – der eine Zug am Tag fährt sehr langsam

derzeit abbrechen und sich mit dem Zug wieder „in die Zivilisation“ bringen lassen kann.

Dank der Steilküste gibt es an der Baikalbahn (abgesehen von den wenigen Flusstälern) kaum **Mücken.** Im Frühsommer können manchmal erschreckend viele **Bremsen** auftreten. Und nach **Zecken** sollte man sich auch hier ab und zu absuchen.

Versorgung und Kommunikation

Kleine Geschäfte gibt es momentan nur in Angasolka. Die Menschen in den anderen Siedlungen versorgen sich selbst mit dem, was sie zum Leben brauchen, und versuchen, mit Hühnern, Kühen und Kartoffeläckern so unabhängig wie möglich zu bleiben. In Herbergen muss man sich aus diesem Grund unbedingt rechtzeitig in Irkutsk anmelden, denn auch ihnen werden frische Lebensmittel nur nach Bedarf angeliefert. Bei Wanderungen darf man nicht darauf hoffen, die Vorräte unterwegs auffrischen zu können.

Apotheken gibt es an der ganzen Strecke nicht. Auch Post und Telefon wird man vergeblich suchen. In Notfällen sollte man bei Einheimischen nach Handys fragen.

Übernachtung

Am Ufer gibt es immer wieder herrliche Plätzchen, die sich zum **Zelten** anbieten. Brennholz ist zwar nicht überall reichlich, es reicht aber bei sparsamem Verbrauch meist aus. Alternativ lassen sich über die Strecke verstreut auch angenehme **Herbergen und Pensionen** finden. Die sanitäre Ausstattung beschränkt sich überall auf (saubere) Waschbecken unter freiem Himmel, Außentoiletten und Banja.

Zugfahrten

Wer nicht die Transsib-Pauschalreise „Zarengold“ gebucht hat, die einen Abstecher auf der Baikalbahn vorsieht, kann von Irkutsk aus eine Fahrt mit einem speziellen **Besichtigungszug** unternehmen *(exkursiónnaja elektrítschka)*. Der Zug, der bei genügend Anmeldungen samstags und mittwochs gegen 8 Uhr im Irkutsker Bahnhof startet, hält nicht wie der Linienzug an jeder Haltestelle, sondern macht statt-

Kultuk an der Südspitze des Baikalsees

dessen mehrere längere Pausen (Sljudjanka, Angasolka, Km 130, Km 123, Polowinnaja, Italienische Mauer und Schumicha an Km 102), die Gelegenheit für Picknicks u.Ä. bieten. Ankunft in Port Baikal ist gegen 19.20 Uhr. Eine Rückfahrt über Listwjanka (Fähre, Linientaxi) sollte man bei der Buchung absprechen. Die Rückfahrt aus Port Baikal ist gegen 11.30 Uhr (So, Do), Ankunft Irkutsk gegen 21.30 Uhr.

- **Info und Buchung** bei *Krugobaikalski express*, ul. 5. Armi 29, Büro 109, Tel. 365915, 643994, www.turexpres.ru, apavlova@irk.esrr.ru, prig_@list.ru; Preis ab 130 R (ohne Fähre n. Listwjanka bzw. Rückfahrt n. Irkutsk); im Winter (Oktober bis Mai) fährt ein Schienenbus (nur 1. Klasse, 750 R (inkl. Fähre und Transport Listwjanka – Irkutsk, 48 Pl.).

Neben diesem Besichtigungszug gibt es ein ähnliches Angebot, das ein **Wochenende** dauert („Baikalski Kruis“). Freitagabend fährt man (nur bei ausreichender Nachfrage) um 21.30 Uhr in Irkutsk ab. Diese und die folgende Nacht verbringt man im Schlafwagen (Größe und Komfort je nach Wunsch und Geldbeutel). Tagsüber kann man während ausgedehnter Stopps die schönsten Ecken der Strecke besichtigen, bis man Sonntagabend wieder in Irkutsk ankommt.

- **Buchung** im Service-Zentrum des Irkutsker Bahnhofs, Tel. 637112, oder über *Krugobaikalski express* (s.o.); Preis 1500–3500 R.

Die billigste Alternative ist der normale **Linienzug** (auch „Matanja" genannt), der nur aus offenen Liegewaggons *(plazkártny)* besteht und für die Strecke mindestens fünf Stunden braucht.

Kultuk Култук ↗ II/A2

Wer mit dem Auto aus Irkutsk kommt, sieht Kultúk, den ersten (bzw. letzten) Ort an der alten Baikalbahn zunächst von oben: In den Serpentinen der vom Olcha-Plateau kommenden Straße liegen Aussichtsplattformen, die Einheimische nutzen, um das ganze Jahr über Tee, Teigtaschen und Fisch in allen Varianten zu verkaufen. Seine lange Geschichte (Gründung: 1647) hat in dem unansehnlichen Dorf keine Spuren hinterlassen: weder dass hier der erste Karawanenweg über das Chamar-Daban-Gebirge begann, noch die vielen Strafgefangenen, die erst den Posttrakt und später die Transsib bauten, noch die Tätigkeit von *Benedykt Dybowski*, der 1868–72 hier lebte und forschte. Das einzige sehenswerte historische Gebäude ist der bunt bemalte **Bahnhof** an der alten Baikalbahn, der dort fast unverändert seit 100 Jahren steht.

Die Schienen der Baikalbahn laufen erst kurz vor Sljudjanka mit der Transsib-Strecke zusammen. Will man in Kultuk von der Baikalbahn zur (sehr unscheinbaren) Haltestelle der Nahverkehrszüge aus Irkutsk kommen, muss man ca. 1 km bergauf durch den Ort gehen.

Port Baikal порт Байкал ↗ II/B2

Angesichts der verrottenden Hafenanlagen ist es schwer, sich vorzustellen, wie in Port Baikal, der heutigen Endstation der alten Baikalbahn, einst ganze Züge auf den Dampfer „Baikal" verladen wurden, um über den See transportiert zu werden, als die Transsib-Strecke noch nicht um diesen herumführte. Die Bahnhofsgebäude dagegen sind seit 2006 wieder in ansehnlichem Zustand. Ein kleines **Museum** versucht hier, die Geschichte der Baikalbahn lebendig zu halten, ein Museumsshop bietet Souvenirs an.

Schöner wirkt der Ort dennoch in den südlicher gelegenen Seitentälern, wo saubere Häuschen in ruhiger Natur liegen. Einen hübscheren Eindruck bekommt auch, wer den Aufwand nicht scheut, zum alten **Leuchtturm** oder den weißen **Kalkfelsen** oberhalb des Ortes hinaufzusteigen. Der Blick von hier ist es wert, auch wenn der Turm selbst nicht mehr begangen werden kann. Er dient inzwischen als Sockel für einen Sendemast. Ebenfalls auf der Anhöhe, allerdings vom Leuchtturm durch einen Wald getrennt, wird an einer Kirche gebaut.

Unterkunft

- Bed&Breakfast **Baikal,** ul. Baikalskaja 11, Tel. (3952) 398460, 607450, www.bbbaikal.narod.ru, BBBaikal@mail.ru; WC, Dusche, Banja, Freizeitangebot; mit Frühstück 500 R.
- Pension **Nadeschda** *(gostewói dom),* ca. 1 km westlich des Ortes an der Angara, Tel. (3952) 427925, 914705, www.nadega.angara.ru; sehr ruhig, sehr gutes Preis-Leistungs-Verhältnis, Übernachtung im 2-, 3- oder 4-Bett-Zimmer mit VP ab 420 R p.P.

An der Baikalbahn: Sehenswertes, Ortschaften, Unterkünfte

- Kilometer 157 – **Kultúk** (s.o.). Zwischen Kultuk und Sljudjanka zweigt die Baikalbahn von der heutigen Transsib-Strecke ab.
- Kilometer 149 – (Staraja) **Angasólka.** Der erste Ort hinter Kultuk (nicht zu verwechseln mit dem Angasólka oberhalb an der Transsib-Strecke) eignet sich ideal für kleinere Wochenend- und sogar Tagesausflüge (s.u.). Angasolka hat ein kleines Geschäft. Für zweitägige Ausflüge gibt es im Dorf eine sehr einfache Unterkunft, die von Kletterern unterhalten wird. Sie nutzen die Steilküste in der Umgebung für Training und Wettkämpfe. Im Winter „vereisen“ sie die Pfeiler der alten Eisenbahnbrücke, um daran Eisklettern zu trainieren (Bergsteiger-Ausbildungs-Zentrum und Herberge, *alpinístskaja básа,* Info Irkutsk: bul. Gagarina 40, Büro 310, Tel. 343267, Fax 343274, Skaller@ok.ru). 2005 hat in Angasolka ein kleines Zentrum von Anhängern des Malers *Nikolai Roerich* eröffnet. Die Ausstellungsräume enthalten aber keine Originale.
- Kilometer 143 – Der Tunnel **Chabartúi 2** hat in seiner Mitte einen Ausgang zur Steilküste, der mitten in eine Möwenkolonie führt.
- Kilometer 140 – Fluss **Bolschája Krutája Gubá** mit zwei schönen Brücken.
- Kilometer 138 – Die Unterkünfte des Jugend-Sportlagers **Scharyschalgái** bestehen aus verschalten Eisenbahnwaggons.
- Kilometer 137 – Der Erholungskomplex **Scharyschalgái** (Шарыжалгай) steht nur der Führungsebene der Ostsibirischen Eisenbahn offen. Er überrascht schon äußerlich durch seinen Komfort (eigener Anlegesteg, Pool, Tennis-Platz).
- Kilometer 130 – **Eisenbrücke und Viadukt** am Fluss Schabartui.
- Kilometer 123 – **Tunnelkomplex** am Fluss **Kirkirei** mit zwei parallelen Tunnels und neu errichtetem Rastplatz.
- Kilometer 119–120 – **Maritúi** ist die größte Siedlung an der Baikalbahn mit ehemals großem Bahnhof und einigen historischen Bahngebäuden. Die meisten sind aber von der arbeitslosen Bevölkerung nach und nach abgetragen worden.
- Kilometer 110 – Hinter den Schienen liegt geschützt im Flusstal das Dorf **Polowínnaja.** Da hier regelmäßig der Ausflugszug hält, haben die Bewohner oft geräucherten Fisch im Angebot und können sogar einfache Übernachtungsmöglichkeiten bieten. Am See findet man einen der wenigen grobkörnigen Sandstrände des Südufers. Die Umgebung bietet noch mehr Superlative: Die Brücken über den Fluss sind die längsten noch erhaltenen der Baikalbahn (64 und 78 m), und direkt bei der Siedlung beginnt der längste Tunnel (Nr. 12). Kurz davor steht eine schöne alte Dampflok.
- Kilometer 107 – Am Fluss Bolschája **Ponomarjówka** lebt eine burjatische Familie, die bei Nachfrage eigene Milchprodukte an Wanderer verkauft. Die eigenartigen Container am Ufer des Sees gehören zu einer Forschungsstation. Im Winter werden hier unter dem Eis Experimente zu Neutrinoforschung durchgeführt.
- Kilometer 104 – In der Literatur wird häufig die als **Bélaja Wýjemka** bezeichnete Uferböschung erwähnt, an der durch Sprengungen Gestein mit einer ungewöhnlichen Vielfalt an Mineralien freigelegt wurde. Für Laien sind allenfalls der weiße Marmor und der hohe Glimmeranteil erkennbar.
- Kilometer 102 – Ein auch ästhetisch ansprechendes Bauwerk ist die sogenannte **„Italienische Mauer“.**
- Kilometer 102 – In den engen Taleinschnitt schmiegt sich ein malerisches Dörfchen mit einer gemütlichen Unterkunft: Pension **Schúmicha** (Шумиха, 18 Plätze, beheizbar, Kontakt: Veranstalter Arabeska, Irkutsk, ul. Piskunówa 44, Tel. 644135, www.arabeska.irkutsk.ru). In der dazugehörigen geschützten Bucht findet man ein kleines Stückchen Sandstrand.
- Kilometer 100 – In der Bucht **Berjósowaja** bietet ein Tunnel, der ins Nichts führt, schöne Fotomotive. Früher schloss sich die einst längste Brücke der Baikalbahn an (124

m), die schon beim Verlegen der zweiten Linie abgebaut wurde. Die Konstruktion hatte sich als zu riskant erwiesen. Heute befindet sie sich am Fluss Wýdrino.

- Kilometer 98 – Nur noch eine kleine Pumpstation ist übrig von den historischen Bahnhofsgebäuden in Ulánowo. Die restlichen Häuser der Pension **Chwóinaja** (Хвойная, gemütliche Schlafräume für bis zu 22 Pers., Kaminzimmer, Raum in separatem Gebäude kann für Seminare genutzt werden, nur im Sommer geöffnet, Kontakt: Veranstalter Arabeska, Irkutsk, ul. Piskunowa 44, Tel. 644135, www.arabeska.irkutsk.ru. Die alten Dampflokomotiven, die hier einst den Anfang eines Bahn-Museums bilden sollten, wurden entfernt. Eine davon steht inzwischen in Polowinnaja. Gleich gegenüber der Pension kann man eine Anhöhe mit schönem Ausblick erklettern.
- Kilometer 91 – Am Steg des Kaps **Tolsty** („Dickes Kap") legen häufig Ausflugsschiffe an. Der Kieselstrand ist zwar nicht ideal zum Baden, doch kann man oberhalb von Tunnel Nr. 8 das Kap erklettern und die schöne Sicht genießen (Beginn des Pfades zwischen Tunnel und Anlegestelle). Die vielen seltenen Pflanzen, die hier wachsen, sind allerdings ohne Führung schwer zu identifizieren.
- Kilometer 91–81 – Angesichts der schwindelerregenden **Felswände**, die in diesem Abschnitt mit Vorsprüngen und Zinnen fast wie in nordamerikanischen Canyons hoch über den Bahngleisen aufragen, kann man verstehen, warum die Unfallgefahr an der Baikalbahn so hoch war.
- Kilometer 80 – Am Fluss **Bolschói Barántschik** liegt eine Pension, die momentan von Sibtelecom betrieben wird (Tel. 252513). Einen knappen Kilometer weiter lag ebenfalls eine gemütliche kleine Pension (Serébrjany Kljutsch), die leider im Sommer 2005 abgebrannt ist. Sie soll jedoch wieder errichtet werden.
- Kilometer 74–72 – **Port Baikál** (s.o.), Endstation der Baikalbahn. Da die alte Transsib-Strecke von Irkutsk nach hier verlief, werden die Kilometer bis heute ab Irkutsk gezählt.

- Pension **Jachont** *(gostewói dom)*, ul. Nábereschnaja 3, Tel. (3952) 250496, www.yahont.irk.ru; neues Holzhaus, sehr komfortabel, sauber und stilvoll, DZ mit Dusche, WC und Frühstück 2400 R.

Verkehrsverbindungen

- **Fähre aus Listwjanka:** Seit 2004 verkehrt das ganze Jahr über 3x täglich eine Autofähre zwischen Listwjanka (Anlegestelle am Baikalmuseum) und Port Baikal. Abfahrt Listwjanka: 8.15, 16.15, 18.15 Uhr; Abfahrt Port Baikal: 7.10, 15.50, 17.15 Uhr.
- **„Raketa":** Maximal einmal pro Tag wird Port Baikal in der Hauptsaison vom Tragflächenboot angefahren.
- **Zug:** s.o.

Touren an der Baikalbahn

Tjomnaja Pad – Angasolka – Tjomnaja Pad (Tagesausflug, 10 km)

Von der Haltestelle des Nahverkehrszuges führt ein herrlicher Pfad durch lichten Wald ans Baikalufer. Er führt nur bergab, ist ohne Probleme zu finden und mit guten Brücken versehen. Am Abend geht man zurück zur selben Station.

Erweiterung (insgesamt 20 km): Etwas mehr von der Baikalbahn sieht man, wenn man von Angasolka aus nach Norden bis zum Tunnel Nr. 35 (Chabartui 2, Kilometer 143) und wieder zurück wandert. Auf diesem relativ kurzen Abschnitt sieht man mehrere Tunnels und bekommt einen Eindruck von der typischen Landschaft.

Variante: Tjomaja Pad – Angasolka – Kultuk (ca. 15 km).

Kultuk – Port Baikal (84 km)

Die gesamte Strecke der Baikalbahn nimmt 4–5 Tage in Anspruch. Auf Dauer kann das Gehen auf den Schwellen anstrengend werden, denn nicht überall gibt es seitlich Fußpfade.

Weitere Wanderrouten

- **Orljonok – Polowinnaja,** 3 Tage, ca. 45 km, besser mit ortskundiger Begleitung
- **Orljonok – Fluss Smolenski Kljutsch – Fluss Bolschaja Polowinnaja – Polowinnaja,** Variante: Orljonok – Felsen Witjas – Bolschaja Polowinnaja

Langlauftour Perejesd – Bolschaja Krutaja Guba – Sljudjanka

Eine sehr beliebte Tagestour, ca. 33 km. Nach der Anfahrt mit dem Zug geht es am Fluss entlang nur bergab zum Baikalsee (14 km). Von hier läuft man übers in der Regel schneebedeckte Eis nach Sljudjanka (19 km) und fährt abends mit dem Zug zurück. Besonders zu empfehlen am Wochen-

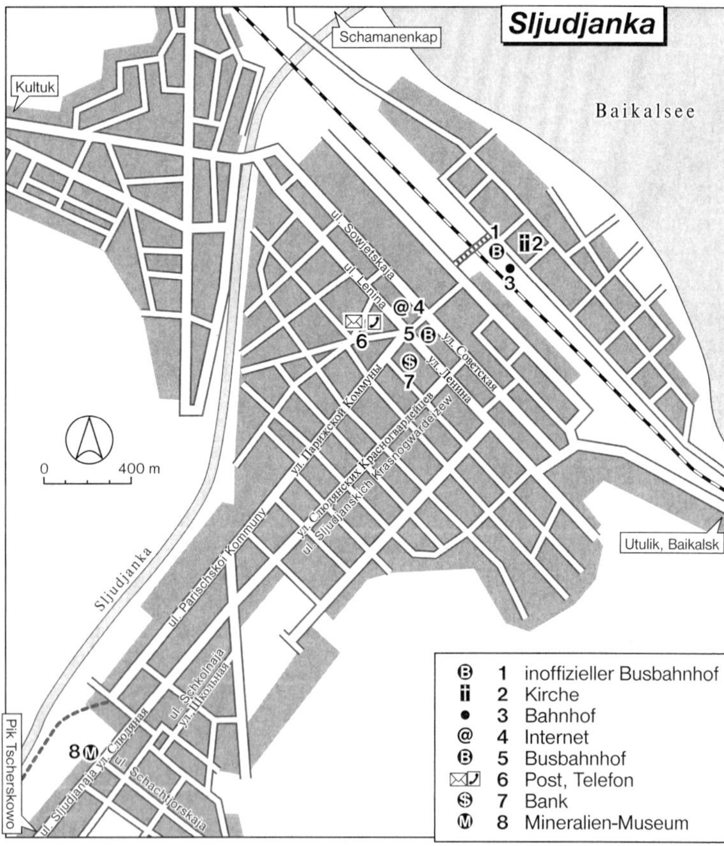

ende, wenn noch andere auf der Strecke laufen, besteht keine Gefahr, den Weg zu verlieren.

Fußwanderung: Im Sommer kann man bis zum Ufer auch wandern, die Strecke ist allerdings wenig begangen.

Der Südbaikal von Sljudjanka bis Tanchoi – Edelsteine und Zellulose

Anreise

Die hier beschriebenen Orte sind alle bequem zu erreichen mit dem schnellen **Wochenendzug Irkutsk – Ulan-Ude – Irkutsk** *(skóraja elektrítschka)* Nr. 825/826 (nur Sa und So).

Haltestellen: Irkutsk (bei Hinfahrt ab 6.55 Uhr/bei Rückfahrt an 21.50 Uhr), Bolschoi Lug, Sljudjanka (9.12/19.47 Uhr), Utulik, Baikalsk (9.49/18.57 Uhr), Wydrino, Tanchoi (10.52/18 Uhr), Mysowaja (11.40/17.11 Uhr), Kultuschnaja, Baikalski Priboi, Posolskaja, Timljui (12.45/16.08 Uhr), Tataurowo, Ulan-Ude (14.15/14.45 Uhr).

Sljudjanka

Слюдянка ↗ Umschlag hinten/A2

Eine Stadt mit 20.000 Einwohnern stellt man sich eigentlich anders vor als das lang gezogene, zu einem großen Teil aus Holzhäusern bestehende Sljudjánka. Gründe für die Ansiedlung so vieler Menschen waren im 19. Jh. die **Glimmerstollen** *(sljudá* = Glimmer) und der **weiße Marmor,** der hinter der Stadt in großen Steinbrüchen gewonnen wird. Im 20. Jh. wurde Sljudjanka zum wichtigsten Transsib-Bahnhof am Baikalsee und stieg zur Stadt auf. Bis heute ist die Bahn der wichtigste Arbeitgeber des Ortes. Doch eine wirklich städtische Atmosphäre entstand nie. So ist Sljudjanka in erster Linie als Ausgangspunkt für Baikalbahn-Reisen bzw. für Wanderungen ins Chamar-Daban-Gebirge interessant.

Einen Blick sollte man auf das **Bahnhofsgebäude** werfen, das als große Seltenheit gilt: Es wurde 1903 u.a. von italienischen Baumeistern aus weißem Marmor gebaut! Auch die **Holzkirche** ist ein sehenswertes Denkmal aus der Bauzeit der Transsib, wenn sie auch ihren Kirchturm in der Sowjetzeit verloren hat. Verdient hat seine großen Besucherzahlen das **Mineralien-Museum** *(muséi Minerálow),* das nebenbei eine kleine Herberge betreibt. Die private Sammlung enthält Mineralien aus der direkten Umgebung, aus anderen Teilen Russlands und der ganzen Welt (Führung 300 R).

Schamanenkap

4 km vom Bahnhof Sljudjanka entfernt liegt in Richtung Kultuk im Anschluss an einen Sandstrand eine kleine **Halbinsel,** das Schamanenkap *(Schamánski mys).* Von einer Kultstätte der Ureinwohner ist es zu einem beliebten Ausflugsziel geworden. Bei Ausgrabungen wurden in der Nähe Funde aus der Steinzeit gemacht.

Service

- **Vorwahl:** 39544 (244 aus Gebiet Irkutsk)
- **Tel./Internet:** ul. Lénina 93, **Post/Tel.:** Ecke u. Lénina/Paríschskoi Kommúny.
- **Bank mit Geldautomat:** ul. Paríschskoi Kommúny 7, weiterer Automat am Bahnhof.
- **Einkaufsmöglichkeiten, Imbiss:** ul. Lenina.

Unterkunft

- **Herberge des Mineralienmuseums,** ul. Sljudjanája 36, Tel. 53440; einfaches Mehrbettzimmer 100 R, Mehrbettzimmer 400 R, auch VP möglich.
- Hotel **Schemtschúschina Sibíri** *(profilaktórija),* Tel. 53466.
- Herberge **Exotika Baikala,** zu buchen über ul. Lénina 3, Büro 2, Tel. 51709, 53198, 89027621392, sludyanka@list.ru; liegt ungefähr auf zwei Drittel des Weges zur Wetterstation auf dem Pik Tscherskowo, es stehen Pferde zur Verfügung.

Verkehrsverbindungen

- Alle **Transsibzüge bzw. Nahverkehrszüge** halten hier (Fahrplan s. Tabelle am Anfang dieses Kapitels); Bahnhof: Tel. 72282.
- Busbahnhof für **Linienbusse** (Kultuk, Baikalsk) ul. Lénina; inoffizieller Busbahnhof (Linienbusse ins Tunka-Tal und Linientaxis) am Bahnhof.

Utulik

Утулик ↗ Umschlag hinten/A2

7 km westlich von Baikalsk liegt am Fluss Utulík das gleichnamige kleine Dörfchen. Auf der anderen Flussseite erstrecken sich am Baikalufer zwei Erholungscamps, von denen das eine, Tschaika, regelmäßig von den Irkutsker Eishockey- und Fußballmannschaften aufgesucht wird, die sich hier Kondition antrainieren.

Unterkunft

- Im **Camp Baikal** *(turbása)* findet man Unterkünfte in jeder Preislage. Kontakt: Ama-Tours, ul. Kárla Márxa 30, Büro Nr. 34, 664011 Irkutsk, Tel. (3952) 203075, Fax 202073, www.amasibir.ru, incoming@amasibir.ru.

Baikalsk

Байкальск ↗ Umschlag hinten/A2

Die zweite große Stadt am südlichen Baikal hat einen ganz anderen Charakter als Sljudjanka. Baikalsk entstand erst in den 1960er Jahren speziell für das **Zellulosewerk** und ist durch und durch von ihm geprägt. Viele seiner ca. 17.000 Einwohner sind Fachleute, die in der Zeit der Inbetriebnahme aus Westrussland an den Baikal gezogen sind. Den hohen Bildungsdurchschnitt spürt man bis heute.

Die Stadt besteht aus mehreren weitläufig angelegten Stadtvierteln, zwischen denen viel Wald erhalten blieb. Das viele Grün kann aber nicht darüber hinwegtäuschen, dass ihr Arbeitgeber, das Zellulosewerk, massive **Umweltprobleme** verursacht. Bei der Produktion hochwertiger Cordzellulose fällt nicht nur Abwasser an, das mehr oder weniger gereinigt in den See abgelassen wird. Es entstehen auch große Mengen von Schlamm, die in Absetzbecken rund um die Stadt vor sich hinmodern. Auch die gasförmigen Ausstöße sind nicht unproblematisch für die Nadelbäume der näheren Umgebung. Schadstoffmessungen, die zu sowjetischer Zeit von einem unabhängigen Institut durchgeführt wurden, liegen heute in der Hand der Fabrik und können kaum noch ernst genommen werden. Den meisten ist klar, dass eine Umstellung des Werks z.B. auf die weniger schadstoffintensive Papierproduktion unumgänglich ist, doch selbst unter dem Druck der UNESCO zögern die

Behörden Entscheidungen weiter hinaus (s.a. Kapitel „Landschaft und Natur: Umweltschutz").

Die Bedeutung der Stadt für den Regionaltourismus mindert dies allerdings nicht. Unter Ausnutzung der hohen Niederschlagsmengen dieser Gegend wurde bei Baikalsk Anfang der 90er Jahre das größte **Alpin-Skigebiet** Sibiriens eingerichtet. Die modern ausgestatteten Pisten verführten 2002 den russischen Präsidenten *Putin,* seinen Winterurlaub hier zu verbringen.

Service

- **Vorwahl:** 39542 (aus dem Gebiet Irkutsk 242)
- **Post/Telefon:** ul. Gagárina 5
- **Internet:** im 1. Stock des Einkaufszentrums, neben dem Hotel Baikal
- **Geldautomat:** im Hotel Baikal
- **Taxi:** 33355

Unterkunft

- Hotel **Baikál** *(gostíniza),* ul. Gagárina 169, Tel. 34898; EZ 300–400 R, DZ 500–700, Restaurant.
- Pension **Ujút,** Mikroraión Stroítelny 13, Tel. 37312, www.baikaltur.ru, ab 300 R.
- Zentrum des Skigebiets **Gora Sobolínaja** *(kurórtny kómpleks),* Tel. 32596, http://baikalsk.irk.ru, sbo@bcbk.ru; Übernachtungskomplex, Verleih von Skiausrüstung, sonstige touristische Dienstleistungen; Ski-Tageskarte 600 R.

Verkehrsverbindungen

- **Nahverkehrszüge, Linientaxis** und **Busse** fahren nach Sljudjanka. Auch einige **Transsib-Züge** halten in Baikalsk (z.B. aus Irkutsk Nr. 78, 302, 340, 350, 826, aus Ulan-Ude Nr. 45, 339, 349, 825). In der Stadt gibt es mehrere kleine Haltestationen. Die Transsib-Züge halten gewöhnlich an der Station Baikalsk-Solsan (8 km vom Zentrum entfernt).

Wydrino

Выдрино ↗ Umschlag hinten/A2

Wýdrino am Fluss Snéschnaja ist die erste Stadt in der **Republik Burjatien.** Auch dieser Ort dient in erster Linie als Ausgangspunkt für Naturtourismus.

Warme Seen Теплые озера

Etwas westlich des Flusses biegt von der Hauptstraße ein Fahrweg ab, der nach 5 km an mehrere Seen führt. Ihr Wasser ist im Sommer deutlich wärmer als das des Baikalsees, daher ihr Name. Auch die Wasservögel wussten das zu schätzen, einer der Seen heißt **Schwanensee** *(os. Lebedínoje),* und anscheinend kann man auch heute noch Schwäne hier beobachten, die sonst am Baikal seltene Gäste sind. Hier gibt es Sommerlager für Jugendliche und inzwischen auch immer mehr Unterkünfte für die anderen Gäste, die aus allen Gebieten der Baikalregion anreisen. Natürlich leidet die Wasserqualität unter diesem Ansturm.

Unterkunft

- **Tjóplye osjóra na Snéschnoi** *(turbása),* Tel. Angarsk (3951) 552724, skazkatur@mail.ru; klassisches Ferienheim mit sehr einfachen kleinen Holzunterkünften, 250–350 R pro Häuschen, VP zusätzlich 200 R p.P.

Tanchoi

Танхой ↗ Umschlag hinten/B2

In dem unscheinbaren Ort liegt die Verwaltung des Baikal-Biosphärenreservats. Der nächste Küstenabschnitt ist im Kapitel „Ulan-Ude und der Osten: Das Ostufer" beschrieben.

Unterkunft

- **Hostel des Reservats,** ul. Zentrálnaja 7, Tel. 93725, Verwaltung 93710; Bett im DZ 500 R, Bett im 3-/4-Bett-Zimmer 300 R, im 6-Bett-Zimmer 200 R; hübsch eingerichtet, Duschen, WC, 15 Plätze, Verpflegung möglich.

Verkehrsverbindungen

- Mit dem **Nahverkehrszug** aus Sljudjanka oder Babuschkin; Sa und So mit dem Zug 826/827 aus Irkutsk bzw. Ulan-Ude. Des weiteren halten die Züge 77/78, 45/46, 125/126, 361/362 in Tanchoi.

- **Verwaltung:** Tanchoi (Bezirk Kabansk), ul. Krasnogwardéiskaja 34, Tel. (30138 bzw. 238) 93 7 10/25; bainr@burnet.ru.
- **Service und Gebühren:**
-ein- bis zweitägige begleitete Wanderung von Tanchoi zum Fluss Osinowka, 12 km, ab 600 R/Gruppe
-Wanderung am Fluss Wydrinaja (44 km)
-Wanderung zum Berg Osinowka (1935 m)
-Begleitung durch Experten (Biologe usw.) 400 R/Tag
-Besuch des Naturschutzgebiets Kabansk nach Absprache (ab 1500 R/Tag/Person)

Baikal-Biosphärenreservat

Байкальский биосферный заповедник ⇗ **Umschlag hinten/B3**

Das Reservat *(Baikálski gosudárstwenny biosférny sapowédnik),* bestehend aus Bergtaiga-, Tundra- und alpinen Landschaften, liegt auf den Terrassen am Südufer des Baikalsees und im zentralen Teil des Chamar-Daban-Gebirges. Es erstreckt sich zwischen den Flüssen Wydrinaja und Mischicha auf einer Fläche von 165.724 ha. Gegründet wurde es 1969 als Reaktion auf den Bau des Zellulosewerks in Baikalsk.

Bei Einrichtung des Reservats waren die Bestände vieler Tierarten (u.a. Zobel) in dieser relativ stark besiedelten Region stark geschädigt. Inzwischen haben die meisten wieder ein angemessenes Niveau erreicht. Das Reservat verwaltet auch das Naturschutzgebiet Kabanski und bietet eine ganze Reihe begleiteter, auch thematischer Touren in die Berggebiete des Chamar-Daban und ins Selenga-Delta an.

Wanderungen im Chamar-Daban-Gebirge

Pik Tscherskowo und Podkamenaja-Wasserfälle

Die zwei- bis viertägige Wanderung zum Gipfel des nach dem polnischen Baikalforscher benannten Pik Tschérskowo (пик Черского, 2090 m) ist eine der beliebtesten Kurztouren am Südbaikal. Viele Irkutsker machen sie zwischen Juni und Ende September innerhalb eines Wochenendes. Sie reisen am Samstag mit dem Nahverkehrszug *(elektrítschka)* an und wandern von Sljudjanka bis zur Wetterstation Chamar-Daban. Von dort aus besteigen sie am nächsten Morgen ohne Gepäck den Gipfel und sind rechtzeitig zum Abendzug wieder zurück in Sljudjanka. So ein Schnelldurchgang ist machbar. Wer es sich leisten kann, sollte sich für diese schöne Gegend jedoch etwas mehr Zeit nehmen.

Sljudjanka – Wetterstation (25 km) – Gipfel

Dieser Abschnitt misst hin und zurück 48 km. Man kann den Weg etwas abkürzen, indem man vom Bahnhof in Sljudjanka bis zum Beginn der Lastwagenpiste ein Linientaxi nimmt (etwa 300 R pro Fahrzeug). Im anderen Falle geht man zu Fuß vom Bahnhof über die ul. Paríschskoi Kommúny am Busbahnhof vorbei durch den Ort. Wo die Straße links abbiegt, kann man entweder geradeaus ein Industriegelände durchqueren oder auf der Straße weitergehen. Sie führt auf die ul. Sljudjanaja. Auf dieser verlässt man den Ort und kommt auf eine gut erkennbare Lastwagenpiste, die dem Lauf des Flusses Sljudjanka folgt. Die Flussseite wird dabei einige Male gewechselt. Seit 2006 sind elf Flussübergänge durch neue Baumstämme und Brücken deutlich bequemer geworden. Ein Problem ist nur, dass man sie nicht immer auf Anhieb findet. Auf der Strecke liegt seit 2006 die einfache Herberge Exotica Baikala mit Imbiss (s.o.).

Nach fünf Stunden Fußmarsch verlässt ein kleinerer Pfad den Fluss nach rechts (auf der linken Uferseite). Von hier aus gelangt man nach einer weiteren Stunde steilen Aufstiegs an die **Wetterstation.** In ihrer Umgebung gibt es Standplätze für **Zelte** und einen Brunnen. Die Angestellten bieten auch Unterkunft im Gebäude an (Tel. *Jewgéni* 89148898898, *Andréi* 891488 86365). Auch Wander- und Pferdetouren organisieren sie (n. Anmeldung).

Der Weg zum **Gipfel** führt über eine Stunde steil nach oben. Kurz vor der Waldgrenze, wo er flacher wird, gabelt er sich an einem mit Bändern behängten Baum. Der rechte Pfad führt an die Wasserfälle des Flusses Podkomárnaja (Подкомарная) und zum Pass Tschórtowy Woróta (Чертовы ворота), auf dem linken kommt man zum Gipfel. Von hier aus braucht man weitere zwei Stunden. Anfangs ist der Pfad recht einfach. Das letzte Stück jedoch verläuft direkt auf einem Bergkamm zwischen steilen Abhängen. Bei nassen Wetterverhältnissen kann dieser Abschnitt riskant werden, bei Schneefall sollte man (zumindest als Nicht-Profi) von einer Besteigung ganz absehen. Rechts unten sieht man von hier aus den Herzsee *(ósero sérdze),* der diesen Namen seiner charakteristischen Form verdankt. Der Gipfel ist durch ein großes Holzkreuz markiert, und wenn er nicht gerade wolkenverhangen ist, wird man belohnt durch den Blick auf einen Teil des südlichen Baikalsees, das Chamar-Daban-Gebirge und vielleicht sogar die östlichsten Ausläufer des Sajan-Gebirges.

Abstieg über den Herzsee

Der direkte Abstieg vom Gipfel ist nur mutigen Kletterern zu empfehlen. Man geht auf dem Kamm das letzte Stück wieder zurück, steigt dann aber nicht nach rechts ab, sondern geradeaus auf den Pass Posetitelski hinab, der zu einem weiteren Gipfel führt. Am tiefsten Punkt des Passes beginnt (von oben zu sehen) links ein Serpentinenpfad zum Herzsee.

Bei heißem Wetter kann man im See baden, allerdings sollte man nicht weit

115ba Foto: rj

hinausschwimmen. Das Wasser ist sehr kalt, es gab hier schon Todesfälle.

Steigt man vom Pass Posetitelski zur anderen Seite hinab, kommt man in das Tal des Baches Posetitelski. Hier verliert sich der anfangs gut sichtbare Pfad in den sumpfigen Wiesen des Bachbettes. Folgt man jedoch grob dem Lauf des Wassers, so gelangt man an die Stelle, wo der Bach gekreuzt wird vom sogenannten *Starokomarski trakt,* einer alten „Handelsstraße", die streckenweise noch sehr gut sichtbar, teilweise aber auch schon stark überwuchert ist. In Richtung Norden führt sie in ca. einer Stunde zurück zur Wetterstation. Folgt man ihr in Richtung Süden (nach links), gelangt man zum Pass Tschórtowy Woróta. Kreuzt man ihn, so kommt man auf den Pfad zu den Wasserfällen.

Pass Tschortowy Worota (Teufelstor – 1650 m)

Der Pass liegt zwischen zwei Gipfeln (2002 und 1946 m). An seinem höchsten Punkt hat sich der gleichnamige **See** gebildet. Von der erwähnten Weggabelung (mit Bändern behängter Baum) kommt man in ca. zwei Stunden über den alten Starokomarski-Weg an diese reizvolle Stelle. Oberhalb der Baumgrenze gibt es hier typischen Bewuchs aus niedrigen Zirbelkiefern. Vom Pass aus kann man deutlich den Verlauf der alten Handelsstraße erkennen, die sich in großen Serpentinen zum Fluss Utulik hinunterschlängelt. Geht man von hier ca. 300 m Richtung Osten in ein kleines Seitental, kommt man an geschützte Stellen, die sich als Zeltplätze eignen.

Podkomarnaja-Wasserfälle

Der Weg zu den Wasserfällen beginnt an der Kreuzung des Starokomarski-Weges mit dem oben beschriebenen Bach Posetítelski (s. „Abstieg über den Herzsee"). Von der Wetterstation gelangt man auf dem Starokomarski-Weg in ca. 1½ Stunden hierher. Nun biegt man rechts ab und folgt dem Bach auf einem kleinen Pfad. Nach ca. 500 m mündet er in den Gebirgsfluss Kámenka. Dieser bildet mehrere kleine Wasserfälle, die über Terrassen zur Kamenka hinunterführen. Verschiedene Wege umgehen sie mal von links, mal von rechts. Eine Steigerung sind die Wasserfälle der Kamenka, die schließlich ihre Krönung finden in den schäumenden Wasserfällen der Podkomárnaja. Sie stürzen sich bis zu 40 m tief in Steinbecken. Allerdings ist der Zugang zu den untersten Kaskaden über steile Felsen schwierig. Je nach Ausrüstung und Kondition muss jeder entscheiden, wie weit er sich vorwagt, bevor er auf demselben Weg wieder zurückgeht.

Sljudjanka – Mangutai

- Sljudjanka – Pik Tscherskowo – Tschortowy Worota – Pik Tschekanowskowo – Berg Mangutai – Fluss Bolschoi Mangutai – Siedlung Mangutai
- Sehr schweres Trekking und das Problem Wassermangel, ca. 5 Tage
- Beschreibung der Strecke bis Tschortowo Worota s.o. (ab hier ca. 3 Tage)

Ab dem Pass Tschortowo Worota verläuft der Weg immer auf dem Bergkamm nach Osten. Er überquert die Höhe Besymjanny und den Pik Tschekanowskowo. Die nächste Höhe heißt Golez Sosnowski (1811 m), dann folgen die Berge Mangutai (1856 m) und Solotaja (1603 m), von wo aus man am Fluss Besymjannaja entlang bis zur Siedlung Mangutai kommt. Fast von allen Punkten der Tour hat man eine sehr schöne Sicht auf den Baikalsee und große Teile des Chamar-Daban-Gebirges.

Sljudjanka – Murino

- Sljudjanka – Pik Tscherskowo – Tschortowy Worota – Fluss Utulik – Fluss Schibutui – Batowoje-See – Fluss Sneschnaja – Fluss Sun-Bairi – Pass Bairi – Fluss Nuchen (– Berg Chan-Ula) – Pass Nuchen-Daban – Pass Langutaiskije Worota (1761 m) – Fluss Langutai – Fluss Chara-Murin – Siedlung Murino
- 14 Tage, 250 km

Die Tour nutzt über weite Strecken die **alte Handelsstraße** in die Mongolei „Starokomárski trakt" und den alten Posttrakt, der bis zum Bau der Transsib am Baikal in Gebrauch war. Eine Besteigung des Berges **Chan-Ula** (2371 m) kann in diese Tour eingebaut werden, ist aber auch möglich von Murino aus (hin und zurück 140 km, 7–9 Tage, Route: s.o., an der Mündung des Flusses Nuchen in den Barun-Junkuzuk biegt man nach Westen ab und folgt ihm flussaufwärts).

Der Herzsee am Pik Tscherskowo

Pik Poroschisty

- 2–6 Tage

Die Tour zum Gipfel des Pik Poróschisty (пик Порожистый, 2025 m) ist deutlich schwieriger als die zum Pik Tscherskowo, dafür kürzer (eine Strecke 13 km) und um einiges schöner. Der erste Abschnitt des Weges wurde 2003 von Freiwilligen unter der Leitung von Greenpeace und GBT ausgebaut und ist sehr bequem zu begehen.

Den Ausgangspunkt erreicht man über **Utulik,** am besten mit dem Auto (z.B. Linientaxi aus Sljudjanka). Deutlich erkennbar ist die Brücke über das Flüsschen Babcha (ca. 3 km hinter Utulik in Richtung Baikalsk). Auf dem linken Flussufer beginnt der Weg. Sollten die Markierungen nicht zu erkennen sein, geht man ca. 200 m an der Straße zurück in Richtung Utulik bis zum ersten Feldweg links. Als Markierung dienen Schlammrohre des Baikalsker Zellulosewerks, die entlang des Feldwegs verlaufen und zu Absetzbecken führen. Ungefähr zehn Minuten folgt man diesem Feldweg, bis er eine Rechtskurve macht. Hier schlägt man den linken Weg ein und kommt nach weiteren zehn Minuten an die ersten rot-blauen Baummarkierungen in der Nähe der Bábcha (Бабха). Zwei Stunden lang folgt man nun dem schön ausgebauten Weg auf der linken Uferseite bis zur Holzbrücke über die Babcha. Nur zwei Stellen sind etwas schwieriger, wurden jedoch mit Metallseilen gesichert.

Nach der erwähnten Brücke verlässt der Weg die Babcha, um von nun an dem Flüsschen Poperétschny zu folgen, das im Volksmund allerdings nur unter dem Namen Medwéschi bekannt ist. Hier gibt es keine Markierungen mehr, die generelle Richtung ist Süden. Wenig später teilt sich der Fluss in drei Arme. Der rechte heißt (in Fließrichtung) „linker“ Poperetschny und muss überquert werden. Auf der rechten Uferseite des kleinen Baches geht man weiter und kommt nach 3–4 Stunden in den sogenannten „Zirkus“, einen an drei Seiten von Bergwänden umgebenen Kessel. Er liegt ungefähr auf Höhe der Baumgrenze. Auf beiden Seiten des Bächleins gibt es hier geeignete Stellplätze für Zelte. Man kann den Zirkus als „Basislager“ nutzen und den Aufstieg zum Gipfel ohne Gepäck machen.

Auf der rechten Uferseite beginnt ein Trampelpfad. Wo ca. 15 Minuten später der Bach rechts abbiegt, verlässt man ihn und geht auf der westlichen Seite eines großen Geröllfeldes weiter auf den Bergkamm zu. Hier bahnen sich viele kleine Pfade durch das massive Geröll, und leicht verliert man den bequemsten, der ganz rechts verläuft. Doch irgendwie kommt man (nach ca. einer Stunde) trotzdem oben an. Auf dem Pass wird man durch einen ersten großen Ausblick über das Chamar-Daban-Gebirge belohnt: Im Süden ist der See Turístskoje (auch Mjórtwoje) zu sehen.

Von hier aus dauert der Aufstieg zum Gipfel noch ca. eine Stunde, sollte aber nur bei trockenem Wetter in Angriff genommen werden. Über den Berggrat geht man in Richtung Osten, an manchen Stellen muss man klettern. Besonders aufregend werden die letzten 20 m, die zwischen senkrechten Abgründen verlaufen. An zwei Stellen findet man Tafeln, die an Unglücksfälle erinnern. Für die überstandenen Strapazen belohnt der einzigartige Blick vom **Gipfel.** Obwohl er etwas niedriger ist als der Pik Tscherskowo, eröffnet sich hier ein grandioses Panorama des gesamten Südbaikal und vieler schroffer Gipfel, das mit dem vom Tscherski-Gipfel nicht zu vergleichen ist.

Wer zum Aufstieg früh aufgebrochen ist, kann den Rückmarsch vom „Zirkus" noch am selben Tag antreten und nur drei Stunden später wieder in Utulik sein. Eventuell ist es sogar möglich, vorher ohne Gepäck noch einen Abstecher zum Bergsee Mjortwoje zu machen.

Mögliche Erweiterungen (hoher Schwierigkeitsgrad)

In einem weiteren Tag kann man den Gipfel zwischen dem Pik Poroschisty und dem **Pik Babcha** besteigen. Auf der linken Seite des Baches im Kessel beginnt ein sehr schlecht erkennbarer Weg. Der Blick von oben auf drei Bergseen, den Babcha und den Baikalsee entlohnt für den anstrengenden Aufstieg. Auch der Babcha selbst kann von hier aus erstiegen werden. Im Mai 1985 kamen hier bei einem Lawinenunglück allerdings 17 Irkutsker Studenten ums Leben.

Vom Pass unterhalb des Pik Poroschisty gibt es einen alternativen Rückweg nach Baikalsk. Er führt am **See Mjortwoje** (Мертвое, auch Turistkoje) vorbei, durch ein nicht immer zu erkennendes Bachbett an den **Fluss Solsan** (Солзан). Die 2 km bis hierher können wegen Felsbrocken, Geröllfeldern, Wasserfällen oder Kiefern-dickicht bis zu fünf Stunden in Anspruch nehmen. Die restlichen 16 km sind auf der linken Seite des Solsan gut zu erkennen, trotzdem müssen wegen zu umgehender Felswände ca. zehn Stunden einkalkuliert werden. Bei Regen kann der Weg an einigen steilen Stellen gefährlich werden (Seil mitnehmen!). 3 km vor Baikalsk muss eine Felswand im Fluss umwatet werden (über Insel, Wassertiefe ca. 50 cm). Die Schönheit des wilden und ursprünglichen Bergflusses entschädigt für so manche Unannehmlichkeit.

Zobelsee озеро Соболиное

- Hin und zurück 40 km, 2 Tage

Der lang gezogene Zobelsee *(ósero Sobolínoje),* ist eiszeitlichen Ursprungs, er wurde durch die Endmoräne eines Gletschers aufgestaut. Wanderungen zum Zobelsee sind sehr populär. Von **Wydrino** verläuft ein Weg auf dem rechten Ufer des Flusses Sneschnaja. Kurz oberhalb der Mündung der Selenginka sollte diese überquert werden, was (seit der Zerstörung der Brücke) bei hohem Wasserstand erhebliche Schwierigkeiten bereiten kann. Doch nur auf dem westlichen Seeufer findet man Stellplätze für Zelte und flache Strände.

Das Tunka-Tal

Тункинская долина

Heilquellen und Tempel

Das Tunka-Tal *(Tunkínskaja dolína)* verdankt seinen Namen möglicherweise dem alten mongolischen Stamm der Tunkaiten, der in der arabischen Chronik des *Charun Raschid ad-Din* (1247–1318) erwähnt ist. Zu Zeiten *Dschingis Khans* siedelten sie in der fruchtbaren, von hohen Gipfeln eingerahmten Ebene. Da Quellen aus jener Zeit jedoch sehr spärlich sind, ist die Ableitung umstritten.

Geologisch ist das Tal ein Grabenbruch in der Verlängerung der Baikal-Rift-Linie. Allerdings beginnt es nicht direkt an der Südspitze des Sees, ein kleiner Bergrücken trennt es vom rauen Baikalufer. Ungefähr ab dem Dorf Tibelti zieht sich das Tal fast schnurgerade nach Westen bis an die **mongolische Grenze.** In seiner Mitte schlängelt sich mit vielen Windungen der **Fluss Irkut** bis kurz vor den Baikal, wo er abbiegt und seinen Lauf in Richtung Irkutsk fortsetzt. Besonders die Berge des Östlichen Sajan, die das Tunka-Tal nach Norden hin eingrenzen, erinnern mit ihren schroffen, schneebedeckten Gipfeln an die Schweizer Alpen. Nördlich hinter diesem Bergkamm liegt der nur über eine Straße erreichbare **Oka-Bezirk.** Die tektonische Entstehungsgeschichte des Grabens hat bis heute sichtbare Spuren hinterlassen. Kurz vor dem Kurort Arschan erheben sich aus der Ebene einige kleine **Vulkan-**

Die Kyngarga bei Arschan im Winter

krater. Außerdem stößt man besonders an den Rändern des Bruches immer wieder auf warme und kalte **Mineralquellen,** die wegen ihrer Heilkraft sehr geschätzt werden.

Religiöse Vielfalt

Die Bevölkerung des Tals bestand bis ins 17. Jh. nur aus **Burjaten.** Mit dem Auftauchen russischer Kosaken entstanden erste Stützpunkte zaristischer Macht. Um die erste Festung entwickelte sich der russische Ort Tunka als Verwaltungszentrum. Die burjatische Bevölkerung musste eher in die Randgebiete der Ebene ausweichen.

Bis zur Ankunft der Russen war die Religion der Burjaten im Tunka-Tal rein **schamanistisch.** Die Missionierung durch die Russen begann hier fast zeitgleich mit der Zunahme des **buddhistischen Einflusses** (s.a. Kapitel „Menschen und Kultur: Religion"). Der christliche Einfluss wurde nie übermäßig stark und konnte die alte Religion nicht verdrängen. Der Buddhismus dagegen hat sich im 18./19. Jh. im Tunka-Tal auf interessante Weise sehr eng mit dem Schamanismus verbunden, und diese inzwischen friedliche Koexistenz lässt sich heute wieder ausgezeichnet beobachten. Einerseits stößt man im Tal, das zu fast 50 % von Burjaten bewohnt wird, auf Schritt und Tritt auf kleine buddhistische Tempel und Gebetsstätten, die teils an historischen Orten, teils auch ganz neu errichtet werden. Andererseits sind bei denselben Menschen, die im Tempel beten, auch schamanistische Traditionen sehr

117ra Foto: rj

lebendig. Fast an jedem Ort gibt es wieder einen oder mehrere Schamanen. Man besinnt sich auf Rituale und Zeremonien wie das „Fest des weißen Steins“, das jedes Frühjahr in der Nähe der Dörfer Tory und Dalachai (burj.: *Bucha-Nojon-Boobai*) auf einer Anhöhe aus weißen Marmorfelsen stattfindet. Männer aus den Dörfern und mehrere Schamanen bitten unter Darbringung von Opfern um günstiges Wetter und ein fruchtbares Jahr. Außenstehende und Touristen werden zu der Zeremonie allerdings nicht zugelassen.

Inzwischen erfährt auch das **orthodoxe Christentum** wieder einen Aufschwung. So wurde z.B. in Arschan in den letzten Jahren eine Kirche erbaut, die in erster Linie von Russen und teilweise auch von Burjaten besucht wird. Auch diese Gruppe hat gleichzeitig Respekt vor dem örtlichen Schamanen und sieht keinen Widerspruch darin, sich ab und zu von ihm die Zukunft vorhersagen zu lassen. Insgesamt entsteht der Eindruck, dass – anders als in anderen Gegenden der Baikalregion – hier der Glaube im Alltag eine große Rolle spielt.

Auch folkloristische Traditionen sind noch sehr lebendig. Das alte Heldenepos „Gesser“ (s. Kapitel „Menschen und Kultur: Bevölkerung) wird im Tunka-Tal von einzelnen noch mündlich überliefert, und man stellt sich vor, dass die Heldentaten von Gesser in den Bergen des Sajan-Gebirges und auf der Oka-Hochebene stattgefunden haben. Die betreffenden Orte werden als heilig verehrt.

Umweltschutz

Die Umweltsituation des Tunka-Tals ist grundsätzlich sehr gut. Es gibt im ganzen Tal, das nur durch eine einzige (allerdings gut asphaltierte) Landstraße mit den Verkehrsadern am Südufer des Baikalsees verbunden ist, kein Industrieunternehmen. Die meisten Menschen leben heute von privater Landwirtschaft und teilweise vom Tourismus. Einzig die sich unkontrolliert ausweitende **Forstwirtschaft** könnte ein Problem werden. Denn die Verwaltung des Tunka-Nationalparks, der das gesamte Verwaltungsgebiet umfasst, hat sich bisher nicht durch große Aktivität ausgezeichnet. Es ist u.a. Bürgerinitiativen und NGOs aus der Region zu verdanken, dass 2003 ein großes Öl- und Gas-Pipeline-Projekt vorerst auf Eis gelegt wurde. Die russische Firma Jukos plante gemeinsam mit ausländischen Investoren, eine Pipeline quer durch den Nationalpark zu legen, um Rohstoffe aus den Kowytka-Vorkommen im Irkutsker Gebiet nach China verkaufen zu können.

Hinweise

- **Telefonieren im Tunka-Tal:** Alle Siedlungen im Tunka-Tal (Ausnahme Kyren und Arschan) können von außerhalb nur über die Telefon-Vermittlung angerufen werden. Innerhalb des Tunka-Tals kann aus einem Ort in den anderen mit zweistelligen Vorwahlen (Arschan 97, Nilowka 93 usw.) direkt telefoniert werden. Telefoniert man aber innerhalb eines Ortes, braucht man nur die letzten drei Ziffern der jeweils angegebenen Nummern.

Seit 2006 gibt es in den östlichen Dörfern am Beginn des Tals bis einschließlich Arschan auch **Handy-Empfang.** Kyren ist leider noch nicht eingeschlossen.

●Für Einzelreisende kann im Tunka-Tal die **Schreibweise von geografischen Bezeichnungen** ein Problem sein. Besonders Namen, die aus dem Burjatischen stammen, werden oft unterschiedlich geschrieben oder existieren in mehreren Varianten. So werden im Volksmund Berge und Flüsse oft anders bezeichnet, als auf Karten angegeben.

●Am Kontrollpunkt in der Nähe von Schuluty gibt es theoretisch auch die Möglichkeit, Wanderungen in abgelegene Gebiete beim **Bergnotdienst** anzumelden (s. Kapitel „Reisetipps A–Z: Wandern"). Praktisch ist er jedoch oft nicht besetzt, sodass man sich an die Verwaltung in Kyren wenden muss.

●Besondere Vorschriften gelten in zwei **Naturschutzgebieten** auf dem Gebiet des Nationalparks: *Tunkinski Sakasnik* – Berggebiet südlich der Straße zwischen den Flüssen Margasan und Tibilti, und *Sakasnik Badary* – Sumpf- und Seengebiet *(Koimórskije osjóry)* zwischen Kyren und Arschan.

Tunka-Nationalpark

Тункинский национальный парк ⇗VI

Die Vegetation des *Tunkínski nazionálny park* besteht aus Zirbelkiefern-, Lärchen- und Kiefernwäldern im Mittel- und Hochgebirge, im Ost-Sajan-Gebirge aus Tundra und alpinen Wiesen. In den Flusstälern gibt es bekannte Mineralquellen. Der Nationalpark wurde 1991 gegründet, seine Fläche beträgt 1.184.662 ha.

Der Tunka-Nationalpark hat große Besucherzahlen zu verzeichnen, von denen sich jedoch ein Großteil auf die Kurorte Arschan und Nilowa Pustyn konzentriert. Schwieriger gestaltet sich die Kontrolle der Berggebiete im nördlichen Teil des Parks, die bei Wanderfreunden und Bergsteigern sehr beliebt sind. Auch die wirtschaftliche Waldnutzung scheint in manchen Gebieten noch problematische Ausmaße zu haben.

●**Verwaltung:** s. Tunka-Tour, Kyren

●**Service:** Breites Spektrum von begleiteten Wanderungen, thematische Exkursionen, besonders zu burjatischer Kultur und Mythologie.

●Der Nationalpark erhebt im Sommer beim Betreten des Territoriums eine einmalige **Gebühr** von ca. 150 R p.P. Pkws werden separat abgerechnet.

Arschan – Davos Sibiriens

Аршан ⇗VI/A2

Der Kurort Arschán liegt malerisch direkt am Fuß der schroffen, schneebedeckten Gipfel des **Sajan-Gebirges,** das das Tunka-Tal von Norden her abschließt. Viele der Häuser und Gehöfte sind typisch dörfliche Holzgebäude, umgeben von lichtem Kiefernwald.

Das burjatische Wort *Arschan* bedeutet „heilendes Wasser". 1894 wurden die **Heilquellen** von Arschan im Bericht eines russischen Missionars an die Tomsker Universität zum ersten Mal schriftlich erwähnt, doch vermutlich nutzten die einheimischen Burjaten das Wasser schon früher. Heute sind durch Bohrungen noch zusätzliche Quellen erschlossen. Das Wasser enthält viel Kohlensäure und ein breites Spektrum von Mikroelementen. Empfohlen wird es besonders zur Behandlung von Verdauungs- und Stoffwechselstörungen sowie Herz- und Kreislauferkrankungen.

Zu Beginn des 20. Jh. entstand in der Umgebung der Quellen und am Fluss Kýngarga die Siedlung, in der 1920 die erste feste Kureinrichtung eröffnet wurde. Seitdem ziehen die Quellen, die saubere Bergluft und die herrliche Natur **Kurgäste und Touristen** aus ganz Russland an. 1974 wurde mit dem Bau des Sanatoriums „Sajany" begonnen. Sträflinge einer Haftanstalt, die dafür nach Arschan verlegt worden war, errichteten den Kurkomplex, das Schwimmbad und Wohngebäude für die Mitarbeiter und Gäste. 1985 wurde die Strafkolonie wieder geschlossen.

Heute hat der Ort ca. 2300 Einwohner. Aus den umliegenden burjatischen Siedlungen, die traditionell weiter in der Ebene lagen, wo Weideflächen für das Vieh zu finden sind, ziehen nach wie vor Arbeit suchende Menschen nach Arschan. Sie finden sie u.a. in den unzähligen „Pensionaten", meist einfache, hüttenähnliche, teilweise auch elegant ausgebaute Ferienheime, die im Besitz von Firmen, Betrieben, aber auch Hochschulen und anderen Organisationen aus Irkutsk und Ulan-Ude sind. Sie stehen in erster Linie Mitarbeitern und deren Angehörigen zur Verfügung.

Der Kurbetrieb läuft ganzjährig, wobei die Auslastung im Winter früher anscheinend besser war, als Kuraufenthalte noch staatlich zugeteilt wurden. Heute konzentriert sich der Ansturm auf den Sommer, was teilweise eine Belastungsprobe für den Ort ist. Wer den Massen lieber aus dem Weg geht, sollte Arschan im Winter besuchen!

Kurpark

Der Kurpark von Arschan, ein rührendes Imitat größerer Vorbilder wie der Kuranlagen von Kislowodsk und Pjatigorsk im Kaukasus, ist für alle Gäste frei zugänglich. An der kleinen Promenade, die zum Trinkpavillon führt, werden das ganze Jahr über **Heilkräuter** verkauft, die von Einheimischen in den Bergen gesammelt werden. Die Sajan-Berge sind berühmt für Heil- und Teepflanzen, die in der Bergluft besonders aromatisch sind.

Wasserfall

Der Park reicht bis an das **Flüsschen Kyngarga,** das klar und kalt aus den Bergen heruntersprudelt. An seinem linken Ufer führt der wohl beliebteste **Spazierweg** von Arschan zu einem Wasserfall. Über den leicht zu findenden Pfad erreicht man in einer knappen halben Stunde die Schlucht, die das Wasser in schroffe Felsen aus unterschiedlichen Gesteinsarten gewaschen hat. Zum Wasserfall führt eine Holztreppe hinunter. Ab Januar kann man meist auch über das Eis des Flusses zum Wasserfall gelangen, der dann unter einer beeindruckenden, teils durchsichtigen Eisglocke rauscht und schäumt.

Choimorski-Kloster

Zu Beginn der 1990er Jahre wurde von buddhistischen Lamas sorgfältig eine geeignete Stelle für ein Nachfolgekloster des 1927 aufgelösten Chandagataiski-Klosters ausgewählt. Westlich von Arschan liegt in 15–20 Minuten Entfernung hinter einem kleinen

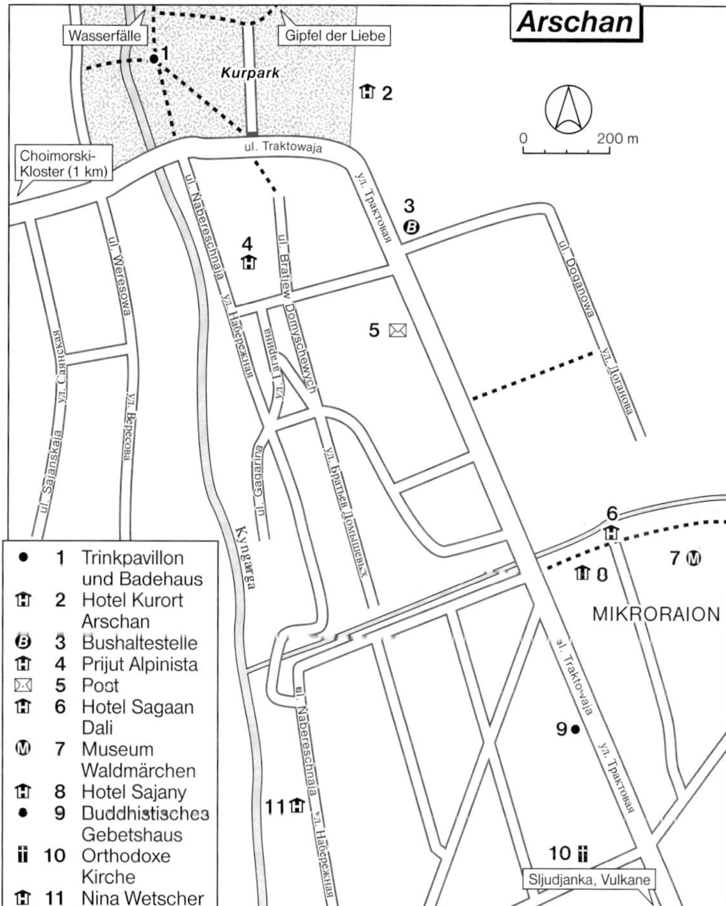

Waldstück die Anlage des *Choimórski dazán,* in der seit 1991 wieder mehrere Mönche leben und arbeiten. Sie führen die Tradition des 1917 von *Agwan Dorschijew* (s. Kapitel „Menschen und Kultur: Religionen“) gegründeten Klosters fort. Es lag einige Kilometer westlich von Arschan (siehe Ausflüge in die Umgebung) und galt damals als das einzige Kloster, das sich streng an den von Dorschijew reformierten und erneuerten Buddhismus hielt. Im Vergleich zu dem im Ort gelegenen Gebetshaus, das dem Kloster Iwolginsk untersteht, achtet es strenger auf die Einhaltung von Glaubensregeln und auf die Trennung von Schamanismus und Buddhismus. Seit 1996 ist *Daschi Schaglachajew* Vorsteher.

Ethnokulturelles Zentrum und Museen

An der Schule ist ein sogenanntes Ethnokulturelles Zentrum im Entstehen, benannt nach einem der mongolisch-burjatischen Stämme der Region: **Chongódory.** Kontakt: *Walentína Stepánowa* (s. Kyren).

Das Privatmuseum **Waldmärchen** *(Lesnája Skáska)* zeigt Holzskulpturen und Schnitzereien. Kontakt: *Swetlána Petrówna Tarássowa* und ihr Mann, Mikroraión 12, Tel. 97525, Handy 89501377378.

Im **Privatmuseum** *(muséi na domú),* ul. Gagárina 35, ist Kreuzstichstickerei von *Marína Fjódorowna* ausgestellt.

Service

- **Vorwahl:** 30147 (aus Burjatien 247)
- **Telefon und Post:** ul. Traktowája 32 (Telefon: Eingang hinten), Mo–Fr 9–18 Uhr.
- **Apotheke:** ul. Brátjew Dómyschewych 6, Mo–Fr 9–17 Uhr.
- **Kurhaus** mit Bademöglichkeit für „Externe" *(wánny kórpus):* am Ende des Kurparks hinter dem Trinkpavillon, Preis normales Bad: 140 R, außerdem möglich Schlammanwendungen, Wechselbäder u.v.m.
- **Essen und Trinken:** neu eröffnetes Restaurant **Nowy Wek,** ul. Weresówa 23.

Tourenanbieter

- **Altan Mundarga** (Goldener Gipfel, nach einem Berg nordwestlich von Choito-Gol), ul. Traktowaja 6, Tel. 97-502, Handy 895038 95357, *Laríssa Leonídowna Mansarakschéjewa;* Touristeninformation, Vermittlung von Übernachtung, Pkw mit Fahrer, Ausflüge; nur nur im Sommer regelmäßig geöffnet.
- Büro des **Nationalparks** in Arschan, ul. Traktowaja 93/1; bieten im Sommer feste Ausflugstouren zu den beliebtesten Zielen an.
- Zentrum für Abenteuer und Reisen **W míre fantási,** ul. Brátjew Dómyschewych 8, Tel. 97-697, www.iwf.ru; Ausflüge in die Umgebung, Bergtouren, Verleih von Ausrüstung und Fahrrädern, Verkauf von Karten, s. auch Unterkunft.

Unterkunft

- Pension **Nina Wetscher,** ul. Nábereschnaja 62, Tel. 97-576; Gästehaus (Holzhaus auf dem Anwesen), im Sommer max. 33 Pers., im Winter max. 10 Pers., Banja, Außentoilette, 400 R inkl. Verpflegung. Die Besitzerin (studierte Physikerin) ist gesellschaftlich außerordentlich aktiv, initiiert und unterstützt soziale Projekte, Umweltschutzaktionen, ist journalistisch tätig und setzt sich auf vielfältige Weise für ihre Region, deren Kultur und Natur ein. Sie hat die meiste Zeit ihres Lebens in der Gegend gelebt, hat einen enormen Wissensschatz und kann beim Knüpfen von Kontakten helfen. Spricht etwas Französisch.
- Pension **Prijút Alpinísta** (im Volksmund auch „Moskauer Datscha", da gegründet durch das Moskauer Reiseunternehmen „W mire fantasi"), ul. Brátjew Dómyschewych 8, Tel. 97-697; www.baikal-iwf.ru; irkutsk@iwf.ru; Büro in Irkutsk: ul. 8 Márta 11, Büro 2, Tel. (3952) 204250; 2- und 3-Bett-Zimmer, WC und Dusche im Zimmer, Sauna, neues Gebäude (hauptsächlich aus Holz), moderne Einrichtung, sauber, angenehme Mitarbeiter, Service: s. Tourenanbieter, 700 R, Verpflegung kann separat dazu bestellt werden.
- **Sagáan Dalí,** Büro in Irkutsk (Reiseveranstalter Transtur): ul. Deputátskaja 14, Tel. (3952) 204618, Fax 205315, Öffnungszeiten: 8.30–17.30 Uhr, transtur@sovintel.ru; Tel. in Arschan: 97-468. Relativ modernes Hotel am Ortsrand im Kiefernwald gelegen, 2- und 3-Bett-Zimmer mit Bad und WC; Café, Sauna, Bar, Verleih von Sportausrüstung, DZ 390 R p.P., Verpflegung extra ca. 300 R.
- Hotel **Kurort Arschan,** Hotel **Sajany,** Tel. 97-470, 97-738, Fax 97-481; sehr großer Sa-

natorien-Komplex (über 900 Plätze), auch reine Übernachtung, mit Verpflegung ab 500 R; Kurbehandlung, Bäder, Wasserbehandlung, Massagen, Gymnastik, verschiedene Arten der Therapie, Hallenbad kann auch ohne Übernachtung besucht werden.

Privatunterkünfte:

In Arschan halten sich die Anbieter von Privatunterkünften grundsätzlich an einen einheitlichen Preis. Eine einfache Übernachtungsmöglichkeit kostet ca. 200 R. Verpflegung wird meist nicht angeboten.

Während der Saison warten üblicherweise bei Ankunft der Linienbusse schon Einheimische an der Haltestelle und bieten Zimmer an. Wer zu anderen Zeiten ankommt, hat trotzdem eine Chance: An vielen Höfen hängen außen Schilder: „сдаем жилье". Die Bedingungen sind überall dieselben: kein fließend Wasser, Toilette im Hof, dafür die Möglichkeit, sich in der Banja zu waschen, die allerdings extra bezahlt werden muss.

- **Darima Uchéjewa,** ul. Weresówa 21, Tel. 97-747; kleines Holzhäuschen (1 Zi) im Hof separat stehend, drei Betten, Ofen, Kochmöglichkeit, sehr einfach, auch im Winter bewohnbar, Banja, Anwesen in gepflegtem Zustand, Besitzer sind Burjaten.
- **Alekséi Peschémski,** ul. Traktowája 68, Tel. 97-578; drei separat stehende Häuschen auf dem Grundstück des Anwesens (3/2/3 Betten), Ofen, Kochmöglichkeit, sehr einfach, auch im Winter bewohnbar. Die Besitzer sprechen etwas Englisch, er führt manchmal Touristengruppen und bietet Ausflüge an.
- **Sergéi und Nadjéschda Antschíkow,** ul. Brátjew Dómyschewych 61, Tel. 97-601 (Arbeit: 494); vermieten einzelne Zimmer bzw. das ganze Wohnhaus (bis zu 7 Personen), Ofen, Kochmöglichkeit, Banja.
- **Aralschin Pruschenow,** ul. Dogánowa 31, Tel. 97-723; kleines Holzhäuschen (1 Zi) im Hof separat stehend, drei Betten, Elektroheizung, Kochmöglichkeit, wird nur im Sommer vermietet, Banja, Anwesen in sehr gepflegtem Zustand; Möglichkeit, hausgemachte Milchprodukte zu kaufen; Pkw für Ausflüge in die Umgebung. Besitzer sind Burjaten (studierte Mediziner) und können bei Interesse Einblicke in die burjatische Kultur vermitteln: Musik, Märchen, Traditionen, traditionelle Methoden der Milchverarbeitung, Viehhaltung. Auch östliche Medizin, Massagen usw. können vereinbart werden.
- **Swetlána Petrówna Tarássowa,** Mikroraión 12; zwei Zimmer im Haus des Museums „Waldmärchen", Restaurant separat auf dem Grundstück, insgesamt sechs Betten im Sommer, Banja. Zwei Zimmer mit insgesamt vier Betten im Wohnblock, Mikroraión 18, Tel. 97-525, mit WC und Bad, auch im Winter, nach Absprache mit Verpflegung.

Verkehrsverbindungen

- **Mit dem Auto:** Von der Hauptstraße aus Sljudjanka, die das Tunka-Tal durchquert, zweigt kurz hinter dem Ort Saktui eine gut asphaltierte Straße nach Norden ab. Nach 28 km erreicht man Arschan.
- **Busse und Linientaxis:** Bushaltestelle und Fahrkartenverkauf in der ul. Traktowaja 3 (Öffnungszeiten sehr unregelmäßig; Hintereingang benutzen).

Aus Ulan-Ude (480 km) tägl. ein Linientaxi. Aus Irkutsk (220 km, 250 R) tägl. mehrere Busse und Linientaxis (Abfahrt ab 8 Uhr). Aus Sljudjanka (120 km) tägl. 5.20 und 14.20 Uhr. Von Arschan nach Irkutsk tägl. 15 Uhr, häufig zusätzlich auch vormittags. Nach Ulan-Ude tägl., nach Sljudjanka tägl. 7.30 und 14 Uhr, nach Kyren tägl. 9 und 16 Uhr.

Kleinere Wanderungen

An der Kyngarga

Wer schwindelfrei und gut zu Fuß ist, kann nach dem ersten Wasserfall der Kyngarga (s.o.) dem Wanderpfad folgen. Er führt am Fluss entlang zu weiteren **Wasserfällen.** Nach ca. drei Stunden Wanderung erreicht man den Zusammenfluss der linken und der rechten Kyngarga, wo das Gelände günstig ist zum Zelten.

Auch **flussabwärts** gibt es Wege, die man für kleinere Spaziergänge nutzen kann. 3 km von Arschan entfernt kommt man an ein Denkmal für 1918 hingerichtete Rotarmisten.

Arschan-Pass перевал Аршан

Die Tagestour zum Arschan-Pass (1954 m) ist nur für den Sommer zu empfehlen, da die kurzen Wintertage für Hin- und Rückweg nicht ausreichen. Die Tour beginnt an der Kyngarga und führt an den Wasserfällen vorbei zum Zusammenfluss der linken und rechten Kyngarga (s.o.). Von hier aus geht es an der rechten Kyngarga weiter in Richtung Kitoi. Vom Pass aus bietet sich ein herrlicher Ausblick auf das Kitoi-Tal und die Berglandschaft des Sajan-Gebirges. Die Strecke ist bei Wanderfreunden aus Irkutsk und Ulan-Ude sehr beliebt und dadurch gut zu finden. Der Aufstieg ohne Rucksack dauert ca. sechs Stunden.

Berg „Gipfel der Liebe" пик любви

Eine beliebte Tageswanderung ist die Besteigung des Gipfels der Liebe (Pik Ljubwi). Leider führt der Weg teilweise durch Waldgebiete, die im Sommer 2003 durch Brände stark geschädigt wurden.

Der viel begangene Pfad beginnt am oberen Ende des Kurparks. Durchquert man diesen auf der zentralen Allee vom Haupteingang aus, stößt man kurz vor dem Ende auf einen Trampelpfad, der rechts abgeht. Der Hauptweg führt steil am Südhang empor. Hier ist ein Stock zu empfehlen, weil der sandige Boden wenig Halt gibt.

118ba Foto: rj

Nach ca. 45 Minuten erreicht man einen Felsen, von dem aus sich ein herrlicher Blick über das Tal bietet. Eine Alternative ist im Sommer der Weg durch das Bachtal am Osthang des Berges, der weniger steil verläuft. Ungefähr nach der Häfte des Weges laufen beide wieder zusammen. Auch im Winter ist der Berg besteigbar. Dauer für den Aufstieg: 4–5 Stunden (reine Gehzeit).

Mineralquellen

Überquert man unterhalb des Choimorski-Klosters (s.o.) das waldfreie Stück, gelangt man auf einen breiten Waldweg. Er führt nach ca. 5 km zu den am Fuß der Berge gelegenen, leicht mineralischen Quellen **Suburga** (Субурга oder Alt-Arschan). Auch mit einem geländegängigen Pkw sind sie erreichbar. 100 m oberhalb der Quellen zeigt ein Stupa, dass auch dieser landschaftlich sehr schöne Ort für Buddhisten eine besondere Bedeutung hat. Nach weiteren 4 km erreicht man die schwer zu findenden Mineralquellen **Papi** (Папий).

In der Umgebung

Altes Kloster

Die Stelle, an der der **Vorgänger des heutigen buddhistischen Klosters** (*Chandagatáiski Dazan,* ca. 15 km von Arschan) stand, ist ohne ortskundige Begleitung kaum zu finden. Man sieht heute keine Spuren mehr, da die Klostergebäude nach der Schließung abgebaut und in anderen Orten meist als Clubhäuser wieder aufgebaut wurden. Einzig das **Privathaus von Agwan Dorschijew** ist (allerdings auch an anderer Stelle) erhalten geblieben und diente als Grundlage für den heutigen Tempel bei Arschan.

Der **Thron des Dschingis Khan** ist ein großer Stein in der Nähe, der der Legende nach Dschingis Khan als Opferstein diente. In der Umgebung wurden Knochen von Opfertieren und tibetische Schriftzeichen gefunden. Auch die buddhistischen Mönche messen der Stätte besondere kultische Bedeutung bei und führen hier wie Anfang des 20. Jh. wieder Zeremonien durch.

Vulkane

Ein besonderes Ausflugsziel sind die kurz vor Arschan gelegenen erloschenen Vulkane. Bei der Anreise sieht man sie rechts und links der Straße. Besonders gut zu erreichen sind die, die auf Karten meist als „Talskaja Werschina" bezeichnet werden. In Wirklichkeit handelt es sich um eine **Gruppe von kleinen Kratern** mit einer Höhe von 60–70 m. Nicht alle sind auf den ersten Blick als solche zu erkennen, weil sie teilweise bewaldet und nicht sehr groß sind.

Am besten zu erreichen ist der **Churai-Chobok:** Kommt man aus Arschan, biegt man kurz hinter dem Waldstück rechts nach Churai-Chobok ab. Man durchquert den Ort und erkennt gleich hinter den letzten Häusern links den

Blick vom Pik Ljubwi auf
das Tunka-Tal und die Sajan-Berge

ersten Vulkan. Er ist hufeisenförmig, eine Kraterseite wurde durch Tuffabbau abgetragen. Besucht man ihn im Winter, sieht man an auffälligen Schnee- und Eisgebilden, dass auch heute noch heiße Dämpfe aus Ritzen im Gestein entweichen.

Tunka

Тунка ↗ VI/B2

Der Ort Tunka war einstmals die russische „Hauptstadt" des Tunka-Tals, und bis heute ist ihre Bevölkerung fast ausschließlich russisch. Kosaken hatten sie Mitte des 17. Jh. zwischen fruchtbarem Weide- und Ackerland und dem Fluss gegründet. Bald nach dem Bau der ersten Festung errichteten sie eine mit prächtigen Schnitzereien verzierte Holzkirche, die zum Ausgangspunkt für die Missionierung der burjatischen Bevölkerung des Tals werden sollte. Sie ist leider nicht erhalten. Doch ihre Nachfolgerin, die **Pokrowskaja-Kirche** (Bauzeit 1812–20), steht auch heute noch in der Mitte des Dorfes, wird seit 1995 restauriert und inzwischen wieder als Kirche genutzt.

Abgesehen von der Kirche ist der Ort jedoch eher ein Beispiel für die Vergänglichkeit der Geschichte. Tunka spielte als **zaristischer Verbannungsort** eine große Rolle. Mehr als 2000 politische Häftlinge, darunter Dekabristen, Gegner der Leibeigenschaft, polnische Freiheitskämpfer und Bolschewiken, haben mehr oder weniger lange hier gelebt. Sie haben das Leben der Region zum Teil stark beeinflusst, indem sie Schulen und Bibliotheken gründeten, Einheimische unterrichteten und freiheitliche Ideen verbreiteten. Viele von ihnen sind auf dem Friedhof von Nikolsk (an der Straße nach Arschan) begraben. Der Ort hat seine damalige politische und wirtschaftliche Bedeutung verloren, seit die Siedlung Kyren Verwaltungszentrum wurde.

Quellen in der Umgebung

Schemtschug Жемчуг ↗ VI/B2

Die Thermalquelle Schemtschug („Perle"), im Volksmund auch „Wyschka" genannt, liegt zwischen Tunka und Kyren mitten in der Ebene des Tunka-Tals. Sie wurde erst in den 1960er Jahren bei geologischen Bohrungsarbeiten entdeckt und freigelegt. Durch ihre gute Erreichbarkeit (4 km westlich vom Dorf Schemtschug führen 3 km Schotterstraße von der Hauptstraße nach Norden bis kurz vor den Fluss Irkut) ist sie heute wohl die **bekannteste Thermalquelle im Tunka-Tal** und wird auch gern im Rahmen von Tagesausflügen vom Südbaikal aus besucht.

Das Wasser enthält Strontium, Lithium, Spuren von Titan und Molybdän und soll bei Gelenk- und Hauterkrankungen sowie nervlichen Problemen helfen. Im Sommer herrscht an der Quelle reger Verkehr, was manche eher abschrecken mag. Das Häuschen, in dem Männer und Frauen in zwei getrennten Becken baden kön-

Kirche in Tunka

nen, und die Duschverschläge sind im Winter schwer zugänglich, weil sie dick vereisen. Offen dagegen steht auch winterlichen Badewilligen ein nur notdürftig eingefasstes, flaches Außenbecken, in dem man umgeben von herrlichen Raureifkristallen das ca. 38° C heiße Wasser genießen kann.

Auch hier ist unter der Leitung des Vorstehers *Dansan-Chaibsun Samajew* ein **buddhistischer Tempel** am Entstehen, der mit dem Choimorski-Tempel in Arschan eng zusammenarbeitet.

● In der Umgebung der Quelle ist in den letzten Jahren eine große Ansammlung von datschenartigen **Ferienhäuschen** und anderen Unterkünften entstanden. Direkt neben der Quelle befindet sich ein organisierter **Campingplatz** mit Toiletten.

Chongor-Ulla Хонгор-Улла ↗ VI/B2

Kurz hinter dem Ort Schemtschug zweigt eine Straße links zum Dörfchen Ochor-Schibir ab. Von hier führt eine nur mit geländegängigen Wagen befahrbare Piste 10 km am Fluss Charagun entlang bis zu den Quellen von Chongor-Ulla. Neun kalte Mineralquellen entspringen im Wald und sollen gegen jeweils unterschiedliche Krankheiten helfen. Das Wasser wird sowohl innerlich als auch äußerlich angewandt. Außer einigen verfallenen Holzhäuschen gibt es momentan keine Übernachtungsmöglichkeiten. Der Nationalpark ist allerdings dabei, ein neues Ferienheim zu bauen.

115ba Foto: rj

120ba Foto: rj

Kyren

Кырен ↗ VI/B2

Kyren ist das **Verwaltungszentrum** des Tunka-Tals. Es hat ca. 6000 Einwohner und zieht sich über fast 8 km an der Landstraße entlang, die hier ul. Lenina heißt. In Kyren befindet sich außerdem die **Verwaltung des Tunka-Nationalparks** (zweistöckiges Steingebäude am Ortseingang rechts und älteres Holzgebäude ca. 500 m weiter auf der linken Straßenseite neben der Schule). Die Mitarbeiter des Nationalparks (s.u.) können bei der Planung von Touren helfen, Tipps geben und zusätzliche Privatunterkünfte vermitteln. Am Ortseingang von Kyren steht ein **buddhistischer Tempel,** in dem mehrere Lamas leben und arbeiten.

Service

- **Vorwahl:** 30147 (aus Burjatien 247)
- **Tel.:** ul. Lenina 126
- **Bank mit Wechselstube:** ul. Lénina 109

Unterkunft

- Hotel **Druschba,** ul. Lenina 109

Privatunterkünfte:

In Kyren und den Siedlungen westlich des Ortes bieten Privatunterkünfte üblicherweise auch Verpflegung an. Der übliche Preis für Vollpension liegt bei ca. 15–18 $.

- **Svetlána Darmájewa,** ul. Lenina 200, Tel. 91468.
- **Elisawéta Suschkéjewa,** ul. Gorchónskaja 12, Tel. 91274.

Tourenanbieter

- **Tunka-Tour** (Reiseveranstalter des Tunka-Nationalparks), 671010 Burjatien, Tunkinski Rajon, Kyren, ul. Lenina 69, Tel. 91301, 41793, 91294, tnpark@burnet.ru; Ansprechperson *Sergéi Suschkéjew* (s. Schimki); Service: Vermittlung von Privatunterkünften, Pferdetouren, Wanderführer, Schumak, Munku-Sardyk.

Nationalparkverwaltung, Abteilung Kultur *(otdél kultúry),* ul. Lenina 132, Tel. 91403, Fax 91965. Bei rechtzeitiger Anmeldung können Vorführungen burjatischer Folklore und thematische Veranstaltungen gebucht werden, die in der Regel im Freien stattfinden. Themen sind: Volkskunst und Brauchtum, Tänze, traditionelle Speisen, Schamanismus und östliche Medizin.

Verkehrsverbindungen

- **Linienbusse** aus Irkutsk (Bus nach Nilowka) Di, Do, Sa 8.45 Uhr, aus Ulan-Ude tägl., aus Sljudjanka tägl. 5.20 Uhr. Nach Ulan-Ude

Winterliches Bad
in der Thermalquelle Schemtschug

tägl. 8.40 Uhr, nach Irkutsk Mi, Fr, So 10 Uhr, nach Arschan tägl. 7.30, 14 Uhr, nach Nilowka tägl. 11.40 Uhr, nach Sljudjanka tägl. 15.40 und 18 Uhr.

- **Private Buslinien:** aus Arschan über Kyren nach Ulan-Ude tägl. 15.40 (310 R), nach Mondy tägl. 16 Uhr (70 R).
- **Bushaltestelle:** ul. Lenina, kurz vor der Brücke über den Fluss Kyren.

In der Umgebung

Schimki Шимки ↗ VI/B2

Der kleine, hauptsächlich von Burjaten bewohnte Ort liegt am **Ende der Tunka-Ebene.** Ab hier wird das Tal des Irkut enger, die Landschaft hügeliger, die Gipfel des Sajan-Gebirges wirken dahinter nicht mehr so schroff und hoch, doch dieser Eindruck täuscht.

- **Unterkunft:** *Sergéi Suschkéjew,* ul. Polewája 11, Tel. 96-794. Der sehr erfahrene und freundliche Mitarbeiter der Nationalparkverwaltung hat Gästezimmer für 2–3 Personen in seinem Wohnhaus. Er kann andere Unterkünfte im Dorf vermitteln, sodass es kein Problem ist, auch mit Gruppen im Ort zu übernachten. Als Burjate, dessen Vorfahren schon lange im Tunka-Tal leben, kann er viel Interessantes erzählen. Die Wohnung ist sauber und geschmackvoll eingerichtet. Zum Haushalt gehört auch etwas Vieh.

Nilowka

Ниловка ↗ VI/B2

Nílowka oder Nílowa Pústyn liegt am Ichä-Ugun (auch Uchgun), einem Nebenfluss des Irkut, der sich seinen Weg durch ein tief eingeschnittenes Felsental sucht. Berühmt ist der Ort für **Radon-Quellen,** deren Heilkraft schon 1830 bekannt wurde. 1840 ließ der damalige Irkutsker Gouverneur *Rupert* an der Quelle eine Badeanlage für seine Gattin einrichten, die hier von einer Lähmung geheilt wurde. Auch der Dekabrist *Torson* aus Selenginsk hörte von der Heilkraft des Wassers und kam mehrmals zu Kuraufenthalten. Der nächste Eigentümer, der Erzbischof von Irkutsk und Nertschinsk *Nil Stólbenski,* ein gebildeter Mensch und großer Naturliebhaber, ließ zwischen 1845 und 1850 ein Wohnhaus und eine kleine Kirche erbauen, die jedoch nicht erhalten sind. Dennoch verdankt der Ort ihm seinen Namen (russ: „Einsiedelei des Nil"). Er verbrachte hier viel Zeit und widmete sich der Christianisierung der Burjaten, übersetzte religiöse Schriften und führte gleichzeitig wissenschaftliche Studien durch.

Heute ist Nilowka ein anerkannter Kurort mit einer ganzen Reihe von Ferienheimen verschiedener Einrichtungen aus Irkutsk und Ulan-Ude, die sich über 6–7 km an der Straße hinziehen. Das **Thermalwasser** ist 38–43° C heiß, leicht radioaktiv und enthält viel Kieselsäure und Fluor, was es für innere Anwendungen unbrauchbar macht. Die äußere Anwendung dagegen ist besonders bei Haut- und Gelenkerkrankungen sehr empfohlen. Allerdings wird vor unkontrollierter Anwendung gewarnt. Im Kur-Gebäude (*wánny kórpus,* ul. Zentrálnaja 32) kann man sich vom Arzt je nach Gesundheitszustand Bäder verschreiben lassen (160 R pro Bad). Es gibt im Ort ein Geschäft.

Tempel

Der buddhistische Tempel von Nilowka liegt 4 km flussaufwärts. Der Legende nach soll hier der Gott Chan Schargai Nojon auf die Erde herabgestiegen sein. In einem Fass, das auf einem hohen Pfahl angebracht ist, sollen die verbrannten Überreste schamanistischer ritueller Gegenstände liegen, die zum Buddhismus bekehrte Schamanen auf diese Weise dem neuen Gott zeigen wollten. Der Tempel ist nicht ständig besetzt. Hinter der Anlage erhebt sich der als heilig verehrte Hügel Chairchan, der von Andersgläubigen nicht betreten werden sollte. Gläubige erklimmen ihn zu besonderen Anlässen auf den Knien.

Observatorien

Im Tunka-Tal gibt es zwei Forschungsstationen zur **Beobachtung der Sonne.** Sie sind heute die einzigen in ganz Russland. Von Nilowka aus werden manchmal Ausflüge in die Station von Mondy angeboten.

Unterkunft

- Pension **Níluschka,** ul. Zentrálnaja 60, Tel. 93-472, *Olga Dmítriewna Karnaúchowa,* 18 Plätze, WC, fließend Wasser, Banja; je nach Komfort 300–450 R mit Verpflegung (auf Wunsch auch burjatische Speisen). Die Besitzerin ist eine interessante Frau, die sich im ganzen Tunka-Tal sehr gut auskennt. Sie kann Tipps zur Beschaffung von Pferden, zum Finden von Bergführern und zu vielen Wanderrouten geben.

Verkehrsverbindungen

- **Linienbus** aus Irkutsk nach Nilowka Di, Do, Sa 8.45 Uhr, aus Sljudjanka über Kyren (35 km) tägl. (s. dort); nach Irkutsk Mi, Fr, So.

In der Umgebung

Turan Туран ↗VI/B2

Der kleine Ort Turán liegt zwischen Wiesen in einem Waldgebiet, das am Ende des Tunka-Tals beginnt. Am Ortseingang zweigt nach Norden die Straße nach Nilowka von der Hauptstraße ab.

- **Unterkunft:** *Wassíli Dugárowitsch Gyskéjew,* ul. Blíschnaja Agúnka 6, Tel. 94-161; Zimmer im Wohnhaus, Außentoilette.

Choito-Gol Хойто-Гол ↗VI/B3

Der kleine Ort am Fuß der Berge, der weder Einkaufsmöglichkeiten noch Busverbindung hat, ist bekannt als Ausgangspunkt für Touren zu den sagenumwobenen **Heilquellen des Schumak** (s.u.). Viele Familien in Chóito-Gol haben Pferde, die als Last- oder Reittiere für Bergtouren verliehen werden. Auch Bergführer gibt es hier.

Ein kleines **Heimatmuseum** berichtet über die Entstehung des Ortes. Es hat die umfangreichste Sammlung zur Geschichte des Tunka-Tals und zu burjatischer Kultur.

Mondy – Tor zur Mongolei

Монды ↗VI/B3

Móndy liegt auf 1200 m Höhe in einem Talkessel, eingerahmt von dünn bewaldeten Bergen. Ab hier besteht der Wald fast ausschließlich aus Lärchen. Die Umgebung erinnert schon leicht an die Steppenlandschaft, die weiter südlich in der Mongolei typisch ist. Das große Dorf ist der letzte Ort vor der mongolischen Grenze (10 km).

Kaum 5 km hinter derselben liegt der berühmte **See Chubsugul** (mongolisch: *Chöwsgöl Dalai*), der geologisch eine ähnliche Entstehungsgeschichte hat wie der Baikal. Beliebt ist er bei Russen besonders wegen seines Fischreichtums (Fischfang ist in der mongolischen Kultur kaum verbreitet). Doch sind seine fast unbewohnten Ufer bisher von Mondy aus nur für Russen zugänglich. Der **Grenzübergang** soll in den nächsten Jahren auch für den internationalen Verkehr geöffnet werden. Bis dahin wird er neben russischen Angeltouristen auch von Mongolen aus dem Grenzgebiet aktiv genutzt, die ohne großen bürokratischen Aufwand ins Tunka-Tal und nach Irkutsk fahren können, wo die Einkaufsmöglichkeiten sehr viel bequemer sind als in den fernen Städten der Mongolei. Deshalb begegnet man in Mondy häufig Menschen auf der Durchreise in traditioneller mongolischer Kleidung.

Kurz vor der Grenze liegt eines der beiden **Sonnen-Observatorien** des Tunka-Tals.

Unterkunft

- **Júri Antónowitsch** und **Ljubów Innokéntjewna Rússkich,** ul. Míra 18, Tel. 93-024; im Sommer Häuschen im Hof für 4 Pers., im Winter 2 Pers. im Wohnhaus. Der Hausherr ist pensionierter Geologe, ein echtes Original; sein Haus macht mit seinen verspielten Holzverzierungen einen etwas chaotischen, doch sehr liebenswürdigen Eindruck. Motorrad mit Beiwagen steht zur Verfügung.
- **Júri Wladímirowitsch** und **Nína Syrénowna Dugárow,** ul. Sarétschnaja 8, Tel. 93-010. Die burjatischen Besitzer betreiben in Mondy ein kleines Geschäft, Übernachtungsmöglichkeiten im Haus und im Gartenhaus; Pkw, Hilfe bei der Organisation von Pferden.

Wander- und Reittouren

Ein Hinweis für die Benutzung von vor Ort erhältlichen **Karten:** Diese nennen im Titel oft die beiden Bergzüge nördlich des Tunka-Tals: *Tunkinskije golzy* und *Kitoiskije golzy.*

Thermalquellen am Schumak

- Einfache Strecke 43 km, 2–3 Tage

Am Bergfluss Schumak (Шумак) im Sajan-Gebirge liegen auf 1600 m Höhe 108 Mineral- und Thermalquellen. Den einheimischen Burjaten ist ihre Heilkraft schon lange bekannt. Doch in den letzten Jahrzehnten haben sie auch bei Russen aus den verschiedensten Teilen des Landes Kultstatus erlangt. Oft werden für die Wanderung Pferde als Reit- oder Gepäcktiere gemietet. Obwohl teilweise auch Jugendliche zum Schumak wandern, ist die Strecke nicht ungefährlich, da man auch im Sommer von Schnee überrascht werden kann.

Die Quellen, denen unterschiedliche Anwendungsbereiche zugeschrieben werden, liegen interessanterweise an drei fast parallel verlaufenden Linien. Je nach Wasserzusammensetzung haben sich in den Becken unterschiedliche Mikroorganismen angesiedelt, die die Oberfläche grünlich, braun, gelb oder schwarz färben. Auch sie sind wichtig für die Heilwirkung des Wassers, das innerlich und äußerlich, am besten über einen längeren Zeitraum, angewendet wird. Viele kommen für eine Kur von 1–2 Wochen. So kann es im Sommer vorkommen, dass sich 300 Menschen gleichzeitig am Schumak aufhalten. Das bringt enorme Belastungen für die Natur des Tals mit sich, das Teil eines Naturschutzgebiets ist. Besonders die Müllproblematik und die Brennholzsituation wird jedes Jahr ernster.

Im Tal gibt es über 30 **Holzhütten.** Sie sind grundsätzlich für jedermann offen. Auch für **Zelte** gibt es an verschiedenen Orten schöne Plätze. Zum Waschen wurde eine Banja gebaut. Toiletten sind ein Problem.

2006 wurde unmittelbar an den Quellen eine **neue Touristenunterkunft** eröffnet. Angeblich ließ der Betreiber aus diesem Anlass Tonnen von Müll per Hubschrauber ausfliegen. Er bietet auch seinen Gästen die Anreise per Helikopter an.

- **Basa Schumak,** Irkutsk, ul. Piskunówa 140/4, Tel. (3952) 534000, 687000; www.aero-star.ru, katya@aero-star.ru; Preis für Hin- und Rückflug 9000 R, einfach 6000 R, Übernachtung ab 350 bis zu 2000 R p.P.

Verhaltensregeln an den Quellen

- Wo gebadet wird, darf **keine Seife** verwendet werden.
- Die **Beläge der Becken** sollten nicht verletzt werden.
- **Müll** sollte komplett wieder mitgenommen werden.
- Früher wurde an den Quellen **nur geflüstert,** heute halten sich nicht mehr viele an dieses Gebot. Anstelle von Tassen wurden nur Rindenbecher zum Trinken des Heilwassers verwendet.
- Im Badehaus an der **Radonquelle** sollte man maximal 20 Minuten/Tag baden und dabei die Herzgegend nicht untertauchen.

Anreise

Neben Besuchern, die wie traditionell üblich zu Fuß oder allenfalls mit Pferden an den Schumak kommen, gibt es in letzter Zeit leider auch solche, die sich per Hubschrauber einfliegen lassen.

Sowohl in Turan als auch in Choito-Gol im Tunka-Tal kann man **Pferde mit Führern** mieten. Einheimische legen die Strecke zu den Heilquellen in eineinhalb Tagen zurück. Will man sich mehr Zeit nehmen, ist dies mit den Führern, die für so etwas manchmal wenig Verständnis haben, im Voraus ausdrücklich zu besprechen. Die Leiterin der Pension Niluschka in Nilowka, *Olga Karnauchowa,* kann in vielen Fragen behilflich sein.

Die Route

Der Weg zum Schumak beginnt an der **Straße nach Choito-Gol** ca. 3 km hinter **Nilowka** zwischen Kilometer 11 und 12 (gezählt ab Turan). An einem Verkehrsschild beginnt rechts der Weg, der noch 9 km befahrbar ist. Im ersten Abschnitt gibt es viele Abzweigungen. Man folgt dem Fluss Chubuty auf seinem linken Ufer.

Auf 1600 m Höhe zweigt ein Weg links ab, weiter den Fluss entlang zum Chubuty-Pass (2493). Er führt auch zum Schumak, wird aber weniger begangen und ist länger (einfache Strecke 70 km). Andererseits ist er für Pferde besser zumutbar als die Hauptroute. Er verläuft anschließend den Pass

Auf dem Dinosaurier-Pass

am Fluss Ara-Chubuty hinunter bis zur Mündung in den Ara-Oschei und dann den Jaman-Gol entlang auf den Obsorny-Pass (2088 m). Der Narin-Gol führt von hier hinunter bis zum Schumak. Die Heilquellen liegen noch 5 km flussaufwärts. Es gibt auf dieser Route mehrere Flussüberquerungen, sodass ein niedriger Wasserstand von Vorteil ist.

Die Hauptroute führt auf 1600 m hinüber ins Tal des Eche-Ger. Es empfiehlt sich, an der Waldgrenze das Nachtlager aufzuschlagen, da auf den folgenden 14 km kaum Feuerholz zu finden ist. Außerdem gibt es bei Schnee, Regen oder Wind oberhalb kaum Schutz. Nun geht es über Bergwiesen auf den Pass zu. Das Überqueren des einen Seitenarmes des Eche-Ger kann bei höherem Wasserstand einige Schwierigkeiten oder einen Umweg bedeuten. Der Schumak-Pass (*Schumákski perewál,* 2760 m) ist steil und steinig, bei gutem Wetter aber ohne Probleme zu bewältigen. Der Ausblick auf die umliegende Berglandschaft ist überwältigend. Der Abstieg führt am rechten Ufer des Linken Schumak entlang. An der Waldgrenze auf 2000 m befindet sich ein wunderschöner Wasserfall. Das letzte Stück vor den Heilquellen führt am steilen Ufer oft dicht am Wasser entlang und kann bei entsprechender Witterung sehr feucht sein.

121ba Foto: rj

Alternativer Hin- oder Rückweg

- Einfache Strecke 75 km, 4–5 Tage

Eine viel begangene Route führt am Fluss Schumak hinunter zum Kitoi und an diesem entlang bis zur Mündung des Febjuschkina. Diesem folgend, steigt man hinauf zum Arschan-Pass (1954 m). Von hier folgt man der Kyngarga hinunter bis nach **Arschan.**

Quelle des Irkut, Iltschir-See

- 64 km, 4–5 Tage

Die Strecke eignet sich gut als Pferdetour oder auch als Fußwanderung. Ohne Führer ist sie allerdings nicht zu empfehlen. Der Weg von **Choito-Gol** führt nördlich des Flusses Charagun nach Westen. Danach geht es durch das Flusstal des Iche-Uchgun (Ихе-Ухгун) weiter, vorbei an heiligen Stätten und einem Wasserfall. Schließlich verlässt man den Iche-Uchgun und geht hinauf zum Aviator-Pass (2400 m), auf dem die Reste eines abgestürzten Flugzeugs liegen (die drei Insassen konnten sich schwer verletzt ins nächste Dorf retten). Über eine Hochebene mit Seen und Sumpflandschaften gelangt man am Ende (über den Fluss Tolta) an den **Irkut,** der aus dem **Iltschir-See** kommt. Alternativ kann man über den Pass Chongoldoiski (2095 m) und den Fluss **Kitoi** zum See wandern. Diese Strecke ist weniger sumpfig.

Dinosaurier-Pass

- Ca. 60 km hin und zurück, 5 Tage
- schweres Trekking

Den Fluss Sun Chandargai erreicht man von **Arschan** aus, indem man vom Kloster in Richtung Süden nach Tagarchai geht. Ab hier führt der Weg nach Osten (das erste Stück kann auch per Auto zurückgelegt werden). Auf dem linken Ufer des Flusses steigt man ca. 3 km bergan. Dann sollte man das Flusstal verlassen und auf dem „Bergkamm" rechter Hand, der bis zu 300 m oberhalb des Flusses verläuft, ca. 7 km weitergehen. Der Weg unten am Fluss entlang ist nicht zu empfehlen. Zu Beginn ist der Pfad schlecht zu erkennen, danach muss man nur an einigen Steinfeldern aufpassen, den Weg nicht zu verlieren.

Nach den 7 km stößt man auf ein breites, steiles Geröllfeld, in dem der Fluss unterirdisch versickert. Für ein Nachtlager sollte man einen Platz unterhalb wählen, da es oberhalb des Feldes sehr sumpfig wird. Der Aufstieg kann auf beiden Seiten des Feldes erfolgen, oberhalb liegt ein kleiner See. Hinter diesem verläuft der Weg auf der rechten Uferseite. Nach 1,5 km biegt der bessere Weg nach Westen ab (der Weg geradeaus führt zu schön gelegenen Bergseen). Er führt in 1,5 km über schwierige, steinige, steile Wegstücke auf den Pass. Als Orientierungspunkt kann eine Metallstange dienen, die auf der Höhe angebracht ist. Die Aussicht von oben ist herrlich.

Eine lange, anspruchsvolle Alternative zum Rückweg ist der steile Abstieg vom Dinosaurier-Pass nach Westen und dann über den Pass Bepkan (2635 m) zum Fluss Biljutui und zum Kitoi (den weiteren Weg s.o.).

Der Oka-Bezirk Heimat der Sojoten

Der Oká-Bezirk *(Okínski soiótski nationálny raión)* ist der westlichste Ausläufer der Republik Burjatien und eines der **unberührtesten Gebiete** der hier vorgestellten Baikalregion. Der Bezirk mit 4684 km² grenzt im Norden an das Irkutsker Gebiet (u.a. Tofalarien), im Westen an die Republik Tuwa und im Süden an die Mongolei. Mitten im Sajan-Gebirge gelegen, ist er nur durch **eine einzige Fahrpiste** von Mondy aus zu erreichen. Sie wurde Ende der 1980er Jahre gebaut, da in den Bergen große Goldlagerstätten erschlossen wurden. Bis dahin hatte man den Bezirk und das Verwaltungszentrum Orlik hauptsächlich (von Ulan-Ude und Kyren aus) mit dem Flugzeug versorgt.

Der Oka-Bezirk ist benannt nach seinem größten **Fluss,** der **Oka** (burj. *Acha* = Älteste), die hinter Sima in den Bratsker Angara-Stausee mündet. Sie bildet im mittleren Teil des Bezirks weite Flusstäler mit saftigen, grünen Weiden, die begrenzt werden von größtenteils abgerundeten, weniger schroffen und am Fuß meist bewaldeten Bergen (2000–3000 m). Im Bergzug Bolschói Saján an der Grenze zur Mongolei gibt es die höchsten Gipfel (bis 3491, Munku Sardyk). Die tektonischen Bruchlinien, die durchs Tunka-Tal laufen, haben ihre Fortsetzung u.a. in dieser Bergregion, was deutlich sichtbar ist an den jüngsten Vulkankratern im Baikalgebiet und an einer großen Zahl von Thermal- und Mineralquellen.

Da die großen Waldgebiete praktisch nur von den Einheimischen zur Deckung ihres Lebensunterhalts genutzt werden, kommen im Oka-Bezirk einige seltene Tierarten vor, die in anderen Gebieten am Baikal kaum noch anzutreffen sind, wie z.B. **Schneeleoparden,** die u.a. aus der Mongolei einwandern, oder **Adler,** deren Zahl in den letzten Jahren sogar zugenommen hat. Wie überall gehört jedoch sehr viel Glück dazu, wilde Tiere zu Gesicht zu bekommen.

In den 15 Siedlungen des Bezirks, die alle ans Stromnetz angeschlossen sind, leben ca. 4600 Menschen, die teils noch von dem kleinen Ethnos der **Sojoten** (s. Kapitel „Menschen und Kultur: Bevölkerung") abstammen. Die Mehrheit der Bewohner bezeichnet sich jedoch als **Burjaten** und führt noch eine recht ursprüngliche Lebensweise. Nach dem Ende der sowjetischen Periode, in der es wenige staatliche Betriebe und Kolchosen (u.a. zur Rentierzucht) gab, sind die Menschen wieder zu privater Landwirtschaft und Viehhaltung zurückgekehrt und leben auf einfachem, doch relativ stabilem Lebensstandard. Teils trägt auch die **Goldgewinnung** zur Sicherung der materiellen Situation bei. So entsteht hier nicht der Eindruck von wirtschaftlichem Verfall und allgemeinem sozialen Niedergang, der die ähnlich abgelegene Region Tofalarien prägt. Doch leider bedeutet das nicht, dass die allgemein-russischen Alkoholprobleme hier nicht auch vorkämen.

Als Zeichen der Rückbesinnung auf die fast verlorene sojotische Identität kann vielleicht gedeutet werden, dass es beim Ort Sorok seit Anfang der 1990er Jahre wieder eine **Rentierherde** mit ca. 70 Tieren gibt, die aus Tofalarien stammen. Auch die **Yak-Zucht,** die hier eine lange Tradition hat, ist noch verbreitet. Die Tiere, die hauptsächlich zur Fleischgewinnung genutzt werden, sind allerdings kaum zu sehen. Nur im Winter ziehen die Herden aus ihren Weidegebieten in den Bergen, wo sie im Sommer sich selbst überlassen sind, in die Täler hinunter. Für die Milchgewinnung hält man gewöhnliche Hauskühe.

Noch ein Element regionaler Identität sind Traditionen, die mit dem **burjatischen Nationalepos „Gesser"** verbunden sind. In der Überlieferung ist die Legende hier noch sehr lebendig: Berge, Felsen oder andere Naturdenkmäler gelten als Schauplätze der heldenhaften Taten des Recken Gesser. So sollen beispielsweise auf dem Gipfel des Berges Chan-Ula auf dem rechten Ufer der Oka, östlich des Dorfes Chuschir, versteinerte Pfeile oder das Schwert von Gesser liegen. An einer anderen Stelle unweit von Chuschir steht eine riesige Steinsäule, die dem Helden zum Anbinden seines Rosses gedient haben soll. Oberhalb des Wasserfalls Sailag färbt sich das Gestein bei bestimmter Beleuchtung angeblich blutrot, seitdem Gesser hier das Blut von Gal-Nurman vergoss. Der Palast von Gal-Nurman stand der Legende nach an der Stelle des Vulkans Peretoltschina und wurde von Gesser in Brand gesetzt. Am Ende ihres Lebens haben sich Gesser und seine

122ba Foto: rj

Mädchen im Oka-Bezirk

Recken in die Gipfel der Sajan-Berge verwandelt, um immer bei den Bewohnern der Region bleiben und sie beschützen zu können.

An diese und ähnliche Überlieferungen erinnert man sich heute wieder aktiv, sie tragen zur Stärkung des regionalen Selbstbewusstseins bei. Ein Beispiel dafür ist auch die Errichtung einer kleinen, offenen Gesser-Gedenkstätte *(chram besédka Gessera)* kurz vor Chuschir im Rahmen der Feierlichkeiten zur 1000-Jahr-Feier des Epos 1995.

Reisen im Oka-Bezirk

Der Oka-Bezirk ist **touristisch kaum erschlossen.** Entsprechend gibt es fast keine Hotels oder Pensionen und die Verhältnisse sind einfach (kein fließend Wasser, Außentoiletten). Die unten beschriebenen Sehenswürdigkeiten, besonders die Heilquellen, werden dennoch sowohl von Einheimischen als auch von russischen Wanderfreunden im Sommer häufig besucht. Auch Europäer trifft man hin und wieder.

Die Trasse in den Oka-Bezirk ist ganzjährig befahrbar. Vorsicht ist nach starken Regenfällen geboten. Im Winter bietet sich stellenweise die Oka als Piste an, die aber nicht durchgehend zufriert. Die Jahresdurchschnittstemperatur liegt um ca. 3° C unter der in Irkutsk, die Winter dauern also etwas länger und fangen früher an. Allgemein ist das Wetter auch im Sommer (Juli/August) wechselhaft, leichte Niederschläge wechseln mit Sonnenschein, auch auf Schnee muss man in höheren Lagen gefasst sein. Das Gebiet ist ein Reiseziel für alle, die das Ursprüngliche mögen, die bereit sind, sich Zeit zu nehmen für mehrtägige Wanderungen oder Pferdetouren in intakter Natur. Auch wer Lust hat, einige Tage in einer Familie zu leben, um die traditionelle Lebensweise kennen zu lernen, kann hier faszinierende Einblicke in einen „ganz anderen" Alltag bekommen.

Quellen

Im Oka-Bezirk gibt es **Thermal- und Mineralquellen,** die bei den Einheimischen wegen ihrer Heilkraft sehr geschätzt werden. Die meisten von ihnen liegen in Fluss- oder Bachtälern und sind nur mit Pferden oder zu Fuß erreichbar. Teilweise sind die Quellen gefasst, manche werden in einfachen **Holzbecken** aufgestaut, in denen man unter freiem Himmel mitten in der Taiga entspannende Bäder nehmen kann. Da Einheimische im Sommer gern auch etwas längere Kuraufenthalte machen, sind hier und da einfache, kleine **Holzhäuschen** gebaut worden, in denen man auch übernachten kann (Wegbeschreibungen s.u.).

Von Mondy zum Oka-Plateau

↗ VII/B3

Hinter Mondy ist die Straße nicht mehr asphaltiert, aber trotzdem auch mit Pkws gut befahrbar. Sie begleitet weiter den **Irkut,** der sich hier tief ins Gestein eingegraben und eine steile Schlucht ausgewaschen hat. An manchen Stellen schlängelt sich die Straße bis zu 100 m über dem Fluss gefährlich nah am Abgrund entlang.

Fast 22 km hinter Mondy überquert die Straße den **Weißen Irkut** *(Bély Irkút).* Diese auf den ersten Blick unscheinbare Stelle am Fuß des Berges **Munkú Sardýk** wird jedes Jahr in den ersten Maitagen Treffpunkt für Hunderte von Bergbegeisterten, die den höchsten Gipfel des Ost-Sajan-Gebirges ganz oder teilweise besteigen wollen (Beschreibung der Tour s.u.). In den letzten Jahren wurde diese Tour immer beliebter, sodass im Basislager am Ufer des Irkut um den 1. Mai oft Hunderte von Zelten aufgeschlagen werden. Viele Familien aus Irkutsk und Ulan-Ude reisen mit Kindern an, es herrscht eine ausgelassene Stimmung und auf der ersten, leichten Etappe der Besteigung fühlt man sich zwischen Ski- und Snowboardfahrern, Hobbyfotografen und Wanderern sicher nicht einsam. Die Maifeiertage (1.–9. Mai) eignen sich gut für diese Tour, weil man den Berg über die zu diesem Zeitpunkt noch zugefrorenen Flüsse bequem erreichen kann. Außerdem kann es im Mai tagsüber schon angenehm warm werden.

Links von der Straße sieht man auf einer Anhöhe eine „heilige Stätte", die mit den typischen Bändern geschmückt ist. Von hier eröffnet sich der Ausblick auf den Gipfel und das Tal des Weißen Irkut. Vom Weißen Irkut aus führte der ursprüngliche Fußweg in den Oka-Bezirk über den Nuchu-Pass auf das fast baumlose **Oka-Plateau.** Oben auf der höchsten Stelle wurde traditionell geopfert und den Geistern gedankt. Heute läuft die Fahrstraße weiter am Irkut entlang und umgeht das Plateau. Dennoch liegt auf der entsprechenden Höhe auch hier eine heilige Stätte.

Noch vor dem kleinen See, in dem die Oka ihren Ursprung hat, teilt sich die Straße. Links kommt man nach Orlik. Nach Osten führt eine erst in den letzten Jahren ausgefahrene Trasse nach ca. 20 km zu einer Reihe kleiner Seen, darunter dem **See Iltschír,** dem Ursprung des Irkut. Sein östliches Ufer ist sumpfig und kaum zugänglich. Die vereinzelt stehenden Lärchen und der karge Grasbewuchs in der Umgebung des Sees entsprechen der Höhenlage.

Dieser Teil des Ost-Sajan-Gebirges ist sehr reich an **Bodenschätzen.** Wegen der hohen Erschließungskosten in dem abgelegenen Gebiet werden sie jedoch kaum gezielt abgebaut. Hinter dem Iltschir beginnt „geschlossenes Gebiet", in das weder Einheimische noch Touristen eingelassen werden. 42 bzw. 57 km von der Abzweigung entfernt liegen nämlich die „Goldsiedlungen" Samarta (Самарта) und Sun-Cholba (Сун Холба). Das Unternehmen „Burjatsoloto" erschließt hier **Goldvorkommen,** die zu den größten in Russland gehören. Die Arbeitskräfte leben nicht ständig hier, sondern arbeiten in der sogenannten Wachtmethode: Sie kommen aus dem Irkutsker Gebiet und aus Burjatien für jeweils einen Monat, in dem sie sieben Tage pro Woche je zwölf Stunden arbeiten. Der nächste Monat ist frei, und die andere Schicht reist an.

Orlik

Орлик ↗ VII/B2

Das **Bezirkszentrum** Órlik ist ein typisches, ruhiges Dorf aus Holzhäusern am Ufer der Oka. Die zwei wichtigsten Straßen sind die Sowjetskaja, die unten am Fluss verläuft, mit der Schule, einigen Geschäften, einem kleinen Markt und den Verwaltungsgebäuden, sowie die höher gelegene Parallelstraße Obrutschewa. Orlik hat ein kleines **Heimatmuseum,** das versucht, einen Überblick über die Lebensweise der Sojoten und die neuere Geschichte der Gegend zu geben. Es liegt in der ul. Sowjétskaja (zwischen Haus 32 und 34) und öffnet nur zu Festen und auf Anfrage in der Verwaltung (ul. Sowjetskaja 32).

Direkt im Ort steht ein **buddhistisches Gebetshaus.** Einige Kilometer in Richtung Sajany gibt es einen **Tempel** *(Okínski dazán),* Vorsteher ist Lama *Dänson Norbu.* Bekannt sind außerdem die **Höhlen,** die oberhalb des Tempels in der Felswand liegen.

Sibirischer Grafit in deutschen Bleistiften

Mitte des 19. Jh. brachten einheimische Sojoten ihrem Kosaken-Hauptmann Brocken eines unbekannten Stoffes, von dem sie hofften, es wäre Blei. Erst einige Jahre später wurde er in Sankt Petersburg als Grafit identifiziert. 1847 erwarb der französische Geschäftsmann *Jean-Pierre Alibert* (1820–1905) die Rechte an dem Vorkommen (Marínski priísk) im Sajan-Gebirge. Er ließ sich persönlich am **Berg Botogol** nieder und begann vor Ort mit der Erschließung.

Bis heute ist die Qualität dieses Grafits weltweit unübertroffen und Alibert ließ aus ihm nicht nur **Bleistiftminen** anfertigen, sondern ganze Skulpturen und andere Kunstwerke. Der Hauptabnehmer des kostbaren Materials, das größtenteils über die Flüsse Schilka und Amur zum Pazifik und von dort auf dem Seeweg nach Europa (Hamburg) transportiert wurde, war die **deutsche Firma Faber,** in deren Besitz das Bergwerk vermutlich in den 1860er Jahren überging. Bald jedoch wurden Methoden entwickelt, die die Herstellung von Grafit aus minderwertigem Rohstoff ermöglichten, und die Anlage am Botogol begann langsam zu verfallen.

Erst nach dem Zweiten Weltkrieg wurde der Abbau in Zusammenhang mit der neu entstehenden Atomindustrie wieder aufgenommen, zeitweise arbeiteten Strafgefangene in der Mine. Doch auch dieser Abnehmer entwickelte synthetische Ersatzstoffe, die die aufwendige Förderung im Gebirge überflüssig machten.

Alibert, der seinen Lebensabend in der Auvergne verbrachte, war nicht nur ein kluger Unternehmer, sondern auch ein guter Arbeitgeber. An der Grafitmine, weitab aller Zivilisation, ließ er Wohngebäude errichten, gründete einen landwirtschaftlichen Betrieb zur Versorgung der hier lebenden Arbeiter, baute Schutzmauern, die die rauen Bergwinde abhalten sollten, und eine Reitanlage. Auf der Höhe des abgerundeten Berges stand eine Marienkapelle. Reste dieser Bauten sind heute auf dem Botogol noch zu erkennen, in den Stollen steht Wasser. Der Tunka-Nationalpark plant, zum Andenken an Alibert eine Nachbildung der Heiligen Maria auf dem Gelände aufzustellen.

Der Botogol ist allerdings nach wie vor **nur zu Fuß oder zu Pferd** zu erreichen. BARS (Orlik) bieten Reittouren zu den Resten der Mine an. Sie beginnen im Dorf Bokson und führen am Fluss Ulsyta über den See Gasar-Amani Nur zum Botogol. Der Rückweg geht am Fluss Tustuk entlang nach Sorok. Eine Strecke dauert zu Fuß zwei Tage, mit dem Pferd einen Tag, die Tour insgesamt fünf bzw. drei Tage. Tunka-Tours (Kyren) hat eine mehrwöchige Tour im Angebot, die vom Tunka-Tal aus startet.

Service

- **Vorwahl:** 30150 (aus Burjatien 250) oder über Telefonvermittlung
- **Tel.:** ul. Sowjétskaja (beim Marktplatz)
- **Apotheke:** ul. Obrútschewa 77
- **Krankenhaus:** neben der Apotheke
- **Tankstelle** (nur Diesel) im Ort

Unterkunft

- **Herberge** *(gostíniza),* ul. Sowjétskaja 34, Hintereingang, ca. 10 Plätze, ca. 400 R.
- **BARS** (s.u.) bietet im Sommer einfache Unterkunft in der Ökoschule an (150 R) und vermittelt Privatunterkünfte (600 R mit Verpflegung).

Tourenanbieter

- **BARS** *(ekólogo-turistítscheski zentr)*, ul. Sowjétskaja 29, Tel./Fax 51149; Kontakt: *Baír Namschimájewitsch Schambálow* und *Buindelgér Sambújewitsch Bidánow.* Pferdetouren, Wanderungen (namenloser Berg 3149 m), thematische Touren (z.B. zu Gesser und Alibert).
- **Firntravel** (Ulan-Ude) und **Baikalcomplex** (Irkutsk) bieten ebenfalls Touren an (s. „Vor der Reise: Reiseveranstalter").

Verkehrsverbindungen

- Es fahren **keine Linienbusse** nach Orlik.
- **Linientaxis** fahren ohne festen Fahrplan. Ab **Sljudjanka** morgens gegen 5 Uhr, nachdem der Nachtzug Nauschki – Irkutsk angekommen ist; Preis ca. 500 R.

  Ab **Irkutsk** kostet die Fahrt mit Taxis 6000–10.000 R.

  Auch ab **Kyren** kann man Fahrgelegenheiten finden.

  Orlik – Sljudjanka jeden Morgen ca. 8 Uhr (Ankunft 16/17 Uhr).
- In Orlik bieten **Einheimische** Fahrten zu folgenden Zielen an (meist mit großen Lkws):
  - an der Oka entlang bis Chuschir.
  - an der Senza entlang bis Choito-Gol (nach Absprache auch bis zum Fuß des Tschoigen-Passes), 70–78 km, 10–12 Std. 3000–5000 R (je nach Gruppengröße), Lkws im Sommer fast jeden Tag.

  Fahrten bietet an bzw. organisiert z.B. *Bagír Sodnómowitsch Narsánow,* ul. Komsomólskaja 69, Orlik, Tel. (30150) 51366.

Andere Orte im Oka-Bezirk

Sórok ist ein kleines Dorf 40 km südlich von Orlik. Hier wurde 1992 das Zentrum für sojotische Kultur *(zentr soiótskoi kultúry)* gegründet. Außerdem wird ein kleines Museum betrieben.

Hinter dem Ort **Sajany** öffnet sich das Tal des Schombolok. Immer wieder stößt man auf Lavafelder. Die Straße biegt nach Osten zum Dorf **Chuschir** ab. Kurz hinter der Biegung liegt links ein namenloser Berg von 3149 m Höhe, der relativ leicht zu besteigen ist (an einem Tag ohne Übernachtung). Ca. 300 m südöstlich der Straße nach Chuschir liegt, etwa 10 km hinter der Brücke über den Schombolok und markiert durch eine „heilige Stätte", der **Wasserfall Sailag,** der eindrucksvoll von der oberen Kante der Lavaschicht in die Oka hinunterstürzt. Im Winter gefriert er (aber nicht jedes Jahr) als durchgehende Wassersäule.

Hinter Chuschir hört die Fahrpiste auf. Die Bewohner des letzten Ortes **Alag-Schulun** auf dem anderen Ufer der Oka sind auf Pferde angewiesen.

Das Tal der Vulkane ↗ VII/A2

Am nordwestlichen Rand des Oka-Bezirks liegt das geheimnisvolle Tal der Vulkane *(dolína wulkánow),* das bis heute deutliche Spuren unvorstellbarer Kräfte trägt. Das weite Tal ist umgeben von kahlen, zackigen Gipfeln, sein Grund ist fast gänzlich bedeckt von rissiger, grau-brauner Lava. Mitten aus dem Tal ragen zwei große Krater auf. Sie sind relativ jung: Der letzte Ausbruch des **Kropótkin-Vulkans** (Höhe 120 m, Durchmesser 500 m) liegt möglicherweise erst 10.000 Jahre zurück. Er ist aus diesem Grund noch nicht vollständig bewaldet, im Gegensatz zum weiter östlich gelegenen **Peretoltschin-Vulkan** (burj. *albinäi boldog,* Höhe 110 m, Durchmesser des Kraters

140 m, Tiefe 30 m, in der Mitte kleiner See). Neben diesen Hauptvulkanen liegen im Tal noch die Reste von drei älteren Kratern, die nicht so gut zu sehen sind.

Der letzte Ausbruch des Peretoltschin-Vulkans muss so gewaltig gewesen sein, dass sich der **Lavastrom** über fast 80 km durch die Flusstäler des Chi-Gol (Chikuschka) und des Schombolok (Schon-Bolok) bis zur Oka ergossen hat. Die Lava ist verhärtet und füllt bis heute an vielen Stellen deutlich sichtbar die Täler mit ihrem scharfkantigen, nur von Flechten bewachsenen Gestein. Streckenweise ist die Schicht 100–150 m stark! Interessant ist, dass der Fluss Chi-Gol sich seitdem seinen Weg unterirdisch sucht. Kurz vor den Vulkanen verschwindet er in den Ritzen und Spalten des porösen Gesteins und ist nur hier und da zu erahnen. Nach Westen hat die Lava den Fluss Schombolok aufgestaut und so ist der **See Chara-Nur** entstanden, der besonders bei Anglern sehr beliebt ist.

Beide Vulkane sind nach berühmten Forschern benannt: *Sergei Páwlowitsch Peretóltschin* (1863–1914) kam am Vulkan auf ungeklärte Weise ums Leben, erst ein Jahr nach seinem Tod wurde er am Krater gefunden. Seine Frau *Barbara* ließ später eine Gedenktafel für ihn anbringen. Er hatte als Wissenschaftler, Forscher und Regionalpatriot eine Vielzahl von Expeditionen im Sajan-Gebirge, im Chamar-Daban und in der restlichen Baikalregion gemacht. *Kropotkin* war der erste russische Geologe, der diese Gegend erforschte. Durch Zeichnungen des englischen Malers *Atkinson* aus der zweiten Hälfte des 19. Jh. war er auf die markante Vulkankette gestoßen.

Wasserfall Sailag

Beginn der Wanderung auf den Munku Sardyk

Berg- und Wandertouren

Besteigung des Munku Sardyk

● 3491 m, 3 Tage, ca. 15 km ab Basislager

Der **höchste Gipfel des Ost-Sajan-Gebirges** kann am besten Anfang Mai bestiegen werden (s.o.: „Von Mondy

123ba Foto: rj

zum Oka-Plateau"). Im Sommer ist die Tour schwieriger, sie dauert länger und sollte dann auf keinen Fall ohne einen erfahrenen (!) Bergführer gewagt werden, der die Besteigung schon in dieser Jahreszeit gemacht hat. Doch auch im Frühjahr sollte man die letzte Etappe nicht allein gehen, sondern sich einer Gruppe anschließen.

Zum Ausgangspunkt der Tour kommt man über die Straße von **Mondy** am Irkut entlang. Sie führt durch eine enge Schlucht. Am Kilometer 21 passiert man einen DPS-Posten (Verkehrspolizei). 500 m weiter überquert die Straße den **Weißen Irkut,** wo der Weg beginnt. Hier befindet sich auch das **1. Basislager,** wo Fahrzeuge stehen gelassen werden. Ein harmloser Tagesmarsch führt 3–4 km über den zugefrorenen Fluss zum **2. Basislager** am Zusammenfluss des Weißen (Bely) Irkut und des Muguwek.

Von dort ist die Besteigung des Gipfels größtenteils über **Gletscherfelder** an einem Tag möglich. Im ersten Abschnitt auf dem Eis des Muguwek braucht man zu jeder Jahreszeit **Steigeisen.** Auch ein **Pickel** gehört zur nötigen Ausrüstung. Eine Faustregel lautet: Wer für den ersten Teil des Aufstiegs bis zum See Echoi mehr als 2½ Stunden gebraucht hat, sollte sich gut überlegen, ob er sich den Sturm auf den Gipfel wirklich zutraut.

Das Wetter kann am Berg sehr plötzlich umschlagen. Nicht vergessen sollte man auch, dass die meisten Unfälle nicht beim Aufstieg, sondern auf dem Rückweg geschehen. Die Lawi-

124ba Foto: rj

nengefahr ist am Munku-Sardyk nicht sehr hoch, weil die Schneeschicht in der Regel sehr dünn bleibt.

Quellen und Tal der Vulkane

Der Übersichtlichkeit wegen werden diese Touren separat beschrieben. In der Praxis jedoch verbinden viele die drei Ziele, da der Weg bis Choito-Gol in jedem Fall die erste Etappe darstellt.

Für eine Fußtour von **Orlik** nach Choito-Gol und Tschoigan und einen Abstecher zum Vulkantal muss man **zwei Wochen** veranschlagen. Mit etwas Glück kann man auch eine Mitfahrgelegenheit finden, denn hin und wieder fahren russische Lkws bis nach Choito-Gol (für andere Fahrzeuge sind die Pisten nur bis zur Siedlung sim. Chutel am Zufluss Chutel passierbar). Man kann auch gezielt in Orlik Fahrer suchen und bezahlen, allerdings können die Preise überhöht sein (bis zu 1000 Rubel pro Pers.).

Mit dem **Pferd** geht es schneller. Man rechne ca. zwei Wochen für eine Tour Orlik – Fluss Senza – Vulkantal – Choito-Gol – Tschoigan – Pik Topografow – Fluss Tissa – Orlik.

Quellen Chalun-Uchan, Schutchulaiski Arschan und Choito-Gol

- ca. 70 km ab Orlik

Die Tour verläuft praktisch durchgehend im Flusstal auf einer Piste, die wohl früher noch intensiver von Forstfahrzeugen genutzt wurde. Deshalb gibt es keine Probleme, den Weg zu erkennen, und die Strecke weist außer dem Fluss Chadarus, dessen Überquerung problematisch sein kann, keine Schwierigkeiten auf. Die einfache Strecke dauert drei Tage.

Vom Ausgangspunkt Orlik führt der Weg zuerst auf der rechten Uferseite, später auf der linken in Richtung der Siedlung **Sajany.** Nach ca. 20 km, nachdem man die Senza über eine Brücke überquert hat, folgt man dem Fahrweg an der **Senza** entlang nach Westen. Bis Schasnur ist das Flusstal weit und steppig. Danach wird es enger, die Taiga beginnt. Der Weg durchquert einige Siedlungen, bis man nach ca. 32 km an den linken Senza-Zufluss **Chadarus** kommt, der unter Umständen das einzige Problem auf dieser Strecke darstellt, da er schnell fließt und es nach starken Regenfällen gefährlich sein kann, ihn zu durchwaten.

Nach weiteren 6 km tritt man aus dem Wald auf eine kleine Wiese, auf der die Reste einer Hütte stehen. Von dort führt ein schwer zu erkennender Fußpfad den Hang hinauf in den Wald, wo man nach ca. 200 m die **Thermalquelle Chalún-Uchán** erreicht. Sie ist bis zu 29° C warm und man kann in einem kleinen Badehäuschen baden. Der Lauf des Baches unterhalb der Quelle ist mit dickem Kalktuff aus abgesetzten Salzen bedeckt.

7 km weiter mündet der rechte Zufluss Ara-Schutchulai in die Senza. An seinem rechten Ufer führt ein Fußpfad flussaufwärts zu den **Quellen Schutchulaiski Arschan.** Auf einer Strecke von 1,5 km entspringt an mehreren Stellen kaltes, kohlensäurehaltiges Mineralwasser mit gutem Geschmack.

Eisenablagerungen haben das Bachbett hier rot gefärbt. Einheimische holen sich gern einen Kanister des Wassers, wenn sie in der Gegend sind.

Etwa 9 km hinter Chalun-Uchan kommt man an den **Zusammenfluss dreier Flüsse:** Choito-Gol (der Nördliche), Dunda-Gol (der Mittlere), Dargyl (der Südliche). Folgt man dem Choito-Gol, so erreicht man nach 3–4 km am linken Zufluss Arschan die **Thermalquellen von Choito-Gol** (17 m.ü.M.), die zwischen Gletschergeröll entspringen. Ihr Wasser ist zwischen 29 und 33° C warm und enthält viel Natrium, Schwefelwasserstoff und etwas Radon. Angewendet wird es sowohl innerlich als auch äußerlich bei Muskel- und Gelenkbeschwerden, einzelne Quellen sollen bei Magen- bzw. Augenproblemen helfen.

Neben dem etwas kühleren Außenbecken gibt es noch ein geschlossenes Badehaus. Die Schlüssel kann man für ca. 30 R bei der Verwalterin abholen. Auch kleine **Übernachtungshütten** stehen in der Umgebung. Die Quellen sind sehr bekannt und beliebt, sodass sich im Juli an manchen Tagen bis zu 50 Menschen gleichzeitig hier aufhalten. Viele Besucher hinterlassen originelle Spuren: Kleine Tafeln an Bäumen, geschnitzte Skulpturen oder auf Pfählen angebrachte Gegenstände zeigen nicht nur, woher die Besucher anreisen, sondern auch wie viel Fantasie und Schaffenskraft das Wasser und die Natur bei ihnen freisetzen. An einer kleinen Gebetsstätte sind Geschenke zu bewundern, die als Dank für Heilung zurückgelassen wurden.

Quellen von Tschoigan

Der größte Teil der Strecke zu den Quellen von Tschóigan (auch Schoigan/Schoigon) ist identisch mit der Tour nach Choito-Gol. Nur das letzte Stück bringt mit der Überquerung des Tschoigan-Passes etwas Abwechslung in die Tour. Der Schwierigkeitsgrad ist trotzdem sehr niedrig. Die reine Marschzeit vom Zusammenfluss der drei Flüsse bis nach Tschoigan beträgt ca. neun Stunden und kann an einem Tag zurückgelegt werden.

Am Zusammenfluss des Choito-Gol, Dunda-Gol und Dargyl watet man zuerst durch den etwas schnelleren **Choito-Gol,** dann durchquert der Weg mehrmals die ruhigeren, seichten anderen Flussarme, bis er auf dem linken Ufer des **Dunda-Gol** bleibt. Er ist nach wie vor an Fahrspuren gut zu erkennen, offensichtlich wurde hier früher Holz eingeschlagen. Nach 14 km muss man noch einmal über den Fluss, bevor die Bäume endgültig aufhören und man zwischen kleinen Seen den **Tschoigan-Pass** (Tschoigan-Daban, 1931 m) überquert. Hier verläuft die Grenze zwischen Burjatien und der **Republik Tuwa,** zu erkennen an einem großen flachen Stein, auf dem nach Art eines mongolischen *obo* viele kleinere Steine aufgetürmt sind.

Die Quellen liegen am Fuß des Passes zu beiden Seiten des Flusses Arschan-Chem, der am Berg **Pik Topógrafow** entspringt. Obwohl sie auf tuwinischem Gebiet liegen, werden sie hauptsächlich von Burjaten bzw. Sojoten aus dem Oka-Bezirk besucht, denn die nächsten tuwinischen Sied-

lungen sind sehr weit entfernt. Nur manchmal reisen im Sommer Tuwiner an, einzelne sogar mit Rentieren. Die dünne Besiedlung ist auch der Grund dafür, dass auf dieser Seite der Grenze die Taiga spürbar dichter wird. Vorwiegend Nadelbäume öffnen sich zu einer großen Lichtung, auf der das mineralhaltige Wasser eine bräunliche, salzverkrustete Fläche gebildet hat. Die Temperaturen der ca. **30 Quellen** liegen zwischen 18 und 40° C. In mehreren **Badehäuschen** kann ein breites Spektrum von Krankheiten behandelt werden. Die Besucherzahl liegt aber deutlich unter der von Choito-Gol.

Von Tschoigan führt ein schlecht erkennbarer Fußpfad zum See Dede-Chuche-Nur am Fuss des Pik Topografow. Man sollte allerdings besser erst Einheimische fragen, wo er genau verläuft und in welchem Zustand er ist.

Thermalquelle Tschoigan

Tour zum Tal der Vulkane

Der Weg ist an sich nicht übermäßig anspruchsvoll. Nur der Höhenunterschied von über 600 m, der mit Gepäck auf einer Strecke von 5–6 km überwunden werden muss, erfordert gute Kondition. Reine Marschzeit von Choito-Gol: ca. 7 Stunden (18 km).

Ausgangspunkt sind die **Quellen von Choito-Gol:** Nach der obersten Hütte der Anlage (am Arschan) beginnt der recht steile Weg, der schnell nach oben führt, sodass man schon bald die Baumgrenze erreicht. Nach ca. 3 km muss man den Bach Arschan durchwaten. Nun durchquert der Weg eine lichte Baumansammlung, und kurz danach erreicht man den Pass (2400 m). Durch sumpfiges Gebiet geht es dann langsam wieder nach unten. Der Weg ist ab und zu mit Steinhäufchen markiert. Nachdem man den ersten länglichen **See** erreicht hat, geht man an seinem östlichen Ufer entlang in Richtung Norden. Schon bald kann man vor sich im Tal den ersten **Vulkan** erkennen, und der Weg führt langsam nach unten.

Ca. 1,5 km hinter dem letzten See öffnet sich beim Abstieg der Blick auf einen kleinen, steilen Taleinschnitt nach Nordosten zum Barun-Chadarus. Hier kann man den Hauptweg am Bach verlassen, der Beginn dieses Seitenweges ist erkennbar. Schon beim Abstieg ist auf der anderen Seite des Barun-Chadarus eine Jägerhütte zu erkennen, in der man übernachten kann. Sie ist die einzige Hütte in dieser Gegend. Wer mit Zelt unterwegs ist, kann auch auf dem Hauptweg direkt ins Tal der Vulkane weitergehen.

Von der Hütte kann man am nächsten Tag ohne Gepäck bequem die Vulkane besteigen. Entlang der **Lavafelder** verlaufen am Rand des Tals relativ gut erkennbare Trampelpfade. Über die Lava selbst zu gehen ist sehr mühsam, weil das rissige Gestein uneben ist und leicht bricht. Die beiden großen Vulkane sind begehbar. Der Pfad auf den **Peretolschina** (2044 m) ist gut zu erkennen, der auf den **Kropotkin** (2074) ist nicht so leicht zu finden, man sollte zum Aufstieg die bewachsene südöstliche Seite nehmen.

See Chara-Nur

Den 12 km² großen See Chára-Nur („Schwarzer See") erreicht man in einem guten Tagesmarsch vom Vulkantal aus oder über den Fluss Schombolok, der nördlich von Sajany in die Oka mündet. Letztere Strecke ist anspruchsvoll (genaue Wegbeschreibung unter www.baikalsee.net).

Quellen Tissínski Arschan

Die Gruppe kalter Mineralquellen liegt am Oberlauf der **Tissa.** Es gibt mehrere Wege hierher, die sich auch zu einer Rundwanderung verbinden lassen. Das Tissa-Tal wird jedoch von Touristen seltener besucht als das der Senza.

Vom Beginn der Senza, am Zusammenfluss der drei Flüsse (s. Choito-Gol), folgt man dem südlichen Dargyl bis zum **See Dede-Chuche.** Der See kann als Ausgangspunkt für eine Besteigung des Pik Topógrafow dienen (3044 m, mehrere Gletscher, nur für geübtere Bergsteiger).

Weiter begleitet der Weg den Fluss Chelgin bis zur Mündung in die Tissa. Ungefähr 10 km flussaufwärts liegen auf dem rechten Ufer die Quellen. Für den Rückweg bietet sich die Tissa an, die nach ca. 70 km nördlich von Orlik in die **Oka** mündet. Die Tour ist zu Pferde bequemer: Es müssen einige eventuell schwierige Flüsse überquert werden, etwa die Tissa (kurz vor der Oka) und die Oka bei Orlik. Wer jedoch zu Fuß gehen möchte, sollte sie in umgekehrter Richtung, also von Orlik kommend an der Tissa entlang planen. Von hier aus kann man sich eventuell übersetzen lassen, was von der anderen Seite her nur möglich ist, wenn zufällig jemand vorbeikommt.

077ba Foto: rj

Ulan-Ude und der Osten

128ba Foto: rj

127ba Foto: rj

Blick von der Halbinsel Heilige Nase auf die Uschkani-Inseln und die Westküste

Burjatischer Bogenschütze

Pferdeschlitten auf der zugefrorenen Tschiwyrkui-Bucht

Wo Asien immer präsenter wird

Die gesamte Ostküste des Baikalsees gehört zur Republik Burjatien. Sie ist nicht nur durch ihre burjatische Minderheit, sondern auch geschichtlich und kulturell stärker asiatisch geprägt als die westliche Baikalregion und bildet zu dieser ein interessantes Gegengewicht. Obwohl ihre Vielfalt interessierten Touristen ein breites Spektrum an Möglichkeiten bietet, liegen die Besucherzahlen doch weit unter denen des Gebiets Irkutsk. Zum Teil ist dies durch die **schlechtere Infrastruktur** begründet, denn sowohl die Anreise nach Burjatien als auch die Wege in die einzelnen, teils weit voneinander entfernten Gebiete gestaltet sich schwieriger als im Westen. Ein anderer Grund ist der geringere Bekanntheitsgrad burjatischer Sehenswürdigkeiten, die erst seit dem Ende der Sowjetunion für Ausländer zugänglich sind.

126ba Foto: rj

Ulan-Ude

Улан-Удэ

↗ VIII/B1

Von der Festung Werchneudinsk zur burjatischen Metropole

Die Stadt am Zusammenfluss von Uda und Selenga ist heute die **Hauptstadt der Republik Burjatien.** Wer durch ihre Straßen schlendert, bemerkt deutlich die Präsenz der mongolisch geprägten Bevölkerungsgruppe, obwohl sie nur einen Anteil von etwas über 20 % an der Einwohnerzahl von 390.000 hat. Auffällig ist auch, dass in Ulan-Ude viele Fassaden gewöhnlicher Plattenbauten mit burjatischen Ornamenten verziert sind. Ursprünglich jedoch hatte das damalige Werchneudínsk den Charakter eines typisch russischen Militärstützpunkts und Verwaltungszentrums. Nur im Handel zeigte sich schon damals sein buntes, multinationales Gesicht: Wo Ewenken mit kostbaren Pelzen aus den Wäldern anreisten, wo burjatische Viehzüchter Pferde und Rinder auf den Markt trieben und chinesische und mongolische Händler Tee und prächtige Stoffe feilboten, trat der Einfluss des Russischen in den Hintergrund.

Das moderne Ulan-Ude ist zwar eine Großstadt mit enormer Ausdehnung, wirkt aber deutlich **ruhiger als Irkutsk.** Teilweise liegt das daran, dass die weit verstreuten Stadtteile größtenteils eine vom Zentrum unabhängige Infrastruktur haben. Daneben scheint auch die wirtschaftliche Aktivität hinter der von Irkutsk zurückzustehen: Die Geschäftsdichte ist im Zentrum geringer und die Gastrono-

Haupttempel im Kloster von Iwolginsk

mie deutlich schwächer entwickelt. Dennoch oder vielleicht gerade deshalb lädt die Stadt mit ihrem beschaulichen Rhythmus und ihrer relativen Sauberkeit zum Verweilen ein. Neben sozialistisch-klassizistischer Architektur, die in Ulan-Ude stärker ins Auge fällt, weist die Altstadt wie in Irkutsk Straßenzüge mit interessanter historischer Holzarchitektur und steinernen Kaufmannsvillen auf.

Auch Ulan-Ude kommt heute langsam zu einem neuen Umgang mit seiner **burjatischen Minderheit.** Alte Feste, wie der jährliche Sucharban, werden seit den 1990er Jahren wieder gefeiert, auch die Feierlichkeiten zum 1000-jährigen Bestehen des Epos „Gesser" (s. Kapitel „Menschen und Kultur: Bevölkerung, Burjaten") waren 1995 ein wichtiges Ereignis für die Stadt. Auffällig ist, dass Spitzenpositionen in Politik und Wirtschaft überproportional häufig von Burjaten besetzt sind (eine Ausnahme stellt der Präsident der Republik dar).

Die **wirtschaftliche Situation** der Stadt ist nicht glänzend, auch wenn viele der großen Unternehmen nach der schwierigen Umstellungsphase der 1990er Jahre wieder Aufwärtstrends zu verzeichnen haben. So bessert sich die Auftragslage der Flugzeugfabrik, die besonders für ihre Hubschrauber, aber auch für andere zivile und militärische Flugzeugtypen überregional bekannt ist. Auch das Lok- und Waggonreparaturwerk, das als Teil der Ostsibirischen Bahn mit eigenen Kliniken und einem prestigeträchtigen Kulturzentrum einst ein angesehener Arbeitgeber war, erschließt sich nach und nach neue Tätigkeitsfelder. Einer der größten Arbeitgeber, die Stromwerke von Ulan-Ude, die fast ganz Burjatien mit Energie aus mehreren Kohlekraftwerken versorgen, hat seine schrittweise Umstellung auf reale, nicht-subventionierte Verbraucherpreise noch nicht ganz abgeschlossen.

Geschichte

Die Geschichte von Ulan-Ude beginnt, wie die fast aller größeren Siedlungen im Baikalgebiet, mit einer russischen **Kosakenfestung.** Ein Gedenkstein auf dem Hügel der ul. Malostoljarnaja weist auf die Stelle hin, wo 1666 am Fluss Uda die erste Blockhütte und im Lauf der nächsten zehn Jahre eine richtige Festung entstanden. Sie diente neben der Steuereintreibung auch militärischen Zwecken, denn das gesamte Selenga-Gebiet, mitsamt den hier lebenden Burjaten, wurde von den benachbarten mandschurischen Fürsten als ihr Hoheitsgebiet angesehen. Erst der Vertrag von Nertschinsk brachte 1689 Klarheit in der Grenzfrage und beruhigte die Lage.

Zuziehende russische Siedler ließen die Festung im 18. Jh. zu einer kleinen Stadt anwachsen, die 1735 schon drei hölzerne Kirchen hatte. Das Geld dafür stammte aus dem **Handel.** Denn Ulan-Ude, 230 km von der 1723 festgelegten russisch-chinesischen Grenze entfernt, wurde die erste größere

Stadt auf russischem Gebiet, in die über die Handelswege der Teestraße asiatische Waren gelangten. Diese und andere regionale Produkte wurden ab 1768 jeweils zweimal im Jahr auf großen Messen weiterverkauft. Die Winter-Messe fand immer Ende Januar statt, wenn das Baikal-Eis dick genug war, dass Händler und interessierte Käufer auch vom anderen Ufer ins damalige Werchneudinsk kommen konnten. Gehandelt wurde damals im Freien auf dem „Basar-Platz" (dem heutigen Platz der Revolution). Erst Mitte des 19. Jh. wurde der große Handels-Hof *(gostíny dwor)* fertig gestellt, in dem wohlhabendere Händler Geschäfts- und Lagerräume mieten konnten. Der zunehmende Reichtum der Stadt fand im 1790 eingeführten **Wappen** seinen Ausdruck: Unter dem Wappen der Stadt Irkutsk in der oberen Hälfte befindet sich in der unteren auf goldenem Grund das Zepter des Merkur und das Horn des Wohlstands und Überflusses.

Dennoch war die Stadt für heutige Verhältnisse nicht groß: 1810 zählte sie erst 3000 Einwohner. Das beginnende **industrielle Wachstum,** die Gründung von Fabriken und Manufakturen ließ die Zahl bis 1895 auf 5500 steigen. Das Gebäude der ersten Weinbrandfabrik ist heute noch in der ul. Nowokusnézkaja 1 zu sehen. In der ul. Mostowája 2 steht die erste Bierbrauerei. Das Gebäude der ersten Dampf-Mühle ist in der ul. Kírowa 13 zu bewundern. Eine Porzellan- und Glasfabrik ist nicht erhalten. Dabei war gerade die Glasproduktion ein wichtiger Fortschritt für die Region, waren doch bis dahin die meisten Fenster mit dünnen Glimmerscheiben verglast, weil echtes Glas als Importprodukt kaum erschwinglich war.

Den Fabrikanten und Kaufleuten dieser Zeit sind die **repräsentativen Villen** zu verdanken, die die heutige Leninstraße säumen. Doch investierten sie nicht nur in privaten Luxus: Der reichste Unternehmer *Iwan Goldobin* stiftete das erste Spital für Alte, Kranke und Waisenkinder. In seinem Wohnhaus in der ul. Lenina 26, das damals als das komfortabelste der Stadt galt, übernachtete 1891 der Thronfolger, der zukünftige Zar *Nikolai II.,* auf dem Weg vom Pazifik nach Westen. Seit 2001 befindet sich darin das städtische Museum.

Ulan-Ude veränderte sich stark durch den Anschluss an die **Transsib.** Neu entstehende Arbeitsplätze und die bessere Erreichbarkeit ließen die Einwohnerzahl bis 1913 auf 17.000 ansteigen. An die darauf folgenden schweren Jahre des Krieges und Bürgerkrieges erinnert eine beträchtliche Zahl von Denkmälern für Gefallene und Revolutionshelden. Schließlich gipfelten die Wirren in der Ernennung zur **Hauptstadt** der sogenannten burjatisch-mongolischen Republik. Erst 1934 allerdings bekam sie ihren heutigen burjatischen Namen Ulan-Ude (Rote Uda). Trotz ihrer formalen Funktion als burjatische Hauptstadt nahm der Einfluss der burjatischen Kultur in jener Zeit eher ab als zu. Der enorme Anstieg der Bevölkerung auf 125.000 (1939) geschah fast ausschließlich durch Zuzug von Arbeitskräften aus anderen Teilen Russlands. Jede Betonung **burjatischer Identität** auch in der Architektur wurde als Nationalismus gewertet.

Architektur

Das Stadtbild von Ulan-Ude veränderte sich in den 1950er Jahren, als der junge Architekt *Ludwig Minert* (ein 1919 in der Ukraine geborener Deutscher, der als Kind mit seiner Familie nach Nordsibirien verbannt worden war) in Ulan-Ude seine berufliche Karriere begann. Vorwiegend nach seinen Entwürfen wurde innerhalb weniger Jahre das **sowjetische Verwaltungszentrum** um den Platz der Räte *(plóschtschad Sowjétow)* erbaut, erfreulicherweise ohne dabei wichtige historische Substanz zu schädigen. Besonders interessante Beispiele für seinen Versuch, den sowjetischen Historismus mit **burjatischen Elementen** zu bereichern und zu modernisieren, sind die Gebäude „SaBaikalLés" und die Telefonzentrale an der ul. Lenina. Auch das Gebäude des „Dom radió" an der Ecke ul. Lenina/ul. Jerbanowa sowie der Flughafen von Ulan-Ude sind teilweise unter seiner Führung entstanden. 1955 war die praktische Tätigkeit Minerts allerdings schon beendet, sein Baustil galt als überholt und er widmete sich fortan in Nowosibirsk der Lehrtätigkeit, mit der er mehrere Generationen junger sibirischer Architekten prägte. Anfang der 1990er Jahre reiste er nach Deutschland aus.

Auch der zweite wichtige Architekt des modernen Ulan-Ude, *Andrei R. Wampilow,* hat einen interessanten biografischen Hintergrund - nicht nur, dass der berühmte Dramaturg *Alexander Wampilow* sein Neffe zweiten Grades ist, sein Vater beteiligte sich auf Bitten des Lamas *Dorschijew* an der Planung des buddhistischen Tempels in Sankt Petersburg. Wampilow selbst prägte gemeinsam mit Minert einige Gebäude am **Platz der Räte.** Ein schönes Beispiel für seinen einfühlsamen Umgang mit historischer Architektur ist das **Kaufhaus** *(uniwermág),* das 1955 in den Komplex des *gostíny dwor* integriert wurde. In den 1970er Jahren suchte Wampilow den Anschluss an die Vergangenheit. Er entwarf den Haupttempel des **Klosters Iwolginsk.** Selbst in den 1990er Jahren, lange nach seiner Pensionierung, arbeitete der rüstige Burjate noch an vielen neu entstehenden Tempeln und Klöstern Burjatiens mit.

Sehenswertes

Rund um die Leninstraße

Ein Gang duch das historische Ulan-Ude beginnt meist am **Platz der Räte** *(plóschtschad sowjétow)* und folgt dann der ul. Lenina hinunter in die Altstadt. Gleich an ihrem Anfang liegt rechter Hand das **Opernhaus,** der große Stolz der Stadt. Der massive Bau wurde bereits 1934 von einem Moskauer Architekten entworfen, doch erst in den 1950er Jahren fertig gestellt. Seitdem werden auf seiner Bühne schwerpunktmäßig Opern und Ballette mit burjatisch-folkloristischen Elementen aufgeführt. Als Klassiker, die bis heute immer wieder zu sehen sind, gelten die Oper „Enche-Bulat bator" („Der stählerne Recke") und das Ballett „Krasáwiza Angará" („Die Schöne Angara").

Unmittelbar bei der Oper steht seit 2006 wieder eine Nachbildung des **Triumphbogens,** der Ende des 19. Jh. die heutige Leninstraße schmückte. Ursprünglich hieß sie einfach „Große Straße". 1891 wurde zu Ehren des Thronfolgers *Nikolai* (s.o., Geschichte) der Triumphbogen erbaut und die Straße in „Große Nikolai-Straße" *(Bolschája Nikolájewskaja)* umbenannt.

Unterhalb des Triumphbogens ist die ul. Lenina zu beiden Seiten gesäumt von **Kaufmannsvillen** aus dem 19. Jh. Hier zeigte die Elite der Stadt, Fabrikbesitzer und Kaufleute, was sie hatte. Gleich an ihrem Anfang fällt linker Hand das Gebäude des ehemaligen Post- und Telegrafenamts mit seinem spitzwinkligen Grundriss ins Auge. Eine der prächtigsten Villen war sicher das „Haus mit den Atlanten", das deutlich zeigt, wie stark in der Architektur Moskauer und Petersburger Vorbilder kopiert wurden. Manche der reicheren Unternehmer hatten in der Hauptstadt sogar Zweithäuser.

Es ist kein Zufall, dass sich die ul. Lenina mitten im Zentrum der Altstadt zum Platz der Revolution, dem ehemaligen **„Basar-Platz",** öffnet. Hier, wo die Arkaden des Handels-Hofes, der grüne Platz und die 2004 eröffnete **Fußgängerzone** heute wieder zum Bummeln und Einkaufen einladen, lag der wirtschaftliche Mittelpunkt der Stadt. Inzwischen ist er zusätzlich geschmückt mit einer kleinen, neu erbauten Kapelle.

Geht man von hier in Richtung Westen in die Viertel, die zwischen der Leninstraße und der Selenga liegen, kommt man in den Teil der Altstadt, der noch fast ausschließlich aus **Holzhäusern** besteht. Manche von ihnen sehen schon sehr baufällig aus, andere sind in besserem Zustand. Sehr viele lassen mit reichen Verzierungen noch den Wohlstand ihrer Erbauer erahnen. Die kunstvollsten Schnitzereien findet man wohl am schön restaurierten Haus der Familie *Mordowski* in der ul. Bansarowa 20.

Lenin-Denkmal

Kirchen

Drei große Kirchen von Ulan-Ude sind erfreulicherweise erhalten geblieben. Die Erlöserkirche *(Spásski sobór,* 1786–1800), an deren Stelle heute die Markthalle *(zentrálny rýnok)* steht, wurde in den 1930er Jahren abgerissen.

Als älteste bestimmt die **Odigitrija-Kirche** am Ende der ul. Lenina bis heute das Bild der Altstadt. Benannt ist sie nach der Ikone der Gottesmutter von Odigitrija, *Odigitríjewski sobór.* Von 1741 bis 1785 unter einem westrussischen Baumeister erbaut, war sie das erste Steingebäude von Werchneudinsk. Ihre Fassaden mit dem typischen gemauerten Relief zeigen deutliche Einflüsse des russischen Barock. Nach der Schließung der Kirche 1929 beherbergte sie zu Anfang ein Anti-Religions-Museum, bevor sie den Fundus des Geschichtsmuseums aufnahm. Im Jahr 2000 wurde zum ersten Mal wieder ein Gottesdienst in der Kirche abgehalten, die inzwischen auch von außen sehr schön renoviert ist.

Auf der Anhöhe über der Altstadt steht die **Dreifaltigkeitskirche** *(Tróizkaja zérkow* oder *Swjáto-Tróizki chram),* die, von 1798 bis 1809 erbaut, in erster Linie als Friedhofskirche diente. Um sie herum, wo sich heute Grünflächen erstrecken, lagen ein russisch-orthodoxer, ein katholischer, ein chinesischer und ein muslimischer Friedhof sowie einer für Altgläubige. Der jüdische Friedhof der Stadt war etwas weiter entfernt. Die Kirche wurde 1940 geschlossen, die Friedhöfe verschwanden und die Sicht auf das Bauwerk wurde durch mehrstöckige

1 Hotel Odon
2 Hotel Geser
3 Hauptpost,
Internet
4 Geologiemuseum
5 Fax, Telefon
6 Lenin-Denkmal,
Platz der Räte
7 Hotel Baikal,
Internet
8 Triumphbogen
9 Hotel Buryatia
10 Sibir Shopping Center
11 Puppentheater,
Naturkundemuseum,
Teatrálnoje Kafe
12 Opernhaus
13 Restaurant Modern
Nomads und Pub
14 Mongolisches Konsulat
15 Fern-Busbahnhof
16 Hotel Bargusin
17 Dom Knigi (Souvenirs)
18 Handels-Hof
19 Internet
20 Stadt-Busbahnhof
21 Odigitrija-Kirche
22 Stadtstrand
23 Himmelfahrtskirche
24 Gesser-Denkmal
25 Staatstheater
26 Dreifaltigkeitskirche
27 Jugendtheater
28 Markthalle
29 Kunstmuseum
30 Kriegsdenkmal
31 Museum der
Geschichte Burjatiens
32 Café Marco Polo
33 Sagaan Morin
34 Stary Gorod
35 Pizzeria Pepino

Ulan-Ude
ul. Puschkina
ул. Пушкина
ul. Gagarina
ул. Гагарина
ul. Rewoljuzi 1905 goda
ул. Революций 1905 года
Bahnhof
prospekt 50-letija Oktjabrja
проспект 50-летия Октября
ul. Oktjabrskaja
ул. Октябрская
Park Oreschkowa
площадь Комсомолькая
Komsomol-Platz
ul. Ranschurowa
ул. Ранжурова
ul. Lesnaja
ул. Лесная
ul. Suche-Batora
ул. Сухе-Батора
ul. Smolina
ул. Смолина
ul. Jerbanowa
ул. Ербанова
ul. Lenina
ul. Profsojusnaja
ул. Профсоюзная
ul. Sowjetskaja
ул. Советская
prospekt Pobedy
проспект Победы
ul. Borsojewa
ул. Борсоева
ul. Kommunistitscheskaja
ул. Коммунистическая
ul. Kalandarischwili
ул. Каландаришвили
ul. Dimitrowa
ул. Димитрова
ul. Kirowa
ул. Кирова
ul. Swobody
ул. Свободы
ul. Kuibyschewa
ул. Куйбышева
ul. Swerdlowa
ул. Свердлова
ul. Bansarowa
ул. Банзарова
ul. Baltachinowa
ул. Балтахинова
ul. Nabereschnaja
ул. Набережная
Selenga
ul. Mostowaja
ул. Мостовая
ul. Proiswodstwennaja
ул. Производственная
ul. Babuschkina
ул. Бабушкина
Uda
0
300 m
1 2 3 4 5 6 7 8 9 10 11 12 13 14 15 17 18 19 20 21 22 23 24 25 26 27 28 29 30 31 32 33 34 35

Wohn- und Bürogebäude fast vollständig versperrt. 1988 hat man das Gebäude wieder der orthodoxen Kirche übergeben. Es wurde anschließend renoviert und ist heute praktisch fertig gestellt.

Auf der anderen Seite der Uda, im ehemaligen Kosakenviertel, liegt die **Himmelfahrtskirche** (*Swjáto-Wosnesénski chram,* erbaut 1809). Sie wurde vermutlich mehrmals versetzt, ehe sie an ihren heutigen Standpunkt in der ul. Proiswódstwennaja kam. 1929 geschlossen, wurde sie bereits 1945 wieder eröffnet und den Gläubigen zugänglich gemacht.

Synagoge

1882 erhielt Ulan-Ude, das eine jüdische Gemeinde von etwa 1500 Menschen hatte, eine Synagoge. Ihr Gebäude ist, obwohl 1929 geschlossen, in der ul. Smolina 8 bis heute erhalten, gehört allerdings der Technischen Universität von Ulan-Ude. Eine katholische Kirche und eine Moschee (beide aus Holz) gibt es nicht mehr.

Tempel

Ende der 1990er Jahre wurde im Stadtteil Werchnjaja Beresowka der buddhistische Tempel Chambyn Chure erbaut. Neben dem Kloster in Iwolginsk ist er Residenz des geistigen Oberhaupts der **russischen Buddhisten,** des Pandido-Hambo Lama (seit 1995: *Damba Ajuschejew*). Der Tempel liegt auf der Strecke zum Freilichtmuseum, kurz vor der Pferderennbahn (*ippodróm*).

1 Eingang
2 Archäologischer Themenkomplex (Plattengräber, Hunnen)
3 Ewenken (Winter- und Sommerzelte, Zelt eines Schamanen)

Burjaten, westliches Baikalgebiet

4 Winteranwesen eines reichen Burjaten
5 gewöhnliches Winteranwesen
6 Sommersiedlung

Burjaten, östliches Baikalgebiet

7 Buddhistisches Gebetshaus (aus dem Tamtschinski-Kloster)
8,9 Jurten
10 Sommerspeicher
11 Winterhaus

Altrussische Siedler und Kosaken

12 Anwesen eines altrussischen Ackerbauern
13 Anwesen eines Kosakenhauptmanns
14 Gebäude aus einem Durchgangslager für Verbannte

Altgläubige

15-17 Wohnhäuser
18 reich verziertes Hoftor
19 Schmiede
20 Sägeeinrichtung
21 Kapelle

Städtische Holzarchitektur

22 Holzkirche aus einem Altgläubigendorf
23,24 Wohnhäuser aus Ulan-Ude
25 Speicher
26 Wohnhaus aus Ulan-Ude
27 Kapelle aus Alt-Selenginsk

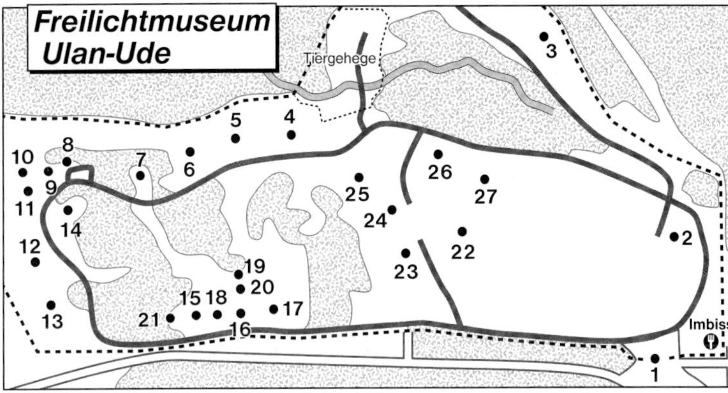

Lenin-Denkmal

Erwähnt werden soll auch das Lenin-Denkmal auf dem Platz der Räte. Es wurde erst 1970 aus Anlass des 100. Geburtstags von *Lenin* errichtet und gilt als **eines der größten der Welt.** Man beschloss damals, die vielen kleinen Denkmäler, mit denen die Stadt in den 1930er Jahren fast überschwemmt worden war, durch ein großes zu ersetzen. Doch schon nach der Errichtung des riesigen Bronze-Kopfs wurde Kritik laut: Derartige Ausmaße hatte keiner erwartet! Über einen Abriss wurde jedoch nie ernsthaft nachgedacht. Der Kopf ist zu einer, wenn auch leicht kuriosen Sehenswürdigkeit der Stadt geworden, und man muss zugeben, dass sein Standort auf dem Platz der Räte mit dessen enormen Proportionen günstig gewählt ist.

Gesser-Denkmal

Im Jahr 2006 wurde dem Helden des burjatischen **Nationalepos** „Gesser" unweit des Marktes ein Denkmal errichtet. (s. auch Kap. „Menschen und Kultur: Bevölkerung, Burjaten").

Stadtstrand

Die **Selenga,** die sich durch die relativ grüne Stadt schlängelt, ist leider nicht durch eine richtige Uferpromenade integriert. Nur ein zwar gut besuchter, aber nicht sehr sauberer Stadtstrand schließt an die Altstadt an.

Freilichtmuseum für Völkerkunde

Das seit 1973 bestehende Freilichtmuseum gehört selbst bei Kurzbesuchen von Ulan-Ude zum Standardprogramm. Während im Freilichtmuseum von Irkutsk die Aufmerksamkeit fast ausschließlich der altrussischen Kultur der ersten Siedler gilt und auch in Bratsk andere Ethnien nur eine Randrolle spielen, ist hier das ganze ethnische Spektrum des Baikalgebiets würdig repräsentiert. Neben einer **ewenkischen Siedlung** mit Winter- und Som-

130ba Foto: rj

merzelten, verschiedenen Behausungen nomadisierender und sesshafter **Burjaten,** Gehöften von **Altgläubigen** und verschiedenen **russischen Wohnhäusern** aus dem ländlichen und städtischen Raum, findet man auf dem weitläufigen, grünen Gelände auch eine thematische Einheit zu **archäologischen Funden** aus dem Gebiet Burjatiens und zur Freude von Kindern einen **Minizoo** mit den wichtigsten einheimischen Tierarten.

● **Freilichtmuseum für Völkerkunde** des östlichen Baikalgebiets *(Etnografítscheski muséi naródow Sabaikálja),* Stadtteil Wérchnjaja Beresówka, Tel. 443310, 443210, www.bsu.ru/emnz, 9–17 Uhr, am Wochenende bis 18.30 Uhr, Mo geschlossen; Anfahrt: Bus oder Linientaxi Nr. 8 (ab Busbahnhof Bansarowa); von der Haltestelle des Museums muss man ca. 1 km zu Fuß gehen, auf Nachfrage fahren die Linientaxis manchmal auch direkt bis ans Museum.

Weitere Museen

● **Museum der Geschichte Burjatiens** *(Muséi istórii Burjáti im. M.N. Changálowa),* ul. Profsojúsnaja 29, Tel. 214008, www.muzey.by.ru; 10–18 Uhr, Mo geschlossen. Eines der besten Museen der Region mit umfangreichen Sammlungen zur burjatischen Geschichte und Kultur.

● **Naturkundemuseum** *(Muséi priródy Burjáti),* ul. Lenina 46, Tel. 214149, 219814, Mi–So 10–18 Uhr. Überschaubare Sammlung von schön präsentierten, ausgestopften Tieren der Region, kleine urgeschichtliche Abteilung, Raum zur Geologie.

● **Kunstmuseum** *(Chudóschestwenny muséi im. Sampílowa),* ul. Kúibyschewa 29, Tel. 212909, 10–18 Uhr, Mo und Di Ruhetage. Beachtenswert ist die Sammlung von Grafi-

131ba Foto: rj

ken und Zeichnungen des burjatischen Künstlers *Otschirow* (s. Kap. „Menschen und Kultur: Kunst und Kunsthandwerk").

- **Geologiemuseum,** ul. Lenina 57, Tel. 214935, Mo–Fr 9–17 Uhr.
- **Literaturmuseum** *(literatúrny muséi im. Ch. Namsarájewa),* ul. Sowjétskaja 27, Tel. 213722, Mo–Sa 10–18 Uhr.
- **Art Salon** des burjatischen Künstlerverbandes, ul. Lenina 26, Tel. 214907, Mo–Fr 10–17.30 Uhr.

Traditionelle Filzjurte im Freilichtmuseum

Praktische Tipps

Service

Post, Telefon, Internet

- **Vorwahl:** 3012, aus Burjatien 22.
- **Hauptpost:** ul. Lénina 61.
- **Postleitzahl:** 670000.
- **Telefonieren und Faxservice:** auch in der ul. Súche Bátora 16.
- **Burnet Internet-Zentr,** ul. Borsójewa 25.
- **Internet-Club,** ul. Lénina 61, (Ecke ul. Jerbanowa), Hintereingang des Kinos *Progress.*
- **Internet-Salon,** ul. Kírowa 28 (Eingang durch den Hof).

Geld

- Geldautomaten in der ganzen Innenstadt. Geldwechsel u.a. in den **Hotels Buryatia** und **Sagaan Morin.**
- **Sparkasse** *(sberbánk),* ul. Lénina 49.

Konsulat

- **Mongolisches Konsulat,** ul. Profsojúsnaja 6, Tel. 211843, Mi, Fr 10–13 Uhr, Ausgabe von Dokumenten Mi, Fr 17–18 Uhr.

Gesundheit

- **Klinik für Östliche Medizin,** ul. Linchowóina 10.
- **Zentrum für Tibetische Medizin,** Wérchnjaja Beresówka, Tel. 211439, 212200.

Essen und Trinken

- Restaurant **Indigo** *(restorán),* ul. Schumjázkogo 24, Tel. 424122, 424222; liegt außerhalb im Stadtteil Oktjabrski, zu erreichen vom ploschad Sowjetow mit den Linientaxis Nr. 37, 41 bis zur Haltestelle Abgess; tgl. 12–3 Uhr (Wochenende bis 5 Uhr); sehr gutes Restaurant, Livemusik am Abend.
- Restaurant und Pub **Modern Nomads,** ul. Ranschírowa 1, Tel. 214509; 11–23 Uhr; mongolische Küche; neu eröffnet.
- **Stáry Górod** *(restorán),* ul. Oktjábrskaja 2a, Tel. 440653; neben Pizzeria Pepino, stilvoll eingerichtetes Restaurant.
- Restaurant **Dschingis Khan,** Boulevard Kárla Márxa 25a, Tel. 455011; mongolisches Restaurant, neu eröffnet und sehr stilvoll.
- Jurtenrestaurant **Baatarai Urgoo,** Wérchnjaja Beresówka, befindet sich ca. 1 km hinter der Abzweigung zum Ethnografischen Museum, Tel. 447492, mit dem Linientaxi oder Bus Nr. 8; burjatische Küche in folkloristischer Atmosphäre.
- **Pizzeria Pepino,** ul. Limónowa 3 (Ecke ul. Naródnaja), Tel. 272366; Straßenbahn 4 bis ploschad Komsomolskaja, dann zu Fuß den Park durchqueren; klein und relativ einfach, aber gemütlich, Pizzas auch zum Mitnehmen, rund um die Uhr geöffnet.
- **Teatrálnoje Kafé,** ul. Lénina 46, Tel. 218066, recht ordentlich und preiswert.
- Café **Marco Polo** *(kofeinja),* ul. Kommunistítscheskaja 46; Café mit Kuchen und Eis.
- **Pósnaja** am Dazan, Wérchnjaja Beresówka; einfach, sehr preisgünstig und gut, bei Einheimischen sehr beliebt.

Einkaufen

- **Bücher** im KnigOMir, ul. Lénina 24.
- **Bücher und Souvenirs** im Dom Knigi, ul. Lénina 32.
- **Souvenirs** im Sibir Shopping Center (schräg gegenüber Hotel Buryatia).
- **Souvenirs** auch in den Hotels Geser und Burjatia.
- **Musik:** Akzent in den Arkaden des Handelshofs.
- **Lebensmittel:** Markt, Ecke ul. Baltachínowa/Swerdlówa; Supermarkt Sputnik (24 Std. geöffnet), Ecke ul. Kommunistítscheskaja/ul. Jerbánowa.
- **Kleidung:** Sibir Shopping Center (s.o.).
- Ulan-Ude hat, wie auch Irkutsk, einen **Chinesenmarkt** für billige Haushaltswaren und Kleidung. Er liegt beim Hotel Sagaan Morin.

Nachtleben

- Drei Kinosäle, einen Nachtclub, Bars, Tanzflächen und eine Pizzeria findet man im **Unterhaltungszentrum Fabrika Kino,** das damit neben drei anderen Kinos der größte Anbieter für Vergnügungen ist; ul. Sachjánowa 9a, Tel. 431679, 434860; Veranstaltungen und Kinoprogramm unter: www.fabrika-kino.ru.

Theater und Konzerte

- **Opernhaus** *(Burjátski gosudárstwenny akademítscheski teátr ópery i baléta),* ul. Lénina 51 (Ecke Jerbánowa), Tel. 214454; siehe „Sehenswertes".
- **Staatstheater** *(Gosudárstwenny akademítscheski teátr drámy im. Ch. Namsarájewa),* Tel. 222451.
- **Puppentheater** *(Détski teátr Ulger),* ul. Lénina 46, Tel. 212292.
- **Jugendtheater** *(Molodjóschny chudóschestwenny teátr),* ul. Dimítrowa 2, Tel. 215658; moderne Autoren, unkonventionelle Inszenierungen.
- **Russisches Theater** *(Gosudárstwenny rússki teátr im. N. Bestúschewa),* ul. Tereschkówoi 1, Tel. 332601; auf der linken Flussseite der Uda, Straßenbahnlinie 4.

Unterkunft

- **Wohnheim** der Universität, ul. Súche-Bátora 3, 150 R. Nur in den Semesterferien.
- Hotel **Odon,** ul. Gagárina 43, Tel. 443480; die teureren Zimmer haben Waschgelegenheit, wird mehrheitlich von asiatischen Gästen bewohnt, die in die Stadt kommen, um zu handeln; EZ 430–600 R, DZ 500–850 R.
- Hotel **Bargusin,** ul. Sowjétskaja 28, Tel. 215746; einfach, laut, aber ordentlich; nur kleiner Imbissstand; EZ 600 R, DZ 800 R.
- Hotel **Baikal,** ul. Jerbánowa 12, Tel. 213718, 211193; zzt. wg. Renovierung geschlossen.
- Hotel **Buryatia,** ul. Kommunistítscheskaja 47a, Tel. 211835, Fax 211760, hotelbur@buryatia.ru; in einem Hochhaus, Restaurant, Bar; EZ ab 900 R, DZ ab 1000 R.
- Hotel **Sagáan Morin,** ul. Gagárina 25, Tel. 444019; www.morintor.com, post@zol.buryatya.ru; vor kurzem eröffnet, guter Standard; EZ ab 800 R, DZ 1700 R. Sehr gutes Preis-Leistungs-Verhältnis.
- Hotel **Gesér** *(túrist kómplex),* ul. Ranschúrowa 11, Tel./Fax 216151, 215383, hotel_geser@mail.ru, www.geser.burnet.ru/www.baikaltur.ru; ruhige Atmosphäre, angenehm, guter Standard; EZ 1320 R, DZ 1760 R inkl. Frühstück.

Privatunterkünfte:

- **Igor und Sweta Sadewalow,** zim73@mail.ru; trekkingerfahrene Familie.
- **Andrei Suknjow,** suknev_gbt@mail.ru; Initiator des GBT-Projekts, Vermittlung von Privatunterkünften.
- **Familienunterkunft** im Zentrum, 10 Min. vom Bahnhof, 15 Min. vom Busbahnhof entfernt; 1 Zi für 2 P., Telefon, Kühlschrank, Bettwäsche, Handtücher, 500 R p.P.; Kontakt: *Konstantin,* Tel. 219726, 680157; isaevk@mail.ru, info@baikaladventures.com.

Tourenanbieter

Neben den Anbietern, die im Kapitel „Vor der Reise: Reiseveranstalter" aufgeführt sind, bieten auch die Tourismus-Abteilungen der folgenden Hotels Ausflüge in die Umgebung und Exkursionen an:

- **Morin-Tour** (Hotel Sagaan Morin), Tel. 443647, www. morintour.com.
- **Baikal Naran Tour** (Hotel Buryatia, Büro 105) Tel./Fax 215097.
- **Baikalski Bereg,** ul. Kírowa 28a, Büro 53, Tel. 211773, www.baikalbereg.narod.ru; viele Unterkünfte am Ostufer und auch Touren können hier gebucht werden.
- **Trio-Impex,** ul. Lénina (am Triumphbogen); Visa für die Mongolei, Registrierungen, Bustickets nach Ulan-Bator (fast tägl., 800 R).

Verkehrsverbindungen

Taxi

- **Taxi-Telefon:** 444444, 222222, 210021, 218888, 213111.

Flug

- Flüge täglich aus **Moskau** (Domodedowo); an vier Tagen in der Woche mit S7, an den anderen mit JSC Airline Enkor. Außerdem aus **Nowosibirsk, Irkutsk, Krasnojarsk, St. Petersburg, Wladiwostok.** Innerhalb Burjatiens gibt es Flüge nach **Nischneangarsk** (s. dort), **Taksimo** und **Bagdarin.**
- **Flughafen-Auskunft:** Tel. 227611.

Bahn

- **Bahnhof,** Tel. 282025, 263050.

Aus Moskau (alle Angaben Ortszeit):

- **Nr. 2 Moskau – Wladiwostok,** an ungeraden Tagen ab 21.25 Uhr, an 14.36 Uhr, Fahrtzeit ca. 84 Std.
- **Nr. 340 Moskau – Tschita,** an ungeraden Tagen, **Nr. 350 Moskau – Blagoweschtschensk,** an geraden Tagen, Abfahrt jeweils 13.35 Uhr, Ankunft 19.19 Uhr, Fahrtdauer ca. 95 Std.

Aus Irkutsk (Fahrtzeit 7–8 Std.):

Komfortablere Züge fahren leider alle nachts in Irkutsk ab und werden deshalb hier nicht aufgeführt.

Über Nacht:

- **Nr. 362 Irkutsk – Nauschki (Ulan-Bator),** tägl. ab 21 Uhr, an 6.40 Uhr.
- **Nr. 126 Tulun – Ulan-Ude,** an geraden Tagen ab 22.19 Uhr, an 7 Uhr.

Tagsüber:
- **Nr. 350 Moskau – Blagoweschtschensk,** an geraden Tagen ab 11.39 Uhr, an 19.19 Uhr.
- **Nr. 340 Moskau – Tschita,** an ungeraden Tagen ab 11.33 Uhr, an 19.19 Uhr.
- **Nr. 78 Nowosibirsk – Nerjungri,** an geraden Tagen ab 8.33 Uhr, an 15.43 Uhr.
- **Nr. 826 Irkutsk – Ulan-Ude,** Sa, So, ab 6.50 Uhr, an 14.15 Uhr (sehr komfortabler Nahverkehrszug mit gepolsterten Sitzen).
- **Nr. 302 Irkutsk – Wladiwostok,** an ungeraden Tagen ab 8.55 Uhr, an 16.50 Uhr.

Nach Irkutsk:
- **Nr. 1 Wladiwostok – Moskau,** an ungeraden Tagen ab 10.07 Uhr, an 16.58 Uhr.
- **Nr. 7 Wladiwostok – Nowosibirsk,** an geraden Tagen ab 10.07 Uhr, an 16.58 Uhr.
- **Nr. 349 Blagoweschtschensk – Moskau,** an geraden Tagen ab 10.17 Uhr, an 17.56 Uhr.
- **Nr. 339 Tschita – Moskau,** an ungeraden Tagen ab 10.17 Uhr, an 17.56 Uhr.
- **Nr. 827 Ulan-Ude – Irkutsk,** Sa, So ab 14.45 Uhr, an 21.50 Uhr (komfortabler Nahverkehrszug).
- **Nr. 361 Nauschki – Irkutsk,** tägl. ab 22.30 Uhr, an 8 Uhr.
- **Nr. 125 Ulan-Ude – Tulun,** an ungeraden Tagen ab 22.50 Uhr, an 6.50 Uhr.

Busse und Linientaxis

- **Busbahnhof ul. Sowjétskaja,** Tel. 212185. Hier fahren alle Überlandbusse und Linientaxis ab, wobei Letztere teilweise direkt am, teilweise auch vor dem Busbahnhof stehen (Ecke ul. Schmidta). Ziele u.a. Kurumkan, Bargusin, Ust-Bargusin, Gorjatschinsk, Tarbagatai, B. Kunalei, Posolsk, Unegetei, Sakamensk, Kjachta, Arschan (s. jeweils dort).
- **Busbahnhof ul. Bansárowa/ul. Lenina.** Hier fahren viele Busse und Linientaxis ab, die Ziele innerhalb der Stadt und in der näheren Umgebung haben.
- **Linienbusse in die Mongolei** (Ulan-Bator) fast täglich von verschiedenen Veranstaltern jeweils morgens gegen 9 Uhr, Fahrtzeit 14 Std., Preis 800 R. Tickets bei Trio-Impex, Baikal Naran Tour oder im mongolischem Konsulat (s.o).
- **Linientaxis** nach Tschita, Irkutsk, Kabansk fahren vom Hauptbahnhof ab. Linientaxis, die zwischen Irkutsk und Ulan-Ude pendeln (Fahrtzeit ca. 7 Std., mehrmals über den Tag verteilt, auch nachts), sind eher als Notlösung zu sehen.

Buddhistisches Kloster Iwolginsk

Иволгинск ↗ VIII/B1

Die Klöster Iwolgínsk *(Iwolgínski dazán)* und Aginsk (im Gebiet Tschita) waren lange Zeit die einzigen funktionierenden buddhistischen Klöster auf dem Gebiet der Sowjetunion. Iwolginsk (oder Iwolgá) ist bis heute das größte, außerdem ist es ein Zentrum für buddhistische Philosophie und tibetische Medizin in der Russischen Föderation. Die weitläufige Anlage liegt unweit des Ortes Iwolginsk, 35 km südwestlich von Ulan-Ude, in flacher Steppenlandschaft vor der Kulisse des Chamar-Daban-Gebirges und wird gern im Rahmen von Tagesausflügen besucht. Es ist einzigartig im Baikalgebiet, allerdings muss man sich bewusst sein, dass es im Vergleich zu Tempeln in traditionell buddhistischen Ländern verhältnismäßig bescheidene Ausmaße hat.

Die Erlaubnis zur Eröffnung des Klosters wurde 1945 einer Gruppe von Lamas gegeben, die nach dem Zweiten Weltkrieg aus Lagern und Gefängnissen entlassen worden waren. Das anfangs kleine Kloster wuchs schnell und bekam **zwei große Tempel,** von denen der eine nach einem Brand 1972 erneuert wurde. Der stattliche, farbenprächtige Haupttempel ist der blauen, dreiäugigen Göttin Lchamo geweiht. Iwolginsk entfaltete als zentrale Vertretung der Buddhisten in der UdSSR ein breites Spektrum von Aktivitäten, die jedoch damals aufmerksam von staatlichen Behörden überwacht wurden. U.a. engagierte sich das Kloster in der Friedensbewegung und unterstützte internationale Organisationen wie das Rote Kreuz oder Kinderschutzverbände.

Seit 1991 gibt es am Kloster eine **buddhistische Universität,** die seit 2005 offiziell als Hochschule anerkannt ist und an der Lehrer aus Indien, Tibet und der Mongolei traditionelle Disziplinen wie Philosophie, Astrologie und Medizin, aber auch Fächer wie Informatik und Fremdsprachen lehren. Ca. 100 Studenten aus ganz Russland studieren hier die Lehre Buddhas.

Ein anderes wichtiges Tätigkeitsfeld des Klosters ist die **tibetische Medizin.** Mithilfe von Pulsdiagnostik und speziellen Heilmitteln, teils aus eigener Produktion, teils aus Indien, Tibet und China, werden hier und im Zentrum für Tibetische Medizin in Ulan-Ude nach alten Methoden Patienten behandelt, die nicht nur aus der näheren Umgebung anreisen.

Schließlich ist das Kloster auch **Wallfahrtsort.** Seit 2002 befindet sich der Körper des Lamas *Daschi-Dorscho Etigelow,* der bis 1917 die Position des Pandido-Chambo-Lamas innehatte, im Kloster von Iwolga. Nach seinem Tod 1927 war der berühmte Gelehrte beerdigt worden und zeigt seitdem praktisch keine Spuren von Verwesung. Zu seinen Ehren wird ein neuer Tempel gebaut, in dem er von Gläubigen angebetet werden darf.

Auf dem Gelände des Klosters, das heute (in Nachfolge des Tamtschin-Klosters) die Residenz des Chambo-Lamas ist, stehen zwei große Tempel, drei Gebetshäuser, eine Bibliothek, ein kleines Museum, ein Häuschen für den heiligen Botcha-Baum, eine Herberge für Gäste und viele Wohnhäuser. All das ist umgeben von einer Vielzahl von Gebetsmühlen, Opferkästchen und leuchtend weißen Stupas. Angemeldete Reisegruppen besichtigen meist die **Bibliothek** mit alten Schriften und die Sammlung burjatischer buddhistischer Kunst und kostbarer Geschenke aus Indien, Japan, China und anderen Ländern, die im **Museum** ausgestellt werden. Wenn man spontan kommt, sind sie nicht immer zugänglich. Unübersehbar sind dafür die unzähligen Stände mit Figürchen, Räucherstäbchen und anderen **Andenken,** die sich um den Eingang des Klosters drängen.

Mehr Informationen zum Kloster unter www.datsan.buryatia.ru (auf Englisch und Russisch). Für kleine Mahlzeiten gibt es vor dem Kloster einen Imbiss mit burjatischen Speisen *(pósnaja).*

Anreise

- **Linientaxi** Nr. 130 vom Busbahnhof Bansarowa fährt in den Ort Iwolginsk, bei genügend Passagieren auch direkt bis zum Kloster. Falls nicht, kann man an der Endhaltestelle in Privatautos umsteigen, die die letzten Kilometer bedienen.

Südost-Burjatien

Nahe der mongolischen Steppe

Der südöstliche Teil Burjatiens spielt in Publikationen über den Baikalsee üblicherweise keine große Rolle. Historisch und kulturell interessante Reiseziele liegen sehr weit voneinander entfernt und die Infrastruktur ist schlecht. Dennoch bringen die hier beginnenden Steppengebiete eine ganz neue Facette in das Bild Ostsibiriens. Nicht nur durch burjatische Kultur, die sich hier unter starkem **Einfluss des Buddhismus** von der Kultur der westlichen Burjaten unterschied, wurde die Region geprägt, sondern auch durch eine große Zahl von **Altgläubigen,** die mit ihrer traditionellen altrussischen Lebensweise farbige Inseln einer ganz anderen Kultur eingebracht haben. Weniger deutlich sichtbar sind die Spuren der alten **asiatischen Reitervölker,** die, angefangen von den Hunnen bis hin zu den Kriegern *Dschingis Khans,* diese Gebiete südlich der Waldgrenze durchzogen.

Für alle, deren Reiseroute durch die Mongolei führt, sind Aufenthalte in Süd-Burjatien relativ einfach einzubauen und können bereichernde Naturerlebnisse und historische Einblicke bieten. Wer mehrere Ziele anstrebt, ist mit einem Fahrzeug sicher gut beraten, denn die Querverbindungen zwischen den Orten sind schlecht.

Archäologische Fundstätten

In den Steppengebieten südlich und östlich von Ulan-Ude gibt es eine Vielzahl von **Siedlungsspuren, Grabstätten** und auch **Felsmalereien** aus den verschiedensten Epochen: Jungsteinzeit (6000–3000 v. Chr.), Bronzezeit (1500–500 v. Chr.), Hunnen (ab 300 v. Chr.), Kurykanen (6.–11. Jh. n. Chr.), Mongolen (13. und 14. Jh.). Besonders Grabstätten sind in der Steppe deutlich sichtbar und waren deshalb schon früh Ziel von Grabräubern. Doch viele Fundstätten und auch Felsmalereien sind gut erhalten. Angesichts ihrer Fülle und da die meist abseits von Siedlungen gelegenen Stellen ohne ortskundige Führung kaum zu finden sind, wird hier auf eine nähere Beschreibung verzichtet. Bei Interesse können mit Unterstützung von Tourenanbietern aus Ulan-Ude individuelle Besichtigungen organisiert werden.

Buddhistische Klöster

Im Ostteil der Republik Burjatien, auf den in diesem Buch nicht genauer eingegangen werden kann, liegt eine ganze Reihe von Orten, die mit dem Buddhismus verbunden sind: Im Kloster von Azagát befand sich einst die größte Schule für tibetische Medizin, das Kloster von Egitúi ist berühmt für eine Buddha-Statue aus Sandelholz und am Fluss Kischingá steht der mit 12 m Höhe größte Stupa Burjatiens.

Altgläubigendörfer

Die Altgläubigen (*seméiskije* oder *staroobrjádzy*, s. Kapitel „Menschen und Kultur: Bevölkerung“) werden in Burjatien oft wie eine eigene ethnische Gruppe dargestellt. In der Tat unterscheiden sich viele der einst ca. 30 Dörfer durch ihre farbigen Fassaden und originell verzierten Hoftore bis heute frappant nicht nur von den burjatischen Nachbardörfern, sondern auch von anderen russischen Siedlungen. In der Lebensweise der Menschen ist ihre Herkunft nicht mehr so deutlich zu spüren. Doch ein wiedererwachendes Bewusstsein für Volkskunst, Traditionen und Glauben gibt an einigen Orten die Möglichkeit, einen Eindruck vom Leben und Brauchtum der Altgläubigen zu bekommen.

Die Selenga in der Nähe von Tarbagatai

Die meisten der Altgläubigendörfer *(staroobrjádtscheskije deréwni)* liegen weitab von den industriellen Zentren Burjatiens und sind **umgeben von Steppe und Wäldern.** Daher bietet es sich an, einen Besuch mit Wanderungen oder auch **Pferdetouren** zu verbinden. Die entsprechenden Kontaktpersonen können bei der Vermittlung von Pferden behilflich sein. Ein kleines Ensemble von Häusern und Höfen Altgläubiger befindet sich auch im Freilichtmuseum von Ulan-Ude (s. dort).

- **Tourenanbieter:** *Ljudmílla Nisárowa,* Tel. Ulan-Ude (3012) 451425, www.semeyskie.ru, info@semeyskie.ru; Fahrten mit und ohne Übernachtung in alle Altgläubigendörfer, Veranstaltungen mit Chor und Tänzen in Bolschoi Kunalei, Besichtigung des Klosters Iwolginsk (auf der Hin- oder Rückfahrt).

Tarbagatai

Тарбагатай ↗ VIII/B2

Tarbagatái südlich von Ulan-Ude ist Zentrum des Bezirks Tarbagataiski, in dem die bekanntesten Altgläubigendörfer liegen, und der Ort, in dem die Kultur wohl am aktivsten gepflegt wird. Seit 2002 gibt es hier wieder eine Altgläubigen-Kirche und einen Priester (ul. Promýschlennaja). Besonders bekannt ist der **Altgläubigen-Chor** von Tarbagatai „Sudbínuschka". Er existiert seit den 1930er Jahren, hat eine lange Tradition und reichlich Erfahrung mit Auslandsauftritten. U.a. verbindet ihn eine Chorpartnerschaft mit Freiburg im Breisgau. Tarbagatai wird üblicherweise im Rahmen von Tagesausflügen von Ulan-Ude aus besucht.

- **Kontakt:** Kulturabteilung der Verwaltung *(otdél kultúry, administrázija),* Leiter *Iwán Stepánowitsch Tschebúnin,* Tel. 55255. Leiterin des Kulturhauses und des Chores ist *Galína Jermolájewna Tschebúnina.*
- **Vorwahl:** 30146, aus Burjatien 246

Unterkunft

- Herberge **Níwa** *(gostíniza),* ul. Promýschlennaja, Tel. 55264, zwei Zi mit je zwei Betten, Kochgelegenheit, Waschgelegenheit im Gang, Außentoilette, 50 R.
- Bei rechtzeitiger Anmeldung kann die **Kulturabteilung** (s.o.) in begrenztem Umfang auch Familienunterkünfte organisieren.

Verkehrsverbindungen

- Von und nach **Ulan-Ude:** Linienbus (2x/Tag) und Linientaxis (stündl.), Haltestelle ul. Lénina.

Bolschoi Kunalei

Большой Куналей ↗ VIII/B2

Im Gegensatz zu Tarbagatai wohnen im nahe gelegenen Bolschói Kunaléi bis heute **ausschließlich Altgläubige,** was am typischen lang gezogenen Straßenbild, an den Hoftoren, Fensterläden und Fassaden deutlich zu sehen ist. Trotz Arbeitslosigkeit und anderer Probleme zeigt sich der Ort nach wie vor als schmuckes Beispiel für altgläubige Traditionen. Im Clubhaus trifft sich regelmäßig ein **Chor,** ein **Kinderensemble** übt Tänze. Da sich hierher viel seltener Touristen verirren, mögen Darbietungen etwas unprofessioneller, dafür aber vielleicht authentischer wirken als in Tarbagatai.

In Bolschoi Kunalei

● **Kontakt:** Leiterin des Clubs ist *María Stepánowa,* Tel. 199, Leiterin der Bibliothek *Nína Iwánowna Sísych,* Tel. (privat): 132.
● **Anrufe** über Telefonvermittlung.

Unterkunft

● **Nina Sisych** kann nach Voranmeldung zwei Personen in einem einfachen Holzhäuschen im Hof unterbringen. Ihr Wohnhaus selbst und der Hof sind wunderschöne Beispiele für die bunt bemalte und mit Schnitzereien verzierte Architektur der Altgläubigen.

In der Umgebung

In den Dörfern **Desjátnikowo** und **Kuitún** sind ebenfalls noch relativ viel typische Architektur und Brauchtum erhalten. Kuitun hat seit 1998 wieder eine Altgläubigen-Kirche und entwickelt sich zum religiösen Zentrum des Bezirks. Der Frauenchor von Kuitun war ebenfalls schon zu Auftritten in Freiburg. Die Kulturabteilung von Tarbagatai kann bei Interesse Kontakte in alle Dörfer des Bezirks vermitteln.

Sarátowka ist ein sehr kleines Dörfchen, das Reisenden mit wenig Zeit zumindest einen Eindruck von der Architektur der Altgläubigen vermittelt.

Unegetei

Унэгэтэй ↗ IX/A3

Unegetéi nordöstlich von Ulan-Ude ist ein Beispiel für ein Dorf, in dem von Anfang an zwei Bevölkerungsgruppen zusammenlebten. Hier waren es Altgläubige und Nachfahren von Kosaken, die burjatische Frauen geheiratet haben (ihre Nachfahren werden im

134ba Foto: rj

Volksmund als *Karým* bezeichnet). Auch hier zieht sich das ganze Dorf praktisch an einer einzigen Straße entlang. Allerdings ist das Bewusstsein der Menschen für ihre Identität und ihr Brauchtum durch die Vermischung viel schwächer ausgeprägt und auch in der Architektur fallen die Unterschiede nicht mehr so deutlich ins Auge wie in anderen Dörfern. Dennoch gibt es auch hier Menschen, die gern aus ihren Erinnerungen erzählen und einen Eindruck von der Situation der Altgläubigen heute und im Verlauf der sowjetischen Ära vermitteln. Abgesehen davon illustriert Unegetei anschaulich das Leben der russischen Landbevölkerung heute.

Der Gänsesee

Гусиное озеро ↗ VIII/A2

110 km südwestlich von Ulan-Ude liegt, durch das Chamar-Daban-Gebirge vom Baikal getrennt, der Gänsesee *(Gusínoje ósero)*. Da das Gebirge an seiner Nordwestseite fast alle Niederschläge abfängt, beginnt am gegenüberliegenden Rand die Steppenlandschaft. Noch Ende des 19. Jh. leuchteten in der hügeligen Ebene hier und da die weißen Jurten der Burjaten. Der See war damals noch ganz jung, denn bis ins 19. Jh. gab es in der Talniederung nur einzelne kleine Teiche und sumpfige Wiesen. In der Mitte des heutigen Sees stand der Vorgänger des Tamtschinski-Klosters, bis das Wasser in einem Jahr plötzlich höher stieg, als das sonst während der Schneeschmelze üblich war. Man verlegte das Gebetshaus und kleine Siedlungen, musste sie aber bald noch einmal verlegen, weil das Wasser immer weiter stieg. Innerhalb von wenigen Jahren entstand der heutige, ca. 150 km^2 große See. Angeblich wurde eine kleine Kapelle nicht rechtzeitig abgetragen und bei niedrigem Wasserstand soll ihre Spitze manchmal zu sehen sein.

Seinen Namen verdankt der See den Wasservögeln, die sich hier früher zur Nistzeit in riesigen Schwärmen niederließen. Die Jagd hat sie leider beträchtlich dezimiert.

Gusinoosjorsk

Гусиноозерск ↗ VIII/A2

Am Nordufer des Gänsesees liegt die **Industriestadt** Gusinoosjórsk. Hier wurde Braunkohle gefördert, mit der außer dem örtlichen Kraftwerk weite Teile der russischen Pazifikregion beliefert wurden. Die im Tagebau erschließbaren Vorkommen sind heute größtenteils erschöpft und die Industrie befindet sich im Niedergang. So sieht man der eher tristen Provinzstadt kaum an, dass sie mit 31.000 Einwohnern nach Ulan-Ude die größte Stadt in Burjatien ist.

Tamtschinski-Kloster

Das *Tamtschínski dazán* nahe der Siedlung **Gusínoje Ósero** (Гусиное Озеро) an der Südspitze des Gänsees wurde bereits 1741 als einfache Gebetsjurte von dem mongolischen Lama *Achaldai* gegründet. Bald entstanden hölzerne Tempel und das Kloster gewann immer mehr an Bedeutung, bis es 1809 zur Residenz des Pandido-Chambo-Lama, des geistlichen Oberhaupts aller burjatischen Buddhisten, erkoren wurde. Es entwickelte sich zum Zentrum für Kunsthandwerk, Buchdruck und tibetische Medizin und beherbergte eine der wenigen im zaristischen Russland genehmigten Schulen für buddhistische Religion und Philosophie. Von 1878 bis 1896 war *Dampil Gombojew* der Chambo-Lama. Der hochgebildete Geistliche und Verfechter der Aufklärung unterhielt wissenschaftliche und persönliche Kontakte zu vielen Persönlichkeiten auch außerhalb der buddhistischen Welt.

1938 kam die Blüte des Tamtschinski-Klosters zu einem abrupten Ende. In den Tempeln wurden Strafgefangene untergebracht, die während des Baus der Eisenbahnstrecke in die Mongolei hier zu Hunderten umkamen. Kleine Grabhügel auf dem Klostergelände zeugen noch heute von diesem Albtraum. Nach Fertigstellung der Strecke dienten die Gebäude teilweise als Schule und Wohnräume, andere wurden abgerissen oder – wie der 1870 fertig gestellte Zogtschen-Tempel (auch Sokschin) – dem langsamen Verfall überlassen. Erhalten blieben außer ihm nur der etwas kleinere Tschoira-Tempel und zwei der 18 kleinen Gebetshäuser. Das Dewaschin-Gebetshaus wurde Anfang der 1970er Jahre ins Freilichtmuseum von Ulan-Ude gebracht, wo es bis heute zu sehen ist.

Das **Ajuscha-Gebetshaus** wurde in Nowosibirsk vor dem Untergang gerettet und Anfang der 1990er Jahre, nach der Wiedereröffnung, dem Kloster zurückgegeben. In ihm finden heute wieder Gebete statt, während die endgültige Wiederherstellung des großen **Zogtschen-Haupttempels,** der trotz seines traurigen Zustands noch viel von seiner einstigen Pracht erahnen lässt, sich noch einige Zeit hinziehen wird. Im Kloster leben heute nicht viele Mönche, doch ein Besuch lohnt sich für alle, die die Möglichkeit haben. Die beiden großen Tempel sind heute die einzigen buddhistischen Bauten auf dem Gebiet Burjatiens aus vorsowjetischer Zeit.

Unterkünfte gibt es in Gusinoje Osero nicht.

Verkehrsverbindungen

- Die **Straße** von Gusinoosjorsk nach Gusinoje Osero ist nicht vollständig alphaltiert (ca. 40 km).
- **Zug Nr. 362 Irkutsk – Ulan-Ude – Nauschki,** tägl. an 11.04 Uhr in Gusinoje Osero, zurück Zug Nr. 361, ab 17.24 Uhr.

Nowoselenginsk – Karawanenhandel und Dekabristen

Новоселенгинск ↗ VIII/A2

22 km südöstlich von Gusinoosjorsk liegt in der hügeligen Steppe am Fluss **Selenga** die Siedlung Nowoselengínsk. Man sieht dem staubigen Örtchen heute nicht mehr an, dass es Mitte des 18. Jh. mit 4000 Einwohnern die größte russische Stadt östlich des Baikalsees war. Der Karawanenhandel mit China und der Mongolei hatte die kleine Kosakensiedlung **Selenginsk,** die 1665 zur Disziplinierung flüchtiger Burjaten von der Baikalostküste gegründet worden war, schnell wachsen lassen. Besonders, seitdem 1689 mit dem Vertrag von Nertschinsk die chinesisch-russische Grenze festgelegt worden war und sich die ständigen Kämpfe im Grenzgebiet legten, blühte Selenginsk auf.

Der Ort, der damals auf dem rechten (östlichen) Flussufer lag, bekam 1783 eine herrliche Kathedrale *(Spásski sobór),* die zwischen den niedrigen Holzhäusern vor den Uferbergen der Selenga eine malerische Silhouette abgab. Allerdings war schon damals eine schicksalsträchtige Entscheidung gefallen: 1755 wurde der Karawanenhandel zugunsten des Grenzhandels in Kjachta verboten. Damit begann der Niedergang der Stadt. Hinzu kam, dass dem Zar die Lage auf dem rechten Flussufer missfiel. Von Moskau aus wurden mehrere Versuche unternommen, Selenginsk zu verlegen. In einen davon war sogar *Hannibal,* der Urgroßvater *Puschkins,* verwickelt, der beim Zar in Ungnade gefallen war. Doch erst im 19. Jh. fügten sich die Bewohner der Stadt widerwillig, und nach und nach entstand auf dem linken Ufer das heutige Nowoselenginsk. Es sollte jedoch nie die Größe und Bedeutung seines Vorgängers erlangen.

Dennoch lockt Nowoselenginsk heute Besucher an. Es fasziniert die **Erlöser-Kathedrale,** die neben einer kleinen Kapelle und einem Grabmal als einziges Bauwerk auf dem rechten Selenga-Ufer erhalten ist. Außer ihr gibt es keine Spur mehr von dem alten Ort, sodass die unbenutzte und beschädigte Kirche als bizarres Zeugnis der Vergänglichkeit einsam aus der Steppe ragt. Einen schönen Blick auf die Kirche hat man vom Dekabristen-Denkmal aus.

Dekabristen in Selenginsk

Die Hauptattraktion von Nowoselenginsk ist das **Dekabristen-Museum.** Die Brüder *Nikolái* und *Michaíl Bestúschew* und ihr Freund *Konstantin Torson* lebten von 1838 bzw. 1839 bis in die 1850er Jahre in Selenginsk. Wie viele ihrer Schicksalsgenossen entfalteten sie an ihrem abgelegenen Verbannungsort eine rege Tätigkeit. Nicht nur, dass sie als überzeugte Aufklärer gemeinsam mit ihren nachgereisten Schwestern **Schulen und Ausbildungsstätten** einrichteten und leiteten, Kranke pflegten und der Landwirtschaft neue Impulse gaben. Die uni-

Dekabristen – Nachhall der Französischen Revolution

Am 14.12.1825 nutzten zwei **politische Geheimbünde** das Machtvakuum nach dem Tod *Alexanders I.* für einen Aufstand. Viele der **adligen Anführer** hatten sich (obwohl auf der gegnerischen Seite) in den napoleonischen Kriegen von den Ideen der Französischen Revolution begeistern lassen und wollten nun eine konstitutionelle Monarchie herbeiführen. Abgeleitet vom Monat Dezember *(dekábr)* bekamen sie später die Bezeichnung Dekabristen (auf Deutsch auch *Dezembristen*).

Offensichtlich war das Unterfangen jedoch schlecht geplant oder es mangelte den Beteiligten an Entschlossenheit. Jedenfalls wurde der **Aufstand auf dem Schlossplatz in St. Petersburg** nach wenigen Stunden niedergeschlagen und die wichtigsten Initiatoren wurden zum Tode verurteilt. 120 andere (die meisten hatten hohe militärische Ränge inne) sollten lebenslang **nach Sibirien verbannt** und all ihrer Adelsrechte beraubt werden. Diese Gruppe ist gemeint, wenn heute in Sibirien von Dekabristen gesprochen wird.

Die meisten wurden zu Anfang tatsächlich als Häftlinge behandelt, viele mussten in den berüchtigten Silberminen von Nertschinsk Zwangsarbeit leisten. Erst etwas später kamen sie in ein separates Gefängnis, wo sie die Möglichkeit hatten, neben diversen Arbeiten sogar Vorlesungen zu halten und in bescheidener Form wissenschaftlich oder künstlerisch tätig zu sein. In dieser Zeit taten einige Ehefrauen der jungen Adligen (manche auch schon früher) einen bemerkenswerten Schritt: Sie reisten, ebenfalls unter Verzicht auf ihre Adelsrechte und teils sogar kleine Kinder zurücklassend, ihren Männern ins unbekannte, ferne Sibirien nach! Das Schicksal einer dieser Frauen, der Fürstin *Wolkonskaja,* steht im Mittelpunkt des sehr anschaulichen Romans „Die Prinzessin von Sibirien" von *Christine Sutherland* (siehe Literaturtipps im Anhang).

Nach einigen Jahren Haft wurde den Dekabristen gestattet, sich an unterschiedlichen Orten in Ostsibirien niederzulassen und ein „normales" Leben zu führen. Nicht alle hatten das Glück der Familien *Wolkónski* und *Trubezkói,* die in die Nähe (und später ins Zentrum) von Irkutsk ziehen durften. Viele mussten fern der großen Städte in winzigen Dörfern ein hartes Dasein fristen, manche wurden bis ins Polargebiet verbannt. Dennoch gelang es erstaunlich vielen, sich zu integrieren und (den Verhältnissen gemäß) anspruchvollen Tätigkeiten nachzugehen. Ob sie Hanföl pressten, Mineralien sammelten, mit Gemüseanbau in Treibhäusern experimentierten, Kinder Lesen und Schreiben lehrten, die burjatische Lebensweise studierten oder Ikonen malten – die Menschen in Sibirien begegnen ihnen bis heute mit großer Verehrung.

Schon im 19. Jh. hatte der Aufstand, obwohl fehlgeschlagen, ungeheuren Symbolwert. In der Sowjetunion wurden die Dekabristen als erste Revolutionäre glorifiziert. Heute erfreuen sie sich ungebrochener Beliebtheit als **Wegbereiter von Bildung, Wissenschaft und Kultur** in Sibirien. Es empfiehlt sich, in einem Dekabristen-Museum immer gebührenden Respekt zu zeigen, andernfalls kann sich das Personal persönlich verletzt fühlen!

Die wenigsten Dekabristen blieben aber Sibirien treu: Nach dem Tod von *Nikolai I.* wurde von Zar *Alexander II.* eine Amnestie ausgesprochen. Fast alle verließen nun mit ihren Familien Sibirien, nur wenige Ausnahmen, wie z.B. *M. Bestuschew,* blieben freiwillig in ihrer neuen Heimat. Viele ihrer Nachfahren verließen Russland nach der Revolution und leben heute in aller Welt verstreut.

1974 wurde dem Schicksal der Dekabristen ein Film gewidmet. Das russische Original („Swesdá plenítelnowo schtschástja") erschien in Deutschland unter dem Titel „Der Traum vom fernen Glück".

versal begabten Brüder stellten selbst Möbel her, der künstlerisch talentierte Nikolai verdiente sich durch Porträtmalerei ein Zubrot und malte sogar Ikonen. Ein Exemplar der von den Brüdern entworfenen Cabrio-Kutsche ist heute im Museum in Kjachta zu sehen.

Trotz ihrer materiell teils schwierigen Lage widmeten sie sich intensiv der **Erforschung burjatischer Kultur** und interessierten sich sehr für den Buddhismus. So war Michail eng befreundet mit dem Chambo-Lama *Jeschi Schamsujew,* und die Tochter Nikolais heiratete den Bruder des Lamas *Gombojew* (s. Tamtschinski-Kloster). Ein Kreis von Freunden und Verwandten engagierte sich auch nach dem Tod von Nikolai (1855) weiter in diesem Geist, unterstützte Expeditionen und Forschungsarbeiten und förderte Publikationen über burjatische und mongolische Kultur. Der Sohn Nikolais, *Alexei Starzew,* stiftete ein Privathaus für das Museum in Kjachta. Michail Bestuschew war einer der wenigen Dekabristen, der nach der Amnestie noch in Sibirien blieb. Erst nach dem Tod seiner Frau zog er 1867 zurück nach Moskau.

Die Wohnhäuser der Dekabristen, in denen rund ums Jahr Gäste aus Irkutsk, Kjachta, ja sogar aus Moskau und Petersburg ein- und ausgingen, sind nicht erhalten. Doch über den Gräbern von Torson, N. Bestuschew und ihren Schwestern (ca. 5 km nördlich von Nowoselenginsk) wurde unter *Breschnew* eine wenig ansprechende Gedenkstätte aus Beton errichtet. Das Museum, das auf anschauliche Art die Aktivitäten der Verbannten illustriert, wurde im Haus des Kaufmanns *D. Stárzew* eingerichtet, der mit den Familien eng verbunden war.

● **Dekabristenmuseum** *(Muséi Dekabrístow),* ul. Lenina, Tel. (30145 bzw. 245) 96716, Mi–So 10–18 Uhr. Anreise mit Busse und Linientaxis ab Ulan-Ude in Richtung Nowoselenginsk oder Kjachta.

135ba Foto: rj

Denkmal für Nikolai Bestuschew

Kjachta – verblichene Weltstadt

Кяхта ↗ VIII/A3

Direkt an der **Grenze zur Mongolei,** 36 km östlich des Grenzbahnhofs Nauschki, liegt die Bezirksstadt, die im 19. Jh. scherzhaft das **„Venedig des Sandes"** genannt wurde. Damals waren die Straßen der Siedlung noch nicht gepflastert und gegen den Sand war in dem flachen Tal, umgeben von hügeliger Steppenlandschaft, kein Kraut gewachsen, er war einfach überall. Dagegen mangelte es an Wasser, denn das kleine Flüsschen Kjachta konnte schon kurz nach der Gründung des Ortes im 18. Jh. den Bedarf kaum noch decken. Trotz dieser widrigen Umstände reichte die Berühmtheit des Ortes nicht nur bis Moskau und Petersburg – auch in den europäischen Hauptstädten war Kjáchta ein Begriff. Denn die Grenzstadt versorgte ganz Europa mit **chinesischem Tee,** dessen Genuss im 19. Jh. nicht nur in Russland überaus populär wurde.

Das heutige Kjachta ist trotz seiner 18.000 Einwohner eine **ruhige Provinzstadt.** Die Erinnerung an ihr „goldenes Zeitalter" wird hochgehalten, doch die sichtbaren Spuren sind verblasst. Nur das einzigartige Museum von Kjachta gibt noch einen würdigen Eindruck davon, dass nicht nur finanzkräftige Kaufleute, sondern auch Größen der Wissenschaft und Forschung seinerzeit den Ruf einer Weltstadt begründet haben. Ein Besuch lohnt sich für historisch Interessierte.

Geschichte

Obwohl bereits *Peter der Große* Versuche unternommen hatte, die Beziehungen zu den chinesischen Nachbarn Russlands zu stabilisieren, war die Situation im Grenzgebiet des heutigen Kjachta zu Beginn des 18. Jh. sehr unsicher. Horden **mongolischer Plünderer** setzten der burjatischen Bevölkerung zu, die seltenen Handelskarawanen wurden überfallen und es gab keinen festen Grenzverlauf. Dies sollte der russische Botschafter (bosnischer Herkunft) *Sawwa Ragusinksi* mit zwei Abkommen 1727 und 1728 ändern. Mit der Gründung des Handelsstützpunkts Kjachta, der der Kosakenfestung Troizkosawsk noch vorgelagert war, setzte er außerdem klare Prioritäten: Handel vor Militär. So kam es, dass sich der **Handel mit Fellen und chinesischen Produkten,** der bislang hauptsächlich über Nertschinsk abgewickelt wurde, sehr schnell auf Kjachta und das direkt gegenüberliegende chinesische Maimatschén konzentrierte.

Von einem durch einen Palisadenzaun geschützten Geviert mit Handelsständen, Lagerräumen und einfachen hölzernen Wohnhäusern entwickelte sich Kjachta schnell zu einer kleinen Stadt, in der sich (staatlich begünstigt) Kaufleute aus ganz Russland niederließen. Sie führten – lange Zeit bargeldlos, auf reiner Tauschbasis – Pelze aus Russland aus und Tee aus China ein, der von hier in großen Ballen über Flüsse und einfache Karrenpisten weiter transportiert wurde über Ulan-Ude, Irkutsk und Omsk zu den großen Verkaufsmessen in Westrussland.

„Obosy, oder Reihen von Schlitten, welche Tee befördern, begegneten uns oft zwischen Tobolsk und Irkutsk; aber immer großartiger und häufiger wurden sie nun, als wir uns ihrem Ursprung näherten. Fünfzig bis hundert einspännige Schlitten fuhren hintereinander, und auf jedem lagen zwischen einem Netz von Stricken einige Ballen mit Tee, in behaarte Häute genäht. Nur wenige Führer sind bei einem solchen Zuge beschäftigt; sie erleichtern sich ihr Geschäft, indem sie einiges Heu auf das Hinterteil des Fuhrwerks legen, damit jedes Pferd seinem Vorgänger pünktlicher folge."

Adolph Erman (1829)

Was heute einfach **„Teestraße"** genannt wird, war damals ein abenteuerliches Unterfangen, das 130 bis 200 Tage in Anspruch nahm. Die Kaufleute von Kjachta machte es reich. Man sagt, dass Mitte des 19. Jh. in Kjachta nur **Millionäre** lebten. Mobiliar und Einrichtungsgegenstände kauften sie in Moskau, Paris und Peking. Selbst der bescheidenste Kaufmann hatte mindestens zehn Bedienstete. Auch die Bildung lag ihnen am Herzen. Hier entstanden die ersten **Gymnasien und Bibliotheken,** die erste **Zeitung** östlich des Baikalsees. Selbstverständlich wurden Kirchen, ja **Kathedralen** gebaut, ausgestattet mit Gold, Silber und Kristall. In seiner Blütezeit hatte der Handel in Kjachta einen Anteil von 10 % am gesamten russischen Außenhandel.

Wohl aus verwaltungstechnischen Gründen war den Behörden daran gelegen, dass Handwerker und andere Berufsstände nicht in Kjachta, sondern im benachbarten, aus der Festung hervorgegangenen Troizkosawsk lebten. Erst 1934 wurden beide unter dem Namen Kjachta zusammengefasst, doch bis heute ist das ehemalige Kjachta als **Slobodá** (Vorstadt) deutlich getrennt vom Zentrum.

Ab 1880 wendete sich relativ plötzlich das Blatt: Der Bau des Suez-Kanals machte den **Seeweg** für Europa und auch für Westrussland billiger und schneller als den nach wie vor mühsamen Landweg. Als dann in den 1990er Jahren des 19. Jh. die **Transsib** gebaut wurde, konnte sogar Sibirien von Wladiwostok am Pazifik aus ungleich einfacher beliefert werden. Die reichen Bewohner der Stadt verlegten ihre Firmen nach Moskau und zogen weg. Langsam begann der Glanz zu verblassen.

Der **Bürgerkrieg** tat ein Übriges, um ihn endgültig auszulöschen. Kjachta war lange Zeit in der Gewalt des zarentreuen, für seine Grausamkeit berüchtigten Generals *Semjonow.* Ein Denkmal oberhalb der Stadt erinnert an das Blutvergießen, in dem er im Winter des Jahres 1919 1600 gefangene Demokraten, Sozialisten und Kommunisten aus dem ganzen Baikalgebiet ermorden ließ. Auch die politischen Wirren in der Mongolei warfen ihren Schatten auf die Stadt. Beim Versuch, das Regime des Barons *Ungern* zu schwächen, zerstörte *Suche Bator* den benachbarten Grenzort Maimatschen, der danach nicht wieder aufgebaut wurde.

Für die Wiederherstellung der zerstörten Kulturdenkmäler Kjachtas standen in den bald folgenden Kriegsjahren keine Mittel zur Verfügung. Heute sind die monumentalen Bauten erst recht eine nicht tragbare Bürde für die Kleinstadt, die kaum Industrie hat. Seit 1996 fließen erste Mittel aus einem Regierungsprogramm für den Schutz historisch bedeutender Städte Russlands. Auch mit amerikanischer Hilfe wird versucht, ein Entwicklungskonzept für Kjachta zu erarbeiten. Eines der geplanten Projekte ist die Einrichtung einer **russisch-mongolischen Freihandelszone.** Sogar in den **Tourismus** werden Hoffnungen gesetzt. Die Zukunft wird zeigen, ob Kjachta eine Chance hat, einen Teil seiner internationalen Bekanntheit zurückzuerlangen.

Sehenswertes

Heimatmuseum

Das Museum der Stadt Kjachta ist anders als viele andere Heimatmuseen im Baikalgebiet kein von Schülern zusammengetragenes Sammelsurium. Seine Exponate, die zum größten Teil schon im 19. Jh. ausgestellt wurden, sind bis heute eine **Fundgrube für Wissenschaft und Forschung.** Nachdem in den 1880er Jahren von verbannten Demokraten der Grundstock der Sammlung gelegt worden war, erreichte 1894 der polnische Arzt *Julian Talko-Grynzéwitsch* die staatliche Anerkennung des Museums. In den folgenden Jahrzehnten leisteten ortsansässige und durchreisende Botaniker, Archäologen, Ethnologen und Historiker freiwillig und unbezahlt Er-

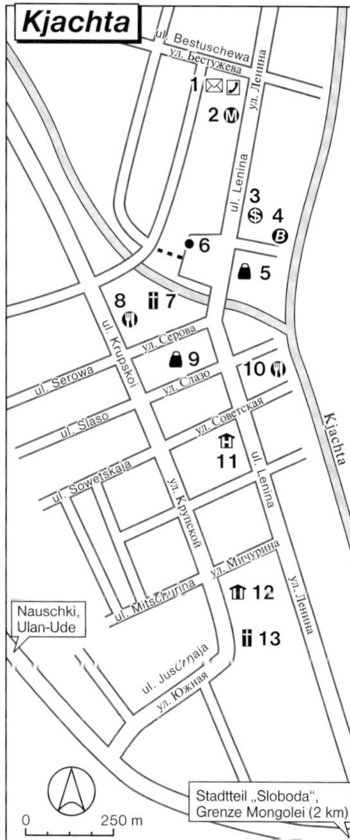

1 Post/Telefon
2 Museum
3 O.B.K.-Bank
4 Bushaltestelle
5 Handelsarkaden
6 Verwaltung und zentraler Platz
7 Dreifaltigkeits-Dom
8 Imbiss Druschba
9 Markt
10 Restaurant Viola
11 Hotel Turist
12 Hotel Druschba
13 Uspenskaja-Kirche

136ba Foto: rj

Die Uspenskaja-Kirche

staunliches in diesem abgelegenen Winkel des riesigen Reiches.

Viele der Exponate sind heute mit der alten Beschriftung in schönen, **historischen Holzvitrinen** zu bewundern. Andere Teile sind neuer und dokumentieren das Leben der **Kaufleute** in Kjachta und die Stadtgeschichte des 20. Jh. Besonderen Wert haben Ausgrabungsstücke aus Siedlungen der **Hunnen,** gefunden in der Umgebung.

● **Heimatmuseum** (*Krajewédtscheski muséi* im. W.A. Obrútschewa), ul. Lenina 49, Tel. 92333.

Uspenskaja-Kirche

Die einzige Kirche von Kjachta, die renoviert ist und genutzt wird, befindet sich am südlichen Rand des zentralen Stadtteils. Die *Uspénskaja zérkow* in der ul. Krupskói 4 wurde 1884–1888 im russisch-byzantinischen Stil erbaut. Das freie Gelände hinter der Kirche war früher ein großer Friedhof und wurde dann zeitweise zu einem Stadion umfunktioniert. Heute erinnert ein großes Kreuz an seine ursprüngliche Bedeutung.

Handelsarkaden

Im Zentrum von Kjachta grenzt an die Leninstraße der große Bau mit viereckigem Grundriss vom Ende des 19. Jh., dessen Vorderfront mit Arkadenbögen man die repräsentative Funktion durchaus ansieht. Die Handelsarkaden *(Gostínye rjadý)* beherbergen noch heute Geschäfte und Lagerräume.

Dreifaltigkeits-Dom

Unweit des Museums steht mitten im Zentrum von Kjachta die **Ruine** des Doms *(Tróizki sobór)*, die trotz ihres furchtbaren Zustandes immer noch etwas vom ehemaligen Prunk und Reichtum der Stadt ausstrahlt. In der ersten Hälfte des 19. Jh. erbaut, war der Dom ein typisches Beispiel des russischen Klassizismus, beeindruckte aber durch eine ungewöhnliche Anordnung der Kirchenräume und durch seine große Kuppel. Nach der Schließung 1930 wurde er zeitweise als Kino genutzt, die Einrichtung ging komplett verloren bzw. befindet sich vermutlich noch teilweise in kirchengeschichtlichen Sammlungen von Museen. Nachdem ein Brand 1962 das leer stehende Bauwerk zusätzlich verwüstete, sind inzwischen auch die Grundmauern in so katastrophalem Zustand, dass der Dom wohl kaum noch zu retten sein wird. Die Ruine ist zugänglich.

Auferstehungskirche

Zwei weitere Mahnmale der Vergänglichkeit liegen im **Ortsteil Slobodá,** dem eigentlichen alten Kjachta. Die Auferstehungskirche *(Woskresénskaja zérkow)* ist inmitten der wenigen Holzhäuser und Plattenbauten schon von weitem zu sehen. Im Gegensatz zum Dom sind ihre Kuppel und ein Teil der Stuckverzierungen im Inneren noch erhalten. Doch auch hier fehlen Fenster, der Wind weht durch die hohen Kirchenräume. Es ist schwer, sich vorzustellen, dass die Auferstehungskirche seit ihrer Fertigstellung (ca. 1838) wohl die reichste Kirche im Baikalgebiet war. Die Kaufleute von Kjachta überbaten einander an Großzügigkeit, sie spendeten eine prächtige Ikonenwand, eine silberne Kanzel und viele andere prunkvolle Ausstattungsstücke. Teilweise wurde dieser Reichtum bereits im Bürgerkrieg Opfer von Plünderungen. Endgültig wurde auch diese Kirche 1930 geschlossen. Mit staatlichen Mitteln wird momentan die Einfriedung wiederhergestellt. Auf private Initiative von Einwohnern ist in einem Teil des Kirchenschiffs ein kleiner Gebetsraum eingerichtet, in dem mit Unterstützung der Uspenskaja-Kirche Gottesdienste abgehalten werden. Doch für größere Renovierungsarbeiten fehlen bisher die Mittel.

137ba Foto: -

Handelshof

Der große steinerne Komplex neben der Auferstehungskirche, zwischen dessen Mauern nicht nur große Geschäfte abgeschlossen, sondern auch Tee sortiert, gereinigt und verpackt wurde, ist der Nachfolger des ersten hölzernen Handelshofes. 1853 fertig gestellt, war er noch mehrere Jahrzehnte lang das wirtschaftliche Zentrum von Kjachta. Im 20. Jh. wurden einige der Lager- und Verwaltungsgebäude in dem Karree zu einer Textilfabrik umfunktioniert, doch auch von ihr ist außer dem Wandgemälde über dem Eingangstor nicht mehr viel zu sehen. Der Zahn der Zeit nagt an den Mauern, vieles ist schon überwuchert und nur wenige erhaltene Gebäude im Inneren des Handelshofes *(gostíny dwor)* werden von mongolischen Händlern als billige Absteige genutzt.

Kaufmannshäuser in Sloboda

Im Stadtteil Sloboda stehen noch die Reste mehrerer, einst stattlicher Kaufmannshäuser. Typisch für Kjachta war, dass reiche Bürger häufig **Balkons und Veranden** an ihren Häusern anbringen ließen, auf denen sie die abendliche Kühle genießen konnten. Eines der schönsten war das Wohnhaus des Kaufmanns *Luschnikow.* Es steht etwas separat am Anfang des Stadtteils und ist gut zu erkennen durch sein repräsentatives Hoftor. Das Haus, in dem neben vielen anderen Berühmtheiten die Brüder *Bestuschew* aus Nowoselenginsk oft zu Gast waren, steht inzwischen leer.

Holzhäuser im Zentrum

Auch im Zentrum von Kjachta gibt es eine ganze Reihe teils gut erhaltener alter Holzhäuser, an denen Tafeln an berühmte Persönlichkeiten oder historische Ereignisse erinnern. Einige sind eng verknüpft mit der Entstehung der mongolischen Volksrepublik, deren Initiator *Suche Bator* eine Zeit lang aus dem Untergrund von Kjachta aus agierte. Aus diesem Grund waren Kjachta und die mongolische Stadt Suche-Bator Partnerstädte.

Praktische Tipps

Service

- **Vorwahl:** 30142, aus Burjatien 242
- **Post/Tel.:** ul. Lenina 51
- **Internetzugang:** Mátriza, hinter der Post
- **Geldwechsel:** O.B.K.-Bank am zentralen Platz (Mo–Fr)

Essen und Trinken

- Restaurant **Vióla** *(kafé),* Ecke ul. Lenina/ul. Slaso, gut und billig, volle Auswahl an warmen Speisen erst gegen Abend, wohl beste Möglichkeit.
- **Bar im Hotel Drúschba,** Salate und einfache warme Speisen.
- **Imbiss an der Grenze** *(kafé),* direkt am Grenzübergang, relativ neu und gut besucht.
- Im Zentrum von Kjachta gibt es noch einige **Schnellimbiss-Cafés** mit einfachen russischen oder burjatischen Speisen *(sakúsotschnaja* bzw. *pósnaja),* u.a. **Drúschba,** ul. Krupskoi 40.

Unterkunft

- Hotel **Drúschba** *(gostíniza),* ul. Krupskói 8, Tel. 91321; alle Zi mit Toilette, teilweise mit Bad, ordentlich und sauber, über der Bar teilweise laut; EZ 500 R, DZ 250 R pro Person, 3-Bett-Zi 220 R p.P.
- Herberge **Turíst** *(gostíniza),* ul. Lénina 21, Tel. 92431; hübsches Holzhaus, verschiede-

ne Zimmergrößen, Gemeinschaftstoilette und Dusche, im Sommer nur kaltes Wasser; 150 R p.P.

- **Kjachtínski Trakt,** Slobodá, Tel. 93203; sehr einfache Unterkunft, die hauptsächlich von mongolischen Händlern genutzt wird.

Verkehrsverbindungen

- Von Ulan-Ude (235 km) mit dem **Zug** bis Nauschki, von dort mit einem **Linientaxi** oder per **Taxi** (350 R). Wer mit dem Zug Nr. 364 (Irkutsk – Nauschki) anreist, sollte in Nauschki zügig zur Bushaltestelle auf den Bahnhofsvorplatz gehen, da die Fahrer nicht lange warten.
- **Bus oder Linientaxi** aus Ulan-Ude jeweils ca. 3x tgl. Die Busse und Linientaxis fahren in Kjachta von der Seitenstraße der ul. Lenina an den Handelsarkaden ab.

Tipps zur Grenzüberquerung

Der Grenzübergang zur Mongolei liegt gleich beim Stadtteil **Sloboda,** direkt hinter dem Handelshof. Seit wenigen Jahren ist er international, d.h. auch **für Ausländer geöffnet.** Allerdings darf man die Grenze nicht zu Fuß überqueren, deshalb gibt es **spezielle „Taxis",** die nichts anderes machen, als mehrmals tgl. über die Grenze zu fahren, um Kleinhändler und Touristen zu befördern. Ca. 150 R pro Person kostet eine solche Überquerung, die wegen der langen Wartezeiten und Formalitäten durchaus 2–3 Stunden dauern kann. Auf der mongolischen Seite im Dörfchen Altán Bulág kann man dann eine Mitfahrgelegenheit weiter nach Ulan-Bator oder Suche-Bator finden. Der Grenzübergang ist tgl. 8.30–13 Uhr und 14–19 Uhr geöffnet.

Nauschki

Наушки ↗ VIII/A3

In Náuschki liegt der letzte russische **Bahnhof** vor der **mongolischen Grenze.** Viel mehr hat der unscheinbare Ort nicht zu bieten. Oft hat man hier bei Fahrten in die Mongolei mehrere Stunden Aufenthalt. In unmittelbarer Nähe des Bahnhofs gibt es Kioske, ein Lebensmittelgeschäft, eine Post und eine Bank.

Sakamensk

Закаменск ↗ XVI/A3

Von Dschida aus führt eine Straße in eine der abgelegensten Ecken der Republik Burjatien – den Bezirk Sakámensk. Seine Hauptstadt Sakamensk ganz im Süden der Republik wurde im Rahmen der Erschließungspolitik der Nachkriegszeit gegründet: Die großen Vorkommen an Molybdän und Wolfram sollten zur Grundlage für eine ständige Besiedlung werden. U.a. mithilfe von Russlanddeutschen, die in diese Gegend zwangsumgesiedelt wurden, entstanden Industriekomplexe und ein großes Stromkraftwerk. Inzwischen hat der schwer erreichbare Bezirk Probleme wegen seiner einseitigen wirtschaftlichen Ausrichtung. Es wird versucht, die Naturressourcen, die in der dünn besiedelten Berggegend am **Südrand des Chamar-Daban-Gebirges** reichlich vorhanden sind, touristisch zu nutzen. In den 1970er Jahren war der Bezirk Sakamensk sehr beliebt für Bergwandern und Flussabfahrten (Fluss Dschida). Heute ist er etwas in Vergessenheit geraten.

Das mittlere Ostufer

Babuschkin – ehemaliges Zentrum der Baikalschifffahrt

Бабушкин ↗ Umschlag hinten/C2

Der 7600 Einwohner zählende Ort trägt deutlich die Spuren des **wirtschaftlichen Niedergangs** der 1990er Jahre. So ist Bábuschkin bisher kein typisches Reiseziel für Ausländer, obwohl es auf eine bewegte Geschichte zurückschaut. Auch als Ausgangspunkt für Wanderungen im **Chamar-Daban-Gebirge** eignet es sich gut.

Vermutlich ließen sich die ersten russischen Siedler am Fluss Mysowka nieder, als das Gebiet zu den Ländereien des Klosters von Posolsk gehörte. Doch Bedeutung bekam der *Mysówsk* genannte Ort erst, als der Handel mit China im 19. Jh. immer intensiver wurde. Nach der anstrengenden Überquerung des Bergzugs machten die Händler mit ihren Fuhrwerken gern hier Halt, bevor sie ihren Weg entweder entlang der Küste oder über den See fortsetzten. Die Funktion des Ortes als **Warenumschlagplatz** spiegelt sich bis heute im Wappen, einem Schiff mit drei großen Teeballen. Aus Kjachta und Nowoselenginsk (das viel näher an Babuschkin liegt als an Ulan-Ude) ließen Kaufleute chinesische Waren und Stoffe transportieren. Große Viehherden wurden aus der Mongolei nach Mysowsk getrieben und dort geschlachtet und verarbeitet. In den 60er Jahren des 19. Jh., als der Posttrakt am Südufer des Sees angelegt wurde, erlangte der Ort traurige Berühmtheit als Zwischenstation für Verbannte, die auf dem Weg in den Osten im örtlichen Gefängnis untergebracht wurden. An seiner Stelle steht heute das Klub-Gebäude.

In den 1880er Jahren begann die Glanzzeit des Ortes. Durch die Schifffahrtsgesellschaft Kjachta wurde der **Hafen** ausgebaut, der Bau der **Transsib** ließ die Einwohnerzahl in die Höhe schnellen (1900: 5000). Von 1900 bis 1904 brachte mehrmals am Tag der **Dampfer „Baikal"** Hunderte von Passagieren und ganze Eisenbahnzüge vom anderen Baikalufer herüber (s. Kapitel „Südufer: Alte Baikalbahn"). Mysowsk bekam 1902 den Stadtstatus, es entstanden eine Kirche und ein Frauenkloster (1909), die allerdings in den 1930er Jahren zerstört wurden.

Erst nachdem auch der letzte Abschnitt der Transsib (heutige Baikalbahn) fertig gestellt war, begann der langsame Abstieg der Stadt. In den Revolutionsjahren und im Bürgerkrieg sollte sie als Verkehrsknotenpunkt und einzige Stadt am Ostufer noch eine Rolle spielen. Doch dann versank sie in der Bedeutungslosigkeit. Vielleicht war es ein Versuch, die Erinnerung an alte Zeiten wach zu halten, als sie 1941 in Babuschkin umbenannt wurde. *Iwan Wassilewitsch Babuschkin* (1873–1906), persönlicher Bekannter von *Lenin,* war gemeinsam mit mehreren Telegrafisten am Bahnhof exekutiert worden, nachdem herausgekommen war, dass sie die Irkutsker Arbeiterbewegung mit einer Waffenlieferung aus Tschita verstärken wollten.

In den 1990er Jahren mussten die Maschinenbau- und die Nähfabrik sowie ein großes Dienstleistungs-Kombinat schließen, es blieben Ruinen, die die Bevölkerung schnell aller noch brauchbaren Teile beraubte. Nur der **Arbeitgeber Bahn** garantierte einen Rest an Stabilität und ist für den langsamen Aufschwung der letzten Jahre verantwortlich. Der besondere Stolz der Babuschkiner sind die 850 m langen Bahnschienen, die seit Kurzem hier produziert werden.

Sehenswertes

Die wenigen Überbleibsel aus der Geschichte Babuschkins sind in traurigem Zustand und verlangen dem Besucher, der sie sich im ursprünglichen Zustand vorstellen möchte, viel Fantasie ab. Der Sportplatz *(stadión)* in der Ortsmitte war z.B. im 19. Jh. ein belebter Marktplatz. An der Leninstraße erinnert ein altes, mit Schnitzereien verziertes **Kaufmannshaus** an den einstigen Reichtum des Bürgertums. An der Nordseite des Sportplatzes steht noch das Gebäude des ehemaligen **Telegrafenamts** (Anfang 20. Jh.). Die Post ist erst kürzlich hier ausgezogen. Im ebenfalls alten Eckhaus daneben kämpft das kleine **Heimatmuseum** ums Überleben. 1965 als Gedenkmuseum für *Babuschkin* gegründet, ist es heute der Geschichte des Ortes gewidmet. Fotos erinnern an den Dampfer „Baikal", der vermutlich seit seiner Versenkung durch Weißgardisten 1918 vor der Küste des Ortes am Grund des Sees liegt.

Die Hafenanlagen sind verfallen, nur der **Leuchtturm** aus dem Jahr 1900 steht noch unweit des **Bahnhofs.** Dieser dagegen (Baujahr 1903) ist gut erhalten und restauriert. Etwas weiter nördlich steht noch ein origineller **Wasserturm** aus demselben Jahr.

Service

- **Post/Tel.:** ul. Kjachtinskaja 3.
- **Markt** und **Geschäfte** liegen am Stadion in der ul. III. Internationála.

Essen und Trinken

- Einfache Raststätte **Traktír,** ul. Lenina, an der Ortsdurchfahrt.

Unterkunft

- Herberge **Mysówsk,** ul. Komsomólskaja 37, zwei Zimmer mit je fünf Betten.

Verkehrsverbindungen

- **Nahverkehrszüge und Fernzüge** (die meisten halten). Achtung beim Fahrkartenkauf: Die Bahnstation heißt nicht Babuschkin, sondern **Mysowája!**

Von Babuschkin zum Gänsesee

In der Verlängerung der ul. Kjachtínskaja (Kjachta-Straße) beginnt die (für den Holztransport teils begradigte) historische Handelsstraße **Udunginski Trakt.** Sie führt an den Flüssen Mysowka und Udunga entlang zum Gänsesee. Die ersten 50 km sind noch mit Pkws befahrbar und eignen sich gut für einfache Wanderungen in die Natur. Einheimische sammeln im Sommer große Mengen von Beeren in der Taiga am Trakt, daher gibt es viele Abzweigungen. Im Winter kann man hier gut Skilanglauf betreiben. Nach 23 km kommt man an die Stelle, wo früher die erste Poststation (Uljaty) die Reisenden bediente. Bis in die 1960er Jahre befand sich hier eine Wetterstation. Nach 32 km läuft der Trakt mit dem Iwanowski-Trakt zusammen, der in der Ortschaft Kljujewka beginnt.

Von Babuschkin zum Selenga-Delta

Langsam weichen die Berge weiter zurück und die Gipfel werden flacher. In diesem Teil des Chamar-Daban-Gebirges verliefen mehrere alte Handelsstraßen, die den Baikalsee mit Kjachta, dem Handelszentrum an der mongolischen Grenze, verbanden. Viele Einheimische interessieren sich allerdings mehr für Strandurlaub: Sie reisen im Juli und August an die Sor-Bucht, das größte Feriengebiet der Republik Burjatien.

Die Sor-Bucht

залив Сор ↗ **Umschlag hinten/C2**

Das Wasser in dem fast geschlossenen Sor-Haff *(salíw Sor)* tauscht sich nur langsam aus und wird im Sommer richtig warm. Einzelne Ferienheime aus sowjetischer Zeit sind kaum noch auszumachen, seit die Bahn in den 1990er Jahren mit dem intensiven Ausbau des Gebiets begonnen hat. Heute lässt die Infrastruktur am Haff keine Wünsche mehr offen: Übernach-

Fischer im Selenga-Delta

tungsmöglichkeiten aller Art, Gastronomie und **Wassersportangebote** schaffen die Atmosphäre eines typischen und sehr belebten Badegebiets. Leider spürt man das auch an der Wasserqualität. Die größten Zentren (und Haltestationen) heißen **Baikalski Priboi** (Байкальский Прибой) und **Kultuschnaja** (Култушная).

Unterkunft

- Ferienkomplex **Kultúschnaja** *(bása ótdycha),* Tel. (3012) 282703/282165.
- Ferienkomplex **Energia,** Station Baikalski Priboi, VP ab 650 R, und Ferienkomplex **Baikalski Saliw,** VP ab 1400 R. Beide zu finden über www.baikalbereg.narod.ru, Tel. Ulan-Ude (3012) 211773.

Verkehrsverbindungen

- **Nahverkehrszüge** aus Ulan-Ude sowie Wochenendzug Irkutsk –Ulan-Ude.

Das Selenga-Delta

дельта реки
Селенги ↗ **Umschlag hinten/D2**

Nach langem Weg durch die hügeligen Steppengebiete der Mongolei und Burjatiens führt die Selengá ihre Wasser aus Ulan-Ude gemächlich in Richtung Baikalsee. An ihrer Mündung hat sie im Laufe der Jahrhunderte ein großes Delta angeschwemmt, das von Hunderten von **Flussarmen, Seen und Sumpfgebieten** durchzogen ist. In Richtung Landesinneres geht es langsam über in eine fruchtbare, teils bewaldete Gras- und Steppenlandschaft. Die Menschen, die es schon seit Urzeiten besiedeln, haben gelernt, sich mit häufigen Überschwemmungen zu arrangieren.

138ba Foto: rj

Dicht wurde die Besiedlung allerdings erst in der zweiten Hälfte des 17. Jh., als russische Kosaken mit drei Festungen militärischen Schutz boten, denn bis dahin wurde das Gebiet häufig von plündernden mongolischen Stämmen heimgesucht. Nun jedoch zogen immer mehr russische Siedler und burjatische Stämme aus verschiedenen Gegenden des Baikalgebiets ins Selenga-Delta, dessen Zentrum damals Kabansk bildete. Mitte des 19. Jh. zählte man im Delta 30 burjatische und 20 russische Dörfer. Wohl wegen der Fruchtbarkeit des Weidelandes lebten die Burjaten hier schon früh halb sesshaft in Holzjurten. Auch Fischfang und Handel mit China und der nahen Mongolei trugen zu einem gewissen Wohlstand bei.

Bootsfahrten

Beliebt sind **Flussabfahrten auf der Selenga** und durchs Delta. Wer sich bis auf den Baikal hinaustreiben lässt, muss allerdings beachten, dass die Strömungsverhältnisse am Übergang zum offenen Wasser sehr gefährlich sein können, sodass hier immer wieder Fischer ums Leben kommen. Weniger riskant ist es, die Wasserarme zu wählen, die nördlich des Deltas in die Bucht Prowal führen.

Kabansk

Кабанск Umschlag hinten/D2

Das **Bezirkszentrum** ist Ausgangspunkt für die meisten Touren ins Selenga-Delta, da die meisten Mitarbeiter des Schutzgebiets hier wohnen.

Service, Unterkunft

- **Vorwahl:** 30138, aus Burjatien 238.
- Großer Supermarkt **Cash and Carry.**
- Es gibt eine kleine **Herberge** *(gostiniza).*

Verkehrsverbindungen

- Kabansk ist per **Linientaxi** vom Bahnhof Ulan-Ude aus erreichbar.
- Bei einer Anreise aus Irkutsk kann mit den Mitarbeitern des Schutzgebiets auch **Abholung an der Bahnstation Timljui** vereinbart werden (Züge Nr. 361, 125, 826).

Naturschutzgebiet Kabansk

Das Naturschutzgebiet Kabansk erstreckt sich mitten im Delta der Selenga über 12.000 ha **Sumpf- und Aulandschaft** (zwischen Kap Sredni und Kap Chrebtowski). Besonders lohnend kann ein Aufenthalt im Frühjahr sein

139ba Foto: rj

Fischadler

(Mai), wenn Millionen von **Wasservögeln** auf ihrem Weg in die Nistgebiete der Tundra hier Rast machen. Auch im Herbst nutzen sie das Schutzgebiet als Rückzugsort auf ihrem Weg in den Süden. Unter ihnen sind Tausende von Singschwänen, Wildgänsen und andere Vögel, die ansonsten im Baikalgebiet nur selten zu sehen sind.

● Über die **Verwaltung in Tanchoi** (s. Kap. „Südufer: Baikal-Biosphärenreservat") können Aufenthalte in einer einfachen Mitarbeiter-Unterkunft im Schutzgebiet, auch mit Führung durch Ornithologen, gebucht werden.

Klöster im Selenga-Delta

In das vielversprechende Siedlungsgebiet östlich des Baikalsees schickte Zar *Alexei Fjodorowitsch* 1681 die ersten orthodoxen Missionare mit dem Auftrag, ein Kloster zu gründen. Bereits 1690 war das **Tróizko-Selengínski-Kloster** fertig gestellt, sah allerdings damals mit seinen Wehranlagen noch mehr einer typischen Holzfestung ähnlich. Auf den großen Ländereien des Klosters befand sich direkt am Baikalufer das Grab des russischen Botschafters *Sabolózki,* der 1650 auf dem Weg nach China von Mongolen ermordet worden war. Die zu seinen Ehren errichtete Gedächtniskapelle wurde schon um 1700 Ausgangspunkt für Konflikte. Mönche des Troizko-Selenginski-Klosters erwirkten nämlich die Erlaubnis, hier ein zweites Kloster zu gründen, das fortan in Konkurrenz zu seinem Mutterkloster stand. Das russische Wort für Botschafter, *posól,* gab der Stelle und dem Kloster den Namen **Posólsk.** Im 18. Jh. bauten beide die ersten Kirchen aus Stein, das Troizko-Selenginski-Kloster bekam eine stattliche, steinerne Einfriedung mit repräsentativem Eingangstor.

Die Bebauung entsprach durchaus dem Status der Klöster: Als einzige Stützpunkte der orthodoxen Kirche zwischen Baikalsee und Pazifik wurden sie von fast allen Reisenden besucht, die den Baikal auf dem Weg in den Fernen Osten überquerten. Wer eine Fahrt über das trügerische Eis oder stürmische Gewässer hinter sich hatte, war gern bereit, bei seiner Ankunft im Spáso-Preobraschénski-Kloster von Posolsk, dessen weiße Türme und Kuppeln schon von weitem den Weg wiesen, eine Dankesspende zu hinterlassen. Auch durch seine Missionierungstätigkeit erlangte das Posolsker Kloster bald überregionale Bedeutung. Ab 1862 wurden am Kloster in einer Lehranstalt und später auch im Kirchenseminar Geistliche ausgebildet, u.a. die ersten Missionare burjatischer Abstammung, die im ganzen Baikalgebiet sehr aktiv waren.

1917 wurden beide Klöster geschlossen. In Posolsk zogen zunächst ein Freizeit-Club, dann eine Schule ein, bis schließlich ein Heim für behinderte Kinder die Gebäude übernahm. 1995 ging der Komplex wieder in die Hände der Kirche über, die im Jahr 2000 ein Männerkloster eröffnete, in dem momentan um die 30 Mönche leben. Die langwierigen Restaurierungsarbeiten, besonders der Hauptkirche, werden von einer russischen Stiftung unterstützt.

Im Kloster von Troizki wurde bald nach der Revolution eine psychiatrische Einrichtung untergebracht, die bis heute in den baufälligen, teils einsturzgefährdeten Klostergebäuden besteht. Seit wenigen Jahren werden in der Kirche wieder Gottesdienste abgehalten, doch über die Schließung der Anstalt und den Wiederaufbau der gesamten Anlage ist noch keine Einigung erzielt worden.

Außer den Klöstern von Posolsk und Troizki gibt es in mehreren Siedlungen des Selenga-Deltas bis heute kleinere **Steinkirchen.** In vielen der verstreuten Dörfer haben sich Eigenheiten und Bräuche ihrer ursprünglichen Bewohner bewahrt. Doch die Hauptattraktion dieser ganz eigenen Landschaft ist die **Natur,** die insbesondere für Vogelliebhaber einiges zu bieten hat. Obwohl die Selenga aus Ulan-Bator, Ulan-Ude und nicht zuletzt aus dem Zellulosewerk von Selenginsk Schadstoffe mitbringt, hat sich im Delta, das als natürlicher Filter dient, eine enorme Artenvielfalt erhalten.

Fähre über die Selenga

Von der Selenga nach Gremjatschinsk – Strand, Kiefern und Fischerdörfer

Die Küste südlich von Gremjatschinsk ist nicht ganz einfach zu erreichen. In die wenigen Orte, die in diesem Abschnitt nördlich des Selenga-Deltas liegen, gelangt man über eine größtenteils asphaltierte Straße ab Treskowo (Fähre über die Selenga), im Winter auch über die Piste ab Tataurowo.

Das Hinterland zwischen dem Bargusiner Trakt und der Selenga ist mit einem kleinen Bergrücken (max. 1459 m) unspektakulär. Von der Küste aus fällt der Blick nur auf flache Waldgebiete. Dafür trifft man immer häufiger **Sandstrände** an, und das relativ warme Wasser des Baikalsees macht die Gegend zu einem beliebten Erholungsgebiet.

Prowal-Bucht

залив Провал ⇗ **Umschlag hinten/D2**

Ab der Fähre über die Selenga bei Treskowa ist die Straße bis **Oimur** größtenteils asphaltiert, anschließend nur geschottert (unangenehm für Radfahrer). Die erste große Bucht nördlich des Selenga-Deltas ist die Prowal-Bucht (*prowál* = Einbruch), die 1862 infolge eines furchtbaren Erdbebens entstanden ist. Es begann in der Silvesternacht, hatte aber noch monatelange Nachbeben und führte dazu, dass ca. 200 km² Steppe (die ehemalige

Zagánskaja-Steppe) mit Wasser überflutet wurde. Fünf burjatische Dörfer mit 141 Häusern und über 300 Jurten versanken auf diese Weise. Todesopfer gab es zum Glück nur wenige, doch es dauerte lange, bis die Menschen, die so plötzlich Haus, Vieh (über 4000 Tiere), Hab und Gut und Weidegründe verloren hatten, sich wirtschaftlich und psychisch von dieser Katastrophe erholten. Viele von ihnen gründeten neue Siedlungen in der Umgebung, im Bargusin-Tal, manche wanderten in die Mongolei aus.

Die Prowal-Bucht hat im Sommer sehr **warmes Wasser** (bis 28° C), denn an den meisten Stellen ist sie nicht tiefer als 3 m. Zum Campen eignet sie sich nur bedingt, denn das Wasser ist sumpfig und enthält viele Pflanzen.

Die Küste nördlich der Prowal-Bucht ist bis auf einen 4–10 m breiten Sandstreifen dicht mit Mischwald bestanden und wird häufig von Urlaubern mit Zelten besucht.

Nowy Enchaluk

Новый Энхалук ↗ **Umschlag hinten/D2**

Die kleine Siedlung besteht heute fast nur aus Ferienlagern, Pensionen und eleganten Sommerhäusern. Nówy Enchalúk ist in Burjatien aufgrund des warmen Wassers und der schönen Strände der beliebteste Ferienort neben dem Sor-Haff. 170 km von Ulan-Ude entfernt, ist es auch für Kurzaufenthalte gut erreichbar. Neben den erwähnten teureren Unterkünften gibt es zahlreiche weitere Angebote.

140ba Foto: rj

Unterkunft

- Ferienkomplex **Enchaluk** *(turbása)*, Büro in Ulan-Ude, ul. Kírowa 28a, Büro 52, Tel./Fax 222245, enkhaluk@burnet.ru, www.enkhaluk.ru; komfortable Unterbringung, sehr großes Angebot an Freizeitaktivitäten. Der Komplex gilt als einer der besten im ganzen Baikalgebiet und erfreut sich großer Beliebtheit in führenden Kreisen aus Wirtschaft und Politik. Preise schwanken je nach Saison und Komfort zwischen 600 und 3000 R.

Suchaja

Сухая ↗ **Umschlag hinten/D2**

Suchája ist der nächste Ort, 13 km nördlich von Enchaluk. Der Fluss Bolschája Suchája trennt es von **Sarétschje** (Заречье), der nördlichsten Siedlung, an der die Straße endet. Danach liegen zwischen Saretschje und Gremjatschinsk 70 km unbewohnte Küste, an der nur im Sommer hier und da Fischer ihre provisorischen Hütten bewohnen.

Heiße Quelle

4 km südlich von Suchaja zweigt ein Weg links ab zu einer Thermalquelle, die am Rand eines kleinen Sumpfgebietes liegt. Das fast kochende Wasser der Quelle kühlt sich in einem großen, kniehohen Becken so weit ab, dass man zumindest kurz darin baden kann.

Unterkunft

- **Jurtenlager,** www.baikalbereg.narod.ru, Tel. in Ulan-Ude 211773; 500 m von der Quelle entfernt, südlich von Suchaja, mehrere echte Jurten. Ende Mai bis Ende September, ab 300 R, VP ab 600 R.

Verkehrsverbindungen

- **Linienbus** Ulan-Ude – Suchaja: 1x tägl., **Linientaxi** Ulan-Ude – Saretschje: 3x tägl.

Wanderungen

Im Küstenabschnitt **zwischen Saretschje und Gremjatschinsk** gibt es bisher keinen durchgehenden Weg. Für die kommenden Jahre plant jedoch die Organisation Great Baikal Trail, diese Strecke auszubauen. Um den Fluss Kika zu überqueren, braucht man jemanden, der einen übersetzt.

Turuntajewo

Турунтаево ↗ **IX/A2**

Die einzige Straße von Ulan-Ude nach Ust-Bargusin, der ehemalige **Bargusin-Trakt,** führt zunächst durch hügelige Landschaft an mehreren kleinen Ortschaften vorbei.

Turuntájewo (ehem. Itanza) fällt schon von weitem durch seine stattliche Kirche *(Spásskaja zérkow)* auf. Zwischen 1791 und 1818 im Stil des Petersburger Barock erbaut, wurde sie 1920 geschlossen. Seit Anfang der 1990er Jahre wird sie wie viele Kirchen restauriert und wieder in ihrer ursprünglichen Bestimmung genutzt.

In Turuntájewo lebte 1839–41 der Dekabrist *E.P. Obolenski,* der damals sehr unter der Abgeschiedenheit des Ortes litt. Da es keine guten Verbindungen über die Selenga und nach Bargusin gab, war ihm der Kontakt zu den Dekabristen *Bestuschew* und *Küchelbecker* sehr erschwert.

Baturino Батурино

Auch Batúrino (Burlja), eine der ältesten russischen Siedlungen der Gegend, fällt heute nur durch seine Kirche *(Sreténskaja zérkow)* auf, die etwas jünger als die Spasskaja-Kirche von Turuntajewo ist (1813–36 erbaut). Auch sie ist restauriert und gehört heute zu einem Frauenkloster, das im Ort eröffnet wurde. Innerhalb der Kircheneinfriedung liegt der Dekabrist *I.F. Schimkow* begraben, der 1833–36 in Baturino ein ärmliches Dasein führte und kurz vor seiner geplanten Heirat den Krankheiten erlag, die er sich in der Verbannung zugezogenen hatte.

Gremjatschinsk

Гремячинск ⇗ IX/A2

Der unauffällige Ort, der fast nur aus Holzhäusern besteht, liegt 140 km von Ulan-Ude entfernt an der Mündung des Flusses Kika in den Baikal. Obwohl sich besonders nördlich von Gremját-schinsk viele schöne Buchten mit Sandstränden anschließen, ist die Gegend touristisch kaum entwickelt. Zwei kleine Pensionen waren 2004 noch im Bau. Privatunterkünfte können vermittelt werden. Es gibt Lebensmittelgeschäfte und an der Durchfahrtsstraße einige Imbissstuben, wo die Fahrer der Linienbusse und Taxis gern Rast machen.

Service

- **Vorwahl:** 30144, aus Burjatien 244

Unterkunft

Privatunterkünfte (bei Voranmeldung):

- **Galína Agápowna Sumenkówa,** ul. Proiswódstwennaja 20, Tel. der Nachbarin: 58805; die pensionierte Lehrerin vermittelt Unterkünfte im Ort, VP 20 $.
- **María Geórgiewna Fedótowa,** ul. Nówaja 8, Tel. 58897; vermietet ein leer stehendes Haus, auf Wunsch mit Verpflegung.

Von Gremjatschinsk zur Bargusin-Bucht

Bei Gremjatschinsk erreicht der Bargusin-Trakt das Ufer des Baikalsees. Der „Trakt" ist die einzige asphaltierte Straße, die diese Gegend mit der Hauptstadt Ulan-Ude verbindet. Bis kurz vor Gremjatschinsk ist er noch in einigermaßen gutem Zustand, danach geht er immer mehr in eine Schotterpiste oder löchrigen Asphalt über, auf dem die Fahrt – je nach Fahrer – recht beschwerlich sein kann. Die Abgeschiedenheit ist jedoch gleichzeitig ein großer Vorteil: Die flache, sandige Uferlandschaft mit ihren hohen Kiefernwäldern ist im Vergleich zur verkehrsmäßig erschlossenen Südspitze des Sees deutlich dünner besiedelt und lockt mit vielen Stränden und Buchten. Nicht alle sind Sandstrände, doch manchmal stößt man auf richtige Sanddünen, die den Strand vom Hinterland trennen.

Da das Ufergebiet bis zum Fuß des **Bergzugs Ulan-Burgasy** durchweg bewaldet ist, ließen sich hier früher kaum Burjaten nieder. Für sie waren die Flussniederungen des Bargusin-Tals bzw. das südlichere Selenga-Tal mit ihren großen Weideflächen interessanter. Die Bevölkerung der Orte in diesem Abschnitt ist deshalb stark russisch geprägt. Die touristische Infrastruktur ist schwach entwickelt, wenn man von den Ferienheimen absieht, die manche Unternehmen oder Einrichtungen aus Ulan-Ude hier für ihre Mitarbeiter unterhalten, die für Außen-

141ba Foto: rj

stehende aber meist nicht zugänglich sind. Das heißt jedoch nicht, dass die Küste nicht besucht wird. Einheimische aus Burjatien wissen die Schönheit der Landschaft durchaus zu schätzen und campen in den Sommermonaten gern hier. Die Straße verläuft in geringem Abstand zur Küste, sodass man viele Strände gut erreichen kann.

Da die Küste von Gremjatschinsk bis zur Halbinsel Heilige Nase über 120 km lang ist, ist es besonders abseits der Ortschaften kein Problem, ein hübsches Plätzchen zu finden. Streckenweise sind noch Reste alter Fahrstraßen als Fußwege erhalten, leider nicht durchgängig. So ist das Wandern entlang der Küste nicht möglich. Mit Transportmöglichkeit lässt sich aber herrlicher Zelturlaub organisieren. In den kleinen Dörfern an der Küste kann man Lebensmittelvorräte ergänzen, im Falle schlechten Wetters gibt es überall einfache Privatunterkünfte, und man ist nicht völlig auf sich allein gestellt wie in anderen Gebieten.

Problematisch ist die Weiterreise aus den verschiedenen Ortschaften nach Norden Richtung Ust-Bargusin. Reguläre Verbindungen öffentlicher Verkehrsmittel gibt es nicht. Die einzige Möglichkeit ist, sich vormittags zwischen 10 und 12 Uhr an die Landstraße zu stellen und zu hoffen, dass Busse oder Linientaxis aus Ulan-Ude anhalten. Natürlich kann man immer auch trampen oder Einheimische fragen, ob sie gegen Bezahlung fahren.

Kotokel-See

озеро Котокельское ⇗ IX/A2

Nur wenige Kilometer von der Küste entfernt liegt ganze 3 m über Baikalniveau der Kotokél-See. Sein seichtes, relativ warmes Wasser lockt im Sommer Tausende von Urlaubern in die Ferienheime und Datschensiedlungen an seinem Ufer. Der See ist groß (15 km lang, 6 km breit, Fläche 60 km²) und die Besucher sind vor allem im Südteil und im Norden des Sees anzutreffen, die per Straße erreichbar sind. Man kann also durchaus auch einsamere Ecken finden. Aber dem Wasser merkt man die intensive Nutzung an. Besonders in den Uferzonen ist es dicht mit Algen und anderen Wasserpflanzen bewachsen. Der einzige Ausfluss des Sees heißt auch so *(Istók)* und mündet schon nach knapp 2 km in den Fluss Kototschik. Angeblich passiert es im Frühjahr, wenn der Kototschik viel Wasser führt, dass das Wasser über den Istok kaum noch abfließen kann und zurück in den See gedrückt wird.

Auf der **Insel** in der nördlichen Hälfte des Sees stand einmal ein Kloster. Reste von Gebäuden, wild wuchernde Johannisbeersträucher und Reste eines Kräutergartens zeugen angeblich noch davon. Es heißt, die Fische im See seien besonders groß geworden, weil sie sich von den Abfällen der Mönche gut ernähren konnten. Bei Anglern ist der See beliebt.

Der Kotokel-See

Unterkunft

- Ferienheim **Kotokel** *(turbása)* seit 1970, 1 km vom Dorf Istók, Tel. (Ulan-Ude) 210707; 258 Plätze, einstöckige Holzhäuschen, Waschgelegenheit und Außentoilette, nur im Sommer. (Nicht verwechseln: Bei der Ortschaft Tscherjomuschka liegen noch zwei Camps mit demselben Namen.)
- **Sanatorium Baikalski Bor,** Zweigstelle des Sanatoriums von Gorjatschinsk, 212 Plätze, kann ganzjährig über das Sanatorium gebucht werden (s. Gorjatschinsk).
- Kleine **Pension des Hotels Gesser** (Ulan-Ude), Tel. (3012) 215383, www.baikalbereg.narod.ru; ab 550 R.

Turka

Турка ⇗ IX/A2

Turká ist neben Gorjatschinsk der größte Ort in diesem Küstenabschnitt. Er liegt direkt am Baikal, an der Mündung des gleichnamigen Flusses. Die fast ausschließlich russischen Bewohner der wenig bemerkenswerten Ortschaft lebten immer schon vom Fischfang, denn in der Turka laicht im Herbst der Omul. Da jedoch bis in die 1990er Jahre intensiv Holz eingeschlagen und über den Fluss in den Baikal geflößt wurde, hat die Turka-Population stark gelitten. Seit der Privatisierung der staatlichen Forstunternehmen ist der Holztransport zurückgegangen und wird außerdem heute hauptsächlich mit LKWs abgewickelt.

An der Hauptstraße fällt eine ungewöhnliche Kirche ins Auge, die von Presbyterianern aus Südkorea finanziert wird.

Ca. 1 km nördlich von Turka liegt im Wasser ein großer **Findling.** Er erinnert aus einem bestimmten Blickwinkel an eine liegende Schildkröte, die ihren Kopf aus dem Wasser streckt – Einheimische fotografieren sich gern vor ihr.

Sehr beliebt sind **Paddeltouren** auf der Turka. Einheimische folgen auch gern dem Fluss Kototschik in die Taiga. Hier sollen die Fischbestände noch reicher und der Wald unberührter sein.

Service

- **Post und Telefon:** ul. Oktjábrskaja 30.
- **Vorwahl:** 30144, aus Burjatien 244.
- **Geschäfte** gibt es in der Hauptstraße.

Unterkunft

- **Mini-Pension** von *Júri Innokéntjewitsch* und *Tamára Serafímowna Rschenjów,* ul. Nábereschnaja 11, Tel. 54874; acht Plätze in separat stehendem Haus mit DZ, WC; 250 R ohne Verpflegung, 900 R mit HP. Exkursionen mit dem Auto, mehrtägige Paddeltouren auf der Turka, mehrtägige Schiffstouren.
- **Alexánder Anatóljewitsch Newsórow,** ul. Nagórnaja 1A/1, Tel. 54864; zwei Plätze im Wohnhaus, Außentoilette, sympathisches Ehepaar, Wohnung sehr sauber und ordentlich, nur im Sommer; VP 700 R.

Thermalquellen in der Umgebung

30 km flussaufwärts liegt am Fluss Turka die über Waldpisten erreichbare Holzfällersiedlung Solotói Kljutsch. Sie selbst ist inzwischen heruntergekommen, allerdings bekannt als Station auf dem Weg zu den Thermalquellen am Turka-Zufluss **Solotoi Kljutsch** („Goldene Quelle"). Die Quellen liegen im Flusstal, sind bis zu 49° C warm und enthalten Sulfat, Natrium und Radon, die für ihre Heilwirkung verantwortlich sind.

Gorjatschinsk

Горячинск IX/A2

Gorjátschinsk ist ein **Kurort,** und zwar einer der ältesten in Ostsibirien. Das klingt zunächst etwas merkwürdig, wenn man in die gewöhnliche Siedlung aus Holzhäusern kommt, die in etwas Entfernung vom Baikal und durch einen Kiefernwald vom Ufer getrennt an das Hügelland grenzt. Das **Sanatorium** von Gorjatschinsk mit seinem kleinen Kurpark ist jedoch tatsächlich berühmt, und die Menschen hier sind die Gegenwart von Gästen aus der Region und ganz Russland gewohnt. Bereits seit 1810 ist der Kurbetrieb an den 54° C heißen Quellen staatlich anerkannt. Das Wasser, das Stickstoff, Kieselsäure und Schwefel enthält, wird bei Nervenbeschwerden, in der Gynäkologie und bei Erkrankungen von Haut und Knochen sowohl innerlich als auch äußerlich angewendet.

Im Ort, der außer dem Sanatorium keine größeren Arbeitgeber hat, werden große Hoffnungen auf Pläne der burjatischen Regierung gesetzt, in der Nähe einen **Olympiastützpunkt** einzurichten, wo gezielte Vorbereitungen auf die Olympischen Spiele in Peking 2008 stattfinden sollen.

Service

- **Vorwahl:** 30144, aus Burjatien 244.
- **Post und Telefon:** ul. Komsomólskaja.
- Die meisten **Geschäfte** liegen an einem kleinen Platz vor dem Sanatorium.

Unterkunft

In Gorjatschinsk werden im Sommer **einfache Privatunterkünfte** ohne Verpflegung angeboten. Wenn man etwas herumfragt, findet man sicher einen Übernachtungsplatz.

- Hotel **Kurort Gorjatschinsk,** Tel. 55175 (Rezeption)/55195 (Büro); Buchung in Ulan-Ude (Sanatorium in Gorjatschinsk und Baikalski Bor): ul. Kommunistitscheskaja 49, Zi. 45, Tel. 216279/215968 oder Tel./Fax 216169; bis zu 355 Gäste, 2-Bett-Zi mit verschiedenen Standards, Sauna, Fitnesssaal; 150–700 R, VP 250 R.
- Pension **Sarma** *(bása ótdycha),* ul. Nówaja Tajóschnaja 14, Tel. 55300, in Ulan-Ude: Tel. 482182, Besitzer: *Gennádi Wassíljewitsch Rjabízki;* netter Familienbetrieb, Holzhaus mit 10 Plätzen, 1,5 km vom Strand, Kochmöglichkeit, Ausflüge; 250 R, VP nur bei Gruppen 700 R.

Verkehrsverbindungen

- **Aus Ulan-Ude** (154 km) tägl. ein Linienbus und 4–5 Linientaxis vom Busbahnhof.
- **Nach Ulan-Ude** vom zentralen Platz am Sanatorium tägl. ein Linienbus und mehrere Linientaxis (Fahrtzeit ca. 2½ Stunden).

Maximicha

Максимиха ↗ X/A3

Der kleine Ort Maximícha zieht sich am Ufer einer Bucht entlang, die schon Teil der **Bargusin-Bucht** ist. Mit ihrem flachen und entsprechend wärmeren Wasser, dem langen Sandstrand und dem herrlichen Blick auf die Halbinsel Heilige Nase ist sie eine der schönsten Gegenden an der Ostküste und sehr beliebt als Ferienort. Entsprechend liegen in Maximicha und Umgebung viele Ferienheime, zahlreiche Bewohner bieten Privatunterkünfte an, etwas außerhalb kann man am Strand auch zelten. Es gibt eine Post und Geschäfte.

Ca. 500 m östlich vom Dorf liegt am Ufer ein merkwürdiger Komplex aus fast märchenhaft anmutenden Bauten: das Eingangstor einer russischen Festung mit Türmchen, mehrere Holzhäuser, ein burjatisches Haus mit asiatisch geschwungenem Dach, ein ewenkisches Spitzzelt. All das ist das **Kulturzentrum** des Künstlers und Malers *Schelkownikow.* Der sehr universal interessierte Besitzer hat große Pläne. Außer einem Ausstellungsraum für die verschiedensten Kunstwerke und Kuriositäten, die er zusammengetragen hat, und einer Sammlung über die Geologie der Region möchte er einen Schaugarten für endemische Pflanzen anlegen. Auch übernachten kann man auf dem Gelände.

- **Museums-Park** *(park-muséi), Wladímir Nikolájewitsch Schelkównikow,* Tel. 92682; VP 1000 R.

Service

- **Vorwahl:** 30131, aus Burjatien 231

Unterkunft

- **Tamára Leonídowna** und **Valentín Gowórin,** ul. Bargusínskaja 14, Tel. 92687; die beiden Rentner haben sechs Jahre in der DDR gelebt und sprechen gut Deutsch; sechs Plätze im Sommer, VP 500–600 R; auch Kleinbus für Ausflüge.
- Ferienheim **Kumutkan,** ul. Púschkina 1, Tel. Ulan Ude (3012) 211773, www.baikalbereg.narod.ru; VP ab 600 R, ganzjährig.

Verkehrsverbindungen

- Aus Ulan-Ude mit **Linienbus** oder **Linientaxis** in Richtung Ust-Bargusin.
- Richtung Ulan-Ude muss man Glück haben, wenn man in einem durchfahrenden Fahrzeug noch einen freien Platz bekommen will. Einheimische kennen oft die Fahrer der Linientaxis und können telefonisch **Plätze reservieren.**

Bargusin
ul. Krasnoarmeiskaja
ул. Красноармейская
ul. Ordschonikidse
ул. Орджоникидзе
ul. Kirowa
ул. Кирова
ul. Komsomolskaja
ул. Комсомольская
ul. Frunse
ул. Фрунзе
ul. Lermontowa
ул. Лермонтова
Stadion
ul. Kogalnizkowo
ул. Когальницкого
ul. Engelsa
ул. Энгельса
ul. Gorkowo
ul. Sowjetskaja
ул. Советская
ul. Kooperatiwnaja
ул. Кооперативная
ul. Klubnaja
ul. Bargusinskaja
ул. Баргузинская
ul. Lenina
ул. Ленина
ul. Kalinina
ул. Калинина
ul. Ozimika
ул. Оцимика
ul. Tulenina
ул. Туленина
ul. Gagarina
ул. Гагарина
per. Bolnitschny
пер. Больничный
per. Kirowa
пер. Кирова
Baikalsee (2 km)
ul. Karla Marxa
ул. Карла Маркса
ul. Pionerskaja
ул. Пионерская
ul. Tschapajewa
ул. Чапаева
1 Fähranleger
2 Café/Imbiss
3 Bushaltestelle
4 Post
5 Gemischtwaren Uniwersam, Café Molotschnoje
6 Telefon
7 Kinder- und Jugendherberge
8 Polizei
9 Schule
10 Vertretung des Bargusiner Biosphärenreservats
11 Krankenhaus
12 Vertretung des Sabaikalski-Nationalparks
13 Visit-Zentrum
14 Ski-Herberge

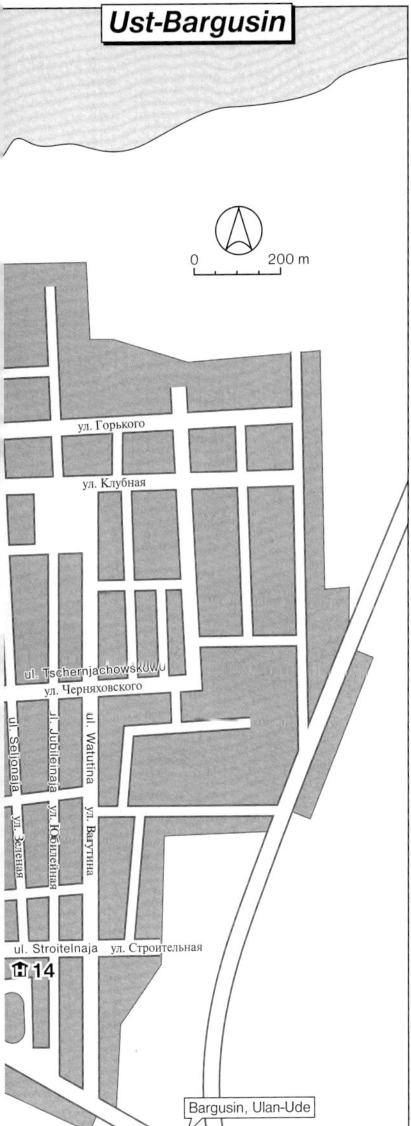

See Duchowoje

Am Fluss Duchowóje verlässt die Straße das Baikalufer, steigt an und man erreicht oben den See Duchowóje, der bei Anglern berühmt ist für seine angeblich besonders aromatischen Karauschen.

Ust-Bargusin – Tor zum Nationalpark

Усть-Баргузин ↗ X/A2

Das Fischerdorf Ust-Bargusín wurde schon 1666, kurz nach Bargusin, der Hauptstadt des Bezirks, gegründet, allerdings nicht am heutigen Standort, sondern am Nordufer des Flusses Bargusin, näher an seiner Mündung. Daher leitet sich auch der Name ab (*ust* = russ. „Mündung"). 1952 beschloss man, den Ort zu verlegen, weil man befürchtete, der Anstieg des Wasserspiegels nach dem Staudammbau in Irkutsk könnte Teile des Dorfes bedrohen. Dies stellte sich später als unbegründet heraus. Dennoch ist von den ca. 60 Häusern der ursprünglichen Siedlung heute keine Spur mehr zu sehen. Sibirische Holzhäuser lassen sich recht einfach auseinander nehmen und wieder zusammensetzen.

Das Fischerdorf, das noch in den 20er Jahren des 19. Jh. kaum 300 Einwohner hatte, gewann im Laufe der nächsten Jahrzehnte stark an Bedeutung. 1922 wurde hier eine **Fischfabrik** gebaut. Sie gehörte bis zur Enteignung den jüdischen Kaufleuten Gebr. *Wassermann* in Posolsk. In Ust-Bargusin

Das Baikal-Lied

Der Autor des wohl bekanntesten Baikal-Liedes, *Dawydow,* war Lehrer in Ulan-Ude. 25 km östlich von Saretschje ist ein kleiner Berg nach ihm benannt. Doch viel häufiger wird er mit dem **Fluss Bargusin** und dem gleichnamigen Wind assoziiert, die er in den Versen besingt.

Slawnoje more

Sláwnoje móre, swjaschtschénny Baikál,
Sláwny korábl – omuljówaja bótschka,
Ei, Bargusín, poschewéliwai wal,
Mólodzu plyt nedaljóko.

Dólgo ja tjáschkije zépi nosíl,
Dolgo skitálsja w gorách Akatúja,
Stáry towárischtsch beschát posobíl,
Óschil ja, wólju potschúja.

Schílka i Nértschinsk ne stráschny tepér,
Górnaja stráscha menjá ne poimála,
W djóbrach ne trónul proschórliwy swer,
Púlja strelká minowála.

Schol ja i w notsch i sred bélowo dnja,
Blis gorodów osirálsja ja sórko,
Chlébom kormíli krestjánki menjá,
Párni snabschäli machórkoi.

Sláwnoje móre, swjaschtschénny Baikál,
Sláwny moi párus, kaftán dyrowáty.
Ei, Bargusín, poschewéliwai wal,
Slyschatsja gróma raskáty.

Großartiges Meer

Großartiges Meer, heiliger Baikal,
mein wunderbares Schiff, ein Omulfass,
hei, Bargusin, blase mit Kraft,
für einen tapferen Kerl ist der Weg
nicht weit.

Lang ging ich in schweren Ketten,
lange durchstreifte ich die Berge
von Akatui,
ein alter Freund half mir zu fliehen,
in Freiheit bin ich wieder zum Leben
erwacht.

Schilka und Nertschinsk, nun fürchte ich
euch nicht mehr,
die Wache hat mich nicht erwischt,
auch die wilden Tiere ließen mich
unangetastet,
die Kugel des Schützen verfehlte ihr Ziel.

Ich ging bei Tag und bei Nacht,
war aufmerksam in der Nähe der Städte,
die Bauersfrauen gaben mir Brot,
von den Burschen bekam ich Tabak.

Großartiges Meer, heiliger Baikal,
mein wunderbares Segel, der löchrige
Kittel.
Hei, Bargusin, blase mit Kraft,
ich höre schon den Donner grollen.

wurde sie ein großer Arbeitgeber: 30 Arbeiter produzierten am Tag 300 bis 400 Fischkonserven. Mitte des 20. Jh. lebten schon 1500 Menschen hier, und heute hat der Ort mit ca. 8500 Einwohnern eine ansehnliche Größe, auch wenn die Infrastruktur dieser nicht ganz entspricht.

Die wirtschaftliche Situation ist schlecht: Die Fischfabrik hat die Fischverarbeitung fast ganz eingestellt und die über 500 Beschäftigten radikal reduziert, die Baufirma und das Montagewerk für Traktoren, die zu Sowjetzeiten Arbeitsplätze boten, sind geschlossen, das Krankenhaus und die Schule mit Internat zählen zu den einzigen größeren Arbeitgebern. So verdient sich ein großer Teil der Bevölkerung das Notwendigste zum Leben wieder wie früher mit Fischen. Landwirtschaft gibt es nach wie vor kaum.

Der weitläufige und recht gleichförmige Ort mit vielen nicht asphaltierten Straßen macht einen tristen Eindruck. Da er jedoch bequemer Ausgangspunkt für Touren an die Halbinsel Heilige Nase, ins Bargusin-Tal oder noch weiter ins Bargusiner Biosphärenreservat ist, hat sich hier in den letzten Jahren ein dichtes Netz an privaten Unterkünften mit professionellem Service entwickelt. Auch die Mitarbeiter des Nationalparks können als Ratgeber oder Reisebegleiter sehr nützlich sein.

Strand

Der Strand von Ust-Bargusin zieht sich über 6 km an der **Bargusin-Bucht** entlang und ist durch sandige Kiefernwälder zu Fuß zu erreichen (ca. 4 km). Der Sand hier ist etwas gröber, trotzdem kann man herrlich zelten. Natürlich kommen im Sommer oft Leute aus dem Ort und veranstalten laute Partys.

Service

- **Vorwahl:** alle Orte im Bezirk (z.B. Maximicha, Bargusin und Ust-Bargusin) 30131, aus Burjatien 231.
- **Post:** ul. Lénina 16, Postleitzahl: 671623, 671624.
- **Tel.:** ul. Kogalnízkowo/ul. Éngelsa, tägl. 8–20 Uhr.
- **Internetzugang:** zur Not im Visit-Zentrum (s.u.)
- **Krankenhaus:** Ecke per. Bolnítschny/ul. Ozímika
- **Poliklinik:** ul. Tschernjachówskowo 12
- **Apotheke:** ul. Tschernjachówskowo 8
- **Polizei:** ul. Tulénina 8
- **Geschäfte** (Lebensmittel und Haushaltswaren) gibt es einige im Ort. Das größte ist der „Uniwersam" in der ul. Engelsa.

Essen und Trinken

- Kleinere **Imbissstände** am Fähranleger.
- Imbiss *(kafé)* **Molótschnoje,** im Uniwersam (s.o.).

Unterkunft

Es gibt in Ust-Bargusin offizielle Übernachtungsbetriebe (s. Herbergen) und Privatunterkünfte. Letztere kosten gewöhnlich mit Vollpension 600 bis 800 R (außerhalb der Saison weniger). Wenn man herumfragt, kann man auch noch billigere Übernachtungsmöglichkeiten finden (ca. 150 R ohne Verpflegung.), denn viele im Ort sind prinzipiell bereit, Gäste aufzunehmen, allerdings in erster Linie im Sommer, wenn die Familienmitglieder in die Anbauten umziehen. Immer mehr Familien bauen inzwischen im Haus WCs ein.

Privatunterkünfte (Holzhäuser):

- **Andréi Rasuwájew und Eva Heitzmann,** ul. Jubiléinaja 60/2, Tel. 92049, zabaikal@ burnet.ru (in der Betreffzeile bitte angeben

„Für Eva"), razuvaer78@mail.ru; zwei Plätze, WC, junges deutsch-russisches Paar, er arbeitet beim Nationalpark als Ornithologe, sie baut eine Töpferwerkstatt auf, Andrei spricht gut Englisch.

● **Alexánder und Galína Bekétow,** per. Bolnítschny 9, Tel. 91574, Handy 89021658123, baikalfamily@mail.ru, barguzin@mirbaikal.com; 6–8 komfortable Plätze, WC, sehr gute Verpflegung, Banja, schwarze Banja; in separatem Haus mehrere einfache, sehr günstige Plätze ohne Verpflegung.

● **Víktor und Jewgénija Maslobóinikow,** ul. Watútina 66, Tel. 91710; vier Plätze (zur Not bis zu 7), WC.

● **Ljubów Frólowa,** per. Bolnítschny 7/1, Tel. 91505; vier Plätze, evtl. mehr.

● **Tatjána Ílina,** ul. Stroítelnaja 5, Tel. 91757; vier Plätze, evtl. mehr.

● **Véra Iwánowna Bútorowa,** ul. Lénina 65, Tel. 91330, darya@burnet.ru, mindestens vier Plätze, WC. Sehr sauber und komfortabel, preislich entsprechend höher.

● **Swetlana Belowa,** ul. Górkowo 29, Tel. 91729; 15 Plätze, VP 600–800 R.

● **Alexánder und Olga Loginow,** ul. Komsomólskaja 19, Tel. 91591, aloginor@bk.ru, alexub@burnet.ru; Holzhaus, WC; VP ca. 450 R.

Herbergen:

● **Ski-Herberge** *(lýschnaja bása),* ul. Stroítelnaja 6, Tel. 91303, ca. zehn Plätze, Kochmöglichkeit im Gemeinschaftsraum, Dusche und WC; ca. 150 R.

● **Kinder- und Jugendherberge** *(molodjóschnaja bása),* ul. Sowjétskaja; Aufnahme von Touristen, wenn nicht von Kindergruppen ausgebucht, ganzjährig geöffnet; 60 R.

Tourenanbieter

● Alexander **Beketow,** s. Privatunterkünfte, hauptberuflich Mitarbeiter des Sabaikalski-Nationalparks, kann Plätze auf Schiffen vermitteln, kleine Bootstouren auf dem Bargusin-Fluss, Fahrzeuge mit Fahrer, Ausflüge in die Tschiwyrkui-Bucht, Angeln, Kajak-Verleih in Kurbulik, Foto-Touren Ende April/Anfang Mai (Seehunde).

● Alexander **Loginow,** s. Privatunterkünfte, Ausflüge ins Bargusin-Tal, Vermittlung von Privatunterkünften, Tourenräder (max. 10).

● **Visit-Zentrum Podlemórje,** Ende ul. Lenina, Tel./Fax 91310 (91553), visit@burnet.ru, Anprechperson Véra Bútorowa (s. Unterkünfte), geöffnet von Ende Juni bis Mitte August; Service: Vermittlung von Fahrzeugen mit Fahrer, Privatunterkünfte, Schiffstouren in der Tschiwyrkui-Bucht, Führer für Wanderungen, mehrtägige Ausflüge ins Bargusin-Tal mit Möglichkeit zum Kennenlernen burjatischer und ewenkischer Kultur, Souvenirverkauf.

● **Vertretung des Sabaikalski-Nationalparks,** per. Bolnítschny 11, Tel. 91578, zabaikal@burnet.ru, http://ngo.burnet.ru/znp; Service: Führer für Wanderungen im ganzen Nationalpark, thematische Exkursionen: Ornitologie, Biologie.

● **Vertretung des Bargusiner Biosphärenreservats,** ul. Ordschonikídse 72, Tel./Fax 91431.

Verkehrsverbindungen

● **Bushaltestelle:** zwischen ul. Lenina und ul. Boscharowa. Bei starker Nachfrage fahren oft auch mehrere **Linientaxis** kurz nacheinander los.

● **Aus Ulan-Ude** Linienbus tägl. 7.30 Uhr, Linientaxi tägl. 7 Uhr.

● **Nach Ulan-Ude** Linienbus tägl. 8 Uhr, Linientaxi zwischen 7 Uhr und 8 Uhr.

● **Nach Bargusin** Linienbus tägl. 8 Uhr und 17 Uhr, So nur 8 Uhr, im Winter nicht immer, Abfahrt je nach Jahreszeit und Eisverhältnissen am Busbahnhof oder auf der anderen Seite des Flusses; außer diesen Möglichkeiten kann man am Fähranleger andere Linientaxis und Busse abpassen, die von Ulan-Ude nach Bargusin oder Kurumkan fahren.

● Mit dem **Schiff von Olchon:** in der Hauptsaison verkehren 1–2x/Woche Schiffe zwischen Olchon und Ust-Bargusin. Typ: Jaroslawez, Fahrtdauer ca. 9 Std.; Kontakt auf Olchon: *Nikita Bentscharow* (s. dort), Kontakt in Ust-Bargusin: *Alexander Beketow* (s.o.).

Blick von der Heiligen Nase auf die Bargusin-Bucht und die Verbindung zum Festland

Sabaikalski-Nationalpark

Забайкальский
национальный парк ↗X

Der Sabaikálski-Nationalpark umfasst die Halbinsel Heilige Nase, die Tschiwyrkui-Bucht und Waldgebiete nördlich davon. Er grenzt direkt an das Bargusiner Biosphärenreservat. Auch die Uschkani-Inseln mit den Robbenlagerplätzen gehören dazu. Die Landschaftsformen sind Mittelgebirgstaiga und -tundra. Gegründet wurde der Nationalpark 1986, die Fläche beträgt 267.177 ha, dazu kommt ein noch größeres Gebiet an Wasserfläche.

Bedingt durch die gering entwickelte Infrastruktur wird dieser Nationalpark deutlich weniger besucht als der Pribaikalski-Nationalpark am Westufer. Insbesondere der Besuch der Robbenlagerplätze auf den Uschkani-Inseln wird streng kontrolliert. Problematisch ist der touristische Schiffsverkehr in der Tschiwyrkui-Bucht, der sich nicht immer an Anlegeverbote hält. Innerhalb des Nationalparks wird am Aragatui-See ein strenger geschütztes **Vogelschutzgebiet** *(sakásnik)* eingerichtet.

Spezielle Bestimmungen

Innerhalb des Sabaikalski-Nationalparks gibt es Zonen mit unterschiedlich strengen Schutzbestimmungen. Für den Aufenthalt generell wird an der Straße auf die Heilige Nase recht unbürokratisch eine Aufenthaltsgebühr erhoben. Sie kann aber auch schon im Büro des Parks in Ust-Bargu-

142ba Foto: rj

sin bezahlt werden. Wer mit dem Schiff ankommt, bezahlt meist am Kontrollpunkt in Kurbulik. Zusätzlich werden im ganzen Park und besonders in strenger geschützten Gebieten immer wieder Kontrollen durchgeführt.

Erlaubt sind u.a.:
- Aufenthalt auf dem **Wasser**
- Aufenthalt auf der **Westseite der Landzunge** zwischen Heiliger Nase und Festland (die Ostseite ist als Vogelschutzgebiet nur begrenzt zugänglich)
- **Wanderungen** (s. unten)
- Aufenthalt auf den **Uschkani-Inseln** mit spezieller Genehmigung
- Aufenthalt auf den **Inseln in der Tschiwyrkui-Bucht;** Übernachtungen und Feuerstellen sind hier allerdings verboten

Grundsätzlich **verboten** ist der Aufenthalt und das Anlegen von Schiffen in folgenden Schutzgebieten *(sapowédnaja sóna):*

- Großes Gebiet um die **Südspitze der Heiligen Nase** von der Landzunge Osinowy bis zum Fluss Markowa
- **Nordspitze der Heiligen Nase** ab der Quelle Smeinaja

Leider sind vielen Reisenden diese Bestimmungen kaum bekannt, andere missachten sie bewusst. Es sollte selbstverständlich sein, dass trotz teils lückenhafter Kontrolle von Seiten des Nationalparks sich jeder seiner Verantwortung für die empfindliche Natur bewusst ist und sich entsprechend verhält.

- **Verwaltung:** Ust-Bargusin, per. Bolnítschny 11, Tel. 91578, zabaikal@burnet.ru, http://ngo.burnet.ru/znp; Service: Führer für Wanderungen im ganzen Nationalpark, thematische Exkursionen: Ornitologie, Biologie.
- **Gebühren:** Aufenthaltsgebühr 20 R/Tag, Gebühr für das Anlegen von Schiffen 500 R/Tag, Robbenbeobachtung auf den Kleinen Uschkani-Inseln 1000 R/Person, maximal eine Stunde.

Halbinsel Heilige Nase

Святой Нос ↗ X/A1-2

Die gesamte Halbinsel Heilige Nase *(Swjatói Nos)* ist Teil des Sabaikalski-Nationalparks (s.o.), und man sollte sich vor einem Besuch genau über die geltenden Bestimmungen informieren. Sie ist durch einen 20–30 km langen **Landstreifen** mit dem Festland verbunden. Dieser hat zur **Bargusin-Bucht** hin schöne **Sandstrände,** hinter dem Uferstreifen ist er mit Kiefern, Zedern und Buschwerk aus Wachholder bewachsen und bietet jeden Sommer Hunderten von Wildcampern aus Ulan-Ude und Irkutsk Schutz für ihre Zelte. Nordöstlich der Fahrpiste schließt sich **sumpfiges Gelände** um den **See Arangatui** an, in dem bis heute im Sommer viele auch seltene Vogelarten nisten. Früher muss das Geschrei und Flügelschlagen der Vögel ohrenbetäubend gewesen sein, wenn sich Menschen den Feuchtgebieten näherten. Am Anfang der Landzunge, 6 km von der Fähre über den Bargusin-Fluss entfernt, liegt der **See Barmaschewoje,** an den im Sommer gern Jugendliche aus Ust-Bargusin zum Baden kommen.

Die Halbinsel selbst ist 53 km lang, 20 km breit und vollständig bewaldet. Sie hat einen hohen Gipfel (1877 m) und fällt besonders nach Süden und

Westen recht steil zum Wasser hin ab. Bewohnt ist sie hauptsächlich von **Bären.** Menschen leben nur in den Siedlungen Kurbulik und Katun. Das Fischerdorf Glínka, das ca. 10 km südlich der Landzunge lag, wurde in den 1960er Jahren in Zusammenhang mit dem Omul-Fangverbot aufgelöst.

Bis in die Bucht von Monáchowo kann man mit stabilen Autos fahren. Hier legen üblicherweise Ausflugsschiffe an, deren Fahrgäste weiter nach Ust-Bargusin wollen. Wer an entferntere Stellen der Tschiwyrkui-Bucht möchte, kann hier vielleicht eine Mitfahrgelegenheit finden. Oft trifft man in der Bucht Wildcamper.

In die Siedlungen **Kátun** und **Kurbulík** kommt man nur mit geländegängigen Wagen. Es sind recht trostlose Fischerdörfer ohne Telefonverbindung, Schulen und sonstige Kultureinrichtungen (Kinder aus Kurbulik müssen ins Internat nach Ust-Bargusin). Auch auf das Warensortiment der Geschäfte sollte man sich nicht verlassen.

Anreise

Auf die Heilige Nase führt aus Ust-Bargusin eine **Schotter-Sand-Piste,** die hinter der Fährverbindung über den Bargusin beginnt. Im Winter fährt man über den zugefrorenen Fluss (ab Mitte bis Ende November). Man gelangt nur mit privaten Fahrzeugen, Schiffen oder über Mitarbeiter des Nationalparks auf die Halbinsel. 2006 kostete die einfache Strecke ca. 800 R (für ein Fahrzeug).

143ba Foto: rj

Feuchtgebiet auf der Verbindung zum Festland, im Hintergrund Gipfel der Heiligen Nase

Unterkunft

- **Nikolái Moltschánow, Iwán Petrówitsch Malogróschew,** sehr einfache Privatunterkünfte in Kurbulik; 150–200 R.
- **Katun,** *Dom rybaká,* Herberge des Reiseveranstalters Baikalski Bereg (ul. Kírowa, Büro 53, Ulan-Ude), Tel. (3012) 211773, www.baikalbereg.narod.ru/accomod/katun.htm; baikalbereg@narod.ru; Jurten mit je drei Plätzen ab 1000 R p.P., Holzhaus mit DZ und 4-Bett-Zimmer ab 1100 R p.P., Winter ab 800 R, Außentoiletten, Verpflegung 350 R; Transfer aus Ulan-Ude möglich.

Wanderungen

Von Monachowo in die Schlangenbucht

Der Weg (einfache Strecke 16 km) führt über Katun und Kurbulik über weite Strecken am Ufer entlang und wurde im Rahmen des Great-Baikal-Trail-Projekts ausgebaut. Der Wegbeginn ist bei Monachowo und Kurbulik nicht leicht zu finden.

Zum höchsten Punkt der Halbinsel

Die erste Variante dauert sechs Stunden mit Gepäck, ohne ist sie als Tagestour möglich: 4½ Std. hin, 3 Std. zurück. Wasser und warme Kleidung mitnehmen!

Am Ende der Landzunge zur Heiligen Nase biegt man in den Fahrweg nach links ein. Ca. 500 m vor **Glinka** nimmt man an einer Abzweigung den rechten, schlechteren Weg, der gut beschildert ist. Nach 2,5 km wird er sehr steil und rutschig, bis nach 1,5 km ein kleiner **Vorgipfel** mit schönem Blick auf die Bargusin-Bucht erreicht ist. Anschließend folgt der Pfad 2,5 km dem **Bergkamm** und ist wegen der ständigen Steigung sehr anstrengend.

Diese Variante dient jedes Jahr im August als Strecke für einen **Massenwettlauf** auf den Gipfel. Die besten Sportler legen den Weg in 58 Minuten zurück. Oben auf dem überraschend flachen, weitläufigen Gipfelplateau wachsen nur niedriges Buschwerk und Beerensträucher. Wer sich die Zeit nimmt, alle Richtungen abzuwandern (mit Übernachtung), kann herrliche Ausblicke genießen: auf die Tschiwyrkui-Bucht, die Bargusin-Bucht, die Uschkani-Inseln und bei klarem Wetter bis zur Insel Olchon!

Die Schlangenbucht

Andere mögliche Routen auf den Gipfel (beide nur mit Begleitung empfohlen, da die Wege schwer zu erkennen sind): zum einen von der Landzunge **Makarowa** in zwei Tagen auf den Gipfel (Übernachtung dort), Abstieg nach Glinka, zum anderen der Aufstieg von Glinka, Wanderung über den Kamm in Richtung Norden, dann Abstieg zur **Schlangenbucht** (s.u.).

Tschiwyrkui-Bucht

Чивыркуйский залив **↗ X/A-B2**

Die Tschiwyrkúi-Bucht *(Tschiwyrkúiski salíw)* zwischen der Heiligen Nase und dem Festland hat, obwohl sie Teil des Baikalsees ist, doch einige Besonderheiten: Ihre Tiefe beträgt an den meisten Stellen nicht mehr als 10 m, was bewirkt, dass das Wasser hier im Sommer deutlich wärmer wird als anderswo. Die Heilige Nase bietet etwas Schutz vor Wind und Wetter und in vielen Buchten findet man herrliche **weiße Sandstrände.** Am Ufer gibt es außerdem relativ wenige Mücken (das gilt nicht mehr, sobald man den Wald betritt!). Die komplette Ostküste ist, abgesehen von wenigen Fischerhütten, unbewohnt. All das macht sie attraktiv für Strandurlaub. Auch Angler schätzen die seichten Buchten als das Angelparadies des Baikalsees. Die meisten Stellen rund um die Bucht (mit Ausnahme der oben erwähnten Dörfer auf der Heiligen Nase) sind allerdings nur mit dem Schiff zu erreichen und gehören zum Gebiet des Sabaikalski-Nationalparks. Deshalb hält sich die Zahl der Urlauber bisher in

Grenzen bzw. viele Besucher gehören zu einer wohlhabenderen Klientel.

Im Nordwesten der Tschiwyrkui-Bucht liegt die tief eingeschnittene **Bucht Krochalínaja** (nördlich des gleichnamigen Kaps). Nicht alle, die sich hier auf dem weißen Sandstrand sonnen, wissen, dass ein paar Meter weiter im seichten Wasser die Geschichte interessante Spuren hinterlassen hat. Jedes Jahr werden große Mengen von Keramikscherben an den Strand gespült, die vermutlich aus der Zeit der Kurykanen stammen. Man nimmt an, dass sich hier eine große Töpferei befand, die nicht nur die nähere Umgebung mit Geschirr versorgte, und dass die heute zu findenden Fragmente aus einer Art Abfallgrube stammen, die möglicherweise durch den veränderten Wasserstand nach dem Irkutsker Staudammbau langsam freigespült wird.

Wen nicht stört, dass hier im Sommer ein „Hotel-Schiff" russische und ausländische Touristen anzieht, der kann am Strand zelten. Die Umgebung der Bucht ist allerdings sumpfig und für Wanderungen gibt es nicht allzu viele Möglichkeiten. Dafür wird in den seichten Gewässern gern geangelt.

Gegenüber, auf der Heiligen Nase, ist die **Schlangenbucht** (*búchta smeínaja,* wegen einer seltenen Natternpopulation) mit ihrer Thermalquelle ein beliebtes Ausflugsziel. In zwei einfachen Holzbecken mit 54° und 40° C kann man das ganze Jahr über baden. Allerdings sollte man zumindest im Sommer nicht erwarten, hier allein zu

144ba Foto: rj

sein. In der Bucht wird gern gezeltet, was auch erlaubt ist, allerdings nur ab einer Entfernung von 500 m von der Quelle. Mindestens einen Vorteil haben die zahlreichen Besucher, denn an einsameren Ecken der Insel können Bären für Camper durchaus unangenehm werden.

In der Tschiwyrkui-Bucht gibt es mehrere kleine **Inselchen,** die mit unterschiedlichen Pflanzen- und Gesteinsarten ihren eigenen Charakter haben. Sie dienen Möwen und anderen Wasservögeln als Niststätten und manchen Ausflugsschiffen als Ankerplatz. Zelten und Feuermachen ist auf den Inseln verboten.

Im Winter

Das Eis der Tschiwyrkui-Bucht ist im Winter in der Regel von einer dicken Schneeschicht bedeckt und eignet sich gut zum Langlaufen. Bei einer solchen Gelegenheit kann man die Grotten der Insel Goly besuchen, die meistens sehr schön vereist sind.

Etwas weiter, am Nordkap Wérchneje Ísgolowje, sorgt die starke Strömung dafür, dass sich regelmäßig eine lange Eisspalte an der Heiligen Nase entlangzieht. In ihrer Umgebung türmen sich meist sehr beeindruckende Wälle aus Eisschollen auf.

Unterkunft

- **Schwimmendes Hotel Garmónia** *(pláwajuschtschaja gostíniza)* in der Bucht Krochalínaja, nur im Sommer, Buchung: Ulan-Ude, ul. Kirowa 28, Tel. (3012) 211679, garmonia@burnet.ru; 100 $.
- **Schwimmendes Hotel** in der Schlangenbucht, Buchung: Irkutsk, ul. Jadrinzewa 1, Tel. (3012) 297053, 658364, Fax (3952) 271530, Tel. Ust-Bargusin 92089, http://acotur.narod.ru, acotur@mail.ru; VP 1300–1800 R.
- **Málaja Tscheremschánaja** *(bása ótdycha),* 25 km nördlich der Tschiwyrkui-Bucht, Betreiber: Angarsker Petrochemiewerk, Kontakt über das Büro des Nationalparks; komfortable Holzhäuschen, höheres Preisniveau.

Wanderung zur Tschiwyrkui-Bucht

Vom Festland führt der „Weg zum sauberen Baikal" in die Tschiwyrkui-Bucht (54 km, 4 Tage). Beginn ist der Bargusin-Trakt (Km 314). Über den südlichsten Ausläufer des Bargusin-Gebirges geht man entweder am Fluss Bolschoi Tschiwyrkui entlang zur Küste oder in die Bucht Krochalinaja. Wanderungen müssen beim Nationalpark angemeldet werden, der die Abholung organisiert. Dieser Pfad wurde über mehrere Jahre hinweg von Jugendgruppen immer besser ausgebaut und mit Rastplätzen und Informationstafeln versehen.

- **Informationen** und eine Broschüre mit detaillierter Routenbeschreibung sind erhältlich bei: LAT, Ulan-Ude, ul. Kommunistitscheskaja 16, Tel. 253732, baikal@burnet.ru.

Uschkani-Inseln – Hoheitsgebiet der Robben

Ушканьи острова ↗ X/A1

Ungefähr 7 km westlich der Heiligen Nase ragen die Uschkáni-Inseln *(Uschkáni ostrowá)* aus dem Baikal. Sie sind neben der Insel Olchon die höchsten Erhebungen des Unterwassergebirges, das das mittlere vom nördlichen Becken des Sees trennt. Drei der vier Inseln sind sehr klein und unbewohnt. Die **Große Uschkani-Insel** *(óstrow Bolschói Uschkáni)* dagegen ist Standort einer **Wetterstation.**

Auf allen vier Inseln lassen sich Besonderheiten der Vegetation beobachten, die mit ihrer Abgeschiedenheit zu tun haben. Legendär ist die riesige Zahl von **Ameisenhaufen** (über 6000), die hier sehr groß werden können, weil es keine natürlichen Feinde und praktisch keine Waldbrände gibt. Berühmt sind die Uschkanis aber in erster Linie dank der **Baikal-Robben** (s. Kapitel „Landschaft und Natur"), die hier ihre größten Liegeplätze haben. Sie sind der einzige Ort am See, wo man die sympathischen Tiere mit ihren großen, schwarzen Kugelaugen mit großer Wahrscheinlichkeit zu Gesicht bekommt (Ende Juni bis Anfang September), allerdings nicht kostenlos. Die Inseln gehören zum Sabaikalski-Nationalpark, und da starker Schiffsverkehr die Tiere stört, versucht man, die Zahl der Besucher auf diese Weise zu begrenzen. Die Genehmigung für die Besichtigung kann entweder in Ust-Bargusin oder vor Ort bei den Rangern auf der nördlichsten der Inseln *(óstrow Tónki)* eingeholt werden (Gebühr: 1000 R). An der Nordspitze der Insel, an einer speziellen Beobachtungsstation, die für die Robben nicht sichtbar ist, darf man dann maximal eine Stunde lang ihren Anblick genießen und fotografieren.

Auf den Uschkani-Inseln bekommt man sie fast immer zu sehen

Im Winter

Schön kann ein Besuch der Uschkani-Inseln auch im Winter sein. Dann sind die Robben zwar über den ganzen See verstreut und es ist unwahrscheinlich, sie hier anzutreffen. Dafür türmen sich um die Inseln oft Eisschollen zu riesigen Wallen auf und bieten ausgezeichnete Fotomotive.

Anreise

- Mit großen **Ausflugsschiffen** im Rahmen mehrtägiger Touren oder – günstiger – über die **Verwaltung des Sabaikalski-Nationalparks** (s.o.) oder mit **Fischern** aus Kurbulik (Boot mit max. 4 Personen: 2000–3000 R, muss verhandelt werden). Verantwortungsbewusste Reisende sollten Dumping-Angebote, die die Besichtigungsgebühr des Nationalparks (illegal) umgehen, nicht in Anspruch nehmen.
- Fahrten zu den Uschkani-Inseln von der **Insel Olchon** aus müssen langfristig geplant und angemeldet werden, denn es gibt auf Olchon nicht viele Kapitäne, die geeignete Schiffe haben und bereit sind, die Überquerung des „Großen Meers" an dieser (wegen Wassertiefen und Strömungen) besonders schwierigen Stelle zu riskieren.

Das Bargusin-Tal

Баргузинская долина

Schmelztiegel der Kulturen

250 km von Ulan-Ude entfernt, am Ende des Bargusin-Trakts, der das Tal mit der „Zivilisation" verbindet, beginnt dieses faszinierende Fleckchen Erde, dem bisher wenig Aufmerksamkeit westlicher Reisender zuteil wird. Das fast 200 km lange Bargusin-Tal *(Bargusínskaja dolína)* hat seine ganz eigene Geschichte, seinen eigenen Charakter, der stark verbunden ist mit der geologischen Entstehungsgeschichte: Wie das Tunka-Tal ist es ein Grabenbruch, ein sogenannter Satellitengraben des großen Baikalgrabens. Es wurde nicht, wie der Name vermuten lässt, vom Fluss Bargusin geformt, der sich in vielen Windungen zwischen Sümpfen und Seen in der Mitte des Tals seinen Weg sucht. Eingerahmt ist die Ebene von den hohen Gipfeln des **Bargusin-Gebirges** *(Bargusínski chrebét)* und den etwas sanfter ansteigenden des **Ikatski-Gebirges** *(Ikátski chrebét)*, die eine malerische Kulisse abgeben.

Die geschützte Lage ist wohl der Hauptgrund für das Mikroklima des Bargusin-Tals, das deutlich kontinentaler ist als das Klima in Gebieten unmittelbar am See. Warme Sommer, kalte Winter, wenige Niederschläge und also auch wenig Schnee sind charakteristisch. So ist es nicht verwunderlich, dass in dem fruchtbaren Tal mit seinen saftigen grünen Wiesen, die zu den Südrändern hin in trockenere Steppenlandschaft übergehen, Spuren alter Besiedlung zu finden sind. Eine ganze Reihe archäologischer Fundstellen und sogar Spuren alter Bewässerungssysteme zeugen von der Kultur der **Kurykanen.** Im 11. und 12. Jh. wanderten **mongolische Stämme** zu, die sich teilweise mit den Kurykanen vermischten und später enge Verbündete *Dschingis Khans* waren. In dieser Zeit bildete sich die mongolische Bezeichnung „Bargudschin Tukum" für das Baikalgebiet heraus, die vermutlich bis heute im Namen des Flusses Bargusin nachklingt.

Mongolische Quellen aus jener Zeit berichten auch schon von einem tungusischsprachigen Waldvolk, den Vorfahren der heutigen **Ewenken.** Als 1643 der erste russische Kosakenführer *Semjón Skorochód* ins Bargusin-Tal vordrang, traf er dort keine Mongolen mehr an, die nomadisierenden Ewenken jedoch machten er und sein Nachfolger abgabepflichtig. Die Vorfahren der modernen **Burjaten** kamen vermutlich erst Anfang des 18. Jh. ins Tal, wo sie von den ansässigen Ewenken anfangs nur begrenzte Gebiete als Weidefläche zugeteilt bekamen. Die Präsenz dieser drei Ethnien ist bis heute typisch für das Bargusin-Tal mit seinen ca. 30.000 Einwohnern. Grob kann man sagen, dass in den südlichsten Siedlungen um Bargusin die russische Bevölkerung überwiegt, Richtung Norden verschiebt sich der Schwerpunkt mehr Richtung Burjaten (insgesamt 30 %) und in den nördlichsten Siedlungen findet man noch einen großen Anteil an Ewenken und Menschen gemischter Abstammung.

Auch auf die Religion hat sich dieses Nebeneinander ausgewirkt: Die russische Bevölkerung brachte das **Christentum** in die Region, schon in der ersten Hälfte des 19. Jh. gab es eine starke **buddhistische Bewegung** und gleichzeitig führten Burjaten und Ewenken **schamanistische Traditionen** fort. Alle drei Glaubensrichtungen treten heute wieder mehr und mehr in Erscheinung.

Die Landschaft des Bargusin-Tals ist ideal für **Viehhaltung,** in den Jahren der Sowjetunion wurden auch Weizen und Sonnenblumen angebaut. In dieser Zeit hat man, wie auch heute, intensiv **Wald eingeschlagen** und über den Bargusin in den Baikal geflößt, was dazu führte, dass die Bargusin-Population des Omul fast verschwunden ist. Heute hat man den Fehler erkannt und transportiert die Stämme auf LKWs.

Eine gewisse Berühmtheit erlangte das abgelegene Tal im 19. Jh., als in den Bergen nördlich des Tals in der Umgebung des Sees Baunt (озеро Баунт), später auch an den Flüssen Witimkan und Zipikan, Gold gefunden wurde. Der **Goldrausch** lockte nicht nur aus dem ganzen Baikalgebiet, sondern sogar aus China und Korea Goldsucher ins Ikatski-Gebirge. Im 20. Jh. wurden die Fundstätten mit mehr technischen Hilfsmitteln weiter ausgebeutet, die Infrastruktur wurde verbessert und am See Baunt entstand sogar eine kleine Siedlung.

Reisen im Bargusin-Tal

Das Bargusin-Tal hat heute eine sehr schwach ausgebildete touristische Infrastruktur. Meistens werden nur im

170ba Foto: ih

Rahmen von Tagesausflügen von Ust-Bargusin aus die interessanten Felsformationen in der Umgebung der Ortschaft Suwo besucht. Russen kommen manchmal an die lokal bekannten Heilquellen, die man an den Rändern des Tals findet, oder an die mineralhaltigen sogenannten Salzseen *(soljónye osjóra),* mit deren Schlamm man sich einreibt (für Ausflüge zu Heilquellen siehe Visit-Zentrum in Ust-Bargusin). Doch die Zahl der Besucher ist so gering, dass es **kaum Übernachtungsmöglichkeiten und Gastronomie** gibt. Dieses Desinteresse lässt sich nur auf den Mangel an Informationen über das Bargusin-Tal zurückführen. Die Vielfalt dieser Region kann sich jeder erschließen, der bereit ist, mit wenig Komfort auszukommen oder zu zelten. Die westliche der beiden **Straßen** im Bargusin-Tal ist bis Kurumkan durchgehend in sehr gutem Zustand, die östliche ist deutlich schlechter.

Ewenkisches Lager (historisches Foto)

Bargusin – jüdische Kultur in der Verbannung

Баргузин ↗ XI/A3

In Bargusín, der ältesten russischen Siedlung des Bargusin-Tals, ist heute nicht mehr viel vom Glanz vergangener Zeiten zu spüren. Es ist in Vergessenheit geraten, dass das heutige, bescheidene Bezirkszentrum 1783 den Status einer Stadt zugesprochen bekam. Außer dem Friedhof und dem kleinen Museum erinnert kaum noch etwas daran, dass im 19. Jh. jüdische und andere Verbannte gemeinsam mit russischen Kaufleuten der Stadt zu wirtschaftlichem und kulturellem Glanz verhalfen. Nur mit viel Fantasie kann man versuchen, bei einem Gang durch die dörfliche Siedlung am ehemaligen Bankgebäude oder in der Straße, wo der verbannte Dekabrist *Küchelbecker* lebte, die Vergangenheit lebendig werden zu lassen. Ansonsten ist Bargusin heute ein günstiger Ausgangspunkt für Touren ins Bargusin-Tal.

Geschichte

Als Gründungsdatum von Bargusin gilt das Jahr 1648, als der Kosak *Iwan Galkin* am Fluss Bargusin die erste russische Festung erbauen ließ. Einige Zeit war der Ort der östlichste Stützpunkt der zaristischen Regierung im Baikalgebiet und gewann schnell an Bedeutung. Auch als **Verbannungsort** wurde die schwer erreichbare Stadt genutzt: Nach Beendigung ihrer Haftzeit in Nertschinsk oder Akatui wurde vielen politischen Häftlingen erlaubt, sich hier niederzulassen. Alle politischen Richtungen, sogar Aufständische vom Panzerkreuzer Potjomkin, verbrachten hier Jahre der Verbannung. Die berühmtesten sind heute wohl zwei Teilnehmer des Dezember-Aufstandes (s. Exkurs im Kapitel „Südost-Burjatien"), *Michail* und *Wilhelm Küchelbecker*. Die Söhne eines sächsischen Adligen, die unweit von St. Petersburg in Zarendorf aufgewachsen und mit *Puschkin* zusammen zur Schule gegangen waren, lebten unterschiedlich lange in Bargusin. Michail Karlowitsch hatte eine kürzere Haftzeit und begann bald in Bargusin ein einfaches, aber doch erfülltes Leben: Er heiratete, hatte sechs Kinder und ernährte seine Familie von der Landwirtschaft. Gleichzeitig führte er historische und mineralogische Studien durch, bot kostenlose ärztliche Behandlung an, engagierte sich für den Aufbau von Schulen und organisierte ein kleines Haustheater.

Wilhelm fand den Bruder bei der Ankunft 1836 sehr verändert vor. Er heiratete ebenfalls, zog jedoch bald wieder fort. Schon 1846 starb er in Tobolsk. Michail dagegen blieb (u.a. aus Geldmangel) sogar nach seiner Amnestie 1856 in Bargusin und wurde 1858 auf dem örtlichen Friedhof begraben, wo an der vermuteten Stelle heute wieder ein Grabmal an ihn erinnert. Auch das Feld, auf dem er Weizen und Gemüse anbaute, wird im Volksmund immer noch *Kárlytschewoje pólje* genannt. Das Wohnhaus der

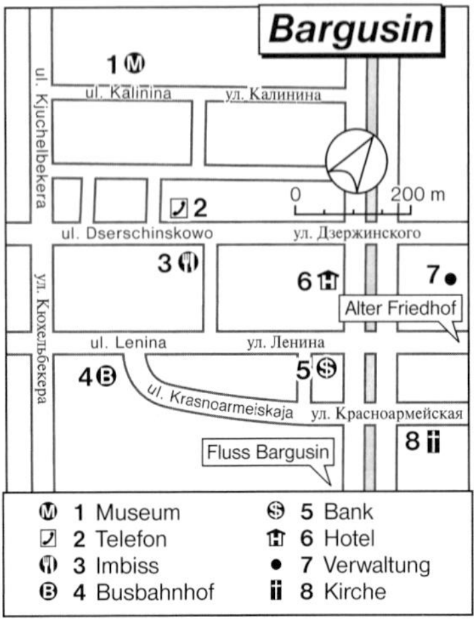

Familie Küchelbecker jedoch wurde in den 1960er Jahren abgebaut.

Nach dem polnischen Aufstand von 1830–31 wurde eine große Zahl **polnischer Juden** nach Bargusin verbannt. Auch versuchten im Laufe des 19. Jh. immer wieder Juden, „freiwillig" der schwierigen Situation in Westrussland zu entgehen und sich in Sibirien anzusiedeln. Ab den 60er Jahren des 19. Jh. durften sie hier „normal" leben und arbeiten. In den Jahren des Goldrauschs kamen viele zu Wohlstand und Namen wie die der Familie *Nowomeiski* oder des Industriellen *Jakow Friser* standen fortan nicht nur für unternehmerisches Geschick, sondern auch für Mäzenatentum, für den Aufbau einer angesehenen Schule und für soziales Engagement bei der Unterstützung der Ärmsten. Die Stadt, die 1913 2600 Bewohner hatte, war wie kaum ein anderer Ort im Baikalgebiet vom Judentum geprägt.

Doch nach dem Ende der zaristischen Monarchie konnte sie ihre jüdischen Bewohner nicht halten. Als 1920 die Synagoge verstaatlicht wurde und Enteignungen begannen, verließ fast die Hälfte der jüdischen Bevölkerung die Gegend über die Mongolei und China. Wegen des starken Bevölkerungsrückgangs verlor Bargusin 1927 das Stadtrecht. Auch der Verlust an Kapital und der **Niedergang der Wirtschaft** machten der Stadt zu schaffen. In den Krisenjahren Anfang der 1990er Jahre emigrierte die noch verbleibende jüdischstämmige Bevölkerung fast vollständig. Geblieben sind **Gräber aus zwei Jahrhunderten,** die noch manchmal von Nachkommen aus den USA oder Israel besucht werden.

Der Ort jedoch scheint in einen tiefen Schlaf versunken. Wirtschaft gibt es kaum, wer nicht in der Verwaltung des Bezirks Bargusin arbeitet, ernährt sich heute oft wieder von Landwirtschaft und Jagd oder nutzt die Lage des „Verkehrsknotenpunktes" am Eingang des Bargusin-Tales, um sich über Wasser zu halten.

Sehenswerte Gebäude

Im Zentrum von Bargusin liegt ein rechteckiger Platz, umgeben von sowjetischen Steingebäuden (Verwaltung, Club, Hotel). Nur ein Eckhaus ist älter: Im ehemaligen Wohnhaus des Kaufmanns *Breslawski* (Ende 19. Jh.) befindet sich heute das **Bezirksgericht.** Die Holzterrasse und hübsch verzierte

Dachrinnen an der Rückseite des Gebäudes sind einen Blick wert.

Die **Kirche** von Bargusin *(Spáso-Preobraschénskaja)* wurde 1834 an der Stelle ihrer Vorgängerin, einer Holzkirche, erbaut. Der Steinbau, der sich an einem Petersburger Vorbild orientiert, war eine Spende des Kaufmanns *Tschernych*. 1930 wurde sie geschlossen, beherbergte in den 1940er Jahren ein Kino, später Schreinerwerkstätten. Heute wird sie restauriert.

Eine Besonderheit ist das imposante Gebäude der ehemaligen **Bank** mit seinen klassizistischen Holzsäulen. Mitte des 19. Jh. wurde es von *Butlizki*, dessen Wohnhaus direkt daneben steht, in der ul. Krasnoarméiskaja 59 erbaut. Ein **Wohnhaus** mit schönen Holzschnitzereien steht in der ul. Lenina 43.

Alter Friedhof

Östlich des Hauptplatzes gelangt man an den alten Friedhof von Bargusin, der mit einer großen Vielfalt von Gräbern unterschiedlicher Nationalitäten und Religionen zum Verweilen einlädt. Links vom Eingang liegt der jüdische Teil mit pyramidenförmigen, von leuchtend roten Flechten bewachsenen Grabmalen, rechts liegen Russen begraben, unter denen sich die Namen vieler interessanter Persönlichkeiten finden, im mittleren Teil sind alle anderen, wie z.B. der Dekabrist *Michail Küchelbecker*, beigesetzt.

Museum

- Im Gebäude der Schule, ul. Kalínina, keine regelmäßigen Öffnungszeiten, Infos und Voranmeldung bei der Lehrerin *Tatjána Sergéjewna Filípowa*, privates Tel. 41294.

Service

- **Vorwahl:** 30131, bei Anrufen aus der Republik Burjatien 231
- **Post:** ul. Krasnoarméiskaja 20
- **Tel.:** ul. Dserschínskowo 63, rund um die Uhr, 7 Tage/Woche
- **Bank** *(sberbánk)*, ul. Lenina 24A, Geldwechsel
- Einfacher **Imbiss** *(stolówaja)*, ul. Dserschínskowo 32

Unterkunft

- **Herberge** *(gostíniza)*: ul. Lenina 25, zentraler Platz; einfache Zimmer, 31 Plätze, kein Telefonanschluss, EZ, DZ, 1 Vierbett-Zimmer, 200–350 R.

Verkehrsverbindungen

- **Busbahnhof:** ul. Lenina 40.
- Aus **Ulan-Ude** Linienbus tägl. 8 Uhr, Linientaxi tägl. 7.30 Uhr. Nach Ulan-Ude im Sommer täglich 9 Uhr , im Winter 10.30 Uhr. Linientaxis nach Ulan-Ude vom Busbahnhof tägl. 8.30 Uhr, im Winter 10 Uhr oder nach Bedarf.
- Linienbus nach **Ust-Bargusin** 2x täglich: 7 und 16 Uhr, So nur 7 Uhr; nach **Kurumkan** täglich 15.30 Uhr; weitere Verbindungen nach Uru, Jubileiny, Maiski und Tschitkan.

In der Umgebung

Tschitkan Читкан

Das ansonsten unscheinbare Dörfchen Tschitkán fällt auf durch seine massive, weiße orthodoxe Kirche *(zérkow Christoroschdéstwenskaja*, 1829–1838 erbaut), die sich über die niedrigen Holzhäuschen erhebt und von einstigem Reichtum zeugt.

146ba Foto: rj

Felsformationen bei Suwo Сувo

Die östliche Straße des Bargusin-Tals biegt 42 km von der Ortschaft Bargusin entfernt in Richtung der Siedlung Súwo nach rechts ab. Sie umgeht einen kleinen Berg, bevor sich der Blick auf die durch Erosion und Verwitterung bizarr geformten Felsen öffnet, an deren Fuß die kleine Siedlung liegt. Wie Türme einer mittelalterlichen Burg *(saksónski sámok)* ragen die Felsen aus der steppigen Hügellandschaft viele Meter in die Höhe und bieten Hobby-Fotografen vielfältige Motive. Leider finden sich auch hier Müll und Schmierereien anderer Besucher.

Wer in Richtung Suwo ein Stück den Abhang hinuntergeht, gelangt an einen Aussichtspunkt, von dem aus man einen herrlichen Blick über die Ebene mit ihren Seen hat.

Stier-Stein

Unterwegs von Suwo in den nächsten Ort Bodon liegt nach ca. 4 km links der Straße eine andere Sehenswürdigkeit des Tals: der als heilig verehrte Stier-Stein (burj. *Buche-Schulún*). Der sagenumwobene, ca. einen Meter hohe Stein gilt als Beschützer des Tals und ist nach burjatischem Brauch mit einer Vielzahl von Bändern und anderen Opfergaben geschmückt. Leider beeinträchtigen die vielen leeren Fla-

Einer der Felsen am „Sächsischen Schloss“

schen, die nach „alter Tradition“ nicht mitgenommen werden, den Anblick des Stiers beträchtlich.

Garten der Steine

Eine weitere Attraktion des Tals ist ein mehrere Quadratkilometer großes **Steppengelände** in der Biegung des Flusses Ina (unweit der gleichnamigen Siedlung), auf dem vermutlich durch einen Gletscher eine riesige Zahl von Steinblöcken weit verstreut wurde *(Inínski sad kamnéi)*. Die **Findlinge** aus unterschiedlichstem Gestein in verschiedenen Farben und Formen und mit Flechtenbewuchs liegen teils hübsch gruppiert, teilweise sehen sie aus wie von Menschen aufgestellt oder als wüchsen sie aus dem Erdboden heraus. Wer sich die Mühe macht, zu Fuß ein Stück von der Straße in die Steppe hineinzugehen, wird schöne Fotomotive finden.

Uljun Улюн

Das kleine Dorf Uljún liegt im südlichen, steppigen Teil des Tales. Burjatische Bewohner bieten in einem **Jurtenrestaurant** nationale Speisen an (Kontakt: Visit-Zentrum in Ust-Bargusin).

Neues Heiligtum

1828 war bei einem Ort Burgali der erste Bargusiner Tempel eingeweiht worden. 1861 wurde er an den See Sagan-Nur versetzt, wo er bis zu seiner Zerstörung in den 1930er Jahren stand.

Auf der Suche nach Überbleibseln des zerstörten Klosters erblickte der Chambo Lama *Damba Ajuschejew* im Mai 2005 ein Götterbild, das sich hell vom Felsen abhob. Er hatte im Wald unweit der Stelle, wo ein ritueller Pyramidenstein aus dem alten Kloster entdeckt worden war, meditiert. Die Färbung des Felsens deutete er als Janschima (indisch: Sarasvati), die Göttin der Weisheit und der Kunst. Diese Erscheinung wurde als Hinweis interpretiert: 800 m von dieser Stelle entfernt, die bereits jetzt viele Gläubige anzieht, ist nun an der Straße ein **neuer Tempel** entstanden, der seit seiner Einweihung im Mai 2006 die Nachfolge des zerstörten Vorgängers antreten soll. Er liegt am km 363 (der Strecke Ulan-Ude – Kurumkan), einige Kilometer hinter der Ortschaft Jarikto.

- **Unterkunft:** kleines Gästehaus und Imbiss auf der gegenüberliegenden Straßenseite.

Baragchan-Berg Бархан-Ула

Zwischen den Dörfern Elesún (Элэсун) und Baragchán (Барагхан) liegt der Berg Baragchan, der sowohl im Schamanismus als auch im Buddhismus als **heiliger Sitz von Geistern und Göttern** verehrt wurde. An seinem Fuß unweit der Straße findet man eine Opferstelle mit Bändern. Am Bach Arschan entlang führt ein durch das Schild „Istótschnik“ gekennzeichneter Fußweg weiter ins Tal, wo man nach ca. 1 km auf noch eine heilige Stelle stößt. Ein verfallenes, quadratisches Steingebilde könnte einmal ein buddhistischer Stupa gewesen sein. Mehrere verfallene Häuser waren vermutlich früher ein Ferienheim.

147ba Foto: rj

Kurumkan – Kloster vor Gipfeln

Курумкан ↗ XI/A2

Kurumkán ist das Zentrum des zweiten Verwaltungsbezirks im Bargusin-Tal. Mit 5–6000 Einwohnern hatte der Ort früher sogar Flugverbindungen nach Ulan-Ude. Doch über die westliche der beiden Hauptstraßen im Tal kommt man auch heute recht problemlos hierher. Die Zusammensetzung der Bevölkerung verschiebt sich hier langsam zu ungunsten der Russen, deren Anteil heute nur noch 25 % ausmacht. Neben der burjatischen Mehrheit leben auch 70 Ewenken im Ort. Ein großer Teil der burjatischen Bevölkerung siedelte sich nach dem furchtbaren Erdbeben 1862 hier an, bei dem 1300 Bewohner der Zaganskaja-Steppe obdachlos wurden.

In Kurumkan ist heute der **Buddhismus** wieder lebendig. Ein bereits 1818 erbauter großer Tempel hat die Sowjet-Zeit nicht überlebt. Doch in ca. 1 km Entfernung vom Ort ist auf Initiative örtlicher Kolchosen seit 1991 eine neue Klosteranlage entstanden. Obwohl der Bau bisher noch nicht abgeschlossen ist, sind doch ständig ein Lama und mehrere Schüler vor Ort, und die Gebäude geben vor den schroff aufragenden Gipfeln ein sehr schönes Bild ab. Das Kloster trägt den Namen „Gandan Sche Duwlin“ (*Kurumkánski dazán,* Kontakt: Tel. 41290). Inzwischen wird zusätzlich an einem Tempel im Ortsinneren gebaut.

Tibetischer Lama im Kloster

Museum

- Auch Kurumkan hat eine bescheidene **regionalgeschichtliche Sammlung:** steinzeitliche Funde, Kurykanen, Ewenken, Burjaten, Tiersammlung, heiße Quellen, sowjetische Geschichte; ul. Schkólnaja 10, Di, Mi, Fr 10–12 und 14–17 Uhr.

Service

- **Vorwahl:** 30149, aus Burjatien 249
- **Tel.:** ul. Schkólnaja 9, rund um die Uhr geöffnet

Unterkunft

- **Herberge** *(gostíniza),* ul. Budáina, neben Verwaltungsgebäude und Lenindenkmal, Tel. 41136; einfach, aber ordentlich, ca. 15 Plätze; 300–600 R, Russen die Hälfte.

Verkehrsverbindungen

- **Bushaltestelle:** ul. Schkólnaja 8.
- Aus **Ulan-Ude** Linienbus tägl. 8 Uhr, Linientaxi tägl. 7.30 Uhr. Nach Ulan-Ude Bus und Linientaxi tägl. frühmorgens.
- Busverbindungen von und nach **Bargusin** 2x tägl. (s. Bargusin); nach **Uljumchan** (über Alla) tägl. 16.30 Uhr, zurück tägl. frühmorgens; nach **Maiski** tägl. 18.45 Uhr.
- Kurumkan hat die letzte **Tankstelle** im Tal.

Thermalquellen Garginski

Гаргинские источники

In den Bergen östlich von **Arsgun** am Fluss Garga entspringen die 74° C heißen Gargínski-Quellen in 100 m Höhe aus felsigem Gestein. Ihre Heilkraft verdanken sie u.a. leicht radioaktivem Radon. An den Quellen liegt eine einfache Unterkunft.

Alla – Burjaten und Ewenken

Алла ↗ XIII/C3

Schon ganz im Norden des Bargusin-Tals liegt zwischen Wald- und Graslandschaft der ca. 1000 Einwohner zählende Ort Álla. Eine seiner Besonderheiten ist die Tatsache, dass hier die burjatische Bevölkerung die russische so stark überwiegt, dass auch Russen meistens Burjatisch sprechen. Daneben leben in Alla ca. 100 Ewenken, deren Lebensalltag sich zwar kaum von dem der anderen Nationalitäten unterscheidet, dennoch wird versucht, die Erinnerung an eigene Traditionen zu bewahren. Das **Ewenkische Zentrum JUKTE** (*Dyrénski ewenkíski zentr* JUKTE = Quelle) fertigt mit Kindern traditionelle Handarbeiten aus Leder und Fellen an, die auch zum Verkauf angeboten werden (Kontakt: Tel. (30149) 95371 oder über *Galína Wasíljewna Nikolájewa,* Tel. 95245).

In der Umgebung

Thermalquelle Alla

Аллинские источники

Südlich des Ortes biegt gleich bei den ersten Häusern eine Piste nach Westen in Richtung Berge ab. Aus dem Tal, das sich nach einiger Zeit verengt, ragt ein steiler Felsen auf. Gleich dahinter liegen die Alla-Quellen, 7 km von der Abzweigung entfernt (auf den meisten Karten angegeben mit dem burjatischen Wort für Heilquelle: *Arschan*). Im Wald stehen zwei Holzhäuser mit ca. zehn **Übernachtungsmöglichkeiten** *(sanatóri),* die allerdings nur im Sommer geöffnet sind. Unterhalb am Fluss wurde bei den Quellen ein **Badehäuschen** errichtet. Das Wasser entspringt mit einer Temperatur von 77° C und hat den typischen Schwefelgeruch. Vor dem Baden wird es mit Flusswasser verdünnt.

Im Flusstal der Alla entspringen noch viele andere Thermalquellen, die jedoch schwer zu finden sind und nicht so häufig besucht werden.

Maiski Майский

56 km von Kurumkan entfernt liegt östlich des Bargusin das Dorf Máiski (manchmal auch Maisk genannt). Der vorwiegend russisch geprägte Ort wirkt recht freundlich und sozial intakt. Vom Ort aus sieht man genau in west-

licher Richtung den höchsten Gipfel der Umgebung des Baikalsees. Trotz seiner 2841 m hat er keinen offiziellen Namen, wird nur im Volksmund manchmal *pik Baikál* genannt.

Uljunchan Улюнхан

26 km nördlich von Alla liegt die letzte Siedlung des Bargusin-Tals Uljunchán. Wie in Alla leben auch hier vorwiegend Burjaten und Ewenken, und auch hier wird ein kleines **ewenkisches Zentrum** betrieben, das besonders schöne Souvenirs herstellt (Kontakt: *Jelisawéta Baírowna Syschírowa,* Tel. 91570). Es gibt täglich eine Busverbindung nach Kurumkan.

Quellen Kutschiger

Кучигерские источники

Ca. 5 km von Uljunchan bilden die Kutschigér-Quellen (auch Kutscheger), die mit 21–75° C an die Oberfläche kommen, ein großes Sumpfgebiet, dessen Schlamm heilsam ist. Hier bilden einige Holzhäuschen ein **„Sanatorium"**, das von Einheimischen regelmäßig besucht wird.

Quelle Umchéi

Умхейские источники

Nördlich von Uljunchan entspringen auf einer Art Insel am Fluss Bargusin Thermalquellen mit ca. 50° C. Hier wird ein relativ großes **Sanatorium** betrieben. Mehrere sehr schöne, neue Übernachtungshäuser heben sich sehr positiv von anderen Übernachtungsmöglichkeiten im Bargusin-Tal ab, sie sind auch im Winter beheizbar. Auf die Insel gelangt man mit Fahrzeugen durch das seichte Flusswasser oder bei hohem Wasserstand zu Fuß über eine Hängebrücke.

- **Übernachtung:** 120 R, die Gäste können sich in einer Küche selbst verpflegen.
- **Anfahrt:** ca. 4 km vor Uljunchan zweigt eine kleine Straße nach rechts zu der nur aus wenigen Häusern bestehenden Siedlung Jugdy ab. Danach führt ein Feldweg noch 17 km weiter zum Fluss Bargusin. Am Fluss biegt man links ab und kommt 3 km flussaufwärts an die Quelle.

Wandern im Bargusin-Tal

Die Wege in den Bargusin-Bergen werden selten begangen und sind weniger gut erkennbar als populäre und leichter erreichbare Routen am Südbaikal oder im Tunka-Tal. Touren sollten nur in Gruppen unternommen werden. Man sollte darauf achten, dass man auf keinen Fall ins Gebiet des Dscherginski-Reservats gerät.

Uljunchan – Fluss Tompuda – Alla

- **Dauer:** 9 Tage, 145 km
- **Route:** Uljunchan – Fluss Uljugna – Fluss Nundu – Duwan-Pass (1550 m) – Fluss Topa – linke Uferseite der Tompuda – Fluss Sogdengdon (Sogsennaja) – Alla-Pass (1700 m) – Alla
- Für erfahrene Leute, insgesamt nicht sehr schwierig
- **Variante:** Wenn die Tompuda nicht zuviel Wasser führt, kann man sie überqueren und bis zur Wetterstation Tompa gehen.

Uljunchan – Chakussy (Frolicha-See)

- **Dauer:** 10–12 Tage, ca. 155 km
- **Route:** Uljunchan – Fluss Uljugna – Fluss Nundu – Duwan-Pass (1550 m) – Fluss Topa – linke Uferseite der Tompuda flussaufwärts – Ukoindy-See – Fluss Lewaja Frolicha – Frolicha-See (Bucht Ajaja) – Chakussy

Zu Fuß oder zu Pferd zu den Seen Oron oder Baunt

- **Strecke:** ca. 160 km
- **Route:** Fluss Dschirga – Werchnjaja Zipa – Oron-See – Werchnjaja Zipa – Baunt-See
- Nur mit ortskundiger Begleitung empfohlen
- Ca. 1 km vom **Baunt-See** entfernt liegt ein kleines Sanatorium, das eine Thermalquelle nutzt. Von hier führt eine schlechte Straße ins Bezirkszentrum **Bagdarin.** Dieser Ort wiederum kann von Ulan-Ude aus über eine Straße erreicht werden (600 km).
- **Sanatorium Baunt,** Tel. (30153 bzw. 253) 51117, 51477, Ulan-Ude (3012) 426789, 653044, baunt_hospital@rambler.ru. VP 320 R.

Dscherginski-Reservat

Джергинский заповедник ↗ **XIII/C2-3**

Das Dscherginski-Reservat *(Dscherginski gosudárstwenny sapowédnik)* liegt am Nordrand des Bargusin-Tals am Zusammentreffen des Ikatski-Bergzugs, des Bargusin-Gebirges und des Süd-Muja-Gebirges. Es besteht aus Berg-Waldsteppe, Bergtaiga und Bergtundra im Quellgebiet und am Oberlauf des Bargusin und wurde 1992 gegründet, seine Fläche beträgt 238.088 ha.

Ab 1974 existierte hier ein kleineres Naturschutzgebiet, das 1992 um stillgelegte Forstflächen zum heutigen Reservat erweitert wurde. Zum Teil ist es mit geländegängigen Wagen erreichbar, denn die einzige Trasse (Uljunchan – Kumora), die das Bargusin-Tal mit der BAM im Norden verbindet, durchquert das Gebiet. Sie ist aber nur für geländegängige Lkws geeignet, die auch tiefe Flüsse durchfahren können.

Der größte Teil des Reservats ist völlig naturbelassene und bis vor kurzem auch kaum erforschte Gebirgslandschaft mit vielen seltenen Tier- und Pflanzenarten. Bären, Elche, Rentiere, Hirsche, Zobel, Luchse, viele kleine Nager und sogar Wasservögel, die an einigen Bergseen brüten, finden hier ein Rückzugsgebiet, wenn sie auch nicht immer vor einheimischen Wilddieben geschützt sind.

- **Verwaltung:** Maiski, ul. Lenina 7, Tel./Fax (249 bzw. 30149) 41799, Tel. 98272, www.jerga.narod.ru, jerga@burnet.ru, Kontakt: *Konstantín Aleksándrowitsch Proskin* (seine Frau *Anna* beantwortet auch E-Mails auf Deutsch), Tel. privat 98246.
- **Touren:** Rafting auf dem Bargusin (Schwierigkeitsstufe 3), Fototouren, Touren zu Fuß oder mit dem Pferd zu den Seen Balan-Tamur und Amut (ewenkisch: „Meer" oder „großes Wasser"), Touren mit dem Jeep zum Wasserfall Jurgon am Fluss Koweli, Übernachtung in Zelten oder Hütten.
- **Gebühren:** Ein Tag im Reservat inkl. Verpflegung, Gebühr und Begleiter kostet ca. 500 zzgl. Benzinkosten. Pferde: ca. 200 Rubel/Tag.

Unterkunft

- **Herberge des Reservats,** kleines Holzhaus, ganz einfach, 60 R.
- Vom Reservat werden auch **Familienunterkünfte** vermittelt, mit VP 600 R.

149ba Foto: rj

Der Norden

150ba Foto: rj

151ba Foto: rj

Die lang gezogene Sandinsel Jarki vor dem Delta der Oberen Angara

Alte Holzkirche in Sewerobaikalsk

In Schegnanda

Bahnlinie und viel Natur

Macht man sich bewusst, dass die Nordspitze des Baikalsees fast 600 km von Irkutsk und Ulan-Ude entfernt ist, dann wird klar, warum die Landschaft und die Menschen dieser Region einen ganz eigenen Charakter haben. Viel stärker als im Süden, dessen Besiedlung durch die Russen schon vor Jahrhunderten begann, spürt man hier, dass diese Entwicklung noch jung ist. Bis ins 20. Jh. hinein war der Norden eine abgeschiedene, nur auf dem Wasserweg erreichbare Region, deren Bewohner von Jagd und Fischfang lebten. Es gab einzelne Lager, in denen zaristische Strafgefangene und Verbannte Glimmer abbauten und (nördlich vom See an der Lena) Gold schürften. Die frühen Jahre der Sowjetunion, in denen selbst hier Kolchosen gegründet, Dörfer umgesiedelt und neue Verwaltungseinheiten gebildet wurden, veränderten das Leben der Menschen sichtbar.

Doch erst der Bau einer **Zugverbindung** von Taischet an der Transsibstrecke zum Baikalufer und weiter bis zum Pazifik bewirkte wahre Umwälzungen: Die **Baikal-Amur-Magistrale (BAM)** ließ die Bevölkerung schlagartig ansteigen, brachte Industrie und beschleunigte die Erschließung von Bodenschätzen. Es wurden Blei, Zink, Glimmer und Asbest gefunden. Doch bis heute liegen viele der Fundstätten ungenutzt. Sie gehören zum Einzugsgebiet des Baikalsees und der Abbau der Rohstoffe würde den See gefähr-

152ba Foto: rj

den. Auch logistische Probleme kommen dazu. Durch die hohen Abbau- und Transportkosten wäre eine Erschließung in den meisten Fällen unrentabel. So ist die Natur abseits der großen Siedlungen im Norden noch sehr viel weniger beeinträchtigt durch menschliche Eingriffe als im dicht besiedelten und industrialisierten Süden.

Erstaunlicherweise entsteht erst in den letzten Jahren ein Bewusstsein für den wirtschaftlichen Wert der Ressource „Natur". Doch möglicherweise war dieses mitverantwortlich dafür, dass die von *Präsident Putin* bereits beschlossene Streckenführung einer Öl- und Gas-Pipeline entlang des Nordbaikal 2006 in letzter Minute doch noch geändert wurde (s. Kapitel „Landschaft und Natur: Umweltprobleme und Naturschutz, Pipelines"). In dem Maß, wie nach Abschluss der Arbeiten an der Bahnstrecke Arbeitsplätze verschwinden, suchen die Menschen nach neuen Betätigungsfeldern, und besonders einträglich wird in Zukunft sicher der Tourismus sein. Schon jetzt ist der Nordbaikal eine beliebte und bequem zu erreichende Urlaubsregion für Russen aus Bratsk, Krasnojarsk und durch die direkte Zugverbindung sogar aus Moskau. Leider entwickelt sich der Markt praktisch unkontrolliert, und viele Akteure des Tourismus denken nicht langfristig genug, um der Versuchung schnellen Profits auf Kosten der Natur zu widerstehen. So liegt es ein Stück weit beim Reisenden, seinen Aufenthalt verantwortungsbewusst zu planen und umweltschädliche Angebote nicht in Anspruch zu nehmen.

Der Frolicha-See liegt im Hinterland der Nordostküste – das Gebiet ist geschützt und schwer zugänglich

Besuch der Schutzgebiete im Norden

Der Nordbaikal zeichnet sich dank seiner noch relativ kurz zurückliegenden Erschließung durch große Gebiete unberührter Natur und einen niedrigen Verschmutzungsgrad aus. Zum Glück für die Natur sind bisher auch die Schutzbestimmungen relativ streng im Vergleich zu anderen Baikalregionen. Für Übernachtungen in der Natur außerhalb von Siedlungen (Zelten) braucht man grundsätzlich eine **Genehmigung der Forstbehörde.** Für den gesamten Verwaltungsbezirk Nord-Baikal ist die Vertretung im Gebäude der Stadtverwaltung von Sewerobaikalsk (am zentralen Platz, Erdgeschoss links) zuständig. Der Bezirk umfasst alle in diesem Kapitel beschriebenen Gebiete. Die Genehmigung bekommt man aber einfacher an der Anlegestelle im Jacht-Club in Sewerobaikalsk oder im Forstamt in Nischneangarsk. Die Filiale im Jacht-Club ist leicht zu finden im obersten Stockwerk des kleinen „Türmchens" mitten auf dem Gelände. Öffnungszeiten im Sommer: 8–12 und 15–20 Uhr. In beiden Filialen werden auch Genehmigungen für die Naturschutzgebiete Obere Angara und Frolicha ausgestellt. Für Ausflüge in der Umgebung von Baikalskoje kann die dortige Filiale genutzt werden (s. Baikalskoje).

Das Nordwestufer

Vor der Kulisse des Baikal-Gebirges

Teilt man das nördliche Baikalgebiet in Ostküste und Westküste, ist der Westen der gezähmte, „zivilisierte" Teil. Der **breite Uferstreifen,** der erst ganz allmählich zu den Gipfeln des Baikal-Gebirges hin hügeliger wird, ist schon seit Hunderten von Jahren von Menschen bewohnt. Zu den wenigen Siedlungen der Ureinwohner (hier hauptsächlich Ewenken), die noch nomadisierten, kamen im 17. Jh. einzelne russische Dörfer hinzu. Die endlosen Wälder und der Fischreichtum des Baikalsees erlaubten allen ein Auskommen, selbst als die zaristischen Kosaken im 18. Jh. begannen, Abgaben in Form von Fisch und Fellen einzuziehen.

Die Siedlungsstruktur änderte sich stark mit dem Beginn der sozialistischen Siedlungspolitik. Das Ziel einer möglichst vollständigen Anbindung der Bevölkerung an medizinische, gesellschaftliche und Bildungseinrichtungen konnte nur durch Konzentration an möglichst gut erreichbaren Orten verwirklicht werden. So entstand 1939 aus mehreren kleinen ewenkischen Siedlungen und dem russischen Dorf Goremýka der Ort Baikálskoje. Er wurde zum Verwaltungszentrum der Region, doch nach wie vor war die gesamte Westküste vom nächsten großen Ort Nischneangarsk nur per Schiff erreichbar. Mit dem Entstehen von Sewerobaikalsk als logistischem Zentrum des BAM-Baus in Burjatien verlor das Dorf seine Bedeutung. Seit dem Bau der Straße von Sewerobaikalsk nach Baikalskoje wird die Gegend von Städtern als Naherholungsgebiet genutzt.

Wandertouren im Nordwesten

Abgesehen von dem Weg auf den Berg Tscherskowo (s.u.) gilt grundsätzlich für den Nordwesten, dass Wege wenig begangen und schlecht sind. Dazu kommt noch, dass die gängigen Routen meist lang sind und (inklusive der Anreise) sehr viel Zeit erfordern. Kürzere Strecken für wenige Tage gibt es vorwiegend in der Gegend um Daban (42 km westlich von Sewerobaikalsk), die bequem mit Nahverkehrszügen erreicht werden kann.

Sewerobaikalsk – die jüngste Stadt am Baikal

Северобайкальск ↗ XII/A2

Sewerobaikálsk ist nach Ulan-Ude die **zweitgrößte Stadt der Republik Burjatien** und die größte am Baikalufer. Die Einwohnerzahl ist in den letzten Jahren unter 30.000 gefallen, obwohl aus kleineren BAM-Siedlungen, die geschlossen werden, Arbeiter nach Sewerobaikalsk umziehen. Die größten Arbeitgeber sind nach wie vor die Bahn und einige große Bauunternehmen. Viele aktuelle Bauprojekte liegen allerdings in beträchtlicher Entfernung von der Stadt, weshalb heute häufig im so genannten „Wacht-System" gearbeitet wird: Die Arbeiter fahren für intensive Arbeitsphasen von zwei bis drei Wochen an den Arbeitsplatz und haben dann den gleichen Zeitraum frei, während die andere Schicht vor Ort ist.

Baulich teilt sich die Stadt in das von sowjetischer Architektur geprägte **Zentrum,** die umliegenden Wohngebiete, wo noch Siedlungen aus der Bauzeit erhalten sind, und das neue Wohngebiet **Kutúsowka** (Кутузовка) südlich der Bahnschienen in Ufernähe, wo Datschengrundstücke in privaten Baugrund umgewandelt werden und teilweise elegante Wohnhäuser entstehen. Einige neue Pensionen befinden sich hier. Westlich vom Fluss liegt der Vorort **Sarétschny** (Заречный) mit interessanten Unterkünften für alle, die nicht unbedingt in Zentrumsnähe untergebracht sein wollen.

Geschichte

Bis vor 30 Jahren lag an der Stelle des heutigen Sewerobaikalsk nichts als dichte, fast unberührte Taiga. Der gesamte Nordbaikal konnte praktisch nur übers Wasser (bzw. übers Eis) erreicht werden und war fast ausschließlich von **Ewenken** besiedelt. Das Land an der Mündung des Flusses Týja (Тыя), auf dem heute die Stadt liegt, wurde von ihnen gemieden und galt als Unheil bringend. Im Zuge der Planungsarbeiten für die **BAM** gründeten Geologentrupps hier die erste Siedlung, die als Umschlagplatz für Material, das vor allem über den Baikal transportiert wurde, bald große Bedeutung bekam. 1974 gilt als Gründungsjahr der Stadt. Stadtplaner aus Leningrad wurden zu Hilfe gezogen und bauten die speziel-

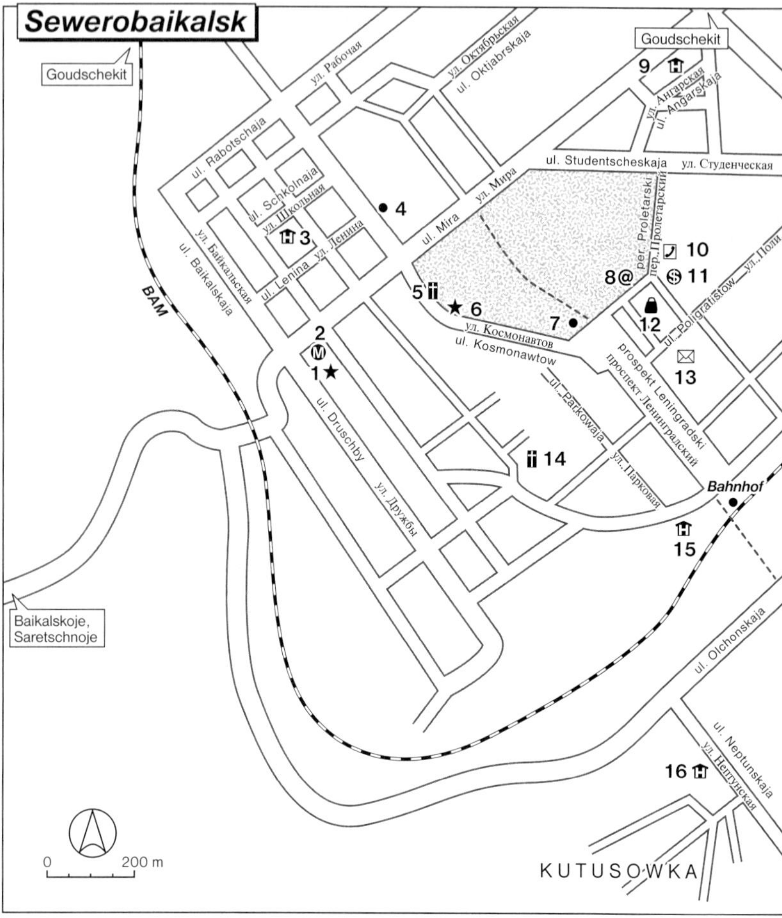

len verwinkelten Wohnblocks, deren Form sie besonders erdbebensicher macht. Das erste fertig gestellte Wohnhaus ist gleich beim Bahnhof an einer Gedenktafel zu erkennen (pr. Leningrádski 4). Weitere folgten, immer mehr Arbeiter konnten aus ihren einfachen Holzhäusern in Wohnungen mit fließend Wasser und Kanalisation umziehen. Die Stadt wuchs schnell, zog junge Familien an und Fachleute, beseelt vom Pioniergeist eines der gro-

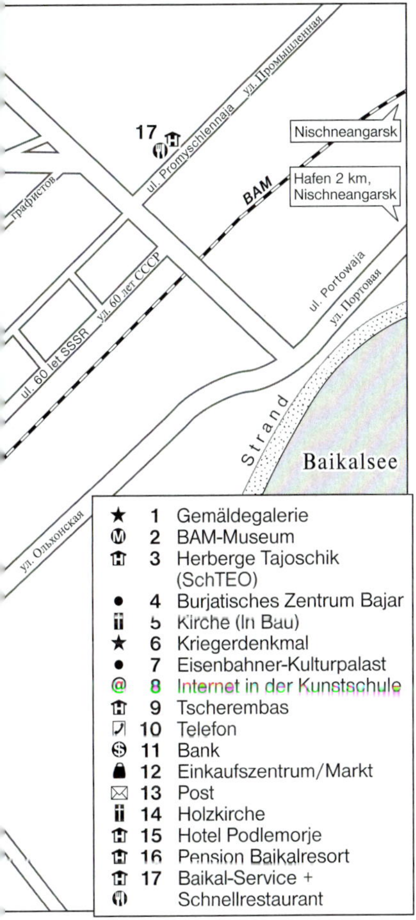

ßen Bauprojekte des 20. Jh. und gelockt durch ansehnliche Löhne. Bald wurde der Eisenbahner-Kulturpalast errichtet, Zeichen für den Wunsch, auch eine **kulturelle Infrastruktur** zu schaffen.

Sehenswertes

Bahnhof

Wer mit dem Zug ankommt, hat beim Verlassen des Bahnhofs den **Prospekt Leningradski** vor sich, der schnurgerade auf den **zentralen Platz** zuläuft. Es empfiehlt sich, nach den ersten 50 m einen Blick zurück aufs Bahnhofsgebäude zu werfen. Wenn beim Betrachten des geschwungenen Daches die Assoziation einer Skischanze aufkommt, ist das kein Zufall. Der Architekt wollte dem damaligen Bürgermeister der Stadt, der leidenschaftlicher Skispringer war, eine Freude bereiten. Das Denkmal auf dem Bahnhofsvorplatz erinnert an die Leningrader Bautrupps, denen Sewerobaikalsk die ersten Wohnhäuser zu verdanken hat.

Eisenbahner-Kulturpalast

Das andere Ende des Prospekts bildet der Eisenbahner-Kulturpalast *(Dworéz kultúry „Schelesnodoróschnik“*, Tel. 22462). Im ersten Stock gibt es wechselnde **Ausstellungen lokaler Künstler** (z.B. Fotografie). Mit viel Liebe wurde im Erdgeschoss ein sogenannter Wintergarten angelegt, in dem eine stattliche Bananenstaude, Monstera, Ficus und andere mehr oder weniger exotische Pflanzen auch im sibirischen Winter eine kleine grüne Insel schaffen.

Kirchen

Die orthodoxe **Kirche der Ikone der Kasaner Muttergottes** *(Chram ikóny Kasánskoi Bóschei Máteri)* ist noch nicht fertig gestellt (im Bau seit 2001), aber dennoch in Betrieb.

Exotisch mag die Kirche in der ul. Trudá wirken, die in alter russischer Tradition aus Holz erbaut ist und durch ihre verwinkelten Türmchen und Kuppeln einen fast märchenhaften Eindruck hinterlässt. Das Innere ist für Touristen nicht zugänglich.

BAM-Museum und Galerie

Das BAM-Museum enthält eine kleine regionalgeschichtliche Sammlung und eine Ausstellung über burjatische Kunst. Gleich daneben liegt die Gemälde-Galerie mit Gemälden, Zeichnungen und Skulpturen lokaler Künstler (Wechselausstellungen, auch Verkauf).

- **Muséi istórii BAMa,** ul. Míra 2, Tel. 21663, täglich 10–17 Uhr außer Sa/So.
- **Kartínaja galeréja,** ul. Drúschby 40, täglich 10–13 und 14–16 Uhr.

Wohngebiete

Um ein Gefühl für diese eigenartige Stadt zu bekommen, deren Bewohner noch heute mit leuchtenden Augen von den Pionierjahren an der BAM und der Gründung einer modernen Stadt im Nichts erzählen, sollte man auch ein wenig durch die westlich des Prospekts auf der Anhöhe gelegenen Wohngebiete streifen. Man findet hier relativ einfache, **barackenähnliche Holzgebäude,** auch *wagóntschiki* genannt, weil als Grundgerüst Eisenbahnwaggons ohne Räder genutzt wurden. Das waren die ersten Unterkünfte der ankommenden Siedler. Da der Wohnungsbau neben dem Bahnbau immer an zweiter Stelle stand und seit 1996 auch nicht mehr zentral finanziert wird, wurde das Ziel nie erreicht, alle *wagontschiki* abzureißen und durch moderne Wohnungen zu ersetzen.

Burjatisches Zentrum Bajar

Auch wenn der Nordbaikal nicht zu den traditionellen Siedlungsgebieten der Burjaten gehört, ist ihr Anteil an der Bevölkerung (auch durch die Zugehörigkeit zur Republik Burjatien) groß. Das 1991 gegründete Zentrum für Burjatische Kultur „Bajár" dient der Pflege und Verbreitung von burjatischer Sprache, von Musik, Tanz, Handwerk und Volkskunst sowie als Zentrum des Buddhismus in Sewerobaikalsk. Die Mitarbeiter führen auf Bestellung sehr anschauliche **Informationsveranstaltungen** für Touristen durch (Buddhismus, Leben in der Jurte, burjatische Lieder und Trachten).

- **Bajar,** ul. Kosmonáwtow 5, Tel. 21860, Direktorin: *Svetlána Darmájewna Chobodójewa.*

Datschen-Siedlung

Für einen kleinen Spaziergang eignet sich das Datschengebiet, das zwischen dem See und dem Stadtteil Kutusowka liegt. Man überquert am besten die Fußgängerbrücke am Bahnhof und hält sich anschließend rechts. Die nächste Querstraße ist die ul. Neptúnskaja, ihr folgt man hinunter Richtung Baikalsee. Unten ziehen sich mehrere Wasserarme durch die Uferzone. Sie sind eng bebaut mit dicht aneinander gedrängten Holzhäuschen.

Mit ihren schmalen Fassaden und den verschachtelten **Bootsstegen an der Rückseite** muten sie fast holländisch an und schaffen eine malerische Silhouette vor der Weite des Sees.

Strand

In nördlicher Richtung schließt sich der Strand an, ebenfalls über die Fußgängerbrücke, dann ca. 500 m Fußweg geradeaus durch das Wäldchen. Er ist auch mit dem Auto erreichbar und bei warmem Wetter gut besucht.

Praktische Tipps

Post und Telefon

- **Vorwahl:** 30139, bzw. 239. Bei Anrufen in andere Ortschaften im Bezirk Sewerobaikalsk darf keine Vorwahl gewählt werden, obwohl von außerhalb für diese Nummern andere Vorwahlen gelten.
- **Telefonieren:** Fernmeldeamt *(telegráf),* per. Proletárski 1.
- **Post:** pr. Leningrádski 6, gleich neben dem Handelszentrum.
- **Postleitzahl:** 671701.

Internet

- **Internet Club,** per. Proletarski 2, Gebäude „détskaja schkóla isskústwa" (Kunstschule), Eingang ohne Hinweisschild ins Kellergeschoss an der Rückseite.

Geld

- **Sparkasse** *(sberbánk),* ul. Poligrafístow 18, Ecke per. Proletárski, Tausch von Bargeld (Euro), Abheben am Schalter mit VISA, Maestro-(EC-)Karte, Traveller-Cheques, Geldautomat.
- **AK Baikal-Bank,** ul. Poligrafístow 10, Tausch von Bargeld, Geldüberweisungen mit Western Union.
- **Automat** der Transkreditbank im Bahnhof.

Gesundheit

- **Apotheken** am pr. Leningradski und im Handelszentrum.
- **Poliklinik** im Gebäude des Sanatoriums „Podlemorje".

Essen und Trinken

- Café-Bar **Tíchonow i synowjá** (Tichonow und Söhne), im Kulturpalast, Tel. 22516; russische und sibirische Küche.
- Schnellrestaurant **Pétschki-Láwotschki,** per. Proletárski, russische Küche.
- Bar/Nachtclub **Nostalschí** (Nostalgie), per. Proletárski 7, Tel. 23292.

153ra Foto: rj

Datschen-Viertel am Seeufer

Wunderwerk oder Fiasko? Die Baikal-Amur-Magistrale

Die Idee, eine weitere **Eisenbahnstrecke zum Pazifik** zu bauen, entstand bereits Anfang des 20. Jh. Die Baikal-Amur-Magistrale (BAM) sollte in Taischet von der Transsib-Strecke abzweigen und am Baikalsee vorbei zum Amur und in den äußersten Osten Sibiriens führen. Diese Zugstrecke und ihr Bau sind ein Phänomen, so schillernd und schwer zu fassen wie vieles an der russischen Wirklichkeit. Schon **1974,** als *Breschnjew* das Projekt sehr überraschend angekündigt, dann unter die Patenschaft der Jugendorganisation Komsomol gestellt und unionsweit zur Teilnahme aufgerufen hatte, war es ein Mythos, verständlich vor dem Hintergrund der Zeit: Während fast überall auf der Welt die Knappheit der natürlichen **Rohstoffe** ins Bewusstsein drang, waren in einer bisher kaum erforschten Region unvorstellbar große Lagerstätten gefunden worden. In Udokan beispielsweise entdeckte man eines der größten noch nicht erschlossenen Kurpfervorkommen der Welt. Es war eine Zeit, in der sich der Mensch für fähig hielt, fast überall auf der Erde sich die Natur zu seinem Nutzen zu unterwerfen.

Technische Herausforderung

Der Bau der Zugstrecke **von Ust-Kut nach Komsomolsk** am Amur unter extremen klimatischen Bedingungen würde hart sein, doch der Mensch würde allen Schwierigkeiten trotzen und in einer faszinierenden Region neue moderne Siedlungen und neue Lebensräume schaffen. Diese Vision wurde von Staat und Partei bewusst gefördert, aber auch mit sehr viel Bereitschaft von der jungen Generation aufgenommen und weitergetragen. Tausende von Freiwilligen kamen aus verschiedenen Republiken der Sowjetunion, sogar manche Studenten aus der DDR verbrachten ihre Sommerferien auf der internationalen Baustelle.

Gleichzeitig gab es von Anfang an nicht nur in westlichen Medien, sondern auch in der Sowjetunion kritische Stimmen, die, besonders nach dem Beginn von *Gorbatschows* Glasnost-Politik, Breschnews größtes Bauprojekt infragestellten. Das Wunderwerk der Technik war plötzlich ein technisches Fiasko, eine wirtschaftliche Katastrophe und eine menschliche Tragödie. Als Motive für den Bau wurden besonders im Westen die verteidigungspolitischen Aspekte in den Vordergrund gestellt. Außerdem wurde immer wieder vermutet, es würden Gefangene zum Bau herangezogen, was für die moderne Strecke jedoch nicht zutraf. (Mit Lagern bestückt war das erste Teilstück von Taischet nach Ust-Kut, das bereits ab den 1930er Jahren unter *Stalin* gebaut worden war.) Diese Widersprüche in der Wahrnehmung der BAM illustrieren nicht nur den Gegensatz zwischen propagandistischem Schein und planwirtschaftlichem Sein, sondern sind bis heute symptomatisch für die nachsowjetische Wirklichkeit. Positive und negative Aspekte verschmelzen und führen in der Wahrnehmung der Menschen eine friedliche Koexistenz.

Planerische Schwierigkeiten

Ingenieure, Architekten und Arbeiter vor Ort waren damit konfrontiert, dass die unterschiedlichen Ministerien, die für den Bahnbau und die Entwicklung von Siedlungen zuständig waren, ihre Pläne kaum aufeinander abstimmten. Helfer wurden geschickt, für die es keine Wohnungen gab, Material war oft nicht pünktlich zur Stelle, oder das zuständige Ressort hatte Finanzierungsprobleme, weil die Kosten falsch eingeschätzt worden waren. All das kam zu den Schwierigkeiten hinzu, die die keineswegs einfachen **geologisch-klimatischen Bedingungen** ohnehin schon vorgaben: Bei hohem Erdbeben- und damit Lawinenrisiko erforderte die Strecke **extrem viele Tunnels und Brücken.** Trotzdem mussten oft unter großem Zeitdruck zu bestimmten Terminen Bauziele erfüllt werden, was dann häufig zu Lasten der Qualität ging. So wurde 1984 die Fertigstellung der BAM gefeiert, während viele Abschnitte in Wirklichkeit noch nicht befahrbar waren.

Unter diesen Umständen sind viele der Freiwilligen, die auf der Suche nach Abenteuer und Romantik gekommen waren, nicht lange an der Baustelle geblieben. Die jedoch, die nicht wieder abreisten, fanden mit sprichwörtlicher Gelassenheit immer wieder Auswege: Stellte der Staat keine Wohnungen zur Verfügung, bauten sie sich selbst welche, reichten die Lebensmittellieferungen nicht aus, legten sie sich ihre eigenen Gärten und Felder an. Konnte der große Baikaltunnel nicht bis zum Termin fertig gestellt werden, baute man eben eine vorläufige Umgehung, damit der erste Zug die goldene Ehrenschiene pünktlich befahren konnte. Das Bewusstsein für die Mängel widersprach nicht dem Gefühl von Stolz, das einen beim Anblick der neu entstehenden Straßen, Brücken, Tunnels und Städte erfüllte.

Geringe Auslastung der Bahn

Der heutige Zustand des Jahrhundertprojekts ist traurig: Mit sehr spärlicher Finanzierung wurde an einigen besonders komplizierten Objekten wie dem Nord-Muja-Tunnel bis vor kurzem immer noch gebaut, erst 2003 war er endgültig fertig. **Seit 1989 gibt es regelmäßigen Zugverkehr** auf der BAM, doch da sich die Erschließung vieler Rohstoffvorkommen als zu kostspielig herausgestellt hat, ist der Auslastungsgrad der eingleisigen Strecke sehr gering: 20–30 %, bzw. durchschnittlich **zehn Züge pro Tag.** Hauptsächlich wird Holz transportiert. Die Besonderheiten des Dauerfrostbodens, die Erdbebenhäufigkeit und die extremen Temperaturen machen die Strecke sehr anfällig. Von den geplanten Städten sind nur Sewerobaikalsk und Tynda einigermaßen fertig gestellt. Seit die Löhne an der BAM nicht mehr durch die attraktiven Extra-Zuschläge locken, werden die meisten Siedlungen kleiner. Viele Bewohner ziehen weg, wenn ihnen die Situation das erlaubt. An ihrer Stelle werden immer mehr Saisonarbeiter von außerhalb an aktuellen Bauprojekten eingestellt.

All das betrifft in geringerem Maß den **Baikalabschnitt** der BAM. Er ist verkehrstechnisch besser angebunden und hat eine relativ gut entwickelte Infrastruktur. Man kann wohl behaupten, dass es den Menschen hier nicht schlechter geht als in anderen ländlichen Gebieten Russlands abseits der Ballungszentren.

Schonung der Natur

Was viele Menschen trotz wirtschaftlicher Schwierigkeiten auch heute noch an der BAM hält, ist die Natur. Die praktisch **unberührten Gebirgszüge,** die die Strecke durchschneidet, die **endlosen Wälder** voller Beeren und Pilze, Hirsche, Elche, Bären und Wölfe, die **kristallklaren Bergflüsse,** all das ist mit dem üblichen Klischee „unmenschlicher Frost und Mücken" nur sehr ungenügend beschrieben. Selbstverständlich kann die Wildnis auch feindliche Züge annehmen, und der BAM-Bau wurde teilweise als Kampf gegen die Natur bezeichnet. Gleichzeitig jedoch war er eines der ersten Großbauprojekte, das mit einem ausdrücklichen **ökologischen Anspruch** antrat. Die Natur sollte so wenig wie möglich beeinträchtigt werden. Arbeiter wurden bestraft, wenn sie unnötigerweise Bäume fällten. Die Siedlung Kitschera an der Nordspitze des Angara-Deltas ist ein Beispiel für einen Ort, der in den Wald gebaut wurde. Von der Ansiedlung umweltschädlicher Industrie wurde abgesehen. Bei der Planung der Trasse am Nordufer des Sees entschied man sich gegen die Ufervariante und führte die Strecke stattdessen in einigen Kilometern Entfernung **am See vorbei.**

Doch nicht überall wurde der ökologische Anspruch erfüllt. Besonders der Umgang mit dem Feuer ist, wie in ganz Sibirien, ein Problem. Durch **Waldbrände** wurden und werden jedes Jahr große Taigagebiete geschädigt. Aber insgesamt kann die BAM nicht als ökologische Katastrophe bezeichnet werden.

Einfachere Cafés und Imbiss-Stuben:

- Imbiss **Sakúsotschnaja,** pr. Leningrádski 5.
- Café **Ajana,** pr. Leningrádski 6, Tel. 21224.
- Imbiss **Posnaja,** Ecke pr. Leningrádski/ul. Poligrafístow.

Einkaufen

- Das einzige **Buchgeschäft** mit kleiner Auswahl an Postkarten und Bildbänden (manchmal sogar Landkarten) liegt am zentralen Platz, pr. Leningrádski 5.
- Kleinere **Lebensmittelgeschäfte** gibt es an jeder Ecke, besonders gut ist die Auswahl aber auf dem **Markt** und im **Handelszentrum** *(torgówy zentr).*

Unterkunft

Pensionen in der Region haben eine Besonderheit: Der Preis für die Übernachtung wird häufig pro Zimmer angegeben. Wie viele Betten darin belegt sind, hat keine Auswirkung auf den Preis.

- **Tajoschik,** per. Schkólny 11, Tel. 20323, Fax 21513, davan2001@mail.ru, 20 Min. zu Fuß vom Bahnhof; Herberge der Schule für Wandern und Umwelterziehung (SchTEO), drei Schlafsäle mit 6–8 Betten, Gemeinschaftsküche mit fließend kaltem Wasser, WC, Dusche (warm), Möglichkeit zur Beratung, Buchung von Exkursionen und Nutzung von Internet und der Bibliothek nebenan in der Schule (Englisch wird gesprochen); 200 R.
- **Tscherembas,** ul. Míra 44 A, Eingang: ul. Angárskaja, Tel. 22379, 23654, butakov@burnet.ru; einfache, aber saubere Herberge für Selbstversorger, 2- und 3-Bett-Zimmer, WC, Dusche, Gemeinschaftsküche, Fernsehraum; 150–250 R.
- **Bély Párus** (Weißes Segel), Anlegestelle der Stadt Sewerobaikalsk, vom Bahnhof ca. 40 Min. zu Fuß, Tel. 24556; fünf Holzhäuschen (nur im Sommer), Betreiber Jacht-Club (s.u.); DZ mit WC und Waschbecken 400 R/Zi; 2- und 4-Bett-Zi mit Außentoilette 250 R/Zi; Selbstverpflegung (guter Straßenimbiss in 5 Min. Entfernung).
- **Baikalresort (Dom u Baikála),** ul. Neptúnskaja 3, Kutusowka, Tel. 23950, Fax 22395, baikal-kruiz@yandex.ru; große Pension im Holzhaus, Zimmer mit Dusche und WC, Speiseraum, TV; 600/800 R/Zi, Verpflegung extra; im Hof billige Sommerunterkünfte in Häuschen für zwei Pers.
- **Baikal-Service,** ul. Promýschlennaja 18, Tel./Fax 23912, baikals@burnet.ru, www.baikaltour.irk.ru; Holzhäuschen für je drei Pers., Wohnzimmer mit TV, Dusche, Telefon, Kühlschrank; Gästehaus mit mehreren Zimmern; Familienunterkunft; 12 € (ohne Verpflegung) bis 25 € (komfortabler, mit Frühstück). Auf dem Gelände Sauna, Schwimmbecken (offen), Café, Kleinbus, Schiffe, Ausflüge zu heißen Quellen; sehr schönes Gelände zwischen Kiefern.
- **Podlemorje,** Prospekt 60 let SSSR 21 A, Eisenbahner-Tel. (nur über Vermittlung): 3571, 3179; Hotel und Sanatorium, Schwimmhalle, Sauna; 330–950 R.

In der Umgebung:

- Pension **Sadko,** *Sáscha* und *Nádja Kropatschów,* Stadtteil Saretschny, Kwartal 2, Haus Nr. 16, Tel. 20669, 26564, sadko10@yandex.ru; vier Zimmer (je 2–3 Betten), WC, Dusche, Banja, Pkw; 450 R/Pers., Verpflegung 200 R/Pers.
- Pension **Maria Moschkina,** Stadtteil Saretschny, Tel. 41227, 20997, moshkina_mariya@mail.ru; drei Zi (je 2 Betten), WC, Dusche, Banja, Kleinbus, Vollpension, Zelte und Wanderausrüstung stehen zur Verfügung. Die ganze Familie ist sehr naturerfahren und stellt gern Touren zusammen (Wandern, Flüsse, Ski), die professionell begleitet werden.

Tourenanbieter

- **SchTEO,** Schule für Wandern und Umwelterziehung *(Munizipálnaja schkóla turístskoekologítscheskowo obrasowánija),* per. Schkólny 11, Tel. 20323, Fax 21513, davan2001@mail.ru, Direktor: *Ewgéni Alexándrowitsch Marjásow.* Die Schule bildet Fachkräfte für Naturtourismus aus und bietet eigene Touren an. Spezialist für Trekking am Nordbaikal, auch individuelle Betreuung. Wanderführer ca. 900 R/Tag, je nach Schwierigkeitsgrad auch mehr oder weniger. Schwerpunkt: Bergtouren (z.B. Berg Tschérskowo), Klettern, Flusstouren (z.B. Obere Angara, Frolicha), Schiffsfahrten und Skitouren.

- **Jacht-Club,** Anlegestelle, Tel. 24556, Fax 24512, nordsail@mail.ru, Kontakt: *Geórgi Fjódorowitsch Jekímow.* Die Adresse für alles, was mit Schiffen zu tun hat. Verleih von Booten und Jachten (15 $/Stunde, 150 $/Tag, mit Verpflegung 200 $).
- **Chosjain,** Tel. (30139) 24512, 23279, www.eastsib.ru/~hozjain, hozjain@mail.ru; größte Firma in Sewerobaikalsk, bietet alle Arten von Touren an (Boot, Pferde), Aufenthalte an den Thermalquellen Goudschekit, Dselinda, Chakussy und verschiedene Unterkünfte.
- **Raschit Jachin/BAM-Tour,** ul. 2 Oktjabrjá 16, Tel./Fax 21560, www.gobaikal.com; Ein-Mann-Unternehmen: *Jachin* macht seine äußere Gebrechlichkeit (nach Schlaganfall) durch innere Beweglichkeit wett. Von seiner Wohnung aus kann er Fahrer, Unterkünfte und Begleiter vermitteln, spricht Englisch.
- **Viktor Kusnezow,** s. Nischneangarsk.
- **Baikal-Service,** s. Unterkünfte.

Bahnverbindungen

- **Bahnhof:** Prospekt 60 let SSSR.
- Alle Angaben **Ortszeit!**
- **Nr. 71/72 Irkutsk – Sewerobaikalsk,** ungerade Tage ab 22.05 Uhr, an 8.10 Uhr, zurück: ab Sewerobaikalsk ungerade Tage 22.35 Uhr, an Irkutsk 6.35 Uhr; Fahrtzeit: ca. 33 Stunden. Der Zug fährt in Irkutsk als Nr. 71 ab (Richtung Moskau) kommt jedoch als Nr. 72 in Sewerobaikalsk an, da er in Taischét die „Richtung wechselt" und wieder nach Osten zurückfährt, genauso in die andere Richtung.
- **Nr. 92 Moskau (Kasanskaja) – Sewerobaikalsk,** gerade Tage ab 12.50 Uhr, an 14.05 Uhr; Fahrtzeit 92½ Stunden; zurück Zug Nr. 91, gerade Tage ab 11.54 Uhr.
- **Nr. 76 Moskau (Kasanskaja) – Tynda,** ungerade Tage ab 13.11 Uhr an 12.20 Uhr; zurück Zug Nr. 75, ungerade Tage ab 14.13 Uhr.
- **Nr. 348 Krasnojarsk – Sewerobaikalsk,** gerade Tage ab 23.03 Uhr, an 8.10 Uhr; zurück Zug Nr. 347, gerade Tage ab 22.22 Uhr.
- Aus **Bratsk** mit den o.g. Zügen, z.B. Nr. 92, tägl. 22.54 Uhr ab Bahnhof Ansjóbi, Fahrtzeit 15 Std., oder Nr. 348, ungerade Tage ab Bratsk Ansjobi 15.22 Uhr, oder Nr. 72, gerade Tage ab Bratsk Ansjobi 16.24 Uhr; nach Bratsk s. dort.
- Aus **Ulan-Ude** gibt es keine Direktverbindung, nur Züge mit Umsteigen in Irkutsk oder Taischet.

Schiffsverbindungen

Mit den **Linienschiffen „Kométa" und „Woschód"** Ende Juni bis Anfang September 2x wöchentlich (Di und Fr) von **Irkutsk** über Port-Baikal und Olchon nach Sewerobaikalsk und Nischneangarsk; Kartenvorverkauf s. Irkutsk. Von Nischneangarsk über Sewerobaikalsk und Olchon nach Irkutsk Mi und Sa. In Nischneangarsk und Sewerobaikalsk gibt es keinen Vorverkauf, Karten können nur auf dem Schiff gekauft werden. In Port Baikal muss jeweils auf einen anderen Bootstyp umgestiegen werden. Fahrtdauer 12 Stunden; einfache Fahrt ca. 1800 R.

Leider waren die Schiffe in den letzten Jahren sehr **schadensanfällig,** auch ungünstige Wetterverhältnisse können leicht zu Ausfällen führen. Es empfiehlt sich, vor der Abfahrt telefonisch nachzufragen, ob das betreffende Schiff tatsächlich abfährt (s. Irkutsk). Außerdem sollte man bei geplanten Schiffsfahrten so viel Pufferzeit einplanen, dass man im Notfall auch noch mit dem Zug fahren kann.

Abfahrt: Nischneangarsk zw. 7 und 8 Uhr, ab Sewerobaikalsk zw. 8 und 9 Uhr.

Mit dem Auto oder Motorrad

Von **Bratsk** über Ust-Kut und Ulkan (ca. 700 km) oder von **Irkutsk** über eine noch im Bau befindliche Straße über Katschug, Schigalowo, Ulkan (ca. 750 km), die bisher nur für geländegängige Fahrzeuge geeignet ist.

Flug

Flugtickets *(awiakássy)* im Kulturpalast in Sewerobaikalsk,Tel. 22746; Ticketverkauf im **Flughafen in Nischneangarsk,** Tel. 51899; Verbindungen s. Nischneangarsk.

Bus- und Taxi

- **Linienbusse** fahren vom Bahnhof nach **Baikalskoje** (2x tägl., 8 und 17 Uhr) und **Werchnaja Saimka** (Fahrplan: an der Außenwand des Bahnhofsgebäudes, bei Verlassen 5 m rechts vom Ausgang).

154ba Foto: rj

- **Linientaxis** fahren abwechselnd vom Bahnhof und vom zentralen Platz nach **Nischneangarsk** (ca. 20 R). Es gibt kein einheitliches Taxiunternehmen, alle Fahrer fahren privat und sind meist am Bahnhof oder am zentralen Platz zu finden. Taxifahrten kosten innerhalb der Stadt ca. 50 R, 1 Std. 250–300 R.

Städtisches Leben in Sewerobaikalsk: Blick über den Prospekt Leningradski vom zentralen Platz aus

Thermalquelle Goudschekit

Гоуджекит ↗ XII/A1

Ca. 28 km nordwestlich von Sewerobaikalsk liegt versteckt im Wald eine heiße Quelle. Erst bei geologischen Forschungsarbeiten zum BAM-Bau wurde sie unter der Erde entdeckt, woraufhin man einen künstlichen Austritt schuf. Seit 1989 wird sie zu Kurzwecken genutzt (innerlich und äußerlich). Gäste reisen auch aus anderen Regionen Russlands an, um von der Wirkung des fluor- und carbonathaltigen Wassers zu profitieren.

Heute gibt es drei Bademöglichkeiten. Außen an einem hübsch verzierten, zweistöckigen Holzhaus der Firma

Gelios befinden sich zwei unterschiedlich heiße Becken (ca. 40 und 50° C). Etwa 50 m weiter liegt ein separates Gelände der Touristik-Firma Chosjáin mit Unterkünften und einem eigenen Außenbecken, das allerdings nur im Sommer betrieben wird. Im Inneren des Hauptgebäudes gibt es noch eine Wanne für Einzelbäder. Etwas unterhalb des Parkplatzes steht separat eine kleine Holzsauna.

Das große Gewächshaus im Hintergrund versorgt die unweit im Wald gelegene **Siedlung Sólnetschny** (Солнечный) mit Gemüse. Zur anderen Seite schließt sich ein ziemlich ödes Gelände an, auf dem im Winter eine beschauliche, kleine Anfänger-Skipiste mit Lift verläuft (Länge: 200 m). Rund um Goudschekít erheben sich relativ steile, karge Berge (bis zu 1700 m), die bei schlechtem Wetter eine eher bedrückende Atmosphäre entstehen lassen. An der Quelle jedoch herrscht ein reges Kommen und Gehen. Am Wochenende ist sie beliebtes Ziel für Tagesausflüge von Sewerobaikalsk. Ganz besonders idyllisch kann ein Besuch im Winter sein.

Wandern und Wintersport

Die Freizeitmöglichkeiten vor Ort sind begrenzt. Es gibt wunderschöne Wanderrouten in der Umgebung, die allerdings nicht markiert und ausgebaut und nur mit ortskundiger Führung zu empfehlen sind. Das Gehen unterhalb der Baumgrenze wird im Sommer durch Mücken erschwert. Im August und September kann man in der Umgebung der Quelle Beeren und Pilze im Wald finden. Im Winter (Dezember – April) gibt es Angebote für Wintersport (Skiverleih, Schlitten, Schneemobil). 1,5 km vom benachbarten Sólnetschny und 3 km von Goudschekit entfernt liegt eine etwas größere Skipiste (800 m) mit Lift (*gornolýschnaja trássa „Bolschája medwédiza“*), die jedes Wochenende und bei Bedarf auch unter der Woche in Betrieb ist (Info: SchTEO, Sewerobaikalsk).

Essen und Trinken

- Es gibt in Goudschekit kein Geschäft. Im Untergeschoss des zentralen Badehauses befindet sich eine **Bar,** die sehr ordentliche Speisen anbietet. Es ist keine schlechte Idee, vor dem Baden Essen vorzubestellen, denn am Nachmittag geht vieles schon zur Neige und man muss mit Wartezeit rechnen.

Unterkunft

- **Chosjáin,** Tel. (30139) 24512; Hauptgebäude mit 2- und 3-Bett-Zi, TV, Kühlschrank, Video, Dusche, Telefon, 760 R/Zi; Holzhäuschen mit unterschiedlicher Ausstattung, teilweise mit Toilette und Waschgelegenheit, 140–460 R/Pers.; Café-Bar.
- **Gelios,** Tel. (30139) 21282; Pension mit drei Zimmern, Außentoilette; zwei große Außenbecken, Bar.
- **Mini-Herberge** der SchTEO in Solnetschny (Kontakt s. Sewerobaikalsk); sechs Betten, Ofen, 80 R/Pers.

Verkehrsverbindungen

- **Nahverkehrszüge** ab Sewerobaikalsk tägl. 6.25 Uhr und 17.05 Uhr (Ortszeit), im Sommer an geraden Tagen zusätzlich 13 Uhr (Richtung Kirenga oder Daban); zurück tägl. 9.45 Uhr und 20.05 Uhr, im Sommer an geraden Tagen zusätzlich 15.35 Uhr; Preis 18 R. Das Rückticket muss im Zug gekauft werden, da der Schalter von Goudschekit nicht besetzt ist. Fahrtzeit: ca. 1 Std.

- **Bus** aus Sewerobaikalsk 3x tägl. 8.30, 12 und 15 Uhr, jeweils 1 Stunde später zurück.
- Die folgenden **Fernzüge** halten auch in Goudschekit: Nr. 71/72, 91/92, 197/198 (siehe Sewerobaikalsk). Wer mit ihnen fahren will, muss die Fahrkarte schon gekauft haben, vor Ort gibt es keinen Schalter.
- **Zu Fuß von der Bahnstation:** ca. 100 m geradeaus zur Straße, dann rechts einbiegen und an der nächsten Abzweigung links bergauf. Nach ca. 200 m sind die Gebäude sichtbar.
- **Taxi** ab Sewerobaikalsk mindestens 500 R (Straße ist nicht asphaltiert, deshalb teuer).

Glimmer-Seen

Слюдянские озера **↗ XII/A2**

Ca. 5 km nördlich von Baikalskoje liegen zwischen der Straße nach Sewerobaikalsk und dem Baikal im hellen Kiefernwald malerische Seen *(Sljudjánskije osjóra)*. Ihr Name leitet sich vom Wort *sljudá* (Glimmer) ab. Der südlichste See ist der wärmste, er hat aber schlammigen Grund. Der größte See (bis zu 2 km Durchmesser) ist durch den sandigen Untergrund angenehmer zum Baden und hat **schöne Sandstrände.** Alle sind wegen ihres Fischreichtums (Hecht, Barsch) und auch wegen der verhältnismäßig geringen Mückenzahl bei Wildcampern sehr beliebt.

Erreichbar sind die Seen nicht nur mit dem Auto aus Sewerobaikalsk, sondern auch zu Fuß. Aus Baikalskoje führt ein Pfad am Ufer entlang. Außerdem kann die alte Fahrstraße nach Sewerobaikalsk, die bis zum Kap Onokatschánski zwischen der modernen Asphaltstraße und dem Ufer verläuft, zum Wandern genutzt werden.

Glimmerstollen

Oberhalb der Seen liegen im Berg große Stollen *(schtólni)*, in denen zwischen 1928 und 1932 Strafgefangene Glimmer abbauten. Reste des dazugehörigen Lagers sind hinter dem Berg noch erhalten. Die heute wegen Einsturzgefahr verschlossenen Stollen, die gleichzeitig ein herrlicher Aussichtspunkt sind, sind vom großen See aus in einem kleinen Fußmarsch zu erreichen. Der Pfad ist inzwischen durch einen Wegweiser markiert und gut zu finden. Am Eingang der Stollen sind Gräber erhalten.

Unterkunft

- **Echo,** von SchTEO betriebenes, einfaches Camp, nur im Sommer (Kontakt s. Sewerobaikalsk); 5 Zi. mit je 5 Betten, Duschen, Waschgelegenheit und Außentoiletten, Speisesaal; 120 R/Pers.; am Ufer zwischen dem großen und dem kleinen See.
- **Zelten:** Überall an den Seen kann mit einer Genehmigung des Forstamtes in Sewerobaikalsk gezeltet werden. Sanitäre Einrichtungen stehen nicht zur Verfügung.

Blick auf Baikalskoje vom zugefrorenen See aus

Baikalskoje – Fischeridylle

Байкальское ↗ XII/A2

Baikálskoje liegt ca. 30 km südlich von Sewerobaikalsk direkt am Baikalufer an der Mündung des Flusses Rel (Рель). Nördlich der Siedlung erheben sich grasbewachsene Hügel, auf der anderen Seite wird sie begrenzt vom Steilufer. Jenseits des Flusses beginnen grüne Auwälder, durchzogen von vielen Wasserläufen im Flussdelta.

Der Ort besteht fast nur aus kleinen russischen **Holzhäusern,** größtenteils in sehr gepflegtem Zustand mit bemalten Fensterläden und hübschen Blumenfenstern. Auffällig ist die im Dorf verbreitete, relativ kleinwüchsige **Hunderasse,** angeblich liegt hier der Ursprung der Hunderasse „sibirische Laika" (Husky-Art).

Baikalskoje ist im Gegensatz zu den BAM-Siedlungen am Nordbaikal eine alte Siedlung. 1643 zum ersten Mal erwähnt, wurde sie im Zuge der Erschließung Sibiriens von Russen gegründet. Zuvor wurden die Wiesen im Flussdelta von den benachbarten Ewenkendörfern als Sommerweide genutzt, daher der erste Name „Letniki". Später hieß der Ort Goremýka, möglicherweise abgeleitet von dem Führer eines Kosakentrupps, *Wasili Goremykin Kolesnikow.* Wie heute lebten die Einwohner auch damals hauptsächlich vom Fischfang und von der Jagd (auch Seehundjagd). Die Einwohnerzahl nahm stark zu, als im 19. Jh. in Nisch-

155ba Foto: r

neangarsk eine Fischfanggenossenschaft gegründet wurde, die so große Fangquoten erzielte, dass Arbeiter aus entfernten Regionen angeworben werden mussten. Bis zur Oktoberrevolution war Baikalskoje Verbannungsort für zaristische Häftlinge.

1939 erhielt der Ort seinen heutigen Namen. Wie in vielen anderen sibirischen Dörfern haben trotz der Abgeschiedenheit auch hier die großen Ereignisse des 20. Jh. ihre Spuren hinterlassen: 150 Männer wurden während des Zweiten Weltkriegs eingezogen, von denen nur 91 zurückkehrten. Als geübte Jäger waren sie begehrte Schützen und wurden in den vordersten Reihen eingesetzt.

Seine Blüte erlebte Baikalskoje wohl in der Bauphase der BAM. Die wichtigste Versorgungsroute verlief im Winter von Ulan-Ude übers Eis bis Baikalskoje, von dort aus weiter auf dem Landweg zur BAM-Strecke und nach Sewerobaikalsk. Landwirtschaftliche Produkte aus Baikalskoje wurden dringend benötigt, um die neuen Siedlungen zu versorgen. In den 1970er Jahren stieg die Einwohnerzahl auf knapp 1000 an. Seit Abschluss der Bauarbeiten ist sie in Folge von Abwanderung auf ca. 750 gesunken.

Touristisch bisher kaum erschlossen, ist der Ort wegen seiner landschaftlich sehr schönen Lage dennoch reizvoll. Wen die Übernachtungssituation nicht abschreckt, der findet hier vielfältige Ausflugsziele für einen mehrtägigen Aufenthalt.

Einkaufen

- Es gibt drei **Geschäfte,** zwei davon in der Straße per. Schkólny.

Unterkunft

Es gibt keine regulären Unterkünfte für Touristen.

- **Waléri Bobrów,** Tel. 43286, **Nikolái Krylów,** beide können jeweils 4–5 P. unterbringen, 800 R p.P. mit Verpflegung; zur Verfügung stehen außerdem Pferde, ein Boot und eine Fischerhütte am Baikalsee, Kontakt auch über Info-Zentrum 109. Meridian in Nischneangarsk.
- Michaíl Nikolájewitsch **Kontaków,** ul. Baikálskaja 21, Tel. 43249 (theoretisch direkt anwählbar, bessere Verbindung über Telefonvermittlung); separates Holzhäuschen für 4–5 Personen mit Schlafsofa und Pritschen (bei Voranmeldung).
- **Nina Sergéjewna Tatárnikowa,** ul. Sowjétskaja 21, Lehrerin und Betreuerin der heimatkundlichen Sammlung.
- Zur Not können Gruppen im **Schlafsaal der Schule** unterkommen (Rektorin *Nadéschda Inokéntjewna Balbúrowa*).

156ba Foto: ri

Brücke über den Fluss Rel

- **Zelten:** Bei russischen Wildcampern ist die Insel im Flussdelta beliebt. Hier findet man in Ortsnähe Natur, Wasser, Holz und Schutz unter großen Bäumen. Man sollte zum Zelten die **Erlaubnis des Forstamts** einholen *(lesnítschestwo)*, ul. Sowjétskaja oder in Sewerobaikalsk oder Nischneangarsk (Visit-Zentrum).

Tourenanbieter

- **Pferdetouren** von Baikalskoje aus können über *Viktor Kusnezów* in Nischneangarsk organisiert werden.

Verkehrsverbindungen

- Baikalskoje ist durch eine gut asphaltierte **Straße von Sewerobaikalsk** in ca. 40 Minuten erreichbar.
- **Bus,** 2x tägl., 8 und 17 Uhr, vom Bahnhofsvorplatz. Aus Baikalskoje fährt er jeweils anschließend wieder zurück.
- **Taxi:** Die Taxifahrer am Bahnhof von Sewerobaikalsk fahren für ca. 500 R.

Küste und Höhlen

Für kleinere Ausflüge bietet sich die Küste nördlich des Ortes an. Auf der Anhöhe des **Kaps Lúdar** (Лударь), 1,5 km vom Ort entfernt, befindet sich eine steinerne Einfriedung, vermutlich Reste einer Siedlung oder Kultstätte aus der Zeit der Kurykanen. Bekannt ist auch die sich an das Kap anschließende **Bucht** (2 km vom Dorf entfernt) mit Resten einer steinzeitlichen Lagerstätte in den (nicht mehr zugänglichen) Höhlen **Große und Kleine Lúdarskaja.** Neben Felszeichnungen, die leider witterungsbedingt und durch menschliche Einwirkung kaum noch zu erkennen sind, wurden bei neueren Ausgrabungen Reste einer Begräbnisstätte gefunden. Unterschiedliche Funde datieren aus Mittel- und Jungsteinzeit sowie Bronzezeit.

Der Eingang einer weiteren Höhle (entstanden durch einen tektonischen Riss) befindet sich 15–20 m unterhalb des Pfades, der vom Nordrand des Dorfes über den grasbewachsenen Hügel am **Leuchtturm** vorbeiführt. 400 m hinter dem Turm muss man Richtung Baikal abbiegen und suchen. Archäologische Funde und andere Zeugnisse aus der Geschichte des Ortes kann die Geografie-Lehrerin *Nina Sergéjewna Tatárnikowa* (ul. Sowjétskaja 21) in der Schule auf Wunsch zeigen.

Noch weiter nördlich gelangt man an einen Ort, der wegen der vielen roten Blumen den Namen **Rote Schlucht** *(Krásny Jar)* trägt. Hier liegen bis heute Gräber von Lepra-Kranken, die abseits vom Dorf ohne Kontakt zu Gesunden sich selbst überlassen wurden.

Thermalquelle Kotelnikow

мыс Котельниковский ↗ XII/A2-3

Die Thermalquelle Kotélnikow liegt ca. 70 km südlich von Sewerobaikalsk am Ufer des Baikalsees und ist die einzige an der Westküste. Ihr Wasser ist ca. 80° C heiß, enthält neben Fluor Hydrokarbonat und Natrium und wird nur äußerlich angewendet.

Das große Bauunternehmen Bamtonnelstrói betreibt an der Quelle ein Sanatorium, das allerdings nur für Unternehmensangehörige zugänglich ist. Sonstigen Besuchern steht ein relativ einfaches Außenbecken zur Verfügung (angenehme Temperatur). Da die Quelle am Ufer sehr oberflächlich verläuft, kann man auch einfach im **Kieselstrand** eine Grube graben. Sie füllt sich in kurzer Zeit mit heißem Quellwasser.

Anreise

Anfahrt nur mit dem **Schiff** von Sewerobaikalsk oder Baikalskoje. Eine Stunde Fahrt kostet 600 R, die Fahrt von Sewerobaikalsk zum Kap Kotelnikow dauert 4–5 Stunden, es ergibt sich also ein Preis von ca. 6000 R. Die Chancen, in Baikalskoje einen Fischer zu finden, der einen hinbringt, sind mitunter besser als von Sewerobaikalsk. Fragen kann man z.B. *Michail Anatoljewitsch Botschárow,* per. Molodjóschny 5 in Baikalskoje (Preis für bis zu drei Personen mind. 1500 R, für vier Personen = Maximum: 2000 R).

Wanderung von Baikalskoje nach Kotelnikow

Auch zu Fuß ist das Kap Kotelnikow erreichbar. Aus Baikalskoje führt ein etwa 40 km langer Fußweg nach Süden, im Abstand von 3–5 km vom Baikal (auch am Ufer verläuft ein Pfad, der aber wegen der Steilküste nicht zu empfehlen ist). Über weite Strecken folgt er dem Lauf der Flüsse Goremyka (Горемыка) und Gorjatschaja (Горячая). Da bis vor nicht allzu langer Zeit die Bewohner der inzwischen verlassenen Dörfer Talaja und Tyja hier Heu gemacht haben, wurde er sogar mit Pferdekarren befahren. Dennoch ist er heute nicht mehr überall gut zu erkennen und ortskundige Begleitung kann die Tour bedeutend erleichtern.

Wanderung auf den Tscherskowo

Vom Kap Kotelnikow beginnt eine der beliebtesten Wanderrouten des Nordbaikal: auf den Gipfel des Bergs Tschérskowo (гора Черского, 2588 m), benannt nach dem berühmten Baikalforscher polnischer Abstammung *Jan Tscherski* (1845–92).

Route: Kap Kotelnikow – Fluss Kurkula – Gitara-See – (Berg Tscherskowo) – Fluss Kurkula – Bach Peschechodny – Pass Peschechodny – See Rybnoje – Fluss Goremyka – Baikalskoje (7 Tage, 120 km).

Der Weg ist am Fluss Kurkula streckenweise durch einen Erdrutsch beschädigt. Die Besteigung des Gipfels ist nur für erfahrene Bergsteiger zu empfehlen, da sich schon Unglücksfälle ereignet haben. Doch auch ohne diesen Höhepunkt ist die Tour sehr reizvoll. Sie führt über weite Strecken am Fluss Kurkula entlang. Dabei passiert man mehrere Seen (Gitára, Isumrúdnoje = „Smaragdsee“), Wasserfälle, einen Bergkessel und den Tscherski-Gletscher. Eine leichtere Alternative ist die Besteigung des Nachbargipfels Loschny (2426 m), ebenfalls vom Gletscher aus.

Für erfahrene Bergsteiger mit Führer (schwierige Route und schlechte Wege): See Gitara – Fluss Kurkula – Bach Golzowy – Pass Nadeschdy – Fluss Molokon – Baikalsee, Kap Kotelnikow (7 Tage, ca. 120 km). Höhepunkt unterwegs: Wasserfall Stekljannaja Lenta (Zufluss des Flusses Molokon, Höhe 120 m).

An Oberer Angara und BAM

Die Obere Angara und ihr Delta

Верхняя Ангара

Der Fluss Obere Angara *(Wérchnjaja Angará)* ist über 450 km lang und sehr fischreich, er wird deshalb bei Russen gern zum **Angeln** aufgesucht. Auch für **Paddeltouren** ist er geeignet. Der Unterlauf ist so ruhig, dass besonders Anfänger und Jugendgruppen hier gern fahren.

Wo die Angara gemeinsam mit dem Fluss Kitschéra (Кичера) in den Baikal mündet, bildet sie ein 27 km breites Delta (Ангарский сор), das teilweise aus offenen Wasserläufen, teilweise aus torfigen **Sumpfgebieten und kleinen Inseln** besteht. Preiselbeeren wachsen hier in großen Mengen. Bäume, Strauchwerk und Schilf bilden einen idealen Lebensraum für Wasservögel und Ruhezonen für Zugvögel, weshalb im östlichen Teil (beginnend bei der Insel Millionny) ein **Vogelschutzgebiet** eingerichtet wurde. In den Büros in Sewerobaikalsk und Nischneangarsk kann die Genehmigung für einen Aufenthalt eingeholt werden (siehe Sewerobaikalsk).

157ba Foto: r

Wasservogel im Delta der Oberen Angara

Nischneangarsk – die kleine Schwester von Sewerobaikalsk

Нижнеангарск ↗ XII/B1

Die alte russische Siedlung an der Nordspitze des Sees wurde nach ihrer Gründung im 17. Jh. für lange Zeit hauptsächlich von Fischern bewohnt. Der Fischreichtum des Angara-Deltas war legendär. Bis heute trägt eine Insel (die Verlängerung der Insel Jarki) den Namen „Milliónny". Im 19. Jh. gründete man eine große Fischereigenossenschaft. Zur Verarbeitung der enormen Fischmengen wurden bald mehr Arbeitskräfte benötigt und so wanderten Siedler zu. Aus anderen Gegenden am Baikalsee kamen Fischer für die Sommermonate. 1942 bekam Nischneangársk eine moderne **Fischfabrik,** die in Odessa abgebaut und hier komplett wieder aufgebaut wurde.

Typisch für die von russischen Siedlern am Baikal gegründeten Dörfer ist die **lang gezogene Form.** Ohne Querstraßen wurde meist nur in zwei Reihen an der Hauptstraße gebaut. So zieht sich Nischneangarsk heute über mehrere Kilometer am Baikalufer entlang.

Frappierend ist, wie sehr sich der Ort von dem in unmittelbarer Nachbarschaft gelegenen Sewerobaikalsk unterscheidet. Während hier nach wie vor ein Großteil der Bevölkerung von Fischern und Jägern abstammt, die sich schon vor Beginn des BAM-Baus in der Region niedergelassen hatten, leben in der Nachbarstadt praktisch ausschließlich neu zugezogene BAM-Arbeiter. Bis heute spürt man bei vielen Sewerobaikalskern Stolz beim Gedanken an die Aufbruchszeit und die Errungenschaften ihrer Jugend, der von den Nachbarn hingegen oft als Arroganz und Überheblichkeit wahrgenommen wird. Sie konnten die BAM „nur" mit Fisch unterstützen, der zwar für die Versorgung der dramatisch zunehmenden Bevölkerung lebensnotwendig war, aber nie so gefeiert wurde wie die neu gelegten Schienen- und Asphaltmeter.

Selbstverständlich hat sich auch Nischneangarsk verändert. Es ist gewachsen, Wohnhäuser und Verwaltungsgebäude mit Kanalisation sind entstanden. Der Flughafen gibt ihm einen großen Vorteil gegenüber Sewerobaikalsk, der manchen Nachteil ausgleicht. Dennoch ist die touristische Infrastruktur hier noch viel schwächer entwickelt.

Service

- **Vorwahl:** 30130 bzw. 230. Bei Anrufen in andere Ortschaften im Bezirk Sewerobaikalsk darf keine Vorwahl gewählt werden, obwohl von außerhalb für diese Nummern andere Vorwahlen gelten.
- **Post und Telefon:** ul. Koslówa 1
- **Postleitzahl:** 671710
- Das sogenannte **Visit-Zentrum** der Bezirksverwaltung musste wegen eines schweren Unfalls seiner Leiterin geschlossen werden. In seinen Räumlichkeiten wird jetzt ein Souvenir-Geschäft betrieben. Die Aufgaben des Zentrums wurden von der kommerziellen Organisation **109. Meridian** übernommen. Sie betreibt ein Info-Zentrum im Gebäude des Flughafens von Nischneangarsk, ul. Rabótschaja 143, Tel. 47700, www.109

meridian.ru, Baikalmeridian@mail.ru; Vermittlung von Unterkünften, Fahrern, Organisation von Ausflügen, Besichtigungen usw.

- **Amt für Forstwirtschaft** *(Les-chós),* ul. Kooperatíwnaja 87, Tel. 47211; Genehmigungen für den Aufenthalt in den Naturschutzgebieten Obere Angara und Frolicha (ca. 100 R/Tag).
- **Hauptverwaltung des Bargusiner Biosphärenreservats,** ul. Koslówa 61, Tel./Fax 47992, bargnr@burnet.ru; zum Reservat s. Kapitel „Nordostufer".

Essen und Trinken

- **Imbiss-Stube** *(sakúsotschnaja),* ul. Lénina.

Museum

- Nischneangarsk hat eine kleine, **regionalgeschichtliche Sammlung,** die verwaltet wird von der Leiterin *Nina Kirsantójewna Kiseljówa,* Tel. (priv): 47519. Sie hat sich auch mit der Geschichte der Spezialsiedlung in Akukan (s. Cholodnoje) beschäftigt.

Unterkunft

- Gästehaus **BTS** *(gostínny dom,* Bamtonnelstrói), ul. Rabótschaja 10; 1 km vom Flugplatz in Nischneangarsk entfernt; Sauna, Suite (2 Zi, TV, Telefon, Bad), EZ; 450–1200 R.

Privatunterkünfte:

Die Preise liegen bei 300 R für Übernachtung und bis zu 700 R für VP.

- **Igor und Tanja Waliwátsch,** ul. Retschnája 3, Tel. 43623, valivach@bk.ru; am nördlichen Rand der Siedlung, ca. 5 km von der Anlegestelle entfernt, Stadtteil Polowínka, nicht weit vom (hier sumpfigen) Baikalufer und einem kleinen Teich. Separat stehendes Holzhäuschen mit 4–5 Betten, Außentoilette, sehr angenehme Atmosphäre, viele Lebensmittel aus eigener Produktion, VP.
- **Olga Michaílowna Schiwolóschnewa,** ul. Stroítelei 43, Tel. 46793; Zimmer im Wohnhaus der alleinstehenden Frau, sehr ordentlich, gemütlich, Bad und WC.
- **Jeléna Kaúrzewa,** ul. Perewálskaja 14, Tel. 47291, keda57@mail.ru; sehr stattliches privates Einfamilienhaus mit Dusche, WC, VP.

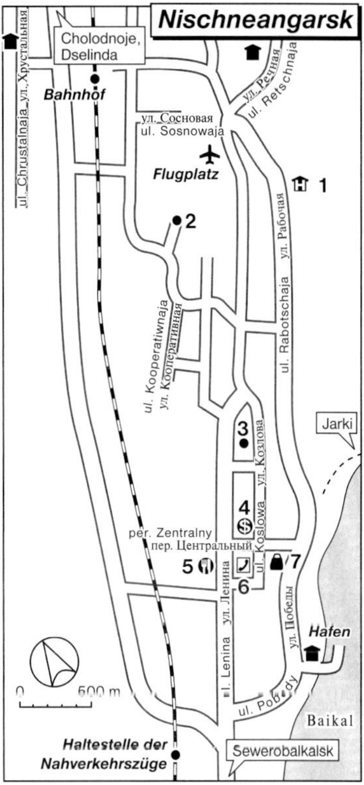

🏨	1	Gästehaus BTS
•	2	Forstamt
•	3	Verwaltung des Bargusiner Biosphärenreservats
$	4	Bank
🍴	5	Imbiss-Stube
✉☎	6	Post, Telefon
🛍	7	Souvenirs
🏠		Privatunterkünfte

- **Viktor Kusnezow,** s. Tourenanbieter; 3-Zi-Wohnung mit Bad und WC am Ortsrand (Richtung Sewerobaikalsk).
- **Bálma Daschimolónowna Schérbina,** s. Tourenanbieter; Übernachtung in burjatischer Jurte/Wohnhaus (nur im Sommer), 280 R mit Verpflegung.

Tourenanbieter

- **Viktor Kusnezów,** ul. Pobédy 8/7, Tel./Fax 47005, frolicha@mail.ru; kann als Besitzer mehrerer Schiffe (bis zu 12 Plätze) die verschiedensten Touren organisieren (eintägig, mehrtägig, ganzer Baikal), seit 2006 auch Schiff für Gruppenfahrten auf der Oberen Angara. Außerdem stehen in Baikalskoje Pferde zur Verfügung. Im Winter Touren zu kleinem Anwesen mit Rentieren am Fluss Ilokalúi (über Kumora).
- **Anna Alexéjewna Ganjúgina,** ul. Chrustálnaja 24/1, Tel. 671710, 89503881000; ewenkisches Brauchtum und Folklore, Inszenierungen von Festen und Ritualen im Spitzzelt *(Tschum),* ewenkischen Schmuck selber machen, Bewirtung, Souvenirs, Filme.
- **Balma Daschimolónowna Schérbina,** ul. Chrustálnaja 27, kein Tel., Kontakt: Info-Zentrum; burjatische Speisen und Getränke, Bewirtung n. Anmeldung in burjatischer Jurte.

Verkehrsverbindungen

- **Linientaxi** aus Sewerobaikalsk (halbstündlich, abwechselnd vom zentralen Platz oder vom Bahnhofsvorplatz).
- **Bahnhöfe:** Der Hauptbahnhof (Tel. 47191) liegt östlich des Flughafens, ca. 4 km vom Zentrum im Ortsteil Polowinka. Am westlichen Ortseingang von Nischneangarsk liegt eine **Bahnstation für Nahverkehrszüge.**
- **Flugplatz:** ul. Rabótschaja 143, Flugtickets Tel. 47899. Aus Ulan-Ude nach Nischneangarsk: tägl. außer Sa (2450 R einfach/4900 R hin und zurück). Aus Irkutsk: Mo und Fr (2450/4900 R). Buchung im Flugbüro „Aviakássy", s. Irkutsk. Hubschrauberflüge können gebucht werden. Wegen unbeständiger Wetterverhältnisse können diese Flüge manchmal ausfallen oder verschoben werden.
- **Tragflächenboot „Kometa"** s. Sewerobaikalsk.

Cholodnoje – Reste ewenkischer Kultur

Холодное ⇗ XII/B1

Lange vor der Entstehung der ursprünglich russischen Siedlungen Nischneangarsk und Baikalskoje lebten am Nordbaikal **ewenkische Rentiernomaden,** die im 19. und 20. Jh. auch mehr oder weniger ständige Siedlungen zu bilden begannen. Die meisten von ihnen wurden in den 1930er Jahren aufgelöst, teilweise weil sie schlecht erreichbar waren und dadurch kaum Perspektiven für den Aufbau einer wirtschaftlichen Infrastruktur bestanden, teils auch im Rahmen einer sozialistischen Nationalitätenpolitik, die die traditionelle Lebensweise solcher Völker als überholt betrachtete. Aus den Dörfern Týja, Tálaja und Goremýka an der Westküste wurde das Dorf Baikalskoje gebildet. An der Ostküste gab es eine ganze Reihe von kleineren und größeren Siedlungen, wie z.B. Tómpa an der Mündung des Flusses Tompúda. Ihre Bewohner wurden teilweise vor dem Staudammbau nach Cholódnoje **umgesiedelt,** weil man eine Überflutung befürchtete. Trotz dieser Maßnahmen waren aber Kultur und Lebensweise der Sippen in der Region noch relativ ursprünglich bis zum Bau der BAM, als der Anteil der russischen Bevölkerung schlagartig anstieg, als Straßen gebaut und Stromleitungen gelegt wurden. Dieser Einschnitt hat die Lebensverhältnisse stark verändert. Die traditionelle Rentierhaltung beispielsweise verschwand in dieser Gegend vollständig.

Heute leben noch ca. 180 Menschen ewenkischer Abstammung in der kleinen Siedlung (mit insgesamt ca. 400 Einwohnern), die ca. 20 km von Nischneangarsk entfernt an der Mündung des Flusses Cholódnaja liegt. Ihre Lebensweise unterscheidet sich kaum von der der Russen, viele Menschen sind gemischter Abstammung. Allerdings kann man in den letzten Jahren beobachten, dass eine **Rückbesinnung** auf Traditionen und eine eigene nationale Identität stattfindet. In Cholodnoje gibt es einen Bezirksverband der Assoziation der kleinen Völker des Nordens *(Assoziázija malotschíslennych naródow séwera)* und eine Organisation zur Wiederbelebung ewenkischer Kultur *(Wosroschdénije)*, Ansprechperson ist *Galina Filipowna Rogowa*, Tel. (30139) 21484. Die Vergangenheit wird erforscht, altes Brauchtum wiederbelebt. Durch Behörden der Republik Burjatien und im Rahmen von Forschungsprojekten werden Daten gesammelt, um die Situation der Minderheit zu erfassen.

Ca. 80 km von Cholodnoje entfernt gibt es in den Bergen heute wieder eine **Rentierherde** mit 500 Exemplaren. Die ersten Tiere der kleinwüchsigen Rasse wurden vor wenigen Jahren aus Jakutien eingeführt. An der Ostküste des Baikalsees entstehen an den Flüssen Schegnanda und Schirilda im ursprünglich ewenkischen Siedlungsgebiet wieder kleine bewohnte Orte. Auch hier werden Rentiere gehalten und es wird wie früher gejagt und gefischt. Die Bevölkerung macht sich die Bedeutung ihrer Kultur für den Tourismus immer mehr bewusst, auch wenn er bisher nur in bescheidenem Maßstab existiert und niemand allein davon leben kann. Doch wer sich näher für die ewenkische Minderheit interessiert, ist willkommener Gast.

Sehenswertes

In der Schule des Ortes haben Lehrer eine kleine **heimatgeschichtliche Sammlung** zusammengetragen. Eine Jurte und verschiedene Alltagsgegenstände sollen einen Eindruck von der Lebensweise der ewenkischen Vorfahren vermitteln.

In der **Werkstatt für Handwerk und Kunstgewerbe „Ullimni"** lernen in erster Linie Schulkinder die Techniken der Fellverarbeitung und fertigen in traditioneller Handarbeit Gebrauchsgegenstände und teilweise auch Souvenirs für den Verkauf an.

Im Winter können **Ausflüge zu einer Rentierherde** organisiert werden. Sie wird in einiger Entfernung vom Dorf gehalten. Mit Schneefahrzeugen ist die Anfahrt jedoch relativ schnell zu bewältigen. Kontakt: Infozentrum 109. Meridian, Nischneangarsk.

Verkehrsverbindungen

- **Nahverkehrszüge** aus Sewerobaikalsk.
- **Linienbus** aus Sewerobaikalsk in Richtung Werchnjaja Saimka, nicht täglich.
- **Linientaxi** aus Nischneangarsk Mo–Fr 2x täglich.

Glimmermine

Oberhalb von Cholodnoje liegt am **Fluss Akukan** eine alte Glimmermine. Nachdem ein Kaufmann aus Kirensk das Vorkommen in der ersten Hälfte

158ba Foto: ri

des 19. Jh. erschlossen und einige Jahre lang Glimmer gefördert hatte, lag sie fast 100 Jahre lang brach. Dann bewegte der große Bedarf der Radio-Industrie die Behörden, den Abbau wieder aufzunehmen. 1929–30 mussten ca. 200 **Strafgefangene** unter harten Bedingungen an der Mine leben und arbeiten. 1930 protestierten sie mit einem Aufstand und der Flucht in die Taiga gegen die unmenschliche Behandlung. Daraufhin wurden sie verlegt und umgesiedelte Bauern aus Westrussland, Weißrussland und der Ukraine in die Schlucht gebracht (der ewenkische Name bedeutet „Sackgasse").

Bis 1932 existierte die sogenannte **Spezialsiedlung,** in der, im Unterschied zu einem Lager, ganze Familien lebten, die auch Kontakt zu den Bewohnern des Dorfes Cholodnoje pflegen durften. Sie wurden für ihre Arbeit bezahlt, wenn auch nicht sehr gut. 1932 wurde der Abbau eingestellt, er war nicht mehr rentabel. Die Stollen wurden geflutet und von den Gebäuden sind nur noch wenige überwucherte Reste zu erkennen.

Man überquert, von Cholodnoje kommend, den Fluss Cholodnaja. Nach Km 42 biegt ein Fußweg ab in Richtung Norden, der noch ca. 5 km durch das Tal des Akukan führt. Taxifahrer kennen den Beginn des Weges.

Kinder im Handarbeitszentrum Ullimni

Insel Jarki

Ярки ↗ XII/B1

Die Insel Jarkí ist entstanden als eine **Sandbank,** angespült von der Oberen Angara. So trennt sie heute als lang gezogener, schmaler Streifen das **Flussdelta** vom Baikalsee. Sie ist an ihrer breitesten Stelle 400 m breit und insgesamt ca. 11 km lang. Ihre Fläche hat sich nach dem Bau des Irkutsker Staudamms von 3,7 auf 1,8 km^2 stark verringert. Da sie fast ausschließlich aus **feinem, weißem Sand** besteht und das Wasser sowohl auf der Deltaseite (durch die geringere Wassertiefe) als auch nach Süden hin (in vielen flachen Prilen) sehr viel wärmer wird als sonst am Baikal, ist sie bei Einheimischen und Touristen als **Erholungsziel** sehr beliebt. Landschaftlich ist sie trotz ihrer geringen Größe reizvoll. Der Bewuchs aus Birken und niedrigem Buschwerk wie Heckenrosen, Blaubeeren und Strandgras bietet Streifenhörnchen Schutz, die hier sehr zutraulich sind. Auch Wasservögel gibt es, wie im ganzen Delta, reichlich.

Die Insel Jarki gehört nicht zum Naturschutzgebiet des Angara-Deltas, trotzdem braucht man für einen Aufenthalt eine **Genehmigung** (s. Visit-Zentrum, Nischneangarsk). Jeder Besucher sollte sich bewusst sein, dass der karge Dünenbewuchs sehr empfindlich ist, und nicht unnötig Pflanzen ausreißen oder zertreten. Für den Umgang mit Wasser, Müll, Feuer und Fäkalien gelten die üblichen Regeln (siehe Kapitel „Reisetipps A–Z: Wandern, Verhalten in der Natur").

Siedlungen gibt es auf Jarki nicht, wenn man von einer Wetterstation ganz im Osten absieht, die nicht mehr besetzt ist. Drei oder vier **Fischerhütten** sind über die Insel verteilt und wie üblich offen, allerdings nicht besonders sauber. Es bleibt als Alternative nur das **Zelt.** Geschützte Stellen gibt es auf der ganzen Insel, oft sind auch Feuerstellen vorhanden. Brennholz kann am Strand gesammelt werden, wer allerdings länger bleiben möchte und regelmäßig kochen will, sollte einen Gaskocher mitbringen.

Auf der Landzunge, die östlich von Jarki ins Delta hineinragt (sozusagen die Verlängerung der Insel), lag einmal die kleine Siedlung **Dagary** mit einer Wetterstation. Sie liegt heute mitten im Vogelschutzgebiet und war lange verlassen. Inzwischen wird hier an einigen kleinen Hütten als Unterkunft für Besucher des Schutzgebietes gebaut. Für Schiffe gibt es sogar einen kleinen Anlegesteg.

Anreise

Von Nischneangarsk aus kann man sich an jeden beliebigen Punkt der Insel bringen lassen. Da große Schiffe aufgrund der geringen Wassertiefe nicht anlegen können, ist es günstiger, einen **Fischer mit kleinem Boot** (mit Außenbordmotor) zu suchen. Meist fahren die Fischer gegen Abend los, um Netze auszulegen, dann sollte man am Ufer sein (etwas nördlich der Anlegestelle für größere Schiffe). Der Preis ist abhängig von der Entfernung. Das reine Übersetzen vom Festland auf die Insel kostet nicht mehr als 50 R.

Alternativ kann man zu Fuß bis ans Ende der Landzunge gehen, die nur durch einen schmalen Wasserarm von der Insel getrennt ist, und sich vom dort Dienst habenden Beamten der Forstbehörde **übersetzen lassen.**

159ba Foto: rj

Becken der Thermalquelle Dselinda

Die BAM Richtung Osten

Die BAM folgt in Richtung Osten zuerst dem Lauf der Kitschera, dann der Oberen Angara, deren breites Tal in Wirklichkeit kein Flusstal, sondern ein kleiner Satellitengraben des Baikalrifts ist. In diesem geschützten, streckenweise auch sumpfigen Tal liegen mehrere neue BAM-Siedlungen: Kitschera, Angoja, Nowy Uojan und Jantschukan.

Thermalquelle Dselinda

Дзелинда ↗ XII/B1

Dselínda liegt 92 km östlich von Sewerobaikalsk, nicht weit von der BAM-Strecke, mitten im Wald. Das Wasser der Hauptquelle ist 44° C heiß, hat einen leicht schwefeligen Geruch und enthält Carbonate und Natriumverbindungen sowie Kieselsäure, Radon und Fluor, die für die Heilwirkung verantwortlich sind. Mitten im Wald liegen eine kleine, gemütliche **Pension** und ein schönes **Außenbecken.** Folgt man dem Bach, kommt man an die ursprüngliche Quelle. Auch hier kann man in den drei ganz einfachen **klei-**

nen Becken baden und sich daneben im Bach abkühlen. 200 m weiter bachabwärts kann man beobachten, wie aus der abschüssigen Wiese mehrere kleine Quellen sickern, die offensichtlich auch warm sind, denn sogar im Winter wächst hier grünes Gras unter dem Schnee. Die Pension von Dselinda ist das ganze Jahr über geöffnet. Ein Besuch im Winter kann reizvoller sein als im Sommer, denn die Mücken in dem sumpfigen Wald machen Spaziergänge und Wanderungen in der Umgebung zu einem zweifelhaften Vergnügen.

Unterkunft

- **Pension,** kann gebucht werden über das Info-Zentrum in Nischeangarsk; einzelne, sehr komfortable Holzhäuschen mit DZ, 12 Betten, Dusche und WC; ca. 900 R. In der Unterkunft kann man kochen, alternativ gibt es auf dem Gelände das kleine Café **Istótschnik,** mit einfacher russischer Küche. Langlaufski können ausgeliehen werden.

Verkehrsverbindungen

- Mit dem Auto (z.B. Taxi) über die **Straße,** die an der BAM entlangläuft Richtung Nowy Uoján. Sie ist größtenteils nicht asphaltiert.
- Mit dem **Nahverkehrszug** Richtung Nowy Uoján (tägl. 6.40 Uhr Ortszeit) oder dem **Fernzug Nr. 656** Sewerobaikalsk – Tschára, (tägl. 19.50 Uhr Ortszeit) bis zur Haltestelle Dselinda (2 Std. Fahrt), von dort 1–2 km zu Fuß auf einem Fahrweg durch den Wald, der direkt an der Haltestation „Km 1155 – Dselinda" rechtwinklig nach Norden abgeht.

Kumora

Кумора ↗ XIII/C1

Bis Nowy Uojan ist die parallel zur Zugstrecke verlaufende Straße asphaltiert. Kurz dahinter führt eine Abzweigung nach Süden zum **See Irkana,** an dessen Ufer eine Thermalquelle entspringt, deren Wasser dem ganzen See einen leicht schwefligen Geruch gibt. Dennoch können Fische in ihm leben. Hier waren schon vor 200 Jahren Russen ansässig: *J. Georgi* (s. Kapitel Geschichte) beschreibt eine Ansiedlung mehrerer Familien, die vom Fischfang lebten und sogar Getreide anbauten. Die zaristischen Abgaben-Eintreiber, denen die Ureinwohner aus der Umgebung Felle bringen mussten, hatten einige Kilometer flussabwärts ihren Stützpunkt aufgeschlagen. Schon 1643 hatte der Kosake *Skorochodow* unweit vom See die erste Holzfestung am Nordbaikal erbaut, die heute Kumora heißt.

Hierher führt die einzige **Fahrpiste,** die das Bargusin-Tal und den Süden der Republik Burjatien mit dem Norden verbindet. Sie ist allerdings nur mit Lkws und im Winter mit geländegängigen Fahrzeugen befahrbar.

Tonnelny Тоннельный und Seweromuisk

Северомуйск ↗ Umschlag vorn/D1

100 km weiter östlich an der BAM liegen zwei einstmals wichtige Siedlungen: Tonnelny auf der Höhe des Nord-Muja-Gebirges (Северомуйцкий хребет) und Seweromuisk östlich davon

im Tal des Flusses Mujakan. Zwischen ihnen liegt der **Nord-Muja-Tunnel,** der komplizierteste Tunnel der BAM (*Seweromúiski tonnél,* 15 km Länge). Die Siedlungen wurden in erster Linie für die sehr angesehenen und gut bezahlten *tonnélschiki,* die Tunnelarbeiter, gebaut. Das Gebirge, das genau in der Riftzone liegt, ist jedoch im höchsten Maß erdbebengefährdet. Das ist der Hauptgrund dafür, dass die Bauarbeiten lange nicht zum Abschluss gebracht werden konnten. Erst 2003 wurde der Tunnel endgültig in Betrieb genommen, er wird allerdings in der Testphase vorerst nur für Gütertransporte genutzt. Personenzüge fahren nach wie vor auf der 56 km langen Umgehungsstrecke mit zwei kleineren Tunnels.

Seweromuisk liegt malerisch umrahmt von hohen Bergen und ist ein schönes Beispiel für die strengen Umweltauflagen, die es verbaten, das Gelände zu planieren. Bis heute ist die Siedlung sehr grün. Doch die wirtschaftliche Situation wird immer schlechter, da der Ort, abgesehen von der Schule, dem Krankenhaus und dem Kulturzentrum, nur einen Arbeitgeber hat und dieser in absehbarer Zeit kaum noch Arbeitskräfte brauchen wird. Dennoch wird Seweromuisk bisher noch nicht geschlossen wie das benachbarte **Tonnelny,** dessen Bewohner teilweise trotz heftigster Proteste in umliegende Siedlungen oder nach Sewerobaikalsk umgesiedelt wurden.

Taximo

Таксимо ↗ **Umschlag vorn/D1**

Weitere 100 km östlich kommt man an die Station Taxímo, eine große Siedlung, die im Gegensatz zu anderen weiter wächst. Schon in den 1930er Jahren war hier eine Kolchose entstanden. Von ihren Bewohnern waren nur drei Familien übrig, als 1980 die ersten BAM-Arbeiter eintrafen. Auffällig an der Siedlung ist bis heute, dass sie kein Zentrum hat. Ohne zentralen Bauplan wurden Baugebiete freigegeben, und es bildeten sich bis heute erkennbare Ortsteile: der Bezirk des Forst-Betriebs, der geplante neue Ortskern auf der Anhöhe, die Ortsteile, in denen BAM-Arbeiter aus Lettland und Weißrussland lebten und das sie entsprechend dem multinationalen BAM-Konzept auch architektonisch prägten, und das Viertel der Geologen, das bis heute als bestes Wohngebiet mit dem höchsten Bildungsdurchschnitt gilt. Damit ist die Zusammensetzung der Bevölkerung bereits beschrieben. Veränderungen gab es nur durch den Wegzug der Balten und Weißrussen und den Zuzug von Russen, die aus ehemaligen Sowjetrepubliken emigrierten und bereits in der „Nach-BAM-Phase" hier angesiedelt wurden.

Wirtschaftliche Bedeutung haben hier neben land- und forstwirtschaftlichen Betrieben und Bauunternehmen besonders der Goldabbau und die Gewinnung von Nephrit. Außerdem wird ein Teil der Versorgung der Stadt Bodaibo von hier aus über den Fluss Witim und eine neue Straße abgewickelt.

Das Nordostufer

Wilde Natur

Der Nordbaikal ist trotz des massiven Zuzugs während der Arbeiten an der BAM ein dünn besiedeltes und wenig erschlossenes Gebiet. Wenn aber die Nordwestküste heute doch teilweise sogar mit dem Auto befahren werden kann, so ist die Nordostküste im Gegensatz zu ihr vollkommen wild. **Keine Straßen,** oft nicht einmal durchgängige Fußpfade verbinden die wenigen Siedlungen miteinander. Die einzige regelmäßige Verbindung mit diesem Ufer ist der **Schiffsverkehr nach Chakussy,** und auch das nur im Sommer.

Dennoch, oder gerade deswegen, lohnt sich ein Aufenthalt an der Nordostküste. Vor den relativ hohen Gipfeln des **Bargusin-Gebirges** (um die 2600 m bis zu 2800 m), die relativ steil und ohne einen breiten Uferstreifen zum Baikal hin abfallen, hat die Küste auch hier ihren ganz eigenen Charakter. Wunderschön kann der abendliche Blick auf das gegenüberliegende Baikal-Gebirge sein, wenn die untergehende Sonne die Silhouetten der Gipfel zum Erglühen bringt. In den teils geschützten Wäldern lebt eine Vielzahl seltener, zum Teil vom Aussterben bedrohter Tiere, wobei man sich nicht zu große Hoffnungen machen sollte, sie zu Gesicht zu bekommen. Selbst **Rehe, Hasen** und der Stolz dieser Region, der **Zobel,** sind außerordentlich scheu und man muss schon sehr viel Geduld, Ortskenntnis und auch Glück haben, um mit ihrem Anblick belohnt zu werden.

Auch die Pflanzenwelt ist reich und hat für Kenner einiges zu bieten. Selbst dem ungeübten Auge fallen die dichten **Flechten** auf, die die Nadelbäume und den Waldboden an vielen Orten schmücken und ein eindeutiges Zeichen für die Sauberkeit der Luft sind. Der Baumbestand ist streckenweise lichter als am Südbaikal, je kälter es wird, desto „heller" wird die Taiga. Der Anteil der **Lärchen** nimmt zu. Andere Besonderheiten der Vegetation sind unscheinbar und für Laien kaum erkennbar. Bei Interesse empfiehlt es sich daher, einen Biologen als Begleiter zu suchen.

Die Anzahl der (einfachen) **Übernachtungsmöglichkeiten** ist gering. Wilde Natur lässt sich mit Komfort schlecht vereinbaren. Am unabhängigsten ist, wer sein eigenes Zelt mitbringt. Für Notfälle steht in fast jeder Bucht eine Fischerhütte zu Verfügung, die bei Bedarf genutzt werden kann.

Anreise

Im Winter ist das Eis mit Autos befahrbar (s. Kap. „Reisetipps A–Z: Autofahren"). Mit Ausnahme von Chakussy ist die Ostküste im Sommer nur erreichbar, wenn man ein Schiff mietet oder eine zufällige Mitfahrgelegenheit findet. Einen befestigten Anlegesteg gibt es zwar nur in Chakussy, aber die Schiffe vom Typ „Jaroslawez" können auch in Buchten wie Ajaja oder Frolicha anlegen, solange das Ufer nicht zu flach ist.

- **Adressen für Schiffe:** Jacht-Club, Reiseunternehmen Chosjain und Baikal-Service in Sewerobaikalsk; Visit-Zentrum, *Viktor Kusnezow* in Nischneangarsk.

Die Anlegestelle von Chakussy

Chakussy – Thermalquelle im Wald

Хакусы ↗ XII/B2

Den Namen Chakússy (Achtung Pluralwort: до Хакус, в Хакусах!) tragen ein **Kap,** 42 km südöstlich von Sewerobaikalsk, die sich anschließende **Bucht** und die hier gelegenen **Thermalquellen.** „Heiße Quelle" ist die Bedeutung des ewenkischen Wortes. Sie wurde 1775 erstmals von *Johann Georgi* beschrieben, war aber lange vorher den Ureinwohnern bekannt. Ihr Wasser ist 42–46° C warm und übt dank der enthaltenen Minerale wie Sulfate, Natriumverbindungen, Kalisäure und Stickstoff eine sehr wohltuende Wirkung auf den ganzen Körper aus. Nach Georgis Aussagen nutzten die Ewenken die Heilkraft der Mineralquellen kaum. Sie erklärten ihm, die Behandlungen ihrer Schamanen seien wirksamer.

Seit 1953 gibt es hier ein vom Krankenhaus in Nischneangarsk betriebenes **Sanatorium** mit mehreren Übernachtungsgebäuden, Speisesaal, Club und Behandlungsräumen. Alle sind Holzgebäude und liegen einen knappen Kilometer vom Ufer entfernt, versteckt in einem lichten Wald aus Kiefern, Fichten, Birken und Zirbelkiefern. Am Ufer selbst stehen die Häuschen der Verwaltung, des Försters und ein kleines Geschäft. Eingerahmt wird die gesamte 4 km lange Bucht von einem wunderschönen **Sandstrand.**

Die Saison des Sanatoriums dauert vom 15.6. bis 15.9. Auch außerhalb dieser Zeit ist es aber möglich zu baden. Wer den Schildern „Quellen" (источники) folgt, kommt an die Quelle und die kostenlosen **Badeanlagen.** Tipp: Wem das Wasser zu heiß ist, der findet in einer Ecke des flachen Außenbeckens eine Stelle mit einströmendem kühlen Quellwasser. Die Benutzung von Seife und Waschmitteln ist nur in den ausgeschriebenen Duschräumen erlaubt.

Für Kurgäste wird vom Club ein Abendprogramm angeboten. Die **Disco,** die alle zwei bis drei Tage direkt am Ufer stattfindet, kann für Camper lästig sein, da sie bis ca. 1 Uhr nachts die ganze Bucht beschallt.

Essen und Trinken

- Im **Geschäft** rechts vom Landungssteg gibt es Konserven, H-Milch, Süßigkeiten, Säfte und Bier, aber keine Spirituosen, deren Konsum in der Bucht prinzipiell unerwünscht ist.
- Bei den Förstern, die am nördlichen Ende der Bucht wohnen, kann man frischen **Fisch** kaufen.
- Im Wald gleich hinter dem Strand können alle, die sich nicht von ein paar Mücken abschrecken lassen, im August reife **Blaubeeren** pflücken.
- Sehr gutes **Quellwasser** füllt man einige Meter rechts vom Ursprung der heißen Quelle aus einem Rohr am Boden ab.

Unterkunft

- **Kuraufenthalt:** Russen kommen gewöhnlich hierher, indem sie sich in Nischneangarsk einen sogenannten „Kurschein" *(putjówka)* kaufen, mit dem Unterkunft, Essen und Behandlung bezahlt sind. Informationen unter Tel. (30130) 47421, 47719, anchor@burnet.ru; 350 R ohne Verpflegung, VP 800 R, Baden 100 R/Tag. Auch über den Reiseveranstalter Chosjain in Sewerobaikalsk kann ein Kuraufenthalt gebucht werden, allerdings etwas teurer.

160ba Foto: rj

- Einen **einfachen Schlafplatz** mit Verpflegung kann der Förster *(lesnítschi)* zur Verfügung stellen. Anmeldung über das Info-Zentrum 109. Meridian in Nischneangarsk.
- Im Winter gibt es keine offiziellen Übernachtungsmöglichkeiten. Man kann jedoch durchaus wagen, einfach privat hinzufahren. Es ist immer jemand dort, der die Kuranlagen bewacht und für eine geringe Summe einen beheizbaren **Übernachtungsplatz** zur Verfügung stellt.
- **Zelten:** Wer selbstständig mit dem Zelt kommt, was erlaubt ist, braucht eine Genehmigung des Schutzgebiets, die in Sewerobaikalsk oder Nischneangarsk ausgestellt wird.

Schiffsverbindungen

Per Schiff aus **Nischneangarsk** oder **Sewerobaikalsk:** Die Überfahrt dauert je nach Wetterlage 3–4 Stunden und kann besonders bei hohem Seegang anstrengend sein. Die Schiffe sind nicht groß und haben ca. 10 Sitzplätze unter Deck und 5–6 auf Deck, die im Sommer meist alle belegt sind.

Das Schiff **„Chakussy"** des Krankenhauses fährt während der Sommersaison fast täglich aus Nischneangarsk, am Wochenende meist zweimal. Informationen über freie Plätze und Preis (ca. 800 R hin und zurück/Pers.): Verwaltung des Krankenhauses in Nischneangarsk Tel. 47719, 47421.

Das Schiff der Forstverwaltung **„Tajóschnik"** fährt ebenfalls häufig, aber ohne festen Fahrplan aus Nischneangarsk nach Chakussy. Aus Sewerobaikalsk fahren im Sommer fast täglich Schiffe, allerdings handelt es sich nicht um Linienschiffe mit Fahrplan, sondern um **Gelegenheitsfahrten,** über die es im Voraus keine Informationen gibt.

Man kann auch in der Nähe der Anlegestelle übernachten (z.B. In den Häuschen des Jacht-Clubs) und morgens schauen, was fährt. Die meisten Schiffe legen nicht vor 10 Uhr ab. Der **Jacht-Club** bietet Überfahrten auch mit Segeljachten an (ca. 3000 R).

Bootsausflüge

Für Gäste des Sanatoriums werden nach Bedarf kleine Bootsausflüge angeboten. Bei der **Verwaltung** am Strand kann man morgens fragen, ob sich eine Gruppe gefunden hat und noch Plätze frei sind. Proviant ist im Preis enthalten und wird von der Organisation zur Verfügung gestellt. Preis: 100–150 R/Pers. Die üblichen Ziele sind außer der **Bucht Ajaja** und dem **Frolicha-See** (s.u.):

- **Höhlen,** die südlich vom Kap Chaman-Kit, das die Chakussy-Bucht im Süden abschließt, in den Uferfelsen liegen.
- **Kap Turali** (Турали): Turali ist ein ewenkisches Wort und bedeutet „singender Sand". In der Bucht südlich des Kaps (ca. 12 km Bootsfahrt) liegt eine große Sanddüne (ca. 200 m lang und 20 m hoch), die früher beim Betreten oder bei Windbewegungen eigenartige, melodische Geräusche von sich gab. Das Phänomen wird schon in alten chinesischen Chroniken erwähnt. Vermutlich hängt das Verschwinden dieser Erscheinung mit dem Anstieg des Wasserspiegels infolge des Staudammbaus zusammen. Auch an anderen Stellen am See (u.a. Heilige Nase) konnten ähnliche Phänomene beobachtet werden. Geblieben ist ein malerischer Sandstrand. Auf der Anhöhe hinter der Bucht kann man ab August Preiselbeeren sammeln. Im Uferabschnitt zwischen Chakussy und Turali gibt es eindrucksvolle Felsklippen. Alle drei, besonders aber der mittlere der massiven Felsen sehen im Profil aus wie große Köpfe. Von den Ureinwohnern wurden hier schamanistische Rituale durchgeführt, um die Götter milde zu stimmen.

Chakussy als Tagesausflug

Viele Reiseunternehmen bieten Tagesausflüge nach Chakussy an. Das ist natürlich eine Möglichkeit, die Ostküste zu sehen, ohne dort übernachten zu müssen. Angesichts der Unannehmlichkeiten, die die Überfahrt mit sich bringen kann, und der Umweltbelastung für den Baikalsee sollte man das Für und Wider eines solchen Ausflugs jedoch gut abwägen. Besonders kurz vor der Rückreise ist von einer Bootsfahrt dringend abzuraten. Plötzliche Wetterumschwünge und kleinere technische Schwierigkeiten können schnell zu einer Verzögerung der Rückfahrt führen und die ganze Reiseplanung durcheinander bringen.

In der Umgebung

Bucht Ajaja Аяя

Eine sehr hübsche Bucht mit Sandstrand liegt ca. 12 km nördlich von Chakussy. Bemerkenswert ist der Bewuchs aus Kiefern, dicken Rentierflechten und anderen Pflanzen, die eigentlich für viel höher gelegene Regionen des Bargusin-Gebirges typisch sind. Aufgrund des kalten Klimas in der Bucht sind sie bis hierher gewandert. Ajája ist wohl der einzige Ort, wo der Dauerfrostboden fast bis ans Baikalufer vordringt. Bekannt ist die Bucht auch als einer der Ruheplätze der **Baikalrobben.** Am Nordrand gibt es eine Jäger- und Fischerhütte, in der im Sommer zwei Ranger leben, um die Einhaltung der Naturschutzbestimmungen zu kontrollieren. Auf Wunsch begleiten sie auch Wanderungen.

Flussdelta der Schirilda Ширильда

Auf den meisten Karten sind im 14 km südlich von Chakussy gelegenen Schirílda-Tal keine Häuser eingezeichnet. Doch an dem Fluss, der das Ende des **Frolicha-Naturschutzgebietes** kennzeichnet, gab es bis zur Evakuierung der ewenkischen Bevölkerung (s. Cholodnoje) eine Siedlung, von der allerdings nichts mehr zu sehen ist. Man findet manchmal auch Abwandlungen des ewenkischen Namens: Schirildy, Schirigli, Sirigli. Heute sind einige Nachfahren der ehemaligen Bewohner aus Baikalskoje zurückgekehrt und bauen wie in Schegnanda ein traditionelles **ewenkisches Lager** auf.

Wetterstation Tompa Томпа

Südlich von Schirilda ist das Ufer für Wanderungen besser geeignet, ein Pfad folgt meist der Uferlinie. Hindernisse stellen allerdings die vielen Wasserläufe dar. Besonders schwierig ist der **Fluss Tompúda,** der ca. 30 km südlich von Chakussy in den Baikal mündet. Kommt man aus nördlicher Richtung, stößt man zuerst auf die Wetterstation und die Reste der Siedlung Tómpa, in der bis in die 1950er Jahre eine Kolchose existierte. Vor dem Bau des Staudamms bei Irkutsk wurde die Siedlung aufgelöst, weil man eine Überflutung befürchtete. Man kann die Mitarbeiter der Wetterstation bitten, einen per Boot überzusetzen.

Ungefähr 7 km weiter mündet der Fluss Kodakta in den Baikal. Die hier liegende Hütte ist nicht immer bewohnt. Sie gehört den Bewohnern von Schegnanda. Der Weg aus der Bucht nach Schegnanda wird genutzt. Im Sommer wandern hier manchmal Jugendgruppen aus Cholodnoje.

Fluss Schegnanda Шегнанда

Der nächste Fluss, die 8 km südlicher gelegene Schegnandá (auch Schinanda), ist weniger gefährlich. Sie ist aber auch nur an einer Furt zu überqueren. Seit kurzem leben im Tal wieder **Ewenken** aus Cholodnoje, die etwa zehn Rentiere halten. Die Tiere gehören zur Rasse der nördlichen Rentiere und sind viel kleiner als die Exemplare, die in Tofalarien noch zu finden sind. Hier wird versucht, ewenkisches Brauchtum wiederzubeleben und durch Tourismus rentabel zu machen.

Am südlichen Rand des Schegnanda-Tals beginnt das **Bargusiner Biosphärenreservat,** das für Touristen kaum zugänglich ist (s.u.). Zwischen Schegnanda und Dawscha gibt es auf ca. 70 km keine Siedlungen.

- Neben dem Haus der Arbeiter steht ein **beheizbares Haus** mit ca. zehn Plätzen für Gäste (250 R mit Verpflegung). Für die Anfahrt steht bei rechtzeitiger Anmeldung ein eigenes Schiff zur Verfügung.
- Zwei gute Wanderpfade führen am Fluss und am Ufer entlang. Für zweitägige Wanderungen gibt es ca. 8 km vom Ufer entfernt eine **Hütte,** Kontakt: *Galína Filípowna Rógowa,* Sewerobaikalsk, Tel. (30139) 21484.

Frolicha-See

Фролиха ↗ XII/B2

Der Bergsee Frolicha liegt einige Kilometer vom Ufer entfernt im **Naturschutzgebiet Frolicha** und ist nur zu Fuß zu erreichen (Wanderung s.u.). Seinen Ursprung verrät der 16,5 km² große und bis zu 80 m tiefe Gletschersee u.a. durch große **Findlinge,** die sein Ufer säumen. An der Ostküste der Halbinsel Waluny („Findlingsinsel") liegen besonders hübsche Exemplare mit gleichmäßigen, horizontalen Streifen. Außerdem ist der See bekannt für den **Fisch Dawatschan** (auch *arktítscheski gólez*), eine Art, die sich seit der letzten Eiszeit praktisch nicht weiterentwickelt hat und nur in einigen isolierten Populationen in Seen nördlich und östlich des Baikalsees erhalten ist. Er hat rotes Fleisch. Da Angeln und Jagen im Schutzgebiet grundsätzlich verboten sind, darf er nicht geangelt werden. Leider wird das Verbot häufig missachtet und schlecht kontrolliert, sodass der Bestand in den letzten Jahren sehr stark zurückgegangen ist.

„Den 31sten Julius kam Herr Lebedew von seiner Fischerey mit 17. rothen Fischen, die eine neue Lachsart sind, zurück. Sie giengen am Dowarschandaflüßchen etwa 30. W. Hinauf. Die Tungusen fischten des Nachts. Ein jeder hielt in der linken Hand brennende Birckenrinde (Tung. Kiwo) und in der rechten eine dreyzackigte Ganggabal, deren Zincken Wiederhaken haben, und der russischen Ostroga in allem gleicht. Mit dieser Ausrüstung legten sie sich auf seigere Felsen im Fluss oder am Ufer. Die Fische, die sie nur mit der Gabel (Tungusisch Tschiranka) abreichen konnten, entkamen ihnen nie, daher sie in einer kurzen Zeit 30. ergriffen und doch die übrigen häufigeren Fischarten ungestöhrt gehen liessen."

J.G. Georgi, 1772–74

Wandern am Nordostufer

Grundsätzlich ist das Wandern in diesem Uferabschnitt mit einer entsprechenden **Genehmigung der Forstbehörden** erlaubt und möglich. Über weite Strecken gibt es in Ufernähe Trampelpfade, manchmal nur Wildwechsel, in der Nähe von Siedlungen auch Pferdepfade. Sie sind aber nirgends markiert und verlieren sich oft, um dann Kilometer weiter wieder aufzutauchen. Das Ufer ist teilweise flach und sandig, aber durch die steilen Klippen oder tief eingeschnittene **Flusstäler** ist es praktisch nur mit einer guten Kletterausrüstung möglich, grö-

161ba Foto: rj

Die Ajaja-Bucht

ßere Strecken am Ufer entlangzuwandern. Die in den Baikal mündenden Flüsse kommen aus relativ großer Höhe und haben besonders nach Regenfällen eine reißende Strömung, was die Überquerung zu einem gefährlichen Abenteuer machen kann. Manche (z.B. in der Frolicha-Bucht) sind so breit, dass man nur mit einem Floß oder Boot auf die andere Seite kommt. Je näher man dem Bargusiner Biosphärenreservat kommt, desto wahrscheinlicher wird es, **Bären** zu begegnen.

Auch wenn die Gegend unmittelbar **südlich des Frolicha-Naturschutzgebietes** nicht direkt geschützt ist, gehört sie schon zur Pufferzone des Biosphärenreservats. Das bedeutet, dass die Natur sehr schonend behandelt werden muss. Grundsätzlich ist das Wandern in dieser zwar schönen und über weite Strecken unberührten, aber dadurch auch gefährlichen Region nur wirklichen Profis zu empfehlen.

Von der Ajaja-Bucht zum Frolicha-See

Für diese Tour (1 Tag oder mehr) braucht man zusätzlich zur Erlaubnis für Chakussy eine **Genehmigung** des Naturschutzgebietes speziell für den Frolicha-See. Von der Bucht Ajaja beginnt eine ca. **zweistündige Wanderung** (6–8 km) zum Bergsee. Der Weg ist ein gut ausgetrampelter Pfad, der besonders zu Anfang durch sumpfiges Gebiet und dann durch dichten, flechtenbewachsenen Wald über eiszeitliche Moränenwälle führt. Die Sicht eröffnet sich erst direkt am See auf die hohen umliegenden Berge, das malerische Ufer und kleine Inseln. Das Wasser ist im Sommer angenehm mild und lädt zum Baden ein.

Nach ausgiebiger Mittagspause am Feuer sollte man gegen Spätnachmittag den Rückweg antreten. Bei russischen Wanderfreunden ist die Strecke sehr beliebt, sodass man mit großer Wahrscheinlichkeit anderen Wanderern begegnet. Für Zelte finden sich wenige geeignete Stellen an der westlichsten Bucht (залив Окуневый). Eine Umrundung des Sees ist wegen sehr schwer zu überquerender Flüsse ein schwieriges Unterfangen (eigentlich nur mit dem Boot). Außerdem ist die Ostküste sehr steil und das Ufer streckenweise mit Findlingen übersät. Auch auf die Halbinsel Waluny kommt man nur mit dem Boot.

Von Chakussy zum Frolicha-See

Mit ortskundiger Begleitung kann der See Frolicha auch von Chakussy aus in einer eintägigen Wanderung erreicht werden. Dann muss allerdings eine **Übernachtung** eingeplant werden. Es gibt zwei mögliche Routen, beide folgen zuerst dem Ufer. Die erste führt bis in die **Bucht Biraja** (Бирая, auch Бирейа) und von dort an der rechten Uferseite den gleichnamigen Fluss entlang bis zum See. Die zweite Variante führt am Ufer entlang bis zum **Flüsschen Tukalaragdy** (Тукаларагды, hier kann man bis Ende Juli Eis finden!). Dort sollte man das Ufer verlassen und den Pfad über den Bergrücken hinüber in die **Bucht Ajaja** wählen (ca. 2 Std.). Von hier gelangt man wie oben beschrieben zum See.

Bargusiner Biosphärenreservat

Баргузинский биосферный заповедник ↗ XI/A2

Das älteste Reservat Russlands *(Bargusínski gosudárstwenny biosférny sapowédnik)* liegt am Nordostufer des Baikalsees. Es umfasst Bergtundra-, Tundra- und Bergtaiga-Landschaften am Westhang des Bargusin-Gebirges, zwischen den Flüssen Schumilicha und Schegnanda. Gegründet wurde es 1916, die Fläche beträgt inkl. Küstengewässer 374.322 ha. Das Hauptziel der Gründung des Reservats war zu Beginn des 20. Jh. der Schutz des dunklen **Bargusiner Zobels,** der als besonders kostbare Unterart vom Aussterben bedroht war. Die Bestände haben sich erholt. Auch zahlreiche **Bären** gibt es. Touristen können nur die Siedlung Dawscha besuchen sowie an begleiteten Wanderungen teilnehmen.

- **Verwaltung:** Nischneangársk, ul. Koslówa 61, Tel. 51992, bargnr@burnet.ru; Vertretung auch in Dawscha und Ust-Bargusin, s. dort.
- **Touren:** Sehr schöne ein- bis zweitägige Wanderung entlang dem Fluss Schumilicha (Wasserfälle, drei Seen, 24 km hin und zurück, Anfahrt mit dem Boot); Naturlehrpfad bei Dawscha (4 km).

Zobel – das weiche Gold der Taiga

Wer weiß, wie Sibirien heute aussähe, lebten in seinen Wäldern keine Zobel. Die graubraunen Tiere aus der **Familie der Marder** waren der Hauptgrund, der russische Kosaken, Händler und Abenteurer im 16. und 17. Jh. veranlasste, immer weiter in völlig unbekannte Gebiete vorzudringen und dabei die größten Schwierigkeiten zu überwinden. An den Fürstenhöfen Europas wurden die edlen und sehr haltbaren **Pelze** mit Gold aufgewogen. Die Gier nach schnellem Reichtum trieb die Eroberer bis zum Pazifik.

Dem Staat kam diese Entwicklung sehr entgegen. Im 17. Jh. stammte fast die Hälfte aller Steuereinnahmen aus dem Handel mit Zobelfellen. Über die Auswirkungen dieser **massenhaften Jagd** machte sich damals anscheinend keiner Gedanken: Schon im 18. Jh. ging die Zobelpopulation erschreckend zurück. Doch man jagte immer weiter und zu Beginn des 20. Jh. war der Zobel in vielen Gebieten fast ausgerottet. Nun erst fanden Warnungen Gehör: 1916 wurde im Bargusin-Gebirge das erste russische **Schutzgebiet** eingerichtet, speziell für die pelzigen Tiere mit ihren großen Knopfaugen, von denen man damals auf dem gesamten Territorium des Parks kaum noch 30 Exemplare finden konnte. In den 1920er Jahren wurde die Jagd überall verboten.

Im Reservat untersuchte man derweil die Möglichkeiten der Zucht in **Zobelfarmen.** Bald gelang es auf diese Weise, die wilden Bestände noch besser zu schonen. In den 1960er Jahren erholte sich die Population im Bargusin-Gebirge vollständig. In anderen Gebieten Russlands darf das Tier heute wieder gejagt werden, wenn auch nicht unbegrenzt (pro Jahr 10.000 Tiere). Doch nach wie vor ist der Zobel eine lukrative Beute: Die großen Bargusiner Exemplare (Körperlänge: 56 cm, Schwanz: 20 cm) bringen Jägern um die 40 $ pro Stück ein. Sie gelten wegen ihrer dunklen Färbung als besonders hochwertig.

Als kostbar galt der Zobel übrigens schon vor langer Zeit: Bereits **römische Kaiser** schmückten sich mit sibirischen Zobelpelzen! Mithilfe Handel treibender zentralasiatischer Steppenvölker gelangte das „weiche Gold“ bis in den Mittelmeerraum.

Dawscha

Давша ↗ XI/A2

Der Ort war ursprünglich für Mitarbeiter des Reservats als ständige Siedlung für 50–60 Menschen konzipiert. Da der Unterhalt jedoch immer teurer wurde, musste 2006 das Dorf aufgelöst werden, obwohl sich viele der älteren Bewohner lange dagegen wehrten. Seitdem leben nur noch zwei bis drei Vertreter des Biosphärenreservats ständig in dem geschützten Tal des Flüsschens Dawscha. Ein kleines **Museum** illustriert die Entstehungsgeschichte des Reservats. Direkt am Ufer wurde an einer **Thermalquelle** ein kleines Badehaus eingerichtet. Besucher sind in Dawscha recht eingeschränkt, da gleich hinter den Häusern das Reservat beginnt, das nicht betreten werden darf (auch zu ihrer Sicherheit, Bären kommen bis an den Ort!).

Unterkunft

- Es gibt eine kleine **Herberge** für Touristen.

Verkehrsverbindungen

- Alle zwei Wochen fährt aus Nischneangarsk das **Versorgungsschiff** des Reservats.

163ba Foto: r

Anhang

164ba Foto: rj

165ba Foto: rj

Eishockey-Spiel (Bandy) im Stadion von Irkutsk

Burjatisches Kinderensemble

Ein echter russischer Ofen ist weiß gekalkt

Reise-Gesundheits-Informationen Russland

Stand: 15.04.2007

Die nachstehenden Angaben dienen der Orientierung, was für eine geplante Reise in das Land an Gesundheitsvorsorgemaßnahmen zu berücksichtigen ist. Die Informationen wurden uns freundlicherweise vom *Centrum für Reisemedizin* zur Verfügung gestellt. Auf der Homepage: **www.travelmed.de** werden diese Informationen stetig aktualisiert. Es lohnt sich, dort noch einmal nachzuschauen.

EINREISE-IMPFVORSCHRIFTEN

Es sind keine Impfungen vorgeschrieben.

EMPFOHLENER IMPFSCHUTZ

Generell: Tetanus, Diphtherie, Hepatitis A

Je nach Reisestil und Aufenthaltsbedingungen im Lande außerdem zu erwägen:

Impfschutz	Reisebedingung 1	Reisebedingung 2	Reisebedingung 3
Hepatitis B (a)	x		
Jap. Enzephalitis (b)	x		
FSME(c)	x		
Tollwut (d)	x		

(a) bei Langzeitaufenthalten u. engerem Kontakt mit der einheimischen Bevölkerung
(b) bei besonderen Aufenthaltsbedingungen in bestimmten ländlichen Gebieten. Impfstoff in Deutschland nicht zugelassen. Beschaffung über Apotheken mit entsprechenden Erfahrungen.
(c) April – Oktober, nur bei beruflicher Tätigkeit oder Freizeitaktivitäten mit möglicher Zeckenexposition in endemischen Gebieten
(d) bei vorhersehbarem Umgang mit Tieren

Reisebedingung 1:
Reise durch das Landesinnere unter einfachen Bedingungen (Rucksack-/ Trekking-/Individualreise) mit einfachen Quartieren/Hotels; Camping-Reisen, Langzeitaufenthalte, praktische Tätigkeit im Gesundheits- oder Sozialwesen, enger Kontakt zur einheimischen Bevölkerung wahrscheinlich.
Reisebedingung 2:
Aufenthalt in Städten oder touristischen Zentren mit (organisierten) Ausflügen ins Landesinnere (Pauschalreise, Unterkunft und Verpflegung in Hotels bzw. Restaurants mittleren bis gehobenen Standards).
Reisebedingung 3:
Aufenthalt ausschließlich in Großstädten oder Touristikzentren (Unterkunft und Verpflegung in Hotels bzw. Restaurants gehobenen bzw. europäischen Standards).

Wichtiger Hinweis

Welche Impfungen letztendlich vorzunehmen sind, ist abhängig vom aktuellen Infektionsrisiko vor Ort, von der Art und Dauer der geplanten Reise, vom Gesundheitszustand sowie dem eventuell noch vorhandenen Impfschutz des Reisenden.

Da im Einzelfall unterschiedlichste Aspekte zu berücksichtigen sind, empfiehlt es sich immer, rechtzeitig (etwa 4 bis 6 Wochen) vor der Reise eine persönliche Reise-Gesundheits-Beratung bei einem reisemedizinisch erfahrenen Arzt oder Apotheker in Anspruch zu nehmen.

Unter www.travelmed.de finden Sie Adressen von
- Apotheken mit qualifizierter Reise-Gesundheits-Beratung (nach Postleitzahlgebieten)
- Impfstellen und Ärzten mit Spezialsprechstunde Reisemedizin (nach Postleitzahlgebieten).
- Abruf eines persönlichen Gesundheitsvorsorge-Briefes für die geplante Reise.

AKTUELLE MELDUNGEN

Zeckenübertragene Krankheiten: Mit der wärmeren Jahreszeit beginnt die Saison für zeckenübertragene Krankheiten. Hierzu gehört in Russland die FSME im gesamten eurasischen Waldgürtel bis zum fernen Osten. Das sog. „Altweltliche Zeckenbissfieber", das mit Fieber und Hautausschlag einhergeht, gibt es vor allem am Schwarzen und am Kaspischen Meer, das sog. „Krim-Kongo Hämorrhagische Fieber", bei dem es zu Blutungen kommen kann, vereinzelt in Süd-Sibirien. Schutz vor Zeckenstichen beachten. Bei entsprechendem Risiko ist eine FSME-Impfung empfohlen.

Orale Infektionen: Risiko für **Durchfallerkrankungen** landesweit. Weiterhin Risiko für **Hepatitis A** (eine Form der infektiösen Gelbsucht, Infektion meist über kontaminiertes Trinkwasser). **Botulismus,** eine Form der Fleisch- bzw. Fischvergiftung mit Beteiligung des Nervensystems, gibt es durch kontaminierte und konservierte (Dosen) Lebensmittel; örtliche Warnhinweise beachten. **Trichinellose,** eine den Darm und die Muskulatur befallende Wurmerkrankung, ist weit verbreitet; Hauptinfektionsquelle ist unzureichend gegartes Wildschwein- und Bärenfleisch. Hygiene und Impfschutz (Hepatitis A) beachten.

Hämorrhagisches Fieber mit renalem Syndrom (HFRS): Die Erkrankung, die mit Fieber, Blutungen und Nierenstörungen einhergehen kann, ist vor allem in Zentralrussland und im Süden des Ural verbreitet. Erreger sind Viren (sog. „Hantaviren"), die ihr Reservoir in Mäusen haben und bei Kontakt mit diesen Tieren durch Tröpfchen oder durch Biss übertragen werden. Gefährdet ist die ländliche

Bevölkerung, besonders im Winter, wenn die Mäuse vermehrt in die Häuser kommen. Entsprechende Kontakte sind möglichst zu meiden.

Tollwut: Wildtiertollwut ist im Land weit verbreitet. In gleichem Maße hat die Übertragung auf Haustiere und damit auch die Gefährdung des Menschen zugenommen. Ein potenzielles Risiko bilden auch Fledermäuse. Nach verdächtigen Tierkontakten sofort Arzt aufsuchen, bei Risiko vorbeugende Impfung.

Vogelgrippe: Seit Juli 2005 hat sich die asiatische Vogelgrippe durch Influenza A (H5N1) in der Russischen Föderation bei Wildvögeln und Hausgeflügel ausgebreitet und vor allem im Süden des Landes zu zahlreichen örtlichen Ausbrüchen geführt. Nach einer Pause von 5 Monaten ist die Tierseuche seit Ende Januar 2007 erneut aufgetreten, und zwar wieder im Süden mit örtlichen Ausbrüchen bei privaten Geflügelhaltungen in der Krasnodar-Region sowie bei Wildenten in Anapa am Schwarzen Meer. Ausgehend von einem Geflügelmarkt im Osten Moskaus kam es im Februar zu einer Reihe örtlicher Ausbrüche in der Umgebung der Hauptstadt sowie in der Kaluga-Region südwestlich von Moskau. Menschliche Erkrankungen wurden in Russland bisher nicht bekannt.

HIV-Test: Für Langzeitaufenthalte wird ein HIV-Test in englischer und russischer Sprache verlangt (Formular auf Anfrage über die Botschaft).

KURZBESCHREIBUNG DER ERWÄHNTEN ERKRANKUNGEN

Hepatitis B

Diese Viruserkrankung der Leber ist weltweit verbreitet, besonders in tropischen Ländern. Infektiös sind Blut und andere Körperflüssigkeiten von Erkrankten und Virusträgern (in Mitteleuropa 0,1–0,5 %, in einzelnen tropischen Ländern über 20 % der Bevölkerung). Die Übertragung erfolgt über entsprechende Kontakte; Bluttransfusionen, unsterile Spritzen, Nadeln und Instrumente (z.B. bei unqualifizierten medizinischen Eingriffen, Tätowierungen, Spritzentausch von Drogenabhängigen) sowie beim Geschlechtsverkehr. Die Inkubationszeit liegt zwischen 2 Wochen und 6 Monaten. Oft beginnt die Krankheit mit einem allgemeinen Krankheitsgefühl, Fieber, Appetitlosigkeit, Übelkeit und Erbrechen. Nach einigen Tagen wird der Urin dunkel, der Stuhl hell, es kommt zur Gelbfärbung der Haut. Das akute Stadium kann aber auch fehlen.

In ca. 10 % der Fälle geht die Krankheit in einen chronischen Verlauf über, es entwickelt sich eine Leberzirrhose und in vielen Fällen ein Leberkrebs. Die Diagnose wird über den Antikörpernachweis im Blut gestellt, das Virus kann auch direkt nachgewiesen werden.

- **Schutz:** Aktive Impfung.

Japanische Enzephalitis

Diese Virusinfektion, die nur gebietsweise in Südostasien auftritt, kann zu einer schweren Hirn- und Hirnhautentzündung führen. Die Sterblichkeit ist sehr hoch, bei Überleben der Infektion kommt es oft zu Defektheilungen mit Hirnschäden, Epilepsie, Demenz u.Ä. Symptome sind hohes Fieber, starke Kopfschmerzen, Nackensteifigkeit, Lähmungserscheinungen, Verwirrtheit und Bewusstlosigkeit. Die Übertragung erfolgt durch nachtaktive Stechmücken, die zu bestimmten Jahreszeiten in Feuchtgebieten brüten. Reservoir für das Virus sind Haustiere, insbesondere Schweine, aber auch Nager und Vögel. Die Diagnose wird über den Antikörpernachweis im Blut gestellt, das Virus kann auch direkt nachgewiesen werden.

- **Schutz:** Aktive Impfung, Schutz vor Mücken.

FSME (Frühsommer-Meningoenzephalitis)

Zecken übertragen dieses Virus im Frühjahr und Sommer („Frühsommer-Meningoenzephalitis", FSME) durch den Biss auf den Menschen. 1-2 Wochen nach dem Biss kann es zu einem grippalen Krankheitsbild kommen. In einem Teil der Fälle folgt nach kurzem, beschwerdefreien Intervall eine Hirnhaut- oder Gehirn-Entzündung (Meningitis, Enzephalitis), die mit starken Kopfschmerzen, Nackensteifigkeit, Verwirrtheit und möglicherweise Koma einhergehen. Die Hauptverbreitungsgebiete liegen in Süddeutschland (Baden-Württemberg, Bayern) sowie Teilen von Österreich, der Schweiz, Skandinavien und Osteuropa. Verwandte Viren finden sich auch im östlichen Sibirien und dem angrenzenden China (RSSE). In Hauptverbreitungsgebieten ist jede 50. bis 100. Zecke Virusträger. Nicht alle Menschen, die von infizierten Zecken gestochen werden, werden auch krank. In Einzelfällen wurden Virusübertragungen durch infizierte Milch, besonders von Schafen und Ziegen, beobachtet. Die Diagnose kann durch Antikörpernachweis im Blut gesichert werden.

- **Synonyme:** europäisches Zeckenbissfieber
- **Schutz:** Impfung, geschlossene Kleidung, Repellentien in Endemiegebieten.

Tollwut

Der Mensch infiziert sich mit diesen Viren durch Bissverletzungen von infizierten Tieren, meist von Hunden, Katzen oder Fledermäusen, aber auch andere Säugetiere können diese Viren übertragen. Infektiös ist der Speichel eines tollwütigen Tieres, und zwar bereits schon 3–5 Tage vor Ausbruch der Symptome bis zu seinem Verenden nach 7–10 Tagen. Fledermäuse erkranken nicht. Auch durch Kontakt mit infiziertem Speichel auf verletzte Hautstellen oder unverletzte Schleimhäute (Augen) wird die Krankheit gelegentlich übertragen. Sie ist immer tödlich. Die Inkubationszeit liegt in der Regel zwischen 1–3 Monaten, sie variiert jedoch stark. Kommt es zur Infektion, beginnt diese beim Menschen mit Schmerzen und Kribbeln im Bereich der meist bereits verheilten Bissstelle und führt über Krämpfe, Erregungszustände und Lähmungen innerhalb von wenigen Tagen zum Tod.

- **Synonyme:** Rabies, Lyssa
- **Schutz:** Aktive Impfung zur Vorbeugung bzw. sofortige Impfung nach einem tollwutverdächtigen Biss.

Literaturtipps

Tipps zu weiterführender Literatur in russischer Sprache gibt es auf der Homepage der Autoren: www.baikal see.net.

Sachliteratur

- *Wein, Norbert:* **Sibirien,** Perthes Regionalprofile, Klett-Perthes 1999. Umfangreiches Werk über Geografie, wirtschaftliche Entwicklung und Probleme.
- *Forsyth, James:* **A history of the peoples of Siberia,** Cambridge 1992 (auf Englisch). Fundierte Darstellung der ethnologischen Situation Sibiriens über fünf Jahrhunderte.
- *Findeisen, Hans, Gehrts, Heino:* **Die Schamanen,** Diederichs 1983/1996. Darstellung des nordasiatischen Schamanentums, ergänzt durch Berichte, Märchen und Mythen.
- *Georgi, Johann Gottlieb:* **Bemerkungen einer Reise im Rußischen Reich, 1772–1774,** http://gdz.sub.uni-goettingen.de/de/index.html (unter „sibirica-multivolume works").
- *Löwe, Barbara:* **KulturSchock Russland,** REISE KNOW-HOW Verlag, Bielefeld. Tiefgreifende und feinfühlige Annäherung an die russische Kultur. Das Buch ist ideal für Reisende, die mehr über das russische Alltgsleben erfahren möchten.
- *Baumgart, Annette, Jänecke, Bianca:* **Russland-Knigge,** München 2000. Interkulturelle Kommunikation zwischen Deutschen und Russen.
- *Knop, Doris:* **Transsib,** REISE KNOW-HOW Verlag, Bielefeld. Der umfassende Reiseführer zur Planung und Durchführung einer Reise mit der Transsibirischen Eisenbahn durch Russland, die Mongolei und China.

Sprachhilfe

- **Russisch – Wort für Wort,** REISE KNOW-HOW Verlag, Bielefeld, Kauderwelsch-Band 7. Der handliche Sprechführer bietet eine auf das Wesentliche reduzierte Grammatik und viele Beispielsätze für den Reisealltag.
- **AusspracheTrainer Russisch,** REISE KNOW-HOW Verlag, Bielefeld. Audio-CD, ca. 60 Min. Laufzeit, die wichtigsten Sätze und Redewendungen des Kauderwelsch-Bandes (s.o.) zum Hören und Nachsprechen.
- Das Buch ist auch auf CD-ROM erschienen: **Kauderwelsch digital Russisch.** Per Mausklick kann man sich jedes fremdsprachige Wort vorsprechen lassen.

Belletristik

- *Bednarz, Klaus:* **Ballade vom Baikalsee,** Luebbe 1998. Anschauliche Reisenotizen, mit Ausnahme einiger wirtschaftlicher Aspekte noch sehr aktuell.
- ders.: **Östlich der Sonne,** 2002. Aufzeichnungen einer Reise vom Baikalsee nach Alaska.
- *Sutherland, Christine:* **Die Prinzessin von Sibirien,** Fischer 1988/2000. Die Dekabristin *Maria Wolkonskaja* und ihre Zeit, Roman.
- *Stackelberg, T. v.:* **Geliebtes Sibirien,** Günther Neske 1969/89. Erinnerungen aus der Verbannung.

Bildbände

- *Roger Just:* **Menschen und Landschaften am Baikalsee,** Eigenverlag 2005. 69 Fotos, Farbe, kartoniert, siehe auch www.baikal see.net.
- *A. Knjasew, Alexander* (Fotos), *Sergejew, Mark* (Text): **Irkutsk,** Irkutsk 1995. Sehr schöner, hochwertiger Bildband über die Stadt und ihre Umgebung (auf Englisch und Russisch).
- *Alexei Freidberg* (Fotos), *Sergejew, Mark* (Text): **Baikal,** Moskau 1990. Einer der besten Baikal-Bildbände (auf Deutsch und Russisch).
- *Norton, Boyd* (Fotos), *Matthiessen, Peter* (Text): **Baikal – Sacred Sea of Siberia,** San Francisco 1992. Reisenotizen, Begegnungen, künstlerisch illustriert, mit einem Vorwort von *J. Jewtuschenko.*
- *Alexei Freidberg* (Fotos), *Sergejew, Mark* (Text): **This is Baikal,** Irkutsk 1993. Baikalbildband auf Russisch, Englisch und Französisch.

Kyrillisches Alphabet

Unterschiedliche Transkriptionen (Schreibweisen mit lateinischen Buchstaben) der kyrillischen Schrift rufen oft Verwirrung hervor. Die in diesem Buch verwendete Duden-Transkription ermöglicht eine unproblematische Aussprache russischer Wörter auch ohne Sprachkenntnisse (s. S. 12: „Kyrillische Schrift und ihre Transkription"). Vorsicht ist nur bei den Buchstaben **sch** und **s** geboten, die sowohl in der stimmhaften als auch in der stimmlosen Variante vorkommen und Bedeutungsveränderungen mit sich bringen können. Zu weniger Missverständnissen führt eine Besonderheit des russischen Buchstaben **o.** Ist er unbetont, hört er sich an wie ein a. Geschrieben wird aber (auch in diesem Buch) ein o. Das kyrillische **t** kann bei kursiver Schreibung (z.B. auf Landkarten) leicht mit einem m verwechselt werden!

Kyrillisch	Duden-Transkription	Aussprache
А а	a	a
Б б	b	b
В в	w	w
Г г	g (w), in den Genitivendungen его und ого wird г entsprechend der Aussprache mit w wiedergegeben (Bsp.: ул. Горького – ul. Gorkowo)	g (w)
Д д	d	d
Е е	e (je) , am Wortanfang (Bsp.: Ельцин – Jelzin) und nach Vokal (Bsp.: Холодное – Cholodnoje) auch geschrieben: je	e (je)
Ё ё	jo (oft ohne Punkte geschrieben, trotzdem jo, weil betont)	jo
Ж ж	sch	stimmhaftes sch wie in Journal
З з	s	stimmhaftes s wie in singen
И и	i	i
Й й	i, entfällt nach и oder ы (Bsp.: Дмитрий – Dmitri)	i
К к	k, x wenn кс (Bsp.: Алексей – Alexei)	k
Л л	l	l
М м	m	m
Н н	n	n
О о	o	o
П п	p	p
Р р	r	r
С с	s, x wenn кс (Bsp.: Алексей – Alexei), ss zwischen Vokalbuchstaben (Bsp.: Хакусы – Chakussy), ß vor ch (Bsp.: пасха – paßcha)	stimmloses s wie in es
Т т	t	t
У у	u	u
Ф ф	f	f

Х х	ch	ch
Ч ч	tsch	tsch
Ц ц	z	z
Ш ш	sch	stimmloses sch wie in Schall
Щ щ	schtsch	weiches, längeres stimmloses sch
ъ	nicht wiedergegeben	stumm
ы	y	i
ь	nicht wiedergegeben (j vor e, i, o (Bsp.: Устье – Ustje)	stumm (j)
Э э	e	ä
Ю ю	ju	ju
Я я	ja	ja

Ortsnamenverzeichnis

Hier eine Übersicht über geografische Bezeichnungen, deren Transkription sich im Deutschen und Englischen besonders stark unterscheidet. Die englische Transkription wurde beigefügt, da sie von Russen oft bei der Schreibung von Namen verwendet wird (z.B. auf Visitenkarten). Auch auf Landkarten kommt sie vor. Häufig trifft man noch weitere Varianten an, z.B. die wissenschaftliche Transliteration.

kyrillisch	deutsch (Duden)	englisch	Transliteration
Аршан	Arschan	Arshan	Aršan
Баргузин	Bargusin	Barguzin	Barguzin
Бухта Песчаная	Buchta Pestschanaja (Sandbucht)	Bukhta Peschanaya	Buchta Pesčanaja
Елянцы	Jelanzy	Elantsy	Elancy
Фролиха	Frolicha	Frolikha	Frolicha
Горячинск	Gorjatschinsk	Goryachinsk	Gorjačinsk
Гоуджекит	Goudschekit	Goudzhekit	Goudžekit
Гремячинск	Gremjatschinsk	Gremyachinsk	Gremjačinsk
Качуг	Katschug	Kachug	Kačug
Кяхта	Kjachta	Kyakhta	Kjachta
Листвянка	Listwjanka	Listvyanka	Listvjanka
Олха	Olcha	Olkha	Olcha
Ольхон	Olchon	Olkhon	Ol'chon
Сахюрта	Sachjurta	Sakhyurta	Sachjurta
Слюдянка	Sljudjanka	Slyudyanka	Sljudjanka
Святой Нос	Swjatoi Nos (Heilige Nase)	Svyatoy Nos	Svjatoj Nos
Тальцы	Talzy	Taltsy	Tal'cy
Ушканьи острова	Uschkani-Inseln	Ushkany	Uškan'i-Inseln
Чивыркуйский залив	Tschiwyrkui-Bucht	Chivyrkuysky Bay	Čivyrkuj-Bucht
Хакусы	Chakussy	Khakusy	Chakusy
Хвойная	Chwoinaja	Khvoynaya	Chvojnaja
Хобой	Choboi	Khoboy	Choboj
Хужир	Chuschir	Khuzhir	Chužir

Kleine burjatische Sprachhilfe

Das burjatische Alphabet kommt weitgehend mit den **kyrillischen Buchstaben** aus. Nur drei Laute werden durch **zusätzliche Zeichen** ausgedrückt: Ü-Laut: γ, Ö-Laut: θ, H-Laut: h. Verdoppelte Vokale werden etwas länger gesprochen.

Begrüßung	сайн байна	*sain baina*
Verabschiedung	баяртай	bajartai
ja	тиимэ	tiime
nein	угы	ugy
nicht	бэшэ	besche
Ich heiße ...	би ... гэжэ нэрэтэйб	bi ... gesche nereteib
Ich weiß nicht.	бу мэдэе	bu medeje
danke	hайн даа	hain daa
wo	хаана	chaana
das dort	тэрэ	tere
Vater	аба	aba
Mutter	энэ	ene
Was arbeitest du?	юу хэдэгбши	juu chedegbschi
interessant!	hонин	honin
wirklich!	нээрээ даа	neeree daa
Was für eine große Familie!	ямар ехэ бγлэ гээшэб	jamar jeche büle geescheb

Die **Sprachführer der Reihe Kauderwelsch** helfen dem Reisenden, wirklich zu sprechen und die Leute zu verstehen. Wie wird das gemacht?

Russisch lernen ohne Stress – am PC!
Kauderwelsch DIGITAL bringt das Kauderwelsch-Buch komplett Seite für Seite auf den Bildschirm, erweitert um die Möglichkeit, sich auf Mausklick jedes russische Wort vorsprechen zu lassen. Die Funktionen von Buch und Begleitkassette sind hier kombiniert. Als Zugabe ist der Kauderwelsch AusspracheTrainer mit auf der CD, der sowohl am PC als auch in allen anderen Audio-CD-Geräten abgespielt werden kann.
Funktionen:
• Vorsprechen aller russischen Wörter auf Mausklick
• leichtes Navigieren innerhalb des Buches
• Suchfunktion
• Vergrößerte Darstellung nach Bedarf
• Druckfunktion
• Mit dem Vollprogramm Adobe Acrobat können zusätzlich Anmerkungen eingefügt, Textstellen farbig markiert und Bookmarks gesetzt werden.
• Kostenpunkt: € 14,90 [D]
• ISBN: 978-3-8317-6036-7
Das ganze Programm unter:
http://www.reise-know-how.de/buecher/digitalindex.html
REISE KNOW-HOW Verlag, Bielefeld

HILFE!

Dieses Reisehandbuch ist gespickt mit unzähligen Adressen, Preisen, Tipps und Infos. Nur vor Ort kann überprüft werden, was noch stimmt, was sich verändert hat, ob Preise gestiegen oder gefallen sind, ob ein Hotel, ein Restaurant immer noch empfehlenswert ist oder nicht mehr, ob ein Ziel noch oder jetzt erreichbar ist, ob es eine lohnende Alternative gibt usw.

Unsere Autoren sind zwar stetig unterwegs und versuchen, alle zwei Jahre eine komplette Aktualisierung zu erstellen, aber auf die Mithilfe von Reisenden können sie nicht verzichten.

Darum: Schreiben Sie uns, was sich geändert hat, was besser sein könnte, was gestrichen bzw. ergänzt werden soll. Nur so bleibt dieses Buch immer aktuell und zuverlässig. Wenn sich die Infos direkt auf das Buch beziehen, würde die Seitenangabe uns die Arbeit sehr erleichtern. Gut verwertbare Informationen belohnt der Verlag mit einem Sprechführer Ihrer Wahl aus der über 200 Bände umfassenden Reihe „Kauderwelsch" (siehe unten).

Bitte schreiben Sie an:

REISE KNOW-HOW Verlag Peter Rump GmbH, Postfach 140666, D-33626 Bielefeld, oder per E-Mail an: info@reise-know-how.de

Danke!

Kauderwelsch-Sprechführer – sprechen und verstehen rund um den Globus

Afrikaans • Albanisch • Amerikanisch – *American Slang, More American Slang,* Amerikanisch oder Britisch? • Amharisch • Arabisch – Hocharabisch, für Ägypten, Algerien, Golfstaaten, Irak, Jemen, Marokko, • Palästina & Syrien, Sudan, Tunesien • Armenisch • *Bairisch* • Balinesisch • Baskisch • Bengali • *Berlinerisch* • Brasilianisch • Bulgarisch • Burmesisch • Cebuano • Chinesisch – Hochchinesisch, kulinarisch • Dänisch • Deutsch – *Allemand, Almanca, Duits, German, Nemjetzkii, Tedesco* • *Elsässisch* • Englisch – *British Slang, Australian Slang, Canadian Slang, Neuseeland Slang,* für Australien, für Indien • Färöisch • Esperanto • Estnisch • Finnisch • Französisch – kulinarisch, für den Senegal, für Tunesien, *Französisch Slang, Franko-Kanadisch* • Galicisch • Georgisch • Griechisch • Guarani • Gujarati • Hausa • Hebräisch • Hieroglyphisch • Hindi • Indonesisch • Irisch-Gälisch • Isländisch • Italienisch – *Italienisch Slang,* für Opernfans, kulinarisch • Japanisch • Javanisch • Jiddisch • Kantonesisch • Kasachisch • Katalanisch • Khmer • Kirgisisch • Kisuaheli • Kinyarwanda • *Kölsch* • Koreanisch • Kreol für Trinidad & Tobago • Kroatisch • Kurdisch • Laotisch • Lettisch • Lëtzebuergesch • Lingala • Litauisch • Madagassisch • Mazedonisch • Malaiisch • Mallorquinisch • Maltesisch • Mandinka • Marathi • Modernes Latein • Mongolisch • Nepali • Niederländisch – *Niederländisch Slang,* Flämisch • Norwegisch • Paschto • Patois • Persisch • Pidgin-English • *Plattdüütsch* • Polnisch • Portugiesisch • Punjabi • Quechua • *Ruhrdeutsch* • Rumänisch • Russisch • *Sächsisch* • *Schwäbisch* • Schwedisch • *Schwiizertüütsch* • *Scots* • Serbisch • Singhalesisch • Sizilianisch • Slowakisch • Slowenisch • Spanisch – *Spanisch Slang,* für Lateinamerika, für Argentinien, Chile, Costa Rica, Cuba, Dominikanische Republik, Ecuador, Guatemala, Honduras, Mexiko, Nicaragua, Panama, Peru, Venezuela, kulinarisch • Tadschikisch • Tagalog • Tamil • Tatarisch • Thai • Tibetisch • Tschechisch • Türkisch • Twi • Ukrainisch • Ungarisch • Urdu • Usbekisch • Vietnamesisch • Walisisch • Weißrussisch • *Wienerisch* • Wolof • Xhosa

Anhang

Know-How auf einen Blick

Edition RKH

Abenteuer Anden
Auf Heiligen Spuren
Durchgedreht – Sieben Jahre im Sattel
Inder, Leben und Riten
Mona und Lisa
Myanmar – Land der Pagoden
Please wait to be seated
Rad ab!
Salzkarawane
Südwärts durch Lateinamerika
Suerte – 8 Monate durch Südamerika
Taiga Tour
USA – Unlimited Mileage

Praxis

Aktiv Marokko
All inclusive?
Australien: Outback/Bush
Australien: Reisen/Jobben
Auto durch Südamerika
Ayurveda erleben
Buddhismus erleben
Canyoning
Clever buchen/fliegen
Daoismus erleben
Drogen in Reiseländern
Dschungelwandern
Expeditionsmobil
Fernreisen auf eigene Faust
Fernreisen, Fahrzeug
Fliegen ohne Angst
Frau allein unterwegs
Früchte Asiens
Fun u. Sport im Schnee
Geolog. Erscheinungen
GPS f. Auto, Motorrad
GPS Outdoor-Navigation
Handy global
Hinduismus erleben
Höhlen erkunden
Hund, Verreisen mit
Indien und Nepal, Wohnmobil
Internet für die Reise
Islam erleben
Japan: Reisen und Jobben
Kanu-Handbuch
Kartenlesen
Kommunikation unterw.
Konfuzianismus erleben
Kreuzfahrt-Handbuch
Küstensegeln
Langzeitreisen
Maya-Kultur erleben
Mountainbiking
Mushing/Hundeschlitten
Neuseeland: Reisen und Jobben
Orientierung mit Kompass und GPS
Panamericana
Paragliding-Handbuch
Pferdetrekking
Radreisen
Reisefotografie
Reisefotografie digital
Reisekochbuch
Reiserecht
Respektvoll reisen
Safari-Handbuch Afrika
Schutz vor Gewalt und Kriminalität
Schwanger reisen
Selbstdiagnose unterwegs
Shopping Guide USA
Sicherheit Bärengeb.
Sicherheit am Meer
Sonne, Wind, Reisewetter
Sprachen lernen
Südamerika, Auto
Survival-Handbuch Naturkatastrophen
Tango in Buenos Aires
Tauchen Kaltwasser
Tauchen Warmwasser
Transsib – Moskau-Peking
Trekking-Handbuch
Trekking/Amerika
Trekking/Asien Afrika, Neuseeland
Tropenreisen
Unterkunft/Mietwagen
USA Shopping Guide
Volunteering
Vulkane besteigen
Wann wohin reisen?
Was kriecht u. krabbelt in den Tropen?
Wildnis-Ausrustung
Wildnis-Backpacking
Wildnis-Küche
Winterwandern
Wohnmobil-Ausrüstung
Wohnmobil-Reisen
Wohnwagen Handbuch
Wracktauchen
Wüstenfahren

KulturSchock

Fernziele

Afghanistan
Ägypten
Argentinien
Australien
Brasilien
China, Taiwan
Cuba
Ecuador
Familien im Ausland
Kl. Golfstaaten, Oman
Indien
Iran
Japan
Jemen
Kambodscha
Kaukasus
Laos
Leben in fremd. Kulturen
Marokko
Mexiko
Pakistan
Peru
Russland
Thailand
Thailands Bergvölker und Seenomaden
Türkei
USA
Vietnam
Vorderer Orient

Wo man unsere Reiseliteratur bekommt:
Jede Buchhandlung Deutschlands, der Schweiz, Österreichs und der Benelux-Staaten kann unsere Bücher beziehen. Wer sie dort nicht findet, kann alle Bücher über unsere **Internet-Shops** bestellen.
Auf den Homepages gibt es **Informationen** zu allen Titeln:

www.reise-know-how.de oder **www.reisebuch.de**

Praxis
Reise Know-How
Trekking Handbuch
Praxis
Reise Know-How
Sicherheit in Bären-gebieten
Praxis
Reise Know-How
Transsib von Moskau nach Peking

Register

Die Autorenfamilie vor dem Schamanenfelsen auf Olchon

Die Autoren

Nach einer ganzen Reihe von Russlandaufenthalten standen Heike Mall und Roger Just 1996 zum ersten Mal am damals zugefrorenen Ufer des Baikalsees. Der achtmonatige Studienaufenthalt sollte der Beginn einer langen Freundschaft werden. Richtig tief wurde sie nach der Geburt der beiden Töchter: Von 2000 bis 2004 lebte die Familie in Irkutsk. Als Dolmetscherin hatte **Heike Mall** (Jahrgang 1971) gute Voraussetzungen zum Vergleich der russischen und deutschen Kultur. Auch ihre Unterrichtstätigkeit an einer der Irkutsker Universitäten sowie kulturelles Engagement in der Stiftung Europa-Haus verhalfen ihr zu vielen Kontakten und Einblicken. Den Altenpfleger **Roger Just** (Jahrgang 1970) lockte die ungebändigte Natur der Baikalregion, die er, ausgerüstet mit Kamera und Stativ, festzuhalten und zu beschreiben versuchte. Auf Reisen und Wanderungen (teils mit, teils ohne Familie) kam er in Berührung mit Menschen der unterschiedlichsten Ethnien, die weitab von den Städten zuweilen eine sehr ursprüngliche Lebensweise und alte Traditionen bewahrt haben.

Gegenwärtig lebt die Familie mit inzwischen drei Kindern auf der Schwäbischen Alb, doch Sibirien wird eine zweite Heimat bleiben.

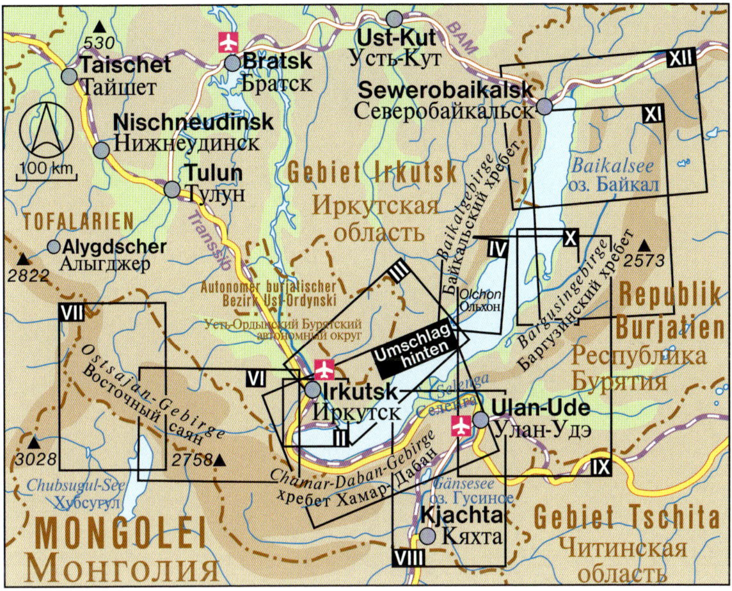

Zeichenerklärung

- Teer- bzw. Betonstraße
- befestigte Straße
- Piste
- Eisenbahn
- Weg
- Nationalpark
- Salzsee
- Sumpf

3000 m
2000 m
1000 m
500 m

Museum Ⓜ
Thermalbad/Quelle ★
Flugplatz

Olcha-Plateau, Alte Baikalbahn
III
Irkutsk
Иркутск
Piwowaricha
Пивовариха
Schelechow
Шелехов
812
1106
Irkut
Olcha
Олха
Angara
Ангара
Olcha-Plateau
Олхинское плато
Bolschoi Lug
Большой Луг
Orljonok
Орленок
Witjas
скала Витязь
Starucha
скала
Старуха
Podkamennaja
Подкаменная
Primorski-Gebirge
Приморский хребет
Freilicht-museum Talzy
Bolschaja Retschka
Большая Речка
Port Baikal
Байкал
Nationalpark Pribaikalski
Прибайкальский национальный парк
Serebrjanny Kljutsch
932
975
Schabartui
Шабартуй
Bolschaja Polowinnaja
Perejesd
Переезд
Andrjanowskaja
Андряновская
Angasolka
Ангасолка
Bolschaja Krutaja Guba
Бол. Крутая Губа
Schabartui
Шабартуй
Maritui
Маритуй
Polowinnaja
Половинная
Schumicha
Шумиха
Ulanowo
Уланово
Listwjanka
Листвянка
Baklani-Kap
м. Бакланий
Tolsty-Kap
м. Толстый
Listwenitschny-Bucht
зал. Лиственничный
Scharyschalgai
Шарыжалгай
Baklan
Баклань
Polowinny-Kap
м. Половинный
154
149
119
110
98
90
79
72
Kultuk
Култук
Alt-Angasolka
Старая Ангасолка
Baikalsee
оз. Байкал
0
20 km
Sljudjanka
Слюдянка
1550
VI
1
2
A
B
Umshlag hinten
Region Krasnojarsk
Ust-Ilimsk
Усть-Илимск
Taischet
Тайшет
Bratsk
Братск
Gebiet Irkutsk
Tulun
Тулун
Taximo
Таксимо
Sewerobaikalsk
Северобайкальск
Bargusin
Баргузин
Republik Tuwa
Republik Burjatien
Irkutsk
Иркутск
Ulan-Ude
Улан-Удэ
Tschita
Чита
Kjachta
Кяхта
Darchan
Дархан
MONGOLEI
Gebiet Tschita

Ust-Ordynski u. Pribaikalski-Nationalpark
Region Krasnojarsk
Ust-Ilimsk
Усть-Илимск
Taischet
Тайшет
Bratsk
Братск
Taximo
Таксимо
Sewerobaikalsk
Северобайкальск
Gebiet Irkutsk
Tulun
Тулун
Bargusin
Баргузин
Republik Tuwa
Irkutsk
Иркутск
Republik Burjatien
Ulan-Ude
Улан-Удэ
Tschita
Чита
Kjachta
Кяхта
Gebiet Tschita
MONGOLEI
Darchan
Дархан
0
30 km
B
IV
Sachjurta/MRS
Сахюрта МРС
Baidin-Höhlen
Байдинские пещеры
Tascheran-Steppe
Тажеранская степь
1657
1336
Tonta
Тонта
Aja-Bucht
Ая
Ust-Anga-Bucht
зал. Усть-Анга
Buguldeika
Бугульдейка
Anga
Анга
Jelanzy
Еланцы
Sagan-Saba
утес Саган Заба
Petrowa
Петрова
Kap Krestowski
м. Крестовский
Kosaja Step
Косая Степь
1205
Nationalpark Pribaikalski
Bajandai
Баяндай
1176
Buguldeika
Бугульдейка
Primorski-Gebirge
Приморский хребет
Прибайкальский национальный парк
Autonomer burjatischer Bezirk Ust-Ordynski
Усть-Ордынский Бурятский автономный округ
1176
Baikalsee
оз. Байкал
Kuda
Куда
Goloustnaja
Голоустная
Sennaja-Bucht
губа Сенная
1133
Sandbucht
бух. Песчаная
Ust-Ordynski
Усть-Ордынский
Murin
Мурин
1187
Maloje Goloustnoje
Мал. Голоустное
Bolschoje Goloustnoje
Бол. Голоустное
Ojok
Оек
Kuda
Куда
Gebiet Irkutsk
Иркутская область
Kap Bolschoi Kadilny
м. Большой Кадильный
Skriper
Скрипер
Angara
Ангара
Irkutsk
Иркутск
Piwowaricha
Пивовариха
Bolschaja Retschka
Большая Речка
Bolschije Koty
Бол. Коты
Freilicht-museum Talzy
Listwjanka
Листвянка
Angarsk
Ангарск
Schelechow (Шелехов),
Bolschoi Lug (Большой Луг)
Port Baikal
Байкал
A
II
B
1
2
3

A
B
1
2
3
Sarminski Goljez
1658
Сарминский голец
Tschernorud
Черноруд
Primorski- Gebirge
Приморский хребет
Sarma
Сарма
Sarma
Сарма
Sachjurta/MRS
Сахюрта МРС
Olchonskije worota
прол. Ольхонские ворота
Kap Unschui
Kurma
Курма
Baikal
1536
1746
Ubugun
Chuschun
Jadyrtui-Kap
м. Ядыртуй
Kleines Meer
Малое Море
Chanchoi-See
оз. Ханхой
Jalga
Ялга
Schara-Nur-See
оз. Шара Нур
Mal. Chuschir
Мал. Хужир
Burchan/Schamanenfelsen
м. Бурхан
Oto-Chuschin
Nationalpark Pribaikalski
Прибайкальский национальный парк
Taschkinei
падь Ташкиней
1114
Chuschir
Хужир
Charanzy
Харанцы
Sunduk-Kap
м. Зундук
Sama
Зама
Aral-Kap
м. Арал
Sama-Kap
м. Зама
Uchan-Kap
м. Ухан
Chatcha
Хатха
Chalgai
Халгай
Pestschanaja
Песчаная
Sagan-Chuschun-Kap
м. Саган-Хушун
Drei Brüder
Schima
Жима
1274
Usury
Узуры
Kap Choboi
м. Хобой
Ischimei-Kap
м. Ижимей
0
20 km
1 Muchur-Bucht
зал. Мухур
2 Schida-Kap
м. Жида
3 Chadarta-Kap
м. Хадарта
4 Ujuga-Kap
мыс Уюга
5 Chorgoi-Kap
м. Хоргой
6 Stutenkopf-Kap
м. Хорин-Ирги
7 Sagli-Bucht
зал. Загли
III
MONGOLEI

Insel Olchon, Kleines Meer
Baikal-Lena Reservat
Gebirge
Lena
Lena
Lena
Anai
Анай
Onguren
Онгурен
Kotscherikowo
Кочериково
Kotscherikowo 2
Кочериково 2
1542
2023
Ryty-Kap
мыс Рытый
Kap Pokoiniki
м. Покойники
Baikalsee
оз. Байкал
C
D
1
2
3

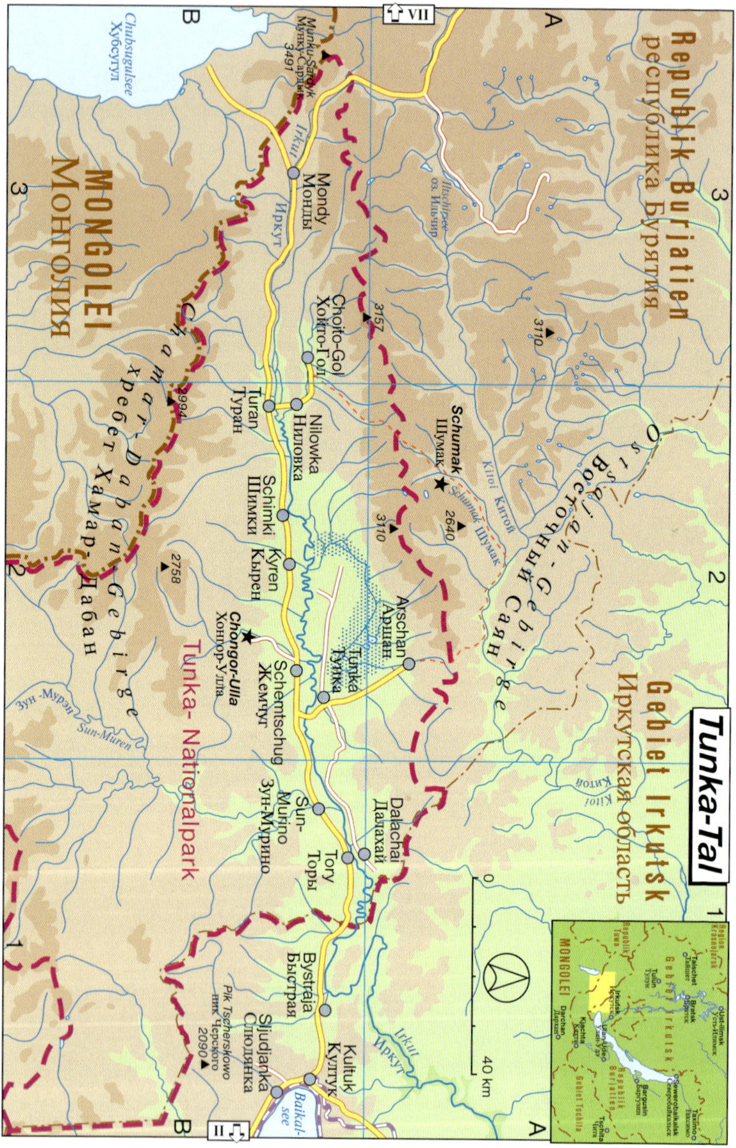
Tunka-Tal
Republik Burjatien
республика Бурятия
Gebiet Irkutsk
Иркутская область
MONGOLEI
Монголия
Ost-Sajan-Gebirge
Восточный Саян
Chamar-Daban-Gebirge
хребет Хамар-Дабан
Tunka-Nationalpark
Mondy
Монды
Choito-Gol
Хойто-Гол
Turan
Туран
Nilowka
Ниловка
Schimki
Шимки
Kyren
Кырен
Arschan
Аршан
Tunka
Тунка
Schemtschug
Жемчуг
Chongor-Ulla
Хонгор-Улла
Schumak
Шумак
Sun-Murino
Зун-Мурино
Dalachai
Далахай
Tory
Торы
Bystraja
Быстрая
Sljudjanka
Слюдянка
Kultuk
Култук
Baikalsee
Chubsugulsee
Хубсугул
Munku-Sardyk
Мунку-Сардык
3491
Irkut
Иркут
Kitoi
Китой
Sun-Muren
Зун-Мурэн
Ilstchir-see
оз. Ильчир
Pik Tscherskowo
пик Черского
2090
3157
3110
2640
2994
2758
40 km
VII
II

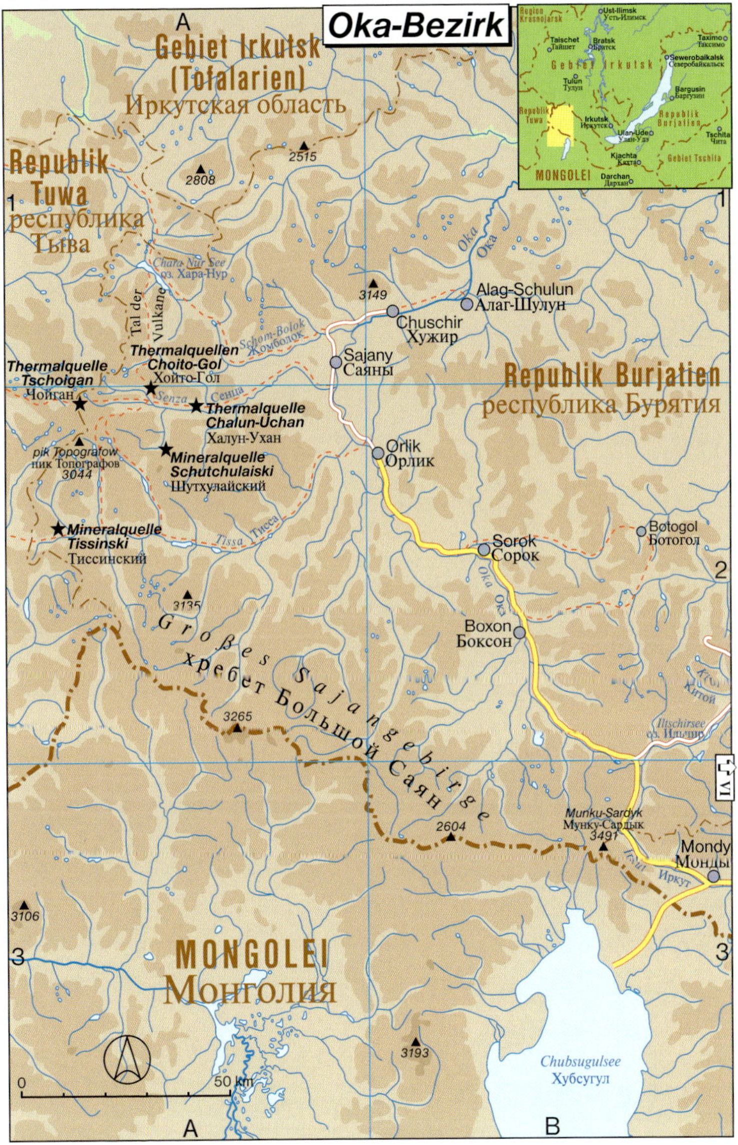
Oka-Bezirk
Gebiet Irkutsk (Tofalarien)
Иркутская область
Republik Tuwa
республика Тыва
Chara Nur See
оз. Хара-Нур
Tal der Vulkane
Thermalquellen Choito-Gol
Хойто-Гол
Thermalquelle Tschoigan
Чойган
Thermalquelle Chalun-Uchan
Халун-Ухан
pik Topografow
пик Топографов
3044
Mineralquelle Schutchulaiski
Шутхулайский
Mineralquelle Tissinski
Тиссинский
Tissa
Тисса
Senza
Сенца
Schom-Bolok
Жомболок
2808
2515
3149
3135
3265
2604
3106
3193
Oka
Ока
Alag-Schulun
Алаг-Шулун
Chuschir
Хужир
Sajany
Саяны
Orlik
Орлик
Sorok
Сорок
Botogol
Ботогол
Boxon
Боксон
Republik Burjatien
республика Бурятия
Kitoi
Китой
Iltschirsee
оз. Ильчир
Großes Sajangebirge
хребет Большой Саян
Munku-Sardyk
Мунку-Сардык
3491
Mondy
Монды
Irkut
Иркут
MONGOLEI
Монголия
Chubsugulsee
Хубсугул
0
50 km
A
B
1
2
3
VI
Region Krasnojarsk
Ust-Ilimsk
Усть-Илимск
Taischet
Тайшет
Bratsk
Братск
Taximo
Таксимо
Gebiet Irkutsk
Sewerobaikalsk
Северобайкальск
Tulun
Тулун
Bargusin
Баргузин
Republik Tuwa
Irkutsk
Иркутск
Republik Burjatien
Ulan-Ude
Улан-Удэ
Tschita
Чита
Kjachta
Кяхта
Gebiet Tschita
MONGOLEI
Darchan
Дархан

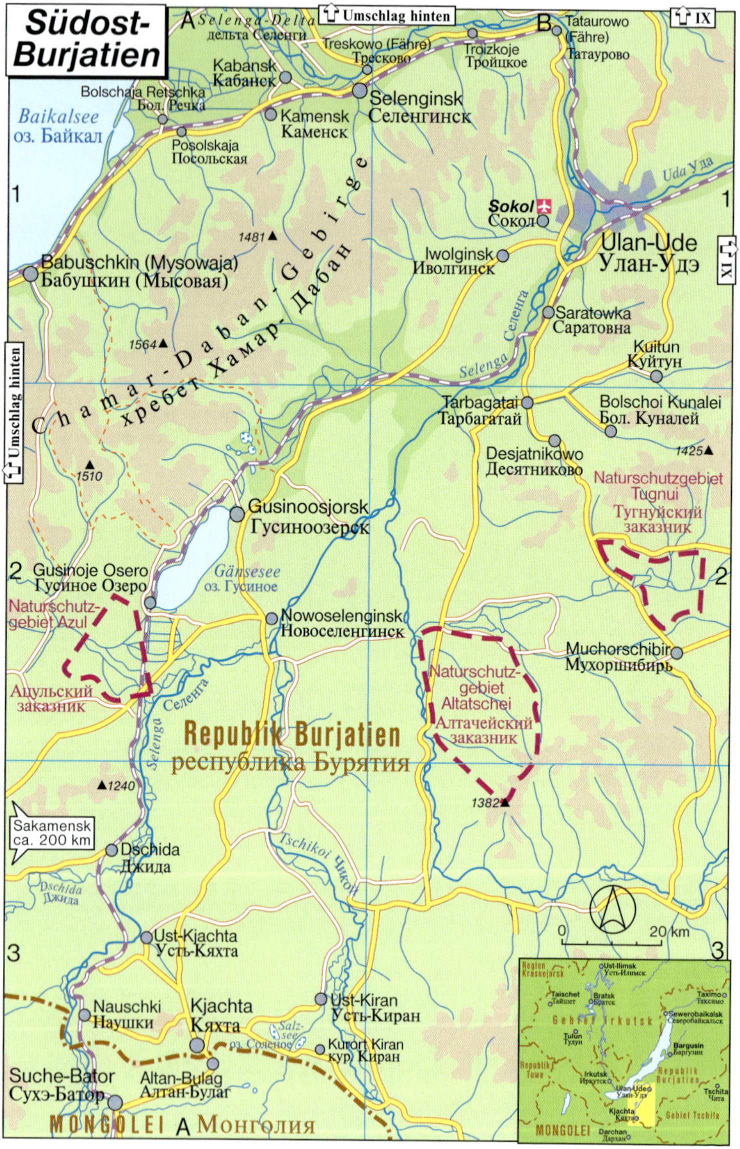
Südost-Burjatien
Umschlag hinten
IX
XI
Baikalsee
оз. Байкал
Selenga-Delta
дельта Селенги
Kabansk
Кабанск
Treskowo (Fähre)
Тресково
Troizkoje
Тройцкое
Tataurowo (Fähre)
Татаурово
Bolschaja Retschka
Бол. Речка
Posolskaja
Посольская
Kamensk
Каменск
Selenginsk
Селенгинск
Uda Уда
Sokol
Сокол
Ulan-Ude
Улан-Удэ
Iwolginsk
Иволгинск
Babuschkin (Mysowaja)
Бабушкин (Мысовая)
Chamar-Daban-Gebirge
хребет Хамар-Дабан
1481
1564
1510
Saratowka
Саратовка
Selenga
Селенга
Kuitun
Куйтун
Tarbagatai
Тарбагатай
Bolschoi Kunalei
Бол. Куналей
1425
Desjatnikowo
Десятниково
Naturschutzgebiet Tugnui
Тугнуйский заказник
Gusinoosjorsk
Гусиноозерск
Gusinoje Osero
Гусиное Озеро
Gänsesee
оз. Гусиное
Naturschutzgebiet Azul
Ацульский заказник
Nowoselenginsk
Новоселенгинск
Muchorschibir
Мухоршибирь
Naturschutzgebiet Altatschei
Алтачейский заказник
Republik Burjatien
республика Бурятия
1240
1382
Sakamensk ca. 200 km
Dschida
Джида
Tschikoi Чикой
0
20 km
Ust-Kjachta
Усть-Кяхта
Nauschki
Наушки
Kjachta
Кяхта
Ust-Kiran
Усть-Киран
Salzsee
оз. Соленое
Kurort Kiran
кур. Киран
Suche-Bator
Сухэ-Батор
Altan-Bulag
Алтан-Булаг
MONGOLEI
Монголия
A
B
1
2
3
Region Krasnojarsk
Ust-Ilimsk
Усть-Илимск
Taischet
Тайшет
Bratsk
Братск
Taximo
Таксимо
Gebiet Irkutsk
Sewerobaikalsk
Северобайкальск
Tulun
Тулун
Bargusin
Баргузин
Republik Tuwa
Irkutsk
Иркутск
Ulan-Ude
Улан-Удэ
Republik Burjatien
Tschita
Чита
Kjachta
Кяхта
Gebiet Tschita
MONGOLEI
Darchan
Дархан

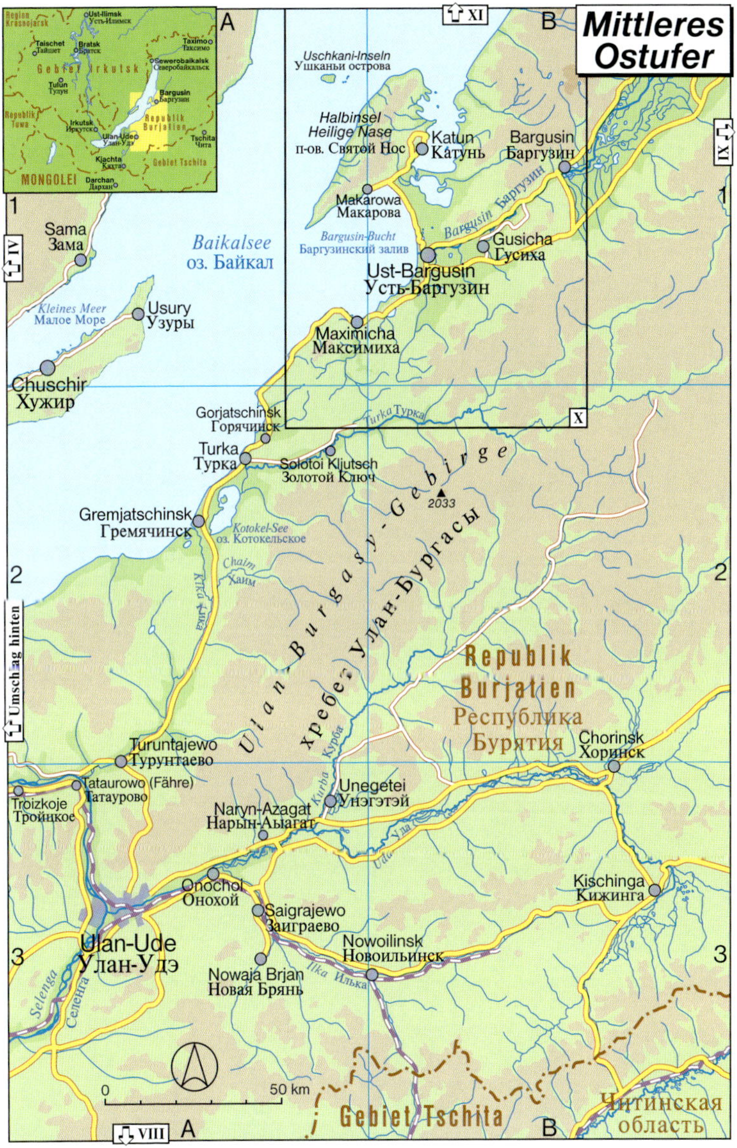

Kartenatlas

Heilige Nase
B
XI
2205
0
20 km
Malaja Tscheremschanka
Малая Черемшанка
Baikalsee
оз. Байкал
1
1
2151
Kap Werchneje Isgolowje
м. Верх. Изголовье
Uschkani-Inseln
Ушканьи острова
Tonki-Insel
о. Тонкий
1436
Bolschoi Tschiwyrkui
Большой Чивыркуй
Bargusin-Gebirge
Баргузинский хребет
IX
Thermalquelle
1
2
Kap Kurbulik
м. Курбулик
Halbinsel Heilige Nase
п-ов. Святой Нос
Kurbulik
Курбулик
Nationalpark Sabaikalski
Забайкальский национальный парк
Markowa
Маркова
939
Katun
Катунь
Monachowo
Монахово
Tschiwyrkui-Bucht
Чивыркуйский залив
Bargusin
Баргузин
1877
Maly Tschiwyrkui
Малый Чивыркуй
1678
Glinka
Глинка
Arangatui-See
оз. Арангатуй
2
2
1783
Makarowa
Макарова
Bargusin
Баргузин
1114
Kap Nischneje Isgolowje
м. Ниж. Изголовье
Gusicha
Гусиха
Bargusin-Bucht
Баргузинский залив
Ust-Bargusin
Усть-Баргузин
1 Schlangenbucht (бух. Змеиная)
2 Krochalin-Bucht (бух. Крохалиная)
Kap Krestowy
м. Крестовый
Duchowoje-See
оз. Духовое
Maximicha
Максимиха
3
3
Maximicha
Максимиха
IX
A
Region Krasnojarsk
Ust-Ilimsk
Усть-Илимск
Taischet
Тайшет
Bratsk
Братск
Taximo
Таксимо
Gebiet Irkutsk
Sewerobaikalsk
Северобайкальск
Tulun
Тулун
Bargusin
Баргузин
Republik Tuwa
Irkutsk
Иркутск
Republik Burjatien
Ulan-Ude
Улан-Удэ
Tschita
Чита
Kjachta
Кяхта
Gebiet Tschita
MONGOLEI
Darchan
Дархан

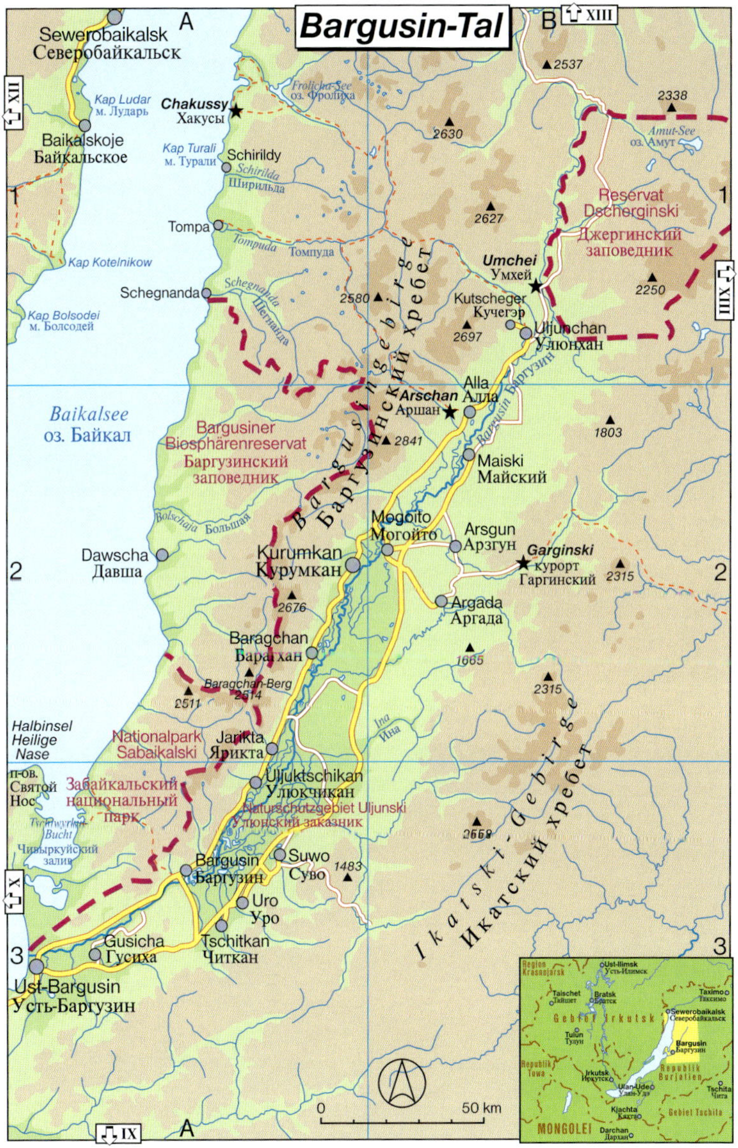
Bargusin-Tal
Sewerobaikalsk
Северобайкальск
Baikalskoje
Байкальское
Chakussy
Хакусы
Schirildy
Tompa
Schegnanda
Baikalsee
оз. Байкал
Dawscha
Давша
Kurumkan
Курумкан
Baragchan
Барагхан
Jarikta
Ярикта
Uljuktschikan
Улюкчикан
Bargusin
Баргузин
Suwo
Суво
Uro
Уро
Tschitkan
Читкан
Gusicha
Гусиха
Ust-Bargusin
Усть-Баргузин
Umchei
Умхей
Kutscheger
Кучегэр
Uljunchan
Улюнхан
Alla
Алла
Arschan
Аршан
Maiski
Майский
Mogoito
Могойто
Arsgun
Арзгун
Garginski
курорт Гаргинский
Argada
Аргада
Reservat Dscherginski
Джергинский заповедник
Bargusiner Biosphärenreservat
Баргузинский заповедник
Nationalpark Sabaikalski
Забайкальский национальный парк
Naturschutzgebiet Uljunski
Улюнский заказник
Bargusingebirge
Баргузинский хребет
Ikatski-Gebirge
Икатский хребет
Halbinsel Heilige Nase
п-ов. Святой Нос
Kap Ludar
м. Лударь
Kap Turali
м. Турали
Kap Kotelnikow
Kap Bolsodei
м. Болсодей
Amut-See
оз. Амут
Frolicha-See
оз. Фролиха
Baragchan-Berg 2514
0
50 km

Nordbaikal
Gebiet Irkutsk
Иркутская область
Baikalgebirge
Байкальский хребет
Nischneangarsk
Нижнеангарск
Sewerobaikalsk
Северобайкальск
Goudschekit
Гоуджекит
BAM
Duschkatschan
Душкачан
Cholodnoje
Холодное
Kitschera
Кичера
Dselinda
Дзелинда
Werchnjaja Saimka
Верхняя Заимка
Naturschutzgebiet Obere Angara
Верхне-Ангарский заказник
Jarki
о. Ярки
Obere Angara
Tyja
Тыя
Cholodnaja
Холодная
Kitschera
Кичера
Naturschutzgebiet Frolicha
Фролихинский заказник
Frolicha-Bucht
губа Фролиха
Ajaja-Bucht
губа Аяя
Frolicha-See
оз. Фролиха
Chakussy
Хакусы
Glimmersee
оз. Слюдянские
Rel
Kap Ludar
м. Лударь
Baikalskoje
Байкальское
Kap Turali
м. Турали
Schirildy
Schirilda
Ширильда
Tompa
Tompuda
Томпуда
Tscherskowo
г. Черского
2588
Kap Kotelnikow
Kotelnikow
Котельниковский
Schegnanda
Шегнанда
Kap Bolsodei
м. Болсодей
Baikalsee
оз. Байкал
Bargusingebirge
Баргузинский хребет
Kabanja
Кабанья
Bargusiner Biosphärenreservat
Баргузинский заповедник
2030
2293
2141
2000
2309
2249
2258
2203
2093
2317
2580
0
40 km
A
B
1
2
3

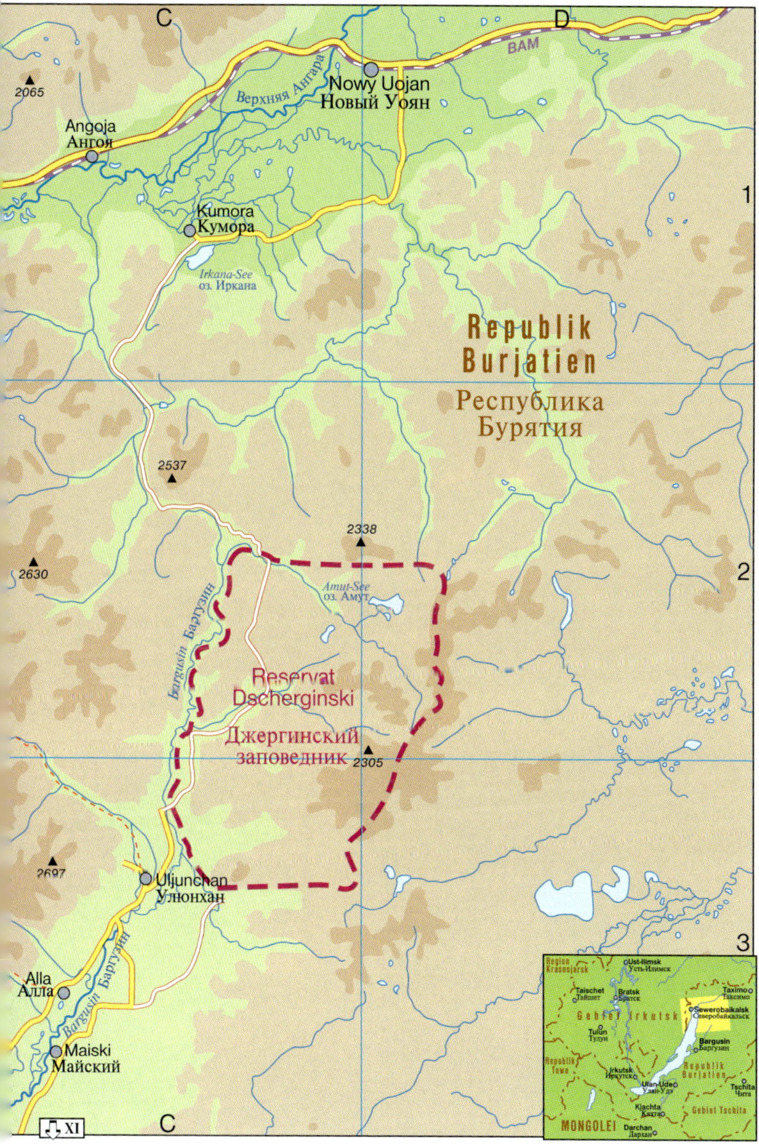
C
D
BAM
2065
Nowy Uojan
Новый Уоян
Верхняя Ангара
Angoja
Ангоя
1
Kumora
Кумора
Irkana-See
оз. Иркана
Republik
Burjatien
Республика
Бурятия
2537
2338
2630
2
Amut-See
оз. Амут
Bargusin Баргузин
Reservat
Dscherginski
Джергинский
заповедник
2305
2697
Uljunchan
Улюнхан
3
Alla
Алла
Bargusin Баргузин
Maiski
Майский
XI
C
Region Krasnojarsk
Ust-Ilimsk
Усть-Илимск
Taischet
Тайшет
Bratsk
Братск
Taximo
Таксимо
Gebiet Irkutsk
Sewerobaikalsk
Северобайкальск
Tulun
Тулун
Bargusin
Баргузин
Republik Tuwa
Irkutsk
Иркутск
Republik Burjatien
Ulan-Ude
Улан-Удэ
Tschita
Чита
Kjachta
Кяхта
Gebiet Tschita
MONGOLEI
Darchan
Дархан

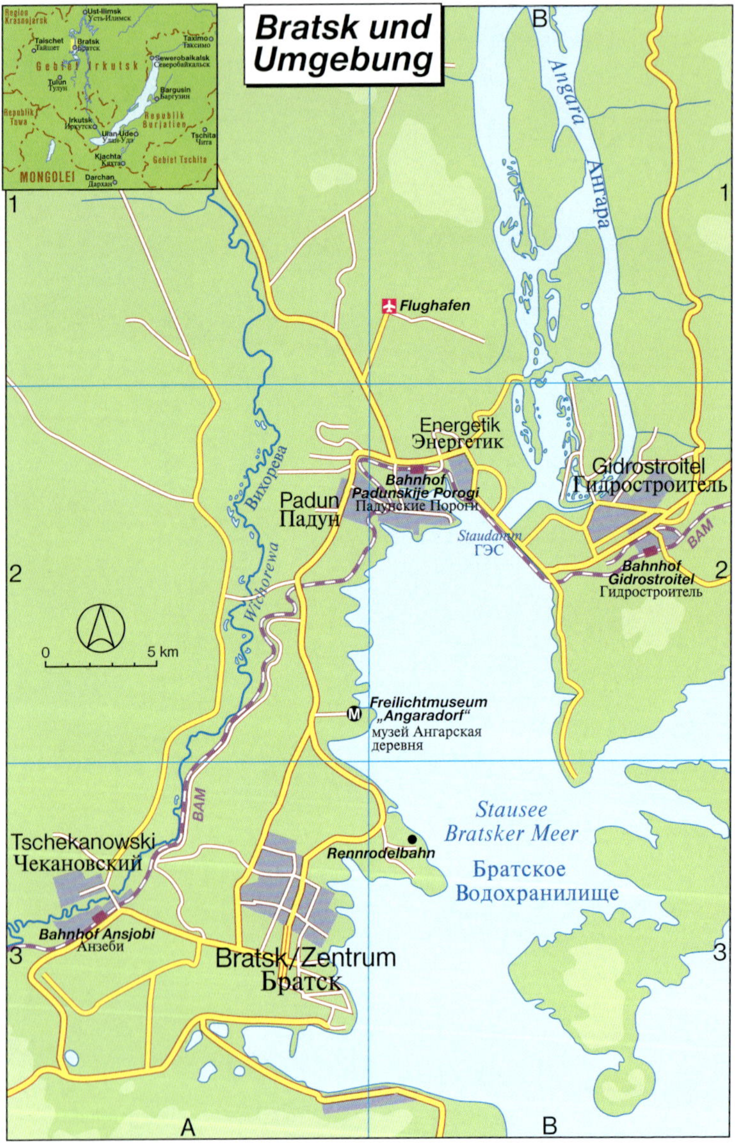
Bratsk und Umgebung
Region Krasnojarsk
Ust-Ilimsk
Усть-Илимск
Taischet
Тайшет
Bratsk
Братск
Taximo
Таксимо
Sewerobaikalsk
Северобайкальск
Gebiet Irkutsk
Tulun
Тулун
Bargusin
Баргузин
Republik Tuwa
Irkutsk
Иркутск
Republik Burjatien
Ulan-Ude
Улан-Удэ
Tschita
Чита
Kjachta
Кяхта
Gebiet Tschita
MONGOLEI
Darchan
Дархан
Angara
Ангара
Flughafen
Energetik
Энергетик
Gidrostroitel
Гидростроитель
Bahnhof Padunskije Porogi
Падунские Пороги
Padun
Падун
Вихорева
Wichorewa
Staudamm
ГЭС
BAM
Bahnhof Gidrostroitel
Гидростроитель
0
5 km
Freilichtmuseum „Angaradorf“
музей Ангарская деревня
Stausee Bratsker Meer
Братское Водохранилище
Tschekanowski
Чекановский
Rennrodelbahn
Bahnhof Ansjobi
Анзеби
Bratsk/Zentrum
Братск
A
B
1
2
3

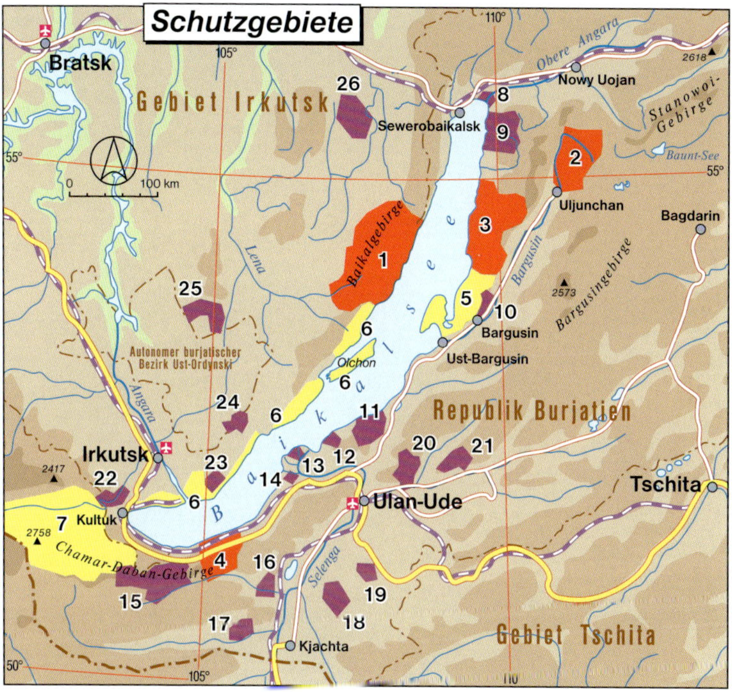

	Reservate:
1	Baikal-Lena-Reservat (Байкало-Ленский заповедник)
2	Reservat Dscherginski (Джергинский заповедник)
3	Bargusiner Biosphärenreservat (Баргузинский биосферный заповедник)
4	Biosphärenreservat Baikalski (Байкальский биосферный заповедник)

	Nationalparks:
5	Sabaikalski-Nationalpark (Забайкальский национальный парк)
6	Pribaikalski-Nationalpark (Прибайкальский национальный парк)
7	Tunka-Nationalpark (Тункинский национальный парк)

	Naturschutzgebiete:
8	Obere Angara (Верхне-Ангарский заказник)
9	Frolicha (Фролихинский заказник)
10	Uljun (Улюнский заказник)
11	Pribaikalski (Прибайкальский заказник)
12	Enchaluk (Энхалукский заказник)
13	Kabansk (Кабанский заказник)
14	Stepnoi Dworez (Степнодворецкий заказник)
15	Sneschnaja (Снежинский заказник)
16	Azul (Ацульский заказник)
17	Borgoi (Боргойский заказник)
18	Altatschei (Алтачейский заказник)
19	Tugnui (Тугнуйский заказник)
20	Angir (Ангирский заказник)
21	Chudak (Худакский заказник)
22	Irkut (Иркутный заказник)
23	Kotschergat (Кочергатский заказник)
24	Kurtun (Куртунский заказник)
25	Magdan (Магданский заказник)
26	Tukolon (заказник Туколонь)

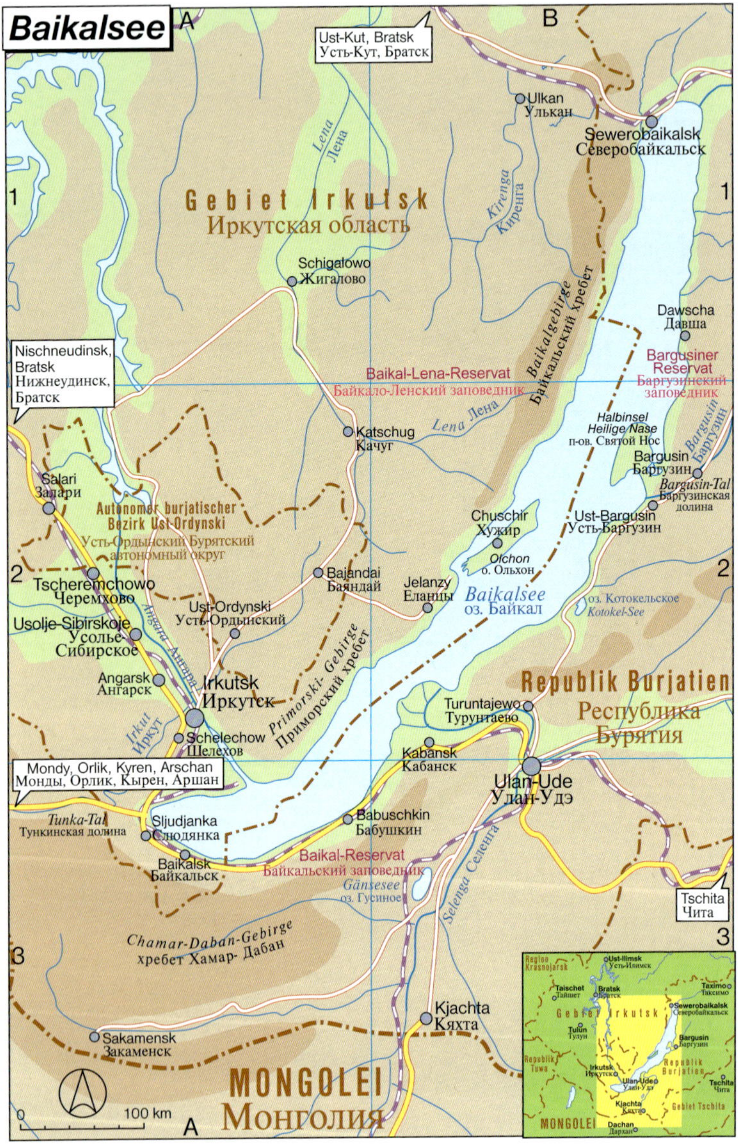

Baikalsee
A
B
Ust-Kut, Bratsk
Усть-Кут, Братск
Ulkan
Улькан
Sewerobaikalsk
Северобайкальск
1
1
Lena
Лена
Gebiet Irkutsk
Иркутская область
Kirenga
Киренга
Schigalowo
Жигалово
Baikalgebirge
Байкальский хребет
Dawscha
Давша
Nischneudinsk,
Bratsk
Нижнеудинск,
Братск
Baikal-Lena-Reservat
Байкало-Ленский заповедник
Bargusiner
Reservat
Баргузинский
заповедник
Lena Лена
Katschug
Качуг
Halbinsel
Heilige Nase
п-ов. Святой Нос
Bargusin
Баргузин
Bargusin
Баргузин
Salari
Залари
Bargusin-Tal
Баргузинская
долина
Autonomer burjatischer
Bezirk Ust-Ordynski
Усть-Ордынский Бурятский
автономный округ
Chuschir
Хужир
Ust-Bargusin
Усть-Баргузин
Olchon
о. Ольхон
2
2
Tscheremchowo
Черемхово
Bajandai
Баяндай
Jelanzy
Еланцы
Baikalsee
оз. Байкал
оз. Котокельское
Kotokel-See
Ust-Ordynski
Усть-Ордынский
Usolje-Sibirskoje
Усолье-
Сибирское
Angara
Ангара
Primorski-Gebirge
Приморский хребет
Angarsk
Ангарск
Irkutsk
Иркутск
Republik Burjatien
Республика
Бурятия
Turuntajewo
Турунтаево
Irkut
Иркут
Schelechow
Шелехов
Kabansk
Кабанск
Mondy, Orlik, Kyren, Arschan
Монды, Орлик, Кырен, Аршан
Ulan-Ude
Улан-Удэ
Tunka-Tal
Тункинская долина
Sljudjanka
Слюдянка
Babuschkin
Бабушкин
Baikalsk
Байкальск
Baikal-Reservat
Байкальский заповедник
Gänsesee
оз. Гусиное
Selenga
Селенга
Tschita
Чита
3
3
Chamar-Daban-Gebirge
хребет Хамар-Дабан
Kjachta
Кяхта
Sakamensk
Закаменск
MONGOLEI
Монголия
0
100 km
A
Ust-Ilimsk
Усть-Илимск
Taischet
Тайшет
Bratsk
Братск
Taximo
Таксимо
Sewerobaikalsk
Северобайкальск
Gebiet Irkutsk
Tulun
Тулун
Bargusin
Баргузин
Irkutsk
Иркутск
Republik Burjatien
Republik Tuwa
Ulan-Ude
Улан-Удэ
Tschita
Чита
Kjachta
Кяхта
Gebiet Tschita
MONGOLEI
Dachan
Дархан